日本国憲法論

佐藤幸治

法学叢書 7

成文堂

はしがき

　「法学叢書」の一冊としてようやく本書を出版できる運びとなって，大変うれしく思う。本叢書は，時代の深く大きな変化を思わせる世紀末の1995年にスタートした。刊行の辞には，先人の労苦から生まれた貴重な知識や体系を継承しつつ，われわれの置かれた歴史的環境と真剣に交わる中で，各執筆者がそれぞれの学問的個性に応じた答えを見出すよう努力することがうたわれている。本書の内容がそれに相応しいものかどうかはまことに心許ないが，ようやく責を果たす思いである。

　前世紀末の激変する時代環境の中で，わが国は様々な改革に取り組んできた。筆者は運命の巡りあわせで行政改革や司法改革などに関係したが，諸改革の一端にすぎないとはいえ，わが国の統治構造・過程の特質や問題について多くのことを考えさせられた。また，書斎生活に戻ってから唯一例外的にアイヌ政策のあり方に関する有識者懇談会の委員を引き受けたが，アイヌ民族が辿った徳川期以降の悲哀の歴史と，なおそこに強く生きる人間の姿に深い感慨を覚えるとともに，人間の社会のあり方につき深刻な省察を迫られた。そして，書斎生活に戻って，少し落ち着いた気分の中で，この10数年間の憲法学の展開に触れ，学問的興味を刺激された。

　本書は，こうした経験や学問的な刺激を反映しているが，その土台となっているのは，ちょうど30年前に出版した『憲法（現代法律学講座5）』（1981年，青林書院新社）である。筆者は，その初版の「はしがき」において，ハーバード・ロースクールのポール・A・フロインド教授の『法と正義について』の中の次のような趣旨の一節に触れて"立憲主義へのアフェクション"を表白した。法の存在理由は，芸術の場合と同じように，人間実存の多様性と無秩序を愛しみつつ，それに一定の秩序を付与し，「無秩序」と「秩序」との間に均衡と適正な緊張関係を保持することにあるのではないか，新しい展望も交差光線に照らさなければ間違ったものになる危険があり，法においても芸術においても，「知性」を除いては"絶対的なるもの"はないのではないか，と。この思いは，今もまったく変っていない。そしてフロインド教授が，別のところで，ヒュームを引用しながら，「理性」の重要性を説くと

ともに,「情熱」(passion)こそが事の始まりであることを強調していたことも,想い出す。

　現在,わが国は様々な意味においてきわめて困難な状況下にある。そして,社会全体を悲観主義の重い空気が覆ふているかにみえる。しかし,この空気は過大な集団主義的仮想であり,一人ひとりの生の有り様を過剰に規制しているところがないであろうか。わが国の歴史に照らしても,そのような悲観主義からは,何も良きものは生まれない。現代的にいえば,肝心なのは,一人ひとりの生のあり方であり(本書にいう「人格的自律権」の意義),立憲主義は一人ひとりが尊厳をもった存在として力強く生きるための基本的な枠組である。

　これまでの研究生活において実に多くの方々の学恩に浴した有難さを,年齢とともにますます強く感じる。本書において若干のお名前に触れているが,それは本書の性格や紙数等の関係でごく一部にすぎず,言及しえなかった方々も含めてここに深い感謝の意を表したい。また,本書の背景には,授業・演習の場において長年にわたって学生たちと交わしてきた議論がある。そして,本書の出版に直接関係して,土井真一教授および松本哲治教授に格別のご助力をいただいた。さらに,土井教授を中心とする研究会のメンバーの竹中勲教授,尾形健教授,中山茂樹准教授,上田健介准教授,片桐直人専任講師から校正刷を読んでいただき貴重なご意見をいただいたことを特記し,心からの感謝の意を表したく思う。こうした支援がなければ,この時期に本書を出版することは不可能であったろう。

　最後に,成文堂社長の阿部耕一氏と同取締役の土子三男氏に深甚の謝意を表したい。土子氏との交友は長いが,本書は氏の長年にわたる熱意の所産であり,いわば氏との共同作品であるといっても過言ではない。本書の内容が氏の期待に応えているかは覚束無いが,何とか間に合って安堵している。

2011年2月

佐　藤　幸　治

目　次

第1編　憲法の基本観念と日本憲法の展開

- 第1章　憲法の基本観念 …………………………………… 3
- 第2章　日本憲法の展開 …………………………………… 55
- 第3章　日本国憲法と国際社会 …………………………… 77

第2編　国民の基本的人権の保障

- 第1章　基本的人権総論 …………………………………… 105
- 第2章　包括的基本的人権 ………………………………… 172
- 第3章　消極的権利 ………………………………………… 216
- 第4章　積極的権利 ………………………………………… 353
- 第5章　能動的権利 ………………………………………… 380

第3編　国民主権と政治制度

- 第1章　国民主権の意味とその空間 ……………………… 387
- 第2章　国　会 ……………………………………………… 425
- 第3章　内　閣 ……………………………………………… 474
- 第4章　天　皇 ……………………………………………… 506
- 第5章　財　政 ……………………………………………… 525
- 第6章　地方の政治制度 …………………………………… 545

第4編　法の支配と司法制度

- 第1章　裁判所と司法権 …………………………………… 575
- 第2章　憲法訴訟 …………………………………………… 620

細目次

はしがき
凡例

第1編　憲法の基本観念と日本憲法の展開

第1章　憲法の基本観念 …… 3
第1節　憲法の生成と展開 …… 3
Ⅰ　「憲法」の語 …… 3
Ⅱ　立憲主義の成立と展開 …… 4
1　近代以前と古典的立憲主義　4
2　近代立憲主義　5
3　成文憲法の普遍化　7
Ⅲ　現代立憲主義 …… 8
1　近代立憲主義の変容　8
2　積極国家（社会国家）化　8
3　議会制の変貌――政党国家，「直接制」の部分的導入　11
4　行政権の役割増大――行政国家　13
5　憲法の規範力強化への試み――司法国家　14
6　平和国家への志向　17
7　憲法とその措定する人間像の変容　18
第2節　憲法の意義・種別・特性・効力 …… 19
Ⅰ　憲法の意義 …… 19
1　実質憲法と形式憲法　19
2　固有の意味の憲法と立憲的・近代的意味の憲法　20
3　法規範としての憲法と事実状態としての憲法　20
4　実定法的意味の憲法と法論理的意味の憲法　21
Ⅱ　憲法の種別 …… 21
1　存在形式による種別　21
2　改正手続による種別　22
3　制定権威の所在による種別　22
4　規定の内容・性格による種別　23

5　一種の存在論的な種別　23
Ⅲ　憲法の特性 …… 24
1　総説　24
2　憲法の授権規範性　24
3　憲法の最高法規性　25
4　憲法と国際法　26
Ⅳ　憲法の法源と効力 …… 26
1　憲法の法源　26
2　憲法典の地位と機能　28
3　憲法の前文の効力　30
4　憲法判例　31
第3節　憲法の変動と保障 …… 33
Ⅰ　憲法の変動 …… 33
1　憲法の性質　33
2　憲法変動の諸態様　34
Ⅱ　憲法の改正 …… 35
1　総説　35
2　改正の手続　35
3　憲法改正行為の性質と限界　38
Ⅲ　憲法の変遷 …… 41
1　憲法変遷の意味　41
2　評価　41
Ⅳ　憲法の保障（合憲性の統制） …… 44
1　憲法保障の意義と諸方法　44
2　憲法尊重擁護の責任と義務　45
3　非常手段的憲法保障　48

第2章　日本憲法の展開 …… 55
第1節　明治憲法（大日本帝国憲法）の成立と特質 …… 55
Ⅰ　明治憲法成立の経緯 …… 55

1　明治維新政府の誕生とその基本性格　55
　　2　明治憲法制定に至る経緯　56
　Ⅱ　明治憲法の特質と運用 …… 58
　　1　明治憲法の内容と特質　58
　　2　明治憲法の運用　60
第2節　日本国憲法の成立と基本原理
　　　………………………… 63
　Ⅰ　日本国憲法成立の経緯と法理 ‥ 63
　　1　日本国憲法成立の経緯　63
　　2　日本国憲法成立の法理　66
　Ⅱ　日本国憲法の基本原理とその展開 …………………………… 69
　　1　日本国憲法の基本原理　69
　　2　日本国憲法の展開　75

第3章　日本国憲法と国際社会 ‥ 77
第1節　国際協和と平和の追求 … 77
　Ⅰ　国際協和と平和の追求 …… 77
　　1　日本国憲法の対外的な基本姿勢の宣明　77
　　2　「国際協和」の観念と「国際社会」　78
　Ⅱ　「平和のうちに生存する権利」‥ 80
　　1　平和の追求　80
　　2　「平和のうちに生存する権利」 81
第2節　国際協和の法的意味 …… 85

　Ⅰ　憲法と国際法 ……………… 85
　　1　98条2項の成立の経緯と意義　85
　　2　国際法と国内法との関係　86
　Ⅱ　憲法と国際法の国内法的効力 ‥ 87
　　1　国際法の国内実施の方式　87
　　2　日本国憲法のとる方式　87
　Ⅲ　国際法の国内法秩序における効力順位 ……………………… 88
　　1　国際法の国内法秩序における効力順位　88
　　2　日本国憲法下の効力順位　89
　　3　「国際人権」の国法体系における実現　90
第3節　平和の追求──戦争の放棄と戦力の不保持・交戦権の否認 ……………………… 90
　Ⅰ　戦争の放棄 ……………… 90
　　1　9条成立の背景と経緯　90
　　2　9条の性格と意味　92
　Ⅱ　戦力の不保持と交戦権の否認 ‥ 96
　　1　戦力の不保持　96
　　2　交戦権の否認　99
　Ⅲ　立憲主義的統制（文民統制）と平和の維持 ……………… 100
　　1　立憲主義的統制（文民統制）　100
　　2　平和の維持　101

第2編　国民の基本的人権の保障

第1章　基本的人権総論 ……… 105
第1節　国民の地位と要件 …… 105
　Ⅰ　国民の地位総論 …………… 105
　Ⅱ　国民の要件 ………………… 106
　　1　「日本国民たる要件」　106
　　2　国籍の取得　107
　　3　国籍の喪失　109
第2節　基本的人権の観念とその史的展開 ……………………… 110
　Ⅰ　基本的人権の観念とその根拠 … 110
　　1　「基本的人権」の観念　110
　　2　「基本的人権」の根拠　111

　Ⅱ　基本的人権の史的展開 …… 112
　　1　基本的人権の史的展開　112
　　2　わが国における基本的人権思想の展開　115
　Ⅲ　国際的人権保障 …………… 117
　　1　人権の国際的保障　117
　　2　人権条約の国内的実施　118
第3節　基本的人権の憲法的保障とその限界 ……………… 120
　Ⅰ　基本的人権の憲法的保障 … 120
　　1　「基本的人権」の憲法的保障　120
　　2　「基本的人権」の動態的展開　122

3　基本的人権保障の形態　124
　　4　基本的人権の諸類型と類型論の目的　127
　Ⅱ　基本的人権の憲法的保障の限界 ……………………… 131
　　1　総説　131
　　2　基本的人権の保障と「公共の福祉」との関係　132
　　3　「公共の福祉」の内容　134
　　4　「パターナリスチックな制約」の可能性　135
第4節　基本的人権の享有主体 ‥ 136
　Ⅰ　国民 …………………… 136
　　1　総説　136
　　2　未成年者の基本的人権　136
　　3　人間存在の属性にかかわる問題　138
　　4　基本的人権享有の始期と終期　140
　Ⅱ　天皇および皇族 …………… 141
　　1　総説　141
　　2　基本的人権の享有主体性　141
　Ⅲ　外国人 ………………… 142
　　1　基本的人権の享有主体性　142
　　2　享有する基本的人権の範囲と程度　144
　Ⅳ　法人（団体）…………… 151
　　1　問題の状況　151
　　2　法人（団体）が主張しうる基本的人権の範囲と程度　153
第5節　基本的人権の憲法的保障の妥当範囲 ……………… 156
　Ⅰ　一般的統治関係と特殊的統治関係 ………………………… 156
　　1　総説　156
　　2　伝統的な「特別権力関係の理論」とそこからの離脱　156
　　3　刑事施設被収容（在監）関係　157
　　4　公務員関係　160
　Ⅱ　私人間の法的関係 ………… 164
　　1　総説　164
　　2　憲法解釈論上の対応　165
　　3　基本的視角　167
第6節　国民の憲法上の義務 …… 169
　　1　総説　169

　　2　基本的人権に関する一般的な義務と責任　169
　　3　子女に教育を受けさせる義務　170
　　4　勤労の義務　171
　　5　納税の義務　171

第2章　包括的基本的人権 …… 172
第1節　生命・自由および幸福追求権 ……………………… 172
　Ⅰ　生命・自由および幸福追求権の人権体系上の位置と性格　172
　　1　個人の尊重・幸福追求権の思想史的系譜　172
　　2　個人の尊重・幸福追求権の法的性格　173
　Ⅱ　生命・自由および幸福追求権の内容 …………………… 177
　　1　総説　177
　　2　生命・身体の自由　178
　　3　人格価値そのものにかかわる権利　179
　　4　人格的自律権（自己決定権）　188
　　5　適正な手続的処遇を受ける権利　192
　　6　参政権的権利　194
第2節　法の下の平等 ………… 196
　Ⅰ　法の下の平等の人権体系上の位置と性格 ………………… 196
　　1　総説　196
　　2　自由と平等　197
　　3　平等権の法的性格　197
　Ⅱ　日本国憲法における「法の下の平等」の意義と具体的制度 ‥ 199
　　1　「法の下の平等」の意義　199
　　2　「法の下の平等」の憲法制度的具体化　207
　Ⅲ　「差別」か否かの判断基準 ‥ 208
　　1　判断枠組　208
　　2　具体的事例　209

第3章　消極的権利 …………… 216
第1節　精神活動の自由 ……… 216
　Ⅰ　思想・良心の自由 ………… 216
　　1　総説　216

2　「思想及び良心」の意義　*217*
　　3　「思想及び良心の自由」の保障の性格と内容　*218*
　Ⅱ　信教の自由 …………… *224*
　　1　総説　*224*
　　2　「信教の自由」の保障の性格と内容　*224*
　　3　「信教の自由」の限界　*226*
　　4　政教分離の原則　*232*
　Ⅲ　学問の自由 …………… *240*
　　1　総説　*240*
　　2　「学問の自由」の保障の性格と内容　*242*
　　3　「学問の自由」の限界　*243*
　　4　大学の自治　*245*
　Ⅳ　表現の自由 …………… *248*
　　1　総説　*248*
　　2　「表現の自由」の保障の性格と内容　*250*
　　3　「表現の自由」に対する制約の合憲性判断基準　*254*
　　4　情報提供作用に関する制約　*263*
　　5　情報受領作用に関する制約　*274*
　　6　情報収集作用に関する制約　*275*
　　7　マスメディアと国民　*282*
　Ⅴ　集会・結社の自由 ………… *284*
　　1　総説　*284*
　　2　「集会の自由」の保障の性格と内容　*285*
　　3　「集会の自由」の限界　*287*
　　4　「結社の自由」の保障の性格と内容　*292*
　　5　「結社の自由」の限界　*294*
　Ⅵ　居住・移転の自由 ………… *296*
　　1　総説　*296*
　　2　「居住，移転の自由」の保障の性格と内容　*296*
　　3　「居住・移転の自由」の限界　*297*
　Ⅶ　外国移住・国籍離脱の自由 ‥ *297*
　　1　総説　*297*
　　2　「外国に移住する自由」の保障の性格と内容　*298*
　　3　「外国に移住する自由」の限界　*298*
第2節　経済活動の自由 ………… *299*
　Ⅰ　職業選択の自由 …………… *299*
　　1　総説　*299*
　　2　「職業選択の自由」の保障の性格と内容　*299*
　　3　「職業選択の自由」の限界　*301*
　Ⅱ　財産権 …………………… *309*
　　1　総説　*309*
　　2　「財産権」の保障の性格と内容　*310*
　　3　「財産権」の限界　*311*
　　4　財産権の制限と損失補償　*315*
第3節　私的生活の不可侵 ……… *320*
　Ⅰ　通信の秘密 ………………… *320*
　　1　総説　*320*
　　2　「通信の秘密」の保障の性格と内容　*321*
　　3　「通信の秘密」の保障の限界　*322*
　Ⅱ　住居などの不可侵 ………… *324*
　　1　総説　*324*
　　2　住居などの不可侵の保障とその限界　*324*
　　3　行政手続との関係　*326*
第4節　人身の自由および刑事裁判手続上の保障 ………… *328*
　Ⅰ　奴隷的拘束・苦役からの自由 ‥ *328*
　　1　総説　*328*
　　2　「奴隷的拘束・苦役からの自由」の保障の性格と内容　*329*
　Ⅱ　法的手続の保障 …………… *330*
　　1　総説　*330*
　　2　法廷手続の保障の性格と内容　*330*
　　3　行政手続との関係　*334*
　Ⅲ　不法な逮捕からの自由 …… *335*
　　1　総説　*335*
　　2　「不正な逮捕からの自由」の保障の性格と内容　*335*
　　3　行政手続との関係　*337*
　Ⅳ　不法な抑留・拘禁からの自由 ………… *337*
　　1　総説　*337*
　　2　「不法な抑留・拘禁からの自由」の

保障の性格と内容　337
　　3　行政手続との関係　339
　Ⅴ　拷問および残虐刑の禁止 … 339
　　1　総説　339
　　2　「拷問」の禁止　340
　　3　「残虐な刑罰」の禁止　340
　Ⅵ　刑事裁判手続上の保障 …… 341
　　1　総説　341
　　2　公平な裁判所の迅速な公開裁判を受ける権利　341
　　3　証人に関する権利　343
　　4　弁護人依頼権　345
　　5　自己帰罪供述強要の禁止　345
　　6　自白の証拠能力・補強証拠　349
　　7　事後法の禁止　350
　　8　一事不再理　351

第4章　積極的権利 …………… 353
　第1節　受益権 ………………… 353
　Ⅰ　裁判を受ける権利 ………… 353
　　1　総説　353
　　2　「裁判を受ける権利」の保障の性格と内容　354
　Ⅱ　公の賠償請求権 …………… 356
　　1　総説　356
　　2　「公の賠償請求権」の保障の性格と内容　356

　Ⅲ　刑事補償請求権 …………… 359
　　1　総説　359
　　2　「刑事補償請求権」の保障の性格と内容　360
　第2節　社会国家的権利 ……… 361
　Ⅰ　生存権 ……………………… 361
　　1　総説　361
　　2　「生存権」の保障の性格と内容　363
　Ⅱ　教育を受ける権利 ………… 368
　　1　総説　368
　　2　「教育を受ける権利」の保障の性格と内容　369
　Ⅲ　勤労の権利 ………………… 373
　　1　総説　373
　　2　「勤労の権利」の保障の性格と内容　373
　Ⅳ　労働基本権 ………………… 375
　　1　総説　375
　　2　労働基本権の保障の性格と内容　376

第5章　能動的権利 …………… 380
　Ⅰ　参政権 ……………………… 380
　　1　総説　380
　　2　直接的参加方法（直接的参政権）　380
　　3　間接的参加方法（間接的参政権）　381
　Ⅱ　請願権 ……………………… 382
　　1　総説　382
　　2　請願権の保障の性格と内容　382

第3編　国民主権と政治制度

第1章　国民主権の意味とその空間 ………………………… 387
　第1節　主権者としての国民 … 387
　Ⅰ　国民主権の意味をめぐる諸議論 ……………………… 387
　　1　総説　387
　　2　最高機関意思説　387
　　3　憲法制定権力説　388
　　4　ノモスの主権説　392
　　5　人民主権説　392
　Ⅱ　日本国憲法における「主権が国民に存する」の意味 ……… 393
　　1　総説　393
　　2　憲法制定権力者の「自己拘束」としての日本国憲法　394
　　3　実定憲法上の構成的原理としての国民主権　395
　第2節　有権者団としての国民 ‥ 396
　Ⅰ　有権者団の性格と構成 …… 396
　　1　有権者団の性格　396
　　2　有権者団の構成　397
　Ⅱ　有権者団の権能とその行使 ‥ 398

- 1 憲法改正の承認 *398*
- 2 国会議員の選挙 *398*
- 3 最高裁判所裁判官の国民審査 *399*
- 4 その他の活動 *400*
- Ⅲ 選挙制度 …………………… *401*
- 1 総説 *401*
- 2 選挙に関する諸原則 *402*
- 3 議員定数の不均衡をめぐる問題 *406*
- 4 選挙区制と代表法 *409*
- 5 選挙の自由と公正 *411*
- 6 選挙に関する争訟 *416*
- 第3節 政党 ………………… *416*
- Ⅰ 政党の憲法上の根拠とその地位 …………………………………… *416*
- 1 政党の憲法上の地位 *416*
- 2 日本国憲法と政党 *417*
- Ⅱ 政党の活動と法的規制 …… *420*
- 1 政党の自律性と党内民主主義 *420*
- 2 政治過程の公明さの保全 *421*
- 3 憲法秩序に反する政党の問題 *423*

第2章 国 会 …………… *425*
- 第1節 国会の性格と地位 ……… *425*
- Ⅰ 国会の性格 ………………… *425*
- 1 国民代表機関としての国会 *425*
- 2 「代表」の観念と機能 *425*
- 3 日本国憲法における代表制 *428*
- Ⅱ 国会の地位 ………………… *429*
- 1 国権の最高機関 *429*
- 2 唯一の立法機関 *432*
- 第2節 国会の構成 …………… *438*
- Ⅰ 二院制 ……………………… *438*
- 1 総説 *438*
- 2 わが国での二院制とその問題状況 *439*
- Ⅱ 議院の組織 ………………… *440*
- 1 総説 *440*
- 2 内部構造 *440*
- Ⅲ 二院間の関係と今後の課題 *441*
- 1 同時活動・相互独立の原則 *441*
- 2 衆議院の優越 *441*
- 3 二院制の課題 *442*

- 第3節 国会の活動 …………… *444*
- Ⅰ 会期 ………………………… *444*
- 1 会期制 *444*
- 2 会期の種類 *445*
- 3 会期制を越えて *446*
- Ⅱ 国会の開閉 ………………… *447*
- 1 召集 *447*
- 2 休会 *448*
- 3 閉会 *448*
- Ⅲ 審議と表決 ………………… *448*
- 1 総説 *448*
- 2 定足数 *449*
- 3 議決方法 *449*
- 4 国務大臣の出席 *450*
- 5 会議の公開 *451*
- Ⅳ 衆議院の解散 ……………… *452*
- Ⅴ 参議院の緊急集会 ………… *452*
- 1 総説 *452*
- 2 緊急集会の要件と手続 *452*
- 3 緊急集会の権能と衆議院の事後承認 *453*
- 第4節 国会の権能 …………… *453*
- Ⅰ 憲法改正の発議・提案権 … *453*
- Ⅱ 立法権 ……………………… *454*
- 1 立法権 *454*
- 2 立法の手続 *454*
- Ⅲ 条約締結の承認権 ………… *455*
- 1 総説 *455*
- 2 国会承認の対象 *445*
- 3 国会承認——事後承認をめぐる問題 *456*
- 4 条約の「修正権」をめぐる問題 *457*
- Ⅳ 財政に関する統制権 ……… *457*
- Ⅴ 内閣総理大臣指名権 ……… *457*
- Ⅵ 弾劾裁判所設置権 ………… *458*
- 1 弾劾裁判所の設置 *458*
- 2 弾劾裁判所の構成と活動 *458*
- Ⅶ その他の権限 ……………… *459*
- 第5節 議院の権能 …………… *460*
- Ⅰ 自律権 ……………………… *460*
- 1 総説 *460*
- 2 自主組織権 *460*

3　自律的運営権　*461*
　　4　財政自律権　*465*
　Ⅱ　国政調査権 ……………………… *465*
　　1　総説　*465*
　　2　国政調査権の性格　*465*
　　3　国政調査権の行使と限界　*466*
　　4　国政調査権の適切かつ有効な行使に向けて　*468*
　第6節　議員の地位と特権 ……… *468*
　Ⅰ　議員の地位 ……………………… *468*
　　1　議員の地位と身分の得喪　*468*
　　2　議員の権能　*469*
　Ⅱ　議員の特権 ……………………… *470*
　　1　会期中の不逮捕特権　*470*
　　2　発言・表決に対する免責特権　*471*
　　3　歳費受領権　*473*

第3章　内　閣 ……………………… *474*
　第1節　内閣の性格と地位 ……… *474*
　Ⅰ　内閣の性格と地位 …………… *474*
　　1　総説　*474*
　　2　議院内閣制と日本国憲法　*475*
　Ⅱ　行政権とその帰属 …………… *479*
　　1　「行政権」の意義　*479*
　　2　行政権が「内閣」に帰属することの意味　*482*
　第2節　内閣の組織 ……………… *486*
　Ⅰ　内閣の組織 …………………… *486*
　　1　内閣の組織　*486*
　　2　内閣の補佐機構　*488*
　Ⅱ　内閣総理大臣 ………………… *489*
　　1　内閣総理大臣の地位　*489*
　　2　内閣総理大臣の権能　*490*
　Ⅲ　国務大臣 ……………………… *493*
　Ⅳ　内閣の消滅――内閣の総辞職 ……………………… *493*
　　1　内閣総辞職の場合　*493*
　　2　内閣総辞職の決定とその効果　*494*
　第3節　内閣の活動 ……………… *495*
　　1　内閣の活動方法　*495*
　　2　閣議と司法審査　*496*

　第4節　内閣の権能 ……………… *497*
　Ⅰ　行政権にかかわる本来的権限 ‥ *497*
　　1　総説　*497*
　　2　法律の執行と国務の総理　*497*
　　3　外交関係の処理　*498*
　　4　条約の締結　*498*
　　5　官吏に関する事務の掌理　*498*
　　6　予算の作成・提出　*500*
　　7　政令の制定　*500*
　　8　「恩赦」の決定　*501*
　Ⅱ　天皇の国事行為についての助言と承認権 ……………………… *502*
　Ⅲ　国会との関係における権限 ‥ *502*
　　1　国会の臨時会の召集の決定　*502*
　　2　参議院緊急集会の請求　*502*
　　3　国会への議案提出，一般国務および外交関係についての報告　*503*
　　4　衆議院解散の決定　*503*
　Ⅳ　裁判所との関係における権限 ……………………… *503*
　　1　最高裁判所の長たる裁判官の指名　*503*
　　2　最高裁判所の長たる裁判官以外の裁判官の任命　*503*
　　3　下級裁判所裁判官の任命　*503*
　Ⅴ　その他の権限 ………………… *503*
　第5節　内閣の責任 ……………… *504*
　　1　内閣の責任　*504*
　　2　行政権の行使についての責任　*504*
　　3　天皇の国事行為への助言と承認についての責任　*505*

第4章　天　皇 ……………………… *506*
　第1節　天皇の性格と地位 ……… *506*
　Ⅰ　天皇の地位 …………………… *506*
　　1　「天皇」の諸立場　*506*
　　2　象徴としての天皇　*506*
　　3　天皇の地位の根拠と位置づけ　*507*
　　4　天皇の地位の特殊性に基づく法的特例　*509*
　Ⅱ　天皇の法的性格 ……………… *510*
　　1　総説　*510*
　　2　君主としての性格の有無　*510*

3　元首としての性格の有無　511
第 2 節　皇位の継承 ……………… 512
　　1　総説　512
　　2　皇位継承の原因と発生　513
　　3　皇位継承の資格と順序　513
　　4　皇位継承の儀礼と改元　514
　　5　皇族　514
第 3 節　天皇の活動方法 ………… 515
　　1　総説　515
　　2　「内閣の助言と承認」の必要の意味　515
　　3　内閣の責任と天皇の無答責　516
第 4 節　天皇の権能 ……………… 517
　　1　総説　517
　　2　内閣総理大臣の任命　518
　　3　最高裁判所の長たる裁判官の任命　518
　　4　憲法改正・法律・政令および条約の公布　518
　　5　国会の召集　519
　　6　衆議院の解散　519
　　7　総選挙の施行の公示　519
　　8　国務大臣任免などの認証　520
　　9　恩赦の認証　520
　　10　栄典の授与　520
　　11　批准書などの認証　520
　　12　外国の大使・公使の接受　520
　　13　儀式の挙行　521
　　14　いわゆる「公的行為」の可能性　521
第 5 節　天皇の権能の代行 ……… 522
　　1　摂政　522
　　2　国事行為の委任　523
第 6 節　皇室財産 ………………… 523
　　1　皇室財産　523
　　2　皇室経費　524
　　3　皇室の財産授受の制限　524

第 5 章　財　政 ……………… 525
第 1 節　財政立憲主義 …………… 525
　Ⅰ　財政立憲主義の意義 ……… 525
　　1　「国の財政を処理する権限」　525
　　2　「国会の議決」——財政立憲主義　525
　Ⅱ　財政処理のあり方に関する憲法的統制 ……………… 527
　　1　一般的統制　527
　　2　特別的統制——公金支出・公的財産供用の禁止　527
第 2 節　租税制度 ………………… 529
　Ⅰ　租税法律主義 ……………… 529
　　1　総説　529
　　2　租税法律主義の内実　530
　Ⅱ　租税法律主義にかかわる若干の問題 ……………… 532
第 3 節　予算制度 ………………… 533
　Ⅰ　予算の意味と性格 ………… 533
　　1　総説　533
　　2　予算の内容と性格　534
　Ⅱ　予算の執行と統制 ………… 539
　　1　予算の執行　539
　　2　決算　539
第 4 節　中央銀行 ………………… 541
　　1　中央銀行　541
　　2　日本銀行の憲法体系上の布置　542

第 6 章　地方の政治制度 ……… 545
第 1 節　地方自治の保障とその意義 ……………… 545
　Ⅰ　現代国家と地方自治 ……… 545
　　1　近代主権国家と地方自治　545
　　2　現代国家と地方自治　545
　Ⅱ　わが国における地方自治の展開と地方自治権の性質・内容 ……………… 546
　　1　地方自治の展開　546
　　2　地方自治権の性質・内容　548
第 2 節　地方公共団体とその機関 ……………… 551
　Ⅰ　地方公共団体の意義 ……… 551
　　1　地方公共団体の意義と種類　551
　Ⅱ　地方公共団体の機関 ……… 553
　　1　総説　553
　　2　地方有権者団　553
　　3　地方議会　554
　　4　地方公共団体の長　555

第3節 地方公共団体の事務（権能） 557
- Ⅰ 「地方公共団体」の事務（権能）‥ 557
  1 総説 557
  2 事務（権能）の内容 558
- Ⅱ 地方公共団体の「機関」の権能 559
  1 地方有権者団の権能 559
  2 地方議会の権能 562
  3 地方公共団体の長の権能 563
- Ⅲ 条例制定権とその限界 563
  1 条例制定権 563
  2 条例制定権の範囲と限界 565
- Ⅳ 地方財政 569
  1 地方財政の意義 569
  2 地方財政の課題 571

第4編 法の支配と司法制度

第1章 裁判所と司法権 575
第1節 裁判所の性格と地位 575
- Ⅰ 裁判所の性格と地位 575
  1 独立の法原理機関としての裁判所 575
  2 「合憲性の統制」機関としての裁判所 577
- Ⅱ 司法権の基盤 577
  1 良き司法制度の構築 577
  2 法曹の役割 577
  3 国民的基盤（国民の司法参加） 578
第2節 司法権の意義とその帰属 581
- Ⅰ 司法権の観念 581
  1 司法権の観念 581
  2 具体的事件・争訟性の要件の意味 582
  3 具体的事件・争訟性の要件の効果 584
  4 司法権と「救済」 589
- Ⅱ 司法権の範囲 590
  1 総説 590
  2 日本国憲法下の司法権 591
- Ⅲ 司法権の限界 592
  1 総説 592
  2 憲法上の限界 592
- Ⅳ 司法権の帰属 597
  1 総説 597
  2 特別裁判所の禁止 597
  3 行政機関による終審裁判の禁止 597
  4 内閣総理大臣の異議の制度 599
  5 国民の司法参加 600

第3節 裁判所の構成 600
- Ⅰ 裁判所の種類と裁判所間の関係 600
  1 裁判所の種類 600
  2 裁判所間の関係 600
- Ⅱ 裁判所の構成 601
  1 最高裁判所の構成 601
  2 下級裁判所の構成 602
第4節 裁判所の活動方法 605
- Ⅰ 公開裁判原則 605
  1 総説 605
  2 公開を要する「裁判の対審及び判決」の意義 605
  3 公開を要する「裁判」の意義 606
- Ⅱ 対審の公開停止 608
  1 公開停止とその要件 608
  2 絶対公開事由 610
第5節 裁判所の権能 611
- Ⅰ 最高裁判所の権能 611
  1 裁判権 611
  2 違憲審査権 611
  3 規則制定権 611
  4 下級裁判所の裁判官の指名権 613
  5 司法行政権 613
- Ⅱ 下級裁判所の権能 614
第6節 司法権の独立 615
- Ⅰ 司法権の独立の意義 615
  1 司法権の独立の意義 615
  2 裁判官の職権行使の独立 615
- Ⅱ 裁判官の身分保障 617

細目次　*xiii*

  1　総説　*617*
  2　身分の保障　*617*
  3　報酬の保障　*618*
  4　法律によるその他の保障と制限　*618*

第2章　憲法訴訟 …………… *620*
第1節　憲法訴訟の意義と性格 ‥ *620*
  Ⅰ　憲法保障（合憲性の統制）の諸類型と憲法訴訟 ………… *620*
  1　憲法保障（合憲性の統制）の諸類型と憲法訴訟　*620*
  2　わが国における違憲審査制　*622*
  Ⅱ　憲法訴訟の基本的枠組──付随的違憲審査制の属性 ……… *626*
  1　基本的枠組　*626*
  2　司法消極主義と司法積極主義にかかわる問題　*626*
第2節　憲法訴訟の方法と対象 ‥ *628*
  Ⅰ　憲法訴訟の方法 …………… *628*
  1　憲法訴訟の要件　*628*
  2　憲法訴訟の当事者適格　*631*
  3　ムートネスの問題　*633*
  Ⅱ　憲法訴訟の対象 …………… *634*
  1　総説　*634*
  2　条約に対する違憲審査権　*635*
  3　立法の不作為に対する違憲審査　*636*
  4　国の私法上の行為に対する違憲審査　*641*
  5　司法権の限界にかかわる問題　*642*
  Ⅲ　「統治行為」について ……… *643*
  1　総説　*643*
  2　「統治行為」論（政治問題の法理）の根拠と内容　*643*
  3　「統治行為」論の問題性　*645*
第3節　憲法判断の方法とその効力 ………………………… *649*
  Ⅰ　憲法判断の回避 …………… *649*
  1　総説　*649*
  2　狭義の憲法判断回避の意味と射程　*649*
  Ⅱ　合憲限定解釈 ……………… *651*
  1　総説　*651*
  2　合憲限定解釈の具体的適用例と限界　*651*
  Ⅲ　違憲審査への取り組み方（違憲審査の範囲）と違憲判断の方法 …… *654*
  1　違憲審査への取り組み方（違憲審査の範囲）　*654*
  2　違憲判断の方法──法令違憲・適用違憲・処分違憲等　*657*
  Ⅳ　違憲審査の基準と方法 …… *661*
  1　憲法判断の枠組と違憲審査基準　*661*
  2　立法事実の審査　*665*
  Ⅴ　違憲判決の効力 …………… *666*
  1　「違憲判決の効力」の意味と内容　*666*
  2　実務制度上の違憲裁判の取り扱い　*669*
  Ⅵ　憲法判例とその変更 ……… *670*
  1　総説　*670*
  2　憲法判例の変更の可否および条件　*670*

判例索引 ……………………… *672*
事項索引 ……………………… *679*

凡　例

◆主要参考文献一覧

1　概説書・注釈書等

芦部信喜（高橋和之補訂）『憲法』（第4版，2007年，岩波書店）
芦部信喜『憲法学』Ⅰ（1992年），Ⅱ（1994年），Ⅲ（2000年，有斐閣）
新　正幸『憲法訴訟論』（第2版，2010年，信山社）
阿部照哉『憲法』（改訂，1991年，青林書院）
市川正人『ケースメソッド憲法』（第2版，2009年，日本評論社）
伊藤正己『憲法』（第3版，1995年，弘文堂）
鵜飼信成『憲法』（1956年，岩波書店）
内野正幸『憲法解釈の論点』（第4版，2005年，日本評論社）
浦部法穂『憲法学教室』（全訂第2版，2006年，日本評論社）
大石　眞『憲法講義』Ⅰ（第2版，2009年），Ⅱ（2007年，有斐閣）
奥平康弘『憲法Ⅲ』（1993年，有斐閣）
大沢秀介『憲法入門』（第3版，2003年，成文堂）
尾吹善人『日本憲法』（1990年，木鐸社）
覚道豊治『憲法』（改訂，1977年，ミネルヴァ書房）
清宮四郎『憲法Ⅰ』（第3版，1979年，有斐閣）
小嶋和司『憲法概説』（1987年，良書普及会）
小林直樹『憲法講義』上巻（新版，1980年），下巻（新版，1981年，東京大学出版会）
小山　剛『「憲法上の権利」の作法』（2009年，尚学社）
阪本昌成『憲法理論』Ⅰ（補訂第3版，2000年），Ⅱ（1993年），Ⅲ（1995年，成文堂）
佐々木惣一『日本憲法要論』（第3版，1933年，金刺芳流堂）
佐々木惣一『日本国憲法論』（改訂，1952年，有斐閣）
佐藤　功『日本国憲法概説』（全訂第5版，1996年，学陽書房）
佐藤　功『ポケット註釈・憲法』上巻（新版，1983年），下巻（新版，1984年，有斐閣）
佐藤幸治『憲法』（第3版，1995年，青林書院）
佐藤幸治＝中村睦男＝野中俊彦『ファンダメンタル憲法』（1994年，有斐閣）
渋谷秀樹『憲法』（2007年，有斐閣）
渋谷秀樹＝赤坂正浩『憲法』1，2（第4版，2010年，有斐閣）
初宿正典『憲法2』（第3版，2010年，成文堂）
杉原泰雄『憲法』Ⅰ（1987年），Ⅱ（1989年，有斐閣）
高橋和之『立憲主義と日本国憲法』（第2版，2010年，有斐閣）
辻村みよ子『憲法』（第3版，2008年，日本評論社）
手島　孝『憲法解釈二十講』（1980年，有斐閣）
戸波江二『憲法』（新版，1998年，ぎょうせい）
戸松秀典『憲法訴訟』（第2版，2008年，有斐閣）
長尾一紘『日本国憲法』（第3版，1997年，世界思想社）
中村睦男『論点憲法教室』（1990年，有斐閣）

野中俊彦＝中村睦男＝高橋和之＝高見勝利『憲法』Ⅰ，Ⅱ（第4版，2006年，有斐閣）
橋本公亘『日本国憲法』（改訂版，1988年，有斐閣）
長谷部恭男『憲法』（第4版，2008年，新世社）
樋口陽一『憲法』（第3版，2007年，創文社）
樋口陽一『憲法Ⅰ』（1998年，青林書院）
樋口陽一＝佐藤幸治＝中村睦男＝浦部法穂『注解法律学全集・憲法』
　Ⅰ（1994年），Ⅱ（1997年），Ⅲ（1998年），Ⅳ（2004年，青林書院）
法学協会編『註解日本国憲法』上巻（1953年），下巻（1954年，有斐閣）
松井茂記『日本国憲法』（第3版，2007年，有斐閣）
美濃部達吉『憲法撮要』（第5版，1932年，有斐閣）
美濃部達吉『日本国憲法原論』（1948年，有斐閣）
宮沢俊義『憲法Ⅱ』（新版，1971年，有斐閣）
宮沢俊義（芦部信喜補訂）『全訂日本国憲法』（1978年，日本評論社）
棟居快行『人権論の新構成』（1992年，信山社）
吉田善明『日本国憲法論』（第3版，2003年，三省堂）

2 判例（解説）集・ケースブック・憲法集・辞典等
佐藤幸治＝土井真一編『判例講義・憲法』Ⅰ，Ⅱ（2010年，悠々社）
高橋和之＝長谷部恭男＝石川健治編『憲法判例百選』Ⅰ，Ⅱ（第5版，2007年，有斐閣）
戸松秀典＝初宿正典編著『憲法判例』（第6版，2010年，有斐閣）
野中俊彦＝江橋崇編著『憲法判例集』（第10版，2008年，有斐閣）
初宿正典他著『憲法 Cases and Materials 人権（基礎編）』（2005年，有斐閣）
初宿正典他著『憲法 Cases and Materials 人権（展開編）』（2005年，有斐閣）
初宿正典他著『憲法 Cases and Materials 憲法訴訟』（2007年，有斐閣）
長谷部恭男他編著『ケースブック憲法』（第3版，2010年，弘文堂）
阿部照哉＝畑博行編『世界の憲法集』（第3版，2006年，有信堂）
初宿正典＝辻村みよ子編『新解説　世界憲法集』（第2版，2010年，三省堂）
高木八尺＝末延三次＝宮沢俊義編『人権宣言集』（1957年，岩波書店）
高橋和之編『新版　世界憲法集』(2007年，岩波書店）
大須賀明＝栗城壽夫＝樋口陽一＝吉田善明編『憲法辞典』（2001年，三省堂）
杉原泰雄編『新版　体系憲法事典』（2008年，青林書院）

◆判例集略語

最大判（または最大決）	最高裁判所大法廷判決（または決定）
大阪高判	大阪高等裁判所判決
東京地判	東京地方裁判所判決
民(刑)集	最高裁判所民(刑)事判例集
高民(刑)集	高等裁判所民(刑)事判例集
下民(刑)集	下級裁判所民(刑)事裁判例集
行　集	行政事件裁判例集
労民集	労働関係民事裁判例集
訟　月	訟務月報

刑　月	刑事裁判月報
裁　時	裁判所時報
裁判集民（刑）	最高裁判所裁判集民事（刑事）
東高刑時報	東京高等裁判所判決時報（刑事）
労民集	労働関係民事裁判例集
判　時	判例時報
判　タ	判例タイムズ
判　自	判例地方自治
労　判	労働判例

◆**法　令**

条数のみは日本国憲法を指す。その他の略語は基本的に有斐閣『六法全書』による。

第 1 編

憲法の基本観念と日本憲法の展開

第 1 章　憲法の基本観念

第 1 節　憲法の生成と展開

I 「憲法」の語

「憲法」という語は、①おきて、のり、というような法一般の意味と、②国家の基本にかかわる根本法という意味の 2 つを含んでいる。①は古い用法で、聖徳太子の「十七条憲法」がその典型例であるが、その後も江戸時代（例．『憲法部類』）、さらには明治期に入ってもみられる（例．木村正辞編『憲法志料』）。②は、明治維新後、英語の **constitution**（仏語も同じ）の訳語として新しく登場したものである。

徳川末期に constitution に接して以来、それにあたる訳語として「永世国法」、「建国法」、「根本律法」、「国憲」、「国制」、「政規」、「政体」など、様々のものが案出された[1]。穂積陳重によれば、訳語として「憲法」を最初に用いたのは明治 6 年の箕作麟祥であるとされるが、その頃広く用いられたのはむしろ「国憲」であったようである（例．元老院の「日本国憲按（第 1 次案）」〔明治 9 年〕、「国憲（第 3 次案）」〔明治 13 年〕）。しかし、明治 15 年の頃より公定用語として「憲法」の語が使用されるようになり[2]、明治 22 年に「大日本帝国憲法」が公布されるに及んで、constitution に相当するものとしての「憲法」の用法が決定的なものとなった。

ところで、constitution はラテン語の constitutio に由来するが[3]、当初は国家の法一般の意味で用いられたようである。しかし、国家の全法秩序の中には、より基礎的な**根本法**（fundamental law）があるという観念がイギリス

1　明治維新直後に公布された「政体〔政体書〕」は constitution に相当するもの。
2　伊藤博文を「憲法取調」のため欧州に派遣するにあたっての勅語の中に、「欧州各立憲君治国ノ憲法ニ就キ其淵源ヲ尋ネ其沿革ヲ考ヘ其現行ノ実況ヲ視利害得失ノ在ル所ヲ研究スヘキ事」とある。
3　constitutio は皇帝の制定法とか、後には教会の規則などを意味した。

において成立し，それとロックに代表される自由主義的な近代自然法思想における社会契約の観念とが結びついて，ここに国家の根本法としての近代的な憲法観念が成立したのである。そして，そのような意味内容のconstitutionが徳川末期にわが国に入ってきたのである。

さらにいえば，この近代的なconstitution観念は，18世紀のアメリカ独立革命期以来成文憲法典として定立・表現するという考え方と結びついて一般化し，わが国もそれに倣ったということができる。しかし，その国の実際の姿・かたちが憲法典の描いたようになっているかどうかは，別個の問題である。

現在のわが国において，「憲法」といえば「大日本帝国憲法」ないし「日本国憲法」という憲法典のみが思い浮かべられがちであるが，例えば英和辞典のconstitutionには，法典として表現された「憲法」のほかに，構造・構成，構成の本質，体格・体質，政体といった意味が含まれていることが知られる。明治初期におけるconstitutionの訳語をめぐる上述のような苦心が示唆するように，「憲法」なる訳語が適切であったかどうかはともかく，constitutionが本来もっていた含蓄，すなわち構成の本質，体格・体質といった，われわれが日々の営みの中で作り上げていくという要素が失われてしまったのではないかと危惧させるものがある[4]。この点は，本書の様々な個所で言及されることになろう。

II　立憲主義の成立と展開

1　近代以前と古典的立憲主義

憲法は，最広義においては，およそ国家の組織・構造の基本（誰がどのように支配すべきか）に関する決まりを意味する。このような意味での憲法なき国家はありえず，それはあらゆる時代のあらゆる国家について妥当する。そして，およそ国家統治の本質は権力であり，その権力の背後には顕在的もしくは潜在的に強制力がひかえている（レーベンシュタイン）。原初的段階にある国家にあっては，この権力を扱う権力保持者の権力服従者に対する権力行使のあり方に関し，何らかの拘束力のある明確なルールといったようなものはな

---

[4]　「憲法」と拙く訳されているconstitutionの現代の日本語訳としては「国のかたち」が最も適切であろうという説（高坂正堯）は，この点にかかわる。

く，宗教的信条とか伝統的な慣習あるいはときには単なる便宜ないし恣意に委ねられていた。

　しかし，人間本性への省察に基づき，権力は常に濫用される危険があるとの明確な自覚に立って，権力保持者による権力の濫用を抑制するための装置を積極的に創出し，それを政治過程にはめ込むことによって，あるべき国家体制の保全を図り，権力名宛人の利益を守ろうとする努力がみられるようになってくる。われわれは，それを古典古代ギリシャ，ローマにおいてみることができる[5]。そこでは，政治権力を幾つかに分割し，それらの相互的な牽制によって権力の濫用を防止しようとする様々な試みがなされている。

　このように，人間が意識的に権力保持者による権力濫用を阻止し，権力名宛人の利益を守るべく，政治権力を分割統制するルールによって国家を運営しようとする考え方をもったとき，ここにはじめて憲法に基づいて政治を行うということの意義が認められるもので，これを立憲主義 (constitutionalism) と呼ぶならば，立憲主義は近代固有のものではなく，既に古典古代において成立していたということができる。これを古典的立憲主義と呼ぶことにする。この古典的立憲主義は，中世およびルネッサンス期のイタリアの都市国家などでもみられたもので，とりわけベネチア共和国は，権力濫用を抑制し独裁的な絶対主義を阻止するためのきわめて複雑かつ多元的な抑制・均衡のシステムを案出したことで知られている（塩野七生『海の都の物語』参照）。

2　近代立憲主義

　古典的立憲主義は，中世の封建体制下において，また近代絶対主義国家における君主の圧倒的な支配の前に，背後に退くことを余儀なくされたが，近代市民革命を契機に，新たな理念と構想の下に再生した。近代市民革命は，市民階級の経済活動面における絶対君主制に対する不満を梃子に，かつ，ルネッサンス運動期に醸成された個としての自覚を媒介とする個人の自由という基本観念の下に，生起したといわれる。つまり，近代市民革命は，国家（公）に対して個人の自由の領域（私的領域）の存在を設定し，かつそれを積極的に評価し，国家（公）はこの私的領域の確保のためにこそ存在理由があり，したがって国家の活動もそのような目的のためのものに限定されると捉えるところに本質をもち，そのための具体的方策として憲法の意義が明確に

---

[5] ギリシャ人は，「自由な社会」を自分たちの言葉として語り，それを意識的に築こうとした人類史上最初の人たちであることは広く承認されている。

自覚され，そのあり方をめぐる認識が深められるところとなったのである。このようにして，国民の権利・自由と，そのための権力の構成と行使のあり方を，正式な文書において確認するという考え方が生まれた。

議会制が発達し，**マグナ・カルタ**やコモン・ローの発展などによって国王の権力濫用に対する抑制装置が既に十分に確立されていたイギリスでは，成文憲法の制定をみるところとはならなかったが[6]，アメリカやフランスにおいて相ついで成文憲法の制定をみるに至った。1776年6月の**バージニア権利章典**はロック流の天賦人権・国民主権・革命権などを規定し，ついで同月末に採択された「**政府の組織（Frame of Government）**」において権力分立機構を定め，ここに**近代成文憲法の範型**が成立した。そして同年7月の**アメリカ独立宣言**は，「われわれは，自明の真理として，すべての人は平等に造られ，造物主によって，一定の奪いがたい天賦の権利を付与され，その中に生命，自由および幸福の追求の含まれることを信ずる。また，これらの権利を確保するために人類の間に政府が組織されたこと，そしてその正当な権力は被治者の同意に由来するものであることを信ずる」とうたい，また，1789年の**フランス**の「**人および市民の権利宣言**」は，「権利の保障が確保されず，権力の分立が定められていないすべての社会は，憲法をもつものでない」（16条）と断じた。われわれは，ここに**近代立憲主義**の真髄をみることができる。

　立憲主義といっても，上述の古典的立憲主義は，人間の幸福は国家生活（公的生活）の中においてこそ存在する（**公的幸福**）との考え方を基盤にしているのに対し，近代立憲主義の特徴は，人間の幸福はむしろそれぞれの個人の私的生活の中にこそある（**私的幸福**）としている点にある[7]。そして，既に触れた社会契約説的発想を背景に，このような大事な個人の天賦の権利（**自然権＝人権**）を，国家の根本法として，成文の法典（憲法典）のかたちで確認するという方式がとられることとなる。もとより，自然権の保障を全うするためには，政治権力の濫用を阻止する必要があり，そのような観点から，権力の分割統制（近代風にいえば，**権力分立制**）という統治構造が採用されたのは当

---

[6] もっとも，クロムウェルの統治典範〔インストルメント・オブ・ガバメント〕〔1653年〕のような例もみられた。
[7] アレントは，独立革命期にあって当初は，幸福は「公的幸福」を意味していたが，独立宣言は「私的幸福」も含みうるような曖昧な「幸福の追求」という表現をとり，実際その後幸福といえばむしろ「私的幸福」を意味するようになっていったことを示唆している。

然の帰結であった。

このように近代立憲主義は，成文憲法を制定して個人の人権を保障し，権力分立を定め，その一環として国民の国政参加への道を開いたが（したがって，近代立憲主義は**立憲民主主義**であった）．しかし，近代立憲主義は国民大衆の積極的な政治参加に必ずしも好意的ではなかったという側面をもっていたことに注目する必要がある。

元来革命というものは国民に直結する議会に権力を集中しようとする傾向（いわゆる会議制的統治形態）をもつが，アメリカの諸邦でも当初議会全能の傾向がみられた。そのことは革命保守派の警戒心を強めるところとなり，ここに主権者たる国民を憲法制定権力として把握し，国民の直接の関与の下に成立した憲法をもって議会の活動を抑制しようとする構想が登場することになる。1780年のマサチューセッツ憲法がそれで，憲法制定に憲法制定会議と人民投票を採用した最初の憲法であるが，それは国民主権を建前としてたてつつ議会の権力を抑え込もうとする巧妙な考案であった。1788年発効の**アメリカ合衆国憲法**は，このマサチューセッツ憲法の延長線上にあるといえる。違憲立法審査制もかかる背景において生まれてくる。

フランスでは，中道左派を多数とする国民議会が，1789年の人権宣言を前文とする憲法を1791年に成立させたが，この憲法では，人民大衆に対する警戒から，意識的にルソー流の「人民主権」を避けて「委任」によってのみその主権を行使できるものとされた。この「委任」は包括的・集団的な代表委任であって，代表者を拘束するような国民の意思の存在は忌避され，代表者は国民の選挙によって選ばれることを不可欠の要素としなかった（議会とともに国王も代表者とされた）。英米でもフランスでも制限選挙制であった。

3　成文憲法の普遍化

18世紀末のアメリカおよびフランスにおける成文憲法の制定は他の諸国にも強い刺激となり，19世紀に入ると国家という国家のほとんどが成文憲法を制定するようになる。君主国も例外ではなかった。このような現象を捉えて，19世紀は「憲法の世紀」とも呼ばれる。成文憲法の普遍化である。

もっとも，各国家は様々な歴史的条件によって規定されつつ存在しており，そこで制定される成文憲法の内容も多様化することが避けられない。例えば，国民主権の下で議会を中心に国政を運用しようという国と，君主主権の下で君主（行政）を中心に国政を運用しようという国とでは，憲法の内容

は随分と異なるであろう。ただ，この世紀にあっては，超越的ないし道徳的な人権（自然権）思想が後退して実証主義的な権利観念が強まり，憲法概念も，価値的ないし目的的要素を稀薄化ないし消失させて，形式化していった点で共通している。こうした傾向の中で，立憲主義の外見によって旧体制の温存を図ろうとするようなものもみられるようになる。いわゆる外見的立憲主義である。

　こうした限界はあったが，成文憲法の普遍化という現象は，後の世代がより徹底した自由・権利の保障と民主主義を要求する基盤を提供するという機能を果たしたことは看過してはならないであろう。

III　現代立憲主義

1　近代立憲主義の変容

　上述のように，近代立憲主義は，国により相当事情は異なるとはいえ，各個人の自由かつ自律的な活動の中にこそ人間の幸福の鍵があり，各個人の競合の中に"見えざる手"の働きにより社会的調和と発展が形成維持されると措定した。国家は，個人のこのような自由な活動と社会の自律的運行の外的条件の必要最小限の整備充足にその役割を限定されるべきで，さらにいえば国家権力の活動の場が少なければ少ないほどよいと観念されたのである。こうした国家は消極国家（negative state）とか最小限国家とか呼ばれるが[8]，このような考え方と制度を背景に，資本主義が進展していくことになる。

　しかし，そうした中でやがて，国民の間に貧富の差が拡大し，各種の矛盾と社会的緊張が顕在化していった。特に19世紀末から20世紀初頭にかけて，人間の自由・権利の享受においての実質的平等を要求し，国民の政治への積極的参加を通じてその達成を図ろうとする動きが顕著となり，それへの対応にともない近代立憲主義も変容を迫られていくことになる。

2　積極国家（社会国家）化

　上述の動きに対して政府は当初弾圧策をとったが，やがて国民の社会・経済に積極的に介入し，経済危機の回避と社会的緊張の緩和に努めるようになった。政府自らによる積極的な産業基盤の整備，厖大な国家財政資金の投融

---

[8] 国家の役割をもっと立派なものと考えようとする人は，こうした国家のことを「夜警国家」とか「番犬国家」とか呼んで皮肉った。

資などの推進，最低賃金・労働時間規制法などの制定，労働組合の結成・活動を支援する法の整備，各種社会保障政策の積極的展開等々がそれである。このような傾向を，憲法典のレベルではじめて体系的に表現したのが，第 1 次世界大戦後のドイツ革命の所産である 1919 年のワイマール憲法であった。同憲法は，「所有権は義務をともなう。その行使は，同時に公共の福祉に役立つべきである」(153 条 3 項) と規定し[9]，社会権的基本権と呼ばれる労働基本権の保障や包括的保険制度の設立などについて規定するに至った。このような段階に至った国家は，積極国家 (positive state) とか社会 (福祉) 国家とか呼ばれるようになる。

　こうした傾向を現出・助長せしめた背景には，20 世紀初頭の社会主義革命とそれに基づく新しい憲法体系の展開が作用していたことは否定できない。1917 年の 10 月革命によって成立したソビエト政権は，翌年 1 月「勤労し搾取されている人民の権利の宣言」を発し，「人間による人間のあらゆる搾取の廃止，階級への社会の分裂の完全な廃絶，搾取者に対する容赦ない抑圧，社会主義的な社会組織の確立，およびあらゆる国における社会主義の勝利」をうたった。そして，これを基本目的としてその後展開した社会主義憲法は，近代立憲主義の真髄である個人の自由という観念と権力分立制を排し，労働者・農民などの権利・利益の具体的・実効的実現を図るべく中央集権的・権力集中的な会議制的統治形態を採用した。この権利宣言を収めて成立した 1918 年のロシア社会主義連邦ソビエト共和国憲法，そして 24 年のソビエト社会主義共和国連邦憲法を経て成立した 36 年のいわゆるスターリン憲法は，ソ連邦は「労働者と農民の社会主義国家」である (1 条) とするとともに，「ソ連邦の政治的基盤は…プロレタリアート独裁の獲得の結果として成長し堅固になった勤労者代議員ソビエトである」(2 条) と規定している[10]。

　ナチズム・ファシズムという全体主義との闘いであった第 2 次世界大戦後，全体主義体制下の悲劇への反省に基づき人権観念が再生するが，もはや 18 世紀の人権観念さながらではありえず，社会国家 (社会国家的基本権) への

---

[9] こうした規定の仕方は，「権利の倫理化」傾向を示すものといえる。
[10] 因みに，1977 年の憲法は，ソビエト国家の組織と活動は「民主主義的中央集制の原則」によるものとし (3 条)，「ソ連邦の最高国家権力機関は，ソ連邦最高会議であ」って，「憲法によってソ連邦の権限に属するすべての問題を決定する権能をもつ」と規定していた (108 条 1 項・2 項)。

配慮をともなうものであった。1946年のフランス第4共和制憲法は自らを「社会的共和国」と宣言し，1947年のイタリアの憲法は「労働に基礎をおく民主的共和国」とうたい，1949年のドイツの憲法（ボン基本法）はその性格規定として社会的法治国家たる旨宣言した。日本国憲法もこれらの憲法の系譜に属する。もっとも，これらの憲法は，社会主義憲法とは違って，近代立憲主義の真髄である個人の自由保障と権力分立（抑制・均衡）体系への配慮をその根幹としている。

　この資本主義（市場経済）に基礎をおく積極国家（社会国家）体制と上で触れた社会主義国家体制との優劣をめぐる対立（冷戦）がしばらく続くが，1989年のベルリンの壁の崩壊に象徴される冷戦構造の終焉とソ連邦の解体で幕を閉じた[11]。このような結末は，社会主義憲法体制の核をなすいわゆる民主集中制が巨大化・硬直化する官僚制的支配を帰結し，その徹底した情報管理・情報統制と相まって，社会のダイナミズムの欠如と進展する情報技術革命への不適応をもたらしたことによる。このような中にあって中国は，1982年の中華人民共和国憲法において，従来の革命の成果を踏まえて自らを「労働者階級が領導し，労農同盟を基礎とする人民民主独裁の社会主義国家である」（1条）と規定する一方，市場経済の導入を図り，その巨大な人口を背景に急速に経済大国へと成長しつつある。しかし，この過程で貧富の格差も急速に拡大しており，社会主義的政治体制と市場経済との両立可能性いかんという深刻な課題を抱えている。

　近代立憲主義の延長線上において積極国家化を推し進めてきた国々も，様々な重い課題から免れえなかった。国家権力とりわけ行政権の肥大化にともなう官僚主義的国政運営と社会経済の活力の減退，厖大な官僚機構の活動を支え社会保障制度などを維持するための重い財政負担等々，一口でいえば"管理化国家"，さらにいえば"管理しすぎる国家"のコストの課題である。そしてこれらの国家は，肥大化・硬直化した官僚機構の整理・再編，経済的自由の再評価にともなう規制緩和・撤廃，事前規制から事後監視への転換，政府事務・事業の民間への移転（民営化・民間委託など）等々を推し進めた。そこには，冷戦構造の終焉とともに顕在化したいわゆるグローバリゼーショ

11　1993年のロシア連邦憲法は，「ロシア連邦（ロシア）は，共和制の統治形態をとる民主的な連邦制法治国家である」（1条）とうたい，条文上は明確に立憲主義憲法の系譜に属することを明らかにしている。

ンに国家としていかに対応するかという課題意識も作用していたことは否めない。しかし改革は，根本的であればあるほど容易でなく，またその副作用も大きくなる可能性がある（例えば，新たな格差問題の発生）。

グローバリゼーションは，いわば"地球の風"が国家の「主権」の壁を越えて（あるいは突き崩して）吹き抜けるといった趣をもった。この"風"の強度や方向を一定度コントロールできるメカニズムが存しないとき，国家に致命的な被害をもたらす可能性を孕む。実際，2008年のアメリカに端を発する超弩級の金融危機は各国の国政のあり方に深刻な打撃を与え，国際社会のあり方に重い課題を突き付けるとともに，立憲主義国家は"管理しすぎる国家"に回帰することなくどのような道を見出せるのか模索・呻吟しなければならない状況にある。

3 議会制の変貌——政党国家，「直接制」の部分的導入

近代立憲主義は，権力分立構造の中，国民の選挙によって選ばれる議会を中心に据えて国政を運用しようとした。そして一般に（アメリカの場合はやや事情を異にするところがある）この**近代議会制**は，「**国民代表**」なる観念によって議員（議会）を選挙民の指図から解放し，そのような姿において国民の権利・自由の守護と国家統合の役割を果たさせようとした。

しかし，資本主義の進展にともなう社会的矛盾と緊張を背景とする政治の民主化の要求の高揚は，選挙権の拡大を帰結するところとなり（終局的には普通選挙制の確立），それとともにかつてのような議会の超然さを許さなくなり，むしろ議会は実在する民意を忠実に反映・代弁すべきであると考えられるようになる。このような事態は，フランスでは，古典的な「**純粋代表**」に対比して「**半代表**」という言葉で表現されることがある。イギリスにおいて，「法的主権は議会にあるが，政治的主権は選挙民にある」といわれるような事態も，このような文脈において理解できるものである。

この過程で重要な役割を果たしたのは政党である。近代立憲主義は元来政党的なるものに対して好意的ではなかったが，上述のような背景において政党は次第にその地歩を固め，組織性を強めながら，国政レベルにおけるその重要性を高めていった（**政党国家**の現象）。その結果，議員は議会における自由な討議に基づいて意思を形成し表決するというよりも，政党の党議に従って行動する存在と化し，議会における意思形成は政党間の確執と妥協の下に行われるようになる。そして，社会の階級対立の激しさに比例して政党間の

妥協が困難となり，議会の意思形成・統合能力を失わせることになり，ドイツのように「左」「右」の挟撃にあって議会制が沈没してしまうところも出てきた。大日本帝国憲法も政党に対する消極的評価の下に制定されたものであったとはいえ，やがて政党内閣の誕生を許すところとなったが，厳しい時代環境の中で憲法構造とも関連して軍部の台頭を招き，結局，昭和15(1940)年の**大政翼賛会**[12]の成立とともに政党政治は終りを告げた（軍部独裁体制）。

　第2次大戦は，議会制を潰した後には結局最悪の圧制しかありえぬことを実感させるところとなって，大戦後様々な方策を講じて議会制の修復・維持が図られることになる。このことについては後に詳述するが，1つは，政党を憲法体系上明確に位置づけようとする試みであり（日本国憲法は，文言上は政党について言及してはいないが），もう1つは，直接民主制（直接制）の部分的導入と地方自治の拡充であって，これにより議会の過重負担を減らし議会制を補完させようとした。

　なお，このことと関連して，ここで民主制について一言しておく必要があろう。民主制については，従来，**直接民主制**と**間接民主制**（代表民主制）とに大別され，前者は古典古代の都市国家などでみられるものの，近代立憲主義国家ではその現実性の面において後者となることが当然視されてきた。そして代表民主制については，既に触れたように，民意から超然とした「**純粋代表制**」から，民意の影響下にあるべき「**半代表制**」への展開が語られてきた。この展開は民主制の進展と関連づけて理解されたが，国民は議員を選挙できるにとどまり，代表が統治するという点では変わりはない。

　しかし，民主制の論理に基づくさらなる展開は，代表制は維持しつつも国政上の事項によっては国民自ら方向を定め決定するという制度を帰結するに至った。つまり，国民は，選挙権を行使するにとどまらず，国民発案（イニシアチブ）や国民表決（レファレンダム）などによって，ときには議会の意思に反しても，自らの意思を公式に表明できることとされたのである。このような段階に至った民主制は，「**半直接民主制**」（半直接制）と呼ばれることがある。

　日本国憲法は，憲法改正に関し国民投票を要求し，各議院の総議員の3分

---

[12] 時の内閣総理大臣近衛文麿の提唱する新体制運動に基づき，諸政党を解散して形成された全国組織。

の2以上の賛成による国会の発議につき，国民投票における過半数で賛否を決することができるとしている（96条）が，通常の法律レベルの事柄についても国民発案や国民表決の制度を設けている国も少なくない。事がここに至れば，従来主として権力分立制の観点から議会と内閣（政府）との関係につき云々されてきた議院内閣制の性格も（殊にわが国では，明治憲法以来このような理解傾向が強かった），国民による信任・国民に対する責任という観点から捉え直す必要性を示唆するものである。

4　行政権の役割増大──行政国家

　積極国家化は，政府による社会・経済過程へのきめこまやかな対応・介入を随伴し，しかもこの対応・介入は本来立案された計画の下に進められることが要請される（計画行政）。この計画化は，一方では，資本主義下では果たして真に可能かという疑念（真の計画化は社会主義国においてのみ可能であるという主張），他方では，"隷従への道"であるとの批判（ハイエク）にさらされながら，客観的事実としては着実に国民の各生活領域に押し広げられ，それに随伴して行政権とりわけ官僚の役割増大を帰結した（行政国家）。

　かつてのような権威と統合機能を喪失した議会が，専門的知識と技術を要求される現代的な行政需要に迅速かつ的確に対応することを期待することは相当に難しく，法律は行政を現実に方向づけるというよりは，むしろ自由なる行政の根拠を一般的に提供するという役割を果たすことになりかねない。しかし，行政の各部分がそれぞれの行政需要・問題領域に取り組むことを委ねるということだけで，国民全体にとって納得できる価値ある結果が得られるかどうかは疑わしい。

　このような状況の中であみだされた方途の1つは，行政の長を国民の直接の選挙によらしめてその基盤を強化し，行政権に民意を反映させつつ官僚に対する指導力・統制力の発揮を期待しようとすることである。フランス第5共和制憲法下の大統領制は，その一例である。また，上述のように，「半直接制」の導入，あるいは議院内閣制を民主制の観点から捉え直そうとする新しい傾向（日本における「国民内閣制」の主張も，こうした新傾向の文脈で捉えうる）も，そのような試みの現れとみることができる。

　もっとも，こうした方途によって，多面的な民意の各種行政への反映や行政の公正さを達成するに十分かの疑問は残る。各種行政委員会や審議会の設置，オンブズマン構想，国民の権利に影響する計画策定や行政決定過程に利

害関係者を参加せしめて適正さを確保しようとする試み（行政手続法制の整備），情報公開制度の確立，行政の司法的統制強化への志向などは，巨大化・複雑化した行政国家に対する対応方法の模索とみることができる。

さらに，生命倫理問題などを孕み，多額の公金を使用する科学技術政策の推進に関し，行政・専門家によるトップ・ダウン方式にのみ委ねてよいのかが反省され，コンセンサス会議などの市民参加型の新たな合意形成フォーラムの役割が注目されている。これらの様々な試みは，議会を頂点とする民主的正統性との関係で議論の余地を残すものではあるが，こうした重層的・多元的な工夫をこらさなければならないところに，現代立憲主義の難しさが存するともいえる。

わが国は，19世紀半ば過ぎに近代国家の構築に乗り出した後発の国であるが，後にもいろいろな箇所で触れるように，行政に圧倒的な比重をおく憲法体制であった。その成果とその行き詰まりの果てに，日本国憲法体制を築いて再出発したが，旧体制の残滓を克服しつつ現代的課題に取り組まなければならないという困難な状況にわれわれはある。平成9 (1997) 年の行政改革会議最終報告は，次のように述べている。「戦後型行政の問題点，すなわち，個別事業の利害や制約に拘束された政策企画部門の硬直性，利用者の利便を軽視した非効率な実施部門，不透明で閉鎖的な政策決定過程と政策評価・フィードバック機能の不在，各省庁の縦割りと，自らの所管領域には他省庁の口出しを許さぬという専権的・領土不可侵的所掌システムによる全体調整機能の不全といった問題点の打開こそが，今日われわれが取り組むべき行政改革の中核にあるといって差し支えない」。

5　憲法の規範力強化への試み――司法国家

議会の相対的地位の低下と関連して，憲法の規範力を裁判所を通じて確保・強化しようとする傾向が顕著となった点も，現代立憲主義の特徴である。近代国家と比較して，現代国家における憲法の規範力の低下がときに指摘されてきた。が，確かにそういえる余地のあることは否定できないとしても，少なくとも憲法制度的にみるならば，憲法の規範力強化への志向が顕著であることも事実である。

かつては議会が自ら憲法の擁護者をもって任じ，法律が人間理性の発露というべき一般的・抽象的規範と観念されていた段階では，議会による憲法侵害という問題は顕在化せず，憲法と法律との質的区別さえそれほど明確には

意識されないところさえあった。この点，既に若干示唆したように，革命初期の議会（立法権）全能思想の下での経験に鑑みて形成された憲法下において，いち早く**違憲立法審査制**を確立させたアメリカ合衆国の例はきわめてユニークなものであった。それが，上述の議会制の凋落——議会（立法権）不信を背景に，かつ，特に再生した基本的人権観念の下にその保障を確実なものにしようとして，立憲民主主義諸国の憲法体制に一般に取り入れられるところとなったのである。この推移は，「自然的正義」→「実定的正義」ないし「法的正義」→「憲法的正義」として語られることがある（カペレッティ）。

もっとも，このいわゆる「**憲法的正義**」実現の方法は，各国の歴史的事情を反映して一様ではない。アメリカ合衆国において違憲立法審査制を確立したとされる**マーベリ対マジソン事件判決**（1803年）は，①憲法は「法」であること，②人民に直接由来するこの「法」は議会の制定する法律に優位するものであること，③憲法も「法」である以上，この「法」を扱う最終的権威（権限）は司法権の帰属する裁判所にあること[13]，という論理に立つものであった[14]。政治（**人民主権**）と**法の支配**とを連結するこの論理は，建国後間もない厳しい政治的対立を克服し，その後の合衆国の安定的展開をもたらす礎となった。

日本の明治憲法時代，この論理に注目する向きもあったが，大陸法的影響の下に司法権は民事・刑事の裁判に限局され，また，立憲主義推進の立場にあっても議院内閣制（政党内閣制）確立が焦眉の課題とされた事情の下，違憲立法審査制の確立をみるところとならなかった[15]。そして，英米法的発想下に作られた日本国憲法において，具体的導入をみるに至った（特に81条参照）[16]。

13　裁判所（司法権）は，具体的な法律上の争訟・事件が裁判所に提起された場合，法を解釈適用してその争訟・事件を解決することを任務とするものであり，その場合，憲法と法律とが矛盾していれば，裁判所としては憲法を優位させて判断せざるをえないこと。

14　判決は，このような理論的根拠に加えて，合衆国憲法における司法権付与規定である3条，最高法規条項である6条2項，憲法尊重義務規定である同条3項に論及している。

15　明治憲法は神権的国体観念と立憲主義の2つの要素から成り立つ憲法であったが，いずれの立場を重視する場合にあっても，違憲立法審査制に肯定・否定の二様の立場がありえた。すなわち，神権的国体観念によって天皇の裁可が法律の違憲でないことの絶対の証であると考えれば違憲審査否定論に（穂積八束），同じく神権的国体観念によって議会の行動を警戒視すれば肯定論に（上杉慎吉），立憲主義の立場に立って議会の地位を重視すれば違憲審査否定論に（美濃部達吉），個人の権利を重視すれば肯定論に（市村光恵），というふうであった。支配したのは否定論で，裁判所も違憲立法審査権を自らのものとしようとはしなかった。

他方，大陸法系の国にあっては，憲法をもって国法秩序における最高の「法」と捉え，その規範力の最終的担保を議会以外に求めるとしても，なおその「法」の特殊性（政治性，一般性・抽象性）に鑑み，通常の司法裁判所ではなく，独自に構成された憲法裁判所という特殊な裁判所に担わせる傾向がある。

旧体制（アンシャン・レジーム）下における経験から伝統的に裁判所（裁判官）不信が強いフランスでは，裁判所以外の機関（第4共和制憲法下の憲法委員会，第5共和制憲法下の憲法院）に法律の違憲審査を行わせてきたが，それは元来議会の権限を制限する憲法を議会が逸脱しないよう監視するという趣旨のものであった。憲法院についていえば，法律の発効前に合憲性を抽象的に審査するというもので，提訴権者は大統領・首相・両院議長に限定されており，その政治的機関性が指摘されていた。そして憲法は，第4共和制憲法と同様にその前文で過去の人権的文書（その中心は1789年の人権宣言）に言及するのみであった。が，憲法院は1970年代以降これら人権的文書を根拠に法律の審査をするようになり，また，憲法改正により提訴権者が各議院の議員60名にも拡大されるに至り，さらに，2008年の憲法改正で違憲の抗弁による事後的違憲審査制が導入されるなど，司法国家ないし裁判国家への接近を思わせる[17]。

「法の支配」発祥の国イギリスは，今日なお成文憲法典をもたず，いわゆる軟性憲法国であるが，国会主権原理下にあってなお国会は伝統的に法の支配原理を尊重し，裁判所も法律の解釈適用に工夫をこらすなどして国民の権利・自由の保全に努めてきた。そしてこのイギリスにおいて，ヨーロッパ人権条約を国内法化する1998年人権法（Human Rights Act 1998）を制定し，裁判所は国会制定法の条約不適合を宣言できることになり，従来の国会主権原理を実質的に変容させている。

また，イギリスの法制度を継受するニュージランドでは，1986年憲法法（Constitution Act 1986）によってイギリス議会の制定法の効力を排除したうえ，1990年ニュージランド権利章典法（New Zealand Bill of Rights Act 1990）および1993年人権法（Human Rights Act 1993）を制定し，権利保障制を整備し

---

[16] 刑訴応急措置法事件に関する最（大）判昭和23年7月8日刑集2巻8号801頁は，「日本国憲法第81条は，米国憲法の解釈として樹立せられた違憲審査権を，明文をもって規定したという点において特徴を有する」と述べている。

[17] フランスの憲法学は政治学的性格の強いものであったが，このような展開と関連して法律学化の傾向をみせている。

ている。これらの法は他の制定法と形式的には同格の議会制定法であり，権利章典法自体が権利章典によって他の制定法が影響を受けるものではないと規定するが，同時に，同法に整合する制定法解釈が優越することを定めるなど，軟性憲法国にあってなお独自の人権保障の道がありうることを示唆している。

6　平和国家への志向

　元来戦争は立憲主義にとって最大の"敵"であるはずである。とりわけ現代戦争は総力戦であって，人権（私的領域）の徹底的な制限・破壊をともない，立憲主義体系に潰滅的な打撃となる。第1次大戦，特に第2次大戦はこのことを痛感させるところとなり，平和主義・国際協和主義への志向を憲法体系の中に取り込み，憲法自体において明記するものがみられるようになった。平和国家への志向である。

　1946年のフランス第4共和制憲法は，フランスが国際公法の規則に従うこと，征服を目的とするいかなる戦争も企てないことなどを宣言した（前文）。1947年のイタリアの憲法も，イタリアは他国民の自由を侵害する手段として，および国際紛争を解決する方法として，戦争を否認し，他国と互いに等しい条件の下に，諸国家の間に平和と正義とを確保する秩序にとって必要な主権の制限に同意し，この目的を有する国際組織を推進し，助長すると規定している（11条）。そして，1949年のドイツの憲法も，ドイツは法律により主権作用を国際機関に移譲できるとし（24条1項），また，平和維持のため相互集団安全保障制度に加入できるが，その際ヨーロッパおよび世界諸国民間に平和な永続的秩序をもたらし，かつ保障するところの主権作用の制限に同意する旨明らかにし（同条2項），さらに諸国民の平和的共同生活を妨害するおそれがありかつそのような意図でなされた行為，とりわけ侵略戦争の遂行を準備する行為は違憲であり，かかる行為は処罰さるべきものと規定している（26条1項）。日本国憲法の定める戦争放棄・国際協和主義もかかる文脈において理解しうるが，その中でも特筆すべき内容をもっている。

　平和を維持するには，上の諸憲法の定めからもうかがわれるように，一国の姿勢・努力だけでは限界があり，国家間の協力体制の構築や第2次世界大戦を防げえなかった国際連盟への反省に基づき1945年に創設された国際連合の活動などに期待しなければならないところが大きい。第2次世界大戦終結後間もなくはじまった冷戦構造は，その下で懸念された第3次大戦が幸い

現実化することなく，1989年のベルリンの壁の崩壊を象徴的出来事として，終焉した。そして，第1次，第2次両大戦の主戦場であったヨーロッパでは，EUの成立をみた。しかし，今日に至るまで，世界の様々な地域で武力紛争・衝突が絶えることはなかった。とりわけ，2001年9月11日のアメリカ同時多発テロに象徴される「テロとの戦争」は，国際協力のあり方に難しい課題を突き付けるとともに，自由の保障と安全の確保をいかに両立させるかという重い課題を立憲主義諸国に迫っている。

7 憲法とその措定する人間像の変容

近代立憲主義には，いわば抽象的な「完全な個人」を措定し，そうした人間像（いわば**抽象的人間像**）を前提に人権の保障や統治のあり方が考えられたようなところがある。そして，従来の「身分」からの自我の解放を目指した近代人にとって，集団ないし結社は，自我の確立を妨げ，個人の自由な活動の前に立ち塞がり，あるいは，公共性をかき乱し，安定した統治体制を瓦解に至らしめるものと映じたようである。

しかし，現実の人間は，自己を取り巻く様々な社会経済的諸条件に縛られ，その関係する様々な人間集団の規律や方針などとの絡み合いの中で行為するところが少なくないはずである。上述のように，資本主義の進展は，近代立憲主義がその出発点とした建前と現実との乖離を次第にあらわなものとした。ここに，社会の中における**具体的人間**に即して（**具体的人間像**），権利の保障や統治のあり方が考えられるようになった。社会権的基本権の保障される，上述の積極国家観の登場である。人間にとっての集団の意義も自覚され，実際，各種組織が発生した。

しかし，こうした積極国家は，具体的人間像を出発点としながら，上述のように，容易に"管理化国家"，"管理しすぎる国家"に堕し，具体的人間を管理の細密な網の目に搦め捕り，結局は人間を抽象化してしまう危険を孕んでいる。全体主義は，そうした危険を荒っぽく極大化してみせた体制であった。「権利の倫理化」や「団体のエトス」を語っていた人物が，第2次大戦後，「人格」の意義を強調し，従来の憲法が文書の上で確認したことのない「一個の基本的人権，孤独への権利」の意義を説き（ラートブルフ），あるいは，「私的生活の存立のための闘い」の必要（レーデラー）や「隷従への道」の危険（ハイエク）が指摘されたのは，このような文脈においてのものであった。

第2次大戦後に制定されたドイツの憲法が，「**人間の尊厳の不可侵**」を基礎に据えて基本権を保障する趣旨を明らかにするとともに，「自己の人格を自由に発展させる権利」を明示し（1条・2条），日本国憲法が，「**個人の尊重**」「**個人の尊厳**」を基本的人権の保障の根底に据えている（13条・24条参照）のは，現代国家における個人のあり様の難しさへの配慮に基づくものである。さらに，近年における科学技術の，とりわけ情報工学や生命科学の驚異的進展は，個人の生きる生活空間に様々な課題を投げかけている。近代立憲主義が「完全な個人」を措定した点は問題だとしても，各個人が普遍的な「自然権」をもつとする道徳原理を基礎に据えながら，現実の国家状況の中で，そのような権利の具体化のあり方を探り続けることが，ますます重要な課題となってきているといえよう。現代人権論において，個人の自律の意義が強調され，人格権とか人格的自律権（自己決定権）の意義が説かれるのも，この課題と関係している。

第2節　憲法の意義・種別・特性・効力

I　憲法の意義

1　実質憲法と形式憲法

　上述のように，憲法は国家の根本法の意であるが，委細にいえば，憲法は様々な意味に用いられる。まず，憲法の存在様式に関連して，形式的意味における憲法ないし**形式憲法**と実質的意味における憲法ないし**実質憲法**との別が生ずる。

　前者の形式憲法とは，軟性・硬性を問わず憲法典という特別の形式で存在する憲法——その表題が，「ドイツ連邦共和国基本法」のように，「憲法」となっていなくても，その内容が国家の主要な組織・作用規範を包括するものを含む——または通常の法律よりも高い形式的効力をもつ法を指す。これに対して実質憲法とは，そのような成文形式で存在するか否かを問わず，およそ国家の構造・組織および作用の基本に関する規範一般を指す。実質憲法は，およそ国家あるところすべてに存在する。形式憲法の内容のすべてが必ずしも実質憲法とは限らず[18]，また，実質憲法がすべて形式憲法に取り込ま

れるとは限らない（明治憲法下の皇室典範がその例）。

2 固有の意味の憲法と立憲的・近代的意味の憲法

既に示唆したように，およそ国家といえるものは政治権力を背景とした統一的秩序体であって，政治権力の所在と行使に関する規範が存在している点で共通している。この規範を指して憲法と称される。"およそ国家のあるところ必ず憲法あり"という場合の憲法概念で，**固有の意味の憲法**とか**本来の意味の憲法**とか呼ばれる。この固有の意味の憲法と先の実質憲法とは，結局同一の事柄を指しているが，前者は事柄の性質に着眼してのものであるのに対して，後者は事柄の存在様式に着眼してのものである。

この固有の意味の憲法に対して，特に権力保持者による権力濫用を意識的に阻止し，権力名宛人の利益保護を終局の目的とする憲法を**立憲的意味の憲法**といい，この種の憲法の体系的展開が近代国家に至ってみられるようになったことから**近代的意味の憲法**と呼ばれることが多い。上述のように，近代的意味の憲法は一般に形式憲法として登場し存在しているが，イギリスのような例外もある[19]。なお，実質憲法について，広狭二義を区別し，広義においては「国家の根本法」を，狭義においては「立憲制の国家に於ける国家の根本法のみ」を意味すると解する立場もある（美濃部達吉，芦部信喜）。

3 法規範としての憲法と事実状態としての憲法

憲法に相当する外国語の constitution, Verfassung には，構成の本質，体格・体質等々の意味があることは既にみたが，実際，国家という政治的統一体の存在のあり様それ自体を指して使用される場合がある。「事実上の権力関係」をもって「憲法」の本質とみるラッサールの所説，あるいは，「政治的統一と社会秩序の全体状態」の意味において「憲法」を捉え（『絶対的意味の憲法』），また，「憲法」(Verfassung) と「憲法律」(Verfassungsgesetz) とを区別し，前者の「憲法」をもって憲法制定権力による政治的統一体の形式と態様に関する根本的決断とし（『積極的意味の憲法』），「憲法律」はかかる「憲法」を前提にしてはじめて妥当し規範性を発揮するとするシュミットの所説，などにその用例をみることができる。これらの所説は，政治的激動期において

---

[18] その例として，1874年のスイス憲法典中のユダヤ的屠殺方法の禁止規定などがあげられることがあるが，その国の歴史的状況との関係で国家的ないし国民的重要性をもつものであったためかもしれない。

[19] そこでは，実質憲法は通常の法律，判例法，憲法上の習律 (constitutional convention) として存在している

主張されたものであり，憲法が「政治」と深いかかわり合いをもつことを鋭く指摘したものといえる。

しかしながら，憲法の本質をそのようなものとしてのみ捉えることが，憲法が「政治」にのみつくされ，憲法学を「政治」の侍女たらしめる危険を内包している点は看過できない。上述のところから明らかなように，憲法の本質ないし憲法概念の存在理由は，政治と法（法の支配）とを連結する要にあると解するべきである。既に触れたように，日本語としての「憲法」は法規範のみを示唆し，constitution, Verfassung を必ずしも正確に表現し切れていないきらいはあるが，憲法を容易に事実そのものと混同することがあってはならない[20]。

4 実定法的意味の憲法と法論理的意味の憲法

実定法的意味の憲法とは，およそ国家においてその構造・組織および作用の基本に関する規範であって，国法秩序の基礎をなすものを指すのに対し（これは上述の固有の意味の憲法に相当する），そのような実定法的意味の憲法の効力根拠として想定される規範として法論理的意味の憲法がいわれることがある。これは，純粋法学的思惟において，実定法的意味の憲法を効力あるものとして認識するために前提とされる始源的仮説規範である。

II 憲法の種別

1 存在形式による種別

憲法は種々の視点から分類できるが，従来しばしば行われる分類方法の1つに，存在形式に着眼してのものがあり，かかる視点から成文憲法と不文憲法，成典憲法と不成典憲法とが種別される。**成文憲法**とは実質憲法が成文の形式をとって存在するものをいい，**不文憲法**とは実質憲法が判例とか慣習などの形式で存在するものをいう。イギリスでは，実質憲法は，上述のように，一部は議会制定法（権利章典，人身保護法，国会法など）の形式をとって存在している。にもかかわらずイギリスがしばしば不文憲法国といわれるのは，イギリスの憲法が特に憲法典という形式をとっていない点に着眼してのことで，その場合の不文憲法とは**不成典憲法**の意味で用いられている。

このように，成文憲法といっても必ずしも一義的ではなく，狭義において

---

[20] 因みに，シュミットの「憲法」（Verfassung）は単純に事実状態の意ではない。

成典憲法を指すが、広義においては憲法典を含めてさらにそれより広く根本法の趣旨で特別に定立された制定法一般を指し（例えば、フランス第3共和制では3つの憲法的法律が存在した）、最広義においてはおよそ成文化された実質憲法を指す[21]。

2 改正手続による種別

制定された憲法典に他の成文法に優る権威を認め、通常の立法とは異なる特別の手続によるのでなければ変更できないとされるものを**硬性憲法**といい、そうではない憲法は**軟性憲法**と呼ばれる（軟性憲法は、元来不文憲法も含めて観念される）。

軟性憲法は事態に柔軟に対応できる長所をもつ反面、憲法の「最高法規」性という観念は厳密な意味では生ずる余地はなく、通常の立法に対して規範性を発揮しにくい。今日成典憲法主義が一般的になり、ほとんどが硬性憲法であるから、硬性か軟性かそれ自体はあまり意味がなく、むしろ「硬さ」が具体的にどのようなものであるか、あるいはどのようにすべきかに真の問題があるといえよう。硬性憲法は憲法の安定性・永続性を企図してのものであるが、硬ければそれだけ憲法の安定性・永続性が保障されるというものでもない。

因みに、憲法（constitution）に「軟性（flexible）」と「硬性（rigid）」の別があることを説いたブライスが問題にしようとしたのは、国家が時代環境の変化に柔軟に対応しうる能力に富んでいるかどうかであった。そして、そのような能力を備えている「軟性」憲法国の例として自国のイギリスや古代ローマをあげ、対して、「硬性」憲法国としてフランスをあげ、そこでは憲法変化に「革命」を必要としたと説いた。その後、アメリカ合衆国について論じて、そこでは確かに改正困難な「硬性」憲法典が存在しているが、時代環境の変化に対する柔軟な対応力を示してきたと主張した。この説明をどのように受け止めるかはそれ自体問題であるが、一国の憲法の安定性・永続性には様々な要因が作用していることは確かであろう。

3 制定権威の所在による種別

制定権威の所在いかんにより、欽定憲法、民定憲法の種別が生ずる。**欽定憲法**とは、君主主権原理に基づき、君主の権威を憲法制定の終局の根拠とす

---

[21] イギリスでは、狭義および広義の成文憲法は存在しないが、最広義の成文憲法は存在していることになる。

る憲法のことで，1814年のフランス憲法やわが国の明治憲法などがその例である。**民定憲法**とは，国民主権原理に基づき，国民の権威を憲法制定の終局の根拠とする憲法のことで，1791年のフランス憲法や日本国憲法などがその例である[22]。

　欽定憲法か民定憲法かという種別は，このように誰の権威を憲法制定の根拠とするかにある。フランスの1791年憲法は立憲君主制をとるものであったが，国民主権に立脚して国民を制定権威としている点で民定憲法である。また，日本国憲法は後述のように明治憲法所定の改正手続により成立したものではあるが，同じく国民主権原理に立って国民を制定権威としている点で民定憲法と解される（通説）。なお，民定憲法か欽定憲法かの種別は，憲法成立の由来の区別にすぎず，法的には特に意味はないとの見方もありうるが，欽定憲法の場合は，その制定権威者はそれ自体活動能力を有する存在である点で，民定憲法の場合とは違った法的帰結を導きうる可能性がある。

4　規定の内容・性格による種別

　憲法の規定の内容・性格は様々で，各種の観点から分類できる。例えば，国家体制いかんの観点から，単一国憲法と連邦憲法，君主制憲法と共和制憲法といった種別が可能である。また，歴史的観点から，近代憲法と現代憲法，あるいは，その措定する社会・経済的構造の観点から，資本主義憲法と社会主義憲法，といった種別がありうる。あるいはさらに，規定内容全体がイデオロギー的・綱領的性格を強くもつか否かによって，イデオロギー的・綱領的憲法と実利主義的憲法といった種別もありうる。

5　一種の存在論的な種別

　これはレーベンシュタインの提唱にかかわるもので，憲法規範の実際上の妥当性に着眼して，規範的憲法，名目的憲法および意味論的憲法が区別される。規範的憲法とは，現に統治の規律として規範性を発揮している憲法をいい，名目的憲法とは，法的妥当性を欠いてはいないが，全体としてまたは少なくとも重要な部分について実際に規範性を発揮するに至っていない憲法をいい，意味論的憲法とは，政治権力保持者のためにその時点の権力状況を憲法的用語を用いて外観的に定式化したにすぎないような憲法をいう。この種

---

[22] なお，君主主権と国民主権との妥協に基づき，君主と国民とが憲法制定の根拠となる権威を分有し，君主と国民の代表組織との合意を基礎に成立する憲法のことを協約憲法といい，1830年のフランス憲法がその例とされる。

別は，主観的価値判断の余地がある点で問題を残すが，憲法を考察する1つの視点として意義がある。

III 憲法の特性

1 総説

上述のように憲法は根本法であるが，ここに根本法とは，より詳しくいえば，憲法が国家のあり方を国家全体のあり方との関係において規律するところの究極的規範であるという意味においてである。国家のあり方について規律する法は憲法以外においても多々存するが，憲法が根本法であるゆえんは，憲法が国家全体という根本的立場において規律している点にある（佐々木惣一）。そして，およそ法規範が妥当するためにはその法規範の定立をサンクションする法規範が先行することを前提とするが，憲法が根本法であるゆえんは，憲法が国法秩序の成立・展開をサンクションする究極の実定法的規範であるという点にある。

2 憲法の授権規範性

このサンクションをより具体的にいえば，法規範Aが妥当するためには最小限それを定立する機関・権能および手順を定めた法規範Bの存在を前提とし，AはBのいわば授権に基づいてはじめて妥当するということであって，憲法は国法秩序の中にあって最終的な**授権規範**としての性格をもつ（憲法の手続法的性格）。その授権が全く白紙委任的であれば，授権を受けた者はいかなる内容の法規範も定立できることになるが，一般に授権はある種の枠づけ（制限）をともなうから，授権規範は同時に**制限規範**としての性格をもつのが通例である。換言すれば，制限規範性は，授権関係の内容面に関するものということができる。近代的意味の憲法は，上述のように，特に国民の権利・自由の保障ということを重要な構成要素とするから，その種の憲法は制限規範性を顕著にもつ授権規範ということができ，上述のように，とりわけ現代立憲主義にとってこの制限規範性をいかに実効あるものにするかが重要となってきている（憲法の実体法的性格）。

なお，法的思惟を純粋に授権関係に局限する立場に立てば，憲法典も何らかの上位の法規範によって授権されたものと考えるべきではないかという帰結がありうる。ケルゼンの「根本規範」は，その種の発想にかかわる。それ

は，既に触れたように（本節①4→21頁），「実定法的意味の憲法」を効力あるものと認識するために前提とされる始源的仮説規範であり，「法論理的意味の憲法」などと呼ばれるものである[23]。

3 憲法の最高法規性

手続と実体の両面にわたる最終的授権規範としての憲法は，国法秩序の中で最も強い形式的効力をもつとき，それにふさわしいより十全な姿を獲得する。理論上も実際上も，憲法が立法機関に対して通常の立法手続をもって憲法規範を改廃する権限を明示的に授権することがありうるが（軟性憲法），授権規範としての法規範性は稀薄となる。それに対して，憲法がそれ以外の国法形式による改廃の対象とはなりえず，その改正には通常の立法手続と異なる特に慎重な手続が要求され，憲法規範と矛盾する一切の国法の効力を認めないという強い形式的効力をもつとき，その憲法は文字通り「最高法規」と呼ぶにふさわしい。

日本国憲法は特に「最高法規」の章を設け，98条1項は「この憲法は，国の最高法規であつて，その条規に反する法律，命令，詔勅及び国務に関するその他の行為の全部又は一部は，その効力を有しない」と規定しているが[24]，特別の厳重な改正手続に関する96条が存する以上，98条1項は当然の帰結であるといえる。

このような憲法の形式的効力とは別に憲法の根本法性（法のもつ根本的なる性質・内容）に着目して「最高法規」がいわれることがある（ときに「実質的最高性」と呼ばれる）。この点，憲法に最も強い形式的効力を付与するのは，憲法の根本法性に照らしてのことで，形式的効力面にかかわる「最高法規」性と性質・内容面にかかわる「最高法規」性との間には密接な関係がある。日本国憲法の「最高法規」の章の冒頭に，基本的人権の本質に関する97条がおかれていることにつき，その位置を誤ったものと解する見解があるが，そのように解すべきではなく，むしろ，それは，日本国憲法の「最高法規」性

---

23 もっとも，わが国では，実質的・価値的な内実をこめて，実定法レベルでの「根本規範」がいわれることがある（清宮四郎）。

24 因みに，百里基地訴訟に関する東京高判昭和56年7月7日判時1004号3頁は，本条にいう「国務に関するその他の行為」には国が私人と対等の立場に立って行った土地取得行為のごときを含まないとしつつ，行政庁が「専ら裁判を免れるため，…私法行為の形式に逃避して，公権力を行使したのと同じ結果を実現したような場合」には公法行為とみなす可能性を認めている（なお，第4編第2章第2節Ⅲ4→641頁）。

の実質的根拠が何よりも基本的人権の保障の徹底にあることを明確にしようとする趣旨であろうと解される。

　憲法が「最高法規」であるといっても，他の国法形式の憲法適合性を誰が認定するかの問題がある。立法機関が立法をなすにあたって憲法適合性について判断する権能と義務を有すると解されるが，かつてはその判断をもって最終的とするのが一般的であった。したがって，憲法が「最高法規」であるといっても，他律的強制規範性の乏しいものであったといえる。しかし，上述のように，現代立憲主義は，議会（立法権）不信と基本的人権保障の緊要性の自覚の下に，立法機関以外の第三者機関に最終的認定権を付与し，「最高法規」としての憲法の実効性を確保しようとするに至っている。この第三者機関としては各種のものがありうるが，日本国憲法は司法裁判所をもってその機関としており (81条)，したがって「最高法規」としての憲法典は原則として裁判規範であることになった。

　なお，日本国憲法は，憲法の「最高法規」性に関連して，公務員に対して憲法尊重擁護義務を課している (99条)（第3節Ⅳ2 ➔ 45頁）。

4　憲法と国際法

　以上は，憲法の特性を専ら国内法秩序内部の問題としてみた場合のものであって，国際法秩序を視野に入れるとまた違った様相を呈する可能性がある（第3章第2節Ⅲ ➔ 88頁）。

Ⅳ　憲法の法源と効力

1　憲法の法源

　「**法源**」という語は，種々の意味に用いられる。法規範の妥当根拠の意味でいわれる場合[25]もあるが，通常は法規範の存在する形式の意味において用いられる。後者の意味において「法源」をいう場合，憲法（実質憲法）は，成文憲法（成典憲法）国にあっては，主として制定法たる**憲法典**として存在する。

　もっとも，憲法典は「法典」である以上，民法典や刑法典などの場合と同様，網羅的体系性を備えるはずであるが，憲法典の場合には，一般にある種

---

[25] 例えば，法の妥当根拠として神の意思だとか，国民の意思だとか，あるいは理性だとかいわれる場合。

の差し迫った政治状況において，政治的妥協ないし決断の所産として各種の政治的配慮の下に成立することが関係して，網羅的で完璧な体系性・精密性を備えることは困難である。当然に憲法事項であるべきものが故意に規律対象からはずされたり，意識的に含みの多い伸縮可能な形で規定されたりすることがしばしば生じる。また，憲法改正に特別の手続が必要となることなどを考慮して，憲法に明記せずに後の解釈と運用に委ねるというようなこともよくみられるところである。

　例えば，明治憲法では，君主国において元来重要な憲法事項であるはずの皇位継承などの問題は，その独特の「国体」観念に基づき，議会が関与すること（憲法典に規定されれば，その改正に議会の議決が必要）を嫌って，憲法典ではなく皇室典範で定められた。また，選挙に関する事項は，選挙法に一任された。

　ここに「法典」としての憲法典の特殊性が認められ，したがって，成文憲法典国にあっても，憲法（実質憲法）が憲法典以外の形式において存在することは否定されえない。例えば，憲法（実質憲法）が法律その他の制定法の形式において存在し，あるいは条約が国内法化されて憲法の法源となることもありうる。このような成文法源のほか，さらに**不文法源**として，慣習法，判例，条理（あるいは学説），習律というようなかたちをとって存在することもありうる。

　一定の行為が長期にわたって反覆持続され，そこに明確な規範意識が発生し，国家がその規範を強要するものと考えられるとき，そこに慣習法が成立し，それは「**憲法的慣習法**」とか「**慣習憲法**」とか呼ばれる。しかし，実際上は法的規律とほとんど同じように遵守され，国家としても遵守されることを待望するけれども，国家としてそれを強要するというほどには至らず，それに違反することがあっても違法とはいわれないような類のものもあり，それは「**憲法的習俗律**」とか「**憲法的習律**」とか呼ばれる。条理（あるいは学説）に法源性を認めうるかについては議論の存するところであるが，法典としての憲法典の特殊性からその意義は否定し難いと思われ，従来から憲法の法源として，「**憲法的理法**」を含めて「不文憲法」の意義が強調されてきたところである（美濃部達吉）。**憲法判例**についても法源性を認めうるかについて様々な議論が存するが，積極に解すべきものと思われる（後述4 ➡ 31 頁）。

　このように，憲法法源には各種のものがあるが，硬性の憲法典の存する場

合にはそれに抵触しない限りにおいてその存在が認められる。かつては成文憲法よりも「不文憲法」とりわけ「憲法的理法」の優位性を正面から認める見解もあったが[26]、立憲主義の本来の趣旨からするならば、あくまでも憲法典を土台として、それを補充・発展させるものとしての「不文憲法」が考えられなければならない。もっとも、憲法典の文言に真向から反するわけではないがその趣旨と異なる慣習について、「憲法的習律」としてならば認めうる余地がある。なお、**憲法判例**は憲法典そのものではなく、制定法たる憲法典に準ずる効力しかもたないと解されるから、判例変更の可能性のある点は注意を要する。

この項目との関連で、いわゆる**憲法附属法**について言及しておく。憲法附属法とは、議会の制定する法律の中で、実質憲法に相当する規範を含むものをいう。日本国憲法は、「この憲法を施行するために必要な法律の制定」につき憲法施行の日より前に行うことができるものとしているが（100条2項参照）、これらの法律が憲法附属法の代表的なものである（例、国会法、内閣法、裁判所法、地方自治法など）。これら附属法はもとより形式的効力において憲法典に劣るが、上述のような憲法典規定の抽象性などとの関係で実質的に「国のかたち」を形成するうえで大きな役割を担っている。

上に例としてあげた附属法は、占領下の慌ただしい状況下で制定されたことなどとも関係して、明治憲法体制下の発想やプラクティスを下敷きにしているところも多く、果たして憲法典の趣旨に沿うものであるかについて多くの問題・課題を孕むものであった。実際その後種々の改正を施されていくが、特に1990年代から21世紀にかけての諸改革（統治構造改革）は、「『国のかたち』の再構築」とか「憲法改革」とか称されることもあることから知られるように、附属法の内容にかなり大きな変更をともなうものであった。こうした点については、本書の各所で言及されることになろう。

2 憲法典の地位と機能

上において憲法典が必ずしも憲法（実質憲法）のすべてを網羅するものではなく、憲法の法源として限界を有することをみたが、本質面からみても、憲法典が実質憲法と完全な一体化を達成することは不可能であることを理解

---

[26] 少なくとも戦前の美濃部は、人間の習慣性の力ないし理性の力を徹底的に重視し、端的にそれに制定法改廃力を認めたし、フランスなどの学説の一部には、国民の不断の憲法制定権力の行使という考え方の下に、慣習法に憲法典の改廃力を認めるものがあったところである。

する必要がある。そのことは，一国において憲法典の消滅・交替にもかかわらず，その国家が国家としての同一性を失うことはなかったという例が少なくないという歴史的事実からも明らかであろう。つまり，国家の滅失は直ちに憲法典の滅失を意味するが，憲法典の運命とは別に国家の運命がありうるのである。そして，国家の統治活動の合法性を支える究極の正統性の根拠となる主権は，理論上憲法典によって定まるのではなく，むしろ憲法典を成立させ，それを支えるものである。

　もっとも，立憲主義に立脚する成文憲法は，国家権力の行使を憲法典の規定するところに限定し，実質憲法を形式憲法に封じ込めようとするところに基本的狙いをもつ。しかし立憲主義的方法では，憲法体制，ひいては国家の存立そのものを危くするような文字通りの非常の事態においては，憲法典に規定がなくとも，何らかの非常措置をとることが避けられないのであって，実質憲法と形式憲法の裂け目が顕現する。

　上述のように，憲法の特性は，憲法より下位の法規範の定立の権限と手順を定め，それを権威づけるところにある。したがって憲法典成立後は，その所定の手続による以外に法規範の成立する余地はない。が，そのことは，ある憲法典の下で妥当する法規範のすべてがその憲法典所定の立法手続によって成立するものでなければならないということを直ちには意味しない（小嶋和司）。実際，明治憲法下で制定された民法典などは日本国憲法下でも妥当し続けた。もちろん，日本国憲法の実体規定に抵触するものは効力をもたず，民法典なども日本国憲法の施行にともなって手直しを受け，また刑法典の尊属殺重罰規定のように後になって最高裁判所によって違憲無効とされるという例もあったが，これらの法典が日本国憲法所定の立法手続によって成立したものではないという事実は残る[27]。

　最高裁判所は，明治憲法下の法律は，その内容が日本国憲法の条規に反しない限り，なお法律としての効力を有するものとし，そのことは日本国憲法98条の規定によってうかがわれるとしている[28]。学説も一般に，98条に経過規定的意義をもたせて，旧憲法下の法律・命令などで日本国憲法の条規に

---

[27] いうまでもないが，民法典は平成16年に全部改正（戦後手直しを受けていた4, 5編は一部改正）を施され，刑法典は平成7年に全面的に現代用語化が図られたりしている。

[28] 最（大）判昭和23年6月23日刑集2巻7号722頁，最（大）判昭和24年4月6日刑集3巻4号456頁など。

反するものは効力を失うが、反しないものは引き続き効力を有することを定めたものと解した[29]（清宮四郎，佐藤功）。

しかしながら、憲法の特性を授権規範性に求めるとすれば、98条にそのような意味を読み込むことは、同条に加重負担を強いるものではないかの疑問がある（仮に同条のような規定がなかったとしたら、どうなるであろうか）。後にみるごとく、明治憲法と日本国憲法との間には主権の変動があり、その意味では「革命」があったとみなければならないが、その「革命」は国家の同一性にかかわるようなものではなく、しかも、そのことに加えて、国民の生活のあり方を大きく左右する私法秩序の独自性を基本的に認めている点で明治憲法と日本国憲法とで共通するものがあるのであって、民法典などの引続いての妥当性の根拠はむしろそうした点に求められるべきものと解される[30]。

3　憲法の前文の効力

憲法典には「前文」が付せられているのが通例である。「前文」の様式や内容には各種のものがあり[31]、したがって、その法的性質も一律に論じきれないところがあるが、大別して、法的規範性承認説と法的規範性否認説[32]とに分かれる。日本国憲法の「前文」は「日本国憲法」という題名の後におかれ、憲法制定の由来・目的および憲法の基本原理・理想に関して述べるかなり詳細なものである。このことから、「前文」は憲法典の一部を構成し（したがって法的規範性を有する）、その改変は憲法改正手続によらねばならないとする点では学説は概ね一致している[33]。

このように「前文」が法規範性を有する以上、それに抵触する下位規範の

---

[29] 細かくいえば、内容面のみならず、法令のあるべき存在形式面も問題になりうるが、移行期における実際の取り扱い方をみると、①旧憲法下の法律は、その内容が憲法に抵触しない限り存続する、②緊急勅令で帝国議会の承諾を得ているものは、旧憲法下で法律と同一の効力を有するものとされた関係上、その内容が日本国憲法に抵触しない限り法律として効力を有する、③命令については、法律をもって規定すべき事項を規定するものは、昭和22年12月31日まで法律と同一の効力を有し、これに該当しない勅令は政令と同一の効力を有する、とされた（なお、昭和22年12月31日の期限到来直前、法律第244号により、計23の命令を列挙してそれらは「国会の議決により法律に改められたものとする」という措置が講じられた）。

[30] 因みに、フランスでは、革命以降憲法は何度もめまぐるしく変ったが、民法は1804年の民法典以来不変である（なお、憲法と私法秩序との関係については、第2編第1章第5節Ⅱ→164頁）。

[31] 単に憲法制定の由来を説くにとどまるものもあれば、フランス第4共和制憲法のように権利章典に該当するものを定めているものもある。

[32] 前文は単に歴史的事実を陳述したにとどまるとか政治的・道徳的理想を表示したにとどまるとされる。

効力は理論上排除されることになるが（98条1項参照），「前文」がさらに直接の裁判規範性をもつか否かについては肯定説と否定説とに分かれる。否定説は，法規範といっても裁判規範性をもたないものがありうるとの前提に立って，「前文」の内容の抽象性・非具体性などを根拠とするが，肯定説も有力で，下級審の判決例の中には肯定説によっているものがみられる[34]。もっとも，否定説も，「前文」が憲法本文の各条項の解釈の基準となることを承認しており，判例もその趣旨のものと解されうる[35]点は注意を要する。

4 憲法判例

そもそも判例が「法源」性を有するか否かについては，各種議論の存するところであるが，上述のように，憲法判例を含めて積極に解すべきであり[36]，最高裁判所の憲法判決は**先例拘束性**をもつと解される。それは，日本国憲法の定める司法権がアメリカ流のものと解されるということのほかに，基本的には同種の事件は同じように扱わなければならないという公正の観念によるものであり，日本国憲法の解釈論的にいえば，憲法14条の法の下の平等原則，憲法32条の裁判を受ける権利（ここでの裁判は当然に公正な裁判の意でなければならない），および憲法31条の定める罪刑法定主義に根拠する。ただし，その場合，先例として拘束力をもつのは，憲法判決中の **ratio decidendi** の部分であって，法律などの合憲・違憲の結論それ自体ではなく，その結論に至るうえで直接必要とされる憲法規範的理由づけである点が留意さるべきである。憲法判例については，通常の判例と違った特殊性が考慮されなければならないが，その点については後述する。

この先例拘束性の原則の下に，最高裁判所は自らの憲法判例に拘束されるとともに，下級審は最高裁判所の憲法判例に拘束される[37]。もっとも，その場合，拘束力をもつのは判決中の抽象的理論ではなくて ratio decidendi であること，そのことに関連して下級審は英米法にみられる"区別（distinction）"

---

[33] さらに，憲法典内部に形式的効力の違いを認める立場からは，憲法制定権力の所在を示し，基本的人権尊重主義など憲法の基本原理・理想をうたう「前文」は一般に憲法改正の限界をなすとされる。
[34] 例えば，長沼訴訟に関する札幌地判昭和48年9月7日判時712号24頁参照。
[35] 例えば，砂川事件に関する最（大）判昭和34年12月16日刑集13巻13号3225頁参照。
[36] わが国の現行制度上，憲法判例は，民事・刑事・行政の各具体的事件の解決に必要な限りにおいてなされる憲法典に関する解釈にかかわる判例として成立する。
[37] ただし，最高裁判所の判例に下級審が従わないからといって，現行法上破棄される可能性があるにとどまる。

を通じて相当の創造性を発揮する余地をもつこと，最高裁判所の考え方に変化ないしそのきざしがみられるときはその新傾向を先取りすることが正当とされることがあること，などの点が留意されるべきである。

なお，上のような理解に対しては，憲法の解釈論として，憲法76条3項に「すべて裁判官は，その良心に従ひ独立してその職権を行ひ，この憲法及び法律にのみ拘束される」とあることに注目し，さらに裁判所法4条に「上級審の裁判所の裁判における判断は，その事件について下級審の裁判所を拘束する」とある（傍点筆者）こと（その反対解釈として，上級裁判所の判例は下級裁判所に対し法的拘束力をもたないとみる）にも言及しながら，判例の法源性に否定的な見解が存する。が，憲法76条3項にいう「憲法及び法律」には命令・規則・条例などのほか慣習法など不文の法規範も含まれると解するのが一般的であり，またそう解すべきである。裁判所法4条については，先例拘束性の問題と全く無関係とみることもできるし，あるいは，先例拘束性のあることを前提に，ただその事件との関係では下級裁判所を絶対的に拘束する趣旨を明らかにしたものと解することもできないではない。

このように，先例拘束性の原則を認めるには，憲法上および法律上の障害はないと解すべきであるが，わが国では，判例法主義の英米法系とは違って制定法主義の国であって，判決も事実上の拘束力をもつにとどまると解されるのがむしろ一般的である。これによれば，憲法判例は憲法法源としての地位を失うことになる。けれども，判例法主義と制定法主義といった，二分法がそもそも妥当なものか否か，制定法主義であるから先例拘束性は認められないとするのは，あまりに図式的な結論ではないか，事実上の拘束力という観念は明確性を欠くところがないか，むしろ事実上の拘束力という観念の下に最高裁判所の示す抽象的な法理論が下級裁判所に対してかえって強い影響力を与えてきたという面がなかったか，といった疑問がある。

ところで，政治部門は，その権能行使にあたってその憲法適合性について判断する権限と義務をもつが，その際憲法判例にどのような態度をとるべきであろうか。結論的にいえば，国会は，その権能行使にあたってその憲法適合性について判断する際に，憲法判例に適切な考慮を払うべきではあるが，それに法的に拘束されると考えるのは妥当ではなく，判例の示す憲法解釈は正しいであろうとの推定を覆すに足る確信をもつ場合には，"訴訟において再び違憲とされるかもしれないが，自己の責任で"という立場で行動できる

と解される。このように国会に対して法的拘束力はないと解される理由は，国権の最高機関にして国の唯一の立法機関である国会（41条）を核とする代表民主制とそこにおける最高裁判所が占めるべき地位・性格に求められる。なお，特定の事件判決で違憲とされた法律自体にまつわる問題については，後述する（第4編第2章第3節Ⅴ→666頁）。

これに対して内閣は，「法律を誠実に執行」すべき立場にある（73条1号）とはいえ，合憲性についての最終的判断権をもつ最高裁判所によって違憲とされた法律は一般的に執行できない状態におかれると解される。もっとも，国会が最高裁判所によって違憲とされた法律を何らかの理由で廃止する措置をとらなかった場合において，違憲判決以後の各種判例から判断して判例変更の可能性が合理的に予見されるときは，そのことを期待して，テスト・ケースを提供する趣旨で，当該法律をあえて執行することは憲法上禁止されていると解することはおそらく妥当ではないであろう。また，ある訴訟で違憲とされた法律とは別に国会が同種の法律を独自の判断と責任で新たにあえて制定したような場合には，内閣は，その法律を執行すべき義務を負うことになると解すべきであろう。

第3節　憲法の変動と保障

Ⅰ　憲法の変動

1　憲法の性質

憲法は国家のあり方・運営の基本に関する規範であるが，同時にそれはその社会の政治的・社会経済的および文化的諸関係によって規定され，それら諸関係の反映でもある。憲法は，その規範性を確保するため各種の方法を講ずるのが例である（憲法の保障）。しかし，政治社会はそれ自体生き物であって生き物と同様不断の変化を免れず，憲法も一種の生きた有機的組織体ともいうべき性質をもつことは避けられない（広義の憲法変遷）。このことは，憲法典についても基本的に妥当する。憲法典は，一定時の政治的・社会経済的および文化的諸力間の妥協・調整による決断を基盤に，国政のあり方を，一定の理想・価値観の下に，将来に向って枠づけ・固定しようとして制定され

る。けれども，そのような諸力間の関係は時の経過とともに変化し，理想や価値観も変容していくのが常である。かかる変化・変容は，憲法典のあり方に不可避的に投射される。

2 憲法変動の諸態様

上の変化・変容は，通常は**憲法解釈の変化**を通じて顕現するが，それが不可能な場合には憲法典の正文の形式的変更（**憲法改正**と呼ばれるもの）の必要が生じる。憲法は，その安定性・固定性を希求しつつも，このような場合を予想して，憲法改正の手段について規定しているのが通例である[38]。憲法改正はこのように憲法正文の意識的・形式的な変更であるが，そのほかに，憲法典の意識的・形式的変更をともなわない無意識的ないし発生的（オーガニック）な憲法変動である**憲法変遷**（狭義の憲法変遷）が語られることがある（本節Ⅲ→41 頁）。

このような変化・変容のほか，一時的・例外的な変動の態様である憲法停止と憲法破毀がある（岩間昭道）。**憲法停止**は，憲法の一部または全部の効力を一時的に停止するもので，通例，非常事態にみられる措置である[39]。**憲法破毀**は，憲法規定の効力は維持しつつ例外的措置をとることをいう[40]。この一時的・例外的措置は，憲法に明記されている場合であっても，微妙かつ困難な問題を孕んでいる（本節Ⅳ3→48 頁）。

憲法改正などは，憲法自体が予定し，憲法所定の手続に従って行われるという意味で**立憲的憲法変動**と称しうる。しかし憲法は，そのほかにも，革命やクー・デターなどによって変動することがある[41]。この種の変動は憲法がもとより予定し容認するところではないという意味で，**非立憲的憲法変動**と称することができる。

---

38 憲法の中には，部分的改正とは別に，全部改正，つまり新しい憲法の制定の可能性について触れ，特別の手続を定めるものもある。

39 ワイマール憲法 48 条 2 項は，この点を明記して，ライヒ大統領は言論の自由，集会の自由，人身の自由などの基本権を停止できるものと定めた。

40 フランス第 5 共和制憲法はこれを明記する例で，同憲法 16 条は，非常事態に際して，共和国大統領は「首相，両議院議長および憲法院長に公式に諮問した後，状況により必要とされる諸措置をとる」と定めている。

41 シュミットは，憲法制定権力の所在の変更をともなう既存の憲法の排除を「憲法廃棄」と呼び，憲法制定権力を維持しつつ既存の憲法を排除することを「憲法排除」と呼んで両者を区別する。

II 憲法の改正

1 総　説

憲法改正とは，憲法所定の手続に従い，憲法典中の個別条項につき，削除・修正・追加を行うことにより，または，新たな条項を加えて憲法典を増補することにより[42]，意識的・形式的に憲法の変改をなすことをいう。このように憲法改正は，憲法典の存続を前提としてその個々の条項に変改を加えることを意味し(部分改正)，もとの憲法典を廃して新しい憲法典にとってかえる行為を含まないのを原則とする[43]。後者の場合は，新憲法の制定というべきものである。もっとも，上述のように，憲法の中には，新しい憲法典にとってかえる行為をも改正として捉え，これを明記するものもある[44]。

2 改正の手続

(1) 手続の諸類型　硬性憲法の改正手続としては，次のような諸類型が認められる。①議会のみで改正できるが，その特別多数決を要するとするもの(例，ドイツの憲法)，②憲法改正案成立後議会は解散され，新たに選挙された議会の特別多数決を要するとするもの(例，ベルギーの憲法)，③議会の決定と国民投票とを連結するもの(例，フランス第5共和制憲法)[45]，④国民発案と国民投票だけによるもの(例，若干のアメリカ合衆国の州憲法)。なお，連邦国家にあっては，州の一定数の同意を要件とするのが例である(例，アメリカ合衆国憲法では，4分の3以上の州議会かまたは州憲法会議の承認を要件とする)。

(2) 日本国憲法の改正手続

(イ) 総　説　日本国憲法は，憲法改正につき，①「各議院の総議員の三分の二以上の賛成」による国会の「発議・提案」と，②「特別の国民投票

---

[42] 従来の憲法典の条項はそのままにして，それを修正する内容の新しい条項を憲法典に付け加えていく方式。アメリカ合衆国憲法の Amendment 方式がその代表例。

[43] 例えば，明治憲法73条は，「将来此ノ憲法ノ条項ヲ改正スルノ必要アルトキハ……」と定めていた。

[44] スイスの憲法がその例で，「全部改正」と「部分改正」とが共に可能な旨明記し，その手続を別々に規定している。アメリカ合衆国憲法は，改正の一方法として憲法会議のことについて定めているが，レーベンシュタインによれば，間接的に「全部改正」の可能性について規定したものとされる。

[45] ただし，憲法改正の政府提案は，共和国大統領がそれを憲法改正議会として招集された国会に提案することに決めた場合には，国民投票には付されないが，この場合は表明された票の5分の3の多数による賛成が要求される。

又は国会の定める選挙の際行はれる投票」における国民の過半数の賛成による「承認」とを要求し，最後に③天皇によって「国民の名で，この憲法と一体を成すものとして」直ちに「公布」されるものとしている（96条）。

　（ロ）　国会の「発議・提案」　　発議とは，国民に提案すべき改正案を決定することをいう。つまり，ここにいう発議には，通常の意味における発議（例えば，国会法56条1項には「議員が議案を発議するには……」などとある）とは異なって，議決が含まれており，発議されるものの原案，すなわち憲法改正案を国会に提出することではなく，国民に提案すべき改正案を国会が決定することをいう。

　この発議は，「各議院の総議員の三分の二以上の賛成」でなされる。ここに「各議院」とはもとより衆議院および参議院のことで，衆議院の優越は認められていない。「総議員」については，法定議員数か現在議員数かといった問題があるが，各議院の合理的判断に委ねられていると解すべきであろう。

　憲法には，発案権や審議の方法あるいは国民に対する提案の方法について明記するところがない。発案権については，各議院の議員が有することは明らかというべきであるが，内閣が有するか否かについては肯定説（A説）と否定説（B説）とがある。B説には，内閣は法律および憲法の両者について発案権を有しないとするもの（B_1説）と，法律の発案権は認めつつも，憲法については，憲法改正ははるかに強度に国民の意思の発現であるべきで（国民投票が要求されているのはその現われ），その発案権も国民に直結する国会議員に留保されていると解すべきであるとするもの（B_2説），の2種がある。内閣に発案権を認めるのは違憲とまで断ずべきかは疑問であるが，議論の筋道としてはB_2説が説得的である。

　この点，平成19年に「日本国憲法の改正手続に関する法律」（憲法改正手続法とか憲法改正国民投票法とか称される）が制定され，それに関連して改正された国会法68条の2によれば，「憲法改正原案」を発議するには，衆議院においては議員100人以上，参議院においては議員50人以上の賛成を要するものとされ，また，同法102条の7によれば，憲法審査会も改正原案を作成して提出できるものとされ，いずれの場合も，「内容において関連する事項ごとに区分して行うもの」とされる（68条の3・102条の7第1項。これを区分発議ないし個別発議の原則という）。これを受け，各議院の総議員の3分の2以上の

賛成の議決があって（ここでも区分発議の原則が妥当する）、上に述べた「国会の発議・提案」が成立することになる。

　(ハ)　**国民の「承認」**　憲法改正は国民の「承認」によってはじめて成立するもので、国民主権の純粋な発現形態とみることができる。国民投票は「特別の国民投票」または「国会の定める選挙の際行はれる国民投票」のいずれかによるが、ここに特に「特別の国民投票」とあるのは、事の重大性に照らしてのことで、最高裁判所裁判官の国民審査の場合とは異なるところである。

　まず、ここにいう「国民」の範囲であるが、憲法改正国民投票法は、より多くの国民が投票に参加できるようにする趣旨から、「日本国民で年齢満十八年以上の者」としている（3条。おそらくこれを機に、国政選挙の場合についても見直しに進むことは避けられないであろう。同法附則3条参照）。次に、承認の要件に関して述べられる「過半数」の意味であるが、有権者総数の過半数（A説）、投票者総数の過半数（B説）、有効投票総数の過半数（C説）の3説がありうるが、A説によれば棄権するのも投票にいって否を投ずるのも全く一緒になって合理的でないというべきである。したがってB説かC説かになるが、この点は国会の決定に委ねられていると解すべきであろう。国民投票法はC説を採用した（126条）。なお、同法は最低投票率の制度を採用していない。

　なお、この国民の「承認」に関連して、2点だけを指摘しておく。1つは、この国民投票は、代表者の選挙の場合とは違って、国民自らが国家・国民にとっての重要事項について判断し決定するということにかかわる問題である。国民が自由に発言し、判断に関連する情報に最大限接することが保障されなければならない。選挙に関する公職選挙法は「べからず法」と称されるほど、厳しい規制に満ちている（第3編第1章第2節Ⅲ5→411頁）。この点、憲法改正国民投票法は、国会に衆議院・参議院各10人からなる「国民投票広報協議会」を作って国民に対する客観的・中立的な周知広報活動を行うものとし、公職選挙法による選挙運動規制に比べて国民投票運動をより自由化していると語られるが、公務員や教育者の地位利用による国民投票運動の禁止など多くの問題・課題を残していることは否定できない。

　もう1つは、憲法96条は国会の「発議・提案」に対する国民の「承認」について規定するのみであるが、国会の「発議・提案」に至る前段階において、国民の意向を反映させるプロセス（一定要件の下での国民発案〔イニシアチ

ブ〕や発案権者が改正構想の大枠を示して国民投票で国民の意向を問う）を設けることはできないかにかかわる問題である。これを踏まえて，国会で条文化を図り，国会の「発議・提案」に至った場合に，国民投票に向うという筋道である。この点，国民投票法は，いわゆる「憲法改正予備的国民投票」の導入の是非・内容について検討すべきものとしている（附則12条参照）。

（二）　**天皇の「公布」**　天皇が「国民の名で」公布するとは，憲法改正が主権の存する国民の意思によることを明らかにする趣旨である。

「この憲法と一体をなすものとして」とは，憲法改正が日本国憲法と同じ形式的効力を有する国法形式であるとして，というほどの意味で，憲法改正の体裁いかん――全部改正，一部改正または増補――はこの点に関係がない，と説かれることが多い。しかし，改正規定は日本国憲法という"一体としての憲法典"の中に組み入れられ，変更関係を明らかにする趣旨と解せられ，そのことと関係して「全部改正」は日本国憲法として予想していないとみられる。また，日本国憲法をわれわれの生きる基本的な規範的生活空間として捉え続けようとするとき，変更関係を一覧的に明らかにしておくことは意味があり，増補形式が最もふさわしいと解される。

3　憲法改正行為の性質と限界

（1）　**改正権の本質**　そもそも憲法を改正する権能（憲法改正権）とはどのような性質のものであろうか。これをめぐって種々論じられてきたが，理論上，大別して，通常の立法権と同質とみるか（A説），憲法制定権力と同質とみるか（B説），両者とも異なる第3の範疇とみるか（C説），のいずれかが可能である。

硬性憲法の特性を上述のように理解した場合（第2節Ⅲ➜24頁），A説は妥当でないと解される。

C説は，憲法制定権力論に立って，憲法改正権は，全能である憲法制定権力による根本的決断たる「憲法」（「積極的意味での憲法」）を前提にそれによって組織化された法的権限にすぎないとし（C_1説），あるいは，憲法制定権力論を一種の神学として斥けつつ，通常の立法権と異なる，新憲法条項の創設を援権された特殊な権能であるとする（C_2説）。君主主権か国民主権かという意味において主権の「主体」性を問題とする限り，C_2説は妥当でないと解される。しかし他方，C_1説については，次のような疑問がある。日本国憲法のように憲法改正手続に国民が参加する場合，憲法制定権力である国民

と改正権者である国民はそれほど異質の存在なのか。憲法制定権力は一度行使されると以後合法的行使の可能性がないことになり，結局国民主権性を否認することにならないか。あるいは，憲法制定権力と改正権との間には確かに時間的に前後，論理的に上下の関係があるといえるかもしれないが，憲法規範の創設という点では両者は共通しているのではないか。

　以上のように考えると，結局B説に落着かざるをえないことになる。ただ，その場合，改正権をもって制定権力と全く同一とみる（B_1説）べきではなく（この見解は，つまるところ憲法改正規定の法としての性格をも否定することになる），改正規定は制定権力の以後の行為方法を定める法規範であり，したがって改正権はいわば"法制度化された憲法制定権力"と解すべきである（B_2説）。

(2) 改正の限界

　（イ）　従来，憲法改正における限界の有無をめぐって，肯定説（Y説）と否定説（Z説）との対立があり，種々論じられてきた。

　肯定説の主張内容および根拠は多様であるが，大別して，憲法制定権力と改正権とを峻別し，改正権は自己の根拠となるところの，憲法制定権力の根本的決断としての「憲法」を変改する法的能力をもちえないとするもの（Y_1説）と，一種の自然法の存在を肯認してそれにかかわる規定の改正は不可とするもの（Y_2説）とに分かれる。

　否定説も，大別して，改正権と憲法制定権力とを同一視しかつ制定権力の全能性を根拠とするもの（Z_1説），憲法典中の規定はすべて同一の形式的効力を有しており，憲法が改正を認める以上，改正可能なものと不可能なものとの区別はありえないとするもの（Z_2説），法は元来人間の社会生活に奉仕する手段であり，かつ社会は変転してやまないものであるから，法もそれにつれて変るべきものであって，憲法改正に限界ありとするのは法の本質に反するとするもの（Z_3説），に分かれる。

　以上の諸説については，改正権の本質を上述のようにB_2説的に解した場合，まず，Y_1説とZ_1説は妥当でないということになる。Y_2説については，自然法規範にかかわる規定とそうでない規定とを区別することは容易であるか，仮に自然法規範にかかわるか否かにより憲法の各条章につきその価値・重要度において段階づけが可能だとしても，そのことから直ちに憲法の各条章の形式的効力面における違いを帰結できるか，の疑問がありうる。Y_2説

の徹底した考え方は、憲法制定権力をも拘束する自然法規範の存在を主張するが（この立場に立てば、憲法制定権力と改正権とを区別することはほとんど意味をなさないことになろう）、一体そのような自然法規範の内容を誰がどのような方法と手順で認識するのか、その認識の正しさはいかにして確定可能なのか、の問題を残している。

それでは、Z_2 説ないし Z_3 説が妥当かということになるかもしれないが、むしろ次のように考えるべきであろう。

（ロ）　まず、理論上、改正手続を根拠に、憲法典を支える最終的権威である憲法制定権力の担い手の変更はありえないと解される。その変更は、憲法の法的連続性の切断を意味する。明治憲法から日本国憲法への変動は、まさにそのようなものであったといえる。

第2に、憲法の改正は、もとの憲法典の存続を前提としてのことであって、憲法典自体に特に全部改正を認める規定がない限り（ただし、その場合でも憲法制定権力の所在の変動などは不可能と解される）、新しい憲法典にとって替えるとか、もとの憲法典との同一性を失わせるようなものは、法的な改正行為としては不可能と解される。その意味で、例えば憲法典が大きく依拠する「自然権」的発想を否定するような改正は、もとの憲法典との同一性を失わせるものとして改正の限界を越えるといえよう（ここにいう「自然権」は、自然法を前提としない。第2編第1章第2節①→110頁）。

第3に、憲法の改正手続規定および改正禁止規定は改正の対象とはなりえないと解される。改正手続規定は、憲法制定権力が憲法典成立以後法的に行為しうる唯一の道筋であり行為準則であって、改正手続の実質に触れる改正（例えば、国民投票をなくするようなこと）はできないと解される。**改正禁止規定**については、改正禁止の対象たる特定の条項はもとより改正禁止規定自体も改正できない（A説）、改正禁止規定を改正して後その特定の条項を改正することは可能である（B説）、改正禁止規定は法的に無意味である（C説）、の3様の説がありうるが、改正禁止規定は改正の実体面に関する制限規範であって、改正手続規定の場合と同様その憲法の立場からは改正対象となりえないと考えるべきで、A説をもって妥当としよう。因みに、改正禁止規定は、例えばフランス第5共和制憲法89条5項（「政府の共和制形態は、憲法改正の対象とすることができない」）にみられるが、日本国憲法11条もこの種の規定と解する余地がある。

（ハ）　上の「限界」を越えた行為は改正ではなく，もとの憲法典の立場からは無効ということになるが，新憲法の制定として完全な効力をもって実施されるということは十分ありうる。そして，改正の「限界」内にとどまるものか否かの判定権が改正権者自身の手にあるとされる限り，理論上新憲法の制定といえるものが改正の名において行われることはありうる。

III 憲法の変遷

1 憲法変遷の意味

イェリネックは，「事実は法を破壊し，法を創造する」点に注目し，「**事実の規範力**」論を説き，その延長線上に憲法変遷論を展開した。わが国でも，この所説の影響の下に，憲法の変遷がいわれるようになった（美濃部達吉）。もっとも，**憲法の変遷**（本節 1 2 → 34 頁で触れた狭義の憲法変遷）の概念規定は論者によって必ずしも一定しない。憲法の条文はそのままにその意味内容が改正されたと同じほど実質的に変化することであるとか，憲法の文言はそのままにその客観的意味が変化することであるとか，あるいは，憲法条項に違反・矛盾する憲法実例が長期にわたり繰り返され，国民一般の意識によって支えられるなどして憲法規範性を獲得し，当該憲法条項が改廃された結果になることであるとか，いわれる。

こうした憲法変遷を法理論的にどう受け止めるかについて，これを慣習法として憲法法源性を承認しようとするもの（A 説），かかる現象は事実上のものにすぎず法的には無意味であるとするもの（B 説），あるいは，端的に憲法規範性を認めるわけにはゆかないが，だからといって単なる事実上のものとするのも問題で，法の前段階である習律とみるべきであるとするもの（C 説），などがある。C 説は折衷説的であるが，厳密には B 説の系譜に属するものといえよう。

2 評　価

(1)　まず，成文憲法規範と実際の憲法状態との間に各種各様のずれが生ずる可能性は，一般に否定できない。問題は，かかるずれを憲法規範内在的にどのように受け止めるかにある[46]。上の憲法変遷肯定論（A 説）と否定論

---

[46] これはしばしば「法解釈学的意義の変遷」と呼ばれ，いわば外からの客観的事実認識レベルでの「法社会学的意義の変遷」と区別される。

(B説)の対立は，このレベルのものである。

　(2)　では，どのように理解すべきか。これについては，何よりも憲法変遷の概念規定を明確にしておく必要がある。この概念規定として，上述のようにしばしば「憲法条項に違反・矛盾する」憲法実例とか「憲法条項の改廃」という用語が使用されるが，字義通り憲法条項に違反・矛盾する行為（例えば，憲法明文上間接選挙制になっているのに直接選挙制を採用したり，あるいはその逆のこと）ないし憲法条項の改廃は，硬性憲法下の立憲的憲法変動としてはあくまで憲法所定の改正を経て行われるべきで，憲法条項に違反・矛盾する実例が当該憲法条項に代わって憲法規範性を獲得することを認める余地はないというべきである。

　このような変遷を，国民の不断の憲法制定権力の行使という観点から肯定する論もあるが，上述のように（本節Ⅲ3→38頁），憲法制定権力は，憲法典定立後は（ごく例外的な場合を除いて）いわば法制度化された制定権力である改正権としてのみ活動するとみる立場からは，憲法制定権力の不断の行使という考え方をとる余地はない[47]。

　したがって，憲法変遷を語ることが許されるとすれば，それは，あくまでも「憲法に違反するものではない」との前提の下での，憲法条項の意味変化の意でなければならない。つまり，憲法条項の意味変化が客観的にみて大きい場合に，それを憲法規範内在的にどう受け止め説明するかの問題である。

　憲法に対するアプローチとして，一定時（特に憲法制定時）における成文憲法規定の意味理解を基軸にかつ固定的に捉えるもの（Y説）と，憲法解釈上そのように固定的に捉えることに反対し，憲法規定の意味変化の可能性を容認するもの（Z説）とに大別できる。

　Y説は，純粋の原意（制定者意思）主義ともいうべきもので，その原意は客観的に確定できるが，およそ法の解釈は実践的・主観的であって法規定は拘束的役割を果たさない，とする傾向をもつ。これによれば，「憲法条項に違反・矛盾する」か否かは原意を基準に判断されることになり，そして憲法による政治のコントロールという立憲主義の本義からは，原意からの離脱は認められない（いわゆる憲法変遷の否定）というのが自然の筋道となろう。そしてこの説によれば，司法裁判所に違憲立法審査権を認めるのはただ権力的配慮

---

[47] 仮に憲法制定権力の絶えざる行使という観念をとるとしても，それは政治部門による憲法実例には妥当しえても，裁判所によるそれには妥当しにくいであろう。

（合憲性判断権を，立法機関自身にではなく別の機関に付与するのが賢明である）によるものであって，司法権に固有の性格を認めてのことではないということになろう。

これに対して，Z説は，司法権に多かれ少なかれ固有の性格を認め，憲法規定が一定の拘束的役割を果たすことを前提にその憲法解釈が独自の価値を有することを承認する。憲法解釈にあたって原意は考慮されるべき重要な要素ではあるが，絶対的なものではなく，憲法規定の明文に反せず，憲法全体の理念・論理構造を破壊しない範囲内において，かつ，先例に対する適正な配慮を行いながら，それぞれの時代の知識・必要物・経験などを加味しつつ憲法規定を解釈することが求められる。なお付言すれば，原意といっても，その確認は必ずしも容易ではなく，また歴史学の進展にともなって変りうるものであることを指摘しておく。

したがって，憲法規定の意味が時代とともに変ることは承認されなければならない。アメリカ合衆国憲法の州際通商条項やデュー・プロセス条項などの軌跡に，その典型例をみることができる。ただ，それはなお憲法解釈の変化という形をとっているのであり，端的に憲法の正文に反するが憲法規範としての地位を獲得するに至ったという性質のものではない。もっとも，19世紀末以降の州の社会経済立法（最低賃金法や労働時間制限法など）に対してデュー・プロセス条項などを根拠に違憲無効とし，また1929年の大恐慌後のニュー・ディール立法に立ち塞がった合衆国最高裁判所は，1937年を境に合憲とすることに転じ，この大転換は「憲法革命」などとも称され，その意味をめぐって以後憲法理論上種々論じられてきた。それというのも，憲法解釈の変化といっても社会経済体制の根幹にかかわるような変動であったからである。

また，次のような事態も生じる。アメリカ合衆国大統領の選挙については，デマゴーク（扇動政治家）の当選を忌避するという起草者の意図の下に間接選挙制が採用されたが，生きた政治の過程で自ずと形骸化し，その実質において国民の直接選挙制というべきものに変化していった。あるいは，ある機関が法的にはある行為をなすことが可能でありながら，実際には行使しないという習律が成立し，実際に行使すればconstitution違反と非難されるというようなことがありうる。つまり，憲法正文（憲法規範）はそのままに，それと異なるプラクティスがいわば発生的に生じ，一国のconstitutionの重

要な構成要素となる場合があるということである。ただ，この場合も，いわゆる「**憲法的習律**」としての地位をもつにとどまり，法規範として憲法正文にとって代わったというような性質のものではない。

上述のような，通常の解釈の変化とは異なるきわめて重大な規範的意味変化，あるいは発生的な妥当性の変化を，立憲的憲法変動の一局面を解明する概念として，憲法変遷と呼ぶことが許されよう。

なお，わが国では，憲法変遷の問題は特に9条に関連して論じられてきたが，9条については後述する（第3章第3節Ⅰ→90頁）。

(3) 上のアメリカ合衆国大統領選挙制のように特別の国家機関の行為なしに憲法変遷の生じる場合もあるが，一般には憲法の有権的解釈権者の行為が大きな契機となる。立法者が憲法適合性について最終的判断権をもつ場合には立法行為が決定的意味をもつが，例えば，裁判所が違憲審査権を有する場合には，当該機関の判断が重要な意味をもつ（もちろん，すべての立法が審査にかけられるとは限らないし，また統治行為論などの問題があることに注意）。

もちろん，国家機関の憲法解釈が不当な場合も想定されるが，最終的な判断権者の行為である以上単なる事実とはいえず，憲法はそのことを予定していると考えられるのであり，それだけに，このような判断行為を契機に不当な憲法変遷の招来されることを阻止し，既に憲法変遷が生じてしまった場合には正しい姿に回復させるために，国民の間における国政批判の自由がきわめて大事である。そして，憲法の保障する表現の自由も，このような文脈において把握される必要がある。

Ⅳ 憲法の保障（合憲性の統制）

1 憲法保障の意義と諸方法

(1) **意 義** ここに**憲法の保障**ないし**合憲性の統制**とは，最高法規である憲法の規範内容が，下位の法形式や措置を通じて端的に踏みにじられ，不当に変質させられないように統制しようとする国法上の諸々の工夫を指す。立憲主義憲法は元来このような憲法の保障の意義の自覚の下に形成されているもので，実際，1788年のアメリカ合衆国憲法のように，明文で大統領などに憲法擁護の宣誓義務を課す例や，1818年のバイエルン憲法のように，「憲法の保障」の下に，国王・摂政などの憲法忠誠の宣誓や高級官吏の

弾劾訴訟あるいは憲法改正手続などを定める例もみられたが[48]、憲法の保障の問題が複雑かつ緊要な課題となったのは現代国家においてであることは、既に垣間見たところである（第1節Ⅲ→8頁）。

（2）**諸方法** 憲法の保障の方法は多様であり、各種の観点から分類できる。まず、平常時におけるものか否かにより、**正規的憲法保障**と**非常手段的憲法保障**の別が生じる。非常手段的憲法保障としては、抵抗権と国家緊急権が問題となるが、この点については後述する。非常手段的憲法保障が問題となるのは、憲法の危機的状況においてであって、憲法保障の本来の意味はむしろいかにしてこのような状況に陥らないようにするかにある。

この正規的憲法保障については、制度上憲法保障を直接の狙いとしているか否かにより、直接的保障と間接的保障の別が、憲法侵犯を事前に防止することを狙いとするか否かにより、予防的保障と事後的（匡正的）保障との別が、保障形式が拘束力をもつものか否かにより、拘束的保障と諮問的保障の別が、あるいは、保障機能の担い手が誰かにより、政治部門による保障、裁判所による保障、国民による保障の別が、それぞれ可能である。

権力分立や抑制・均衡のシステムは、間接的保障にして予防的保障ということができる。予防的保障のその他の例としては、公務員の憲法尊重擁護義務の宣言とか厳格な憲法改正規定をあげることができる。諮問的保障の例としては、カナダなどでみられる、裁判所の行う勧告の意見の制度がある。違憲立法審査制は、もとより直接的保障にして拘束的保障であり、また一般に事後的保障である。違憲立法審査制は一般に裁判所型であるが（これはさらに司法裁判所型と憲法裁判所型とに分かれる）、フランスの憲法院のように政治機関型もみられる（もっとも、この憲法院も裁判所型に接近していることについては、第1節Ⅲ5→14頁）。

日本国憲法は、権力分立制下の国政運営を前提に、憲法の最高法規性（98条）を確保するため司法裁判所型の違憲立法審査制を採用した（81条）。その委細については、それぞれ関係の個所で論及することになるので、ここでは日本国憲法尊重擁護の責任と義務について一般的に触れるに止める。

2 **憲法尊重擁護の責任と義務**

（1）**公務員の憲法尊重擁護義務** 日本国憲法は、「最高法規」の章で、

---

[48] 憲法典も制定法の1つとして改正が不可避であるとすれば、それに要求される特別の手続は「憲法の保障」の意義をもちうる。

天皇，摂政，国務大臣（ここにいう「国務大臣」には，解釈上内閣総理大臣も含まれる），国会議員，裁判官その他の公務員の憲法尊重擁護義務を明記している（99条）。本条は，これら公務員が国政の運営にあたり，憲法の運用に直接または間接に関与する立場にあることに照らし，その憲法尊重擁護義務を特に明記したもので，このような例は，上述のアメリカ合衆国憲法など多くの憲法でみられるところである。

　本条の定める憲法尊重擁護義務は，一般に，「法律的義務というよりはむしろ道徳的要請を規定したもの」と解されてきた[49]。ただ，憲法を尊重・擁護するという積極的作為義務違反は場合によっては政治的責任追及の対象となるにとどまるが，憲法の侵犯・破壊を行わないという消極的不作為義務違反については，法律による制裁の対象となることがある点は注意を要する。例えば，公務員の懲戒事由や裁判官の弾劾事由とされる「職務上の義務」違反（国家公務員法82条，裁判官弾劾法2条）の中には，憲法の侵犯・破壊行為も含まれる。

　国家公務員法97条およびそれに基づく政令は，憲法99条を受けて，憲法遵守の宣誓を要求しており[50]，公務員が宣誓を拒否すれば，職務上の義務違反として懲戒事由となる。また，国家公務員法38条5号は，職員の欠格事由として，「日本国憲法施行の日以後において，日本国憲法又はその下に成立した政府を暴力で破壊することを主張する政党その他の団体を結成し，又はこれに加入した者」をあげている。もっとも，公務員の具体的な表現活動に関し，憲法99条と表現の自由の保障に関する憲法21条とをいかに調和さ

---

[49] 東京地判昭和33年7月31日行集9巻7号1515頁。また，百里基地訴訟に関する東京高判昭和56年7月7日判時1004号3頁は，国が土地を取得するに際しその衝にあたった防衛庁東京建設部長Aは国家公務員として，また，国に土地を売渡したBは主権者たる国民の一人として，いずれも憲法を尊重擁護すべき義務を負うものであるのに，あえて憲法9条に違反する基地設置を目的とする行為に及んだもので，このような行為は憲法99条に違反しその効力を生じるに由ないものであるという主張について，憲法99条の憲法遵守義務の規定は，「憲法の運用に極めて密接な関係にある者に対し，憲法を尊重し擁護すべき旨を宣明したにすぎないものであって，〔B〕のごとく国政を担当する公務員以外の一般国民に対し，かかる義務を課したものではな」く，また，「本条の定める公務員の義務は，いわば，倫理的な性格のものであって，この義務に違反したからといって，直ちに本条により法的制裁が加えられたり，当該公務員のした個々の行為が無効になるわけのものではな」い，と判示している。

[50] 「職員の服務の宣誓に関する政令」によれば，その「宣誓書」の様式は，「私は，国民全体の奉仕者として公共の利益のために勤務すべき責務を深く自覚し，日本国憲法を遵守し，並びに法令及び上司の職務上の命令に従い，不偏不党かつ公正に職務の遂行に当ることをかたく誓います」とされている。

せるかという難しい問題がある[51]。

　なお，天皇，摂政，国務大臣，国会議員などについては，弾劾制度が存しない以上，本条を根拠に政治的責任を追及することができるにとどまる（なお，天皇・摂政については，天皇無答責の原則から，内閣がその責任を負う）。かつて，例えば，鈴木内閣当時の奥野法務大臣の「自主憲法論」のように，国務大臣の憲法に関する発言が本条との関係で時折問題となった。憲法が改正手続について定めている以上，閣僚が政治家として改正に関し主張できることは当然であるが，改正されるまで憲法に誠実に従って行動する義務があり，さらに，憲法およびその下における法令に従って行われるはずのその職務の公正性に対する信頼性を損なうような言動があるとすれば，本条の義務に反する可能性があろう。その意味で，閣僚の憲法改正に関する発言には，国会議員の場合と違った慎重さが求められるということになろう。

　(2)　**国民の憲法尊重擁護の責任**　　日本国憲法は，憲法の保障する国民の自由および権利につき，国民が「不断の努力によって」保持すべきことを呼びかけている（12条）。憲法の保障の各種制度はそれぞれ固有の問題と限界を有しているのであって，国民主権下において，憲法制定権力の担い手である国民こそが憲法の保障の最終的責任の担い手である。憲法12条はこの事理を表現するものといえる。

　ただ，上述の憲法99条の中には国民が含まれていないことに注意を要する。あるいはこの点むしろ，憲法制定者である国民が憲法を尊重擁護すべき立場にあるのは当然のことで，99条はその当然の前提に立つと解するのが一般的であるかもしれない。実際，外国の憲法の中には，国民の憲法遵守義務を明示するものもある（例，イタリアの憲法54条，旧ソ連憲法59条）。が，日本国憲法12条が「国民の不断の努力」による自由・権利の保持を強く呼びかけながら，憲法全般の尊重擁護に関する99条において国民を含めなかったことにはそれなりの理由があると解すべきである（樋口陽一）。つまり，日本国憲法は，国民が憲法の最終的擁護者であることを自覚しつつも，相互に同調を厳しく求める日本の過去の傾向にも鑑み，徹底した自由主義の立場に立ち，憲法に対する忠誠の要求の名の下に国民の自由が侵害されることを恐れた結果であると解されるのである。したがって，憲法的秩序に反するとい

---

[51] 公務員の職種，職務権限，表現の内容・態様等々を総合しながら，個別具体的に検討する必要がある。

うだけで団体および政党を禁止するドイツの憲法のような行き方は，日本国憲法になじむものではないと解される。この点については，後にまた触れる機会があろう。

なお，憲法12条は，その後段において，「又，国民は，これを濫用してはならないのであつて，常に公共の福祉のためにこれを利用する責任を負ふ」と規定しているが，上述の前段とこの後段とは連続していると解さなければならない。この点についても，後に触れる。

3 非常手段的憲法保障

(1) 総説 上述のように，憲法の保障の各種方法・手段は，一般に，ノーマルな平和状態において作動すべく設計されているものであるから，外国からの侵入や内乱，大規模な自然災害などによって，あるいは政府の著しい権力濫用によって，国家および憲法秩序が重大な危機にさらされるとき，憲法秩序を回復するために，正規的憲法保障方法とは異なる**非常手段的憲法保障**方法に訴えざるをえなくなるのではないかの問題が生じる。国家緊急権と抵抗権がこの問題にかかわる。

(2) 国家緊急権をめぐる問題 **(イ) 意義** ここに**国家緊急権**とは，戦争，内乱その他の原因により，平常時の統治機構と作用をもっては対応できない緊急事態において，国家の存立と憲法秩序の回復を図るためにとられる非常措置権のことをいう。立憲主義国家にあっては，立憲主義体制を一時停止して多かれ少なかれ権力集中をともなうのを通例とする。

緊急権は，前提となる事態の緊急性の程度やそれに応じてとられる措置の種類に従って類型化することができる。よく行われるのは，①憲法上一定条件の下で立憲主義を一時的に停止して独裁的な権力の行使が認められる「**憲法制度上の国家緊急権**」と，②憲法の授権や枠を越えて独裁的な権力が行使される「**憲法を踏み越える国家緊急権**」の区別である。

①の例としては，ワイマール憲法下の大統領の独裁権や英米のコモン・ロー上または議会制定法上のマーシャル・ルール[52]などがあげられる。②は

---

[52] こうしたコモン・ロー上または制定法上のマーシャル・ルールはマーシャル・ロー（martial law or law martial）と呼ばれ，外国による侵入や内乱などに際し，通常政府，特に裁判所が機能しえなくなった場合において，通常法を停止して，統治作用は軍の下におかれることになる。合衆国憲法2条2節1項は「大統領は，合衆国の陸海軍および現に召集を受けて合衆国の軍務に服している各州の民兵の最高司令官（Commander in Chief）である」と定めているが，大統領は軍の総指揮官として統治することになる。

「必要は法を知らず」を地でゆくもので，もはや法の世界に属する事柄ではないといえるが，ここにこそ国家緊急権の本質があるともいえる。そして①と②との区別は相対的であることが注意されなければならない。つまり，非常措置権を憲法的に厳格に枠づけようとすれば，②の可能性が大きくなり，②の可能性を嫌って非常措置権を包括的・抽象的に定めれば，非常措置権に対する憲法的統制の実が失われ，緊急権濫用の危険が増大する。国家緊急権のパラドックスは，立憲主義を守るために立憲主義を破るということであり，その実定法化にはこのようなディレンマがつきまとう。

　従来，緊急状態に直面しつつも曲りなりに立憲主義体制を維持してきた国においては，国家緊急権はあくまでも立憲主義体制を維持し，国民の自由と権利を守るためのものであるという目的の明確性，したがって，とられる非常措置の種類と程度は当該緊急事態に対処するための一時的かつ必要最小限度のものでなければならないという自覚，したがってまた，緊急権濫用を阻止するため可及的対策を講じ，事後において議会や裁判所などの立憲制度上の正規の機関を通じて緊急権行使の適正さを厳しく審査し，責任を追及する道を開いておくことの不可欠性についての認識が，国民の間に相当程度浸透している結果であったといえる。

　21世紀の立憲主義に対してきわめて重大な問題を提起しているのが，いわゆる「テロとの戦争」である。2001年9月11日のアメリカ同時多発テロの発生を契機に，アメリカはこの「戦争」に巻き込まれていったが，その様は，「戦争」が戦場においてのみ戦われるものでなく，しかも際限なく続く可能性のあることを暗示し，アメリカの立憲主義の根底にかかわる課題を突き付けている[53]。

　（ロ）　**国家緊急権と日本国憲法**　　日本国憲法は，戒厳大権や非常大権などを定める明治憲法（14条・31条など）と違って，緊急権について定めると

---

[53] 同時多発テロの発生を受けて，連邦議会は，「合衆国に対する将来の国際テロ活動を防止するためすべての必要かつ適切な武力を用いること」を大統領に授権する合同決議を採択した。これに基づき，合衆国軍隊がタリバンの支配するアフガニスタンに侵攻し，その過程で多数の者が合衆国によって拘束され，その多くがキューバのグアンタナモベイの合衆国基地の収容所に送られた（ここは，合衆国がキューバから賃借をして管理しているところ）。この拘束の手続や正当性などをめぐって連邦裁判所で争われることになるが（例えば，グアンタナモベイにも人身保護令状を保障した憲法規定の適用があるとし，連邦裁判所の裁判管轄権を否定する法律を違憲とする最高裁判所の判決がある），合衆国政府のやり方が合衆国の立憲主義に暗い影を落としたことは否めない。

ころがない[54]。その背景には，総司令部のアメリカ的発想，明治憲法やワイマール憲法下での緊急権濫用に対する反省，あるいは憲法前文・9条にみられる徹底した平和主義・国際協和主義の姿勢等々が作用していたのかもしれない。日本国憲法の緊急権についてのこの沈黙の法的意味について，不文の国家緊急権を排するものではないとする説（A説）と排するとする説（B説）とがあり，さらにB説は，そのことを積極的に評価する説（B_1説）と，そのことを消極に解し，憲法上緊急権の存在・行使の条件などを明記する必要があるとする説（B_2説）とに分かれる。

　憲法典上の規定のみで緊急権の問題を割り切れるかどうかは問題であろう。憲法典中に規定をおくと濫用される危険があることは否めず，これを嫌って規定をおかないことも1つの見識ではある。が，事態を放置すれば憲法典の実効性ないしその"生命"そのものが失われる緊急事態に不幸にして陥った場合，憲法の存続を図るため非常措置を講ずることは不文の法理として肯定しなければならないであろう。そしてその場合，かかる非常措置は，日本国憲法にあっては，単に「国家の存立」のためということではなく，個人の自由と権利の保障を核とする憲法秩序の維持ないし回復を図るためのものでなければならない（目的の明確性の原則）。そのことに関連して，上に触れたように，非常措置の一時的かつ必要最小限度性の原則，濫用阻止のための責任性の原則が貫徹されなければならない。

　従来，警察法が，内閣総理大臣に，大規模災害や騒乱その他の緊急事態に際して，治安の維持のため特に必要があると認めるときは，国家公安委員会の勧告に基づき，全国または一部の区域において緊急事態の布告を発することを認める規定をおいたり（71条），自衛隊法が，内閣総理大臣に，防衛出動・治安出動命令を発する権限を認める規定をおいたりする（76条・78条など）にとどまっていた[55]。しかし，2001年の世界同時多発テロ事件，翌年の北朝鮮拉致問題等々を背景に，2003年6月，いわゆる武力攻撃事態対処関連3法[56]が成立し，さらに，2004年6月，いわゆる有事関連7法[57]の成立

---

[54] 憲法54条は参議院の緊急集会について定めているが，固有の意味の緊急権規定といえるかは疑わしい（岩間昭道）。

[55] そのほか，災害対策基本法は，非常災害が発生し，かつ，当該災害が国の経済および公共の福祉に重大な影響を及ぼすべき異常かつ激甚なものである場合において，当該災害に係る災害応急対策を推進するため特別の必要があると認めるときは，内閣総理大臣は災害緊急事態の布告を発することができると定めていた（105条1項）。

第3節　憲法の変動と保障　　Ⅳ　憲法の保障（合憲性の統制）　*51*

をみるに至った。

　これらの法律の中でも，2004年成立の国民保護法は，「武力攻撃事態等において武力攻撃から国民の生命，身体及び財産を保護し，並びに武力攻撃の国民生活及び国民経済に及ぼす影響が最小となるようにすることの重要性にかんがみ，これらの事項に関し，国，地方公共団体等の責務，国民の協力，住民の避難に関する措置，避難住民等の救援に関する措置，武力攻撃災害への対処に関する措置その他の必要な事項を定めることにより，〔2003年成立の武力攻撃事態対処法〕と相まって，国全体として万全の態勢を整備し，もって武力攻撃事態等における国民の保護のための措置を的確かつ迅速に実施することを目的とする」（1条）もので，包括的かつ徹底したものである。国民の保護を名目に，メディア統制をともないつつ，国民を糾合し，戦前の国家総動員体制[58]の悪夢の再現の危険も指摘されるが，統治主体としての国民の政治的成熟度とそれに基礎をおく政党の力量が最も厳しく問われる課題であることは確かであろう。

　これに関連する問題は，9条に関係して後に論及する。

(3)　抵抗権

　(イ)　**意　義**　　立憲主義憲法の保障の一局面として抵抗権をいう場合，それは，政府が権力を濫用し，立憲主義憲法を破壊した場合に，国民が自ら実力をもってこれに抵抗し，立憲主義憲法秩序の回復を図る権利をいう。この権利は，憲法上明文で保障されている場合[59]にはもとよりのこと，そうで

---

[56] 武力攻撃事態対処法（「武力攻撃事態等における我が国の平和と独立並びに国及び国民の安全の確保に関する法律」），自衛隊法及び防衛庁の職員の給与等に関する法律の一部を改正する法律，安全保障会議設置法の一部を改正する法律。

[57] 国民保護法（「武力攻撃事態等における国民の保護のための措置に関する法律」），米軍行動円滑化法（「武力攻撃事態等におけるアメリカ合衆国の軍隊の行動に伴い我が国が実施する措置に関する法律」），特定公共施設利用法（「武力攻撃事態等における特定公共施設等の利用に関する法律」），国際人道法違反行為処罰法（「国際人道法の重大な違反行為の処罰に関する法律」），外国軍用品海上輸送規制法（「武力攻撃事態における外国軍用品等の海上輸送の規制に関する法律」），捕虜等取扱法（「武力攻撃事態における捕虜等の取扱いに関する法律」），自衛隊法の一部を改正する法律。そして，ジュネーヴ諸条約第1追加議定書（国際的武力紛争の犠牲者の保護），ジュネーヴ諸条約第2追加議定書（非国際的武力紛争の犠牲者の保護），日本国の自衛隊とアメリカ合衆国軍隊との間における後方支援，物品又は役務の相互の提供に関する日本国政府とアメリカ合衆国政府との間の協定（日米物品役務相互提供協定）を改正する協定が批准されている。

[58] 政府に人的・物的資源の統制運用の権限を付与する戦時統制法である国家総動員法（昭和13〔1938〕年）を核として敷かれた体制。

ない場合でも「自然権」を基盤とする立憲主義憲法に内在するところの、実定法上の権利であると解される（A説。もっとも、実定法上の権利だといっても、以下のようにかなり特殊なものであるが）。

日本国憲法は抵抗権を明示的には保障していないが、12条において憲法の保障する国民の権利・自由は「国民の不断の努力によつて」保持すべきことを定め、97条において「人類の多年にわたる自由獲得の努力の成果」である「基本的人権」の保全に努めるべき国民の責務を規定しているのは、上の趣旨を明らかにしているものと解される。このような意味での抵抗権は、立憲主義的な憲法を擁護するという"保守的"な性格をもつもので、異常な事態における憲法保障機能を有するものであって、その限りにおいていわゆる「革命権」と区別される。

もっとも、抵抗権論の中には、自然法にその根拠を求め（B説）、実定憲法上の規定の有無にかかわりなく保障される権利であるとする説[60]（B_1説）、あるいは、同じく自然法にその根拠を求めつつ、それは要するに実定法上の義務をそれ以外の何らかの義務を根拠にして否認することが正当とされる権利（つまり実定法を破る権利）であって、故に抵抗権を実定法上の権利とすることは論理矛盾であるとする説（B_2説）などがある。また、「歴史の発展法則」に抵抗権の存在根拠と発動基準を求める史的唯物論の立場からの説（C説）もある。

上のB_1説とB_2説とは、抵抗権の根拠とされる自然法の性格・内容についての理解を異にしている。B_2説のように、抵抗権をもって実定法上の義務を、それ以外の何らかの義務を根拠にして否認するものであると理解する限り、抵抗権が実定法上の権利となりえないのは当然の帰結となる。が、抵抗権はそのように広く漠然と捉えるべきではなく、近代立憲主義の背景にある「自然権」思想を基盤に構成されるべきであろう[61]。また、C説についてであるが、何よりもそこにいう「歴史の発展法則」とは具体的に何であり、そ

---

59 ドイツのヘッセン憲法は、「憲法に違反して行使された公権力に対する抵抗は、各人の権利であり義務である」と定め（147条1項）、ドイツの基本法は、1968年の改正で、「すべてのドイツ人は、この秩序を排除することを企図する何人に対しても、その他の救済手段を用いることが不可能な場合には、抵抗する権利を有する」と定めるに至った（20条4項）。

60 実定憲法上規定されれば実定憲法上の権利となるが、そのことによって抵抗権が自然法的性格を失うわけではない、などと説かれる。

61 ここにいう「自然権」は、B_1説の想定するように、必ずしも自然法の存在を前提とするものではない（この点、第2編第1章第2節Ⅰ→110頁）。

れはいかにして認識しうるかの課題があるといわなければならない。したがって，抵抗権はA説のように理解すべきものと解される。

　（ロ）　**抵抗権行使の条件**　　立憲主義憲法秩序が維持されている限り，個々の不正・不法の国家行為に対しては，言論・出版・集会・請願などの憲法上の自由・権利の行使により，あるいは，訴訟を通じてその違法性・違憲性を争うことにより，それを匡す道が開かれており，また，人権を侵害する個別的公務執行行為に対する実力による抵抗も違法性阻却の法理などによる適正な処理の道がある[62]。このような状況の場合にあえて抵抗権を問題にする必要はないし，抵抗権は実力による闘争であるから[63]，その濫用はむしろ立憲主義体制を不当に混乱させる危険を内包していることも注意する必要がある[64]。

　したがって抵抗権の行使は，政府権力の濫用などによって立憲主義憲法秩序が重大な危機にさらされ，人権の行使が一般的に妨げられるようになった状況において，はじめて問題となるものと解される。この点については，下級審の判決が，抵抗権の行使が実力による抵抗である点に鑑み「厳格なる制限」が求められるとして，①「憲法の各条規の単なる違反ではなく民主々義の基本秩序に対する重大な侵害が行われ憲法の存在自体が否認されようとする場合」であり (侵害の重大性)，②「不法であることが客観的に明白でなければなら」ず (不法の明白性)，③「憲法法律等により定められた一切の法的救済手段がもはや有効に目的を達成する見込がなく，法秩序の再建のための最終の手段として抵抗のみが残されていることが必要である」としている (行使の補充性)[65]，のが参考になろう。ただ，憲法の1条規違反であっても，立憲主義憲法体制の重大な変質をきたす場合が考えられるのであって，①の要件をあまり厳格に解すべきものではないと思われる。

---

[62] 東大ポポロ事件に関する東京地判昭和29年5月11日判時26号3頁は，警官に対する暴行等により「暴力行為等処罰ニ関スル法律」（1条）違反に問われた学生の行為につき，「憲法第23条を中心にして形成される重大な国家的，国民的法益侵害」を目の前にして，「まづ自らの手で違法行為を摘発し，憲法上の原理を蹂躙するが如き不法な行動を問責すること」であり，「法令上正当な行為として罪とならない」とした（なお，第2編第3章第1節Ⅲ→240頁）。
[63] このように抵抗権は実力の行使をともなう点で，法違反行為でありながら非実力的・非暴力的ないわゆる市民的不服従と区別される。
[64] 因みに，抵抗権論の中には，基本的人権の行使そのものが抵抗権の行使であるとする見解がある。が，これによれば，基本的人権を保障するほかに憲法典中に抵抗権規定をおく意味が不明になるだけでなく，抵抗権の概念規定そのものの的確性が問われることになる。
[65] 札幌市公安条例事件に関する札幌地判昭和37年1月18日下刑集4巻1・2合併号69頁。

ところで，抵抗権の行使が問題となる，立憲主義憲法秩序が重大な危険にさらされる場合としては，政府権力の保持者が端的に憲法を踏みにじり，もしくは合法性の仮面をかぶって人権を蹂躙する苛烈な政治を行う場合，あるいは，政府権力が権力としての実体を失って，私的な実力闘争が全面化する一種のアナーキー状況が現出する場合，が想定される。このような状況において抵抗権を行使することは非常な勇気と覚悟を必要とするであろうし，また，抵抗運動が成功すれば（つまり立憲主義憲法秩序の回復），厳密には行使の要件を充たさないものであっても祝福されこそすれ違法として処罰されるようなことはなかろうし，逆に失敗すれば，行使の要件を完全に充たすものであっても抵抗者は徹底的に弾圧される可能性がある。その意味で，実定法上の権利として抵抗権が存するといっても，実際どれほどの意味があるのかの疑義の余地がないではない。ただ，政府権力と個人の自由との間には不断の緊張関係があること，立憲主義憲法秩序を維持するためには何をしなければならないかということを，国民をして憲法内在的に自覚させるうえで重要な意義を担っている点は看過されてはならないであろう。

　この抵抗権に比べて，より現実的・具体的意義をもつものとして，上にも触れた市民的不服従がある。これは，立憲主義憲法秩序を一般的に受容したうえで，異議申立の表現手段として法違反行為をともなうが，それは「悪法」を是正しようとする良心的な非暴力的行為によるものであるところに特徴があり，そのような真摯な行為の結果，「悪法」が国会によって廃止されたり，裁判所によって違憲とされて決着をみ，そのことを通じてかえって立憲主義憲法秩序を堅固なものとする役割を果たしうる（平野仁彦）[66]。このような市民的不服従を一個の権利と称しうるかどうかはともかく，それは，究極的には抵抗権と相通ずる性質をもちつつ，正常な憲法秩序下にあって個別的な違憲の国家行為を是正し，抵抗権を行使しなければならない状況に立ち至ることを阻止する役割を果たすものとして注目される。

---

[66] アメリカ合衆国における黒人差別撤廃が，この種の運動によって達成された面があることは否定されえない。

第2章　日本憲法の展開

第1節　明治憲法（大日本帝国憲法）の成立と特質

Ⅰ　明治憲法成立の経緯

1　明治維新政府の誕生とその基本性格

　わが国における成文憲法の歴史は，明治22 (1889) 年制定の「大日本帝国憲法」（単に帝国憲法とか明治憲法とか呼ばれる）にはじまる。この憲法は，徳川幕藩体制の動揺と崩壊，明治維新政府の誕生，新体制をめぐる様々な政治的葛藤の過程において生み出された帰着点であった。

　「王政復古」によって誕生した新政府は，慶応4 (1868) 年3月14日（新暦4月6日），五箇条御誓文を発して，「広ク会議ヲ興シ万機公論ニ決スヘシ」とするなどの基本的国是を明らかにした。会盟は，紫宸殿において，天皇が群臣を率いて天地神明に誓うという形式で行われた。誓文は専制を排斥する趣旨を明らかにするものであるが，この会盟形式の中に，既に，統治の正統性の根拠を「皇祖皇宗」に求める明治憲法の原形をみることができる。

　新政府は，この誓文を踏まえて2カ月後「政体書」を発したが，そこには「天下ノ権力総テコレヲ太政官ニ帰ス」として天皇超政の原則によることが明らかにされるとともに，太政官の権力は立法，行政，司法の三権に分かつこと，立法官としての議政官は上局と下局の二院に分かつこと，下局は「各府各藩各県」により選ばれた貢士により構成すること，などが定められ，外国憲法とりわけアメリカ合衆国憲法にならったことをうかがわせるに足る特色がみられる。この政体書は冒頭にも触れたように「憲法」というべきものではあったが，理論と現実の裏づけを欠き，その構想は朝令暮改を重ね，結局「万機公論」によるとの宣言は実現をみるには至らなかった。そして天皇超政という原則も，元来「王政復古」の標語の下に生まれ，かつ権威的基盤の弱体な明治維新政府にとって，容易に実現できるような課題ではなく，天

皇親政という一面が維持されることになる。

政体書の発布の試行によって近代国家形成に一歩踏み出した明治政府は，まず何よりも，官僚制と軍隊によって支えられた強力な中央集権的主権国家の建設を第一義的課題とした。版籍奉還（明治2年），廃藩置県（明治4年），徴兵令の実施，地租改正（ともに明治6年）などは，そのような観点からとられた一連の施策であった。しかし同時に，明治政府はただひたすらに権力的な主権国家を追求したわけではなかったことが指摘されなければならない。

誓文や政体書にうかがわれるように，公論統治の姿勢を示さなければ，国民統合を図り，そのエネルギーを振起し，殖産興業を図ることができないような状況下に新政府はおかれていた。そして，条約改正の課題をひかえて欧米諸国にみられるような近代的な法体系を整備する必要があり，また，これら欧米諸国は多かれ少なかれ近代立憲主義の原則に立脚しており，そのことがそれら諸国の強さの一因でもあることが，当時の為政者の間でかなり広く認識されていたことも見逃せない。

明治新政府の権力基盤が固まったとはいえない明治4 (1871) 年暮，岩倉使節団[1]が米欧に向けて出発し，1年半以上にもわたってこれら諸国の文物を視察し，明治6 (1873) 年9月に帰国するが，彼等の痛切な思い，それは日本の国情を踏まえた現実的かつ近代的な国制（憲法）の確立とそれを背景とする国力の増進の必要であった[2]。

2　明治憲法制定に至る経緯

明治政府の断行した諸施策は，当然それに対する各種の不満と社会的・政治的緊張を醸成した。そして明治6 (1873) 年の征韓論争において，岩倉等の欧米視察経験者を中心とする勢力が勝利を占め，西郷隆盛や板垣退助等は野に下るが，全国の不満分子はこれら下野した人々を核に結集しはじめ，明治7年には板垣等による「民撰議院設立建白書」をみるところとなり，明治政府もこれらの動きを考慮して明治8年に「立憲政体の詔書」を発布するに至った。

実際，新たに設けられた元老院において，憲法起草作業が進められた。元老院の起草した草案は，後の明治憲法に比べて概して民主主義的傾向の強いものであったが，そのことが関係して結局政府首脳により拒否されてしまっ

---

[1] 天皇からの特命を帯びた全権大使岩倉具視，その副使木戸孝允，大久保利通，伊藤博文等。
[2] 瀧井一博・文明史のなかの明治憲法――この国のかたちと西洋体験（講談社，2003年）参照。

た(明治13年)。しかしその間も，国会開設，憲法制定を要求する運動は続き，とりわけ明治13年にはその要求運動は激しさを加え，政府部内にも参議大隈重信を中心とする急進派の抬頭を誘発するところとなった[3]。私擬憲法諸案が続々と発表され，中には天賦人権論，国民主権論に立脚するものも登場した。

こうした政府内外の動きに直面して，政府は，集会条例その他を施行して弾圧に努め，また大隈の参議罷免を断行する(明治14年政変)一方，明治23年を期して国会を開設することを公約する詔書を発して事態の収拾を図った(明治14年10月)。そして翌15(1882)年3月，参議伊藤博文以下の憲法調査団がヨーロッパに向け出発することになる。

もっとも，政府の憲法の基本構想は，既に明治14年半ばにおいてほぼ固まっていた様子がうかがわれる。すなわち，同年7月の岩倉具視の「大綱領」[4]には，欽定憲法の体裁がとられるべきことが明らかにされ，また，統帥権をはじめとする諸々の天皇大権，天皇に対する大臣の単独責任制，前年度予算執行主義等々，後の明治憲法の骨子が既に明確に表現されているからである。では，伊藤の憲法調査は何のためであったのかということになるが，1年以上にも及ぶ滞欧期間中，特にウィーン大学の国家学者であるローレンツ・フォン・シュタインの門を叩き，統治構造における行政の重要性を学んで，16年8月に帰国した。そして伊藤は，翌年には制度取調局を設置してその長官に就任，井上毅，伊東巳代治等を率いて極秘の中に憲法典の起草に着手した。

一方，政府は，明治17年には華族令を制定して貴族を創設，18年には太政官制を廃止して内閣制度を組織するなど，新しい憲法体制の出発に備えた。起草を終えた案は，新たに設置された枢密院(初代議長は伊藤)の議に付され，若干の修正を施され，天皇の裁可を得て，明治22(1889)年2月11日公布され，翌年11月29日から施行された。なお，この憲法公布の少し前の明治21年暮，元勲の一人山県有朋が，欧州の地方制度および軍事制度の調査を名目に10カ月に及ぶ旅に出，そして，政治(政党)に対抗する官僚制を核とする国家統治の必要の確信を深めて，翌年10月に帰国しているが，

---

[3] 大隈は，明治14〔1881〕年3月，早急に憲法を制定し，明治16年より国会開設，イギリス流の議院内閣制を採用することなどを主張する意見書を提出した。

[4] 大隈案に替わるものとして，漸進主義を主張する井上毅に命じて起草させたもの。

その意味についてはすぐ後に触れる。

Ⅱ 明治憲法の特質と運用

1 明治憲法の内容と特質

　明治憲法は，7章76カ条からなる憲法典で，簡潔な憲法典の部類に属する。しかし内容面からみると，神権的国体観念と立憲主義とを結びつけようとする複合的性格の強い憲法典であり，どちらに軸足をおくかによって運用が大きく異なる可能性を秘めていた。

　憲法1条は「大日本帝国ハ万世一系ノ天皇之ヲ統治ス」と定めたが，それは創設的意味をもつ憲法規範ではなく，『上諭』において「国家統治ノ大権ハ朕カ之ヲ祖宗ニ承ケテ之ヲ子孫ニ伝フル所ナリ」とあるように，日本書紀に書かれた天照大神の神勅にまでさかのぼる「国体」を宣言し確認するという性格のものであった。明治憲法が欽定憲法たるのも，その当然の帰結である。4条に「天皇ハ国ノ元首ニシテ統治権ヲ総攬」するとあるのも，この「国体」観念に基づき，天皇が国家統治の源泉となり，最高の権威者としての地位に立つことを明確にして，最高決定権を分立するというモンテスキュー流の権力分立観を排する趣旨のものであった [5]。この「国体」観念は，さらに皇室自律主義を帰結し，皇室の事項については国民は関与すべき筋合いのものではないとされる。かくして，「天皇ハ神聖ニシテ侵スヘカラス」（3条），「皇位ハ皇室典範ノ定ムル所ニ依リ皇男子孫之ヲ継承ス」（2条），「摂政ヲ置クハ皇室典範ノ定ムル所ニ依ル」（17条1項），「皇室典範ノ改正ハ帝国議会ノ議ヲ経ルヲ要セス」（74条1項），とされた。

　しかし同時に，『上諭』には，「朕及朕カ子孫ハ将来此ノ憲法ノ条章ニ循ヒ之ヲ行フコトヲ愆ラサルヘシ」とあり，4条でも天皇はその統治権を「此ノ憲法ノ条規ニ依リ之ヲ行フ」と定められ，主権者も憲法の下に立ちその拘束を受けるという立憲主義の原則が明らかにされる。問題は「憲法」の内容であるが，第2章において「臣民権利義務」を定めるとともに，上述のように立法・行政・司法の翼賛機関を分離し，まず，「臣民翼賛ノ道ヲ広メ」（『告

---

[5] 明治憲法の採用した権力分立は，天皇に帰一しているところの立法・行政・司法の各大権を，議会・国務各大臣・裁判所が翼賛するといういわば翼賛権限の分立という特異な性格をもつものであった。

文』）るため議会主義の原則を導入して国民参政の道を開き，「帝国議会ノ協賛」によって成立する法律（5条・37条）を基礎として行政・司法の運営が図られるべきものとした。そして司法については，「①司法権ハ天皇ノ名ニ於テ法律ニ依リ裁判所之ヲ行フ　②裁判所ノ構成ハ法律ヲ以テ之ヲ定ム」（57条）とするとともに，裁判官の身分保障について規定した（58条2項・3項）。行政については，「①国務各大臣ハ天皇ヲ輔弼シ其ノ責ニ任ス　②凡テ法律勅令其ノ他国務ニ関ル詔勅ハ国務大臣ノ副署ヲ要ス」（55条）と規定するのみであった。

　上述の神権的国体観念と立憲主義の原則とが適切に調和しうるかは別個の問題で，それは，理論的にも実際的にも，相当微妙な課題であった。絶対者たる天皇が憲法によって拘束される過程は「自己拘束」の理論で説明することが行われたが，「皇祖皇宗」という神権的国体観念に基礎をおき，実際憲法上も強大な大権を留保する天皇の権力が，世俗的な実定法規範によって規律し覆い尽しうるかは問題で，事実その裂け目は折に触れて顕在化した。既に示唆したように，憲法自体，国体観念と立憲主義原理のどちらに重点をおいてみるかによって，随分違った色調を帯びる余地をもっていた。

　国体観念からすれば，天皇の権限を基軸としてそれが不当に毀損されないよう配慮することが必要となる。かくして，法律の制定には議会の協賛が必要とされたが，執行命令はもとより，独立命令（9条），および緊急勅令（8条）という広汎な命令制定権が留保され，また，財政につき議会のコントロールが及ぶが，そこでも「帝国議会ニ於テ予算ヲ議定セス又ハ予算成立ニ至ラサルトキハ政府ハ前年度ノ予算ヲ施行スヘシ」（71条）というような道が留保されていた。しかも議会は，民選の衆議院と皇族・華族および勅任議員で組織される貴族院とによって構成され，両院は原則として対等であったことも見逃せない。さらに，憲法は非常大権について定め（31条），実質上憲法停止に近い措置をとる権限が留保されていた。

　しかし，国政の要である法律の制定および財政に議会の関与の道を開いた以上，議会（特に衆議院）の意向を無視して国政を進めることは困難であろう。実際，伊藤博文は，議会を開設すれば，やがて政党政治へと向うであろうということを予測し，むしろそれはそれでよしと考えていたようにみえる（大隈の主張を斥けたのは，それが性急にすぎるということ）。そして立憲主義を重視する立場からは，議会特に衆議院を中心に国政が運営される必要が力説され

た。天皇は法律の裁可権をもつが (6条)、その名目性が強調され、実際一度も拒否的に行使されなかった。実際問題として、天皇が憲法上有する各種大権を自己の意思に沿わせるように行動すれば、天皇を政治の真っ只中に立たせることになり、万世一系の天皇の神聖不可侵性は保ち難い。かくして、天皇は、国務大臣の輔弼のままに行動し、その責任は国務大臣が負うべきものである (55条参照) という、天皇超政論が主張された。

けれども、それぞれの国務大臣が天皇に直属して輔弼するという体制 (55条参照)、しかも「統帥権の独立」という慣行の下に、統帥事項については軍内部のものが輔弼し国務大臣の輔弼が及びえないという体制にあっては、天皇超政論だけではかたづけえない事情があった。行政は決して法律の執行に尽きるのではなく、国政の方向の策定と推進に関する高度の政治作用を含んでいるのであり、それは国務各大臣の輔弼で充足しうることかという問題である。国体観念を背景に、天皇は、宗教的・道徳的権威として、国民の教育の場に (「教育勅語」)、あるいは軍人の精神生活の場に (「軍人勅諭」)、親臨したが、このことはこのような体制と深いかかわりをもつものであったといえよう。因みに、この「教育勅語」や「軍人勅諭」の制定に深くかかわったのは、官僚制国家の貫徹に執着した山県有朋であった[6]。

2 明治憲法の運用

上述のように、憲法は「国務各大臣」について規定するのみで、内閣にも内閣総理大臣にも言及しなかった。これについて定めたのは、勅令である「内閣官制」(明治22年) であった。それによれば、「内閣ハ国務各大臣ヲ以テ組織ス」(1条)、「内閣総理大臣ハ各大臣ノ首班トシテ機務ヲ奏宣シ旨ヲ承テ行政各部ノ統一ヲ保持ス」(2条) とされた。

因みに、明治18年に内閣制度が導入されたことについては既に触れたが (明治18年の「内閣職制」「内閣職権」)、その「内閣職権」によれば、「内閣総理大臣ハ各大臣ノ首班トシテ機務ヲ奏宣シ旨ヲ承テ大政ノ方向ヲ指示シ行政各部ヲ統督ス」(1条) とされていたが (傍点筆者)、上に触れたように「内閣官制」では「行政各部ノ統一ヲ保持ス」にとどめられている。つまり、国務各

---

[6] 「軍人勅諭」(明治15年) は、「世論ニ惑ハス政治ニ拘ラ」ないことを「忠節」なる軍人の本分と定め、「教育勅語」(明治23年) は、「我カ臣民克ク忠ニ克ク孝ニ億兆ノ心ヲ一ニシテ」と定めるものであった。後年、山県は、教育勅語制定の際、「軍人勅諭ノコトガ頭ニアル故ニ教育ニモ同様ノモノヲ得ン」との思いであったと述べている。

大臣は天皇に直属して職務を果たせばよいという大権主義の発想に基づき，「内閣職権」における内閣総理大臣の権限は過大と考えられて，「内閣官制」の定めるような姿とされた（内閣総理大臣は，いわば横並びの最高位にすぎない）。

このような仕組みの下で，「各大臣ノ首班」たる内閣総理大臣は「元老」の推薦に基づき天皇が任命し，その他の国務大臣はその内閣総理大臣の推薦に基づいて任命するという慣行が生まれた。当初は非政党的人物（藩閥政治家）が内閣首班となる「**超然内閣**」が続いたが，議会との確執の後，日清戦争を機に，衆議院の有力政党と提携する方針がとられるようになり，大隈内閣（明治31年）のように「**政党内閣**」も登場するようになった。その後曲折を経つつも政党内閣への志向は強まり，大正7（1918）年に原敬内閣，大正13年には加藤高明内閣が成立するなど，ここに政党内閣制が確立するかにみえた。そしてこのことは，従来政治の指導力を担ってきたいわゆる「元勲」たちが去りつつある中で，政党（指導者）がその役割を引き受けつつあることを意味するものであった。

原は，盛岡出身で藩閥政治家ではないが，大久保—伊藤の近代化路線の本流に属する存在であった。が，大正10（1921）年の原暗殺（因みに，大久保も伊藤も暗殺の犠牲者であった）は，政党内閣制の将来に暗い影を落とすものであった。そして，昭和に入って時代環境が厳しさを増す中，政治は次第に衰弱していき，それに逆比例するように神権的国体観念が勢い付いていった。昭和7（1932）年の五・一五事件を契機に政党内閣制は瓦解し，とりわけ昭和15（1940）年には大政翼賛会[7]が組織され，「**翼賛内閣**」の時期を迎えることになる。

この政治の衰弱，政党内閣制の瓦解は，山県有朋が構築に腐心した[8]官僚制のみが残ったことを意味する。そして，その実態は，既にみた憲法構造から理解されるように，各省が独立の王国のごとく張り合う**各省割拠主義体制**であり[9]，その中で，勢い付く神権的国体観念と結び付きながら，次第に軍

---

7 第1章第1節Ⅲ3→11頁。総裁は総理大臣で，官製的性格の濃い組織。佐々木惣一は違憲であると主張したが，当時にあっては全く孤立していた。
8 山県は，初代参謀本部長，陸軍大臣，内務大臣などを勤め，明治22年，31年の2度にわたり組閣している。瀧井・注2によれば，「山県は内務省をはじめとする官僚層，陸軍，貴族院，枢密院，そして宮中に山県閥と呼ばれる影響網を張り巡らし，政党勢力の封印に精魂を傾け」た。
9 上述のように内閣総理大臣は横並びの最高位にすぎず，閣議は全員一致によるものであるから，各大臣はいわば拒否権をもち，閣内不統一によって内閣総辞職へ追い込む「破壊的権限」を与えられていた。

(陸軍省・海軍省)が力を握っていくことになる。

　この軍との関係で言及しておかなければならないのは、既に触れた「統帥権の独立」である。明治11 (1878) 年に軍令機関である参謀本部が独立し、参謀本部長が軍令に関する天皇輔佐の最高機関となったが、「内閣職権」(6条)でも、「内閣官制」(7条)でも、統帥事項は内閣の輔弼の範囲外とされた。明治憲法11条が、12条の陸海軍の編制および常備兵額の決定の大権とは別に、統帥大権を規定したことは、そうした前提を暗示するものであった[10]。

　このように、軍の編制などの軍政は内閣の権限下にあって陸海軍大臣が管轄したが、軍は、その意向に沿わない場合は、軍大臣を送ることを拒み、あるいは軍大臣を引き上げるなどして、組閣を阻み、あるいは内閣を退陣に追い込むことのできる立場にあった。美濃部達吉は、軍令権の拡張に対する警戒心を表明していたが、統帥権問題を政党政治の枠組みの中に取り込みうる可能性をみせたときもあった。が、昭和5 (1930) 年、こともあろうに政友会の犬養毅、鳩山一郎がロンドン条約締結に関し統帥権干犯と攻撃し、政党政治の基礎を崩す一因となった。

　以上みてきたような行政に大きな比重をおく明治憲法体制は、司法権のあり方にも一定の帰結を生む。1つは、司法権は民事・刑事の裁判に限定され、行政事件の裁判は行政の系列に属する行政裁判所が扱うものとされたことである (61条参照)。しかも、行政裁判所に提訴しうる事項は限定されていた[11]。2つは、「司法権」「司法権の独立」といっても、その内実・担い手の核が明確でないところがあったことである。上述のように、憲法は正面から司法権の独立について定めてはいなかったが、裁判官の身分保障に関する規定をおいていることから司法権の独立の保障ありと理解され、大津事件はそのことを明確にしたと受け止められた。しかし、具体的な制度とその運用をみれば、事は決してそのように単純なものでなかったことが知られる。

---

10 自己弁明的な感もあるが、近衛文麿は述べている。「然るに日本の憲法といふものは天皇親政の建前であって、英国の憲法とは根本に於て相違があるのである。殊に統帥権の問題は、政府には全然発言権なく政府と統帥部との両方を押へ得るものは陛下御一人である。然るに陛下が消極的であらせられる事は平時には結構であるが和戦何れかといふが如き国家生死の関頭に立った場合には障害が起り得る場合なしとしない」、と（昭和19年談話筆記。林茂＝辻清明編・日本内閣史録4〔第一法規、1981年〕による）。

11 行政裁判法によれば、「行政裁判所ハ法律勅令ニ依リ行政裁判所ニ出訴ヲ許シタル事件ヲ審判ス」(15条)、「行政裁判所ハ損害要償ノ訴訟ヲ受理セス」(16条) などとされていた。

憲法を受けて制定された裁判所構成法や司法省官制は、裁判所は司法大臣の統括する司法省の下にあることを明らかにしており、裁判所の人事および予算は司法省の一手に握るところであった。大津事件以後やがて「司法」内部の重心は検事に移り、大審院判事であった尾佐竹猛が「司法権独立が高唱されるときは常に検事の独立の意味である」と述べるような状況が現出し[12]、「司法権の独立」も「統帥権の独立」と並ぶ（反政党的勢力によって支えられた）「独立」のイデオロギーへと転化していった。原敬が陪審法の成立に必死になったのも、このような文脈においてであった[13]。また、裁判官の中で「司法権独立運動」が展開されるが、明治憲法体制の下で日の目をみることはなかった。

憲法は「臣民権利」を保障していたことについては既に触れたが、それは、いわゆる天賦人権説を排し、国民の権利・自由は国法によって与えられるといういわば「国賦人権」思想に立脚するものであった。そして臣民の権利・自由の保障には、「法律の留保」が付せられていた。法律は議会の協賛を必要とするから、「法律の留保」は重要な意義を有するが、議会が人権抑圧の側にまわるとき、憲法による臣民の権利・自由の保障も空転する宿命にあり、実際そのようなことが生じた。この問題は、本書の様々な個所で言及されることになる。

第2節　日本国憲法の成立と基本原理

I　日本国憲法成立の経緯と法理

1　日本国憲法成立の経緯
（1）**日本国憲法成立の起因**　昭和20（1945）年8月14日、日本政府は、わが国に降伏の機会を与え、その条件を定めるポツダム宣言を受諾した。同

12　尾佐竹猛・判事と検事と警察（総葉社書店、1926年）は、さらに続けて、「世人の大多数に向って検事は行政官で、上官の命に従ふものだ、独立でないと説明すると、怪訝の眼を以て、此説明を詭弁の如く憤慨するものさえある」という。また、三谷太一郎・政治制度としての陪審制（東京大学出版会、2001年）参照。

13　因みに、陪審法は大正12〔1923〕年に成立し、昭和3〔1928〕年から実施されたが、政党政治が崩壊していた昭和18〔1943〕年に停止された。

宣言は，軍国主義の除去，日本の戦争遂行能力の破壊，そのためにする連合国軍隊の日本占領などについて定めるとともに，日本政府に対し民主主義的傾向の復活強化，言論・宗教・思想の自由および「基本的人権」の尊重の確立を求め (10項)，また，「前記諸目的カ達成セラレ且日本国国民ノ自由ニ表明セル意思ニ従ヒ平和的傾向ヲ有シ且責任アル政府カ樹立セラルル」ことを占領解除条件とした (12項)。

　同宣言に基づき日本の占領が開始されるが，占領軍は当初日本の全領土・住民を直接の軍事管理下におくことを構想したようである。が，日本政府の強い希望もあって，結局，日本政府を通じて統治するといういわゆる**間接統治方式**が採用された。しかし，**連合国最高司令官の直接命令権**も留保されており，政府は明治憲法 8 条に基づく緊急勅令の形式で「ポツダム宣言ノ受諾ニ伴ヒ発スル命令ニ関スル件」(昭和20年勅令第542号。いわゆる**ポツダム緊急勅令**)を発して，占領軍の命令を迅速に実施する道を講じた[14]。公職追放令，物価統制令などは，この緊急勅令に基づいて発せられた例である[15]。もっとも，占領軍の指示に基づき，日本政府が通常の立法措置をとった例も少なくない。この緊急勅令は広汎な授権法であるが，合憲・違憲を論じうる性質のものではなかった[16]。

　問題は，このポツダム宣言 (特に12項) が憲法 (明治憲法) といかなるかかわり合いをもつかであった。この点，終戦の詔書に「茲ニ国体ヲ護持シ得テ」とあるところからもうかがわれるように，日本政府は必ずしも深刻には受け止めず，仮に憲法改正が必要であるとしても部分的手直しですむと考えていたように思われる。有力な憲法学者も，憲法改正不要論かそれに近い立場であった。

(2) 日本国憲法成立の経緯　日本政府の指導者が憲法改正の必要を自覚するようになるのは，昭和20年10月，連合国最高司令官から，東久邇宮内

14　日本国憲法施行後は，「日本国憲法施行の際現に効力を有する命令の規定の効力等に関する法律」によって，この緊急勅令は有効とされている。

15　日本国憲法施行前に発せられたこれらは，ポツダム命令，ポツダム勅令などと呼ばれた。これに対して，団体等規正令など，日本国憲法施行後に発せられたものは，ポツダム政令などと呼ばれた。昭和27年4月28日平和条約が発効し，同日施行の法律第81号は勅令第542号を廃止し，該勅令に基づく各種命令 (いわゆるポツダム命令) の効力を，改廃措置がとられた場合を除き，同日から起算し180日間延長させた。

16　最(大)判昭和28年4月8日刑集7巻4号775頁は，該緊急勅令は超憲法的効力を有し有効であるとしている。

閣の副総理格の近衛文麿に対し，また幣原首相に対し，相ついで改正について示唆された頃からである。幣原内閣成立とともに内閣を去った近衛は，その示唆を受けて，佐々木惣一とともに内大臣府御用掛として憲法改正の調査にあたり，他方，これとは全く別に，政府（幣原内閣）は，松本国務大臣を長とする憲法問題調査委員会を設置し，憲法調査に着手するに至った。

近衛および佐々木は，それぞれ改正草案を奉答しているが，近衛の戦争責任を問う内外の批判が強まったことから，総司令部側は近衛との関係を否認し，また，もともと内大臣府が憲法調査をする資格ありやの批判もあったところ，内大臣府が廃止されたこともあって，その調査は憲法改正過程に何らの意義も発揮せずに終った[17]。

憲法問題調査委員会は，国体の護持と政治の民主化という松本の基本方針に沿って，独自に審議を重ね，昭和21年1月末までに，いわゆる松本私案，それを要綱化したいわゆる甲案，委員の意見をとりまとめたいわゆる乙案の3案の成立をみた。

ところで総司令部は，日本側の改正作業の結果を待つ態度であったが，当時の国際情勢などに鑑み，憲法問題に早急に決着をつける必要を感じはじめていた。そこへ2月1日，『毎日新聞』は松本委員会の改正案なるものをスクープした。その案の保守的なことに失望した総司令部は，結局自らの手で改正案を作成することを決意し，急遽その作業にとりかかった。その作業の基礎とされたのは，マッカーサ・ノートとして知られる三原則[18]およびSWNCC-228（国務・陸軍・海軍三省調整委員会文書228号）であった。日本政府は，2月8日，「憲法改正要綱」（甲案に若干修正を施したもの）を総司令部に提出したが，それに対する回答として，2月13日，総司令部作成の改正案（マッカーサ草案）が日本側に手交された。そのときの日本側の驚愕は想像するに余りある。なお，松本は，2月19日の閣議で，総司令部案を手交された際「この案は天皇反対者から天皇のパーソンを守る唯一の方法である」といわれたと報告している（いわゆる芦田メモによる）。

日本側は，若干の抵抗を試みるが，結局受け入れやむなしの結論に至り，

---

17 佐々木草案には，憲法裁判所の設置，地方団体等の自治に関する章の新設，憲法改正に関する国民投票の導入などが含まれていた。

18 ①天皇は元首であり，皇位は世襲である。天皇の義務・権能は，憲法に基づき行使され，憲法の定めるところにより人民の基本的意思に対し責任を負う。②戦争廃棄，軍備撤廃。③華族制度の廃止。予算の型はイギリスの制度にならうこと。

それを基本に作成され、枢密院の諮詢を経た憲法改正案が、4月の衆議院議員選挙と貴族院議員の大幅な入替えとによって議員の一新を図った第90帝国議会に、憲法73条によるものとして勅書をもって付議された。そして若干の修正を加えて可決され、枢密院の諮詢、天皇の裁可を経て昭和21年11月3日に公布され、22年5月3日から施行された。「日本国憲法」の誕生である。憲法の施行に備えて、憲法附属法などの整備が図られたことは既に述べた（第1章第2節Ⅳ1→26頁）。

2 日本国憲法成立の法理

(1) 手続と内容の齟齬 上述のように、日本国憲法は、欽定憲法である明治憲法の定める改正手続に完全に従って成立した。これによって明治憲法と日本国憲法との間に完全な法的連続性が保障されるというのが占領軍の理解であり、帝国議会もこの手続によることを支持したのであった。

しかし、成立した憲法は「日本国民は、……この憲法を確定する」（前文）とうたい、憲法改正権者は国民であることを明らかにし（96条）、天皇の地位は「主権の存する日本国民の総意に基く」（1条）と規定しているのをはじめとして、「基本的人権」を保障するなど内容的に全くといってよいほど変っている。そこで、成立手続と成立した憲法内容とのこの齟齬を、法理論的にどう解するかが問題となった。

(2) 日本国憲法成立の法理 この問題をめぐっては様々な議論があり錯綜しているが、ここでは、明治憲法との法的連続性を否認するか（A説）、承認するか（B説）の観点から整理して検討する。

A説は、憲法改正限界論に立脚するもので、何よりも主権（憲法制定権力）の変動がある点で、また、明治憲法は「憲法ノ条項」の改正を予定しているのにそれを踏みにじっている点で、改正の限界を越えており、法的連続性はないとする。したがって当然日本国憲法は無効であるとする説（A_1説）と、他の論拠によって有効であるとする説（A_2説）とがある。これに対してB説は、憲法改正無限界論に立脚するもので、したがって当然日本国憲法は有効であるとする説（B_1説）と、他の論拠によって無効であるとする説（B_2説）とがある。

まず、憲法改正に関し限界論をとるべきであるとすれば（第1章第3節Ⅱ3→38頁）、そもそもB説は妥当でないということになるが、その中のB_2説については、A_1説と同じく無効という点では共通するので、最初に無効と

みることの問題について論及しておく。B_2説が問題とするのは，占領者は絶対的支障のない限り占領地の現行法律を尊重すべきであるとする1907年のハーグ陸戦法規に違反すること，当時の日本は占領管理体制下にあって国家の自主性の余地がなかったこと[19]，などである。

そこで陸戦法規違反の点についてであるが，同法規は交戦中の占領についてのものであって，そもそも日本の「占領」に適用があるのか疑問の余地がある。仮に適用があるとしても，ポツダム宣言・降伏文書が同法規に優先して適用されると解する余地がないわけではなく，また，日本国憲法が曲りなりにもわが国自身によって制定されたものであるから，同法規違反を理由に憲法の無効を帰結するのは無理であろう[20]。さらに，そもそも国家の自主性がなかったという点については，確かに厳しい事情下にあったといわざるをえないが，そういう事情の中での日本の政府の独自の決断と国民の判断がなされたのだとみるべきではないであろうか。広い視野に立てば，およそ一国の憲法の制定は，そのときの国際関係と無関係ではありえない事柄である。

A_1説についてであるが，確かに，日本国憲法はどうみても明治憲法の改正の限界を越えており，明治憲法からみれば日本国憲法は無効であるといわざるをえない。しかしそのことは，日本国憲法自体に即してみた場合の日本国憲法の効力とは別個の問題である。日本国憲法の効力は，日本国憲法を支える意思と諸力の存否にかかわる問題である。制定時とそれ以降のわが国社会の展開をどのように理解すべきであろうか。日本国憲法の制定以来，日本の政府はこの憲法に基づいて形成・維持されてきたことは否定すべくもない事実である。日本国憲法を無効であるということは，この事実をどう説明するのであろうか，そして国際社会はどう受け止めるであろうか。

A_2説は，当初以来次のように説くのが一般的であった。すなわち，ポツダム宣言は国民主権の要求を含むと解すべきであるが，そのような内容の宣言は明治憲法上受諾不可能であるにもかかわらずあえてそれを受諾したとい

---

[19] マッカーサ草案提示とその後の憲法草案起草過程が問題とされ，また，第90帝国議会の審議が総司令部による（裏）統制や極東委員会の介入下にあったことが指摘される。さらに，本文中に触れた2月19日の閣議における松本発言などを根拠に，「押しつけ」論・「脅迫」論が主張される。

[20] 現行憲法は陸戦法規に反した占領軍の命令に基づき制定されたものである，などを理由として最高裁判所に直接提起された憲法の無効確認を求める訴えにつき，最判昭和55年5月6日判タ419号72頁は，「司法権は，憲法76条の規定によるものであるから，裁判所は，右規定を含む憲法全体の効力について裁判する権限を有しない」として，却下している。

うことは，その時点において一種の革命があった（いわゆる**八月革命説**）と解され，その革命によって主権者となった国民が制定したのが日本国憲法であり，もとより有効である，と（A_2'説。宮沢俊義）。しかし，この説については，次のような疑問がある。①ポツダム宣言が国民主権の要求を含むものであったかどうかは当時にあっては疑義の余地のあるものであったこと（上述のように，日本政府はそのようには解さなかった）[21]，②仮に同宣言がかかる要求を含むものであったとしても，同宣言の受諾は国際法上の義務を負ったことを意味するにとどまり，受諾と同時に国内法上も根本的変革を生じたとみることは困難であること[22]，③同宣言受諾後も，占領軍の支配下ではあったが，明治憲法の定めるところに従い統治が行われたことを説明するのが難しいこと，④明治憲法73条が用いられたことの根拠が薄弱になること，等々。

したがって，むしろポツダム宣言受諾後も明治憲法秩序は存続し，天皇は同宣言を履行する趣旨から憲法所定の手続に従って改正案を帝国議会に提出したと解すべきであろう。もっとも，上述のように，その改正案は改正の限界を破るものであった。が，帝国議会におけるその案の審議の過程で，「日本国憲法」を制定するという主権者たる国民の意思が議会を通じて顕現し，しかも同時にその制定の方法として，一定の政治的配慮から，明治憲法所定の手続の形式を借用する意向が示された，とみることができるであろう（A_2''説）。

こうした説明については，「段階的主権顕現説」と命名したうえ，国家の自主性の欠如のうえで成り立ちえないとし，そして，主権回復時（平和条約発効日）を基準に法定追認説によって有効と考えるべきであるとする見解が示される（大石眞）。事の本質をついた見解ではあるが，平和条約締結に臨んだ政府の正統性の根拠は何であったかの問題を含めてまさに"段階的"に考

---

[21] ポツダム宣言にいう「日本国国民ノ自由ニ表明セル意思ニ従ヒ」とは，占領軍の干渉を受けずにの意ともとれるし，また，わが国権の源泉を，君主に対するものとしての国民にありとすることまでを要求したものではなく，いわゆる「事実としての国民主権」で同宣言の要求を充足しうると解する余地がある。因みに，帝国議会に付議された「帝国憲法改正案」前文には「ここに国民の総意が至高なものであることを宣言し」，同1条には「この地位は，日本国民の至高の総意に基く」とあった。「主権」の語に変ったのは，帝国議会における修正の結果であった。

[22] 八月革命説は，「国体」変革の義務がいわば"債権的"にではなく，いわば"物権的"に日本国家に生じたとみるもので，それは徹底した国際法優位の一元論を前提せずには成立しない（菅野喜八郎）。

えるべきではないかと思われる。

II 日本国憲法の基本原理とその展開

1 日本国憲法の基本原理

(1) 総説 日本国憲法のよって立つ基本理念・特質は，前文の次の表現に集約的に示されている。「日本国民は，正当に選挙された国会における代表者を通じて行動し，われらとわれらの子孫のために，諸国民との協和による成果と，わが国全土にわたつて自由のもたらす恵沢を確保し，政府の行為によつて再び戦争の惨禍が起ることのないやうにすることを決意し，ここに主権が国民に存することを宣言し，この憲法を確定する」。つまり，**国民主権**を基盤に，**代表制**（議会主義），**自由主義**（基本的人権尊重主義），**国際協和主義・平和主義**を宣言しているとみることができる[23]。

既にみてきた明治憲法体制下の苦い経験に照して端的にいえば，日本国憲法の目指したもの，それは，個人の尊重・基本的人権の保障を核として，「政治の復権」と「法の支配の拡充・徹底」ということではなかったかと思われる。

(2) 国民主権と政治の復権 前文は，上に引用した言葉についで，さらに，「そもそも国政は，国民の厳粛な信託によるものであつて，その権威は国民に由来し，その権力は国民の代表者がこれを行使し，その福利は国民がこれを享受する。これは人類普遍の原理であり，この憲法は，かかる原理に基くものである」，と述べる。天皇の地位が「主権の存する日本国民の総意に基く」(1条)のは，その当然の帰結である。

この**国民主権**のもつ具体的意味については後述するので（第3編第1章第1節），ここでは立ち入らない。ただ，主権者たる国民がどのような考え方の下に，どのような統治体系を選びとったかという問題に一言しておく必要が

---

[23] なお，前文にいう「日本国民は，正当に選挙された国会における代表者を通じて行動し」という文言について，制定過程に即してみれば，日本国憲法の制定にかかわる社会的事実を指し，「国会」もこの憲法を議決した「帝国議会」の意味であるといわざるをえないところがある（佐藤功）。が，「帝国議会」には公選によらない貴族院が含まれていたのであり，また，あくまで用語・表現に即してみれば，「国会」はあくまで「国会」であり，それは日本国憲法が施行されてはじめて存在しうるのであるから，前文の当該部分は，日本国憲法下にあっては国民は国会において国民の代表者を通じて行動するものであるという規範的事実を意味するものと解されることになる。

あろう。それは，結局，自由主義（基本的人権尊重主義）が貫かれる体系ということであって，憲法13条（および24条）にうかがわれる「個人の尊厳」ないし「人格の尊厳」を出発点となす統治体系ということである。次章で触れる国際協和主義・平和主義も，自由主義（基本的人権尊重主義）の実現のためということであって，そうした意味で，国民主権も国際協和主義・平和主義も，自由主義（基本的人権尊重主義）を核にして有機的・一体的に結び合っているということである。

上にみたように，日本国憲法は**代表制**（**議会主義**）を中心に「政治の復権」を図ろうとしており，そのことは，具体的には，「全国民を代表する選挙された議員」で組織される「国会」をもって「国権の最高機関であつて，国の唯一の立法機関」であるとし（43条1項・41条），この国会の指名に基づいて天皇の任命する内閣総理大臣をもって「内閣〔の〕首長」としている（6条・66条1項）ことなどに集約的に示されている（第3編第2章第1節および第3章第1節）。もっとも，これも既に触れたように，憲法は直接制の要素を憲法改正に関し導入し（第1章第1節Ⅲ→8頁，第3節Ⅱ→35頁），さらに，代表制の運用の場にあっても国民の役割が次第に大きくなってきており，日本国憲法の基本原理として半直接制を掲げる見解も登場してきている（こうした点は，第3編第2章や第3章で論及される）。

（3）　**自由主義（基本的人権尊重主義）とそのための制度的原理**　　（イ）　**総説**　　国民主権は，観念的には，治者と被治者の自同性を意味する。したがって，そのことから統治に限定を設ける必要はないとの立場も帰結されうるが，上述のように，日本国憲法はそのような立場に与せず，国家の利害と同一化されたはずの国民自体内部の政治的・社会的闘争の契機を重くみて，国民全体の名において個人や少数者が不当に抑圧されないようにする趣旨から，国民主権はあくまでも「自由のもたらす恵沢を確保」することを目指すものであることを強調していると解される。そのことは，「すべて国民は個人として尊重される」とする13条以下において詳細な基本的人権のカタログを掲げていることに通ずる。

もとより，「**自由**」の観念は多義的である。基本的には，各人の生き方は各人が決めるものであるという個人の人格的自律権から出発して，人間の幸福をかかる文脈において把握しようとする行き方と，個人よりも集団とか共同体とか全体を重視し，かかる集団や共同体の中にこそ人間の自由と幸福の

鍵があるとする行き方とに分かれる。前者は，他面からいえば，全体が具現するところの人間の幸福に至る価値ないし真理というものがあり，その価値ないし真理に従うことこそ人間の自由になる道であるという自由観を拒否するものである。そして日本国憲法が立脚するのは，そのような前者の自由観であるということができる。もとより人間にとっての共同体の意義も適正に考慮されなければならないが，このような自由観を基礎づける哲学ないし道徳理論については後に触れる（第2編第1章第2節および第3節）。

日本国憲法が定める具体的な諸制度は，そのような「自由」の維持発展に多かれ少なかれ寄与するものとして意図されているといえるが，「自由」のための基本的な制度的原理として要約するとすれば，「権力分立」と「法の支配」の原理ということになろう。

（ロ）**「権力分立」の原理**　権力の分割統制という発想は既に古典古代ギリシャにみられることは本書の冒頭に触れたが，近代的な権力分立の古典的理論は「すべての国家には三種の権力がある」と説くモンテスキューの『法の精神』（1748年）において提示され，以後自由主義の哲学と結びついて信仰的崇拝に近い評価を受けるに至ったものである。

権力分立は，要するに，権力が特定人に集中しないように権力を分割しようということであり，その背景には，人間を簡単に信用してはならないという考え方がある。何故に人間を簡単に信用してはならないかといえば，個人の「自由」を大事にするが故に，ということである。

もっとも，権力分立の制度的内容は国により時代により様々であって，権力分立ということから一義的に具体的な制度内容が帰結されるわけではない。この点，国家の作用の種別に応じての権力の分離に重点をおく行き方と権力相互の抑制・均衡関係を重視する行き方（抑制・均衡のシステム）とに，あるいは，厳格な権力分立と緩やかな権力分立とに，類型化して論じられることがある。アメリカ合衆国憲法は厳格な権力分立制の例として知られるが，大統領の拒否権や司法裁判所の行政裁判権・違憲立法審査権など抑制・均衡への配慮にも強いものがある。対して，イギリス型議会君主制（議院内閣制）は，緩やかな権利分立制の例として知られる。

因みに，明治憲法下の権利分立制は翼賛権限の分立制であったことは既にみたが，行政をいかに立法（議会）から守るかの発想の強い権力分立制であった（実際，穂積八束は議院内閣制は権力分立制に反すると主張した）。これも既にみ

たように，美濃部達吉などの主張も背景に議院内閣制・政党内閣制が展開するが，権力分立主義は明治憲法下にあって議院内閣制・政党内閣制に対立するイデオロギーとして機能し続けた点は看過しえない[24]。

　日本国憲法は，議院内閣制的統治構造によることを明らかにしつつ，「国会は……国の唯一の立法機関である」(41条)，「行政権は，内閣に属する」(65条) とする一方，「①すべて司法権は，最高裁判所及び……下級裁判所に属する。……③すべて裁判官は，その良心に従い独立してその職権を行ひ，この憲法及び法律にのみ拘束される」(76条) と規定し，この「司法権」には行政裁判権・違憲立法審査権が含まれることを明らかにした。主権者たる国民は，個人の「自由」への共感から，このような権力分立制を定めたということになる。

　(ハ)　「法の支配」の原理　　「法の支配」の観念も古典古代ギリシャにその起源をもつが，その後の西欧の長い歴史的過程の中で紆余曲折を辿りながら[25]，17世紀のイギリスにおいて近代的な個人の「自由」の観念と結びついてより具体的で明確なかたちをとって現出したものである。ロックは，法の目的は，自由を廃止したり，制限したりすることではなく，むしろ自由を維持し，拡大することにあり，法のないところには自由はないと力説した。自由とは，他の人々による拘束や暴力から解放されることであるが，このことは法のないところでは不可能であること，他人の気まぐれな意思の対象とされることなく，自らの意思に従って行動できるということが自由の意味するところであること，にロックは関心を向けたのである。成文憲法中に個人の自由を列挙することによってその保障の確実性を期そうとした，アメリカ独立革命期の邦（ステート）の憲法が，「法による統治であって，人による統治ではない」ことを力説したのも，ロックのそのような発想に通ずる。

　したがって，「法の支配」という場合の「法」観念は独特のものであったことが注意されなければならない。それは，自由な主体たる人間が秩序を作りそこで自ら発生するような「法」，換言すれば，自由な主体たる人間の共生を可能ならしめるうえで必要なものとして自ら発生するような「法」ということである。これを現代風にいえば，「自然 (physis)」と「作為 (thesis)」

24　この点，例えば，三谷・注12参照。
25　この関係で，「国王は何人の下にもない。しかし神と法の下で統治する」というブラクトンの言葉に象徴される，中世イギリスにおける憲法原理の展開が特に注目される。

の中間にある「第三の範疇」として、ポラニーやハイエクのいう「**自生的秩序**（spontaneous order）」に妥当する「法」である[26]。

この「法」観念にあっては、「司法」が独特の意義を担う。ポラニーは、「自生的秩序」の例として、市場システムのみならず、「知的秩序システム」にも言及し、その一例として、司法権の独立下にある裁判官が、具体的事件に関し、厖大な法令や先例を参照し、世論の動向も勘案しつつ、判決を作成し、そうした判決の集積よりなる判例法の形成という「司法システム」をあげている[27]。

先に触れた近代的な「権力分立」の原理も、この「法」観念を基礎において理解される必要がある。「立法」について、ロックは、すべての市民に等しく適用される「正しい行為に関する一般的なルール」を想定したが、実際、一般に、立法府の力といえども無制限とは観念されず、そのような一般的ルールの定立に限定され、かかるルールによってすべての権力に必要な制限を課すことが期待された。また、人類の歴史に照らしてモンテスキューによって「人間の間でしかく恐るべき裁判権力」と呼ばれたものは、政治（権力）から切り離し、同じくモンテスキューのいう「法の言葉を述べる口」とする、つまり「司法権」として把握することによって、むしろ個人の「自由」の重要な守り手と位置づけられた。

ダイシーは、国会主権などと並んで「法の支配」をイギリスの主要な憲法原理となし、それは「種々の見地からみてイギリス憲法の下で個人の権利に与えられた保障」であるとしたうえ、その具体的内容として、①専断的権力に対立するものとしての通常の法の絶対的優位ということ、すなわち、国の通常裁判所において通常の法的な方法で確定された法に明白に違反する場合を除いて何人も処罰されず、または合法的に身体もしくは財産を侵害されえないという命題、②法の前の平等、すなわち、地位または身分を問わずあら

---

[26] 例えば、ハイエクは、人間社会における秩序を、「自生的秩序（spontaneous order）」と「組織（organization）」とに分かち、それぞれを古典古代ギリシャのコスモス（本来「国家ないし共同体における正しい秩序」を意味する発生的秩序）とタクシス（例えば、軍隊の秩序のような人為的秩序）とに対応させている。「自生的秩序」は多くの人間の行為の所産であるが、人間の意図・企画によって作られるものではないのであり、そのような「秩序」の法は**ノモス**と呼ばれ、「組織」の規則であるテシスと対比される。そして、このように捉えられた「法」の支配と自由との不可分性が示唆される。

[27] こうしたポラニーやハイエクの説につき、新正幸「二つの自生的秩序」金沢法学49巻2号（2007年）参照。

ゆる人が国の通常の法に服しかつ通常裁判所の裁判に服するという命題、③憲法の一般的法原則（人身の自由な権利や集会の権利など）は個々の事件において私人の権利を決定する判決の結果であるという命題、を指摘した。ここでも、「法の支配」にあって裁判所が格別の役割を担っていることが明らかにされているが、アメリカ合衆国で登場した違憲立法審査制は、こうした「法の支配」の趣旨を成文憲法体系の下で徹底したものとみることができる。

　もっとも、今日、本書の冒頭に述べたような現代立憲主義状況下にあって、「法の支配」の意義づけや評価は決して一様ではありえない。一方では、「法の支配」は圧倒的に「作為」が要求される現代国家にあって保守的イデオロギーにすぎないとか大陸法的制定法主義の下では妥当しないとかいった否定的評価があり、他方では、積極的に評価する場合でも、形式的アプローチと実質的アプローチとの違いや「薄い法の支配」論と「厚い法の支配」論との違いなどが指摘される[28]。この論議の最も基底的なところには、人間が自由のままではカオスがあるのみとみるか、「自然」と「作為」を越えた「自生的秩序」のごときものをみようとするかの対立が横たわっているように思われる。

　日本国憲法は、「自由」の重要性を標榜して詳細な基本的人権のカタログを掲げつつ、憲法の最高法規性を確認し（98条1項）、そして司法権を強化し、行政裁判権や違憲立法審査権を司法権の内実とする（81条）など、「法の支配」の原理に立脚していることを示している（第4編参照）。

　(4) 国際協和主義・平和主義　日本国憲法は、先に引用した前文1項を受けて、さらに、「日本国民は、恒久の平和を念願し、人間相互の関係を支配する崇高な理想を深く自覚するのであつて、平和を愛する諸国民の公正と信義に信頼して、われらの安全と生存を保持しようと決意した」こと、全世界の国民が「平和のうちに生存する権利」を有することを確認し（前文2項）、また、「われらは、いづれの国家も、自国のことのみに専念して他国を無視してはならないのであつて、政治道徳の法則は、普遍的なものであり、この法則に従ふことは、自国の主権を維持し、他国と対等関係に立たうとす

28　形式的アプローチは法定立の方法・手続などを問題とし（長谷部恭男や法の一般性を特別に強調する阪本昌成など）、実質的アプローチは法の実体的内容を問題とする。この両者の区別は元来相対的であるが、この相対性を踏まえて、有名なフラーの法の内在道徳を「薄い法の支配」論、それ以上の内容を含めようとするものを「厚い法の支配」論と呼ぶり、後者は「法の支配」に過大な役割を担わせるものと批判する見解（愛敬浩二）がある。

る各国の責務であると信ずる」(前文3項) と宣言し，9条や98条においてその理念を具体化している。

この国際協和主義・平和主義こそ，比較憲法的にみて，日本国憲法の大きな特色といえるものであるが，詳しくは次章において論及する。

2 日本国憲法の展開

(1) **占領体制下の憲法**　上述のように，日本国憲法は占領軍の強大な権力を背景に，その強い要請の下で制定されたが，重苦しい戦時体制から解放された国民の間では一般に好感をもって迎えられた。そうした雰囲気の中で，占領軍は，その基本的な占領政策の反映である日本国憲法を実施すべく，日本の旧体制を変革する様々な施策を推進した。しかし，冷戦構造の顕在化につれて占領軍の政策も変化し，むしろ自由化を抑え，あるいは日本の再軍備化の方向へと転じた。

日本国憲法は昭和22 (1947) 年5月3日より施行されたが，それはあくまでも占領体制下でのものであった。上述のように，「天皇及日本国政府ノ国家統治ノ権限ハ本降伏条項ヲ実施スル為適当ト認ムル措置ヲ執ル連合国最高司令官ノ制限ノ下ニ置カルルモノトス」(降伏文書) とする体制下にあって，日本国憲法も最高法規ではありえず，超憲法的存在である最高司令官の命令に抵触しては妥当しえないものであった[29]。憲法が文字通り最高法規となり，憲法を自主的に運営できるようになったのは，昭和27 (1952) 年4月28日，連合国の大多数との間に平和条約が発効し，わが国が主権を回復してからのことである。

(2) **平和条約発効後の憲法状況と現在**　平和条約締結時に日本国憲法に関しどのような措置をとるか，理論的な課題としてありえたが，格別の動きはみられなかった。しかし，やがて，日本国憲法の成立過程の特殊性や憲法の内容に対する不満から，憲法改正論議が次第に高まり，特に昭和29 (1954) 年に成立した鳩山内閣は憲法改正問題に積極的姿勢を示した。そうした動きの帰結が，昭和31年の憲法調査会の成立である。同調査会は内閣におかれ，学識経験者20名，国会議員30名を構成委員とするものであったが，日本社会党は参加を拒否したため，同党割り当ての委員を欠員としたま

---

[29] 占領下にあって，言論活動も総司令部の検閲下におかれ，占領政策に反する言論は，検閲の形跡をうかがわせないような方法を通じて相当徹底した統制に服せしめられたことが次第に明らかにされてきている。

ま発足した。調査会は，39年7月，最終報告書を内閣と（内閣を通じて）国会に提出したが，それは基本的には委員の個人意見を集計するにとどまるものであった。

　憲法改正論はその後も続くが，当初の改正論を生み出した諸事情は，わが国の著しい経済成長などを背景とする国民の生活意識や価値観の変容の中で，次第に大きく変わっていった。冷戦構造は厳しい面をもちつつも，安全保障など難しい問題はアメリカに委ね，わが国が高度経済成長に専念できる枠組でもあった。そして，日本国憲法の「定着」が語られるようになる。

　1989年のベルリンの壁の崩壊にともなって冷戦構造は解体したが，1991年の湾岸戦争をはじめ各種国際紛争の多発する中，日本が自国の安全を維持しつつ国際社会の平和の確保にどのようにかかわっていくべきかという課題が浮上してきた。また，バブル経済の崩壊に象徴される，行政主導による従来の高度経済成長一本槍の行き詰りは，日本の現実の政治や経済構造のあり方への反省と再構築の気運を生み出した。そして，「国のかたち」にもかかわる様々な改革が試みられることになるが，その成否が日本国憲法の今後に大きく影響することは確かなことであろう。

第3章　日本国憲法と国際社会

第1節　国際協和と平和の追求

Ⅰ　国際協和と平和の追求

1　日本国憲法の対外的な基本姿勢の宣明

　日本国憲法は，その前文において，日本国の対外的な基本姿勢を次のように宣明する。既にいろいろな個所で言及したところであるが，ここで改めて全体を引用する。

　「日本国民は，……諸国民との協和による成果と，わが国全土にわたつて自由のもたらす恵沢を確保し，政府の行為によつて再び戦争の惨禍が起ることのないやうにすることを決意し，……この憲法を確定する」(1項)。

　「日本国民は，恒久の平和を念願し，人間相互の関係を支配する崇高な理想を深く自覚するのであつて，平和を愛する諸国民の公正と信義に信頼して，われらの安全と生存を保持しようと決意した。われらは，平和を維持し，専制と隷従，圧迫と偏狭を地上から永遠に除去しようと努めてゐる国際社会において，名誉ある地位を占めたいと思ふ。われらは，全世界の国民が，ひとしく恐怖と欠乏から免かれ，平和のうちに生存する権利を有することを確認する」(2項)。

　「われらは，いづれの国家も，自国のことのみに専念して他国を無視してはならないのであつて，政治道徳の法則は，普遍的なものであり，この法則に従ふことは，自国の主権を維持し，他国と対等関係に立たうとする各国の責務であると信ずる」(3項)。

　「日本国民は，国家の名誉にかけ，全力をあげてこの崇高な理想と目的を達成することを誓ふ」(4項)。

　この前文は，第2次大戦が引き起こした惨禍に対する悔恨と深い反省，人権が尊重される平和な国際秩序を確立しようとする理想主義的な気運を背景

に，新しくできたばかりの国際連合への信頼を基盤としていると解される。そして，この前文に示される基本姿勢は，憲法本文中に次のような具体的規定として示される。

「日本国民は，正義と秩序を基調とする国際平和を誠実に希求し，国権の発動たる戦争と，武力による威嚇又は武力の行使は，国際紛争を解決する手段としては，永久にこれを放棄する」(9条1項)。

「前項の目的を達するため，陸海空軍その他の戦力は，これを保持しない。国の交戦権は，これを認めない」(9条2項)。

「日本国が締結した条約及び確立された国際法規は，これを誠実に遵守することを必要とする」(98条2項)。

2 「国際協和」の観念と「国際社会」

この9条と98条2項はあわせて「平和主義と国際協調主義」として説明されることもあれば，9条は「戦争の放棄」ないし「平和の追求」，98条2項は「国際協和の追求」として説明されることもある。「国際協和 (international cooperation)」は，9条と98条2項の両者を含めて前文と一体的に広く解し，政治的色彩の強い側面が9条に，法的色彩の強い側面が98条2項にそれぞれ具体的に表現されているとみるのが適切かと思われる。

この「国際協和」は，日本国が自国のことのみに専念することなく，他の諸国と協力しながら，人権と民主主義の原理が政治道徳の普遍的な法則として尊重される平和な国際社会の招来に向けて努力することを意味している。それは，日本国が，平和の維持と人権の保障を目指して努力する国際社会の一員として，国際政治に積極的にかかわっていこうという意欲を示すものである。

しかし，現実の国際社会は理想が容易に実現されるような社会ではない。まず何よりも，日本国憲法成立後間もなくして東西対立が顕在化し，その対立の間にあって，当初期待された国際連合の安全保障機能の展開が阻まれたことである。

実際のところ，国際連合憲章は，国際連盟規約，1928年の不戦条約の戦争違法化の体制を一層推進したが，武力行使を全面的に禁止したわけではなく，国際連合の集団的措置としてなされる武力行使を認める (憲章7章) とともに，国連軍という「警察力」に依存することに徹し切れず，個別的または集団的自衛権に基づく武力行使の余地を残すものであった (特に憲章51

条)。そして，冷戦という厳しい国際政治状況を前にして，憲法の「国際協和」は，国際政治への積極的関与というよりは，むしろ厄介な国際政治へのかかわりをできるだけ回避するという意味合いを強めていったようにみえる。

　しかし，その間わが国は著しい経済成長をとげ，次第に国際社会の注目を集めるようになり，また，冷戦構造が終結し，その後のグローバル化の進展と複雑多様化する国際社会にあって，わが国の対外的な姿勢ないし行動様式に厳しい眼が注がれるようになった。湾岸戦争 (1991年1月，多国籍軍がイラク軍に攻撃開始) 時の日本のおかれた状況は，まさにそれを象徴するものであった。日本政府は，多国籍軍に90億ドルという巨額の戦費支援，さらに「人的貢献」の名の下にペルシャ湾への掃海艇派遣を行った。そして，平成4 (1992) 年に **PKO協力法**（「国際連合平和維持活動等に対する協力に関する法律」）を成立させた[1]。後述するように，自衛隊自体の合憲性について議論のあると

---

[1] 「平和維持活動（Peace Keeping Operations, PKO)」は，国際連合の権威の下に，敵対する軍隊の間に介在して停戦の確保や事態悪化を防止し，平和の維持・回復を図るべく行われる警察活動で，具体的には軍事監視団や平和維持軍を派遣して行われる。こうした活動は，憲章の明文に根拠をもつものではなく，国際連合の実践的工夫の中からあみだされたものである。

　日本のPKO協力法は，「国際連合平和維持活動，人道的な国際救援活動及び国際的な選挙監視活動に対し適切かつ迅速な協力を行うため，国際平和協力業務実施計画及び国際平和協力業務実施要領の策定手続，国際平和協力隊の設置等について定めることにより，国際平和協力業務の実施体制を整備するとともに，これらの活動に対する物資協力のための措置等を講じ，もって我が国が国際連合を中心とした国際平和のための努力に積極的に寄与することを目的とする」(1条) ものである。同法は，「国際連合平和維持活動」等について定義規定をおいているが (3条)，当初，3条3号イからへまでに掲げる，「武力紛争再発の防止に関する合意の遵守の確保」に関する諸業務への自衛隊の部隊などの参加（武力行使をともなう平和維持軍〔Peace Keeping Force, PKF〕への参加）は「別に法律で定める日までの間は，これを実施しない」としていた (附則2条)。

　同法は，派遣先国において国際平和協力業務に従事する隊員は，「自己又は自己と共に現場に所在する他の隊員の生命又は身体を防衛するためやむを得ない必要があると認める相当の理由がある場合には，その事態に応じ合理的に必要と判断される限度で，当該小型武器を使用することができる」(24条1項) としている。それは，「武力行使」は違憲だが「武器使用」は違憲ではないといった説明（平成3年9月27日政府見解）などをともなっていたが，両者は実際上区別できるかといった批判がある一方，このようなことで責任ある業務が可能なのかといった批判があった。また，政府は，①紛争当事者間での停戦合意の成立，②PKO活動，および日本のそれへの参加に対する紛争当事者の同意，③PKO活動の中立性の厳守，④以上3条件が充たされない事態が生じたときの撤収，⑤自衛のためやむをえない場合での，必要最小限度の武器使用，という5原則の下であれば，PKFへの参加も違憲ではない，との見解を表明していた（平成3年8月1日）。そして，平成13 (2001) 年12月，アフガニスタンでのPKO展開を念頭に，上述の附則2条は削除された。因みに，この2001年の11月にはテロ対策特別措置法が制定され，同法に基づき海上自衛隊がインド洋に派遣されて，洋上給油活動に従事，さらに，

ころであるが、自衛隊の海外派遣の合憲性についても厳しい見解の対立がみられる[2]。

今日の「国際社会」は、グローバル化の進展する中で「主権」の壁が低くなり、相互依存関係を強めつつある一方、なお主権国家を主要なアクターとする「権力政治」の妥当する多元的な社会である。それは、赤裸々な弱肉強食の支配するところでもなければ、単純に「理念・理想」が妥当するところでもない。絶対的平和主義は、個人の理想・信条としては立派であるとしても、一国内にせよ、国際社会にせよ、公正な政治秩序を保障するものではない。公正な国際社会秩序の形成は、利害の対立・抗争する複雑な諸関係の中で、国連憲章前文もうたう「基本的人権と人間の尊厳及び価値と男女及び大小各国の同権とに関する信念」と国際的世論を背景に、様々な次元における関係諸国家・個人の交渉によるルール作りと施行の確保に向けた日々の営みにかかっているといわざるをえない。

外の世界を理想化しすぎるか、逆に拒否的になって内向きになりがちな日本の対外的秩序観、そしてそれと通底するようにも思える実際の政治システム・プロセスは、こうした「国際社会」に立ち向かうにはやや不向きなようにもみえるが、日本国憲法の「国際協和」は、日本の国家・国民をこのような企図への積極的参与を促そうとするものであるように解される。

II 「平和のうちに生存する権利」

1 平和の追求

上述のように、元来戦争は立憲主義にとって最大の"敵"であるはずである。アメリカ合衆国憲法が、大統領を軍の「最高司令官である」とする（2条2節）一方、「戦争を宣言する」ことを連邦議会の権能の1つとした（1条8

2003年7月にはイラク復興特別支援法が制定され、同法に基づき陸上自衛隊がイラクのサマワに駐留して人道復興支援活動に従事した。

[2] 国連平和維持活動への協力参加については、憲法上の根拠を欠くとする違憲説がある一方、むしろ憲法前文の要求するところであるとする積極的合憲説があり、また、そうした国連の活動は日本国憲法制定後の事象であって、それへの参加が明らかに憲法違反とまではいえないとする説があった。因みに、ソマリア沖を通航する艦船を海賊から守る活動に自衛隊が参加する根拠を提供するいわゆる海賊法に関し、PKOはいわば「世界益」に関するものといえるが、同法は「国益」を掲げての海外派兵であって憲法前文の国際主義に反するという主張（憲法前文こそ主眼であって、9条はそのための手段）もあった。

節11項）のは，このような認識の現われとみることができる。フランス革命期の憲法は，同じように，宣戦を議会，さらには国民自身の意思にかからせようとし，注目すべきことに，1791年憲法が，「フランス国民は，征服を行う目的でいかなる戦争を企図することも放棄し，また，その武力をいかなる国民の自由に対しても使用しない」と規定していた。

第1次世界大戦は，現代戦争の悲惨さについて覚醒させるところとなり，その結果，平和維持のための国際機構として国際連盟が生まれ，また，不戦条約（1928年）が成立したが，第2次世界大戦の勃発を阻止しえなかった。第2次世界大戦の惨禍は，第1次世界大戦のそれをはるかに上まわるもので，各国をして一層真剣に平和維持の問題に取り組ませるところとなった。そのことは，第2次世界大戦後生まれた憲法の多くが，平和維持の問題を憲法体系の中に取り込むに至った（第1章第1節Ⅲ6→17頁）点によく示されている。

日本国憲法も，こうした潮流の中に位置づけて捉えなければならない。そして日本国憲法は，①平和の問題を「平和のうちに生存する権利」（前文2項）という角度で捉え，戦争をもってかかる「権利」の侵害として把握し，②このような「権利」実現のため，戦力の不保持と交戦権の否認という方途を選んでいる（9条）点において，こうした潮流の中でもきわだった特色をみせている。そして，このような観点に関連してか，③憲法は「軍」に対する立憲主義的統制に直接触れるところがない（わずかに，66条2項が「内閣総理大臣その他の国務大臣は，文民でなければならない」というのみである）。②と③については節を改めて取り上げることにして，ここでは①について説明する。

2　「平和のうちに生存する権利」

上述のように，前文は，全世界の国民が，戦争がもたらす惨禍たる「恐怖と欠乏」から免れ，「平和のうちに生存する権利」を有することを確認する。当初，この「権利」は，憲法が立脚する平和主義の説明方法として一般に受け止められたが，後にこの「権利」をもって人権の一種として捉えようとする傾向が抬頭してきた（深瀬忠一）。

確かに，この「権利」は，すべての基本的人権の享有を可能ならしめる基礎条件をなすものといえる。仮に「恐怖」から免れる「権利」を自由権，「欠乏」から免れる「権利」を社会権とみるならば，「平和のうちに生存する権利」は，まさにそのような自由権や社会権の基礎にあってその享有を可能

ならしめる基底的権利といえよう。

　が，この「権利」は，一般の基本的人権の場合と異なり，わが国の意思だけで現実に保障されうるものではなく，平和で公正な国際秩序の形成・維持が前提とされる。そして，このような国際秩序を形成・維持するためには，各国のそれぞれの努力が必要とされる。憲法前文が，「ひとしく恐怖と欠乏から免かれ，平和のうちに生存する権利」の享有主体を「全世界の国民」としているのも，その辺の事情を示すものであろう。そして前文は，「われらは，平和を維持し，専制と隷従，圧迫と偏狭を地上から永遠に除去しようと努めてゐる国際社会において，名誉ある地位を占めたいと思ふ」と述べて，わが国が格段の努力をなすべきことを求めている。

　このような文脈でみれば，この「権利」は，対外的関係における全体としての国民の権利としての性格を有するものといえる。が，問題は，国内的にこの「権利」がいかなる意義を有するかである。前文１項は本文の１条・15条１項・41条などにおいて具体化され，３項は98条２項に具体化をみているのに対し，この「平和のうちに生存する権利」は（傍点筆者），９条との関係を別とすれば（第３節参照），「権利」の保障に関する第３章のうちに直接それに見合う規定を有していない。前文が法規範性を有すると解すべき以上（第１章第２節Ⅳ３→30頁），この「権利」に関する前文の部分と抵触する下位規範の効力は理論上排除されることになり（98条１項），また，憲法本文の条項の解釈の準則となるべきことは否定されない。しかし，このことを越えて，この「権利」をもって「法的権利」さらには裁判所において実現可能な「具体的権利」とみることができるかどうか（第２編第１章第３節①２→122頁）は，該「権利」が特定明確な内実をもつものと捉えることができるかにかかっている。もしこの点が肯定されうるとすれば，13条の「幸福追求権」の一内実として補充的保障の可能性が追求さるべきことになる（山内敏弘）。

　「平和のうちに生存する権利」の特色は，上述のところからも明らかなように，個人の人権享有の基底的条件であるが，その実現のためには，国家による積極的な国際平和形成・維持のための努力ないし戦争回避行為，さらに場合によっては戦争状態の排除行為を要請しているところにある。そしてその課題は，国際社会の課題であるとともに，日本としても，９条の枠の中で，変転する複雑な国際政治状況に対応して，柔軟かつ創造的に追求していかなければならない性格のものである。その意味で，該「権利」が個人の

「法的権利」ないし「具体的権利」として保障可能な性質のものか否かは難しい問題であるといわなければならない。

この問題は，裁判上幾度か争われてきた。長沼訴訟第一審判決[3]は，前文をもって「平和的生存権」が「全世界の国民に共通する基本的人権そのものであることを宣言するもの」と捉え，該「権利」は「憲法第3章の各条項によって，個別的な基本的人権の形で具体化され，規定されている」と述べ，これを基軸に事件を処理している。が，その控訴審判決[4]は，前文2項および3項は「国の政治の運営を目的的に規制するという意味では法的効力を有する」としながらも，前文1項の場合と違って，「理念としての平和の内容については，これを具体的かつ特定的に規定しているわけではな」いとし，「平和のうちに生存する権利」も「裁判規範として，なんら現実的，個別的内容をもつものとして具体化されているものではない」と述べている[5]。

また，百里基地訴訟第一審判決[6]は，前文は「平和をもって政治における崇高な指導理念ないし目的」として，本文各条項の解釈基準を明らかにしたものであり，「平和のうちに生存する権利」は，「その内容が抽象的なものであって具体的，個別的に定立されたところの裁判規範と認めることはできないから，これを根拠として平和的生存権なる権利を認めることはできない」としている。そしてその控訴審判決[7]は，「平和的生存権」につき，平和ということの理念としての抽象性，手段・方法における多岐・多様性を指摘し，その具体的意味・内容を前文そのものから引き出すことは不可能とし，「平和的生存権」を「幸福追求権」の一環をなすと理解した場合でも同様としている[8]。

---

[3] 札幌地判昭和48年9月7日判時712号24頁。
[4] 札幌高判昭和51年8月5日行集27巻8号1175頁。
[5] なお，その上告審判決である最判昭和57年9月9日民集36巻9号1679頁は，いわゆる代替施設の整備によって訴えの利益が失われたという控訴審判決の結論を支持して訴訟を門前払い的に却下したが，「平和的生存権」を否定する原審判決は誤っているとの主張について，原判決の結論に影響のない点についてその判示の不当をいうものにすぎない，と述べている。
[6] 水戸地判昭和52年2月17日判時842号22頁。
[7] 東京高判昭和56年7月7日判時1004号3頁。
[8] その上告審判決である最判平成元年6月20日民集43巻6号385頁は，9条の解釈には立ち入らなかったが，「上告人らが平和主義ないし平和的生存権として主張する平和とは，理念ないし目的としての抽象的概念であって，それ自体が独立して，具体的訴訟において私法上の行為の効力の判断基準になるものとはいえ」ない，と述べている（なお，第4編第2章第2節Ⅲ4→641頁）。

もっとも，政府の行為によって国民の権利・自由が具体的・直接的に脅かされるといえるような一定の事実状況がある場合に，「平和のうちに生存する権利」を語ることが意義を有する場合がありうるかもしれない。イラク復興特別支援法に基づく自衛隊のイラク派遣につき，「戦争や武力行使をしない日本において生存する権利」(平和的生存権ないしその一内容として主張) を侵害したとして，人格権侵害を理由とする損害賠償と差止を求める民事訴訟を提起した件に関し，名古屋高等裁判所判決[9]は，バグダッドは「戦闘地域」にあたり，多国籍軍の武器兵員を同地域に空輸するのは他国による武力行使と一体化した行動で支援法に違反し，かつ，憲法9条1項に違反する活動と断じるとともに，平和的生存権は「全ての基本的人権の基礎にあってその享有を可能ならしめる基底的権利」であって，9条違反の国の行為(戦争の遂行，武力の行使，戦争の準備行為等) によって①個人の生命・自由が侵害されまたは侵害の危機にさらされた場合，②現実の戦争等による被害や恐怖にさらされる場合，③9条に違反する戦争への加担・協力を強制される場合には司法的救済を求めうるところで，その限りで具体的権利性を認めることができるとしたが，本件派遣は控訴人(原告) に直接向けられたものではなく，具体的権利が侵害されたとはいえず，また，損害賠償を認めるに足る被侵害利益はないとして請求を斥けた[10]。

---

[9] 名古屋高判平成20年4月17日判時2056号74頁。
[10] この種の訴訟は全国11の地方裁判所に提起されたが，10の地方裁判所ですべて原告敗訴，控訴審で審理中のものも，本件名古屋高等裁判所判決の違憲判断を大切にしたいとして（違憲としたが，原告側の訴えは棄却したため国側は上告できず，判決は確定)，控訴は取り下げられた。岡山地方裁判所に提訴されたもののみが残っていたが，岡山地判平成21年2月24日判時2046号124頁は，「平和のうちに生存する権利」は憲法上の基本的人権であり，裁判規範性を有するとし，「徴兵拒否権，良心的兵役拒絶権，軍需労働拒絶権など」を例にあげてこれらが具体的に侵害された場合は司法的救済も認められるとしつつ，本件派遣は原告らに向けられたものではなく，原告らが直接に参戦を迫られ，現実に生命・身体の安全など侵害にされたわけでもないとして請求を棄却し，憲法判断はしなかった。

第2節　国際協和の法的意味

[I] 憲法と国際法

1　98条2項の成立の経緯と意義

　憲法98条2項は、総司令部案にも、第90帝国議会に提出された帝国憲法改正案にもなく、衆議院における審議過程で、わが国の主体的判断で立案・成立したものであった。帝国憲法改正案94条は、総司令部案90条をほぼそのまま受けて、「この憲法並びにこれに基いて制定された法律及び条約は、国の最高法規とし、その条規に反する法律、命令、詔勅及び国務に関するその他の行為の全部又は一部は、その効力を有しない」というものであった。これは、アメリカ合衆国憲法6条2項[11]をほぼそのまま引き写した感のある連邦制的規定で、実際そのことを理由に議会の審議の過程で問題となり、「並びにこれに基いて制定された法律及び条約」を削除することがほぼ確実となった段階で、外務省当局より、日本国民が条約を尊重する趣旨を表現したいという意向の下に、「日本が締結又は加入した条約、日本が参加した国際機関の決定及び一般に承認せられた国際法規はこの憲法とともに尊重されなければならない」という案が衆議院憲法改正小委員に提出されたことが知られる。

　この案は、①「条約」のみならず、「日本が参加した国際機関の決定」、「一般に承認せられた国際法規」をも対象とし、②それらが「憲法とともに尊重されなければならない」とし、㋑「憲法とともに」ということで、後述する国際法規範の国内法的効力（いわゆる一般的受容）を示唆するとともに、㋺憲法と同等の、少なくとも法律より上の国内法的効力順位を推測せしめるものであった。しかしこの案は、法制局等における検討を経て、現行の98条2項のような規定となった。その結果、憲法条文は、外に向ってのわが国の姿勢を鮮明にしようとする政治的・道徳的意味合いの濃いものとなったと

---

[11] 同項は、「この憲法、この憲法に従って制定される合衆国の法律、及び合衆国の権限に基づいて既に締結されまたは将来締結されるすべての条約は、国の最高法規であって、すべての州の裁判官は、各州の憲法または法律にこれに反する定めがある場合にも、これに拘束される」と定める。

いえる。

ただ，本項の意味合いがそれにとどまるかといえば，本項が1項と並んで本条に規定されている以上，解釈論的には一定の法的意味が発生すると解される。つまり，本項は，国の機関および国民が，「日本国が締結した条約」および「確立された国際法規」を，国内法上遵守すべき法的義務を負うということを明らかにしているということである。

2 国際法と国内法との関係

この問題は，国際法と国内法との関係にかかわる事柄である。この関係については，理論上大別して，両者はその妥当根拠を全く異にするところの別個の法秩序とみる立場（二元論。この関係は，ごく簡単には，「国際法は国内法を破らないし，国内法も国際法を破らない」と表現される）と，両者をもって一個の統一的法秩序を構成しているとみる立場（一元論）とがあり，後者は，さらに，国際法をもって国内法を委任する上位秩序とみるか（国際法優位説。この関係は，「国際法は国内法を破る」と表現される），または逆に，国際法の妥当根拠を，国家がそれぞれの憲法に基づいてそれを承認することに求め，国際法をもっていわば国内法によって委任された法秩序とみるか（国内法優位説），の立場に分かれる。

上の諸説のうち，国内法優位説については，その論理のおもむくところ国際法を否定することになるところから，今日ほとんど支持者はみられないようである。しかし，二元論と国際法優位説のいずれが妥当かについては，必ずしも決着がついていないようにみえる。国際法優位説によれば，国内法は国際法によって委任された秩序ということになり，純粋法学的思惟にあっては，憲法の効力根拠は始源的仮設規範ではなく，実定国際法の規範ということになり，さらにその妥当根拠としての始源的仮設規範が想定されなければならないことになる。実際のところ，この国際法優位説は現実の国際法秩序の実証分析抜きの規範論理的帰結であって，純理論的にはそれを是としつつも，現実の国際法秩序を前提に二元論に与する論者が少なくないようである。他方，二元論に徹すれば，国際法と国内法とは全く無関係の法秩序であって，国際法が国内法的効力を有するためには必ず国内法への「変型」が要求されることになる。しかし，この両者の違いを過度に強調するのは問題であるように思われる。国際法優位説の論者も，多くは，国際法は究極的には国内法を破るものと捉え，他方，二元説の論者も，多くは，国家として，

"国際法違反"の国内法を放置しておくことは許されないと考えているからである。

II 憲法と国際法の国内法的効力

1 国際法の国内実施の方式

国際法がその実をあげるためには，関係国内において実施に必要な措置が講じられなければならない。その国際法がいかにして国内で妥当するかの問題は，各国の憲法体系に委ねられているのが現状である。

この点，かつては二元論的考え方が有力で，国際法の国内実施のためいちいち立法措置（いわゆる「変型」）が必要であるとされた。古い歴史をもつイギリスは，そうした方式によってきた代表例である[12]。が，18世紀末に成立したアメリカ合衆国の憲法6条2項は，上述のように，「この憲法，この憲法に従って制定される合衆国の法律，及び合衆国の権限に基づいて……締結されるすべての条約は，国の最高法規であって，……」と規定し，新しい方途を示した。そして，国際法をそのままのかたちで国内法化する国際法の一般的受容方式，さらに，この「変型方式」と「一般的受容方式」の中間形態というべき「承認法による受容方式」と呼ばれるものが生まれた[13]。

2 日本国憲法のとる方式

日本国憲法の解釈論としては，立法措置を要しないとする明治憲法下の慣行を考慮し，かつ，現行憲法において条約の締結につき，国会による民主的

---

[12] 齋藤正彰「国法体系における条約の適用（1）」北大法学論集46巻3号（1995年）によれば，この「変型方式」にあっては，条約自体には国内的効力が認められず，条約の内容を国内に実施するにはその必要に応じて別個に国内法を制定するというもので，このようにして制定された国内法は条約の発効または失効とかかわりなく独自の効力をもつ。条約が批准され，当該国家に対して国際法上の拘束力を有することになっても，国内裁判所は当該条約を直接適用することはできない。かかる方式をとる国としては，イギリスをはじめ，カナダ，オーストラリア等々がある。

[13] 齋藤・注12によれば，「承認法による受容方式」は，「変型方式」のように条約の内容を国内法として立法し直す必要はなく，議会の承認を得ることで足りるが，「一般的受容方式」とは違って，議会の承認は法律の形式で行わなければならないというものである。そしてこの方式をとる国として，ドイツ，イタリア，フランス等々があるという。そして，一元論と二元論との論争を背景に，承認法は条約を国内法に変型する作用を有し，条約の国内法的効力は承認法という国内法に根拠を有するという変型理論と，承認法は条約を国内法に変型する作用を有さず，承認法は国内機関に対して条約の適用命令を発するものにすぎないという受容理論（実施理論）との対立があるとされる。

コントロールが可能とされたこと (73条3号参照)，とりわけ，上述のように多少曖昧になったとはいえ98条2項の趣旨からみて，条約は別段の立法措置を要することなく国家機関および国民を拘束すると解すべきものであろう。実際，**自動執行的条約** (self-executing treaty)[14]は，特別の立法措置を講ずることなしにそのまま国内法的効力をもつものとして扱われてきている。もっとも，自動執行的条約でない条約については，それを実施するために必要な国内法的措置は講じられなければならない[15]。

III 国際法の国内法秩序における効力順位

1 国際法の国内法秩序における効力順位

二元論的な立場に立った場合，国際法が国内法秩序においていかなる効力順位をもつかは，国際法がいかなる国内法に「変型」されるかにかかっているから，両者の効力の上下関係が特に問題となることはない。この点，一元論的な立場に立った場合には問題が生ずることになるが，上述のように，一元論的立場に立つからといって，そのことは，国際法と国内法との効力の上下関係について必ずしも端的な解答を導くものではなく，各国の憲法体系に委ねられているのが実情である。

アメリカ合衆国では条約と法律とは同位とされてきたが，第2次大戦後生まれたフランス第4共和制憲法は「正規に批准されかつ公布された外交条約は，フランスの法律に反する場合であっても，法律の効力を有する」(26条)とし[16]，ドイツの憲法は「国際法の一般原則は，連邦法の構成部分である。それは法律に優先する効力を有し，連邦領土の住民に対して直接に権利と義

---

[14] もっとも，「自動執行」性といっても必ずしも一義的ではなく，条約の国内法的効力の意味で用いられたり，条約を実施するために国内立法を必要としないという意味で用いられたり，裁判所による国内適用という意味で用いられたり，といった状況であるようである（例えば，岩沢雄司・条約の国内適用可能性―いわゆる"SELF-EXECUTING"な条約に関する一考察〔有斐閣，1985年〕参照）。

[15] このように国際的にみて一元論的傾向がみられるとしても，何が自動執行的条約かについてそれぞれの国の独自の判断が働いたり，この種の条約以外の条約について立法措置を講ずることを怠ったり，条約の執行に必要な予算措置を講じなかったり，等々というようなこともなくはないようで，一元論的な考え方が純粋な形で実現されているわけでは必ずしもない。

[16] フランス第5共和制憲法は，「正規に批准もしくは承認された条約もしくは協定は，相手国による当該協定もしくは条約の適用を条件に，公布と同時に法律に優位する効力をもつ」(55条)とする。

務を生じさせる」(25条)としている[17]。

2 日本国憲法下の効力順位

明治憲法下にあっては，条約と憲法との関係では，**憲法優位説**が有力であったようである。が，条約と法律との関係では，実務は**同位説**的であり，学説は**条約優位説**が有力であったといわれる (清宮四郎)。日本国憲法下に至って，まず，法律との関係では，条約優位説が決定的となった。条約の締結につき国会の承認を要するものとされ (73条)，上述のように多少曖昧になったとはいえ98条2項の趣旨からみて，当然の帰結であったと解される。

しかし，憲法との関係では，様々な議論が展開された。国際主義を宣言する前文や平和主義をうたう9条，法令憲査に関する81条に条約が掲げられていないこと，あるいは98条2項などを根拠に，**国際法優位説**が説かれた (宮沢俊義)。が，条約締結権は憲法に根拠を有し，締結および国会による承認は憲法の枠内においてのみ許容されること，憲法改正については厳重な手続が定められているにもかかわらず，国際法優位説によればその手続によらないで憲法改正がなされてしまうこと，などを根拠に**憲法優位説**が主張され，これが支配的見解となった。憲法の宣言する国際主義や平和主義から効力順位に関する法的帰結まで導きうるかは疑問であり，また，98条2項の成立過程に照らしても国際法優位説は無理であろうと思われる。そして判例も，条約が違憲たりうることを否定しない[18]。

ただ，このように憲法優位説に立つとしても，国際法が当然に違憲審査の対象となり，現実に無効とされうるかは別に考えるべきところがある (第4編第2章第2節Ⅲ2→635頁)。また，憲法優位があらゆる国際法について妥当するかも問題で，「確立された国際法規」あるいは本来的に国際法事項と目すべきもの (領土や降伏に関する条約)[19] は，憲法に優位すると解される (橋本公亘，小嶋和司，芦部信喜)。もっとも，何をもって「確立された国際法規」とみ

---

[17] もっとも，「国際法の一般原則」以外のものについてはどうなるのかの問題があり，なお二元論的に説明されるところがあるようである。因みに，同法59条2項は，「連邦が結ぶ政治的関係を定め，または連邦立法の対象にかかわる条約には，当該連邦立法を所管する部局が，連邦法律の形式で同意または協働することを要する。行政協定については，連邦行政に関する規定を準用する」と定めている。

[18] 砂川事件に関する最(大)判昭和34年12月16日刑集13巻13号3225頁。

[19] ポツダム宣言受諾・降伏文書調印は，明治憲法典の予定する主権国家体制さえ否認するものだから違憲であると主張されたことがあるが，明治憲法は戦争の可能性を否認せず，戦争には勝敗がつきものであって，国家として生きのびるために降伏し，ために憲法典の定める通りにはいかなくなる可能性は否定されえない。

るかの問題はあるが,例えば,世界人類が等しく遵守すべき普遍的原理を内容とする法規などは,当然にこの憲法がその優位性を前提としていると解される。このような一定の例外事項を認める憲法優位説は,ときに**条件付き憲法優位説**と呼ばれることがある。

憲法優位説によるとき,憲法違反とされた条約は国内的に実施不能となるが,国際法としては依然として妥当する。したがって,その場合には,憲法に適合するよう条約の改正に向けて努力するか,条約に適合するような憲法改正を試みるかする必要が生じる。なお,条約締結手続が憲法に違反する場合はどうか。この点については,従来,国際法不成立（無効）とみる説と成立する（有効）とみる説とに分かれていたが,**「条約法に関するウィーン条約」**によれば,条約締結権限に関する国内法違反が明白かつ基本的に重要な規定にかかわるものでない限り,条約の無効を申し立てることはできないとされている（46条）。

3 「国際人権」の国法体系における実現

上において,憲法優位説が妥当であるとしつつも,例外とみるべき一定の事項があることを指摘した。そして近時,その例外的な事項を**国際人権条約**にも広げようとする見解も登場するなど,国際人権条約と憲法の関係について新たな問題状況の展開がみられる。この点については,後述する（第2編第1章第2節Ⅲ→117頁）。

第3節　平和の追求
―――戦争の放棄と戦力の不保持・交戦権の否認

Ⅰ　戦争の放棄

1　9条成立の背景と経緯

9条成立の背景としては,まず,「無責任なる軍国主義」を駆逐した新秩序を築き,「日本国の戦争遂行能力〔の〕破砕」を確証するまで占領を続けるとしたポツダム宣言,および実効的な平和秩序維持機能を期待される国際連合の発足（1945年10月）があったことが指摘されなければならない。

そして本条誕生の直接の契機は,いわゆる**マッカーサ・ノート**にあげられ

ている次の第2原則である。「国家の主権的権利としての戦争を廃棄する。日本は、紛争解決のための手段としての戦争、および自己の安全を保持するための手段としてのそれをも放棄する。日本はその防衛と保護を、今や世界を動かしつつある崇高な理想に委ねる。いかなる日本陸海空軍も決して許されないし、いかなる交戦者の権利も日本軍には決して与えられない」。

この趣旨を受けた規定が総司令部の起草過程で当初「前文」の一部として設けられたが、マッカーサの指示で「本文」に移され、曲折を経て最終的な総司令部案では、「第2章　戦争ノ廃棄」として、「第8条　国民ノ一主権トシテノ戦争ハ之ヲ廃止ス他ノ国民トノ紛争解決ノ手段トシテノ武力ノ威嚇又ハ使用ハ永久ニ之ヲ廃棄ス　②陸軍、海軍、空軍又ハ其ノ他ノ戦力ハ決シテ許諾セラルルコト無カルヘク又交戦状態ノ権利ハ決シテ国家ニ授与セラルルコト無カルヘシ」と規定された（ここでは、政府内部の訳による）。ノート第2原則と比較して、「自己の安全を保持するための手段としてのそれをも放棄する」という文言がなくなっているのが注目される。

この案は、若干の表現の変化を経て、憲法改正案9条となるが、総司令部案と対比して、「他国との間の紛争の解決の手段としては」という条件（後の衆議院の審議の過程で、「国際紛争を解決する手段としては」と改められた）が、「戦争」と「武力による威嚇又は武力の行使」の双方にかかるように読めるものに変っている。そして、この憲法改正案は、衆議院での審議の過程で、いわゆる芦田修正を受けた。1つは、9条1項の冒頭に「日本国民は、正義と秩序を基調とする国際平和を誠実に希求し」という文言が追加されたということであり、第2に、2項の冒頭に「前項の目的を達するため」という文言が付加されたということである。そしてこの芦田修正後、極東委員会の要請についての総司令部の伝達に基づき、貴族院での審議の過程で、現在の66条2項の「文民」条項が付加された。

帝国議会での審議では、衆議院において野坂参三議員（共産党）が戦争には正しい戦争（防衛戦争）と不正な戦争（侵略戦争）とがあるとの前提から、また、貴族院において南原繁議員（無所属）が国家としての自衛権の観点から9条に異論を唱えたが、政府側は、正当防衛権を認めることは戦争を誘発するゆえんである、およそ文明と戦争とは両立しえない、という立場からこれに答えている。

これらの経緯から、総司令部側は9条を「前文」的性格のものと捉えてい

たのではないかということ (因みに，9条2項の英訳では"shall"ではなく"will"という語が用いられている)，審議過程で政府側は9条について理念・理想の立場で答弁していること，そのような徹底した理念・理想と審議過程で付加された修正とどのような関係にあるのか必ずしも明確にされていないこと，などが知られる。

日本国憲法施行後，冷戦構造が顕在化する国際政治状況の中で，理念・理想と現実との裂け目が露になり，9条は，わが国における最大の政治的問題の1つと化していくことになる。

2　9条の性格と意味

(1)　9条の性格　国としての独立と安全の保持は，国家の最も基本的な任務であり，そこは最も高度の戦略・戦術の要請される「政治」そのものの場である。しかし同時にそれは，最も激しやすく，暴走と恣意をコントロールすることの困難な場でもある。一国の安全の保持のためには，軍事的専門知識と能力が要請されるが，それが独善化したときの致命的悲劇は多くの歴史の教えるところであり，そこで生み出されたのが**シビリアン・コントロール**（一般に**文民統制**と訳される）で，政治が軍事に優先し，軍事を統制すべきという原則・制度であった。しかし，その政治が十分に機能せず，あるいは激したときにどうなるかの深刻な問題が依然として残る。

9条の戦争放棄・戦力不保持は，このディレンマからの脱出の試みといえるが，国際連合の平和秩序維持機能や各国の態度・行動いかんに影響されるところの大きい，本来的に高度の政治作用が，どこまで厳格な法的規律になじみうるかは1つの大きな課題である。

9条について，理想に向けての意思を対外的に表する政治的マニフェストである (高柳賢三)，あるいは，裁判所の判断にはなじみにくい政治的規範である (伊藤正己)，といった見解が登場したのも，この点についての配慮によるものであったと解される。しかし，上述のように同条がやや「前文」的性格をもっていたとはいえ，同条はれっきとした本文中の条項であり，9条について頭から法的規範性・裁判的規範性を否定するのは妥当ではないであろう (多数説)。

なお，9条について一定の解釈をとることを前提に，9条は「変遷」したとの主張がある (橋本公亘)。憲法変遷の意義については既に述べたが (第1章第3節Ⅲ➡41頁)，憲法変遷の取り方にもよるけれども，9条をもって「変

遷」という観点から捉えることが適切かどうかは疑問である。また，9条についての明確な最高裁判所の判断が存在しているわけではない。

　(2)　**9条の意味**　　(イ)　**文理解釈**　　9条1項については，まず，「国際紛争を解決する手段としては」の文言をもって，「国権の発動たる戦争」および「武力による威嚇又は武力の行使」の両者にかかるとみるか (A説)，「武力による威嚇又は武力の行使」にのみかかるとみるか (B説)，の問題があり，一般にはA説がとられている。

　A説は，このように「戦争」と「武力による威嚇又は武力の行使」とを一体的に捉えるが，次の点で決定的に分かれる。すなわち，9条1項は「国際紛争を解決する手段としての戦争」(上述のように，正確には「武力による威嚇又は武力の行使」を含む。以下同じ)，つまり侵略のための戦争のみを放棄したと解する説 (A_1説) と，そのよう侵略戦争のみならず，自衛のための戦争 (および制裁戦争) をも放棄したとする説 (A_2説) とである。

　A_1説は，不戦条約や国際連合憲章などにみられる国際法的用例[20]を根拠とし，1項で禁止されているのは，国際紛争を解決するために戦争に訴えることつまり侵略戦争であって，自衛戦争 (制裁戦争) は禁止されていないと説く (佐々木惣一)。

　これに対して A_2説は，すべての戦争は国際紛争を前提として行われるものであること，およそ戦争は自衛のためと称して行われるから侵略戦争と自衛戦争との区別は困難であること，9条2項は軍備を撤廃し交戦権を否認していること，などを根拠とする (宮沢俊義，清宮四郎，小林直樹)。

　現在の国際法的用例や，マッカーサ・ノート第2原則から現行規定への上述のような変移などに照らして，A説に立つ限りおそらく A_1説が妥当であろう。ただ，A_1説については，9条2項「前項の目的のため」という限定付きにせよ戦力を放棄し，交戦権も否認している点にやや不自然さは残る。なお，A_1説の本筋は自衛戦争は放棄されていないとするもの ($A_1{}'$説) であるが，A_1説の中には，9条2項は無条件に一切の軍備と「交戦権」を放棄しているものと解し，その結果いかなる戦争も放棄したことになるとみる説 ($A_1{}''$説) もあり (佐藤功)，その限り $A_1{}''$説と A_2説とは同じことになる。もっとも，9条が $A_1{}''$説の解するような規定であるとすると，同条は立法技術的

---

[20] 1928年不戦条約1条や国連憲章2条4項参照。

にいかにも拙劣な規定であるとの批判がありえよう。

　ところで，日本国憲法の英訳文 (the Japanese people forever renounce war as a sovereign right of the nation and the threat or use of force as means of settling international disputes) をみると，むしろB説のように解するのが妥当なように思われる（上述のように，総司令部案によれば，この点は一層明瞭である）。これによれば，およそ「戦争」はすべて放棄したことになり，そして，「国際紛争を解決する手段として」の「武力による威嚇又は武力の行使」も放棄することになる（覚道豊治）。したがって，不法に侵入した外国軍隊を排除するため武力を行使することは，本条によっては禁止されていないことになる。

　もっとも，このB説に対しては，「戦争」と「武力の行使」との区別が実際上困難である，英訳文はともかく日本語の正文の解釈としては無理がある，といった批判がありうる。しかし，上述のような不戦条約や国際連合憲章の用例やマッカーサ・ノートからの変移を考え，総司令部案の表現が日本文の表現に変ったにもかかわらずなお現行憲法の英訳文に引き継がれていることなどを考慮すると，B説も十分に成立しえ，したがって自衛のための武力の行使は憲法上容認されていると解すべきことになる。

　政府は，制憲議会における先に触れた答弁などからして，当初はA_2説ないしA_1''説に立っていたのではないかと思われるが，その後の国際情勢の変化に応じて，そこからの離脱傾向を示すところとなる。この問題について正面から答える最高裁判所の判例は存しない。が，砂川事件判決[21]は，「1項において永久に放棄することを定めたいわゆる侵略戦争」という表現をしている。長沼訴訟第一審判決[22]は，明確にA_1''説の立場をとったが，百里基地訴訟第一審判決[23]は，1項は自衛戦争までも放棄したものではなく，自衛のための戦力の保持は禁止されないとの立場（A_1'説）をとっている（同判決は，そうした考え方の上に立って，自衛隊が自衛戦力の域を越えた侵略的戦力であるかどうかについて，「一見極めて明白」か否かのいわゆる統治行為論によった）。

　（ロ）　**自衛権の問題**　上の文理解釈と微妙に関連しているのが，自衛権に関する捉え方である。A_2説に徹すれば，日本国憲法は自衛権そのものを否定したという帰結もありうるが（M説），一般には独立国固有のものとし

---

[21] 最(大)判昭和34年12月16日刑集13巻13号3225頁。
[22] 札幌地判昭和48年9月7日判時712号24頁。
[23] 水戸地判昭和52年2月17日判時842号22頁。

て自衛権を否定しない (N説)。上述の砂川事件判決は，9条により「わが国が主権国として持つ固有の自衛権は何ら否定されたものではな」いと明言している。

　ただ，自衛権を認めるN説にあっても，その内容理解は一様ではない。大別して，自衛権をもって非武力的な手段による防衛の権利とする説 (N_1説) と，自衛権の中心的内容はあくまでも武力による攻撃に対する武力による反撃たるところにあるとする説 (N_2説) とがある。砂川事件第一審判決[24]は，9条は自衛権を否定するものではないとしつつも，「国際連合の機関である安全保障理事会等の執る軍事的安全措置等を最低線としてこれによってわが国の安全と生存を維持しようとする」ものだとした。N_1説的理解である。が，既に触れた上告審判決は，「わが国が，自国の平和と安全を維持しその存立を全うするために必要な自衛のための措置をとりうることは，国家固有の権能の行使として当然」とし，第一審判決の説くような措置に必ずしも限定されず，「わが国の平和と安全を維持するための安全保障であれば，その目的を達するにふさわしい方式又は手段である限り，国際情勢の実情に即応して適当と認められるものを選ぶことができる」とし，他国に安全保障を求めることは禁止されないと述べた。その後，例えば，既に触れた長沼訴訟第一審判決は，N_1説に立って，軍事力の使用を一切否定し，警察力の使用や群民蜂起の方法などを示唆し，他方，百里基地訴訟第一審判決は，N_2説に立って，侵害の阻止・排除に必要な限度で自衛の措置をとりうるものとしている。

　このように，自衛権の存在そのものについては容認するのが大勢とはいえ，その内容については厳しい対立がある。が，自衛権を国家固有の権利と認める以上は，国際社会で通常理解されているように，国家・国民に対する急迫不正な侵害に対し，国家として防衛し，これを排除することを内実としているものと解すべきであろう。政府は，自衛権の行使のあり方について，①わが国に対する急迫不正の侵害があること，②これを排除するために他の適当な手段がないこと，③必要最小限度の実力行使にとどまること，という3要件を示している (昭和47年5月12日参議院内閣委員会における内閣法制局の説明)。

---

[24] 東京地判昭和34年3月30日下刑集1巻3号776頁。

自衛権に関するもう1つの問題は，集団的自衛権である。この権利は，自国が直接攻撃されなくとも，自国と密接な関係にある外国が武力攻撃を受けた場合，武力をもって援助する権利とされるものである。国際連合憲章51条に，「安全保障理事会が国際の平和及び安全の維持に必要な措置をとるまでの間，個別的又は集団的自衛の固有の権利を害するものではない」とあり，日本国の独立を認めたサンフランシスコ平和条約5条（c）も「日本国が主権国として国際連合憲章第51条に掲げる個別的又は集団的自衛の固有の権利を有する」ことを明確にしている。

上にみたように，個別的自衛権についても議論のある中，集団的自衛権については学説は一般に否定的であるようにみえる。この点，政府は，主権国家として当然に集団的自衛権を有するとしつつも，その行使は憲法の許容する自衛権の範囲を越えるもので認められないという立場を持してきた[25]（昭和56年5月29日内閣答弁書，平成11年5月21日参議院日米防衛協力のための指針に関する特別委員会における内閣法制局長官答弁）。ただ，日本を取り巻く国際環境の変化とも関係して，集団的自衛権の行使が認められないとする根拠は何か，集団的自衛権の行使といっても様々な次元があるのではないか，を問う意見も強くなってきているかにみえる。

II 戦力の不保持と交戦権の否認

1 戦力の不保持

(1) 戦力不保持の意味 先に，制憲議会の審議の過程で，9条2項前段の戦力不保持の頭に「前項の目的を達するため」が付加されたことに触れた。このこととも関連して，戦力不保持の意味について意見の対立が生じた。

上述の A_1' 説は，侵略のための戦争のみを放棄するという1項の留保部分

---

[25] 例えば，平成11年制定の周辺事態法（「周辺事態に際して我が国の平和及び安全を確保するための措置に関する法律」）は，「そのまま放置すれば我が国に対する直接の武力攻撃に至るおそれのある事態等我が国周辺の地域における我が国の平和及び安全に重要な影響を与える事態」（いわゆる「周辺事態」）に対応して日本政府が実施する措置等を定め，日米安保条約の効果的な運用への寄与を図ることを目的とするものであるが，日本政府がアメリカ合衆国軍に対して行う支援や捜索救助活動等を直接戦闘行為が行われることのない「後方地域」に限定し，支援の一環としての「物品の提供」は弾薬等の「武器の提供」を含まないものとしている。

を受けて，戦力不保持についても留保する，換言すれば，自衛のため必要な範囲の「戦力」の保持は禁止していないと解する。

これに対して，A_1''説およびA_2説は，2項前段の定める戦力不保持は無条件的であると解する。A_2説からは，1項はすべての戦争を放棄したものであり，2項前段はそれを戦力不保持というかたちで確認的に裏付けたものということになる。A_1''説からは，1項が放棄するのは侵略戦争のみであるが，2項前段は侵略戦争の放棄を確実にするために一切の戦力をもたないことにしたのだということになる。この無条件不保持説によれば，「前項の目的」とは，1項が設けられるに至った目的すなわち「正義と秩序を基調とする国際平和を誠実に希求」を指し，あるいは1項全体の企図する目的を指し，「達するため」とは戦力不保持についての条件についてではなく，不保持を定める動機を示すものとされる。

両者それぞれの難点についていろいろと指摘できるが，先のⅠ2で述べたところとも重複することが多いので，繰り返さない。ここでは，B説的見地から結論的に述べることにする。上述のように，9条1項は自衛戦争を含めすべての「戦争」を放棄し，したがってそのような「戦争」を遂行するための手段すなわち「戦力」をもたないことを明らかにしたのが2項前段である。ただ，憲法は国家固有の自衛権は当然のこととして否認したわけではなく，それは通常理解されているように「武力」の行使を含むものであり，ひいては国家がそのための備えをすることを否認するものとは解されない。上述のように，長沼訴訟第一審判決は，警察力の使用や群民蜂起の方法等も示唆しているが，それとて何らかの武器の使用であることは否定しえず，そうした悲惨な状況に立ち入らないようにするための，国家としての明確な意思の表明と備えをすることが世界の常道であろう。

もとより，そのための備えとして，どの程度のことをなすべきか，あるいはなすことが許されるかは，法的統制をかける必要があるとしても，一義的に決定することは相当に難しい。それは，「戦争」は絶対せず，したがってそのための「戦力」も保持しないという憲法規範上の大前提の下に，「現在及び将来の国民」(97条)に対して責任を負いうるような賢明な答えを見出していかなければならないというほかはない(傍点筆者)。それこそ，国民主権下の「政治」というものの根本的な存在理由であろう。

政府は，当初は，上述のように，A_1''説ないしA_2説に立っていたことを

うかがわせるが，その後警察予備隊（昭和25年），さらに保安隊（昭和27年），そして自衛隊（昭和29年）へと展開していく中で，そうした考え方ないし説明を微妙に変化させていった。

昭和27年11月の内閣法制局の統一見解では，2項は「侵略の目的たると自衛の目的たるとを問わず，『戦力』の保持を禁止している」とされ，そこにいう「戦力」とは「近代戦争遂行に役立つ程度の装備・編成を具えるもの」であり，かかる「戦力」の基準は「国の置かれた時間的・空間的環境で具体的に判断せねばならない」とし，保安隊・警備隊は「戦力」ではないとされた。しかし，その後，昭和29年12月の大村防衛庁長官の説明によれば，憲法は自衛権を否定しておらず，「自衛隊のような，自衛のための任務を有し，かつ目的のため必要相当な範囲の実力部隊を設けることは」9条に違反しないとされる。そして，昭和53年2月の政府の統一見解によれば，2項の禁ずる「戦力」は「自衛のための必要最小限度を超えるもの」とされ，かかる憲法上の制約下で許される「自衛力」の具体的限度は，「その時々の国際情勢，軍事技術の水準その他の諸条件により変り得る相対的な面を有する」とされ，今日に引き継がれている。

最高裁判所は，既に幾度か触れた砂川事件判決で，2項が「いわゆる自衛のための戦力の保持をも禁じたものであるか否かは別として」と述べるにとどめ，その後も自衛隊の合憲性の問題に直接答えることを避けている。この点，長沼訴訟第一審判決は「自衛隊の編成，規模，装備，能力からすると，自衛隊は明らかに『外敵に対する実力的な戦闘行動を目的とする人的，物的手段としての組織体』と認められるので，軍隊であり」，2項の禁ずる「陸海軍」という「戦力」にあたるとした。が，その控訴審判決は，「自衛隊の存在等が憲法第9条に違反するか否かの問題は，統治行為に関する判断」と述べている[26]。そして，百里基地訴訟第一審判決は，「昭和33年当時の自衛隊は，……2項にいう『戦力』，すなわち侵略的戦争遂行能力を有する人的，物的組織体に該当することが，一見明白であると断ずることはできない」としている[27]。

---

26 その上告審判決については，注5参照。
27 その控訴審判決である東京高判昭和56年7月7日判時1004号3頁は，9条問題を判断しなければ控訴人等がその基本的人権を侵害されて回復し難い損害を被るなど特段の事情についての主張・立証はないのであるから，「自衛隊が憲法9条にいう『戦力』に該当するかどうかという問題については，あえて，当裁判所の見解を示さないこととする」といい，上告審判決で

(2) 外国軍隊の駐留と9条　日米安全保障条約に基づきわが国に駐留するアメリカ合衆国軍隊は、9条に違反しないか。この点につき、外国軍隊も2項にいう「戦力」にあたり違憲である (R説)、2項の禁止する「戦力」は日本国が指揮・管理権をもつ武力組織のことで、外国軍隊はこれにあたらない (S説)、外国軍隊も2項にいう「戦力」にあたるが、合衆国軍隊は国際連合軍に準ずるから2項に反しない (T説) 等の諸説があった。

砂川事件第一審判決は、R説によって駐留軍を違憲としたが、上告審判決は、S説によることを明らかにし、合衆国軍隊の駐留は「憲法9条、98条2項および前文の趣旨に適合こそすれ、これら条章に反して違憲無効であることが一見極めて明白であるとは、到底認められない」とした (第4編第2章第2節Ⅲ→643頁)。

なお、日米安全保障条約は、一見すると集団的自衛権に基礎をおいているようにみえる。が、上述のように、日本は集団的自衛権はもつが、その行使は憲法上認められないという見解に基づいて次のように理解されてきた。すなわち、日本が攻撃された場合は、合衆国は集団的自衛権を行使して直ちに反撃するけれども、合衆国が第三国に攻撃されても日本は反撃したりはせず、ただ、在日米軍が攻撃された場合には日本の領土への攻撃であるから固有の自衛権によって共同で反撃する、しかしそれは決して集団的自衛権による反撃ではない、と。近時、国際環境の変化の中で、日本は、周辺事態法などを制定して同条約の効果的運用への寄与を図ろうとしているが[28]、一方では、憲法の枠を越えようとする試みとの懸念が表明され、他方では、集団的自衛権の行使は許されないとの見解への疑念が表明されている。

2　交戦権の否認

2項後段にいう「交戦権」の意味については、大別して、国家が戦争を行う権利とする説 (X説) と、戦争の際国際法上交戦国に認められている諸権利 (敵国兵力の殺傷、敵国領土への砲撃、船舶の臨検・拿捕、占領地行政等々の諸権利) とする説 (Y説) とがある。

現在の国際法上無限定に「戦争」を行う権利というようなものがあるのか、「戦争」を行う権利があるとしてもそれは結局は交戦国に認められる諸

　ある最判平成元年6月20日民集43巻6号385頁は、9条の問題について結局立ち入って判断していない。
[28] 注25参照。

権利に還元されるのではないか (長谷部恭男) の疑問があり,「交戦権」はマッカーサー・ノート以来総司令部案に至るまで rights of belligerency と複数型で示されていたこと (ただし,日本国憲法の英訳では単数型になっている) なども考慮すると, X説は妥当ではないように解される。

そこでY説のように理解するとして, A_1''説からは, 2項後段は前段と合して1項を効果あらしめるため, A_2説からは, 1項の当然の帰結を表現したまで, ということになろう。他方, A_1'説からは, 無条件に「交戦権」を否認したとは解し難く, 結局, 自衛戦争のために認められる「交戦権」の範囲は何かを問うことになろう。

この点, B説のように, 自衛のためのやむをえない限度での「武力の行使」は許容されるとの立場に立った場合, その限度における「交戦権」の行使は許されると解することになる (したがって,「交戦権」のうち, 占領地行政の権利などは含まれないことになる)。

III 立憲主義的統制 (文民統制) と平和の維持

1 立憲主義的統制 (文民統制)

前に, 明治憲法下の統帥権の独立にともなう悲劇に触れ, そして一般論として**「軍」に対する立憲主義的統制 (文民統制)** の重要性に言及した。

日本国憲法下にあって, 武力組織としての自衛隊の存在を前提とすれば, それに対する立憲主義的統制 (文民統制) をいかに貫徹するかが重大な課題となる。この課題は, ①自衛隊指揮権とその責任性の確保, および②国会による統制, に大別される。

憲法66条2項により, 内閣は「文民」のみで組織されなければならないことになっているが (第3編第3章第2節I1(2)➜488頁), 自衛隊法7条は「内閣総理大臣は, 内閣を代表して自衛隊の最高の指揮監督権を有する」とし, 8条は「防衛大臣は, この法律の定めるところに従い, 自衛隊の隊務を統括する」と定めている。

ここには, 国の防衛に関する事務は憲法73条にいう「他の一般行政事務」に属し, 自衛隊法7条は憲法72条の行政各部指揮監督権を確認するにとどまり (第3編第3章第1節II➜479頁および第2節II➜489頁), また, 同法8条も国家行政組織法10条の行政機関の長の権限を確認するものであるという理

解があるようである。これにより，確かに，自衛隊の指揮監督も行政権に完全に組み込まれ，内閣は他の行政事務と全く同様の形で，国会に対して連帯して責任を負い，責任政治，文民統制が全うされるように思える[29]。しかし，武力の行使およびその行使に備える実力組織という特殊性をもつものに対する指揮監督が，このような枠組で尽しうるのかの疑問がつきまとっている（小針司）。防衛庁は防衛省へと「昇格」したが，文民統制の実態に不安を抱かせるような出来事が時折生じている。

既に若干みたように（第1章第3節Ⅳ→44頁），自衛隊法76条1項は，内閣総理大臣は，わが国に対する外部からの武力攻撃が発生した事態または発生する明白な危険が切迫していると認められるに至った事態に際して，わが国を防衛するため必要があると認める場合において，自衛隊の出動を命ずることができるものとし，この場合においては，武力攻撃事態対処法9条の定めるところにより，国会の承認を得なければならないとしている。この国会による統制は立憲主義的統制の要（かなめ）ともいえるもので，その憲法上の根拠は憲法41条の定める国会の「国権の最高機関」性に求められるべきものと解される（第3編第2章第1節Ⅱ→429頁）。

2　平和の維持

以上みてきたように，わが国は，一切の「戦争」を放棄し，それに徹する趣旨から，「戦力」を保持しないこと，また「交戦権」を認めないこと，を憲法を通じて宣言した。現実の国際環境は憲法の立脚する理想と適合するものとは必ずしもいい難く，わが国としては，自衛のため必要最小限度の備えをしつつ，国際社会の平和秩序の形成・維持に向けての不断の努力を続けなければならない。

「国際協和」の観点から，武力は自衛のための必要最小限度のものに限る，という意思を貫くには，真剣な思考と積極的な努力が必要である。平和を守るために必要なのは，真剣な思考であり，経験に学ぶ能力と先見性であり，そして軍事力で支えられた勇気である，といった趣旨のチャーチルの言葉は，今でも様々なことを考えさせる。

---

[29] 安全保障会議設置法は，「国防に関する重要事項及び重大緊急事態への対処に関する重要事項を審議する機関として，内閣に，安全保障会議を置く」（1条）とし，内閣総理大臣は，国防の基本方針，防衛計画の大綱，武力攻撃事態等への対処に関する基本的な方針等々について，この会議に諮らなければならないとしている。

第2編 国民の基本的人権の保障

第1章　基本的人権総論

第1節　国民の地位と要件

I　国民の地位総論

　国家を構成する国民は，幾つかの側面をもっており，日本国憲法の使用する「国民」概念も一様ではない。
　まず，国家を構成する個々人としての国民がある。日本国憲法は，「第三章　国民の権利及び義務」の冒頭に10条をおき，「日本国民たる要件は，法律でこれを定める」としている。ここにいう「日本国民」は，基本的にはこの意味での国民である。個々人としての国民は，国権に対し服従する地位にあるが，「自然権」思想に立つ立憲主義国家にあっては，国民は無限定に服従する存在ではない。日本国憲法が「国民は，すべての基本的人権の享有を妨げられない。この憲法が国民に保障する基本的人権は，侵すことのできない永久の権利として，現在及び将来の国民に与へられる」（11条）と定め，「すべて国民は，個人として尊重される。生命，自由及び幸福追求に対する国民の権利については，公共の福祉に反しない限り，立法その他の国政の上で，最大の尊重を必要とする」（13条）と規定するのは，その趣旨を明らかにするものである。本編において論述するのは，この意味における個々人としての国民についてである。
　第2に，国民主権に立脚する場合において，主権者としての国民がある。この場合の国民は，国権の淵源であり，国権に対し主体としての地位に立つ。日本国憲法に，「日本国民は，……ここに主権が国民に存することを宣言し，この憲法を確定する」（前文）といい，「主権の存する日本国民」（1条）とある場合の「国民」がそれである。この場合の国民は，究極的意味においては，年齢，能力などのいかんを問わず，およそ一切の自然人を含むところの全体としての国民，抽象度の高い統一体としての国民である。詳しくは，

第3編第1章第1節で述べる。

　第3に，国家機関としての国民がある。この場合の国民は，有権者団という基礎的な統治機関を構成し，具体的な国家意思を形成する国民であって，国権に対し能動的地位に立つ。有権者団であるから，この場合の国民は未成年者などを含まない。日本国憲法上，有権者団としての国民は，憲法改正や選挙などにおいて登場するが，詳しくは，第3編第1章第2節で述べる。

　国民は，大別して，このような3つの側面をもつが，「日本国民たる要件」を充足する存在であるという点で共通の基盤に立つ。

II　国民の要件

1　「日本国民たる要件」

　10条にいう「日本国民（Japanese national）」とは，上述のように，日本国を構成する人のことをいい，「日本国民たる要件」とは，日本国を構成する人たるの資格を有する要件のことをいう。およそ国家を構成する人たるの資格を国籍というから，「日本国民たる要件」とは，日本国籍を有する要件ということになる。本条により，「国民たる要件」を定めるには必ず法律によらなければならず（国籍法律主義），実際，国籍法が制定されてこの要件を定めている。

　国際的に認められた国籍立法上の理想として，国籍唯一の原則と国籍自由の原則[1]などが指摘されるが，各国はそれぞれの立場に即した国籍法制をしているのが実情である。ただ，現今の世界にあっては，個人の権利・義務の実現は国家を通じてなされることが大である点に照らし，人がいずれかの国籍をもつことを基本的人権として捉えようとする傾向が顕著である[2]。

　憲法10条は，「国民たる要件」の内実について明示するところがない。そこで，要件の定め方については国会の裁量に委ねる趣旨と解する余地もあるが[3]，国籍というものは，国際法的にも（例えば，在留国に対する自国民保護要求

---

[1] 国籍唯一の原則とは，理想として人は必ず1つの国籍をもち，かつ必ず唯一の国籍をもつべきである（無国籍・重国籍の発生の防止）という要請である。国籍自由の原則とは，国籍の得喪は個人の自由意思によるべきものであるという要請である（国籍非強制の原則とも呼ばれる）。

[2] 世界人権宣言は「すべて人は，国籍をもつ権利を有する」（15条1項）と規定し，「市民的及び政治的権利に関する国際規約」（国際人権規約B規約）は「すべての児童は，国籍を取得する権利を有する」（24条3項）と規定している。

権〔いわゆる外交保護権〕），また，国内法的にも（例えば，本編で詳しく触れる基本的人権の保障のあり方），重要な意味をもつのであって，憲法上の規律が働いているとみるべきである[4]。この点に関しては，以下に論及する。

なお，本条にいう「日本国民」に天皇（さらには皇族）が含まれるか否かにつき議論の余地もあるが，上述のように，本条が権利・義務の主体性に関連しているのみならず，国家を構成する人の範囲にも関連しているとみるべきものだとすれば，積極に解すべきである（第4節Ⅱ→141頁，第3編第1章第1節Ⅰ→387頁）。

2　国籍の取得

(1) 国籍取得の類型　国籍の取得には，大別して，生来的国籍取得（出生を理由とする国籍取得）と出生後の国籍取得（後天的取得）とがある。

(2) 生来的国籍取得　出生に基づき国籍を付与する方法としては，大別して，親の血統に従って親と同じ国籍を子に取得せしめようとする血統主義と，出生に際してその出生地国の国籍を子に取得せしめようとする出生地主義とがある。ヨーロッパ大陸諸国では前者の傾向が，英米諸国や南米諸国では後者の傾向がみられるが，今日では，一方に徹するというよりも，何らかのかたちで両主義を併用するのが実際のようである。

日本の国籍法は，明治憲法時代の（旧）国籍法と同様，比較的純粋な血統主義をとり，その中でも父系優先主義をとってきたが，昭和59（1984）年の改正で父母両系主義に変更された。すなわち，①「出生の時に父又は母が日本国民であるとき」，②「出生前に死亡した父が死亡の時に日本国民であったとき」，③「日本で生まれた場合において，父母がともに知れないとき，又は国籍を有しないとき」，子は日本国籍を取得するとされる[5]（2条）。③

---

[3] 後述するいわゆる父系優先血統主義を定める国籍法（昭和59〔1984〕年法律第45号による改正前）2条1号ないし3号の規定の合憲性が争われた事件で，国側はこの種の立場をとったようである。

[4] 注3の事件に関する東京地判昭和56年3月30日判時996号23頁。なお，後述する最(大)判平成20年6月4日民集62巻6号1367頁は，「日本国籍は，我が国の構成員としての資格であるとともに，我が国において基本的人権の保障，公的資格の付与，公的給付等を受ける上で意味を持つ重要な法的地位でもある」という認識を示している。

[5] この変更前は，①「出生の時に父が日本国民であるとき」とあった。しかし，国際結婚が増えて，父が外国人，母が日本人である場合の子供に無国籍者が生ずる事態が発生し，違憲訴訟も提起されるなどしたため，父母両系主義に改められた。その背景には，1979年女子差別撤廃条約（「女子に対するあらゆる形態の差別の撤廃に関する条約」）が国連で採択されたこと（わが国は1980年署名，85年批准），父系優先血統主義をとっていたフランスや西ドイツ（当時）などが父母両系主義に移行したこと，などの事情もあった。父系優先主義をとっていた主

は，血統主義を貫くならば無国籍の発生が避けられないことに対する配慮によるものである。

この国籍法の改正では，準正による国籍取得についても定め，「父母の婚姻及びその認知により嫡出子たる身分を取得した子で二十歳未満のもの（日本国民であつた者を除く。）は，認知をした父又は母が子の出生の時に日本国民であつた場合において，その父又は母が現に日本国民であるとき，又はその死亡の時に日本国民であつたときは，法務大臣に届け出ることによつて，日本の国籍を取得することができる」（3条1項）とした。

法律上の婚姻関係にない日本人父と外国人母の間に生まれた非嫡出子が，生後に父から認知を受けて国籍取得届出を提出したところ，準正の要件を欠くとして受理されなかった件につき，最高裁判所は，国籍が国家構成員の資格であるとともに，基本的人権の保障等に関し重要な意味をもつ点に着目しつつ，準正の要件を満たすかどうかは「子にとっては自らの意思や努力によっては変えることのできない父母の身分行為に係る事柄」であり，このような事柄によって国籍取得の要件に関し区別を生じさせることに「合理的な理由があるか否かについては，慎重に検討する必要がある」としたうえ，「子の被る不利益は看過し難いもの」であり，また，（父母両系主義をとる国籍法の下で，日本国民である母の非嫡出子が出生により日本国籍を取得するのに，日本国民である父から出生後に認知されたにとどまる非嫡出子には届出による国籍取得すら認められないことには）「両性の平等という観点からみてその基本的立場に沿わない」とし，結局，本件区別は「合理的な理由のない差別」であって憲法14条1項に違反すると断じた（国籍法違憲判決）[6]。

本判決は，わが国が批准している「市民的及び政治的権利に関する国際規約」（国際人権規約B規約）や「児童の権利に関する条約」にも論及している点，また，準正の部分を除いた国籍法3条1項所定の要件が充たされるときは同項に基づいて国籍を取得すると司法的救済に積極的姿勢を示した点に，注目すべきものがあるが，これらの点については本書の関係個所で論及する

な理由は，重国籍の防止（重国籍が生ずると，個人に対して複数の国家主権が及ぶことになり，国際摩擦のもとになるなど，いろいろな不都合が指摘される）であったが，それは，無国籍者の発生という犠牲を払い，男女平等原則との関係の疑義をおしてまで実現しなければならないことなのか，重国籍の事後的解消措置を講ずる余地はありえないのか，等々の問題を孕むものであった。

[6] 注4に触れた最（大）判平成20年6月4日民集62巻6号1367頁。

（第 2 節Ⅲ→ 117 頁，第 4 編第 1 章第 2 節①4→ 589 頁）。なお，本判決を受けて，平成 20 年 12 月 12 日，国籍法 3 条 1 項の準正の部分は「父又は母が認知した子で二十歳未満のもの（日本国民であつた者を除く。）は，……」というように改正された。

(3) **後天的国籍取得**　出生後の国籍取得のすべてを包括して「帰化」と呼ばれることもあるが，外国人（無国籍者を含む）が自己の志望により国籍を付与される場合だけを「帰化」といい（狭義の帰化），日本の国籍法にいう「帰化」も後者のそれである。したがって，国籍法上，後天的取得には，上に触れた認知による取得[7]と帰化による取得とがあることになる。

上述のように，認知による取得には法務大臣への届出を要するが，帰化には法務大臣の許可を要求される（同法 4 条）。帰化には，法定された条件を充たす者について，法務大臣が許可するもの（同法 5 条～8 条）と，「日本に特別の功労のある外国人」について法務大臣が国会の承認を得て許可するもの（同法 9 条）とがある。法務大臣は帰化を許可したときは，官報にその旨を告示しなければならず（同法 10 条 1 項），帰化はその告示の日から効力を生ずる（同条 2 項）。国によっては，法律または憲法で，帰化人が大統領など一定の地位につくことを制限するものがあるが[8]，わが国の現行の国籍法の下では，日本に帰化した者は完全に「日本国民」と化し，生来的取得者と差別されることはない。

3　国籍の喪失

先に国籍自由の原則（国籍非強制の原則）に触れたが，日本国憲法は無条件的に「国籍を離脱する自由」を保障している（22 条 2 項）。日本国憲法のよって立つ個人主義的国家観の論理的帰結である（小嶋和司）。

国籍法は，①「日本国民は，自己の志望によって外国の国籍を取得したときは，日本の国籍を失う」（11 条 1 項），②外国の国籍を有する日本国民は

---

[7] 民法 784 条は「認知は，出生の時にさかのぼってその効力を生ずる」と定めるが，最判平成 14 年 11 月 22 日判時 1808 号 55 頁は，生来的国籍取得は出生時に確定的に決定されるのが望ましく，出生後に認知されるか否かは出生の時点では未確定であるから，「〔国籍法〕2 条 1 号が，子が日本人の父から出生後に認知されたことにより出生時にさかのぼって法律上の父子関係が存在するものとは認めず，出生後の認知だけでは日本国籍の生来的取得を認めないものとしていることには，合理的な根拠がある」から，憲法 14 条 1 項に違反しないと判示している。

[8] 例，合衆国憲法 2 条 1 節 5 項。わが国の明治憲法下の（旧）国籍法は，帰化人が国務大臣その他重要な官職につくことを制限していた。

「法務大臣に届け出ることによつて，日本の国籍を離脱することができる」（13条1項）と定め，さらに③重国籍解消措置に関連した国籍喪失に関する定めを設けている（12条など。また，「国籍の再取得」に関する17条）。

　以上のように，外国国籍をもっていることが日本国籍離脱の条件とされている。国籍立法上の理想の1つとして国籍唯一の原則があることは既に触れたが，憲法22条2項の「国籍離脱の自由」の保障は無国籍になる自由までも保障したものではないと解されており（佐藤功，橋本公亘），国籍法の規定もこの考え方に立つものである[9]。

第2節　基本的人権の観念とその史的展開

Ⅰ　基本的人権の観念とその根拠

1　「基本的人権」の観念

　日本国憲法11条は，「国民は，すべての基本的人権の享有を妨げられない。この憲法が国民に保障する基本的人権は，侵すことのできない永久の権利として，現在及び将来の国民に与へられる」と規定する（さらに，「基本的人権」については，97条参照）。本条前段では，「基本的人権」という存在が予め想定され，国民はその「すべて」を享有するものとされている。

　では，①そもそも「基本的人権」とは何か，②そのような「基本的人権」とは何を根拠にして認められるのか，そして③そのような「基本的人権」と後段の「この憲法が国民に保障する基本的人権」とはどのような関係にあるのか，換言すれば，憲法は各種権利・自由を掲げて保障しているが，「この憲法が国民に保障する基本的人権」とはそのような各種権利・自由のことなのか，あるいはそうでないのか，といった疑問が直ちに生じるところである。

　まず，①そもそも「**基本的人権**」とは何かについては，人間がただ人間であることにより誰でも当然に有する（「基本的人権」の普遍性，固有性），侵して

---

[9] なお，国によっては，国民としての重要な義務に違反する者などについての「国籍の剥奪」を定めるものがあったが，日本の国籍法は，旧国籍法を含めて，そのような制度を認めていない。

はならない権利（「基本的人権」の不可侵性）のことであると一般に説かれる。したがって「基本的人権」は，後述する18世紀人権宣言にうたわれたように「生来の権利」つまり「自然権」のことであるといわれる。

2　「基本的人権」の根拠

このように「基本的人権」が「自然権」ということになると，その1つの自然な帰結として，このような権利を根拠づけるものとして自然法の存在が想定される。特に日本国憲法施行当初はそのような自然法的な考え方が強く，11条に「与へられる」とは，天，神，造物主，自然から信託され付与されたものという意味であると説かれたりした。そうすると，国家を前提とするいわゆる社会権は「基本的人権」ではないということにならないかの疑問が生じるが，「20世紀的自然法」の存在に言及したり，必然的な歴史の発展法則に言及したりして，社会権も「基本的人権」であるとするのが例であった。

こうした自然法論は，元来自然法は時代を越えて人間社会に普遍的に妥当する（あるいはすべき）法ということではなかったかと考えると，いささか便宜的にすぎる自然法論のように思われ，また，神，造物主等によって「与へられる」といったいい方については，キリスト教的な「神」観念との結びつきが含意されているようにも感じられないではない。さらに，仮に自然法または必然的な歴史的発展法則が存在するとして，どうやってそれを人間は正しく認識できるのであろうかという根本的な疑問も存する[10]。

このように簡単には自然法論に立ちえないとすると，個人と社会・国家との関係のあり方に関する理論（moral theory）を想定し，日本国憲法が「基本的人権」というとき依拠していると考えられるmoral theory（道徳理論）とは何かを問わなければならないことになる。それは日本国憲法の解釈論とも関係してくることになり，人権の歴史について瞥見した後に論述することにする。なお，この問題は，③の問題とも関連するところがあり，あわせ後述する。

---

[10] 現在世界には200近くの国々があるが，その多様な国々すべてに妥当する，内実をともなった「法」の存在を想定しうるであろうか。

Ⅱ 基本的人権の史的展開

1 基本的人権の史的展開

(1) 人権宣言成立の背景　人権の歴史は，中世ヨーロッパの封建社会においてしばしば確認された諸文書，とりわけイギリスの1215年の有名な**大憲章（マグナ・カルタ）**にまで遡ることができるといわれる。が，もとより，これは権力を濫用する国王に対してバロン達が団結して諸要求の確認を迫り署名させた文書があって，人間としての権利を宣言した文書ではない。ただ，このマグナ・カルタは，後にコモン・ローの中に吸収され，コモン・ローとともに成長し，17世紀における国王と議会との抗争の過程で，国法の基礎として観念されるに至り，近代人権思想が生成発展する土壌を形成するのに大きく寄与した点は看過されてはならないであろう。

この17世紀はイギリスにとって革命と激動の時代であり，その過程で権利請願（1628年），人身保護法（1679年），権利章典（1689年）などを成立させ，近代立憲主義の礎が築かれることになる。これら諸文書の保障する権利・自由は，もはやかつての封建時代の諸文書とは異なり，国民一般に及ぼされている。が，それらの権利・自由は，イギリスの本来の歴史的な権利・自由の確認という形で理解されているのであって，人が生まれながらにして人間としての権利を有するというような天賦人権説によるものではなかった。

しかし，このような権利・自由は，グロチウスをその父とするといわれる**近代自然法思想**という"環境"の下に，やがて「人権」へと成長発展することになる。

(2) 人権宣言の成立とその真髄　アメリカの独立革命期の1776年6月12日，**バージニア権利章典**が採択されたが，これは，言葉の厳密な意味で人権宣言と称しうるものをはじめて明らかにしたものであった。章典は，「すべて人は生来ひとしく自由かつ独立しており，一定の生来の権利を有する」との宣言にはじまり，それらの権利が，財産を取得所有し，幸福と安寧とを追求獲得する手段をともなう，生命と自由とを享受する権利であることを明らかにしている。

そして翌月4日の**独立宣言**は，個別的な人権のカタログを掲げているわけではないが，国家契約説，国民主権および革命権によって裏づけつつ，「生

命，自由および幸福の追求」の権利が天賦の権利であると宣言しており，近代の人権がいかなる思想と心情に立脚するものであるかを端的に表現している。人権宣言は他の邦(ステート)の憲法中にも掲げられ，そして1788年発効の合衆国憲法の修正条項として，いわゆる「権利章典」(10ヵ条)が1791年に発効した。

このような人権宣言を生み出した背景として，上述のところからもうかがわれるように，近代自然法思想の影響を指摘しなければならないが，人間を現実につき動かす「『歴史的生』への衝動」(種谷春洋)として，信教の自由・宗教的寛容への強い希求があったことも無視しえないであろう[11]。

そして，アメリカ革命期の人権宣言の影響を受けて，また，ルソーなどこの国固有の思想的な力や歴史的事情に突き動かされて，フランスでも1789年に「人および市民の権利宣言」が生まれた。そこでは，「人は，自由かつ権利において平等なものとして出生し，かつ生存する。社会的差別は，共同の利益の上にのみ設けることができる」(1条)とされ，「あらゆる政治的団結の目的は，人の消滅することのない自然権を保全することにある。これらの権利とは，自由，所有権，安全および圧制への抵抗である」(2条)と宣言されている。この1条の規定や「法は，総意の表明である」と定める6条などには，ルソー的思想の影響がみられるといわれる。アメリカの人権宣言と比べて，例えば，表現の自由について，「法律により規定された場合におけるこの自由の濫用については，責任を負わなければならない」(11条)と規定するなど，法律への信頼が示されているところに特色がみられる。

この期のフランスは，革命的動乱の時代であって，憲法も目まぐるしく変った。無償の公教育をうたい，社会権的発想を示すものもみられるが，とかく理想とかけ離れた政治現象が顕著であった。そして，1799年12月の憲法では，人権宣言そのものが消失してしまう。しかし，この理想主義的側面といわば未完に終った革命こそが，むしろその後の世界に大きな影響を与え続けることになる。

---

11 イェリネックは，1895年，『人権宣言論』を公にし（初宿正典編訳・人権宣言論争〔みすず書房，1981年〕参照），フランス人権宣言のモデルはアメリカの人権宣言にあること，アメリカの人権宣言の成立にとって近代自然法の影響はそれほどのものではなく，むしろ信教の自由を求める人間の欲求の方が決定的なものであったこと，を論じて，論議を呼んだ。今日，例えば，「幸福」論を自然法学の中核に据えたスイスのビュルラマキの自然法論が，アメリカで法曹として令名をはせるウィルソンを介してジェファーソンに影響を与えたことが知られているところで，自然法論の影響も看過しえない。

(3) **人権思想の後退と再生**　こうした人権宣言，とりわけフランスの人権文書について，当時既に，「消滅することのない自然権は修辞上のナンセンスであ」り，このナンセンスは「いつも有害なナンセンスをもたらす」といった批判がなされ (ベンサム)，自然権論は曖昧で思弁的であり，人間の自由というものは歴史によって検証され人間の賢慮という実践の積み重ねの中にこそ実現可能であると説かれたりしていた (バーク)。

　フランス革命の影響を受けて，19世紀に入ると，様々な国々が憲法典を制定し，国民の権利・自由を定めるようになるが，そこにあっては，こうした功利主義・歴史主義・実証主義等の思潮の抬頭の中で，これら権利・自由はもはや自然権的なものとはされず，国法によって与えられたものと観念されている。もとより，その表現の仕方は時代により国により一様ではないが，それは，基本的に，自然権的な人権観念から**法実証主義的権利観念**への転換である。これは重要な変化といわなければならないが，国家権力による干渉および恣意的・差別的取扱いの排除に力点をおくという点で，18世紀人権思想と共通するところがあった。

　しかし，19世紀末から20世紀にかけての困難な状況の中で，国家は次第に積極国家ないし社会国家へと移行し，国家権力による国民の権利・自由の実現という視点が重要視されるようになっていった。そして，この視点に徹した社会主義体制の挑戦も受ける中で，ナチズム・ファシズムという全体主義体制が生まれ，この全体主義体制との闘いである第2次世界大戦が勃発するが，この悲劇的な経験の中で人権観念が再生したことは，本書の冒頭 (第1編第1章第1節Ⅲ→8頁) で既にみたところである。

　この人権観念の再生は，国家権力に依存しすぎることの危険についての自覚に基づくものであり，実際，第2次世界大戦直後には自然法論の復活もみられた。しかし，再生した人権観念は18世紀人権観念さながらではありえないこと，そしてそれにともなう様々な課題があることについても，本書の冒頭で垣間見たところである。

　再生した人権観念につき無視しえないのは，世界人権宣言 (1948年) を象徴的な突破口として，その後国際人権規約をはじめとする各種人権条約が成立し多くの国々がそれに参加しているという状況である。この意義については，すぐ後に論及する。「現代自然権論」とか「哲学的人権論」といわれる諸主張も，こうしたいわゆる国際人権と無関係ではない。

2　わが国における基本的人権思想の展開

(1)　人権思想導入の挫折と明治憲法　徳川末期に国際社会の仲間入りしたわが国は，西洋文明に正面から接するに至り，西洋思想を受け入れる中で，天賦人権思想が導入され，明治初年には天賦人権論は半ば政府公認の説ともいえるものであった。が，やがて天賦人権論に依拠する自由民権運動が発生し政府に対抗するに至って，状況は一変し，政府は天賦人権論を排斥するようになり，結局，自由民権運動の終焉とともに，天賦人権論も歴史の表舞台から姿を消す。明治憲法は，このような背景の下に，基本的にとりわけドイツの憲法および憲法思想の影響を受けつつ，構想され，制定された。

明治憲法の上諭は，「朕ハ我カ臣民ノ権利及財産ノ安全ヲ貴重シ及之ヲ保護シ此ノ憲法及法律ノ範囲内ニ於テ其ノ享有ヲ完全ナラシムルヘキコトヲ宣言ス」と述べているが，ここに既に明治憲法の保障する権利の基本的性格が示されている。つまり，明治憲法の認める権利は「臣民ノ権利」にして，「法律ノ範囲内」におけるものである（いわゆる「法律の留保」）ということである。そしてこの「法律の留保」も，いわゆる独立命令の存在（9条）によって，さらに減殺されていた。また，憲法の保障する権利は，非常事態において広く制限されていたことも見逃せない（8条の緊急勅令や31条の非常大権の存在）。

権利の保障には，整備された救済手続ないし制度の存在を前提とするが，この点でも明治憲法に多くの問題があったことは既に述べた（第1編第2章第1節Ⅱ→58頁）。

明治憲法の制定は，こうした事情も反映して，既に存在していた各種治安立法の体系の実質を変えるところとはならなかった。もっとも，議会の地位も徐々に向上し，ことに大正期に入ると各種権利獲得運動の展開もみられるようになった。その結果，例えば，大正14（1925）年に護憲三派内閣の手によって普通選挙法の成立をみ，あるいは大正15年には労働運動弾圧規定である治安警察法17条の削除も行われた。また，第2章の自由権規定は厳密には権利を保障したものではなく，法律の反射とみるべきであると説かれていたが，この時期になると自由権規定を権利の保障として捉える権利説が支配的となっている。

(2)　人権思想の完全滅失と再生　このように，大正期は，自由主義的憲法理論が有力となり，政党内閣制も確立し，各種権利獲得運動の展開をみた

が，しかしそれは楯の半面にすぎなかった。例えば，各種権利獲得運動も，資本主義の進展と矛盾の拡大にその発生の源をもつものであったともいえる。自由主義的憲法論が支配的となったといっても，初等教育や軍隊内の教育の場では，一貫して神権的国体観念が支配力をもっていたことも留意されなければならない（第1編第2章第1節Ⅱ→58頁）。「大正デモクラシーの嫡出子」というべき加藤高明内閣の手によって，普通選挙法と同時に，治安維持法[12]が制定されているのは，大正期が決して直線的に把握されえないものであることを物語っている。

民主主義的潮流の高揚とは裏腹に大正末期には既に政局が混迷の様相を呈しはじめていたが，昭和に入って内外の情勢が厳しさを加えるにつれ，神権的国体論が次第に勢いをまし，政治社会体制は軍国主義・全体主義色に染まっていった。

天賦人権論の導入にはじまったわが国の人権史は，何故にかくも無残な結末を迎えなければならなかったのであろうか。この点については，国際，国内両面にわたる様々な要因をあげうるであろうし，また，みる人の立場によってその説明は随分と違ったものでありうるであろう。ただ，明治憲法の基本的性格と構造が大きな要因をなしていたであろうことは否定できない。

しかし，さらにいえば，儒教的秩序観の上に築かれた集団志向的土壌にあって，人権もそのような集団による権力闘争の手段という角度でのみ捉えようとする傾向がなかったかどうか，そのことが人権思想の完全滅失と最も深いところでかかわっているのではなかったか，を問いうるように思われる。

ポツダム宣言は，わが国に対して「基本的人権ノ尊重」の確立を求め（第1編第2章第2節Ⅰ→63頁），それを具体化した「降伏後ニ於ケル米国ノ初期ノ対日方針」（1945年9月22日）に基づき，総司令部は，人権制限法制の廃止をわが国に対して要請した。もっとも，ポツダム宣言にいう「基本的人権」という言葉のもつ意義について，わが国における当初の受け止め方は必ずしも自覚的なものではなかったようにみえる[13]。が，天賦人権思想に立脚するマッカーサ草案をわが国が受け入れ，日本国憲法が成立するに及んで，「基本的人権」の観念が国民の間に浸透するようになる。

---

12 「国体ヲ変革シ又ハ私有財産制度ヲ否認スルコトヲ目的トシテ」結社を組織したり加入したりする行為を処罰する法律。

13 昭和20年末から翌年にかけて発表された政党・民間人による憲法草案も，また政府の憲法改正案も，「基本的人権」についての格別の構想を示していない。

Ⅲ 国際的人権保障

1 人権の国際的保障

先に，第2次世界大戦後の人権思想の再生が，国際的な人権保障の動きと連動していることを示唆した。**国際連合憲章**は，「基本的人権と人間の尊厳及び価値と男女及び大小各国の同権とに関する信念をあらためて確認し」（前文），「人権及び基本的自由を尊重するように助長奨励することについて，国際協力を達成すること」（1条3項）をうたい，この趣旨にのっとり，1948年の国連総会で「**世界人権宣言**」が採択された。この宣言は，人権の促進と漸進的確保に向けて諸国が「達成すべき共通の基準」（前文）を定めたものであるが，法的拘束力を有するものではなかった。

その後のさらなる努力の成果として重要なのが，1976年に発効した**国際人権規約**（その中心は，「経済的，社会的及び文化的権利に関する国際規約」〔以下，**A規約**と呼ぶ〕と「市民的及び政治的権利に関する国際規約」〔以下，**B規約**と呼ぶ〕）[14]である。

A規約は，社会権的性格の権利の保護を目的とし，その関係から，「各締約国は，立法措置その他のすべての適当な方法によりこの規約において認められる権利の完全な実現を漸進的に達成するため，自国における利用可能な手段を最大限に用いること」を規定している（2条1項）点に特徴がみられる（傍点筆者）。実施措置として，**国家報告制度**（16条）[15]を定めている。

B規約は，自由権的性格の権利の保護を目的としており，実施措置として，この国家報告制度（40条）のほか，**国家通報制度**（41条・42条）[16]を設け

---

[14] この2つの規約のほか，「市民的及び政治的権利に関する国際規約の選択議定書」があり，さらに，1989年の国連総会で採択された「死刑の廃止を目指す市民的及び政治的権利に関する国際規約の第2選択議定書」（死刑廃止条約）がある。日本は，昭和54（1979）年にA規約とB規約に加入したが，選択議定書のいずれにも加入していない。なお，この国際人権規約のほかにも，いわば個別の人権条約として，1951年の難民条約（日本は1981年に加入），1965年の人種差別撤廃条約（日本は一部留保して1995年に加入），1979年の女子差別撤廃条約（日本は1985年に加入），1989年の子どもの権利条約（日本は1994年に加入）等々がある。

[15] 締約国は，権利実現のためにとった措置および権利実現についてもたらされた進歩に関する報告を国連事務総長に提出し，経済社会理事会が審議するが，理事会の補助機関としてA規約委員会が設置されている。

[16] 締約国が，他の締約国の条約義務違反を実施機関に通報し，実施機関が審査，調停，勧告などを行う。

ている。B規約の場合は，国際連合の機構とは別に個人資格で選ばれた専門家からなる人権委員会（規約人権委員会などと呼ばれる）が設けられ，重要な役割を果たしている。この国家通報制度が働くには締約国の受諾宣言のあることが前提になるが，そのような国は必ずしも多くはないようである。

B規約の選択議定書[17]は，**個人通報制度**を設け，人権委員会が，国家による侵害を受けたと主張する個人からの通報を受理しかつ検討する権限をもつことを認めている。この議定書は，まさに各国が選択的に採用するものであり，しかも国内的な救済手段が尽くされたことを前提としている。

このようにみてくると，国際的人権保障の実効性を上げようとする努力は認められるものの，未だ十分なものとはいい難い[18]。したがって，事は締約国が国内においていかに真剣に実施に取り組むかにかかっている。

2 人権条約の国内的実施

先に，一般に条約が国内でどのように実施に移されるかは各国の憲法体系に委ねられていることを明らかにしたうえ，日本国憲法体系下の扱いについて論及し，その際，条約と法律との関係では条約優位説が，条約と憲法との関係では**条件付き憲法優位説**が妥当すると解すべきであるとし，そして，このことに関連して，人権条約に関連する問題があることを示唆した（第1編第3章第2節Ⅲ→88頁）。

この点，少なくとも国際人権規約のように国際社会で広く受容されている人権条約については，あるいは確立された国際法規ともみて，憲法と同等の，あるいはそれ以上の効力をもつと解すべきであるとする見解（伊藤正己，江橋崇）が存する。

一般論としては，首肯できるところがあるが，いわゆる「国際人権」の実際に即してみた場合，にわかに賛同し難いものがある。まず，「国際人権は，人間に本来備わっているものと認められてはいるが，人間が原則的に自律した存在であること，権利が政府以前に存在することの2点を必ずしも想定していない。国際文書は人民主権は肯定するが，社会契約や被治者の持続的同意については暗示すらしていない」（L・ヘンキン）といわれることがある（傍点筆者）。そして，例えばB規約の中にも，20条（戦争宣伝および差別等の扇動

---

17 注14参照。
18 この点，1950年のヨーロッパ人権条約は，個人申立制度や裁判的保護制度などを設ける，注目すべき地域的人権条約である。

禁止）のように日本国憲法21条に照らしてきわめて問題と思われる規定もあるところであり，特定の条約を類型的に，憲法と同等の，あるいはそれ以上の効力をもつとみることには，抵抗感の存するところである。

とすると，日本国憲法の保障する基本的人権の保障体系および個別的人権の保障の意義を解釈論的にどう捉えるかがまず出発点とされなければならないというべきであろう。したがって，人権条約に加入できない場合もありうるし，加入するにあたって，憲法との整合性の観点から，「留保」や「解釈宣言」を行う必要も生じる[19]。さらに，人権条約の実施の過程で，その条項が裁判所によって違憲とされる可能性も理論上ありうる。

他面，人権条約は，詳細・具体的に定める傾向があり，日本国憲法の解釈運用にあたって参考にされて然るべき場合も少なくない。次節でみるように，日本国憲法の保障する「基本的人権」は未来に開かれた課題としての側面も有しており，裁判所が「基本的人権」の保障を充実する方向で憲法の関連規定（13条の補充的保障も含めて）の解釈に人権条約を取り入れることは，憲法98条2項の趣旨に照らしても，司法の責務であると考えられる。先に触れた最高裁判所の国籍法違憲判決（第1節Ⅲ2➡107頁）が，B規約や子どもの権利条約（「児童の権利に関する条約」）も重要な論拠として，憲法14条1項違反を導いている点が注目されるところである。

人権条約に加入するに際し，まず，立法部による国内法的整備を図ることが事の順序として考えられる[20]。が，立法部によるそうした法的整備がなされなかったり，不十分ないし不適切な場合もありうるところであり，そしてそれに関連して行政的対応に問題があるような場合，裁判所による司法的救済が期待されることになる。この場合，上にみた例のように，憲法の人権条項の解釈を通じて救済が図られることがありうる（人権条約のいわゆる間接的適用）[21]。また，条約による人権保障が憲法の想定しない領域に及ぶ，あるいは

---

[19] 日本は，1995年に人種差別撤廃条約への加入に際し，アメリカと同様，憲法の保障する表現・結社の自由を制約する条約上の義務を受諾しない旨の「留保」を付した。ただ，本文で触れたB規約20条については，日本はそのような「留保」をしていない。

[20] 例えば，1981年に難民条約に加入するにあたって，出入国管理令を改正して「出入国管理及び難民認定法」とし，その他社会保障の分野における国籍要件の撤廃など多くの国内法的措置が講じられた。

[21] 二風谷ダム事件に関する札幌地判平成9年3月27日判時1598号33頁は，「アイヌ民族は，文化の独自性を保持した少数民族としてその文化を享有する権利をB規約27条で保障されているのであって，我が国は憲法98条2項の規定に照らしてこれを誠実に遵守する義務がある」とし，憲法13条に言及して「その民族に属する個人にとって，民族固有の文化を享有する権

憲法による保障を上回ると解される場合，国内法は憲法の人権条項に違反するとはいえないが，なお条約に違反するという事態がありうる。

　この後者の場合の司法的救済（いわゆる直接的適用）の可能性については，人権条約（条項）の自動執行（self-executing）性が前提になると説かれることが多い。司法的救済の根拠となるにふさわしい明確性・特定性を備えていることが必要であるというべきであるが，より重要なことは，この事態は憲法98条2項を介して憲法上許されない事態なのだということを認識することであろう[22]。

　この点，「外国人の無料通訳を受ける権利」に関する東京高等裁判所判決[23]が参考になる。判決は，「通訳の援助を受ける権利は，わが国内において自力執行力を有するものと解される国際人権B規約によって初めて成文上の根拠をもつに至ったもので……これまでのわが国内法の知らないところである」としたうえ，「被告人のための通訳」が裁判が裁判として成り立つための不可欠の要素であることを指摘しつつ，「国際人権B規約14条3項(f)に規定する『無料で通訳の援助を受けること』の保障は無条件かつ絶対的のものであって，裁判の結果被告人が有罪とされ，刑の言渡しを受けた場合であっても，刑訴法181条1項本文により被告人に通訳に要した費用の負担を命じることは許されない」とした。

第3節　基本的人権の憲法的保障とその限界

I　基本的人権の憲法的保障

1　「基本的人権」の憲法的保障

　前節において，日本国憲法は「基本的人権」の存在を措定して，そのすべてを憲法上の権利として保障しようとしていること，その「基本的人権」の

利は，自己の人格的生存に必要な権利ともいい得る重要なもの」といい，国はその文化等に影響を及ぼすおそれのある政策決定にあたって該権利を不当に侵害しないように十分に配慮すべき責任が課されていると述べ，収用委員会の収用裁決には裁量権を逸脱した違法があるとした。

22　このことは，最高裁判所への上告理由が原則として憲法違反と判例違背に限定されている制度枠組の中にあって，人権条約違反を最高裁判所に上告する道を開くことに通じよう。

23　東京高判平成5年2月3日東高刑時報44巻1〜12号11頁。

根拠と内実については，個人と社会・国家とのあり方に関する道徳理論（moral theory）を想定しなければならず，しかもそれは日本国憲法の解釈論とも関係していること，を述べた。

その理論の手掛かりは，「すべて国民は，個人として尊重される。生命，自由及び幸福追求に対する国民の権利については，公共の福祉に反しない限り，立法その他の国政の上で，最大の尊重を必要とする」と定める憲法13条である。

ここには，「個人の尊重」が「国政」のあり方の基本にかかわることが示唆されている[24]。ここに「個人の尊重」ないし「個人の尊厳」とは，一人ひとりの人間が人格的自律の存在（やや文学的に表現すれば，各人が社会にあってなお"自己の生の作者である"ということ）として最大限尊重されなければならないという趣旨である。そして憲法は，人がそのような存在として自己を主張し，そのような存在としてあり続けるうえで重要な権利を「生命，自由及び幸福追求に対する国民の権利」（以下「幸福追求権」と略す）として包括的に保障しようとしている（この点は，第2章第1節で評論される）。

先にいう道徳理論は，この13条の趣旨を内実としている，つまり，各人が自律的存在として自己の幸福を追求して懸命に生きる姿に本質的価値を認め，その価値を最大限尊重しつつ人の共生を可能とするような社会・国家の構成のあり方を考えようとする理論であり（社会契約説），そのような見地から，各人には基本的な権利が保障されていると想定するものではないかということである。この理論は，97条にも示唆されているように，近代人権宣言への共感に根ざしつつ，その後の人類の歴史をも踏まえたものである。

したがって，憲法が導入の前提とする「基本的人権」とは，このような道徳理論上の権利，端的にいえば「道徳的権利（moral rights）」であることを意味する（こうした道徳理論による「基本的人権」の基礎づけは，「現代的人権論」とか「哲学的人権論」とか呼ばれる）。この「道徳的権利」である「基本的人権」は，自由権のみならず参政権や社会権等も含むものであり，それらが国家に先立っておよそ人に備わるものと想定するものであって，その意味において「自然権」と称することができる（ときに「現代自然権論」と称される）。

---

[24] なお，個人の生活と最も深いかかわりをもつ，「家族」生活のあり方についても憲法は関心を示し，24条は，家族に関する法制度が「個人の尊厳」と「両性の本質的平等」に立脚して定立されるべきものとしている。

憲法11条は、この「道徳的権利」である「基本的人権」を法的世界に取り込むこと、つまり「法的権利」として保障するという趣旨を明らかにするものである。上述のように、問題はその取り込み方である。この点、後段の「この憲法が国民に保障する基本的人権」とは、後続諸規定に列記される権利・自由の総称ではなく、前段において保障した範囲での基本的人権、つまり「すべての基本的人権」の意であるというのが制憲議会での政府側の見解であった。何が「基本的人権」かを具体的に限定するのは容易でなく、将来の学問および政治に委ねなければならず、憲法で羅列しているのはその重要な一部分にすぎない、との理解が示されている。

この理解に従うとすれば、後続諸規定で列記される権利・自由以外でなお「基本的人権」と目されるものは、11条を通じて憲法上保障されるという解釈もありうるが、ここで重要となるのが13条の「幸福追求権」の意味である。上述のように、この「幸福追求権」が「個人の尊重」を受けた包括的な権利であるとすれば、上の問題はこの包括的な権利の性質・内容をどう解するかの問題に吸収されることになる。

なお、「基本的人権」のほか、諸外国での用法とも連動しながら、「人権」とか「基本権」とかいった言葉もわが国でよく使われる。これらの言葉は必ずしも一義的に理解されず、「基本的人権」「人権」「基本権」が互換的に使用されることもあるが、「基本権」は特に憲法典が保障する諸権利・自由の意味で使われる傾向があるように思われる。「基本権」についてこうした理解に立った場合、「基本的人権」と「人権」を同義にかつ（近代人権宣言などを念頭に）限定的に捉えれば、「基本権」は「基本的人権」ないし「人権」よりも広汎な内容をもつことになり（初宿正典）、逆に、「基本的人権」ないし「人権」を観念的なものとして広く捉えれば、「基本権」の方が限定的な内容のものとなる。この点、日本国憲法は、上述のような道徳理論を基礎に「すべての基本的人権」を憲法的世界に取り込もうとしていると解されるとすれば、「基本的人権」はいわゆる「基本権」と同じ意味になる。

2　「基本的人権」の動態的展開

日本国憲法にいう「基本的人権」は以上述べたようなものであるとして、およそ人がその日常生活にあって「人権」というとき、もう少し多様・多元的次元において、様々な内容を込めて主張され、ときには法秩序（憲法典）に対して批判的・抗議的視点に立って主張されることもある。また、国際社

会において様々な内容の「人権」条約などが成立していることは，既にみたところである[25]。さらに，「人権」の主張は，対政府との関係においてのみならず，むしろ対私人（私人相互間）においてなされることが少なくない。「基本的人権」の対政府，対私人（私人相互間）のそれぞれの関係の問題については後述するが（第5節Ⅱ➡164頁），こうした「人権」の主張が憲法の保障する「基本的人権」，換言すれば「基本権」といかなる関係を有するかが問われなければならない。

　上の問題を考えるにあたって，①「背景的権利」，②「法的権利」および③「具体的権利」の3つのレベルを区別することが有益なように思われる。

　上述のような，憲法典を必ずしも意識せず，あるいは憲法典から離れて，それぞれの時代の人間存在にかかわる状況・要請に応じて種々主張される「人権」は，憲法の保障する「基本的人権」にとっていわば「背景的権利」と称すべきものである。この「背景的権利」が明確で特定化しうる内実をもつまでに成熟し，かつ，とりわけ憲法の基本的人権の保障体系と調和するかたちで特定の条項（その際，包括的基本的人権規定が重要な役割を果たす）に定礎することができるとき，憲法の保障する権利，すなわち「法的権利」としての地位を獲得する（例，プライバシーの権利）。その意味では，「背景的権利」は「法的権利」を生み出す母体として機能するともいえる。

　もっとも，「法的権利」であるといっても，すべてが直ちに司法的救済の対象となるとは限らない[26]。裁判所に対してその保護・救済を求め法的強制措置の発動を請求しうる権利を「具体的権利」と呼ぶとすれば，憲法の保障する「法的権利」の中には，「具体的権利」とそうではない権利（「抽象的権利」）の2種があることになる。換言すれば，「具体的権利」というには，司法的救済にふさわしい一層の明確性・特定性が求められるということになる

---

[25] フランスでは，「人権（droits de l'homme）」とは，人権条約などにより国際的保護を与えられる諸権利のことで，1789年の人権宣言のように憲法的保護を与えられる「基本権（droits fondamentaux）」と区別されることがあるようである。なお，「国際人権」に関してしばしば「第三世代の人権」なるものが主張され，具体的には「発展権」（1986年の国連総会決議「発展の権利に関する宣言」によれば，「そこにおいてすべての人権と基本的自由が完全に実現される，経済的・社会的・文化的・政治的発展に各人と人民が参加し，貢献し，享受することが可能となる不可侵の人権」などと定義される），「平和に対する権利」，「環境への権利」，「人類共同遺産の平等享受権」等々が掲げられる。

[26] 例えば，表現の自由に積極的な政府情報開示請求権が含まれると解すべきだとしても，後述のように，法律上の裏づけなしに直ちに一般的に司法的救済の対象となると解することは困難である。

(国際的人権保障に触れた第2節Ⅲ2→118頁)。

このように説くと,基本的人権の展開は,「背景的権利」→「法的権利」→「具体的権利」という方向になるが,実際には逆方向のものもありうる。つまり,「権利」としてであれ「利益」としてであれ,具体的な事件・争訟の解決を迫られた裁判所がともかくその件に関し法的に保護しなければならないと判断し,そこで与えられた保護・救済を契機に「具体的権利」が形成され,さらには「法的権利」の形成も促し,そしてさらにはより広汎にして理念的な「背景的権利」の主張を触発するという方向である[27]。

3 基本的人権保障の形態

(1) いわゆる「法律の留保」の問題 基本的人権は不可侵であるとされるが(11条・97条),次の**Ⅱ**でみるように,少なくとも基本的人権相互の調整の観点からの制約を免れ難い。問題は,このような基本的人権の限界をいかなる方法・形式で認定するかである。この点,近代立憲主義は,国民が参政権の行使を通じてその形成に参与する議会が制定する法律を中心に据え,裁判はもちろん行政もこの法律に準拠して行われなければならないとした。これを「**法律の留保**(Vorbehalt des Gesetzes)」という。

が,さらに問題は,法律による国民の権利・自由の侵害の可能性をどう考えるかである。この点,かつては,議会に最終的判断権を委ねるのが一般の例であった。その典型は,憲法が「法律の範囲内において」権利・自由を保障するという形式をとる場合にみられる。「法律の留保」という語は,このことを指しても用いられた。上述のように,明治憲法もこの形式にならった。しかし,この場合,議会が権利・自由への配慮を怠ると,憲法による権利・自由の保障も実効性のないものになってしまう。実際,明治憲法下でそのようなことが生じた。日本国憲法は,基本的人権の本質に照らせば当然のことであるが,この点を考慮して,第2の意味での「法律の留保」(Gesetzesvorbehalt)」は排除した。

(2) プログラム的保障の問題 憲法による権利保障に関し,法的効力をもつものとそうした効力をもたないものとに区別されることがある。後者の規定は**プログラム規定**と呼ばれ,それは,個人に対して裁判を通じて救済を

---

[27] 例えば,アメリカにおけるプライバシーの権利は,私法上の司法的救済の積み重ねから出発し,やがて警察による電話盗聴などに関しその憲法的保護が問題にされるようになり,さらに憲法の保障する1つの独自の権利へと発展した。

受けうるような具体的権利を付与するものではなく，国家に対しその実現に努めるべき政治的・道義的目標と指針を示すにとどまる性質のものとされる。外国の憲法の中には，立法に対する指針にとどまる規定であることを明示するものもみられた。

このプログラム規定の観念は，元来，社会経済的実態と遊離した政治的理想を追求する傾きのあったワイマール憲法下のドイツで，現実と憲法の理想とのギャップを処理すべく主張されたものである。この考え方は，わが国でも，日本国憲法がいわゆる社会権を規定したことに関連して学説上採用され，最高裁判所も，25条の規定は，国家が国民の生活水準の確保向上に尽すべき責務を概括的に負うことを定めたにとどまり，個々の国民に対し具体的請求権を直接保障するものではないといち早く宣言した[28]。健康で文化的な最低限度の生活といっても，国力や文化の程度などの不確定要素の総合的判断に依拠するからである。この論法によれば，教育を受ける権利（26条）や勤労の権利（27条）なども同様となろう。

もっとも，憲法が「権利」として保障するといっているものを，安易にプログラム規定と性格づけてよいかは大いに疑問のありうるところで，この点については後述する（第4章第2節[1]→361頁）。

(3) **基本的人権保障と制度および「制度的保障」**　憲法の保障する各種基本的人権は，上述のように人の人格的自律の存在性に遡源しうるものであるが，それぞれ固有の歴史的背景と政治社会的構造システムに見合っているのであって（例えば，表現の自由と自由な情報流通システム，経済的自由と自由な経済システム），人格的自律の存在性ということから一義的に演繹されるわけではない。

実際，憲法は，基本的人権を保障するにあたって，(a) 一定の制度を前提とし，あるいは (b) ある制度を特に忌避している場合がある。(a) には，(a_1) その制度が憲法上明示されている場合と (a_2) 憲法上含意されていると解される場合とがある。

(a_1) の例としては，公務員の選定・罷免権（15条1項）と選挙制度（44条・47条），職業選択の自由（22条1項）・財産権の保障（29条1項）と私有財産制度（29条2項），婚姻・家族生活における自由・平等（24条1項）と婚姻制度・相続制度（同条2項），裁判を受ける権利（32条・37条1項）と裁判制度

---

[28] 最(大)判昭和23年9月29日刑集2巻10号1235頁。

（第6章の諸規定）などの関係をあげることができる。(a_2) の例としては，公務員の不法行為に対する賠償請求権（17条）と国家賠償制度，学問の自由（23条）と大学制度としての大学の自治，生存権（25条1項）と社会保障制度（なお，同条2項参照），教育を受ける権利（26条1項）と教育制度（なお，同条2項参照）などの関係をあげえよう。プライバシーの権利（自己情報コントロール権）が憲法13条に含まれるとすれば，その権利と個人情報保護制度，狭義の「知る権利」が憲法21条に含まれるとすれば，その権利と情報公開制度などとの関係も，(a_2) の例ということができる。

(b) の例としては，平等権（14条1項）と貴族制度の禁止（同条2項），信教の自由（20条1項前段）と国教制度の禁止（政教分離原則）（同条1項後段・3項・89条），表現の自由（21条1項）と検閲制度の禁止（同条2項前段）などの関係をあげることができる。

問題は，このような基本的人権の保障の前提として想定される「制度」をどのように構築するか（伝統的に，「制度」を作るにあたって，憲法との係留関係を回避し，そのことと関連して「権利構成」を嫌う体質があるようにみえる），忌避さるべき制度の内容をどのように捉えてこれを排除するか，である。この点については，それぞれの個所で論及する。

このように基本的人権の保障と制度とは密接な関係にあるが，この点に関連して触れておかなければならないのは，憲法学において広く論じられてきたいわゆる「制度的保障」論である。この論によれば，議会は，憲法の想定する制度を創設・維持すべき義務を課され，その制度の本質的内容を侵害することが禁止される，と。そして，論者によって必ずしも一定しないが，そのような「制度的保障」の例として，政教分離原則，大学自治制度，私有財産制度，地方自治制度などが指摘されてきた。

上の例からも推察されるように，そこに一貫した理屈を見出すことは相当難しい。政教分離原則はむしろ制度の忌避とみるべきことを先に指摘したが，他方，地方自治制度は個人の基本的人権の保障と直接のかかわりをもつとはいえない。また，「本質的内容」を侵害してはならないとされるが，その「本質的内容」とはどこからどのように導かれるのかも必ずしも明らかではない。

わが国の「制度的保障」論者は，一般に基本的人権の保障を制度的に強化・補充するものと考える傾向があった。が，こうしたわが国の「制度的保

障」論は，この理論の宗家とされるカール・シュミットの主張とは全く異質のもので，彼にあっては，基本的人権に関し何かを制度的に保障するというものではなく，既にある制度を制度として保障するもの（制度体保障）であることが明確にされている（石川健治）[29]。もとより宗家から離れて，同じ名称の下に独自の理論構成をとることはありうるが，それが日本国憲法の解釈理論として必要有用なものであるかは別個の問題である。

最高裁判所は「元来，政教分離規定は，いわゆる制度的保障の規定であって，……」と述べたことがあるが[30]，その是非を含め，基本的人権保障と制度との関係ないし制度のあり方について，それぞれの関係個所で論及する。

4　基本的人権の諸類型と類型論の目的

(1)　基本的人権の諸類型　基本的人権は，既に垣間見たように，視点の設定の仕方いかんにより，種々の分類が行われてきた。①天賦人権説的背景の有無による，前国家的な「人間の権利」と後国家的な「国民の権利」との種別，②資本主義社会の発展過程に対応する，自由権と社会権との種別[31]，③機能論的見地からの，自由権，社会権とそれらの権利の享受を可能とするための権利（参政権，裁判を受ける権利，国家賠償請求権など）の種別，あるいは，実体的権利と手続的権利との種別，④権利の内容・性格の観点からの，精神的自由，経済的自由，人身の自由，私的生活の自由（私生活の不可侵），国務請求権，参政権の種別，⑤権利の射程の観点からの，包括的権利と個別的権利との種別，等々がそれである。

このほかにも種々の類型化が可能であるが，わが国において従来よく用いられてきた類型は，国民の地位に基づく類型であった。それは，G・イェリネックの公権論（地位の理論）をベースに，しかし，それに「重大な修正」を

---

[29] シュミットにあっては，近代国家の完結的な政治的統一体においては国家と個人との関係が基礎であり，官僚団・大学・教会等々の中間団体はいわば異質物であるが，何かの都合でその中の幾つかを憲法典が取り上げ，公法上の制度体（Institution）と位置づけて，その存続を保障することがある。憲法典が保障する以上，法律で勝手に廃止などできないが，それは個人に対する主観的権利の保障（「真正の基本権」の保障）とは異なることを示そうとする（つまり，その中間団体の地位を相対化する）狙いをもったのが，彼の制度的保障論であった。特に，石川健治・自由と特権の距離（日本評論社，1999年）参照。なお，シュミットの制度的保障には，この制度体の場合のほか，所有権・売買・賃貸借・婚姻・相続その他，私法上の法制度（Rechtsinstitut）の中の幾つかにつき，その存続を憲法典が保障する場合，があげられている。

[30] 津地鎮祭事件に関する最（大）判昭和52年7月13日民集31巻4号533頁。

[31] この種別に関し，ときにスローガン的に「自由権から社会権へ」とか「『国家からの自由』から『国家による自由』へ」とか表現された。

加えるケルゼンの「国民の国法に対する関係」の理論に依拠しつつ，さらに，日本国憲法による「基本的人権」の保障に適合するように調節して，到達したとされるもので（宮沢俊義），次のようなものであった。

すなわち，①国法に対する受動的な関係（義務），②国法に対する無関係な関係（単なる自由），③国法に対する消極的な受益関係（自由権），④国法に対する積極的な受益関係（社会権），⑤国法に対する能動的な関係（これには，国民が国家機関の行動を要求する「積極的な関係」〔通例受益権とか国務請求権とか呼ばれるもの〕と国民が国家機関の選任などを行う「能動的〔狭義〕な関係」〔参政権〕とがある），とするものである。ここでは，イェリネックの場合と違って，「単なる自由」と「自由権」とが区別され，「自由」は「国法の禁止の不存在の反射」にすぎないのに対し，「自由権」は，それ自体，「人間の尊重の要請」から導かれる「権利」として把握すべきものとされている。そして，この自由権のみならず社会権・積極的公権・参政権のいずれも，「人間の尊厳」ないし「人間性」から論理必然的に生ずる「人間の権利」または単に「人権」（ないし「基本的人権」）であるとされた。

しかし，この論については，そもそもイェリネックやケルゼンの法理論に「基本的人権」という考え方を接合することが可能なのかどうかの基本的な疑問が存する[32]とともに，日本国憲法が保障する各種「基本的人権」をこれらの類型の中に適切に振り分けることができるのかどうかの疑問を免れない。一例のみをあげれば，「包括的基本的人権」（本書では，13条の「幸福追求権」と14条の「法の下の平等」を含む）は，これらの類型のどこに振り分けるであろうか[33]。このこととも関連するが，先に基本的人権の動態的展開について触れたけれども，この類型が理論的必然として強く働くと，そうした動態的展開を抑止する傾向をもつことも無視できない[34]。

---

[32] この点，特に新正幸・ケルゼンの権利論・基本権論（慈学社，2009年）参照。そこでは，ケルゼンの理論は，イェリネックの地位論の「修正」にとどまるのではなく，むしろ方法論的「否認」ではないか，また，イェリネックも，そしてもとよりケルゼンも，「基本的人権」の発想に対して否定的ではなかったのか，の疑問を提示し，特にケルゼンの権利論の意味が克明に分析され，日本国憲法のように近代憲法の系譜に属する憲法にとっての限界が明らかにされている。

[33] 振り分けるところがないから，そうした「包括的権利」は認められないということになるのであろうか。

[34] プライバシーの権利をもって「自己情報コントロール権」と捉えようとする試みが，いろいろな批判の対象とされた理由の1つに，人権の類型論的次元のものもあったように思われる（つまり，プライバシーの権利は本来的に自由権であるはずで，請求権的側面をもつことは許

(2) 類型論の目的　結論的にいえば，類型論の本来の目的は，各種基本的人権の誕生と展開の歴史を踏まえ，その特性を明確にして，その保障の確実を期する点にあると解すべきであろう。

その際，まず，基本的人権の種別は相対的で，相互に有機的に関連し合っていることが理解されなければならない。そのことは，各種基本的人権は，元来個人が人格的自律の存在として様々な活動ができるように保障されるものであることを考えれば，当然のことである。

例えば，表現の自由の保障の意義を考えてみよう。それは，端的には，各人がその思想・信条などを社会（不特定・多数）に向って訴えるにつき公権力によって妨害されないことをいうと定義するとして，その訴える目的・内容によっては政治参加の意義を強くもってくるし，訴えるべき表現の内容を形成するためには他者による表現活動に自由に接することができなければならず，また，とりわけ政府の活動に自由にアクセスし，政府のもっている情報を取得できることが重要となると考えられる。思想・信条などを含めて「情報」を広く解するとすれば，表現の自由とは"自由な情報流通のための権利"ということができ，その中に「政府情報開示請求権」（狭義の「知る権利」）も含まれてくることになる。また，勤労者の団結権，団体交渉権，団体行動権は一般に社会権として分類されるが，国家がそれを妨げてはならないという側面があることは否定されない（実際，アメリカ合衆国などでは，自由の文脈で把握されてきた）。

のみならず，自由権や社会権など（これらは実体的権利と呼ばれる）は，裁判を受ける権利（いわゆる国務請求権）やその他の手続的保障を抜きにして語ることが，どのような実際的意味を有しうるのかが問われなければならない。各種基本的人権は，適正な手続によらないで制限を受けないという要請を内在させていると解されなければならない。そして，基本的人権の実現を含む法的正義は，最終的には「裁判を受ける権利」によって担保される必要がある。しかし，従来，司法は一般の国民から遠い存在であり，法律扶助政策も（被告人に対する国選弁護人制度を別とすれば）皆無に近い状況であった。

しかし，だからといって，自由権，社会権，参政権などの種別，そして基本的人権のそれぞれの本質的属性が何であるかを論ずることが無意味であると解すべきではない。自由権の本質は，あくまでも，あることをなすことあ

されないという考え）。

るいはなさないことにつき国家の干渉を受けないこと（国家の不作為請求）にあり（この意味での自由はしばしば消極的自由と呼ばれる），他方，社会権や参政権などの本質的属性は，国家権力の存在を前提として，そうした権力を自らの手に収め支配し，あるいはそれを利用しようとするところにあり（この点に着目してこの種の権利は積極的自由と呼ばれる），後者は前者の確保のために必要なものでありながら，同時に前者を破壊しかねない様々な契機を孕んでいることが留意されなければならない。国家の不作為請求（国家からの自由）という自由権の本質的属性を曖昧にするとき，自由の意義・内容は国家権力の規定するところということになり，自由の名における強制が帰結されかねない。

例えば，表現の自由や集会・結社の自由をもって，端的に国家に対して表現手段や集会の場所の提供を要求する権利と捉えたり，その政治的意味を重視して参政権そのものとして構成したりするとすれば，それは，これらの自由をして，財政その他様々な要素を考慮して行われる国家の決定に依存させ，その法的性格・意味を不明確なものとし，さらに国家が表現内容に格差づけを行う機会を提供することになりかねず，また参政権固有の規制方法を招きかねないであろう[35]。

以上述べたように，各種基本的人権がそれぞれ複合的性格をもつことが認められるとしても，なお各種基本的人権の基本的属性が何であるかを押さえておくことが重要であると解される。このような観点から，本書では各種基本的人権を，消極的権利（国家の不作為を要求することを内実とする自由権），積極的権利（国家に対して積極的作為を要求することを内実とする，従来の国務請求権と社会権）および能動的権利（国家意思形成に参加することを内実とする参政権）の類型に大別して図鑑的に整理する。そして，これら諸権利の根本にある理念（ドゥオーキン的にいえば，「平等の配慮と尊重への権利」）を内実とするとともに，それ独自の法的意義を有する「包括的権利」を設け，それぞれについて論述することにする。

---

[35] 1936年のソビエト憲法125条は，市民に対し，法律により，言論の自由・出版の自由・集会および大衆集会の自由・街頭行進および示威運動の自由を保障するものとし，「市民のこれらの権利は，勤労者およびその団体に対して，印刷，用紙，公共建造物，街路，通信手段およびその他これらの権利を行使するために必要な物質的条件を提供することによって保障される」と定めた。そしてソ連邦は，ここに，欧米諸国の単に名目的な表現の自由等の保障と異なることを強調した。しかし，その実際は，厳しい検閲制度の下，当局の許可を得た言論等のみが許され，それ以外はいわゆる地下出版等に追いやられたことは今日よく知られている。

II 基本的人権の憲法的保障の限界

1 総 説

上述のように，基本的人権はその不可侵性を本質とするが，そのことは基本的人権の保障が絶対的で一切の制約が認められないということを意味しない。それは，基本的人権観念も共生（人間の共同の社会生活）を前提に成立している以上当然のことで，基本的人権が絶対的であるとは他人に害を与えない限りにおいてのみ妥当とする[36]。

このことは，他面からみれば，各人の人格的自律を最大限尊重し，その人のためになるからという理由による自律への干渉を基本的に許さないということを意味する。J・S・ミルは，その著『自由論』において，「人類が，個人的にまたは集団的に，だれかの行動の自由に正当に干渉しうる唯一の目的は，自己防衛だということである。すなわち，文明社会の成員に対し，彼の意志に反して，正当に権力を行使しうる唯一の目的は，他人にたいする危害の防止である。彼自身の幸福は，物質的なものであれ道徳的なものであれ，十分な正当化となるものではない」（早坂忠訳）と述べている。これは "harm principle"（「他者加害原理」）として知られているが，基本的人権の制約を考える際の出発点をなすものと解される。

問題は，何をもって他人を害する行為と判断するかである。この点，自由主義，個人主義の哲学は，当初は，私的自治の原則を重視する立場から，他人の安全や自由を脅かすような顕著な場合を除き，原則として私人間の相互的な自主調整に委ねられるべきであるとしていた（消極国家観）。けれども，既にみたような資本主義の進展にともなう社会の矛盾の顕在化および全体主義の経験は，各人が自己の目的・利益を追求すればそこに予定調和が生まれるという，近代個人主義思想の抽象的人間像に基づく楽観主義に単純に与することを困難にするに至った。社会権の保障は既にこのような認識の一端を示すものであるが，第2次大戦後のドイツやイタリアの憲法が，人間の尊厳を強調するとともに，社会連帯性や憲法秩序に反しないことを説いているのも，このような文脈において理解される。

---

[36] この点，フランス人権宣言も，「自由は，他人を害しないすべてをなしうることに存する」（4条）と規定していた（傍点筆者）。

日本国憲法が，人権の不可侵性をうたい (11条・97条)，個人の尊重原理を力説しつつ (13条前段)，同時に，「この憲法が国民に保障する自由及び権利は，国民の不断の努力によつて，これを保持しなければならない。又，国民は，これを濫用してはならないのであつて，常に公共の福祉のためにこれを利用する責任を負ふ」(12条) と定め，また，「生命，自由及び幸福追求に対する国民の権利については，公共の福祉に反しない限り，……最大の尊重を必要とする」(13条後段) と規定しているのにも，上のような認識が反映しているものと解される。

2 基本的人権の保障と「公共の福祉」との関係

問題は，この「公共の福祉」が歴史的陰影をもつ多義的な不確定概念であるところにある。この点を考慮して，また，「公共の福祉」を根拠に法律で基本的人権を制約できるとなると明治憲法下の法律の留保と変らなくなってしまうとして，22条および29条のように，憲法が個別的権利の保障に関し特に「公共の福祉」による制約を明示する場合のほか，基本的人権は「公共の福祉」によって制約されないという説 (A説) が登場した。この説によれば，憲法12条・13条は，結局，いわゆる訓示規定と位置づけられることになる。憲法の保障する権利を，前国家的権利と後国家的権利とに区分し，「公共の福祉」による制約は後者のみ可能で，前者については22条・29条の場合に限るとする説も，この説の変種とみることができよう (A′説)。

このような説に対して，基本的人権は「公共の福祉」に反しない限り保障するというのが日本国憲法の立場であるとして，「公共の福祉」をもって基本的人権の一般的制約原理と捉える見解 (B説) が対峙した。この場合，「公共の福祉」の内容いかんが重要な問題となるが，B説の説明は抽象的で，当初の判例も「公共の福祉」という言葉だけを決め手に権利の制約を合憲とする傾向を示した。

したがって，A説のB説に対する懸念は十分根拠があるものであったが，ではA説は22条・29条の場合以外は文字通り絶対的保障と考えたのかというともちろんそうではなく，他者の基本的人権は侵害してはならないという**内在的制約**はあると説くものであった。換言すれば，22条・29条にいう「公共の福祉」は，内在的制約ではない制約，つまり**外在的** (政策的) 制約を内実とするものであるということになる。22条・29条はいうまでもなく経済的自由権に関するものであるが，憲法が保障する社会権を実現するため特に

外在的（政策的）制約を許容する趣旨であるとするわけである。この説は，内在・外在二元的制約説と呼ばれることがある。

このA説は歴史的経緯を踏まえた明快な説であるが，解釈論上の種々の問題があった。何をもって内在的制約と捉えるか，外在的制約といっても憲法上の許容限度があるのではないか[37]といった疑問もさることながら，最大の問題は，12条・13条，とりわけ13条をもって法的効力のない訓示規定としてしまっていることである。既に種々論じてきたように，そして後に詳論するように（第2章第1節参照），13条をもって憲法の根幹をなす「包括的基本的人権」保障規定と解する立場からは，到底容認できない[38]。

では，どのように解釈すべきであろうか。この点，13条の法的効力規定性を認めたうえで，同条の「公共の福祉」は内在的制約のみ，22条・29条の「公共の福祉」は外在的制約の可能性を含むもの，というように解する道がありうる。「公共の福祉」に共通する法的効力性を認めたうえで，13条のそれは内在的制約のみ，22条・29条のそれは外在的制約を含むとするのであるから，このような考え方こそ内在・外在二元的制約説と称しうるものかもしれない。ただ，後述するように，13条の「包括的基本的人権」が各種基本的人権の流出派生してくる内容・性質をもつと解するとすると，頭から同条の「公共の福祉」は内在的制約のみとするのは理論的整合性の面で問題を残す。また，この見解については，同じ「公共の福祉」という言葉が異なる意味をもつことになる点で，違和感が生じないではない。

そうすると，結局，次のように解すべきではないかと思われる。すなわち，13条の「公共の福祉」は基本的人権の一般的制約根拠となるものであるが，当初のB説が想定していたように，それ自体として基本的人権制約の正当化事由となる，というものではない，と。正当化事由は，各基本的人権の性質に応じて具体的に引き出さなければならない。ただ，抽象的にいえば，「公共の福祉」には，内在的制約原理と外在的（政策的）制約原理との2種類が含まれ，いずれの原理が妥当するかは基本的人権の性質によるもので，22条・29条の場合には後者の制約原理が妥当する可能性があることから特に「公共の福祉」が再言されているものと解される。なお，このような

---

[37] とりわけ22条の移転の自由（人身の自由，精神的自由の側面をもつ）は無条件に外在的制約に服するといえるか。
[38] 論者によっては，13条前段の個人の尊重原理のみは法的効力をもつとするが，同一規定中に強行規定と訓示規定とを同居させるのはいかにも便宜的にすぎる。

考え方は一元的内在的制約説と呼ばれることがあるが、今述べたように、外在的（政策的）制約原理も含まれること、かつ、それは基本的に 22 条・29 条の場合に限られること、を強調しておきたいと思う。

3 「公共の福祉」の内容

「公共の福祉」の内容について、従来「社会連帯の原理」とか「配分的正義の理念」とか、あるいは「社会生活を営む成員多数の実質的利益」とかいわれたが、それ自体抽象的にすぎ、また、多数者に抗して自己を主張することを可能ならしめるところに基本的人権の存在理由があるといえるから、一般的に成員多数の実質的利益を「公共の福祉」の内容とすることはできない。もとより、基本的人権には各種のものがあり、その制約についてもそれぞれの特性に応じた各別の考慮が必要であって、抽象的論議は必ずしも有意的とはいえない。

ただ、そのような抽象論のレベルであえて確認すべきことがあるとすれば、上述のように、「公共の福祉」は、本質的に個人の基本的人権と対立する実体的な多数者ないし全体の利益を意味するものではなく、ミルのいう「他者加害原理」を基礎とするということである。

したがって、「公共の福祉」の内容としてまず考えられるのは、基本的人権相互の矛盾・衝突を公平に調整するという消極目的のための最小限の秩序である。上述の内在的制約とはこのことを内実とするものであり、「自由国家的公共の福祉」（宮沢俊義）といわれるものも同様の趣旨と解される。もっとも、ここにいう「基本的人権相互の矛盾・衝突」については、一定の幅をもって理解する必要がある。すなわち、ある基本的人権の規制に導く対抗利益が厳密には基本的人権といえない場合も含めて観念する必要がある[39]。そして、規制の正当化事由に関し、規制の目的および手段の両面にわたって厳密に検討することが求められる。

次に、「他者加害原理」を、人間の経済活動の領域で考えた場合、それ特有の考慮要素はないであろうか。日本国憲法は生存権等の社会権を保障しているが、そこには実質的公平性の確保といった観念が含まれてはいないか。これが肯定されるとすれば、外在的（政策的）制約、あるいはいわゆる「社会国家的公共の福祉」（宮沢俊義）といったことも考えなければならないこと

---

[39] 例えば、屋外広告物規制やわいせつ規制の場合、表現の自由に対抗する利益とは何であろうか。

になる。
　最高裁判所は，小売市場の許可制と営業の自由の問題に関係して，「個人の経済活動の自由に関する限り，個人の精神的自由等に関する場合と異なって，右社会経済政策の実施の一手段として，これに一定の合理的規制措置を講ずることは，もともと，憲法が予定し，かつ，許容するところと解する」と述べたことがある[40]。この判決を上の文脈においてどう評価するかについては種々の議論のあるところであるが，その点については後述する（第3章第2節Ⅰ→299頁）。
　最後に，基本的人権保障規定の中には，権利の性質ないし規定の仕方から一切の制約を排除するものがある点は留意すべきである（例，36条）。

4　「パターナリスティックな制約」の可能性

　先に触れたミルの「他者加害原理」の中に，「彼自身の幸福は，物質的なものであれ道徳的なものであれ，十分な正当化となるものではない」という言明があることをみた。要するに，あなた自身のためにならないからという理由で権力が後見的に（パターナリスティックに）その人の生に干渉することは許されない，ということである。
　この言明も「自由の原理」としてきわめて重要なものであるが，後述のように，特に人格的自律権（自己決定権）を「権利」として広くかつ独自のものとして捉えた場合（第2章第1節参照），このような権利に対する制約（「自己加害」に対する制約）は一切認められないかが現実的問題として浮上する。この点，未成年者の場合を考えれば分かりやすいが，人格的自律そのものを回復不可能なほど永続的に害する場合には，例外的に介入する可能性を否定し切れないと解される（限定されたパターナリスティックな制約）。
　このような制約は，自律権（自己決定権）に内在するという意味で，なお上述の「内在的制約」といえる余地もあるが，上述のように「内在的制約」「外在的（政策的）制約」を「他者加害」の文脈で捉える立場からは，それとは明確に区別して，第3の範疇である「限定されたパターナリスティックな制約」として位置づけるべきものと解される。換言すれば，「限定されたパターナリスティックな制約」は，「自己加害」との関係においてのみ妥当することであって，「他者加害」との関係における「内在的制約」「外在的（政策的）制約」の中に不当にパターナリスティックな考慮を混入させてはならない。具

---

[40] 最(大)判昭和47年11月22日刑集26巻9号586頁。

体例については，後述する（次節1および第2章第1節参照）。

第4節　基本的人権の享有主体

1　国　民

1　総　説

まず，国民が基本的人権の享有主体であることは当然のことで説明を要しない。日本国憲法第3章の標題も「国民の権利及び義務」とあり，既にみてきたように，「国民は，すべての基本的人権の享有を妨げられない」(11条)，「この憲法が国民に保障する自由及び権利」(12条)，「生命，自由及び幸福追求に対する国民の権利」(13条) 等々と規定されている（以上傍点筆者）。

2　未成年者と基本的人権

こうした憲法条項にいう「国民」の中に，いわゆる未成年者も当然に含まれる。しかし，問題はその先にある。すなわち，未成年者は，成年者と違って未だ成熟した判断能力をもたず，したがって，成年者の場合と違った制約に服するのではないかという問題があるからである。実際，日本国憲法は「公務員の選挙については，成年者による普通選挙を保障する」(15条3項)と規定し（傍点筆者），「成年制度」の存在を前提とすることを示唆している。

従来は，一般に，こうした「成年制度」の存在を前提に，未成年者の保護の必要性を念頭におきながら，未成年者の基本的人権の制約を一括して容易に認める傾きがあった。しかし，もとより，一口に未成年者といっても，様々な発達段階があり，また基本的人権には各種のものがある。そして，上述のように，基本的人権が人格的自律性に由来すると解する立場からは，未成年者の自律の助長促進という観点からの積極的措置が要請されるとともに，基本的人権の制約は未成年者の発達段階に応じ，かつ，自律の助長促進にとってやむをえない範囲内にとどめなければならないと解される。

具体的には，①自律の現実化の過程を妨げるような環境を除去することが求められる[41]とともに，②その過程に必要な条件を積極的に充足し[42]，さら

---

[41] その趣旨は，憲法27条3項に「児童は，これを酷使してはならない」とあることにうかがわれる。

に③その過程にとって障害となると考えられる場合にその過程そのものに介入することが求められる。①と②は未成年者に対して積極的に「権利」を付与する趣旨のものであるのに対し、③は未成年者の自由への直接的介入である。

①と②を一方的に推し進めると、安易な"子ども保護論"となってしまい、①と②が未成年者の自由制約の側面をもっていることへの配慮が稀薄となり、また、多元的社会構造の維持に寄与する家族の役割に対する適正な配慮を欠く結果を招きかねない点に留意する必要がある。

③は未成年者の自由への直接的介入であるだけに、一層慎重な考慮が必要で、かかる介入は、成熟した判断を欠く行動の結果、長期的にみて未成年者自身の目的達成諸能力を重大かつ永続的に弱化せしめる見込みのある場合に限って正当化されると解すべきであろう。これは、前節で触れた「限定されたパターナリスティックな制約」の特殊な適用例ということになる。

③の制約が特に問題となるのは、選択をともなう行為（結婚の自由、堕胎の自由、あるい表現の自由、さらには服装・髪型の自由などの自由等々）である[43]。制約の可否は、年齢面での発達段階、自律にとっての当該行為の価値、当該行為を成熟過程における試行錯誤として許容しうる余裕の有無、まず家族による選択・教導に委ねる余地の有無、より制限的でない規制手段の有無、年齢によって画一的に判断すべき場合か個別的に判断すべき場合か、等々が検討されなければならないということになろう（米沢広一）[44]。

これまで、「男子中学生丸刈り校則」、「バイク規制校則（バイク3ない原則）」、「内申書の不利益記載問題」などに関連して生徒の権利・自由が問題

---

[42] 憲法26条にいう「教育を受ける権利」とその背後にあるとされる「成長発達権」および「学習権」がそれにかかわる。

[43] 選択を内実としない拷問や残虐刑の禁止、遡及処罰の禁止等々は、未成年者にも無条件に妥当する。

[44] 未成年者飲酒禁止法や未成年者喫煙禁止法は明治憲法期に制定されたものであるが、日本国憲法下にあっても、心身の成熟していない未成年者保護の趣旨のものとして、その合憲性に疑問をはさむ向きはほとんどない。これらの法律は、未成年者の飲酒・喫煙を禁止しているが、刑罰は親権者・営業者（販売者）に対してであって、未成年者自身には向けられていない。しかし、公職選挙法137条の2第1項は「年齢満二十年未満の者」の選挙運動を禁止し、違反者は同法239条1項によって1年以下の禁錮または30万円以下の罰金に処せられることになっている。この禁止は、未成年者の「選挙運動」が選挙過程を害する（他害性）が故であろうか、あるいは、未成年者自身を保護する趣旨であろうか。後者だとすれば、「限定されたパターナリスティックな制約」として正当化しうるであろうか。未成年者を保護しようとするのであれば、未成年者を「選挙運動」に使用した成年者を処罰すればすむことではないか。

とされ，裁判例もみられるところであるが，後に若干触れる機会があろう（第2章第1節Ⅲ4➔188頁，第3章第1節Ⅰ3(2)➔218頁）。なお，子どもの権利条約は，「児童」（18歳未満のすべての者）の表現の自由，思想・良心および宗教の自由，結社および集会の自由等々について定めるとともに，制約事由等についても規定しており，この問題を考える際の参考になる。

3 人間存在の属性にかかわる問題

(1) 高齢者　今，人間誰でも辿る未成年者段階固有の問題について考察したが，その延長線上において高齢者段階固有の問題も視野に入れなければならないかもしれない。つまり，社会に生れおちた個人がいかにして自律的個人へと成長することができるかにかかわる問題が，基本的人権保障のあり方に・特・殊・的・に関係するところがあるとすれば，自律的個人がいかにして生を全うして死を迎えることができるかの問題にも，同様の課題がありうる。急速な高齢化社会の進行にともなって生じてきたいわゆる「高齢者の人権」の問題である。

　成年者にして「判断能力が十分でない個人」に対応する制度として，平成12（2000）年に実施された民法上の成年後見制度がある。この制度は，憲法の視点からは，基本的には，自由権（憲法22条・29条の経済的自由権）・自己決定権（憲法13条）の憲法的保障を十全にするための法システムといえる（竹中勲）[45]。それは，①成年者であっても，「判断能力が十分でない」ところを補い，その人が生を全うすることを助けようとするものであるが，同時に，②それに付随してその人の活動を規制するという側面をももっている。

　したがって，この制度については，「判断能力が十分でない」成年者を実効的に支援するものとなっているか，と同時に，過剰な規制となっているところがないか，が問われることは避けられない。そして，前者については，憂うべき状況にあることが指摘され[46]，また，後者については，とりわけ公

---

[45] 平成11年の法改正前には，禁治産制度があったが，「禁治産者」という呼称が「治産を禁ずる」という趣旨で解されることの問題性も意識して，「成年被後見人」へと変更された。

[46] 認知症の人々は約200万人いるが，成年後見人は約14万人，そのうち8割は家族後見人であるという。家族後見人がいるといっても，そこには相続に関係した厄介な問題が存し，施設入居認知症の高齢者には福祉担当者が行う権利擁護事業があるが，本来的な法的問題には関与できる状況にないという。成年後見人の付いていない独り暮らしの認知症高齢者の状況は，想像するに難くない。認知症の人々の法的保護の領域は「法の暗黒領域」と呼ばれる（堀田力）ゆえんである。法曹（弁護士）こそ期待されるわけであるが，成人後見にかかわる弁護士はごく例外的であるといわれる。

職選挙法が成年被後見人をカテゴリカルに「選挙権及び被選挙権を有しない」(11条) と定めていることについて疑問が投げかけられている。選挙権の重要性，特に後に触れる在外日本人選挙権訴訟判決[47]（第5章①→380頁および第3編第1章第2節）などに照らして，その合憲性について立ち入って検討する必要があろう。

成年後見制度がその趣旨・目的を達成するためには，法曹（弁護士）の大幅な関与が必要とされるが，同時に，成年被後見人が様々な制度で容易に欠格事由とされることのないよう配慮する必要がある。

(2) 「先住民族」　人は様々なものを背負ってこの世に生れ，それとの関係ないし格闘の中で自我を形成し，自己のアイデンティティを確立していく。人種・民族といった属性はその中でも大きな意味合いをもつものであるが，ここではアイヌ民族の問題に言及することにする。

日本列島北部周辺，とりわけ北海道に昔から先住していたアイヌの人々は，独自の言語や文化を育んできたが，明治に入り「和人」が大規模に北海道に移住して開拓が進められ，政府により近代化のための諸政策が強力に推進される中で，アイヌの文化は深刻な打撃を受け，アイヌの人々は被支配的な立場に追い込まれ，様々な局面で差別の対象となった。第2次世界大戦後も状況は基本的に変らなかったが，その間も，アイヌの人々を中心にアイヌの人々の尊厳と文化の維持のための様々な努力が傾けられてきた。そして，平成9 (1997) 年にはいわゆるアイヌ文化振興法が制定されて本格的な取り組みがはじまり，さらに，平成19年9月に「先住民族の権利に関する国際連合宣言」が採択されたのを受けて，翌20年6月に国会において「アイヌ民族を先住民族とすることを求める決議」が全会一致で採択された。

こうした動きの中で，そして特に国会決議を受けて，政府に設けられた有識者懇談会は，平成21年7月に報告書を政府に提出したが，それは，アイヌ民族が「先住民族」であることを明確にしたうえで[48]，アイヌ民族が国の政策の下で辿った過酷な歴史に鑑み，国が主体となってアイヌ文化の復興に

---

[47] 最(大)判平成17年9月14日民集59巻7号2087頁。
[48] 報告書は，「先住民族」の定義について国際的に様々な議論があるとしつつ，「国としての政策展開との関係において必要な限りで定義を試みると，先住民族とは，一地域に，歴史的に国家の統治が及ぶ前から，国家を構成する多数民族と異なる文化とアイデンティティを持つ民族として居住し，その後，その意に関わらずこの多数民族の支配を受けながらも，なお独自の文化とアイデンティティを喪失することなく同地域に居住している民族である」とし，アイヌ民族はまさにこの定義に該当するとしている。

向けた政策を全国的なレベルで推進すべき強い責任があることを訴えた。そして報告書は，政策展開にあたっての基本理念として，「アイヌのアイデンティティの尊重」や「多様な文化と民族の共生の尊重」などを掲げ，それを受けた「具体的政策」の実施を求めている[49]。

これまで説いてきた基本的人権（人格的自律権）の普遍性からすれば，未成年者や高齢者，特にアイヌ民族の人々固有の問題を取り上げることの意味をいぶかる向きもあるかもしれない。この疑問に対しては，個人は真空の中で自律性を確立し維持するわけではなく，基本的人権の保障を考えるにあたって，様々な環境に生れおちる個人がその自律性を確立・維持するため必要とする条件に対しても一定の配慮が必要であると考えるべきではないかと答えたい。

アイヌ民族の人々がアイヌであるということに自己のアイデンティティ確立のよすがをみているとすれば，その拠り所となる民族（文化）の存在が不可欠であって，その限りにおいて，先住民族であるアイヌという集団を対象に特別の政策を施すことには十分な合理性があると考えられる（常本照樹）。この問題は特に13条や14条と関連するが（第2章第1節および第2節），報告書にいう「多様な文化と民族の共生の尊重」は日本国憲法の目指す自由で多元的な社会に寄与するものであることを付言しておく。

4 基本的人権享有の始期と終期

これまで，基本的人権とはおよそ人である以上当然に有する権利であると述べてきた。それでは，その「人」とはいつにはじまるのか。

この**人権享有の始期**の問題は堕胎に関連して問題とされるようになったものであるが，胎児は将来人として誕生する存在である以上その人権享有主体性を肯定する余地があるとする積極説（戸波江二）と，それは無理であるとする消極説（初宿正典）とに分かれる。この問題を考える際に，自己意識能力ないし精神活動能力等を決め手にすることは適切でないが[50]，人との関係性・社会性といった要素は考慮しなければならず，また，「私権の享有は，出生に始まる」と定める民法3条との関係の問題もあり，消極説に与さざるをえない。ただ，胎児はいわば人という個別的生命の萌芽であり，端的に基

49「具体的政策」は，①国民の理解の促進（教育，啓発），②広義の文化に係る政策（民族共生の象徴となる空間の整備，研究の推進，アイヌ語をはじめとするアイヌ文化の振興，土地・資源の利活用の促進，産業振興，生活向上関連施策），③推進体制等の整備，等々に及んでいる。

50 例えば，植物状態の患者等も享有主体ではないということになりかねない。

本的人権の享有主体ではないとしても、「物」とは異なる個別的利益主体として憲法的に扱うべき存在と解される（中山茂樹）。

何時「人」でなくなるかの人権享有の終期の問題についても、類似の側面がある。人間の死は基本的人権を失うときであるとされる（原秀男）一方、「死者の人権」について論じて特に死者の人格権が問題とされる（戸波江二）。この点についても、「死者の人権」を一般的に語ることは難しいが、人の死後も人という個別的生命の残映ともいうべきものがあり、端的に基本的人権の享有主体ではないとしても、個別的利益主体として憲法的に扱うべき存在とみる余地がある。

II 天皇および皇族

1 総説

天皇および皇族は、日本国民であっても、憲法が世襲制に基づく象徴天皇制を存置させたことにともなって、一般の国民とは違った特別扱いを受けている（第3編第4章）。この点、明治憲法下では天皇および皇族は第2章の「臣民」には含まれないとされていたが、日本国憲法の保障する基本的人権の享有主体性との関係ではどうであろうか。

2 基本的人権の享有主体性

まず、日本国憲法下では、明治憲法下のような皇族と臣民との区別は存在しないはずであるとの基本的認識から、天皇および皇族はともに享有主体である「国民」とし、ただ天皇の職務および皇位の世襲制からくる最小限の特別扱いが認められるとする説（A説）がある。が、反対説も有力で、天皇が象徴にしてあらゆる政治的対立を超越した存在であることを重くみて、天皇は享有主体である「国民」には含まれないとし、皇族については「国民」に含まれるとしつつ、天皇との距離に応じた特別扱いが認められると説き（B説）、あるいは、皇位の世襲制を重くみて、天皇および皇族ともに「門地」によって「国民」から区別された特別の存在にして基本的人権の享有主体ではないと説かれる（C説）。

明治憲法との対比でみると、A説は説得力をもち、また、象徴も天皇の公的地位にまつわる特殊な任務とみれば、B説のように天皇と皇族とを区別する根拠に欠けるとまではいえない。天皇ないし皇族を「国民」でないとす

ると，両者の特別扱いを必要以上に大きくしないか，の実際上の懸念も理解できる。

が，他面，憲法は，主権者国民の総意に基づくとはいえ，近代人権思想の中核をなす平等理念とは異質の，世襲の「天皇」を存続させているのであって，現行法上天皇および皇族に認められている特権あるいは課されている著しい制約――それが世襲の象徴天皇制を維持するうえで最小限必要なものと前提して――が是認されるとすれば，その根拠はまさにこの点に求めざるをえず，憲法14条の「法の下の平等」条項下の「合理的区別」論で説明しうる事柄ではないと解される（第3編第4章参照）。つまり，憲法は，基本的人権の観念に立脚しつつも，天皇制という例外を導入したのであって，結局C説のように解さざるえないと思われる。

III 外国人

1 基本的人権の享有主体性

憲法第3章の標題が「国民の権利及び義務」（傍点筆者）となっていることや，憲法は元来国民に対する国権発動の基準を示すところに本質があるとの考えから，外国人は憲法の定める基本的人権の享有主体ではないとの説（A説）もあった（佐々木惣一）が，基本的人権の前国家的権利性や憲法のよって立つ国際協和主義を指摘して外国人の享有主体性を肯定する説（B説）が支配的となった。A説も，政治道義上は外国人にも基本的人権保障の趣旨を及ぼすべきであるとしているが，基本的人権の本質はまさに「個人として尊重される」（13条前段）ことの帰結であるから，考え方の筋道としては，B説をもって妥当としよう。最高裁判所も，幾多の事件で，外国人が憲法上の主張を行う適格性を問題とすることなく判断を行ってきている。

なお，外国人の基本的人権とは，わが国に既に入国している外国人についての問題であって，異説はあるけれども，憲法上外国人の入国の自由は問題となりえず，「国際慣習法上，外国人の入国の許否は当該国家の自由裁量により決定し得るもの[51]」と解される。したがって，また，滞在も入国の継続とみられるから，「外国人の在留の許否は国の裁量にゆだねられ，わが国に在留する外国人は，憲法上わが国に在留する権利ないし引き続き在留するこ

---

[51] 最（大）判昭和32年6月19日刑集11巻6号1663頁。

とを要求することができる権利を保障されているものではな」い[52]と解される。

　出国の自由も，国際慣行ないし国際慣習法上の問題であって[53]，憲法上の自由の問題ではないと解される。この点，出国の自由は，憲法22条の「外国に移住」する自由（2項）ないし「居住，移転……の自由」（1項）によって保障されるという有力な説があるが[54]，いずれの自由にせよ，帰りたいときに帰る自由を当然内包していると解すべきであって，外国人の出国の自由が憲法上の権利だというなら，外国人の入国の自由も憲法上の権利だといわなければ，論理的に一貫しないことになろう。

　実際これに関連して再入国の自由が問題となり，そして再入国は憲法上保障された人権であるとする説もあるが，入国が憲法的次元の問題と解すべきでない以上，再入国も憲法的次元の問題と解するのは妥当でないと思われる。ただ，再入国は，新規入国とはやや事情を異にするところがあり，また，在留外国人にも種々のタイプがあるのであって（中には，日本国民に準ずる取扱いを受けるべき外国人も存する），それに応じて法務大臣の裁量権（「出入国管理及び難民認定法」26条1項参照）も制限を受けると解される[55]。

　なお，森川キャサリーン事件に関する最高裁判所判決[56]は，「我が国に在留する外国人は，憲法上，外国へ一時旅行する自由を保障されているものでないことは，昭和32年と昭和53年の最大判の趣旨に徴して明らかであ」り，外国人の再入国の自由は憲法22条により保障されるものではないこと，B規約12条4項の「自国」という文言を「国籍国」と解することは正当で

---

[52] マクリーン事件に関する最（大）判昭和53年10月4日民集32巻7号1223頁。なお，裁量であるといっても，恣意的なものであってはならないこともちろんである。したがって，例えば，正当な理由がないのに，人によって著しく差別的な取扱い方をすることは許されない。マクリーン事件においては，「転職」の扱い方にそうした差別がなかったかどうか問題とされる余地があった。

[53] なお，世界人権宣言13条2項，国際人権規約B規約12条2項参照。

[54] 最（大）判昭和32年12月25日刑集11巻14号3377頁は，「移住の自由は，その権利の性質上外国人に限って保障しないという理由はない」という。

[55] なお，この点に関連して，国際人権規約B規約12条2項が「すべての者は，いずれの国（自国を含む。）からも自由に離れることができる」，同条4項が「何人も，自国に戻る権利を恣意的に奪われない」，とそれぞれ定め，しかも「自国に戻る」とは「国籍国」のみならず「定住国」をも含むとする解釈が存すること，また，難民条約28条が締約国に対し，「合法的にその領域内に滞在する難民に対し，国の安全又は公の秩序のためのやむを得ない理由がある場合を除くほか，その領域外への旅行のための旅行証明書を発給する」義務を課していること，が留意されなければならない。

[56] 最判平成4年11月16日集民166号575頁。

あること，指紋押捺拒否を理由としてなされた法務大臣の不許可処分は社会通念に照らして著しく妥当性を欠くとはいえないこと，を明らかにした。

亡命権（庇護権）について，憲法で保障する例もあり，日本国憲法の解釈論としてこれを積極に解する説もあるが，消極説が支配的で，立法的に解決されるべき問題とされる[57]。

2 享有する基本的人権の範囲と程度

(1) 総説 先のB説に立つとしても，問題は，外国人が憲法の定めるいかなる基本的人権をいかなる程度において享有するかである。この点，憲法の規定の中に「何人も」とあるか否か（例，16条・17条・18条・22条・31条など参照）を基準としようとする考え（B_1説。**文言説**と呼ばれる）もあったが，憲法制定過程史からみても，また，外国人も「国籍離脱の自由」をもつという背理が生ずる（22条2項参照）ことになることからいっても，そのような考え方は妥当ではなく，結局，基本的人権の性質に応じて個別的に判断されるべきものと解される（B_2説。**権利性質説**と呼ばれる）。最高裁判所も，憲法第3章による「基本的人権の保障は，権利の性質上日本国民のみを対象としていると解されるものを除き，わが国に在留する外国人に対しても等しく及ぶ」としている[58]。

(2) 範囲 B_2説によるとして，具体的にどのような基本的人権が外国人にも妥当すると解すべきなのか。この問題を考えるにあたって，「**外国人**」といっても，定住外国人[59]，難民，一般外国人の別があることが考慮されなければならないが，一般に，各種自由権や裁判を受ける権利などの享有主体可能性が指摘され，他面，参政権や社会権などは外国人は享有しえないとされてきた（なお，入国の自由もあげられるが，この点については既に述べた）。

実際，**参政権**については，公職選挙法も，選挙権，被選挙権を日本国民に限定している（9条・10条）。このことは，国民主権の観点から帰結されるところであり（第3編第1章第1節参照），その趣旨は，公務員の選定・罷免権は

---

[57] この点，難民条約（および「難民の地位に関する議定書」）への加入を契機に，出入国管理令が改正されて，「出入国管理及び難民認定法」が成立し，そこに一時庇護のための上陸の許可制度が定められた（18条の2）。

[58] 注52のマクリーン事件判決。

[59] 「定住外国人」は法令上の概念ではなく，「永住許可」を得た者などを含めて広く観念されているようである。なお，永住許可については，「出入国管理及び難民認定法」22条参照。また，平和条約国籍離脱者等入管特例法（平成3年）によって，特別永住者というカテゴリーが設けられている。

「国民固有の権利」であるとする憲法の規定の仕方（15条1項）にも現われているといえよう[60]。最高裁判所も，永住許可を有するイギリス人の国会議員選挙権につき，また，特別永住者である定住外国人の被選挙権（参議院議員）につき，それを認めない現行法を合憲としている[61]。

　もっとも，地方公共団体レベルについては，憲法が「地方公共団体の長，その議会の議員及び法律の定めるその他の吏員は，その地方公共団体の・住・民が，直接これを選挙する」（93条2項）と定めていることとも関連して（傍点筆者），様々な議論がある。当初は国政レベルと当然のごとく同一視する傾向があった（A説。否定説）。が，いわゆる国際化などの状況変化も反映して，むしろ地方公共団体にあっては定住外国人にも選挙権を認めるべきであるとする見解（B説。要請説）や少なくとも法律でこれを認めることは憲法上排除されないとする見解（C説。許容説）が主張されるようになり，現在C説が次第に有力になってきている。

　最高裁判所も，憲法93条2項にいう「住民」は「地方公共団体の区域内に住所を有する日本国民を意味すると解するのが相当」としつつも，「我が国に在留する外国人のうちでも永住者等であってその居住する区域の地方公共団体と特段に緊密な関係を持つに至ったと認められるものについて，その意思を日常生活に密接な関連を有する地方公共団体の公共的事務の処理に反映させるべく，法律をもって，地方公共団体の長，その議会の議員等に対する選挙権を付与する措置を講ずることは，憲法上禁止されてい」ないとし，その措置を講ずるか否かは「専ら国の立法政策」によるものであって，講じないからといって違憲の問題を生じるものではないと判示した[62]。

　憲法93条2項も国民主権の原理を基礎に考えるべきであるが，地方公共団体の中でも，とりわけ元来住民の日常生活に密着する市町村レベルにあって，団体ないしその機関の行使する権能の種類や性質いかんによっては，法

---

[60] 国際人権規約B規約25条も，参政権の主体性について「市民」（わが国でいう「国民」）と定めている。

[61] 前者の事件（ヒッグス・アラン事件）に関する最判平成5年2月26日判時1452号37頁，後者の事件に関する最判平成10年3月13日裁時1215号5頁。なお，学説の中には，国民主権原理の根底にあるのは，一国の政治はそれに関心をもたざるをえない人の意思によるべきものであるとしたうえ，国地方を問わず，国籍にではなく「生活の実態」に即して考えるべきであるとする見解もある（浦部法穂）。

[62] 日本に生まれ大阪市内に居住する韓国国籍の定住外国人が提起した訴訟に関する最判平成7年2月28日民集49巻2号639頁。

律により定住外国人に選挙権を認めることは可能と解すべきであろう。

また，広く**公職就任権**を参政権的な権利と捉えた場合（第2章第1節Ⅱ6➡194頁），教育的・調査的・技術的等の職務についてまで外国人を排除するのは行き過ぎというべきである。

この公職就任権については，外交官（外務公務員）は対外主権を代表することに照らし日本国籍を有することが就任の要件と定められてきた（外務公務員法7条1項）が，一般の公務員については国家公務員法上も地方公務員法上も国籍要件は明示されていない。しかし，「公務員に関する当然の法理として，公権力の行使または国家（公）の意思の形成への参画に携わる公務員」になるためには日本国籍が必要である，との政府解釈がとられてきた[63]（昭和28年3月25日内閣法制局第1部回答，昭和48年5月28日自治省公務員第1課長回答。傍点筆者）。が，例えば大学にまでこのような解釈を及ぼすのは明らかに行き過ぎで（「大学」というものを全く理解していない），昭和57年施行の「国立又は公立の大学における外国人教員の任用等に関する特別措置法」（いわゆる議員立法）は，外国人を教授などに任用する道を開くに至った[64]。

韓国籍の特別永住者で東京都に保健婦として採用され勤務していた者が，さらに，技術系の管理職を目指して管理職選考試験の受験申込みをしたところ，日本国籍をもたないことを理由に申込書の受取りを拒否されたことを争った件（東京都管理職選考受験訴訟）につき，最高裁判所は，端的にこの「当然の法理」に訴えることなく，「公権力行使等地方公務員」の概念を用いて判断し，結論として都側の主張を認めた[65]。ここに「公権力行使等地方公務員」とは，「住民の権利義務を直接形成し，その範囲を確定するなどの公権力の行使に当たる行為を行い，若しくは普通地方公共団体の重要な施策に関

---

[63] この政府解釈を受けて，人事院規則8-18は国家公務員の受験資格に国籍要件を定め（8条），また，地方公務員法は「競争試験は，人事委員会の定める受験の資格を有するすべての国民に対して平等の条件で公開されなければならない」（19条1項）と定めるが，募集要項中に国籍要件を掲げる地方公共団体が多い。

[64] 平成15年に国立大学法人法等が施行されて，国立大学の教員は公務員でなくなり，法律による特例の設定は不必要となり，同法は「公立の大学における外国人教員の任用等に関する特別措置法」に改められた。

[65] 最（大）判平成17年1月26日民集59巻1号128頁。因みに，第一審は，管理職は外国人は就任することができないとして，請求を棄却したが，第二審は，管理職の中には外国籍の職員に昇任を許しても差支えないものもあるから，「管理職選考の受験の機会を奪うことは，外国籍の職員の課長級の管理職への昇任の途を閉ざすものであり，憲法第22条第1項，第14条第1項に違反する違法な措置である」として，慰謝料請求の一部を認容したものであった。

する決定を行い，又はこれらに参画することを職務とする」者をいい，その職務の遂行は「住民の生活に直接間接に重大なかかわりを有する」とされる。

そして判決は，「国民主権の原理に基づき，国及び地方公共団体による統治の在り方については日本国の統治者としての国民が最終的な責任を負うべきものであること（憲法1条，15条1項参照）に照らし，原則として日本の国籍を有する者が公権力行使等地方公務員に就任することが想定されているとみるべきであ」るとしたうえ，公務員制度構築に際して，都のように，「公権力行使等地方公務員の職」と「これに昇任するのに必要な職務経験を積むために経るべき職」とを包含する「一体的な管理職の任用制度を構築して人事の適正な運用を図ること」も地方公共団体の裁量の範囲内にあり，「この理は，……特別永住者についても異なるものではない」とした。

一口に管理職といっても，本件第二審判決も認めるように，外国人に開いても差支えないものがありうるはずであり，受験資格まで奪って一律に閉ざすことに果たして合理性があるかどうか疑問である。わが国の"体質"とさえいえるところであるが（例えば，第5節Ⅰ→156頁），ここでも「制度」の構築・維持が優先され，「権利」の視点がきわめて弱いように思われる。この問題は，公職就任権の憲法上の根拠づけとも関連するところがあるが，後の関係個所で触れることにする（特に，第2章第1節Ⅱ6→194頁）。また，泉裁判官の反対意見が説くように，判決が特別永住者への配慮を欠いている点でも，「制度」優先の発想の強さをうかがわせる。

社会権（特に生存権）については，その保障は各人の属するそれぞれの国の責務であるとの考え方の下に，外国人の享有主体性を否定する見解（Y説）が通説であり（宮沢俊義），判例であったといえよう[66]。これに対して，社会権も固有の人権であり，外国人（少なくとも定住外国人）も含めて日本社会の

---

[66] 従来，拠出制の社会保険（健康保険，厚生年金保険，雇用保険など）には国籍要件はなかったが，無拠出制の社会保障（福祉年金，児童扶養手当など）には国籍要件が定められていた。年金受給と国籍要件に関する下級審の判決は，これを是とする考え方を示していた。そして塩見訴訟に関する最判平成元年3月2日判時1363号68頁は，「社会保障上の施策において在留外国人をどのように処遇するかについては，国は，特別の条約の存しない限り，当該外国人の属する国との外交関係，変動する国際情勢，国内の政治・経済・社会的事情等に照らしながら，その政治的判断によりこれを決定することができるのであり，その限られた財源の下で福祉の給付を行うに当たり，自国民を在留外国人より優先的に扱うことも，許されるべきこと」であり，国民年金法（昭和56年改正前）81条1項の障害福祉年金の支給対象者から在留外国人を除外することは立法府の裁量の範囲に属する，と判示している。

一員として労働し生活する者に当然に妥当すると解する立場（Z説）が，次第に有力になってきている（長尾一紘，大沼保昭）。

Y説といえども，参政権の場合と違って，社会権を法律によって具体的に保障することを原理的に否定していたわけではもちろんなく，むしろ立法政策としてできる限り外国人にもその保障を及ぼすことが望ましいとしていた（小林直樹，伊藤正己）。しかし，社会権といっても，具体的な人の生命の維持にかかわる厳しい状況を考えてみよう。外国人については，憲法は無関係で，法律がどう定めるか次第だ，と割り切れるであろうか。

生活保護法は，「この法律は，日本国憲法第二十五条に規定する理念に基き，国が生活に困窮する**すべての国民**に対し，その困窮の程度に応じ，……」（1条）と規定している（傍点筆者）。しかし，実は，昭和29年の厚生省社会局長通知に基づき，生活保護法によれば「国民」とあり，「外国人は法の適用対象とならないのであるが，当分の間，生活に困窮する外国人に対しては一般国民に対する生活保護の決定実施の取扱に準じて」必要と認める保護を施すものとされてきた。特に，緊急の医療扶助について，外国人であるからという理由で扶助の対象とならないとするのは困難であろう[67]（棟居快行）。

したがってZ説を本筋としつつ，具体的事情に即して考える必要があろう。社会保障といっても，各種のものがある。中には，立法政策的に決定すべきものもありうるであろう。因みに，国際人権規約A規約2条1項は，締約国に対し，「立法措置その他のすべての適当な方法により…権利の完全な実現を漸進的に達成する」最大限の努力をなすことを求めるにとどまるが，同条2項は差別禁止・内外人平等処遇原則を定めており，また，難民条約第4章は，「福祉」（配給，住居，公の教育，公的扶助，労働法制および社会保障）について内外人平等処遇原則を求めているところで，これに対応するため従来あった社会保障関係法令中の国籍要件は原則として撤廃された。

---

[67] 留学生としての在留資格（ビザ）をもつスリランカ人の語学留学生がくも膜下出血で倒れ，神戸大学医学部付属病院で手術を受けたが，医療費の支払いができず，友人らが福祉事務所を通じて神戸市に対して生活保護法の医療扶助を申請したところ，市は特例として給付に応じた。生活保護法75条1項によれば，市などが支弁した保護費の4分の3を国が負担することになっているが，国（厚生省）は生活保護法を準用する外国人の範囲は在日韓国朝鮮人などの定住者，永住者に限られるとの立場に立って，市に対して国庫負担金相当分の支払を拒否した。神戸市民である原告らが住民監査請求の後，国を相手どりその相当分を市に支払うよう求める住民訴訟4号請求を提起したが，神戸地判平成7年6月19日判自139号58頁は，不適法な訴えとして却下した。この件は，様々な問題を投げかけている。

（3）程　度　　以上のようにみてくると，固有の参政権など若干のものは別として，性質上頭から外国人は享有しえないと考えるべき基本的人権は少ないことが知られる。しかし，同時に，実際の享有の程度に関し外国人に特有の問題があることに留意する必要がある。

まず，外国人は，法務大臣の「永住許可」を得ることはそう容易ではなく[68]，多くは，「在留期間」と活動範囲（「在留資格」[69]）に制限を受けて上陸する一時的滞在であるということである。特に経済活動の領域では，外国人は，日本国民とは違った特別の規制対象とされることが少なくない[70]。

これに対して，精神活動の領域では，原則として日本国民と同程度の保障を受けるとされる。もっとも，内面的精神活動については，国民と外国人とを区別すべき理由はないが，外面的精神活動については，特に国民の政治的選択に不当な影響力を行使するような活動に関して問題とされる余地がある。

マクリーン事件判決[71]は，日米安保条約粉砕を目的とする集会に参加し，出入国管理法案反対のハンスト支援活動などを行った外国人の政治活動につき，「政治活動の自由についても，わが国の政治的意思決定又はその実施に影響を及ぼす活動等外国人の地位にかんがみこれを認めることが相当でないと解されるものを除き，その保障が及ぶ」と述べ，当該外国人の活動は「その行動の態様などからみて直ちに憲法の保障が及ばない政治活動であるとはいえない」としている[72]。

---

[68]「出入国管理及び難民認定法」22条参照。

[69]「出入国管理及び難民認定法」2条の2参照。

[70] 特許法25条，国家賠償法6条などは相互主義をとり，鉱業法17条，水先法6条，公証人法12条1項1号などは資格を日本国民に限定している（なお，国家賠償法6条については，第4章第1節Ⅲ2→356頁）。

[71] 注52。

[72] したがって，判決は，該外国人の活動は，退去強制事由（出入国管理令24条4号オ〜ヨ）のいずれにも該当しないとされたといえるものである。ただ，同判決は，法務大臣が在留期間更新の許否を決する際に，該外国人の政治活動を消極的な事情としてしんしゃくしたとしても，裁量権の範囲を越えるものではないとの判断を示している。このように在留期間中の適法な人権行使を在留期間の更新の申請にあたって不利益にしんしゃくすることは，憲法上許されない，という批判もあるが，本文中に述べたように，外国人には日本に入国・在留する憲法上の権利は認められない。換言すれば，外国人の入国・在留を認めるか否かは国家の自由裁量に委ねられ，したがって入国・在留の条件を付することができるという前提に立つ「在留資格制度」からすれば，やむをえない帰結というべきではあるまいか。こうしたことからもうかがわれるように，「在留資格制度」と"外国人の人権"との間には，主権国家というものを前提とする限り解消することのできない「難問」が横たわっている（安念潤司）。

なお,「本邦に在留する外国人の登録を実施することによって外国人の居住関係及び身分関係を明確ならしめ,もつて在留外国人の公正な管理に資することを目的とする」(1条) 外国人登録法は,かつて登録に際して指紋押なつを義務づけていた。それがプライバシーの権利を侵害するとして(さらには,外国人を日本国民と不当に差別するものとして)問題とされた。

下級審の判決を含めると相当数に上り,理由づけは微妙に異なるが,最高裁判所は,指紋は「それ自体では個人の私生活や人格,思想,信条,良心等個人の内心に関する情報となるものではないが,性質上万人不同性,終生不変性をもつので,採取された指紋の利用方法次第では個人の私生活あるいはプライバシーが侵害される危険性があ」り,「国家機関が正当な理由もなく指紋の押なつを強制することは,〔憲法13条〕の趣旨に反して許されず」,この保障は「我が国に在留する外国人にも等しく及ぶ」としたうえ,押なつ制度の合憲性につき次のように述べた。すなわち,押なつ制度は,外国人登録法1条の目的を達成するため,戸籍制度のない外国人の人物特定につき最も確実な制度として制定されたもので,その立法目的には十分な合理性があり,かつ,必要性も肯定でき,しかも押なつ義務が3年に1度で対象指紋も一指のみであり,強制も罰則による間接的なものにとどまり,「一般的に許容される限度を超えない相当なもの」と認められるとした[73]。

この在留外国人の押なつ制度は,昭和62年の改正では,押なつ義務を原則として最初の1回のみとされ,平成4年の改正では,永住者および特別永住者につき押なつ制度が廃止され(これに代えて署名および家族事項の登録制度を採用),平成11年の改正では,非永住者についても押なつ制度が廃止された(署名および家族事項の登録制度を導入)。

もっとも,他方では,2001年9月11日のアメリカ同時多発テロを契機に,わが国でもテロ対策への取組みが開始され,その一環として,例えば,「出入国管理及び難民認定法」が改正され,平成19 (2007) 年11月20日から,上陸申請時に16歳以上の外国人(特別永住者等を除く)に対する指紋等の個人識別情報の提供の義務づけが開始されたことなどに注意を向ける必要がある。

---

[73] 最判平成7年12月15日刑集49巻10号842頁。

Ⅳ 法人（団体）

1 問題の状況

人権観念は，上述のところから明らかなように，元来自然人について成立した。団体に対しては，近代立憲主義・人権思想は敵対的であったとさえいえる。また，法人については，その存在が国家の法律制度を前提とするのみならず，法人は自然人を通じて行動し，その利益は結局自然人に帰することになり，法人の人権享有主体性を論じる余地はないようにも思える。

実際，かつては，このような理由から，法人の憲法上の諸権利享有性には消極的な考え方が強く，そして，明示的に基本的人権（自然権）の観念に立つ日本国憲法下において，法人の人権享有主体性を明確に否定する見解（A説）が有力に主張された[74]（覚道豊治）。しかし，高度に組織化された現代社会において，集団的行為を個別的行為に分解・還元することが非現実である場合も少なくなく，また，「基本権は，その性質上内国法人に適用されうる限り，これにも適用される」とするドイツの憲法（19条3項）のような例もみられることも参考に，わが国でも法人の人権享有主体性を肯定する見解（B説）が一般化した（伊藤正己，芦部信喜）。

最高裁判所も，放送会社の報道の自由の主張を容認し[75]，また，**八幡製鉄政治献金事件**に関し，「憲法第三章に定める国民の権利および義務の各条項は，性質上可能なかぎり，内国の法人にも適用されるものと解すべきである」とし，「会社は，自然人たる国民と同様，国や政党の特定の施策を支持，推進しまたは反対するなどの政治的行為をなす自由を有」し，「政治資金の寄附もまさにその自由の一環であ」る，と判示した[76]。

しかしさらにその後，日本における依然として強い集団主義的傾向を憂慮し，近代立憲主義・人権思想の原点に立ち返り，むしろ集団からの自由こそ重視すべきとして，「法人の人権」否認論が強力に主張されるようになり（樋口陽一），A説が次第に有力になってきている。確かに，日本国憲法には

---

[74] なお，明治憲法下にあって，例えば美濃部達吉は，明治憲法の「臣民権利義務」に関し，「自然人と法人とに依り適用を異にすべき理由の無い限りは，自然人に関する規定は亦法人にも適用せらる，」と主張していた。
[75] 例えば，**博多駅フィルム事件**に関する最（大）決昭和44年11月26日刑集23巻11号1490頁。
[76] 最（大）判昭和45年6月24日民集24巻6号625頁。

ドイツの憲法のような規定があるわけではなく，基本的人権の本義からは「法人の人権」という表現には違和感があることは否めない。

この問題は，日本国憲法も無条件的に保障する「結社の自由」(21条。なお，また，宗教団体に言及する20条,「勤労者の団結する権利」等を保障する28条)の意義と内容を現代社会においてどのように解するかに関係しており，後に論及することにする (第3章第1節Ⅴ→284頁)。ここでは，次のことを述べるにとどめる。

人間の結社活動には，①基本的人権享有主体たる個人（自然人）がある目的のために他者と関係を結んで法人（団体）を作り，②その法人（団体）がその目的に沿って自律的な活動を展開し，その過程で活動に必要な憲法の保障する基本的人権（財産権，表現の自由，住居侵入・捜索・押収に対する保障等々）を主張するということであり，主張できる権利・自由は法人（団体）の目的・性格によって規定されるのであって，自然人の場合とは趣を異にする。「法人の人権」否認論は，①については憲法上の結社の自由の行使を認めつつ，②については憲法上の次元の問題とは認めず，自然人の行為に分解・還元したりあるいは法律上の次元の問題として捉えようとするもののように解される。

問題は，②を欠いた憲法上の「結社の自由」とはどのようなものか，自然人の行為に分解・還元するといっても具体的にどのように行うのかということである。以下，法人（団体）は，「結社の自由」のフィルターを通して②を含む，つまり憲法の諸条項に関係するという前提で論述する。

なお，これまで「法人（団体）」といってきたが，それは，憲法上の「結社の自由」の保障を，形式的に私法上の法人格の有無によって左右させてはならないとの考慮によるものである[77]。が，もとより法人格をもつということは，法的にいろいろな便益をともなう。したがって，法人格の付与に関する法制度のあり方自体が憲法上の「結社の自由」に関係するといえるが，この点も後に論及する (第3章第1節Ⅴ→284頁)。

また，「法人の『人権』」について論じて，法人が憲法上の権利を享有しうるとすれば，それは「公共の福祉に基づいて保障される権利のみ」であっ

---

[77] サンケイ新聞意見広告事件に関する最判昭和62年4月24日民集41巻3号490頁は，「人格権としての個人の名誉の保護（憲法13条）」と「表現の自由の保障（同21条）」との調整の問題に関し，「被害者が個人である場合と法人ないし権利能力のない社団，財団である場合とによって特に差異を設けるべきものではない」という。

て，個人の自律と発展を支えるための権利を法人が享有するいわれはないと説かれることがある（長谷部恭男）。確かに論理の筋道として首肯できるところがあるが，「公共の福祉に基づいて保障される権利」とは具体的に何を意味するのかが必ずしも明らかでなく，法人格の有無を決め手にすることの是非も含めて，意味のとりようによっては，憲法による基本的人権の保障に重大な帰結をもたらしかねないように思われる。

2 法人（団体）が主張しうる基本的人権の範囲と程度

(1) 範囲 法人（団体）がその活動を制限された場合，「結社の自由」の侵害のほかに，どのような憲法上の権利・自由を主張しうるかは，抽象的には，法人（団体）の目的・性格と「侵害」の内容によるというほかはない。ただ，一般的にいえば，法の下の平等（14条），財産権や居住・移転の自由あるいは営業の自由のような経済的自由権（22条・29条），請願権（16条），国家賠償請求権や裁判を受ける権利のようないわゆる受益権（17条・32条），法定手続の保障（31条）はじめ住居の不可侵（35条）や公平な裁判所の迅速な公開裁判，証人審問権，弁護人依頼権（37条）などの一定の刑事手続上の権利，を法人（団体）が享有しうることについてはあまり異論は認められない。これに対して，一定の人身の自由（18条・33条・34条・36条など），選挙権・被選挙権のような参政権（15条），生存権[78]（25条）などは，その性質上法人（団体）には妥当しない。

問題になるのは，生命・自由・幸福追求権（13条）や精神的自由権である。まず，幸福追求権については，個人の尊厳性に密接に関係していることを理由に，自然人に限るとする説も有力であるが，同権利は包括的権利として様々な内容を包摂しており，その内容いかんによっては法人（団体）にも妥当しうると解される[79]。精神的自由権についても，消極説があるが，宗教法人のような団体が信教の自由を，学校法人が学問の自由を主張しえることはほぼ異論はない。また，表現の自由や集会・結社の自由などいわゆる外面

---

[78] 生存権を広く環境権も含めて解する立場に立てば，法人（団体）に妥当しないとはいい切れない。

[79] 例えば，実定法上法人の名誉権は認められてきたが，プライバシーの権利なども同様の文脈で把握する余地があるであろう。仮に，名誉権やプライバシーの権利のごとき人格的なものは憲法上自然人に限るとの立場をとったとしても，憲法21条の「結社の自由」の保障との関係で，類似の内容が21条によって保護されると解すべき余地は十分ある。また，幸福追求権に環境権が含まれるとすれば，それを自然人に限るとする理由は見出し難い（少なくとも学校法人や医療法人などを考慮すれば）。

的精神活動の自由については，法人（団体）に広く及ぶと解される（例，既に触れた放送会社の報道の自由の主張）。なお，通信の秘密（21条2項後段）が法人（団体）に及ぶことについては，異説をみない。

(2) **程　度**　このように，法人（団体）が憲法上の権利・自由を主張できることがあるといっても，自然人の場合と同程度の保障が及ぶことを直ちには意味しない。保障の程度も法人（団体）の目的・性格との関連で把握されなければならないが，憲法論的には，法人（団体）の行動が自然人の基本的人権を不当に制限するものであってはならないという基本的限界が存すると解される。それは，具体的には，(a) 法人（団体）と法人（団体）の外にある個人との関係，および (b) 法人（団体）とその構成員である個人との関係，においてみられる。

前者 (a) が問題となる文脈は様々に考えられるが（例えば，マス・メディア対個人），従来特に問題とされたのは，巨大な株式会社の活動のあり方に関連してであった。それが提起する問題もいろいろな面にわたるが，とりわけ問題とされたのは，巨大な資金を背景とする会社の政治過程とのかかわり方であった。すなわち，そのかかわり方いかんでは国民主権（民主制）との関係で深刻な課題を提起するのではないか，の問題である。

上述の八幡製鉄政治献金事件がまさにそれで，判決が「政治資金の寄附もまさに〔政治的行為をなす自由〕の一環であり，……これを自然人たる国民による寄附と別異に扱うべき憲法上の要請があるものではない。……政治資金の寄附が，選挙権の自由なる行使を直接に侵害するものとはなしがたい」とした点について，強い批判がなされたのは故あることであった。

後者 (b) が問題となる文脈も様々であるが，従来よく問題となったのは，法人（団体）の対外的な意思表明とその構成員である個人の思想・信条の自由との矛盾・抵触に関連してであった。

この問題に対処する有益な判断枠組と解されるのは，法人（団体）を，営利企業のような任意のものと，弁護士会などのような組織強制・加入強制をともなうものとに分け，後者については，その意思表明活動は，そこに至る意思形成過程が公正であることを前提に，その法人（団体）の社会的機能に関連するものに厳格に限定されるとするものである。

八幡製鉄政治献金事件判決は，会社の権利能力を定款所定の目的の範囲に限定しつつも，目的の範囲内にあたるかどうかについては柔軟な解釈をとっ

た。この事件の場合も，理論的には株主の思想・信条の自由との関係の問題も孕んでいたが，営利企業という任意のものであった。対して，弁護士会は組織強制・加入強制団体の典型で，当会が特定の政党や政治的主義と結びついて，会の中立性を損なうような行為は許されることではない。

弁護士会と類似の加入強制団体の公益法人である税理士会が，税理士法改正運動資金として税理士政治連盟へ寄付する目的を明らかにして会員から特別会費を徴収する旨の決議をしたことが争われた南九州税理士会事件につき，最高裁判所は，「法が税理士会を強制加入の法人としている以上，その構成員である会員には，様々の思想・信条及び主義・主張を有する者が存在することが当然に予定されている。……特に，政党など〔政治資金〕規正法上の政治団体に対して金員の寄付をするかどうかは，選挙における投票の自由と表裏を成すものとして，会員各人が市民としての個人的な政治的思想，見解，判断等に基づいて自主的に決定すべき事柄である」とし，このような事柄を「多数決原理によって団体の意思として決定し，構成員にその協力を義務付けること」は税理士法49条2項（当時）に定める「税理士会の目的の範囲外の行為」で，該決議は無効であると判示した[80]。

判決は，八幡製鉄政治献金事件判決に言及しつつ，本件税理士会は「会社とはその法的性格を異にする法人であ」ることを強調しているが，同時に，「各人が市民としての個人的な政治思想，見解，判断等に基づいて自主的に決定す」ることの意義を強調していることは注目されてよい[81]。

これまで，労働組合の政治的活動と組合員の思想・信条の自由との関係が問題とされた事例も少なくない。そのような事例の1つである国労広島地方本部事件において，最高裁判所は，一定の政治的活動（「例えば，労働者の権利利益に直接関係する立法や行政措置の促進又は反対のためにする活動」）は労働組合の

---

[80] 最判平成8年3月19日民集50巻3号615頁。因みに，第一審は，政党や政治資金団体への寄付と同様のものと解して，税理士会の目的の範囲内に含まれず，また，法改正への賛否につき多数決で会員を拘束することは会員の思想・信条の自由を侵すとしたが，第二審は，こうした活動は税理士会の目的の範囲内で許容されるなどとして，第一審判決を取り消していた。

[81] 群馬司法書士会が，大震災により被災した兵庫県司法書士会の復興支援のため3000万円を寄付すること，そのために会員から特別負担金を徴収することなどを臨時総会で決議したことにつき，その会員が目的外の行為で無効であると争った群馬司法書士会事件に関する最判平成14年4月25日判時1785号31頁は，本件のような行為は会の「権利能力の範囲内にある」とし，そして，司法書士会が「強制加入団体であること（〔司法書士〕法19条）を考慮しても，本件負担金の徴収は，会員の政治的又は宗教的立場や思想信条の自由を害するものではな」いとしている。

目的範囲内にあるとの理解を示しつつ，他方において，「組合員の個人としての政治的自由，特に自己の意に反して一定の政治的態度や行動をとることを強制されない自由」を重視し，両者の矛盾・抵触を解消するため，「具体的な組合活動の内容・性質，これについて組合員に求められる協力の内容・程度・態様等を比較考量し，多数決原理に基づく組合活動の実効性と組合員個人の基本的利益との調和という観点から，組合の統制力とその反面としての組合員の協力義務の範囲に合理的な限定を加えることが必要である」という「比較考量」論を明らかにしている。そして，安保反対闘争という政治活動のための臨時組合費の徴収について，「本来，各人が国民の一人としての立場において自己の個人的かつ自主的な思想，見解，判断等に基づいて決定すべきことであるから，それについて組合の多数決をもって組合員を拘束し，その協力を強制することを認めるべきではない」と結論している[82]（第4章第2節Ⅳ→375頁）。この判決は，労働組合も実質的に加入強制団体であるという理解を前提としている。

第5節　基本的人権の憲法的保障の妥当範囲

Ⅰ　一般的統治関係と特殊的統治関係

1　総　説

上述のように，国民は憲法の保障する基本的人権を享有しつつ，国家の統治権に服するが，国民の中には，特別の法律上の原因に基づいて，一般の統治関係とは違った特殊な関係に入ることがある。この特別の原因の中には，公務員になるなど本人の意思に基づく場合と，在監者や伝染病の強制入院患者などの場合とがある。このような場合に，基本的人権の保障はどのようになるのかが問題となる。

2　伝統的な「特別権力関係の理論」とそこからの離脱

この問題につき，明治憲法時代以来の伝統的な公法理論である「**特別権力関係の理論**」によれば，かかる関係にあっては，法治主義の原則は排除され，特別権力主体は命令権・懲戒権などの包括的な支配権を付与され，それ

---

[82] 最判昭和50年11月28日民集29巻10号1698頁。

に服する者に対して法律の根拠なしに一般国民として保障される権利・自由を制限することができるものとされ，さらに特別権力関係内部の行為は原則として司法審査権は及ばないものとされた。

　この理論は，特権的身分をもつ官僚層を背景とする，行政権優位の憲法体制下の19世紀ドイツに生まれ，明治憲法体制にいかにも適合的なことからわが国にも導入された。

　このような理論が，国民主権を基盤に，徹底した基本的人権の尊重と法の支配（法治国家）の原理を貫こうとする日本国憲法の下で，そのまま妥当するとは到底解しえない。しかし，この理論は日本国憲法下に至っても維持された。が，さすがに様々な批判の中で修正を施され，「特別権力関係」という言葉も次第に忌避されるようになった[83]。

　現在，「特別権力関係」として扱われた問題領域も，一般的権力関係における基本的人権の制約の問題として扱えばよいという主張が強くなってきている（松井茂記，君塚正臣）。考え方の基本的な方向として賛同するが，ただ，特に公務員関係と刑事施設被収容（在監）関係については，基本的人権の制約のあり方に関し特殊性の存することは否定できず（渋谷秀樹），このことを踏まえつつ，むしろ，歴史的に形成されてきた既存の制度を批判的に検討するためにも，独自の問題領域として考察の対象とすべきではないかと思われる[84]。

3　刑事施設被収容（在監）関係

(1)　総　説　　憲法は犯罪者に対する人身の自由の制約を認めているが（18条・31条など参照），刑事施設収容には，被疑者としての逮捕・勾留，起訴後の被告人としての勾留（以上，未決拘禁），判決確定後の身体刑執行として

---

[83] 例えば，「特別の公法関係」とか「公法上の特別関係」とかの名称の下で，基本的人権の制限は当該関係設定の目的を達成するため必要かつ合理的なものでなければならない，などと説かれた（橋本公亘）。

[84] 従来，国立大学と学生との関係も「特別権力関係」の文脈で捉えられた。国立大学は国民との関係では公権力の担い手として現われるが，政府との関係では学問の自由・大学の自治の場として存在した。因みに，国立大学は，従来国の機関であったが，注64で触れたように平成15年施行の国立大学法人法等により，それぞれが別個の法人格を取得した。

　なお，富山大学単位不認定等違法確認請求事件に関する最判昭和52年3月15日民集31巻2号234頁は，大学における授業科目の単位授与（認定）行為につき，一般市民法秩序と直接の関係を有するものであることを肯認するに足りる特段の事情のない限り，「特殊な部分社会」の内部的な問題として，司法審査の対象にならない，という論法を用いた。この「部分社会」論については，公私の団体に共通する法理であって，「特別権力関係」論に代わるものとして歓迎する向きもあったが，この法理の問題については，第4編第1章第2節Ⅲ2(2)→593頁。

の懲役・禁錮・拘留，死刑確定者の拘置などがある。収容目的は，逃亡や証拠隠滅の防止あるいは矯正教化（受刑者の場合）であり，施設の性格上規律の維持が重要な課題とされる。

(2) (旧)監獄法とその問題　このような関係を規律する法律は，現行憲法になっても，明治41 (1908) 年制定の監獄法であり，その関係は在監関係と呼ばれ，「特別権力関係」の典型例であった。この法制の下で生じた初期事件，すなわち，死刑確定者が，信書の発信不許可と一部抹消，書籍等の一部閲読禁止，新聞の直接講読禁止，ラジオの聴取制限などの処分を争った事件で，大阪地方裁判所は，監獄収容関係を「特別権力関係」としつつも，人権を制限するには具体的な法律の根拠が必要であり，その制限は拘禁目的に照らして必要最小限度の合理的なものでなければならず，かつ，内部の規律継続のため法律の枠内で管理者に自由裁量が認められるも人権を違法に傷害する場合には司法救済の対象となる，と指摘して[85]注目された。

この判決後25年が経ち，この頃には最高裁判所は「特別権力関係」という語を用いなくなっていたが，いわゆる「よど号」新聞記事抹消事件判決[86]で，「閲読の自由が憲法上保障されるべきことは，…憲法19条の規定や，…憲法21条の規定の趣旨，目的から，いわばその派生原理として当然に導かれるところであり，また，…憲法13条の規定の趣旨に沿うゆえんでもある」としたうえ，次のように述べた。この「閲読の自由」も，「逃亡及び罪証隠滅の防止という勾留の目的のため」のほか，「監獄内の規律及び秩序のため」に一定の制限を加えられるのはやむをえないところであり，具体的にそのような制限が許されるためには，「当該閲読を許すことにより右の規律及び秩序が害される一般的，抽象的なおそれがあるというだけでは足りず，被拘禁

---

[85] 大阪地判昭和33年8月20日行集9巻8号1662頁。もっとも，判決は，監獄法に直接規定のないラジオ聴取制限を容認しており，法律の根拠は必ずしも厳格には解していない。

[86] 最(大)判昭和58年6月22日民集37巻5号793頁。本件は，未決拘禁者が私費で定期講読していた新聞記事につき，監獄法31条2項および同法施行規則86条1項に基づき，そして「犯罪の手段，方法等を詳細に伝えたもの」と定める内部通達に当該記事があたるとして，当局が墨で塗りつぶして配布したことを争った国家賠償請求事件である。判決の内容は本文で引用するごとくであるが，最(大)判昭和45年9月16日民集24巻10号1410頁は，未決拘禁者の「喫煙の自由」の制限に関し，そうした自由が「基本的人権の一に含まれるとしても」その制限は許されるとし，法律による特段の委任を受けたわけではない法務省令による喫煙制限を違憲とはしなかった。制限についての法律上の根拠に関し，両判決の姿勢の違いが注目されるところである。もっとも，監獄法31条2項は「文書，図画ノ閲読ニ関スル制限ハ命令ヲ以テ之ヲ定ム」とのみ規定するにとどまるものであった。

第5節　基本的人権の憲法的保障の妥当範囲　　Ⅰ　一般的統治関係と特殊的統治関係　　159

者の性向，行状，監獄内の管理，保安の状況，当該新聞紙，図書等の内容その他の具体的事情のもとにおいて，その閲読を許すことにより監獄内の規律及び秩序の維持上放置することのできない程度の障害が生ずる相当の蓋然性があると認められることが必要であり，かつ，その場合においても，右の制限の程度は，右の障害発生の防止のために必要かつ合理的な範囲にとどまるべきものと解するのが相当である」，と（傍点筆者）[87]。

　監獄法および同法施行規則には，通信の秘密・自由の制限に関する定めがあり（同法46条〜50条，同法施行規則129条・130条），そこには「通信ノ検閲」といった表現もみられた。このような制限は，一般の統治関係とは異なる，刑事施設被収容（在監）関係の特殊性を反映するものといえるが，憲法上の厳しい精査が要求される。

　最高裁判所は，この監獄法50条および同法施行規則130条に基づく未決拘禁者の「通信ノ検閲」につき，憲法21条2項の「検閲」にあたらないとしたが[88]，税関検査訴訟判決[89]などを引用するだけで，何故そうなのかについての具体的説明はない。また，死刑確定者が死刑制度の是非を問う投書を新聞に発送しようとして不許可処分を受けた件につき，具体的な信書の発送の許否は，監獄法46条1項に基づき，その制限が「必要かつ合理的であるか否かの判断」によって決すべきで，拘置所長の判断に「裁量の範囲を逸脱した違法があるとはいえない」としたが[90]，実質的説明は見当らない。

　もっとも，近時，最高裁判所は，現住建造物等放火等の罪で服役している者が，国会議員に請願書を，検察庁に告訴告発状を送付し，これらの内容について取材・調査・報道を求める新聞社宛の手紙の発信許可を刑務所長に求め，不許可とされた[91]という件につき，上述の「よど号」新聞記事抹消事件

---

[87] 本判決は，結論として，本件抹消措置は「当時の状況のもとにおいては，必要とされる制限の内容及び程度についての同所長の判断に裁量権の逸脱又は濫用の違法があったとすることはできない」とした。本判決後，本判決にいう「相当の蓋然性」の基準に依拠して，図書の閲読の制限を違法とした下級審の判決例が幾つかみられる（東京地判昭和59年8月8日判タ540号207頁，東京地判昭和62年6月17日判時1253号64頁等々）。
[88] 最判平成6年10月27日判時1513号91頁。
[89] 最（大）判昭和59年12月12日民集38巻12号1308頁は，「検閲」とは「行政権が主体となって，思想内容等の表現物を対象とし，その全部又は一部の発表の禁止を目的として，対象とされる一定の表現物につき網羅的一般的に，発表前にその内容を審査した上，不適当と認めるものの発表を禁止することを，その特質として備えるものを指す」とし，このような「検閲」は絶対的に禁止されるとしたものであった（第3章第1節Ⅳ 3(2)→256頁）。
[90] 最判平成11年2月26日判時1682号12頁。因みに，監獄法46条1項は「在監者ニハ信書ヲ発シ又ハ之ヲ受クルコトヲ許ス」と定める。

判決の「相当の蓋然性」の基準によって同法の関係規定（46条2項）をいわば合憲限定的に解釈し[92]，刑務所長が「相当のがい然性」を考慮しないで不許可にしたこと，さらに，発信を許すことにより「刑務所内に……障害が生ずる相当のがい然性がある」といえないこと，が明らかであると判示した[93]。

　(3)　**刑事収容施設法の成立**　　上の幾つかの事例からも明らかなように，監獄法はまさに「特別権力関係」的発想に基づく，日本国憲法からみて様々な問題を孕む法律で，全面的改正が望まれるものであった。平成17年に至ってようやく「刑事施設及び受刑者の処遇等に関する法律」によって改正され，さらに翌年に「**刑事収容施設及び被収容者等の処遇に関する法律**」と改められて，その施行にともない監獄法は平成19年6月1日をもって廃止された[94]。今後の運用の仕方が注目されるところである。

　4　公務員関係

　(1)　**総　説**　　伝統的な「特別権力関係」の理論は，明治憲法下の「天皇の使用人」としての官吏にはまことに適合的であったが，国民主権の下に（15条1項），**公務員**を「全体の奉仕者」と規定し（同条2項），公務員関係を法律事項とする（73条4号）日本国憲法下にあっては，もはや妥当しえないことは明らかである。

　ただ，憲法が，公務員関係という特殊な法律関係の存在を前提とし，その自律性の保全を措定していると解される限り，その関係の存立と自律性の確保を図るため，合理的にして必要最小限度の範囲内で公務員の基本的人権を制限することは，憲法上許容されていると解される。

　(2)　**現行法による基本的人権の制限とその問題**　　現行法は，公務員について，その労働基本権を制限し（国家公務員法108条の2第3項・5項・108条の5

---

[91] 監獄法46条2項は「受刑者及ビ監置ニ処セラレタル者ニハ其親族ニ非サル者ト信書ノ発受ヲ為サシムルコトヲ得但特ニ必要アリト認ムル場合ハ此限ニ在ラス」と定める。刑務所長はこの規定の文言そのままに解し，本件発信は，権利救済や不服申立てなどのためのものではなく，その必要性を認められないとして，不許可にしたものである。

[92] 注[91]に触れた46条2項は，合憲限定解釈を施すにはいささか無理で，端的にいわゆる法令違憲とすべきではなかったかと思われる。

[93] 最判平成18年3月23日判時1929号37頁。

[94] 例えば，外部交通につき，受刑者全般の総則規定をおき（110条），面会や通信の発受につき，受刑者，未決拘禁者，死刑確定者などの地位ごとに定めており，また，「検閲」の語を使用せず，例えば，受刑者の発受を許す信書，信書の検査，信書の発受の禁止，信書の内容による差止め等，信書に関する制限，というように詳細に規定している。

第 2 項・98 条 2 項・110 条 1 項 17 号・20 号，地方公務員法 52 条 3 項・5 項・55 条 2 項・37 条・61 条 4 号），その政治活動を制限している（国家公務員法 102 条・110 条 1 項 19 号，地方公務員法 36 条）。このような制限が，上述の合理的にして必要最小限度の範囲内に属するかが問題となる。

　この問題につき，最高裁判所は，当初，憲法にいう「全体の奉仕者」や「公共の福祉」を，その内容について具体的に説明しないままに，決め手として，このような法制を簡単に合憲とした[95]。が，このような「公共の福祉」論が不当であることは上述したところであり，また，「全体の奉仕者」は，国民主権下における公務員一般の職務遂行のあり方に関する抽象的な指導理念にとどまるものではないかの疑問のありうるところである。

　こうした点を考慮してか，最高裁判所は，全逓東京中郵事件判決[96]において，「全体の奉仕者」を根拠に公務員の労働基本権をすべて否定することは許されず，その担当する職務の内容に応じて私企業における労働者と異なる制約を内包しているにとどまると解すべきであるとして，国民生活全体の利益との比較衡量による内在的制約論の立場を打ち出し，「労働基本権が勤労者の生存権に直結し，それを保障するための重要な手段である点を考慮すれば，その制限は，合理性の認められる必要最小限度のものにとどめなければならない」と述べるに至った。

　その後最高裁判所は，都教組事件判決[97]において，この立場をさらに徹底して，地方公務員法 61 条 4 号を文字通りに解すべきとすれば違憲の疑いを免れないが，同条同号は「争議行為自体が違法性の強いものであることを前提とし，そのような違法な争議行為等のあおり行為等であってはじめて，刑事罰をもってのぞむ違法性を認めようとする趣旨と解すべきであ」るとの合

---

[95] 例えば，労働基本権の制限については，政令 201 号事件に関し最(大)判昭和 28 年 4 月 8 日刑集 7 巻 4 号 775 頁，政治活動の自由については，最(大)判昭和 33 年 4 月 16 日刑集 12 巻 6 号 942 頁。

[96] 最(大)判昭和 41 年 10 月 26 日刑集 20 巻 8 号 901 頁。本件は，全逓信労働組合の役員であった者が，昭和 33 年 1 月以降実施していた春闘において，東京中央郵便局の従業員に対し，勤務時間内喰い込み職場大会に参加するよう説得し，38 名の者に数時間職場を離脱させた行為が，郵便法 79 条 1 項の郵便物不取扱いの罪の教唆にあたるとして起訴された件にかかわる。因みに，第一審は，正当な争議行為は労組法 1 条 2 項の適用があるとし，本件行為はそれに該当し，刑事免責を受けるとして無罪としたが，第二審は，公労法（公共企業体等労働関係法。なお，この法律については，注101参照）17 条で争議行為が禁止されている以上，正当性いかんを論ずる余地はないとして，第一審判決を破棄した。そして本判決は，この有罪判決を破棄差戻にした。

[97] 最(大)判昭和 44 年 4 月 2 日刑集 23 巻 5 号 305 頁。

憲限定解釈をした。また、**全司法仙台事件判決**[98]において、国家公務員法110条1項17号に関し、「あおり行為等を処罰するには、争議行為そのものが、職員団体の本来の目的を逸脱してなされるとか、暴力その他これに類する不当な圧力を伴うとか、社会通念に反して不当に長期に及ぶなど国民生活に重大な支障を及ぼすとか等違法性の強いものであることのほか、あおり行為等が争議行為に通常随伴するものと認められるものではないことを要するものと解すべきである」とした。こうした判例の動向は、下級審の判決にも踏襲・展開され、政治活動の自由の制限につき適用違憲判決もみられるに至った[99]。

しかし、さらにその後、最高裁判所は、**全農林警職法事件**[100]において、上の立場を変更し、①「勤労者をも含めた国民全体の共同利益の保障」を根拠に、あるいは「公務員の地位の特殊性と職務の公共性」を指摘し、②公務員の勤務条件の決定は、国会の制定する法律と予算によってなされるのであるから、公務員の争議行為は、憲法の基本原則である議会制民主主義（憲法41条・83条など）に背馳し、国会の議決権を侵すおそれがあり、③人事院をはじめ整備された代償措置（身分、任免、服務、給与など勤務条件についての詳細な規定）が設けられている、ことなどを強調しつつ、非現業国家公務員に対する刑罰による争議行為の一律禁止を合憲とした[101]。

そしてこの考え方は、政治活動の自由の制限の問題に関する**猿払事件判決**[102]に反映された。本件は、郵便局に勤務する郵政省の現業の公務員が、

---

98 最(大)判昭和44年4月2日刑集23巻5号685頁。
99 例えば、猿払事件に関する旭川地判昭和43年3月25日下刑集10巻3号293頁。
100 最(大)判昭和48年4月25日刑集27巻4号547頁。全農林労組は、昭和33年の警察官職務執行法の改正に反対する統一行動の一環として、同組合の各県本部等に宛てて、同年11月5日の正午出勤を指令し、午前開催の職場集会への参加を慫慂し、同日には農林省玄関前にピケがはられ、組合員約3,000人が参加して集会が開かれた。同組合の幹部の行為が国公法98条5項（現行法では同条2項）の禁止する違法な争議のあおり行為にあたるとして、同法110条1項17号違反で起訴された。
101 この判決の流れに沿うものとして、岩手県教組学力テスト事件に関する最(大)判昭和51年5月21日刑集30巻5号1178頁、全逓名古屋中郵事件に関する最(大)判昭和52年5月4日刑集31巻3号182頁などがある。前者は、地方公務員の争議行為を理由とする刑事処罰にかかわるものであり、後者は、現業国家公務員および3公社の職員の争議行為の一律禁止も合憲としたものである。なお、本件で問題となった公労法（公共企業体等労働関係法）は、「公共企業体」が存在しなくなったのにともない、昭和61年には「国営企業労働関係法」に改称され、さらに独立行政法人通則法の施行にともない、平成11年には「国営企業及び特定独立行政法人の労働関係に関する法律」に、さらにその後改正されて「特定独立行政法人等の労働関係に関する法律」（平成15年4月1日施行）となっている。

昭和42年の衆議院議員選挙に際し，労働組合の地区協議会の決定に従い，日本社会党を支持する目的で同党公認候補者の選挙用ポスターを自ら掲示し，配布した行為が，国家公務員法102条1項およびそれに基づく人事院規則14—7第5項3号・6項13号[103]に違反するとして，同法110条1項19号により起訴されたものである。

同判決は，表現の自由の格別の重要性を指摘しながらも，再び「**全体の奉仕者**」性を力説し，「行政の中立的運営が確保され，これに対する国民の信頼が維持されることは，憲法の要請」とし，「国民全体の重要な利益」である「公務員の政治的中立性」を損なうおそれのある公務員の政治的行為を禁止することは，「合理的で必要やむをえない限度にとどまるものである限り，憲法の許容するところである」と述べ，その限度にとどまるか否かの判断基準として，①禁止の目的，②この目的と禁止される政治的行為との関連性，③政治的行為を禁止することにより得られる利益と禁止することにより失われる利益との均衡，の3点をあげ，いずれの点からみても，当該法律および規則は憲法21条に違反するとはいえないとした。

この判断基準は，一見精緻にみえるが，①について，「行政の中立的運営とこれに対する国民の信頼を確保するため」と広く捉えてしまえば，②および③はほとんど意味をもたず，実際，判決はこれを容易に肯定した[104]。

要するに，判決では，公務員の地位，職務の内容・性質などの個別的事情を捨象して，「一体となって国民全体に奉仕すべき責務を負う行政組織」の中立性の確保が主眼とされて，政治的行為の一律禁止の合憲性が帰結されて

---

[102] 最(大)判昭和49年11月6日刑集28巻9号393頁。
[103] 同規則5項3号には「特定の政党その他の政治的団体を支持し又はこれに反対すること」，6項13号には「政治的目的を有する署名又は無署名の文書，図画，音盤又は形象を発行し，回覧に供し，掲示し若しくは配布し又は多数の人に対して朗読し若しくは聴取させ，あるいはこれらの用に供するために著作し又は編集すること」，とある。
[104] 判決は，②について，「たとえその禁止が，公務員の職種・職務権限，勤務時間の内外，国の施設の利用の有無等を区別することなく，あるいは行政の中立的運営を直接，具体的に損う行為のみに限定されていないとしても」禁止目的との間に「合理的な関連性」があるとし，③について，「公務員の政治的中立性を損うおそれのある行動類型に属する政治的行為を，これに内包される意見表明そのものの制約をねらいとしてではなく，その行動のもたらす弊害の防止をねらいとして禁止するときは，同時にそれにより意見表明の自由が制約されることにはなるが，それは，単に行動の禁止に伴う限度での間接的，付随的な制約に過ぎ」ない，という（傍点筆者）。因みに，この文脈でいわれる「間接的，付随的制約」論，「意見表明」と「行動」の区別論は，きわめて分りにくい論法で，ほとんどすべての表現行為の規制が「行動規制」にすぎないから合憲ということになりかねない。

おり，公務員も国民の一人として政治活動の自由を有するという前提そのものが否定されてしまう結果になっている。既に触れた，「制度」への「権利」の吸収という姿の典型である。

確かに，公務員は，法律の下で行政事務を政治的に中立の立場で進める義務を負っており，そのことは憲法 15 条 2 項の要請するところである。しかし，本件におけるように，郵便局員が勤務時間外に組合推薦の議員候補者の選挙用ポスターを掲示・配布する行為によって，そのような義務の履行が妨げられるとは解されず，下級審の判決[105]のように少なくとも適用違憲とすべきではなかったかと思われる。

しかし，本判決から約 30 年後，社会保険庁目黒社会保険事務所に勤務し非管理職的事務に携わる公務員が，私服かつ単独で，勤務時間以外の日に，職場から遠く離れた場所で，郵便受けに政党機関誌号外を投函した行為が，国家公務員法 102 条 1 項および人事院規則 14 — 7 第 6 項 7 号に違反するとして起訴され（目黒社会保険事務所事件），東京地方裁判所は猿払事件判決に基本的に依拠して有罪とした[106]。公務員による組織的な選挙運動への関与が問題となりうる余地のあった猿払事件はまだしも，本件の起訴および有罪判決の，憲法からみた場合の「異様性」が目をひく。

Ⅱ　私人間の法的関係

1　総　説

国により事情は異なるが，ごく概括的にいえば，近代法の体系は，国家統治権の発動に関する公法と私人間を規律する私法との 2 分論に立脚し，私的自治（私法自治）の原則と消極国家観と一体化しつつ全法秩序が観念され，憲法が保障する人権（権利・自由）は，対国家との関係のものと理解された。しかしながら，19 世紀末から 20 世紀にかけての各種大規模組織の発生（いわゆる社会的権力の登場）および積極国家化現象を一般的な背景として，かつ，裁判所が政治部門による人権（権利・自由）の侵害行為の統制に一定の役割を果たすようになった段階において，基本的人権の私人相互間における意味が

---

[105] 注 99 参照。
[106] 東京地判平成 18 年 6 月 29 日判例集未登載。なお，本件は第二審では無罪（適用違憲）とされたが（東京高判平成 22 年 3 月 29 日判例集未登載），上告されて最高裁判所に係属中である。

問われるようになった。

　この点，まず，憲法自体が私人間に人権規定が妥当することを明記する場合には問題はなく（日本国憲法に即していえば，15条4項がその例），そのような例がみられるのが現代憲法の1つの特徴ともいえる（例，団結権に関するワイマール憲法159条）。また，憲法の保障する人権が具体的な立法措置によって，私人間にも実効あるものとされていれば問題はなく，従来は主としてこの方法がとられた。問題は，このいずれの方法によっても解決されていない場合であって，憲法解釈論上の対応のあり方が問われることになる。

2　憲法解釈論上の対応

　この憲法解釈論上の本格的な対応として，まず，ドイツにおける議論状況なども参考にしながら，①**無効力（無適用）説**（基本的人権の保障は，憲法に特別の定めのない限り，対公権力にのみ妥当する），②**直接効力（直接適用）説**（基本的人権の保障は，対公権力および私人相互間に妥当する），③**間接効力（間接適用）説**（基本的人権の保障は，直接には対公権力に妥当するが，その保障の趣旨に背馳するような行為は私法の一般条項などを通じて排除される）の3説に類型化され，その中で③間接効力説が妥当であるとする立場が通説化した。

　その理由は，従来の無効力説では現代国家状況に適切に対応しえないこと，また，直接効力説では，基本的人権が権利というよりも道徳的ないし法的義務に転化し，結局「私」を否定した全体主義に通じかねないこと，であった。間接効力説は，私人間の関係は人権享有主体間の関係であり，そこでは私的自治および契約の自由が妥当しており，そのことは憲法自体が前提としていると解し，そのうえで，現代国家状況に配慮しつつ調整しようとする試みであったといえる。

　また，アメリカのいわゆる**私的統治説**[107]も注目され，わが国への導入可能性が主張された。

　こうした学説状況も背景に，労使間の関係，労働組合と組合員間の関係，私立学校と学生間の関係などが裁判で争われた。下級審の対応は様々であったが，最高裁判所は，身上書に団体加入の有無・学生運動歴等について秘匿したことなどを理由に本採用を拒否され，思想・信条の自由との関係で争われた**三菱樹脂事件**で，次のように判示した。

---

[107] 私的団体が公権力と類似の作用を営み，または特権付与を受けて公権力と緊密な関係にある場合には，例外的に基本的人権が私人間にも妥当するというもの。

すなわち，判決は，憲法第3章の自由権的基本権の規定は「もっぱら国又は公共団体と個人との関係を規律するものであり，私人相互の関係を直接規律することを予定するものではない」と述べて直接効力説を否定するとともに，公権力と同視すべき事実上の支配関係の正確な判定の困難さなどを指摘して私的統治説にも否定的な立場を明らかにする。そして判決は，私人間の対立の調整は「原則として私的自治に委ねられ」るとしたうえで，私的支配関係が存し，個人の基本的な自由や平等に対する侵害の態様・程度が「社会的に許容しうる限度を超える」ときは，「場合によっては，私的自治に対する一般的制限規定である民法1条，90条や不法行為に関する諸規定等の適切な運用によって」私的自治の原則と基本的な自由や平等との適切な調整を図る方途も存する，といい，結論的には，本件における思想・信条の自由侵害の主張を斥けた[108]。

この判決は，一般に，間接効力説によるものと受け止められるとともに，その結論と相まって，間接効力説の曖昧性ないし無内容性が批判された。が，最高裁判所は，以後，この判例を踏襲して事を処理するようになる[109]。もっとも，最高裁判所は，性差別については積極的な姿勢を示し，例えば日産自動車事件判決[110]では，男女の定年年齢に5歳の差を設ける就業規則につき，「専ら女子であることのみを理由として差別したことに帰着するものであり，性別のみによる不合理な差別を定めたものとして民法90条の規定により無効であると解するのが相当である（憲法14条1項，民法1条ノ2〔現在

---

[108] 最(大)判昭和48年12月12日民集27巻11号1536頁。判決は，企業者は経済活動の一環としてする契約締結の自由を有し，特定思想・信条を有する者の雇入れを拒否しても違法ではないといい，また，本件本採用拒否を雇入れ後の解雇にあたるとしながらも，「通常の解雇と全く同一に論ずることはでき」ないとして，「解約権留保の趣旨，目的に照らして，客観的に合理的な理由が存し社会通念上相当として是認されうる場合」には留保解約権の行使が認められるとした。

[109] 例えば，私立大学学生の政治活動の制限が争われた昭和女子大事件に関する最判昭和49年7月19日民集28巻5号790頁は，三菱樹脂事件判決を引用して，「自由権的基本権の保障規定は，……専ら国又は公共団体と個人との関係を規律するものであり，私人相互間の関係について当然適用ないし類推適用されるものでな」く，「大学の学則の細則としての性質をもつ……生活要録の規定について直接憲法の……規定に違反するかどうかを論ずる余地はない」と判示している。判決は，大学は学生を規律する「包括的権能」を有するものとし，ただ，それは「在学関係設定の目的と関連し，かつ，その内容が社会通念に照らして合理的と認められる範囲内においてのみ是認されるもの」と述べているが，判決の全体の論旨と結論は，学校が国から補助を受け，公の性質をもつ存在であること（私立学校法1条，教育基本法6条参照）への配慮を欠いているように思われる。

[110] 最判昭和56年3月24日民集35巻2号300頁。

は，2条〕参照)」としている。

そしてやがてこの問題は，民法学の立場からも本格的に考究されるようになり（山本敬三），また，憲法学にあってもより徹底した理論的再検討が加えられるに至って（棟居快行，藤井樹也，小山剛，高橋和之，木下智史），新たな地平が展望されるようになった。

3 基本的視角

この問題を考えるにあたって，出発点とすべきは，「人権」という考え方は私人間でも妥当するということである[111]。問題は，このことを日本国憲法による「基本的人権」の保障とどのように関係づけるかである。

この点，自然法といったものを根拠に「人権」を想定し，それが憲法および私法（民法）を通じてそれぞれに具体化・現実化されるというように考える道がありうる（星野英一）。これに対して，「人権」観念の多義性も考慮しつつ，憲法超越的にではなく，憲法内的視点に立って考えようとするとき（第2章Ⅰ→110頁，第3節Ⅰ→120頁），憲法との関係でもう少し立ち入った説明が必要となる。

その場合，およそ憲法（したがってその人権規定）の名宛人はあくまでも国家であり，国家のみを拘束するものと解するか（A説），それとも，憲法（したがってその人権規定）は国家を拘束するのみならず，国民相互間にも妥当性をもつと解するか（B説）の明確な対立軸を前提にして，どのように説明するのが適切かということになる。

先の自然法的構成によらないで，A説的立場から説明しようとする場合，ドイツでの議論も参考にしつつ，「防禦権構成」（国家が侵害者の侵害行為を禁止しなければ，国家はそれによりその侵害行為を許容し，被侵害者に受忍を命ずることになり，国家が被侵害者の基本権を侵害しているのと同視できるとする）と「保護義務構成」（防禦権構成が国家への帰責を問題とするのは正しいが，その前提には，国家は個人の基本権を他人による侵害から保護しなければならないという義務，つまり基本権保護義務があると想定しなければならないとする）の2種類がありうるとされ，特に後者

---

[111] 日本国民の「人権」意識に関する国や地方公共団体による様々な調査によると，人権侵害としてまず意識されているのは「隣人」（私人）によるものである。従来，このような意識状況は，本来公権力に対する防禦権としての基本的人権の保障の趣旨に対する理解不足によるものと解する傾きが少なくとも憲法学にあったように思われるが，具体的な生活の場にある多くの国民にとって，「人権」の侵害者が公権力であるか「隣人」（私人）であるかは二義的にすぎないかもしれない。

が有力に主張される（山本敬三，小山剛）。

　これらの説明，特に後者の説明の内容は精緻なものであるが，まず，憲法の名宛人は国家であって国家のみを拘束するとするA説の大前提からすると，やや解釈的技巧が勝ちすぎていないかの印象をぬぐい切れない。そして，確かに国家の保護義務を強調しなければならない局面があることは否定できないが，一般的に広く国家の保護義務を憲法理解の根底に据えることは，個人の自由を核とする人格的自律権の発想（第2節①→110頁，第3節①→120頁，第2章第1節）と相容れない契機を孕んでいるように思われてならない[112]。

　そうすると，B説に立って説明するということになる。その際まず留意すべきは，上述のように，私人相互の関係がいうまでもなく政府（政治権力）と自律権の主体たる国民個人との関係ではなく，自律権の主体同士の関係であるということである。このことを根底に据えて，次のように理解すべきではないかと思われる。

　人がそれぞれ自律的な個人として共生していくためには，まず何よりも「人格的自律権」を互いに尊重し合うという基本的な約束を行い，そのうえで政府を創設して政治権力を独占させて必要な権能を付与するとともにその濫用を阻止する仕組みを組み込み，政府が尊重しなければならない「人格的自律権」を具体的に各種「基本的人権」として明示する，というように憲法の趣旨・構造を理解するということである。

　ここでは，自律的個人が，その相互の関係にあっては，それぞれの意思に基づいて足らぬところを補い合いつつ自律的生を全うすること（私的自治の原則・契約の自由のシステム）が措定されており，そのことは憲法中に含意ないし（抽象的にせよ）明示される。日本国憲法に即していえば，その13条の「人格的自律権」が，この原則・システムの構築を予定しかつそれを包括的に法律に委ね，まさに歴史的に彫琢された構造と叡智に従って行われることを想定しているものと解される。ただ，家族生活における個人の尊厳と両性の本質的平等を定める憲法24条のように，憲法自体が具体的にその構築のあり方を明示する場合もあるし，原則・システムを構築する法律の個別的定め方が

112　このことと関連して，かねて「お上」依存傾向があるといわれてきた日本的体質の中で，国家の保護義務を一般的に打ち出すことが何を帰結することになるかについていささか危惧を覚えるところがある（樋口陽一，根森健）。

憲法の個別的人権規定に抵触する場合もあり，さらには，原則・システムの下での関係当事者の一方の行為が人権規定に照らし許容し難く，結局憲法が想定する原則・システム内の行為とは判断しえないというような場合がありうる。

このように考えると，先に触れた三菱樹脂事件判決の先例としての意義は，本来私人間には妥当しない憲法の私人間への及ぼし方を示したというよりも，対公権力の関係と私人相互の関係とでの憲法の妥当性の違いを示した（私人間では「社会的に許容しうる限度を超える」場合に具体的意義を発揮する）点にあると解される（いわば2様の妥当性）。実際，このような視点に立っての，判例の柔軟な展開が期待される[113]。

第6節　国民の憲法上の義務

1　総　説

国家の存立を前提とする限り，憲法の特別の規定を待つまでもなく，国民は国家の支配に服すべき義務を負う。しかし，立憲主義の立場からは，国民は国家に無限定に服するのではなく，個人の基本的人権が確保されるためという前提があり，したがって国民の義務は，基本的人権の保障を可能ならしめるための公共の福祉の維持を，個人の側から捉えた観念ということができる。立憲主義の立場からは，また，具体的義務を課す方法については，憲法に定めることが要請される（この点，日本国憲法は「立法」によらなければならないとする）。

このように，国民の義務の種類・内容については，憲法に特に定めなければならないということはないが，憲法でその種の規定をおく場合が少なくない。日本国憲法も，次のような諸義務について規定する。

2　基本的人権に関する一般的な義務と責任

憲法は，「この憲法が国民に保障する自由及び権利は，国民の不断の努力によつて，これを保持しなければならない。又，国民は，これを濫用してはならないのであつて，常に公共の福祉のためにこれを利用する責任を負ふ」（12条）と定める。本条の定める義務と責任は，多分に精神史的意味合いに

---

[113] いわゆる私的統治説も，カテゴリカルに排除するのではなく，その実質的な狙いは活かすことができよう。

おいて理解されるべきもので，本条のみを根拠に個別具体的な法的義務を帰結することは適当でないと解される。

本条に関する通説的理解は，基本的には訓示規定と捉え，道徳的義務ないし倫理的責任というものであったといえよう。既にみたように，「公共の福祉」という言葉を決め手に政治部門が基本的人権の安易な規制を試み，裁判所もまた容易にそれを容認するという憲法発足当初の傾向（第3節Ⅲ→131頁）への，それは疑いもなく正当な当然の反応であった。今日でも，国民の義務の面をことさらに強調する傾向がないわけではなく，上述のように，本条の定める義務と責任は基本的に精神史的意味合いのものと解すべきである。

ただ，そのことは本条の意味が「軽い」ということを直ちには意味しない。本条はマッカーサ草案11条に対応するが，この草案11条は，同9条（憲法11条）および同10条（憲法11条・97条）とともに基本的人権規定冒頭の重要な構成部分をなしていたこと，また，「自由，権利及機会ハ人民ノ不断ノ監視ニ依リ確保セラルルモノニシテ」とあったこと，が留意されなければならない。そして憲法制定過程においても本条の意義が強調され，民法典冒頭に「私権ハ公共ノ福祉ニ遵フ」および「権利ノ濫用ハ之ヲ許サス」の規定がおかれる基礎となったことも注目されて然るべきであろう（吉田栄司）。

本書において，既に「国民の憲法尊重擁護の責任」(47頁) や「抵抗権」(51頁) 等に関連して，本条に触れてきた。憲法は，基本的人権を保障する憲法の規範性を確保するため，権力分立制（抑制・均衡のシステム）をはじめ様々な工夫をこらし，とりわけ裁判所に違憲審査権を付与したが，裁判所の活動は国民が司法にアクセスし裁判で争うことが前提となる。そして，司法へのアクセスが様々な要因で阻害されているとすれば，政治部門を突き動かして道を整備させるようにする者，それも国民を措いていない。

本条にいう「責任」(responsible) は，「重い」意味を担っているといわなければならない。

3 子女に教育を受けさせる義務

憲法は，「すべて国民は，法律の定めるところにより，その保護する子女に普通教育を受けさせる義務を負ふ」(26条2項) と定める。国民が幸福追求の権利 (13条) の実現を図るには一定水準の資質が必要であり，憲法が「教育を受ける権利」を保障する (26条1項) のはこれに対応するものであるが，

憲法は同時にこれに関連して子女に対し教育を受けさせるのが保護者の義務 (obligated) であることを明らかにしているわけである。

　この義務は形式的には国家に対して負うものではあるが，その実質は保護する子女に対するものである。最高裁判所も，この義務について，「単に普通教育が民主国家の存立，繁栄のために必要であるという国家的要請だけによるものではなくして，それがまた子女の人格の完成に必要欠くべからざるものであるということから，親の本来有している子女を教育すべき責務を完うせしめんとする趣旨に出たものである」と判示している[114]。この義務の内容は法律で具体的に定められることになるが，この点については「教育を受ける権利」に関連して後述する（第4章第2節Ⅱ➡368頁）。

4　勤労の義務

　憲法は，「すべて国民は，勤労の……義務を負ふ」(27条1項) と定める。この義務 (obligation) も，勤労能力のある者は自らの勤労によりその生活を維持すべきであるという建前を宣言するにとどまり，もとより強制労働の可能性を認めるものでは決してなく，その意味で精神史的文脈で理解されるべき性質のものである。ただ，この義務の宣明は，社会国家においても，勤労能力を有しながら勤労の意思のない者に対しては社会国家的給付は与えられない，という趣旨をともなうものと一般に解されている。

5　納税の義務

　憲法は，「国民は，法律の定めるところにより，納税の義務を負ふ」(30条) と定める。国民主権の下で，基本的人権を確保するため，国家の存立を図るには，国民は能力に応じてその財政を支えなければならないのは当然で，本条はその当然の義務 (liable) を明示するものである。と同時に，本条は「法律の定めるところにより」と定めて，義務の具体化方法を特定し，財政立憲主義の一面を明らかにする意味をもっている（第3編第5章第2節[1]2➡530頁）。

---

[114] 最(大)判昭和39年2月26日民集18巻2号343頁。

第2章　包括的基本的人権

第1節　生命・自由および幸福追求権

I　生命・自由および幸福追求権の人権体系上の位置と性格

1　個人の尊重・幸福追求権の思想史的系譜

　憲法は、「すべて国民は、個人として尊重される。生命、自由及び幸福追求に対する国民の権利については、公共の福祉に反しない限り、立法その他の国政の上で、最大の尊重を必要とする」(13条)と規定する。この規定は、既に示唆したように(第1章第2節II➡112頁、第3節I➡120頁)、アメリカの独立宣言にその思想的淵源をもつことは、文言自体からして明瞭であり、さらにはロックの「生命、自由および財産」と何らかの関連を有するであろうことも推察される。

　ロックの「財産」が独立宣言において「幸福の追求」に変ったことについて、後者の理想主義的性格を読み取る見解と、ロックの「財産」の広義性を指摘して両者の同質性を説く見解とがみられるが、「幸福追求権」が広義の「財産」に代わるより豊かな表現であるといえよう。そしてこの「幸福追求権」が、イギリスの憲法、コモン・ロー上の具体的諸権利と結びつきながら、個人の人格的生存にかかわる根源的な自然権として観念されていたことに注目する必要がある。それは、幸福の内容は各自の決定するところで、ただそれを追求する諸条件・手段を保障しようとする趣旨であって、個人主義的理念を自ずと表示するものとなっている。

　問題は、この幸福追求の諸条件・手段をいかに確保するかである。この点、独立宣言が、「幸福追求権」についで直ちに被治者の同意の原理に論及しているのは示唆的である。実際、独立宣言当時、「幸福」といえば、「公的幸福」(公的事柄について討論し、決定に加わるということにともなう人間の充実感)

を意味していたといわれる[1]。しかし、独立宣言自体の「幸福」の意味づけ方は曖昧で、合衆国憲法の成立＝合衆国の誕生とともに、「幸福」といえば急速に「*私的幸福*」（各人がそれぞれ思うところに従って自己の生を設計し追求するということにともなう充実感）を意味するようになっていったといわれる（ハンナ・アレント）。とはいえ、このアメリカにあって、地方自治や陪審制などを通じて、「公的幸福」の観念が生き続けたことは軽視してはならない。

日本国憲法の解釈論として、本条の「幸福」について専ら私的幸福の意味で捉えられてきたといえよう。それは、明治憲法体制下の"忠良なる臣民・滅私奉公像"への反動として十分理解でき、また、正当な受け止め方と解されるが、各人のそうした「私的幸福」の追求をいかにして可能ならしめるかの課題はつきまとうところである。そのことに加え、人間には、他者の生に役立つこと、他者の生に自己の生が意味をもつことについて喜びを抱く面が本来的にありはしまいか。

そうした意味で、本条にいう「幸福」には、歴史的にも、また、人間本来の生のあり方からしても、「公的幸福」の側面が部分的にせよ随伴していることは率直に認識すべきものと解される。

2　個人の尊重・幸福追求権の法的性格

（1）　個人の尊重　13条は、「個人として尊重」（前段）と「生命、自由及び幸福追求に対する国民の権利」（後段）との2つの部分からなる。前段は、後段の「立法その他の国政の上で、最大の尊重を必要とする」と一体化して、個人は国政のあらゆる場において最大限尊重されなければならないという要請を帰結せしめる。

では、「*個人として尊重される*」とは、いかなる意味か。それは、上述のように、一人ひとりの人間が*人格的自律の存在*として最大限尊重されなければならないということである（第1章第3節[1]➡120頁）。この「*個人の尊重*」は、「*個人の尊厳*」（憲法24条参照）、さらには「*人格の尊厳*」の原理と呼ぶこともできる[2]。次の14条は「*人格の平等*」の原理を規定しており、13条と

1　独立宣言はジェファーソンの起草になるものであるが、当時の政治的文献には「公的幸福」（public happiness）という言葉が見出される。
2　この原理は、およそ人を「人格的自律の存在」として扱わなければならないという規範的要請を内実とするものである。この点に関し、精神的自律（自立）性ないし判断能力・自己決定能力の程度を基準に、この能力が①十分な個人、②不十分な個人、③欠如した個人に類型化しつつ、「個人を基点とする適正な処遇の原理」（さらに、13条後段を根拠とする「個人を基点とする適正な処遇を受ける権利・自己人生創造希求権」）の下に、適正処遇の内容をきめこまかに

14条と相まって、日本国憲法が「人格」原理を基礎とすることを明らかにするものである。「人格の尊厳」は当然に「人格の平等」を意味する理であるが、「人格の尊厳」は、他の人格との関係をひとまずカッコに入れて、「人格」それ自体のあり方ないし内的構造を示すものである。

「人格の尊厳」原理は、まず、およそ公的判断が個人の人格を適正に配慮するものであることを要請し、第2に、そのような適正な公的判断を確保するための適正な手続を確立することを要求する（釜田泰介）。したがって、例えば、一人ひとりの事情を不用意に概括化・抽象化して不利益を及ぼすことは許されない。行政の実体・手続の適正性の問題については諸説があるが、基本的にはまさしく本条によって要請されるところであると解される。因みに、損害賠償制度と損失補償制度との谷間において生じた特殊な事例である予防接種禍訴訟に関し、憲法29条3項を類推適用して国に対し補償を請求できるとした判決例があるが[3]、基本的には本条前段の原理との関係で扱われるべきではなかったかと思われる[4]（なお、次の「幸福追求権」参照）。

次の「幸福追求権」に関して詳論するように、本条の前段と後段とは連続的・統一的に理解すべきであると思われる。もっとも、前段をもって個人として尊重される主観的権利、後段をもって国家の客観的義務規範と捉え、あるいは前段をもって「切り札」として人権、後段をもってそれ以外の諸権利と捉え、さらには前段をもって包括的権利、後段をもってその例示と捉える見解などが存するところである（青柳幸一、粕谷友介[5]）。

こうした諸見解は、総じて、「基本的人権」の中核を前段に基礎づけ、「公共の福祉」による制約を回避することによって保障の強化を図ろうとするもののように解される。しかし、「個人の尊重」を客観的な原理・規範と解することにも大きな意義があり、後段の文言に従ってこちらを「権利」と解するのがより自然であるし、また、「公共の福祉」の問題は、上述のように、

捉えようとする論（竹中勲）が注目される。
3 例、東京地判昭和59年5月18日判タ527号165頁。
4 財産上の特別犠牲については、補償がなされるのに、生命・身体についての特別犠牲については補償がなくあるいは不十分というのは首肯し難く、だからといって生命・身体にかかわる問題を財産権的文脈で扱うことには違和感の残るところである。
5 13条前段をもって、個人の自律の核心にかかわる、公共の福祉による制限を受けない、「切り札」としての権利の存在を一般的に宣言した原則的条文と捉える見解（長谷部恭男）も注目されるが、この見解は、人権の種類・性質・内容の面から「公共の福祉」による制限を受けない権利自体の類型を画定しようというよりも、公権力が国民の生活に介入するにあたって絶対に理由としてはならない理由を問題にしようとしているように解される。

文言上「公共の福祉」を回避するということですまされる事柄ではないように思われる（第1章第3節Ⅱ➡︎131頁）。

なお、「個人の尊厳」原理は、基本的には国政に関するものであるが、民法2条（改正前の1条ノ2）を通じて解釈準則として私法秩序をも支配すべきものとされるのは、憲法上の基本原理としてすべての法秩序に対して妥当する原則規範としての意味を担っているからである[6]。

(2) 幸福追求権 　後段の「幸福追求権」は、前段の「個人の尊重（尊厳）」原理を受けて、人格的自律の存在として自己を主張し、そのような存在であり続けるうえで重要な権利・自由を包括的に保障する権利（包括的基本的人権）であると解される。なお、憲法には「生命、自由及び幸福追求に対する国民の権利」とあり、三者それぞれ独自に考察すべきところがあるが、まずは三者が有機的に関連し合っていることを前提に統一的・包括的に「幸福追求権」と総称することにする。

この幸福追求権については、当初、憲法各条で明示される権利・自由の総称（総和）にすぎないとか、あるいは上述のように「公共の福祉」による制約を嫌って13条を訓示規定的に捉える（第1章第3節Ⅱ➡︎131頁）といった解釈もあったところであるが、次第に学説上、そしてまた判例上も、13条の法的効力性を認め、幸福追求権の包括的権利性とその補充的保障機能が承認されるようになった。比較的初期の判例を1つだけあげれば、「憲法13条は、……国民の私生活上の自由が、警察権等の国家権力の行使に対しても保護されるべきことを規定している」とした京都府学連事件判決[7]がある。

もとより、包括的権利性とその補充的保障機能を認めるといっても、その法的性格や内容についての理解は一様ではない。この点、上述のように、幸福追求権が人格的自律性を基本的特性としつつ、各種の権利・自由を包摂する包括性を備えていると解されるとすれば、幸福追求権は「基幹的な人格的自律権」と称しうるものといえる。憲法第3章が掲げる各種基本的人権は、この「基幹的な人格的自律権」から流出派生しつつ、それぞれ独自の歴史的

---

[6] 日産自動車事件に関する最判昭和56年3月24日民集35巻2号300頁が、男女の定年年齢に5歳の差を設ける就業規則につき、「女子従業員各個人の能力等の評価を離れて、その全体を〔会社〕に対する貢献度の上がらない従業員と断定するに足りる根拠はない」などと述べて該規則を無効としたのは、性という集団概念に安易に依拠して個人の能力を適正に配慮しなかったことを憲法からみても許し難いと判断したものとして注目される。

[7] 最(大)判昭和44年12月24日刑集23巻12号1625頁。

背景と構造を担っているものである。いわゆる自由権のみならず，社会権も参政権等も，そこに含まれる。

　問題は，「基幹的な人格的自律権」の実現に必要なものは，第3章の個別的規定によって完全にカバーされているかである。そうでないというのが，制憲議会での政府側の見解であったことは既にみた（第1章第3節Ⅰ➡120頁）。また，理論的にも完全にカバーされているとみるのは無理で，個別的規定によってカバーされず，かつ人格的自律性にとって重要なものが，なお13条によって保障されると解される。この補充的保障の対象となるものを，狭義の「人格的自律権」と呼ぶことにする。では，どのようなものが考えられるかであるが，次のⅡでそれをみることにする。

　各種の個別的基本的人権は「基幹的な人格的自律権」から流出派生するということの意味は，次のような形で顕現することがある。通常は個別的基本的人権の次元で事は処理されるが，その人権の侵害があまりに重大かつ深刻なときは，「基幹的な人格的自律権」の否定，さらには公権力の適正な行使のあり方そのものに悖(もと)るものとして，強い非難の根拠になるということである。ハンセン病訴訟に関する下級審の判決[8]が，まずは居住・移転の自由（憲法22条1項）の問題として捉えつつ，「人として当然に持っているはずの人生のありとあらゆる発展可能性〔を〕大きく損な」うような「人権制限の実態は，単に居住・移転の自由の制限ということで正当には評価し尽くせず，より広く憲法13条に根拠を有する人格権そのものに対するものととらえるのが相当である」と述べている。

　以上のような理解（一般に人格的利益説と呼ばれる）に対して，13条は人の生存活動全般にわたる自由を広く保障するという有力な反対論（一般に一般的〔行為〕自由説と呼ばれる）がある（戸波江二，阪本昌成）。この説は，人格的生存に不可欠ないし重要なものとするのは明確を欠き，また狭きに失するとし，人間の行為一般が一応憲法上保護されるということから出発すべきであるというものである。

　もっとも，この説にも，殺人，麻薬使用等々も一応憲法の保障する「自由」に含まれるとする非限定説と，「公共の福祉に反しない限り」とか「他者加害行為を除き」というように限定を付そうとする限定説とがある。しかし，前者は明らかに常識に反するし，後者についても，そもそも憲法が「基

---

[8] 熊本地判平成13年5月11日判時1748号30頁。

本的人権」を保障するという趣旨と両立するのであろうかという疑問をぬぐい切れない（いわゆる"人権のインフレ化"の問題。また，「公共の福祉」や「他者加害」原理が「自由」の内実と限界の両面に働くことの意味も気になるところである）[9]。

とはいえ，一般的（行為）自由説が訴えようとするもの，つまり，いわゆる「基本的人権」の妥当する領域以外では公権力は何をやってもよいのかという問題提起は，十分考慮に値する。これに関し，次の3点を指摘しておきたい。①およそ公権力の活動には，上述の「個人の尊重（尊厳）」原理が妥当するということ。②IIでみるように，13条の補充的保障の中に「自己決定権」が含まれると解されること。③規制の目的・態様いかんによっては，確立された個別的人権の保障を全うさせるために政策的・手段的に該権利に付随した主観的利益として憲法上保護すべき場合がありうるということ（例えば，「憲法○条の精神に照らし……」の論法）[10]。

II　生命・自由および幸福追求権の内容

1　総　説

上述のように，幸福追求権，つまり「基幹的な人格的自律権」が，人格的自律の存在として自己を主張し，そのような存在であり続けるうえで重要な権利・自由を包括的に保障する包括的権利であるとすれば，そしてその内実は社会政治状況と関係しつつ発展的に形成されていくものだとすれば（特に第1章第3節I 2 → 122頁），その具体的内容は当然多岐にわたる。

---

[9] 従来，賭場開帳図利行為，未決拘禁者の喫煙，酒類製造行為等々が憲法13条の保護対象となるか否かが裁判で争われてきた。最高裁判所は，賭博に関する行為は「新憲法にいわゆる公共の福祉に反するもの」とし（最〔大〕判昭和25年11月22日刑集4巻11号2380頁），「喫煙禁止という程度の自由の制限」は必要かつ合理的なものであるとし（最〔大〕判昭和45年9月16日民集24巻10号1410頁），酒税法により「自己消費目的の酒類製造の自由が制約されるとしても，そのような規制が立法府の裁量権を逸脱し，著しく不合理であることが明白であるとはいえず，憲法31条，13条に違反するものではない」という（最判平成元年12月14日刑集43巻13号841頁）。このように種々雑多な「自由」を13条に持ち込んで主張することが，憲法の人権保障体系に何をもたらすであろうか。もっと権利構成を真剣に考えるべきではないか。例えば，最後の例（いわゆるどぶろく裁判）では，「どぶろく作り」を経済的活動と捉えた原審判決のように，主として財産権保障の問題として構成されるべきではなかったか（土井真一）。

[10] 例えば，博多駅フィルム事件に関する最（大）決昭和44年11月26日刑集23巻11号1490頁は，「報道のための取材の自由も，憲法21条の精神に照らし，十分尊重に値いする」という。この点は，表現の自由の個所で触れるのが，さらに例えば厳格な違法収集排除法則などもこのような文脈で理解する余地があろう。

その内容を対象法益に応じて類型化すれば，①生命・身体の自由，②精神活動の自由，③経済活動の自由，④人格価値そのものにまつわる権利，⑤人格的自律権（自己決定権），⑥平等の取り扱いを受ける権利，⑦適正な手続的処遇を受ける権利，⑧参政権，⑨社会権，⑩権利利益の侵害・特別犠牲を受けた場合の救済を受ける権利，などが考えられる。

これらのうち，②は，憲法の個別的規定（19条・20条・21条・23条）により，③も，同じく個別的規定（22条・29条）により，広くカバーされていることから，「幸福追求権」による補充的適用の必要はほとんどないと解される。また，⑥は，上述のように，13条と並んで平等の側面を分担する包括的規定である14条などによって広くカバーされている。⑨は，25条を基盤として（本条は，いわば社会権に関する包括的規定といえる），さらに26条から28条にかけて広く保障されている。⑩は，17条・29条3項・40条があり，このほか上述の予防接種禍などの特別犠牲を受けた場合の救済を受ける権利を本条の補充的保障対象となる独自のカテゴリーの権利と考えるべきかについては，どこまで一般化できるかの観点からなお検討を要するように思われる[11]。

そこで，これら②③⑥⑨⑩を除き，「幸福追求権」として補充的保障対象となると解すべき余地のあるものを以下検討する。ここで補充的保障対象とされるのは，憲法各条項で保障される個別的基本的人権と匹敵する独自の内実・カテゴリー性をもつことが前提とされていることを付言しておく[12]。

2 生命・身体の自由

この「生命・身体の自由」については，憲法上詳細な規定があるが（18条・31条・33条〜39条），なお「幸福追求権」が妥当する余地があるかどうか

---

[11] この点，13条を根拠とする新しい人権の類型として，①「実体的に適正な処遇をうける権利」，②「手続的に適正な処遇をうける権利」，③「救済権」（実効的な司法的・非司法的救済を受ける権利）に類型化し，③の具体例として「予防接種健康被害に対する憲法上の損失補償請求権」をあげる例（竹中勲），あるいは，①「プライバシーの権利」，②「自己決定権」，③「人格権」，④「適正な行政手続」，⑤「特別犠牲を強制されない権利」を類型化し，⑤の内容として，予防接種禍の場合のほか，国会議員の免責特権にともなう名誉毀損の場合をあげる例（高橋和之）が注目される。上述のように，13条前段の問題と捉える立場からは，基本的には立法的解決が要請されるが，そこに至るまでの間例外的に損失補償の救済がなされるべきということになろう。

[12] こうした類型化は，注11の例のほか，「広義のプライバシーの権利」の項目の下に，①「人格的利益に関する権利」（「人格権」，「環境権」，「その他の人格的利益」），②「〔狭義の〕プライバシーの権利」，③「自己決定権」（「リプロダクションの自己決定権」，「生命・身体の処分に関する自己決定権」，「ライフ・スタイルの自己決定権」）を掲げる例（芦部信喜）がある。

は，31条の解釈のあり方にかかわる。31条については後述のように諸説があるが，同条は「生命若しくは自由」につき科刑手続を法定すべきことを求めたものと解する立場に立てば（第3章第4節Ⅱ➡330頁），いわゆる罪刑法定主義や手続および実体の適正性の保障は，13条の「生命・身体の自由」の保障のカテゴリーの問題として考えるべき余地がでてくる。

ここに「生命・身体の自由」という場合，従来であれば，犯罪などの行為に及んだことを理由とする公権力による個人の生命・身体の自由への干与が念頭におかれてきたといえよう。生命・身体の自由は，およそ個人の自由の出発点をなすといえるもので，それだけに公権力によるそれへの干与は犯罪などの重大な場合に限られると措定され，犯罪の捜査および処罰の関係で問題とすれば足りると思われてきたところがある。

しかし，あるいは公害により生命・健康が脅かされ，あるいは社会を支える宗教的な感情の変化や科学技術の進歩などにともなって，生と死との区別が曖昧となり，脳死や尊厳死が個人の自由（自己決定）の問題として語られるようになると，生命・身体の自由もより広い文脈で捉えなければならないこととなる。この種の問題は，環境権（人格権）や人格的自律権（自己決定権）として次に述べる。

3　人格価値そのものにかかわる権利

（1）**総　説**　「幸福追求権」は，「個人の尊厳」原理と結びついて，個人の人格価値そのものを重要な保護法益とする。ドイツでは，憲法1条（人間の尊厳条項）・2条（人格の自由な発展条項）を根拠に「一般的人格権」が確立され，この権利は，氏名権，肖像権，名誉権，著作者人格権などを内包するところの「人格価値の発現とともに生ずる根源的・統一的な権利」とされたりすることからもうかがわれるように，個人の人格価値といっても具体的には様々なものを包摂している。以下，次のものに言及するにとどめる。

（2）**名誉権**　名誉は，人格的自律としての人間存在の根幹にかかわるものである。従来から，名誉は，民法や刑法などの保護対象とされ，わが国ももとよりその例外ではない。しかし，個人の人格を潰した全体主義体制の経験，個人の生活事実情報に貪欲な現代管理化国家等々の文脈の中で，名誉権も人権と考えられるようになった[13]。わが国の今日の憲法学説も，一般に13条を根拠に名誉権が憲法によって保障されると解するようになってい

---

[13] 世界人権宣言12条，国際人権規約B規約17条参照。

る[14]。北方ジャーナル事件判決[15]は,「人格権としての個人の名誉の保護（憲法13条）」と述べている。

名誉とは何かについては，内部的名誉（他者や自己の評価を越えた真実の名誉），外部的名誉（人の社会的評価）および名誉感情（主観的自己評価）が区別されるが，内部的名誉は後2者の基底をなすものであるが他人からの侵害云々といえる性質のものではなく，法的保護の対象となりうるのは後2者であると解される[16]。もっとも，内部的名誉も，名誉権として構成できないとしても，人格価値そのものの侵害として憲法上問題となる余地はある[17]。

全体主義国家は，マスメディアなどを使って，反体制と目する人物に関する操作情報を流して人格を蹂躙した。現代立憲主義国家にあっても，このようなことがより巧妙かつ隠微に行われる危険がないとはいえない。したがって，国家に対して個人情報の適正管理を行わせる必要があり，そのためには表現の自由，国民の「知る権利」の確保が重要な課題の1つとなる。

もとより，現代立憲主義国家にあっては，公権力の適正有効な行使も重要な課題であり，国民の国政判断にとって必要な国家情報が国民に提供されることが不可欠である。日本国憲法は，両議院の議員が議院で行った演説・討論などにつき，免責特権を認めているが（51条），この議員の特権は近代議会制の確立以来の重要な特質をなすものであり，その意義をこの文脈で再確認する必要がある（第3編第2章第6節Ⅱ2→471頁）。

---

[14] もっとも，学説の中には，憲法21条の表現の自由をもって「情報流通の自由一般」の保障と捉える前提に立って，名誉とは特定人の社会的評価にかかわる「情報」であり，その侵害に対して救済を求めることができるのは憲法21条によって保障されるとする見解もある（渋谷秀樹）。

[15] 最(大)判昭和61年6月11日民集40巻4号872頁。

[16] 民法723条にいう名誉は外部的名誉で名誉感情を含まないが（最判昭和45年12月18日民集24巻13号2151頁），名誉感情の侵害も人格権の侵害として不法行為を構成するとされている（最判平成14年9月24日判時1802号60頁）。また，刑法230条の名誉毀損罪は外部的名誉，刑法231条の侮辱罪は名誉感情を保護法益とする説があるが，通説・判例は，両罪とも外部的名誉を保護法益とし，事実摘示の有無という行為態様の違いであるとしているようである。

[17] 例えば，強制採尿は，人の屈辱感をともなう体内侵入によって犯罪情報を取得しようとするもので，人格の尊厳にかかわる問題を孕む。最決昭和55年10月23日刑集34巻5号300頁は，強制採尿が被疑者に「屈辱感等の精神的打撃を与える」ものであることを認めたうえで，「被疑事件の重大性，嫌疑の存在，当該証拠の重要性とその取得の必要性，適当な代替手段の不存在等の事情に照らし，犯罪の捜査上真にやむを得ないと認められる場合には，最終手段として，適切な法律上の手続を経てこれを行うことも許されてしかるべきであり，ただ，その実施にあたっては，被疑者の身体の安全とその人格の保護のため十分な配慮が施されるべきものとしている。

公務員一般についていえば、公務員が職務遂行にあたって、公共の利害に関する事項について、公共的目的を達成する趣旨で発言した場合には、その発言の立脚する事実が真実性をもち、または真実と信ずるについて相当の理由があるときは、名誉毀損の責任は生じないと解すべきであろう。

名誉権の問題は、国民相互の関係でより頻繁に生じ、そこでは**表現の自由との調整**が重要な課題となる。先に触れた**北方ジャーナル事件**も、その一例である。判決は、「人の品性、徳行、名声、信用等の人格的価値について社会から受ける客観的評価である名誉を違法に侵害された者は、損害賠償 (民法710条) 又は名誉回復のための処分 (同法723条) を求めることができるほか、人格権としての名誉権に基づき、加害者に対し、現に行われている侵害行為を排除し、又は将来生ずべき侵害を予防するため、侵害行為の差止めを求めることができる」とし、「けだし、名誉は生命、身体とともに極めて重大な保護法益であり、人格権としての名誉権は、物権の場合と同様に排他性を有する権利というべきであるからである」と帰結している。

物ではなく人格価値そのものにもかかわる名誉権、それを保護するため不可欠ともいうべき救済方法として差止請求が憲法上要請され正当化されるとみることもできる。こうした点を含めての表現の自由との調整のあり方については、後述する (第3章第1節Ⅳ4(1)(ハ)➡265頁)。

(3) プライバシーの権利 **(イ) 背景** **プライバシーの権利**は、当初はいわゆるイエロージャーナリズム[18]に対する対抗武器の趣旨で不法行為法上の観念としてアメリカで登場し、そこでは「不可侵の人格」の保護にかかわる「ひとりで居させてもらいたいという権利」として把握された。が、全体主義の経験[19]を一般的な背景として、この権利は、人間の実存と創造性に最も深くかかわるものとして[20]、対公権力との関係でも (否、この関係でこそ) 妥当すべきものと解されるに至った。

そして、プライバシーの観念ないしプライバシーの権利がその後ますます重要視された背景には、現代国家の管理化傾向の増大、社会のコンピュータ

---

18 事実報道よりもあることないことを扇情的に書きたてて売り物にするジャーナリズムのこと。
19 「かくして、私的なものは何もない、国家の行動には何の限界もない」とは、ファシズムの哲学者ジョバンニ・ジェンチーレの言葉である。
20 「仕事」を媒介とする「共同体」の意義を強調していたラートブルフは、第2次大戦後、「文化的創造の本源は何と言ってもやはり依然として人格であり、もちろんどんな憲法も今までに文書の上で確認したことのない1個の基本的人権、孤独への権利である」と述べるに至る。

化の進展，ヒトゲノム研究によってもたらされた「遺伝情報」領域の誕生等々がある。

　プライバシーの権利は，こうした背景をもつだけに，広狭様々に用いられ，最も広くは「幸福追求権」そのものといってよいほどの射程をもっているが，本書では「幸福追求権」の一部をなす人格価値そのものにまつわる権利として捉えることにする。

　（ロ）**意　義**　プライバシーの権利は，個人が道徳的自律の存在として，自ら善であると判断する目的を追求して，他者とコミュニケートし，自己の存在にかかわる情報を開示する範囲を選択できる権利として理解すべきものと思われる。このような意味でのプライバシーの権利は，人間にとって最も基本的な，愛，友情および信頼の関係にとって不可欠の生活環境の充足という意味で（フリード），まさしく「幸福追求権」の一部を構成するにふさわしいものといえる。

　このような理解は，情報プライバシー権ないし自己情報コントロール権説と呼ばれるが，学説やアメリカの判例の中には，個人的事柄を自ら決定することができるという「自己決定のプライバシー権」と称すべきものや，「ひとりで居させてもらいたいという権利」に最も近い「静穏のプライバシー権」と称すべきものをも，プライバシーの権利に含めて観念するものがある。が，権利はその内実が明確で同質的であることを本来の性質とするものと解され，また，後2者の多くは次に述べる人格的自律権（自己決定権）の問題として捉えることができるから，プライバシーの権利は「情報プライバシー権」の意味に限定するのが妥当と解される。

　プライバシーの権利が，このようなものであるとすれば，公権力がその人の意に反して接触を強要し，その人の道徳的自律の存在にかかわる情報（これを「プライバシー固有情報」と呼ぶ）[21]を取得し，あるいは利用ないし対外的に開示することが原則的に禁止される[22]。この種の行為に対しては，憲法21

---

[21] 個人の心身の基本に関する情報（いわゆるセンシチブ情報），すなわち，思想・信条・精神・身体に関する基本情報，重大な社会的差別の原因となる情報，がこれにあたる。

[22] 小林秀雄はいう。「人間の良心に，外部から近づく道はない。無理にも近づかうとすれば，良心は消えてしまふ。これはいかにも不思議な事ではないか。人間の内部は，見透しの利かぬものだ。そんな事なら誰も言ふが，人間がお互ひの眼に見透しのものなら，その途端に，人間は生きるのを止めるだろう。何といふ不思議か，とは考へてみないものだ。恐らくそれは，あまりに深い真理であるが為であらうか。ともあれ，良心の問題は，人間各自謎を秘めて生きねばならぬといふ絶対的な条件に，固く結ばれてゐる事には間違ひなさそうである」。このような

条 2 項後段（通信の秘密の保障）・35 条（住居侵入・捜索・押収に対する保障）・38 条 1 項（供述不強要の保障）あるいは 19 条（思想・良心の自由）や 21 条（表現の自由）などによっても保護されているところであるが，これらの条項が妥当しない場合に補充的に 13 条のプライバシーの権利（その意味で「一般的プライバシー権」）が妥当することになる。電話傍受（盗聴）は通信の秘密の問題であるが，電話によらない電子装置による傍受は 13 条の問題となる。傍受は，犯罪捜査のため，ごく例外的な場合で，厳格な要件の下でなければ，許されないが，これについては通信の秘密の個所で述べる。

京都府学連事件判決[23]は，「国民の私生活上の自由」の 1 つとして，「何人も，その承諾なしに，みだりにその容ぼう・姿態……を撮影されない自由」を有するとし，これを肖像権と称するかどうかは別として，「少なくとも，警察官が，正当な理由もないのに，個人の容ぼう等を撮影することは，憲法 13 条の趣旨に反し，許されない」とした。また，前科照会事件判決[24]は，市区町村長が「漫然と弁護士会の照会に応じ，犯罪の種類，軽重を問わず，前科等のすべてを報告することは，公権力の違法な行使にあたる」とした。判決は，プライバシー（の権利）といった表現はしていないが[25]，その実質はプライバシーの権利（自己情報コントロール権）として理解できるものである。

その後，外国人登録における指紋押なつに関する判例[26]では，「個人の私生活あるいはプライバシー」といった表現がなされ，早稲田大学江沢民事件判決[27]では，大学が講演参加者名簿を警察の求めに応じて提出した件につき，参加者の氏名・住所・電話番号などの個人情報は「プライバシーに係る情報として法的保護の対象となる」とされている。

プライバシーの権利の問題は，国民相互の関係でも頻繁に生じ，そこでは

ことを考えるにつけ，「遺伝情報」の中核部分の扱い方は深刻な問題を孕んでいるように思える（特に，山本龍彦・遺伝情報の法理論〔尚学社，2008 年〕参照）。

[23] 最(大)判昭和 44 年 12 月 24 日刑集 23 巻 12 号 1625 頁。判決は，無断写真撮影が許容される場合として，①現に犯罪が行われもしくは行われた後間がないと認められ，②しかも証拠保全の必要性および緊急性があり，かつ③その撮影が一般的に許容される限度を越えない相当な方法をもって行われるとき，とする。ただし，最決平成 20 年 4 月 15 日刑集 62 巻 5 号 1398 頁は，現行犯性が撮影が適法であるための必要条件ではないとし，また，緊急性に言及していない。

[24] 最判昭和 56 年 4 月 14 日民集 35 巻 3 号 620 頁。

[25] もっとも，前科照会事件判決での伊藤正己裁判官の補足意見は「前科等は，個人のプライバシーのうちでも最も他人に知られたくないものの一つ」と述べていた。

[26] 最判平成 7 年 12 月 15 日刑集 49 巻 10 号 842 頁。

[27] 最判平成 15 年 9 月 12 日民集 57 巻 8 号 973 頁。

特に表現の自由との調整が重要な課題となるが，表現の自由の個所で論及する（第3章第1節Ⅳ4 (1)（ハ）➡265頁）。

（ハ）"データ・バンク社会"と個人情報の保護　公権力が，個人の道徳的自律の存在に直接かかわらない外的事項に関する個別的情報（これを，「プライバシー外延情報」と呼ぶ）を，正当な政府目的のために，適正な方法を通じて取得・保有・利用しても，直ちにはプライバシーの権利を侵害したとはいえない。しかし，このような外的情報も個人の知らないままに集積され，オンラインで結ばれたりして様々な利用対象とされるとき，個人の道徳的自律の存在を脅かす可能性が生じる。いわゆる"データ・バンク社会"の問題であり，広く「個人情報」をプライバシーの権利にかかわるものとしてその保護のあり方を考える必要がある。

もとより個人情報の利用は，われわれの社会・経済生活にとっても重要なものである。それを可能とするためにも，プライバシーの権利保護の観点から個人情報の取り扱い方につきルール化を図る必要がある。

この問題に関し，OECDの「プライバシー保護と個人データの国際流通についてのガイドラインに関する理事会勧告」[28]（1980年）が有名である。わが国も，この趣旨に沿って，法律により，政府諸機関に対して，個人に関する情報の取得・収集，保有および利用・伝播の各段階について規制を加えるとともに，政府機関がどのような個人情報システムを保有するかについて公表することを義務づけ，個人情報主体には政府機関の保有する記録についての具体的アクセス権および訂正・削除要求権などを付与することが必要である。昭和63 (1988) 年制定の「行政機関の保有する電子計算機処理に係る個人情報の保護に関する法律」は，自己情報の開示請求権しか認めない（権利構成を嫌う傾向の現われ）などその不十分さが顕著であったが，平成15 (2003) 年に至ってようやく本格的な個人情報保護法制[29]の成立をみた。

個人情報の保護は，民間部門の個人情報についても及ぶ必要があるが，民間における自由な活動の保持との関係で難しい課題がある。上記の保護法制

---

[28] この勧告は，加盟国が個人データの処理にあたってプライバシー保護の観点から規制すべき次の8原則を掲げている。①収集制限の原則，②データ内容の原則，③目的明確化の原則，④利用制限の原則，⑤安全保護の原則，⑥公開の原則，⑦個人参加の原則，⑧責任の原則。

[29] この法制は，個人情報保護法（「個人情報の保護に関する法律」），行政機関個人情報保護法（「行政機関の保有する個人情報の保護に関する法律」），審査会設置法（「情報公開・個人情報保護審査会設置法」）等よりなる。

中の個人情報保護法は，公・民を通じての基本理念と民を適用対象とする包括的な一般法であるが，公と民の両者にわたって個人情報の過大保護と過小保護の問題がある[30]。

元来，日本の国・地方公共団体は，世界的にみても，最も徹底した個人の身分・生活関連情報の収集・管理を行ってきた部類に属する。1970年に「各省庁統一個人コード」の導入が図られたことがあるが，「国民総背番号制」であるとの反対が強く実現しなかった。しかし，その後もこうした動きは続き，最近では，財政再建や年金問題などに関連して，「納税者番号」「社会保障番号」等々の構想が打ち出され，住基ネットが各種データベースをつなぐ基盤となる可能性が浮上している。

住基ネットは，氏名・生年月日・性別・住所・住民票コードなどの本人確認情報を地方公共団体と国の機関で共有して利用するシステムであるが，プライバシーの権利（自己情報コントロール権）などを侵害されたとする住民が市を相手に損害賠償や自らの住民票コードの削除を求めた住基ネット訴訟につき，第二審の大阪高等裁判所は，プライバシーの権利としての自己情報コントロール権が侵害されているとして，住民票コードの削除請求を認容した[31]。最高裁判所も，自己情報コントロール権には言及はしないものの，京都府学連事件判決を引用しつつ，「個人に関する情報をみだりに第三者に開示又は公表されない自由」が憲法13条によって保障されているとした。しかし判決は，本人確認情報はいずれも「個人の内面に関わるような秘匿性の高い情報とはいえない」ことを指摘し，そして住基ネットに「システム技術上又は法制度上の不備があり，そのために本人確認情報が法令等の根拠に基づかずに又は正当な行政目的の範囲を逸脱して第三者に開示又は公表される具体的な危険が生じている」とはいえないと述べた[32]（以上傍点筆者）。本判決をもって，住基ネットが無条件に合憲とされたと解してはならないであろう。問題の核心は，個人情報（外延情報であれ）の集積・統合が個人の人格的

---

[30] 例えば，本法の制定に至る過程でメディア規制だという批判が生じ，本法5章「雑則」の50条1項で，報道機関や学術研究機関などの本来的活動にかかわるものは「適用除外」とされた。また，特に公の部門についての懸念であるが，個人情報保護の名において公共的性質の情報も秘匿され，自由な情報流通（表現の自由）を阻害することにならないように監視していく必要がある。他方，例えば，高度のセンシチブ情報である医療情報について基本的には個別法に委ねられたままであることも，今後の課題として残るところである。
[31] 大阪高判平成18年11月30日判時1962号11頁。
[32] 最判平成20年3月6日民集62巻3号665頁。

自律性にもたらす脅威をどう評価するかにある。

　具体的な訴訟を通じての司法による「権利」の救済はきわめて重要であるが，巨大な管理化国家，民間の各種組織が厖大な個人情報を集積し，それらの情報が瞬時に流通する可能性のある中で，プライバシー・個人情報の保護のため個別的な訴訟のみでどこまで有効に立ち向えるか，個人情報の適正な収集・利用に関する独立性の高い監視機関の存在が不可欠ではないかの疑問も存するところである。

　以上のこと（データによる国民の生活監視）とも関連して，監視カメラについても検討を要する固有の難しい課題がある[33]。

　(4) 環境権（人格権）　　いわゆる「環境権」は，自然環境との関係で成立する人格価値にかかわる権利とみる余地がある。

　もっとも，「環境権」は論者により広狭様々に捉えられ，最も広くは大気・水・光・音・臭い等の自然環境に加え，医療・上下水道等の生活環境，さらには景観・図書館等の文化環境，遺跡等の歴史環境などを含めて観念される。そうしたことが関係してか，判例上「環境権」それ自体を正面から認めたものはないようである[34]。

　しかし，いわゆる「環境権」の中でも，自然環境で人格価値そのものにかかわるような内実のものについては，公法上あるいは私法上の法理と手続に従って，保護さるべきものと解される。こうした内実を越えた「環境権」については，積極的な立法的・行政的な措置による実現が図られなければならない。後者に関しては，25条の個所で触れる（第4章第2節[1]→361頁）。

　この問題が正面から大きく問われたのは，大阪空港公害訴訟であった。空港周辺住民が，人格権ないし環境権の侵害を根拠に，空港設置者に対し，①

---

[33] この点，しばしば触れた京都府学連事件判決，オービスと呼ばれる自動速度監視装置に関する最判昭和61年2月14日刑集40巻1号48頁，公道上を歩く被疑者の容ぼう等のビデオ撮影に関する最決平成20年4月15日刑集62巻5号1398頁，釜ヶ崎監視カメラ訴訟に関する大阪地判平成6年4月27日判時1515号116頁，などを参照。現在，われわれはコンビニ，駅，銀行のATM等々至るところで監視カメラの下におかれている。こうした監視は，安心を求める人々の気持に沿って行われており，「監視を行っている主体は，むしろ監視されている私たち自身だとさえ言いうる構造になっている」（西原博史）ところに，"現代監視社会"の難しさがある。

[34] 例えば，沖縄石油基地事件に関する那覇地判昭和54年3月29日判時928号3頁は，「環境権」論でいわれている事柄は，立法的・行政的に対処されるべきもので，「当事者主義の制限の範囲内で個別的紛争の解決のみを目的とする民事訴訟制度のよく果たし得るところではない」としていた。

午後9時から朝7時までの空港の使用差止め，②過去の損害賠償，③将来の損害賠償を求めて提起した民事訴訟である。第二審の大阪高等裁判所は，環境権論の当否について立ち入ることなく，「個人の生命，身体，精神および生活に関する利益は，各人の人格に本質的なものであって，その総体を人格権ということができ」るとして（傍点筆者），①〜③を認容した[35]。

これに対して最高裁判所は，①については，「行政訴訟の方法により何らかの請求をすることができるかどうかはともかくとして」民事訴訟では無理だとして却下，③については，まさしく将来の問題だとして却下，②についてのみ，「身体に対する侵害，睡眠妨害，静穏な日常生活の営みに対する妨害等の被害及びこれに伴う精神的苦痛」を共通する損害として捉えての請求であるとして，これを認容した[36]。①への対応は，行政とのかかわりをできる限り避けようとしてきた日本の裁判所の姿勢の現われであるが，②への対応は，環境権はもとより人格権構成にも立ってのものではないとはいえ，住民のおかれた状況への実質的配慮を示すものではあった。

しかし，実質（料理）にふさわしい形式（器）というものがあり，逆にまた，器に応じた料理というものがある。その後も，例えば国道43号線公害訴訟で，大阪高等裁判所は，「人は，平穏裡に健康で快適な生活を享受する利益を有し，それを最大限に保障することは国是であって，少なくとも憲法13条，第25条がその指針を示すもの」で，「かかる人格的利益の保障された人の地位は，排他的な権利としての人格権として構成されるに価する」とし，「本件差止請求の根拠となりうる」と述べている（傍点筆者。なお，環境権に基づく差止請求については，この権利の実定法上の根拠が認め難いうえ，その成立要件・内容等もきわめて不明確で，これを私法上の権利として承認することは法的安定性を害するという）。そして判決は，本件差止請求が管理権の作用を前提とするもので民事訴訟上の請求として許容され，また，請求の趣旨特定に欠けるところはない，と断じている。ただ，該道路の公共性，問題の被害が生活妨害にとどまることを理由に，受忍限度を越えないとして差止請求を棄却し，他方，損害賠償請求については，国家賠償法2条の設置・管理の瑕疵を肯定して認容した[37]。最高裁判所も，差止請求を認容すべき違法性があるとはいえ

---

[35] 大阪高判昭和50年11月27日判時797号36頁。
[36] 最(大)判昭和56年12月16日民集35巻10号1369頁。
[37] 大阪高判平成4年2月20日判時1415号3頁。

ないとしたが[38]，それは，人格権を差止請求の法的根拠とした控訴審判決の立場を黙示的に容認したといえるものであった。

4　人格的自律権（自己決定権）

個人は，一定の個人的事柄について，公権力から干渉されることなく，自ら決定することができる権利を有すると解され，この権利は「幸福追求権」の一部を構成する。アメリカでは，この権利もプライバシーの権利と解されているが[39]，日本国憲法の解釈論として妥当でないことは既に述べた。この権利は，狭義の「人格的自律権」から，上述の人格価値そのものにまつわる権利や後述の適正な手続的処遇を受ける権利などを除いた，**最狭義**の「**人格的自律権**」であって，通常「**自己決定権**」といわれるものにほぼ相当する。

もっとも，「自己決定権」といっても，広狭様々に用いられるが[40]，上述のように，「基本的人権」と捉えるにふさわしい内実をもつものでなければならない。先に「一定の個人的事柄」と述べたが，抽象的にいえば，個人が自己の人生を築いていくうえで基本的重要性をもつと考える事柄（個別的人権保障規定の対象となるものを除いて），より具体的にいえば，①自己の生命・身体の処分にかかわる事柄，②家族の形成・維持にかかわる事柄，③リプロダクションにかかわる事柄（将来にわたってこれに限定する趣旨ではないという意味で，④その他の事柄）が考えられる（髙井裕之）[41]。

まず，①の事柄についてであるが，先に，個人の「生命・身体の自由」はおよそ個人の自由の出発点ないし根源をなすこと，そして，かつては秩序の維持や国民の生命・身体の保護を名目とする国家権力による恣意的な生命・身体の自由の剝奪からの保障に主眼がおかれていたことを指摘し，それがとりわけ科学技術の進歩にともなって複雑微妙な状況に立ち至っていることを示唆した。つまり，そうした保障と並んで，個人の自己決定（自己の運命の支配）の文脈での生命・身体の自由の問題にされだしたことである。尊厳死・安楽死・脳死などの問題，あるいは**インフォームド・コンセント**（患者が医

---

[38] 最判平成 7 年 7 月 7 日民集 49 巻 7 号 1870 頁，同号 2599 頁。
[39] 合衆国最高裁判所の 1973 年のロー対ウェイド判決は，「堕胎の自由」をプライバシーの権利と捉えている。
[40] 広くは，上述の一般的自由の意に用いられる。
[41] この点，①「生命・身体の処分に関する自己決定権」，②「リプロダクションの自己決定権」，③「ライフ・スタイルの自己決定権」とする例（芦部信喜）や，①「生命・身体のあり方についての自己決定権」，②「親密な交わり・人的結合の自己決定権」，③「個人的な生活様式の自己決定権」とする例（竹中勲）などがみられるところである。

師による十分な説明を受けたうえで治療に同意すること）の問題がそれである。

　この点に関し，まず明確にしておきたいのは，「基本的人権」ないし「人格的自律権」の大前提には，"生きることは尊いことである"という考え方があるということである。尊厳死さらに安楽死については，一定の厳しい要件の下に「人格的自律権」（自己決定権）の行使として容認できる余地もないではないが，それに関連して（あるいはその延長線上において）「死ぬ権利」とか「自殺する権利」とかを安易に語るべきではない（土井真一）。「人格的自律権」（自己決定権）の行使といっても，そのときそのときの自律権の行使と，人の人生設計全般にわたる包括的ないし設計的な自律権の行使とに大別でき，後者の観点から前者が抑止されることがありうるということである。基本的な考え方として，回復が不可能で苦痛をともなうような場合，本人の明確な意思をもとに，「延命治療拒否」（「品位ある死」を選び取ること）を認めうるのは，人の人生設計全般にわたる自律を問題とすべき余地がもはや存在しないからである[42]。

　これらの問題に関係する判決例はいろいろあるが[43]，ここでは，エホバの証人輸血拒否事件判決[44]に言及するにとどめる。本件は，宗教上の信念から

---

[42] 「人々が国家という共同体を形成し，その法を定めるに際して，一人ひとりの人間を人格として承認すべきであると考える人格的自律権論は，共同体の構成員が相互にその存在意義を承認し，自律的存在として『共に生きていく』ことを求めるものと理解することができる」（土井真一）。因みに，合衆国最高裁判所の1990年のクルーザン事件判決は，コモン・ロー上のインフォームド・コンセントの法理は意思決定能力のある者が医療を拒否する権利を含み，そしてこの権利は憲法上の自由に含まれることを認めた。このような捉え方は，尊厳死や安楽死の問題を，死そのものを選ぶというよりも患者の終局の「生き方」の次元の問題と解することを可能とする。これに対して，「死を選びとる権利」をもう少し積極的に認めようとする見解もある（松本哲治）。

[43] 例えば，東海大学安楽死事件に関する横浜地判平成7年3月28日判時1530号28頁は，まず，「治療行為の中止」について，患者の自己決定権の理論と医師の治療義務の限界を根拠に，①患者が治療不能な病気に冒され，回復の見込みがなく死が避けられない末期状態にあること，②治療行為の中止を求める患者の意思表示が治療行為を中止する時点で存在していること（一定の要件の下で患者の推定的意思によることも是認）などの要件の下に，これを認めている。次に，いわゆる「安楽死」について，苦しむのを長引かせないため，延命治療を中止して死期を早める不作為型の「消極的安楽死」，苦痛を除去・緩和するための措置をとるが，それが同時に死を早める可能性のある治療型の「間接的安楽死」，苦痛から免れさせるため意図的積極的に死を招く措置をとる「積極的安楽死」に類型化したうえ，「積極的安楽死」が許容される要件として，①患者が耐えがたい肉体的苦痛に苦しんでいること，②患者は死が避けられず，その死期が迫っていること，③患者の肉体的苦痛を除去・緩和するために方法を尽くし他に代替手段がないこと，④生命の短縮を承諾する患者の明示の意思表示があること，をあげている。

[44] 最判平成12年2月29日民集54巻2号582頁。

いかなる場合にも輸血を受けることを拒む固い意思をもつ患者に対し，医師が他に救命手段がない事態に至った場合には輸血するとの方針をとっていることを説明しないで手術をし輸血したことに対し，不法行為などを理由として損害賠償を請求した事案である[45]。判決は，「患者が，輸血を受けることは自己の宗教上の信念に反するとして，輸血を伴う医療行為を拒否するとの明確な意思を有している場合，このような意思決定をする権利は，人格権の一内容として尊重されなければなら」ず，「説明を怠ったことにより，〔患者〕が輸血を伴う可能性のあった本件手術を受けるか否かについての意思決定をする権利を奪ったものといわざるを得」ない，とした。

本判決は，「自己決定権」という表現をとらず，民法上の事件の文脈におけるものではあるが，生命の喪失の可能性を孕む「輸血を伴う医療行為を拒否する意思決定をする権利」を承認した点は，憲法の観点からも注目されるべきものである[46]。

最後に，脳死の問題について一言しておきたい。世界における臓器移植の普及にともないわが国でも関心がもたれるようになり，そのことと関連して「脳死」をもって人の死とする考え方が浮上した。これに対し特に宗教界などを中心に「生命軽視」であるという反対意見も強かったが，平成9年に臓器移植法が成立した。同法は本人の書面での意思表示を求めていたが，平成21年の改正法では家族の承諾だけで提供できるものとされた[47]。こうしたことは，生と死との究極の場面での一人ひとりの意思の有り様を問うているとともに，家族のあり方，さらには医療体制のあり方の重要性を改めて浮き彫りにしているものといえる。

②の事柄についてであるが，家族関係は，世代を追って文化や価値を伝えていくという意味で，社会の多元性の維持にとって基本的な条件である。そしてそれは，個人の自己実現・自己表現という人格的価値を有するが故に，

---

[45] 第一審は，無輸血の特約は，その存否を論ずるまでもなく，公序良俗に反し無効として，請求を棄却し，第二審は，絶対的無輸血特約は本件では存在しないが，公序良俗に反するものではないとしたうえ，説明義務違反を認めていた。

[46] この判決の趣旨からすれば，医師が患者の意思に従い，無輸血の手術を行った場合，その結果についての責任を問われることはないということになろう。なお，この判決後，最高裁判所は，自己決定権ないしインフォームド・コンセントに関係するとみられる事例において，積極的な対応姿勢をみせている（例，最判平成13年11月27日民集55巻6号1154頁，最判平成17年9月8日判時1912号16頁など）。

[47] 同法によれば，「脳死した者」とは，脳幹を含む全脳の機能が不可逆的に停止するに至ったと判定された者をいう。

基本的には，人格的自律権の問題と解される。この問題は，家族生活と個人の尊厳・両性の本質的平等に関して定める憲法24条の法的性格・内実をどう捉えるかに関係してくるが，24条の解釈が未だ必ずしも定まっていない中で[48]，家族の形成・維持にかかわる事柄の根本は人格的自律権（自己決定権）にあることをまずは確認しておきたいと思う。

　③の事柄は，遺伝的素質を子孫に伝え，あるいは妊娠・出産といった事柄にかかわるもので，アメリカで憲法訴訟上大問題となった避妊や堕胎の問題がこれに関係する（この③は，もとより，①と②とも密接に関連している）。今日では，代理母問題のように，生殖補助医療を利用する「子をもつ権利」なども問題になってきている。

　以上のほか，服装・身なり，喫煙・飲酒，登山・ヨット等々も「自己決定権」として語られうるが，それらが人によっては大事なものであることを否定することはできないけれども，端的に基本的人権かと問われると，肯定することは難しい。学説の中には「個人的な生活様式（ライフ・スタイル）の自己決定権」の類型をたてるものがあるが，やや漠然としすぎる感も否めない。もっとも，様々な事柄が人格の核を取り囲み，全体としてその人らしさを形成しているのであって，人格的自律を全うさせるために手段的に一定の憲法上の保護を及ぼす必要があることを否定するものではない。これまで特に中学・高校生の髪型・服装の規制やバイク禁止などの是非が訴訟でも争われたが，一般に憲法上の問題というほどの重さをもつのか疑問とはいえ，「丸刈り」の強制については，身体面にも及ぶ強度の画一性の強要に鑑み，人格的自律権との関係で問題とされるべき余地がある[49]。

---

[48] 憲法24条については，当初，明治憲法下の「家」制度の解体という面が強調されたが，その法的性格と内実について憲法解釈上必ずしも十分に解明されてきたとはいえない。そして現在，「ジェンダー」役割をめぐる根本的議論や生殖補助医療の発達などに関連して，婚姻の意味や家族像もゆらぎをみせている（辻村みよ子，君塚正臣）。この点，24条1項は「婚姻の自由」（および離婚の自由）を保障した自由権規定であり，憲法は一組の男女とその間に生まれる子どもからなる法律上の家族の保護を目的としていると解する立場に立てば（初宿正典），それ以外の結合形態（同性ペアが同居する家族や未婚の母と子どもからなる家族など）は13条の問題として捉えられることになろう。

[49] 「男子中学生丸刈り校則」が憲法14条，21条および31条に違反すると争われた事件で，熊本地判昭和60年11月13日行集36巻11・12号1875頁は，いずれの主張も斥けている。なお，私立高校の定める「バイク三ない」校則違反を根拠とする自主退学勧告は憲法13条，29条，31条に違反するとして争われた事件につき，最判平成3年9月3日判時1401号56頁は，三菱樹脂事件判決を引用するとともに，本件事実関係の下においては本件校則が「社会通念上不合理であるとはいえないとした原審の判断は，正当」であり，退学勧告も違法とはいえな

なお，先に触れたいわゆる「静穏のプライバシー権」についてであるが，これにかかわるともいえる大阪市営地下鉄商業宣伝放送差止等請求事件（「囚われの聴衆」事件）につき，最高裁判所は，列車内の本件商業宣伝放送は違法とはいえないと簡単に述べて請求を斥けた[50]。が，伊藤正己裁判官の補足意見が，「個人が他者から自己の欲しない刺戟によって心の静穏を乱されない利益を有しており，これを広い意味でのプライバシーと呼ぶことができ」，この利益は「人格的利益として現代社会において重要なものであり，これを包括的な人権としての幸福追求権（憲法13条）に含まれると解することもできないものではない」が，これを精神的自由権の1つとして憲法上優越的地位を有するものとすることは適当でないと述べ，結局，本件状況下では受忍の範囲を越えたプライバシーの侵害であるということはできないと結論しているのが注目される。

もっとも，この「心の静穏」の問題は，車内放送などの「音」に着目した場合には先の環境権の問題といえるし，車内放送などの「表現の内容」に注目した場合には19条の思想・良心の自由（「内心形成の自由」）ないし13条の自己決定権の問題，さらには21条の表現の自由の問題と解する余地もありうるところである。

5 適正な手続的処遇を受ける権利

上述のように，公権力の行使は適正な手続によらなければならないが，他面からいえば，そのことは，公権力の行使につき国民には適正な手続的処遇を受ける権利が保障されていることを意味する。憲法は，刑事裁判を含む刑事手続については31条以下に詳細な規定を設け（第4節参照），また，32条を中心に「裁判を受ける権利」を保障しているが（第4章第1節参照），それ以外の手続については13条の補充的保障の対象となると解される。

この補充的保障対象として重要なのが，行政手続である。この点，31条に根拠を求める説が有力であったが，31条の表現および憲法体系上の位置に照らし，基本的には13条の問題と解される（松井茂記，高橋和之）。

個人タクシー事業の免許申請に関しその手続のあり方が問われたいわゆる個人タクシー事件につき，第一審判決[51]は，憲法13条・31条は「国民の権

い，と判示している。
50 最判昭和63年12月20日判時1302号94頁。
51 東京地判昭和38年9月18日行集14巻9号1666頁。

利，自由が実体的のみならず手続的にも尊重さるべきことを要請する趣旨を含む」としたうえ，審査基準の内容が告知されず，主張・立証の機会 (いわゆる告知・聴聞の手続) を与えられなかったなどとして申請却下処分を取り消して注目された。最高裁判所は，憲法論には踏み込まなかったものの，本件が個人の職業選択の自由にかかわるものであることに触れつつ，法律 (道路運送法) 規定の解釈論として，事実認定につき「行政庁の独断を疑うことが客観的にもっとも認められるような不公正な手続をとってはならない」との要請を帰結し，審査基準の内容が「微妙，高度の認定を要するようなもの」である場合には，その基準を適用するうえで必要とされる事項について免許申請人に対し主張立証の機会を与えなければならないとした[52]。

その後，最高裁判所は，成田新法事件判決[53]で，「新東京国際空港の安全確保に関する緊急措置法」(後に，「成田国際空港の安全確保に関する緊急措置法」と名称変更) に定める工作物使用禁止命令 (3条1項) につき，「憲法31条の定める法定手続の保障は，直接には刑事手続に関するものであるが，行政手続については，それが刑事手続ではないとの理由のみで，そのすべてが当然に同条による保障の枠外にあると判断することは相当ではない」としつつ，行政手続と刑事手続と自ずから性質上違いがあり，行政目的に応じて多種多様であることに触れながら，常に必ず告知・弁解などの機会を与えなければならないというものではなく，使用禁止命令をするにあたり相手方に事前に告知・弁解などの機会を与える旨の規定がなくとも憲法31条に違反しないと判示した。因みに，本件は侵害処分に関するものであるが，申請許可手続に関する原子炉設置許可処分手続に関する判決[54]などでも踏襲されている。

この判決およびその後の展開をみると，31条の行政手続への適用ないし準用を明示的に認めたものとはいえ，実質的には刑事手続の方に引き寄せられており，行政手続に及ぶ範囲はかなり絞り込まれているように思われる。

ただ，先の個人タクシー事件判決にみられるように，制定法が存在するときには，「公正な手続」への視点にかなり強いものがあることもうかがわれる。してみると，判例は，行政手続につき憲法が要求している範囲は狭く限られ，行政手続一般の適正性の問題は法治主義原理に基づき法律の定めると

---

[52] 最判昭和46年10月28日民集25巻7号1037頁。
[53] 最(大)判平成4年7月1日民集46巻5号437頁。
[54] 最判平成4年10月29日民集46巻7号1174頁。

ころに委ねられていると解しているのではないか，とも思える。そうだとすると，ここでも事を「権利」として構成したがらないわが国の体質がみられるということになる。なお，長らくその制定が待たれていた行政手続法は，ようやく平成5年に成立をみた。この関係で，平成11年制定の情報公開法の意義も少なくない。

　適正な手続的処遇を受ける権利は，上の例からも知られるように，個人の具体的な利害にかかわる法規を正しく適用するうえで不可欠であるという考慮に基づいている（トライブの用語を借りれば，手段的な手続的デュー・プロセス観）。しかし，この権利は，さらには，公権力の決定により不利益な影響を被る可能性のある個人に対し広く参加の機会を与えること自体に，個人の尊厳にかかわる本質的価値を認めようとする正義観念（本質的なデュー・プロセス観）とも結びついているところがある。この後者の観点に立てば，個別的処分に限られず，委任立法や行政計画の定立といった場面でも広く利害関係人を参加させるべきであるということになり，この権利は民主制を補完する意味も担うことになる（棟居快行）。

6　参政権的権利

　国民の統治参加の方法としては，直接的方法と間接的方法とがある。前者には，公職就任と国家意思決定のための投票などがあり，後者には，選挙などがあり，それぞれについては，関係個所で論及する（第1編第1章第1節Ⅲ→8頁，第3節Ⅱ→35頁，第2編第1章第1節Ⅰ→105頁，第5章Ⅰ→380頁，第3編第1章第2節，第4編第1章第1節Ⅲ3→578頁）。

　ただ，「幸福追求権」の補充的保障の余地がないわけではない。1つは**公職就任**で，これについては，憲法は特に国会議員になる資格に関し定めているが（44条），その他の場合については明示するところがない。が，この問題に関し，憲法14条1項の「政治的」差別禁止の中に，一般に公職就任の資格が包含されているとされ（A説。小嶋和司），あるいは，被選挙権，立候補の自由は憲法15条1項によって保障されているとされ（B説。判例）[55]，あるいは，現行憲法の基礎をなす立憲民主制のコロラリーとして構成することが適切とされる（C説。大石眞）。しかし，44条や14条1項は間接的である

---

[55] 最(大)判昭和43年12月4日刑集22巻13号1425頁は，「立候補の自由は，選挙権の自由な行使と表裏の関係にあ」り，「憲法15条1項には，被選挙権者，特にその立候補の自由について，直接には規定していないが，これもまた，同条同項の保障する重要な基本的人権の一つと解すべきである」とする。

第1節　生命・自由および幸福追求権　　Ⅱ　生命・自由および幸福追求権の内容　　195

ことは否めず，また，公職は選挙にかかるものとは限られないことを考慮しつつ，1つの実体的な主観的権利として構成しようとすれば，上述のように「公的幸福」の側面ももつ「幸福追求権」の補充対象と解すべきであろう（D説）。

　なお，こうした参政権の一環としての公職就任権としての捉え方に対して，そもそもこのような問題の立て方に反対し，むしろ個人の職業（選択）の自由と捉えるべきであるとする見解がある（渋谷秀樹）。上述のように，公務員の労働基本権や政治活動の自由あるいは外国人の享有主体性の問題を考えると，この見解にも理解できるところがあるが，公務員制度の特殊性も考慮しなければならない（この点，73条4号に関連して，第3編第3章第4節Ⅰ5 ➡ 498頁）。

　直接的な統治参加方式として，平成21年5月にスタートした裁判員制度に触れておかなければならない。トクビルはアメリカの陪審制をもって国民主権の一形態と捉え，その意義を強調したが，国民の司法参加は広い意味でここでの参政権的権利の一種と解することができる。憲法学は総じて国民の司法参加に積極的ではなかったが，裁判員制度の導入により国民はようやく三権の1つである司法の場にも本格的に参画する場を得たことになり，それは憲法に潜在していた権利の顕在化とみることができる[56]（第4編第1章第1節Ⅱ3 ➡ 578頁）。

　国民の統治への参加は，その他インフォーマルな様々な方法を通じて行われ，それらの活動は，請願権（16条）や集会・結社，表現の自由（21条）の保障によって保護されるが，それらの保障によってカバーされない活動で「幸福追求権」の補充的保障対象となるものがありえよう[57]。

---

[56] 日本では裁判員制度についてとかく義務の面ばかりが強調されがちであるが，韓国の陪審法3条は「大韓民国国民は，国民参与裁判に参与する権利と義務を有する」と定めている。
[57] 例えば，政党への寄付行為が，仮に表現の自由の範疇に属しないとしても，「幸福追求権」の保障対象となると解される。

第2節　法の下の平等

I　法の下の平等の人権体系上の位置と性格

1　総説

　憲法は、「すべて国民は、法の下に平等であつて、人種、信条、性別、社会的身分又は門地により、政治的、経済的又は社会的関係において、差別されない」(14条1項)と規定する。この規定が、先の「個人の尊重」・「幸福追求権」規定と並んで、日本国憲法の人権体系の中核をなすものであることは、既に幾度か触れた独立宣言において、「すべて人は平等に造られ、造物主によって、一定の奪い難い天賦の権利を付与され、その中に生命、自由および幸福の追求が含まれる」とされていることからも、うかがわれる。つまり、近代憲法上の「人格の平等」は、自然権思想と結びつきつつ、自由と不可分の関係において成立したものであり、日本国憲法の定める「法の下の平等」も、基本的には、この平等思想に根ざすものである。

　もっとも、人間の個性や能力は各種各様であって、現実の社会生活の中で、具体的に何が求められる平等であるかを判断することは必ずしも容易ではない。平等の問題は、まさに人間とは何かということにかかわる複雑かつ哲学的な問いを孕んでいるからである。が、新しい政治社会の形成にたずさわる近代立憲主義は、この点比較的容易に「•機•会•の•平•等」観に依拠することができた。この平等観は、個人の業績達成を評価することと結びついており、その結果として生ずる不平等については真剣な考慮を払っていなかった。独立宣言で、上述のように「平等」との結びつきにおいて、「幸福追求権」(「幸福権」ではない)が語られているのも、かかる文脈で理解されうる。

　19世紀の実証主義的精神は、「平等」とは何かを実質的に真正面から問うことを回避して、「平等」の問題を主として法の適用の領域に限定しようとする傾向(この時代の憲法は、「法律の前の平等」といったやや限定的な表現を用いている)をもった(「•形•式•的•平•等」観念)。が、かかる「機会の平等」ないし「形式的平等」観念の下で生み出された不平等が、社会政治的緊張の主要な原因をなしていることが自覚されるようになって、ここに「•条•件•の•平•等」ないし

「実質的平等」観念が招来されるに至った。労働基本権や生存権の保障、あるいは累進税・家屋貸借人の保護などは、いずれもかかる文脈で理解されうるものである。

このような点を捉えて20世紀は「平等の世紀」と呼ばれたりした。日本国憲法の「法の下の平等」が、独立宣言に示される平等思想に根ざすといっても、「平等の世紀」の洗礼を受けたものであることはいうまでもない。

2 自由と平等

しかし、「条件の平等」は"自然的"なものではなく、公権力の積極的措置によって実現するものであるから、自由との関係で緊張関係をもつことは避けられない。ただ、現代立憲主義憲法は、「条件の平等」観念に全面的に転換したのではなく、むしろ「機会の平等」を実際に確保するための基盤の形成に寄与する限りでの部分的転換にとどまっているものと解される。その限り、現代立憲主義の平等思想は、近代立憲主義の延長線上にあるということができよう。

けれども、「機会の平等」とは人生のいかなる時点についていうのか、「機会の平等」は家族の制度を前提とする限り果たして実現可能なのか、仮に可能だとしても人が生まれながらもつ能力を活用することを認めることは結局公正な平等社会の実現を阻むことにならないか、等々の疑問がありうるところである。実際、このような見地から、「結果の平等」と呼ばれるより徹底した平等論が有力に主張されるに至っている。ここでは、「能力主義」そのものが問題とされていることになる。

が、この種の「結果の平等」観が自由と両立しうるか否かは、なお検討を要する難しい課題である。何故なら、そもそも自由は個性と能力に応じた人格の展開を内実とし、努力に対する正当な評価を求めるものではないか、徹底した「結果の平等」の追求はそれこそ徹底かつ強力な国家権力の存在と活動を要請することになるのではないか、そのことがもたらす悲劇は人類の歴史的経験からも知られることではないか、の疑問がありうるからである。したがって、「条件の平等」さらには「結果の平等」へのある種の配慮は必要だとしても、自由に基礎をおく人格的自律性を根本に据えるものでなければならない。

3 平等権の法的性格

先に平等は自由と不可分のかたちで構想されたと述べたが、元来平等は国

家による不平等な取扱いを排除するという自由権的文脈で捉えられていた。

しかし，上述の平等観念の変容とも結びつきながら展開してきた現代積極国家にあって，国家は自ら差別してはならないだけでなく，社会に事実上存在する不平等を除去しなければならないという，積極的ないし社会権の内容を盛り込んで平等権を捉えようとする考え方が強くなってきた（阿部照哉）。そして，このことと関連して，社会の中の根強い差別意識のため，通常の社会経済過程から疎外されている者（多くの場合，少数者）が存すると認められる場合に，国家は，その者の平等を保障するための措置をとる義務を負うとともに，その者を通常の過程に参与させるために必要やむをえないと考えられるときは，一時的にその者に対して一般の人に対すると異なる特別の優遇措置（優先処遇〔affirmative action〕とか積極的差別是正措置〔positive action〕とか呼ばれる）を講ずることが求められるという考え方が登場する。

もっとも，この優先処遇ないし積極的差別是正処置は，複雑微妙な問題を孕んでおり，そのことも関係して，一般には，憲法の保障する平等権の内実そのものはそうした処遇ないし措置を求める権利までは含まず，ただ国家が政策的にそうした処遇ないし措置を講ずることが必要な場合があることは否定しないと解するにとどまっているように思われる。したがって，そうした処遇ないし措置を講ずる場合の理由や方法いかんによっては，むしろ「逆差別」として憲法違反とされる可能性がある[58]。

とはいえ，平等権侵害を争う現代型訴訟の中には，従来のように関係法律およびそれに基づく行為を裁判所が違憲無効と宣言するだけではすまされないものがあることは否定できないところである。アメリカの裁判所が，例えば，公立学校における人種差別教育の是正や議員定数不均衡問題の解決に苦闘し，衡平法上の権限を駆使しながら自ら具体的な是正・解決のプロセスにコミットせざるをえなかった理由はここにある。いわんや，基盤の脆弱なわが国の裁判所が，議員定数不均衡問題などに直面して，もう1つ踏み込めない戸惑いの姿勢を示してきたのは無理からぬものであったといえよう（本節

---

[58] 合衆国最高裁判所の1978年のバッキー判決は，カリフォルニア大学のメディカル・スクールへの入学に関し黒人のための特別枠を設けることは平等保護条項に反するとした。もっとも，最高裁判所は優先処遇に全く否定的というわけではない。2003年には，ミシガン大学のカレッジ入学に際し，100点以上あれば自動的に合格できる中で20点を当然に少数者に付与する仕組みにつき，事実上の特別枠であるとして違憲としたが，成績（学部成績およびロー・スクール適性試験）を基本としつつも，学生集団の多様性を確保するため人種的・民族的少数者にも配慮するという同大学のロー・スクールの優先処遇については合憲とした。

Ⅲ 2（2）➜ 213 頁，第 3 編第 1 章第 2 節Ⅲ 3 ➜ 406 頁）。

　なお，平等権あるいは平等原則が互換的にいわれることが多い。「平等」は関係概念であって実質・実体を有せず，平等を権利といっても，実体的権利ではありえない，と説かれることもある。確かに，上述のように，「人格の尊厳」とは異なり，「人格の平等」は他の人格との関係において成立するものではある。しかし，だからといって，「人格の平等」がそれ自体として無内容・空疎な概念であるというのはいいすぎであろう。「人格の平等」は，「人格の尊厳」と結びつき，そのような尊厳をもった存在として人は等しく扱われるべきであるという要請を内実としている。その要請は国政のあらゆる場面において貫徹されなければならない客観的な原理であり，そして，そのような原理にかかわる一定のものが主観的権利（平等権）として国民に保障されるのである。それは，ちょうど，13 条においてみられたように，「人格の尊厳」原理と「幸福追求権」との関係のごときものである。ただ，平等の問題は，通常は，それ自体としてというよりも，何かの具体的な権利や利益などの取扱い方に関連して生ずるもので，平等権あるいは平等原則が互換的にいわれることも首肯できるところである。

Ⅱ　日本国憲法における「法の下の平等」の意義と具体的制度

1　「法の下の平等」の意義

（1）**14 条 1 項の意味**　憲法の発足当初，14 条 1 項にいう「法の下の平等」とは，法適用上差別されないという意味であるとし，ただ，一定事項については立法者も拘束され，日本国憲法に即していえば，後段にいう「人種，……門地」がそれにあたると説く見解も主張された（A 説。法適用平等説ないし立法者非拘束説）。そしてこの説は，差別は絶対的に禁止されるとするところに特徴をもった（絶対的平等説）。

　これに対して通説は，「法の下の平等」とは，「法の前の平等」と「法の平等」とをあわせ意味し，独立宣言にみられるような人間の生来の自由・平等という大原則を定めたもので，法の適用であると立法であるとを問わず，およそ国政全般にわたって差別を禁止する趣旨であると解してきた（B 説。法平等説ないし立法者拘束説）。

それでは，後段の「人種，……門地により，……差別されない」との関係はどうか。この点については，前段の「法の下の平等」を再現しそれを具体的に指示するものとする説 (B_1 説)，原則として差別が禁止される事項を例示するものとする説 (B_2 説)，後段は全くのあるいは単なる例示にすぎないとする説 (B_3 説)，がありえた。B_2 説は，後段に独自の意味を認めようとするものであるが，その観点を徹底して，後段の列挙事項に該当する差別は合憲性の推定が排除され，立証責任は合憲性を主張する側にあるとする見解も主張された (B_2'説)。そして B 説は，「合理的根拠」のある区別——一般に「合理的差別」と呼ばれた——は認められるとする点で共通していた (相対的平等説)。

最高裁判所は，当初は B_1 説ともみられる考えを示したが，尊属殺重罰規定違憲判決[59]において，「憲法 14 条 1 項は，国民に対し法の下の平等を保障した規定であって，同項後段列挙の事項は例示的なものであること，およびこの平等の要請は，事柄の性質に即応した合理的な根拠に基づくものでないかぎり，差別的な取扱いをすることを禁止する趣旨と解すべき」であると述べ，B_3 説によることをうかがわせた。

が，B 説の問題は，「合理的な差別」と「不合理な差別」とを区別する確かな判断基準をどのように設定するかである。その問題性は，とりわけ B_3 説に強い。A 説が B 説を批判するのも，この判断基準の曖昧さであった。しかし，他方，A 説については，法の下の平等の人権思想史的背景を無視するものではないか，「法」は法律のみならず憲法も含むと考えられるのではないか，平等の内容は社会の展開の過程で変容するものであるから，立法上の差別禁止事項を全く限定的に解するのは妥当か，と同時に，絶対的平等をどこまで貫徹できるか，等々の批判のありうるところであった。

絶対的平等は文字通りに受け止めるのは困難だとしても，しかしだからといって，憲法が裁判所のその都度その都度の利益衡量による「合理的」調整判断に委ねたとみるのは，憲法による平等権の保障をあまりにも相対性の海に漂わせるものといわなければならないであろう。平等が問題となる領域は多種多様であり，平等・不平等観も社会意識の変化の影響を受けることは否定できないが，憲法は，B_2 説（特に B_2'説）の示唆するように，平等思想の根源と過去の経験（過去の悲惨な差別，本人の努力によってはどうにもならない社会的

---

[59] 最(大)判昭和 48 年 4 月 4 日刑集 27 巻 3 号 265 頁。

汚名，等々）に鑑み，一定の事項（後段列挙事項）については特に「差別」を警戒し，その事項に関してはやむにやまれざる特別の事情が証明されない限り「差別」として禁止する趣旨（「差別につき疑わしい範疇」）と解すべきであろう。判例は，上述のように，B_3説的であるが，下級審の判決例や最高裁判所の裁判官の意見の中にはこうした方向のものが散見される点については後述する。

　なお，「差別」はそれ自体否定的含意をもつ言葉であって，「差別」である以上は憲法は許容しないとみるべきで，したがって問題は「差別」か「合理的区別」かにあると解される。

　(2) 格別の差別禁止事項　（イ）総説　後段列挙の「人種，……門地」は，B_3説によれば特別の意味をもたないが，A説はもとよりB_2説（特にB_2'説）によれば，重要な意味を担う。

　（ロ）人種　「人種」とは，皮膚・毛髪・体型などの身体的な共通の遺伝的特徴によりなされる人類学的区別をいう。日本では，アイヌ民族に属する人，混血児，帰化人などがこの関係で問題となりうる（アイヌ民族の問題については，第1章第4節Ⅰ3(2)→139頁）。なお，外国人一般に対する別異の取扱い（国籍による別異の取扱い）はここにいう「人種」差別とは次元を異にする[60]（長谷部恭男）（第1章第4節Ⅲ→142頁）。

　（ハ）信条　「信条」とは，宗教的信仰に限らず，政治や人生に関する信念を包含するものと解される。「信条」が「政治的意見」や「政治的所属関係」を含むかについては消極説もあるが，両者の区別が相対的であることを考えれば，積極に解すべきであろう[61]（浦部法穂）。もっとも，外部的な具体的行為に着目しての別異の取扱いは直ちには「信条」による差別とはいえない[62]。ただ，その場合でも，真の狙いが「信条」による差別にないかど

---

[60] 最(大)判昭和30年12月14日刑集9巻13号2756頁。なお，人種差別撤廃条約1条は，「この条約において，『人種差別』とは，人種，皮膚の色，世系又は民族的若しくは種族的出身に基づくあらゆる区別，排除，制限又は優先であって，……」（1項）と規定するとともに，「この条約は，締約国が市民と市民でない者との間に設ける区別，排除，制限又は優先については，適用しない」（2項）としている。

[61] 日中旅行社事件に関する大阪地判昭和44年12月26日労民集20巻6号1806頁は，これを肯定する。

[62] 国家公務員法27条は，「すべて国民は，この法律の適用について，平等に取り扱われ，人種，信条，性別，社会的身分，門地又は第三十八条第五号に規定する場合を除くの外政治的意見若しくは政治的所属関係によって，差別されてはならない」と定め，38条5号は，公務員の欠格事由として，「日本国憲法施行の日以後において，日本国憲法又はその下に成立した政府を

うかを慎重に見極める必要がある（第3章第1節Ⅰ→216頁）。

「信条」による差別は，労働関係においてしばしば問題となる。労働基準法3条は，労働者の信条によって賃金その他の労働条件について差別的取扱いを禁ずる。傾向経営における政治的信条を理由とする解雇が争われた日中旅行社事件に関し，本件での問題の所在は会社の事業に具体的な危険を発生させる行動にあるのではなく，信条による差別であって，解雇は認められないとした下級審の判決[63]がある。また，解雇が「共産党員若しくはその同調者であること自体を理由として行われたもので」あれば，憲法14条および労働基準法3条違反の問題が起りうることを示唆した最高裁判所の判決[64]がある。もっとも，身上書に団体加入の有無・学生運動歴等について秘匿したことを理由とする本採用拒否について，憲法19条，14条違反の主張を斥けた三菱樹脂事件判決[65]については既に触れた（第1章第5節Ⅲ2→165頁）。

(ニ) **性　別**　男女同権を定めたもので，さらに憲法24条・44条にもみられる。歴史上，男女の別による価値的判断に基づき，家族生活をはじめ人間の様々な生活領域で女性を差別する現象が広く存在した。それは，身体的な性差（セックス）に，男女の社会的役割に関する文化的差異視（ジェンダー）が結びつく複雑かつ根深い背景を有するものであった。例えば，女性は政治に不向きであるという理由で，男性の普通選挙が確立された後も女性は差別され続け，女性の参政権が広く認められるようになったのはようやく第2次世界大戦後のことである[66]。

日本では，明治憲法体制下の民法における妻の一種の無能力者扱いや刑法における妻のみについての姦通罪などに性差別の典型をみるが，大正14 (1925) 年の普通選挙法も男性に限ってのもので，女性に参政権が及ぼされたのは戦後の昭和20 (1945) 年になってからのことである。そして，明治憲法体制下の上記のような民法規定などが日本国憲法の制定に関連して全面的に改正されたのはいうまでもない。

暴力で破壊することを主張する政党その他の団体を結成し，又はこれに加入した者」をあげている。

[63] 注**61**の判決。
[64] レッド・パージに関する事件についての最判昭和30年11月22日民集9巻12号1793頁。
[65] 最(大)判昭和48年12月12日民集27巻11号1536頁。
[66] 1919年のワイマール憲法 (109条2項)，1920年の合衆国憲法修正条項（修正19条）が女性の参政権を認めたが，それが一般化するには第2次世界大戦後まで待たなければならなかった。

第2節　法の下の平等　　Ⅱ　日本国憲法における「法の下の平等」の意義と具体的制度　　203

　だが，事はここで解決をみたわけではない。やがてフェミニズム運動やジェンダー・フリー論の抬頭する中で，既存の制度や社会的現実に対し厳しい批判の目が注がれるようになり，女性の地位向上のための様々な変革が試みられるようになる（辻村みよ子）。

　日本についていえば，国籍法がかつてとっていた父系優先血統主義が父母両系主義に改められたことについては既に触れたが（第1章第1節Ⅱ→106頁），婚姻適齢に関する民法 731 条（男満 18 歳，女満 16 歳），再婚禁止期間に関する民法 733 条（女についてのみ，前婚の解消または取消しの日から 6 カ月を経過した後でなければ再婚できない）の合憲性について疑問視されるようになり，さらに，夫婦同氏制に関する民法 750 条についても男女平等の見地から問題視されるに至っている。

　もっとも，裁判所は，こうした民法の諸規定について違憲とすることには消極的である[67]。ただ，国民意識の変化などを踏まえ，平成 8 年の法制審議

---

[67] 民法 731 条については，かつては男女の身体的成熟度の違いなどを理由に合理的差別（区別）とみるのが一般的であったが，同条には明治憲法体制下の妻の無能力者扱いの視点（「夫への妻の依存性」）がちらついており，また，身体的成熟度には個人差があることを考えれば，その合理性はかなり疑わしい（辻村みよ子，君塚正臣）。民法 733 条については，最判平成 7 年 12 月 5 日判時 1563 号 81 頁は，同条の元来の立法趣旨が，父性の推定の重複を回避し，父子関係をめぐる紛争の発生を未然に防ぐことにあると解され，一応の合理性が認められる以上，立法行為につき国家賠償法上の違法と認められるような例外的な場合（憲法上の一義的な文言に違反しているにもかかわらず国会があえて立法するような場合）にあたらないとした。この判決の意義については，国家賠償法上の違法性にかかわるものであったことを考慮する必要があろう。この制度自体についていえば，民法 772 条 2 項が婚姻成立の日から 200 日後または婚姻解消もしくは取消しの日から 300 日以内に生まれた子は婚姻中に懐胎したものと推定すると定めていることとの関係からいって，再婚禁止期間は 100 日で十分であって，女性の側にのみ一律 6 カ月の禁止期間を設ける必要があるのか，また，最近の医療技術水準からすれば父親の確定は容易であり，妊娠の有無の確認も相当早い時期において可能ではないか，等々が指摘されてきたところであって，現行法のような定め方の合憲性には強い疑問が残る（この制度の結果，不利益を受けることもある子どものことも考えなければならない）。
　　民法 750 条については，規定自体は性中立的であるが，圧倒的多数が夫の氏を選択する実態があった。ために「家」の観念が持続し，女性にとって差別的に不利に作用しているとして，選択的夫婦別氏制が主張されてきた。国立大学教官が婚姻後も旧姓を通称として用いることを求めたのに対する大学側の対応をめぐって争った件につき，東京地判平成 5 年 11 月 19 日判時 1486 号 21 頁は，「法律上保護されるべき重要な社会的基礎を構成する夫婦が，同じ氏を称することは，主観的には夫婦の一体感を高める場合があることは否定できず，また，客観的には利害関係を有する第三者に対し夫婦である事実を示すことを容易にするものといえるから，……民法 750 条は，合理性を有し，何ら憲法に違反するものではない」としている。夫婦「別姓」は家族の解体に通ずるとの根強い批判があるが，それはややカテゴリカルな過剰な反応のように思えるとともに，「個人の尊重」の原理の観点からは説明困難な制度実態であるようにも思われる（例えば，夫婦がそれぞれの姓を維持するために事実婚を選び，そこで生まれた子が「嫡出でない子」ないし「婚外子」とされる事態は，憲法上どのように評価されるべきであ

会民法部会の答申（民法改正要綱案）は、婚姻適齢を男女ともに満18歳とし、女性再婚禁止期間を100日間に短縮し、また、夫婦は「同姓」か「別姓」かを選択できるものとして注目されたが、現在に至るも実現をみていない。

性差別の問題が深刻な領域の1つは、労働関係であった。従来、身体的特質に着目して女性を保護すべく、女性の深夜業・休日労働禁止や危険業務禁止などが法律上定められていた。しかし、戦後導入されたこうした保護が、かえって女性の役割観を固定させ、女性の社会的進出を阻害した面もあった。日本は、**女子差別撤廃条約**批准にあたって、昭和47年の勤労婦人福祉法の改正として昭和60年に**男女雇用機会均等法**を制定し[68]、また、それと関連して労働基準法を改正して女性保護規定の見直しを行った[69]。こうした措置は女子差別撤廃条約11条3項の保護法令見直し規定に沿うものであるが、同条約4条2項が「母性を保護することを目的とする特別措置……をとることは、差別と解してはならない」と定めていることに留意する必要があろう。

なお、女子若年定年制に関する**日産自動車事件判決**[70]については既に触れたが（第1章第5節Ⅲ2→165頁）、採用時の契約または就業規則で女性労働者にのみ適用される「結婚退職制」を定めて、その旨の念書を採用時に提出させたことが争われた**住友セメント事件**に関し、性別による差別にして結婚の自由を制限し、民法90条に反し無効とする下級審の判決[71]があり、また、同趣旨の「結婚退職制」ないし「出産退職制」についても、これを無効とする下級審の諸判決[72]がみられたところである。

社会の様々な領域における性差別廃除の促進に関しては、平成11年に**男女共同参画社会基本法**が制定され、「男女共同参画社会の形成に関し、基本理念を定め、並びに国、地方公共団体及び国民の責務を明らかにするととも

ろうか）。
[68] 同法は、平成9年に大改正され、事業主に対し、労働者の募集・採用・配置・昇進・教育訓練に関し男性と均等な機会を女性に与えなければならないとし、また、福利厚生・定年・退職・解雇等に関する差別を禁止している（同法5条以下参照）。
[69] こうした動向に関連して、従来男性に限られていた職業が女性にも開かれるようになり、逆にまた、女性に限られていた職業が男性にも開かれるようになった（例えば、保健婦は男性にも開かれて保健師という名称となった。
[70] 最判昭和56年3月24日民集35巻2号300頁。
[71] 東京地判昭和41年12月20日労民集17巻6号1407頁。
[72] 神戸地判昭和42年9月26日労民集18巻5号915頁、千葉地判昭和43年5月20日行集19巻5号860頁など。

に，男女共同参画社会の形成の促進に関する施策の基本となる事項を定めることにより，男女共同参画社会の形成を総合的かつ計画的に推進することを目的と」して (1条)，様々な取組みが行われていることに注目されなければならない。もっとも，理念やその実現の方法いかんによっては，上述の優先処遇ないし積極的差別是正措置にまつわる問題が顕在化することに留意する必要がある[73]。

以上触れたところからもうかがわれるように，性差別にかかわる状況は大きく変化しつつある[74]。

（ホ）**社会的身分**　「社会的身分」の意味については，人の生まれによって決定される社会的地位（A説），広く人が社会において一時的ではなく占めている地位（B説），後天的に人の占める社会的地位にして一定の社会的評価をともなうもの（C説），などの見解がみられる。

A説によれば「門地」に近いことになり，実際，両者は言葉のニュアンスの差であるとして「社会的身分又は門地」を1つの項目として論ずるものがある（宮沢俊義）。B説によれば，非常に広くなって，各種職業や居住地域なども含まれることになり，憲法が何のために特に「社会的身分」による差別を明示的に禁止しているのかの理由が疑わしくなる。

したがって，14条1項後段に積極的意義を認める立場からは，基本的にはC説によりつつその意味を限定的に捉えるべきであると解される。問題は，その限定の仕方である。「門地」を特権的にせよ不利益的にせよ生まれによって決定される社会的地位と解することを前提とした場合，「社会的身分」は，後天的取得対象となるものであっても，本人の意思ではどうにもならないような，固定的な社会的差別観をともなっているもの，ということになろう。

最高裁判所は，「人が社会において占める継続的な地位をいう」などと述

---

[73] 例えば，さる地方公共団体が，民間企業に男女共同参画の措置と実績を報告させ，そこで優良企業とされたものしか入札参加を認めないという方策をとろうとして，議論を呼んだことがある。フランスでは，市町村会選挙法が「クォーター制」（候補者名簿は，75パーセント以上の同性の者を含むことができない）を定めたところ，憲法院が平等の理念に反すると判断し，その結果，1999年に憲法改正が行われ，「法律は，選挙による地位および職務への男女の平等の参画を促進するものとする」と定める憲法3条5項が新設された（これに基づき，地方選挙の一部［比例代表によるもの］や上院・元老院議員選挙の比例代表選挙部分などにつき，名簿登載候補を男女交互にすることを義務づけることにされたという）。

[74] 例えば，国立商船大学や防衛大学校も女子学生を受け入れるようになり，他方，国公立の女子大学違憲論も主張されるようになった。

べ[75]，B説的に広く捉えているかのように解されるが，上述のように判例は元来14条1項後段に格別の意義を認める立場に立ってはいない[76]。この点，**遺産分割における非嫡出子の法定相続分**を嫡出子のそれの2分の1と定める民法900条4号ただし書の合憲性が争われた訴訟につき，嫡出子か嫡出子でないかは「出生によって決定される社会的な地位又は身分」にあたるとし，「社会的身分を理由とする差別的取扱いは，個人の意思や努力によってはいかんともしがたい性質のものであり，個人の尊厳と人格価値の平等の原理を至上のものとした憲法の精神……にかんがみると，当該規定の合理性の有無の審査に当たっては，立法の目的（右規定所定の差別的な取扱いの目的）が重要なものであること，及びその目的と規制手段との間に事実上の実質的関連性があることの2点が検証されなければならない」とした下級審の決定[77]が注目された。

C説によれば，非嫡出子たる地位は「社会的身分」とはいえず，また，「門地」にも該当するとするのも難しいように解される。ただ，非嫡出子は一夫一妻制に基づく法律婚という制度（それ自体正当な制度）をとっている結果として生じるものであって，そこに本人の努力ではいかんともし難い負の社会的評価（社会的差別観）が付着していると考えれば，C説にいう「社会的身分」にあたると解する余地もあろう（初宿正典）。この点とも関連するが，民法900条4号ただし書の合憲性の問題については次のⅢで論述する。

（ヘ）　門　地　「**門地**」とは，人の出生によって決定される社会的地位のことで，いわゆる「家柄」がこれにあたる。貴族制度の廃止（14条2項）は，その当然の結果である。

（ト）　「**政治的，……関係において，差別されない**」**の意味**　「政治的」「経済的」「社会的」関係のそれぞれの意味については，通説は「政治的」「経済的」関係でないすべての生活関係が「社会的」関係であるとみて，法的に差別することを包括的に表現したものと解している。

---

[75] 最(大)判昭和39年5月27日民集18巻4号676頁。
[76] 因みに，例えば，最(大)判昭和25年10月11日民集4巻10号2037頁は，親子関係は「社会的身分」にあたらないとし，また，最(大)判昭和26年8月1日刑集5巻9号1709頁は賭博常習者につき，最判昭和30年8月18日刑集9巻9号2031頁は業務上横領罪における業務者につき，「犯罪者の属性による刑法上の身分」であって，「社会的身分」にあたらないとしている。
[77] 東京高決平成5年6月23日高民集46巻2号43頁。

2 「法の下の平等」の憲法制度的具体化

(1) 総　説　14条1項の「法の下の平等」を受けて、憲法はそれを制度的に具体化するための規定を設けている。

(2) 貴族制度の廃止　憲法は、「華族その他の貴族の制度は、これを認めない」(14条2項) と定める。これによって、明治憲法下で存在した華族の制度は廃止された。もっとも、皇族は一種の貴族ともいえるが、これは憲法が天皇制を存置したことにともない、一定範囲で存続している。

(3) 栄典にともなう特権の禁止　憲法は、「栄誉、勲章その他の栄典の授与は、いかなる特権も伴はない。栄典の授与は、現にこれを有し、又は将来これを受ける者の一代に限り、その効力を有する」(14条3項) と定める。「栄典」とは、名誉を表彰するために与えられる特殊の地位を指すが、憲法は、「栄典」の授与それ自体は恣意的に行われない限り是としつつも、それに特権をともなわせることを禁止したのである。文化勲章の受領者に年金を与えることが「特権」にならないかの問題を配慮して、別に文化功労者年金法によって、文化に功労のあった者として年金を支給する方法がとられている。

(4) 公務員の選挙などにおける平等　憲法が公務員の選挙につき成年者による「普通選挙」を定め (15条3項)、両議院の議員の選挙およびその選挙人の資格について「差別」を禁止している (44条但書) ことについては、既に触れ、また後に触れる。憲法が、「請願をしたためにいかなる差別待遇も受けない」(16条) と定めているのも、この文脈で捉えうるであろう。

(5) 家族生活における平等　憲法は、明治憲法下の民法が定めていた「家」の制度を否定する趣旨から、14条1項を受けてさらに入念に、「①婚姻は、両性の合意のみに基いて成立し、夫婦が同等の権利を有することを基本として、相互の協力により、維持されなければならない。②配偶者の選択、財産権、相続、住居の選定、離婚並びに婚姻及び家族に関するその他の事項に関しては、法律は、個人の尊厳と両性の本質的平等に立脚して、制定されなければならない」(24条) と規定する。

(6) 教育の機会均等　憲法は、「すべて国民は、法律の定めるところにより、その能力に応じて、ひとしく教育を受ける権利を有する」(26条1項) と定めるが、この点については後述する (第4章第2節Ⅲ→368頁)。

III 「差別」か否かの判断基準

1 判断枠組

　上述のように，通説・判例は，「法の下の平等」につき，絶対的平等を排して，一定範囲での別異の取扱いは許されるとし (相対的平等)，その判断基準を「合理性」に求めてきた。しかし，この「合理性」それ自体の判断基準がさらに問題となり，学説上，これを枠づけようとする様々な主張がなされてきた。

　最高裁判所の昭和25年の判決[78]の用語を借りれば，「差別」は，まず，「人格の価値がすべての人間について平等であり，従って……あるいは特権を有し，あるいは特別に不利益な待遇を与えられてはならぬという大原則」に反するか否かの次元において問題となり (第1関門)，第2に，法のとる具体的措置が「国民の基本的平等の原則の範囲内において，各人の年令，自然的素質，職業，人と人との間の特別の関係等の各事情を考慮して，道徳，正義，合目的性等の要請より適当な」(傍点筆者) ものであるか否かの次元において問題となる (第2関門)。例えば，明治憲法下の民法の定める「家」の制度やアメリカなどでかつて法制度的にとられた人種による分離政策は，第1関門との関係で許されない。公職就任の一般的資格を特定の信条の持主に限定したり，教育程度によって投票価値に差を設けることなども，同様である。ここでは，形式的・画一的な取扱いが要請される。こうした要請違反は，判例用語によれば，大原則違反となるが，端的にいえば実体的権利としての平等権の侵害というべき場合である。

　第1関門を通過しえても，第2関門における審査が残る。①ここでは，基本的には，ある法律の目的を達成するために，別異の取扱いが合理的な関連性をもつかどうかが問われることになる (「合理性」テスト)。しかし，②14条1項後段の「人種，……門地」が上述のように「疑わしい範疇」と解する立場からは，法律がこれらの範疇にかかわる場合には，やむにやまれざる政府利益を達成するために，その別異の取扱いが必要不可欠なものであるか否かが厳格に問われる必要があると解される (「厳格な審査」テスト)。一般の「合理性」のテストが妥当する場合には，解釈論的に推定される法律の目的

---

[78] 最(大)判昭和25年10月11日刑集4巻10号2037頁。

が一応許容可能で，とられる手段が恣意的でなければよいが，「厳格な審査」テストが妥当する場合には，政府側に目的および手段について論証する責任があると解される。

このように，「法の下の平等」に反するか否かの判断は2種の審査の枠組の下で行われるべきであるが，③14条1項後段の事由に該当する場合でなくとも，基本的人権の重大な制限をともなう場合や，生まれに着目して不利益が法定され，重大な社会的差別観と結びつくような場合（仮に「社会的身分」に該当しないことを前提にして）には，「厳格な審査」テストに準じて，法律の目的を厳格に解し，あるいは手段が実質的相当性を有するか否かを厳格に問う必要があると解すべきであろう（<u>厳格な合理性</u>テスト）。

学説によっては，14条1項後段の列挙事項について，「厳格な合理性」テストを中間審査基準と位置づけてこれを基本とし，人種差別のような場合に限って「厳格な審査」テストが妥当すると説かれることがある。アメリカの判例理論を参考にしてのもののごとくであるが，14条1項後段の明文上の列挙事項について，これを2分すべき根拠は必ずしも明らかではない。「人種，……門地」は，既に示唆したように，人類史上の悲惨な差別，本人の努力ではいかんともし難い社会的汚名等の事情に着目して憲法上明記された事柄であって，解釈上はやはり同一次元にあるものと解さるべきであろう。ただ，これらの場合であっても，機械的に結論を導くのではなく，法原理機関としての裁判所にふさわしい，事件の事実状況や背景に丁寧に目配りした判断が求められる（さらについでにいえば，「合理性」テストが妥当する一般の場合であっても，審査が安易であってよいということを決して意味するものではない）。

2　具体的事例

(1)　家族生活に関係する問題　　（イ）　平成7年改正前の刑法200条（尊属殺重罰規定）　　同条は<u>尊属殺人罪</u>につき，「死刑又ハ無期懲役」と定め，早くからその憲法適合性について問題とされた。実際，同条が既に上述の第1関門を通過しえるかどうかは疑問の余地があった。上に触れた最高裁判所の昭和25年の判決[79]の反対意見は，「封建的主従関係と同じ根本原理に立つもの」と難じていた。が，多数意見は，「夫婦，親子，兄弟等の関係を支配する」「人類普遍の道徳原理」に立脚するものとした。

多数意見のいうように「人類普遍の道徳原理」といえるかどうかはともか

---

[79] 注78の判決。

く，多数意見はそこから同条を簡単に合憲とし，第2関門の審査を意識的かつ十分に検討しないきらいがあった。が，その後，最高裁判所は，尊属殺人が生ずる事件背景に注目する中で同条の適用が厳しすぎるとみたのか，亡夫の尊属に対する尊属殺の成立を否認した[80]。

そして昭和48年の尊属殺重罰規定違憲判決[81]は，14歳のとき実父に犯され，10年あまりにわたって夫婦同様の生活を強制されるなどの悲劇的な状況の中で生じた事件につき，「尊属に対する尊重報恩は，社会生活上の基本的道義というべく，……刑法上の保護に値する」として第1関門は通過させつつ，第2関門との関連では，「加重の程度が極端であって，……立法目的達成の手段として甚だしく均衡を失し，これを正当化しうべき根拠を見出しえ」ず，「その差別は著しく不合理」として同条を違憲無効とした。

同条をもって，「身分制道徳の見地」に立つもので，「個人の尊厳と人格価値の平等を基本的な立脚点とする民主主義の理念と抵触する」という田中二郎裁判官などの意見をおして，多数意見が第1関門を通過させたことには，依然として疑問が残る。仮に第2関門の問題とみるとしても，「親子関係」は，誰でも親であり子であるという自然的関係なのだから，「社会的身分」と解するのは困難である。したがって，「厳格な審査」テストは妥当しない。が，同条は上述の身体の自由の重大な制限であることに鑑みれば，同条の目的あるいは手段の相当性が厳格に問われるべきで，「合理性」テストによる判決さえも認めざるをえなかったように，手段として相当性を欠くのみならず，明治憲法下で成立した同条の目的それ自体の観点から合憲性に疑問があるというべきではなかったかと思われる[82]。

　（ロ）　**民法上の諸制度**　　先に，婚姻適齢や再婚禁止期間などに関する民法の諸規定に触れ，性差別の問題に関連して今日その合憲性を肯定することが相当困難になっていることをみた。

また，遺産分割における非嫡出子の法定相続分を嫡出子のそれの2分の1とする民法900条ただし書につき，「社会的身分」による差別と捉えること

---

[80] 最(大)判昭和32年2月20日刑集11巻2号824頁。
[81] 最(大)判昭和48年4月4日刑集27巻3号265頁。
[82] このような48年判決の理由づけに関連してか，尊属傷害致死罪（205条2項）の合憲性に関する最判昭和49年9月26日刑集28巻6号329頁等は「合理的根拠に基づく差別的取扱いの域を出ない」と判示していた。因みに，平成7年の刑法改正によって，刑法200条はじめすべての対尊属犯罪重罰規定は削除された。

の可能性に関連して,若干論及した。非嫡出子が「社会的身分」にあたるとすれば,この問題については,上述の判断枠組に従えば,「厳格な審査」テストが妥当することになる。仮に「社会的身分」にあたらないとしても,非嫡出子になったことに責任を有さず,その属性を自ら変えることのできない者に,社会的差別観とも結びつきかねない不利益を課すものであり,「厳格な合理性」テストによって判断されるべきものであって,それによるならば,その合憲性を支持することは難しい。

最高裁判所は,「社会的身分」について判断を示すことなく,そもそも14条1項は「合理的理由のない差別を禁止する趣旨」としたうえで,この規定について次のように述べた。すなわち,当該規定の立法理由は,法律上の配偶者との間に出生した嫡出子の立場を尊重するとともに,非嫡出子にも2分の1の法定相続分を認めて,「法律婚の尊重と非嫡出子の保護の調整を図ったもの」であり,法律婚主義を採用する現行民法下にあってこのような立法理由には「合理的な根拠」があり,非嫡出子の法定相続分を2分の1としたことがその「立法理由との関連において著しく不合理であり,立法府に与えられた合理的な裁量判断の限界を超えたものということはできない」,と[83]。因みに,決定は,民法739条1項がいわゆる事実婚主義を排して法律婚主義をとり,732条が重婚を禁止し,いわゆる一夫一婦制を採用するのは,憲法24条に反するものでないことはいうまでもない,としている。

可部恒雄裁判官の補足意見は,「およそ法律婚主義を採る以上,婚内子と婚外子との間に少なくとも相続分について差等を生ずることがあるのは,いわば法律婚主義の論理的帰結ともいうべき」ものという。上述のように,決定は「合理性」の有無を基準としているが,そこには,尊属殺重罰規定違憲判決にみられたような,目的・手段の発想はみられない[84]。なお,本規定についても,上述の法制審議会民法部会の答申は改正の方向を打ち出している。

もっとも,この決定(多数意見)に対しては,5人の裁判官の強い反対意見(さらには追加反対意見)が表明されている。それは,憲法13条・24条に言及しつつ「個人の尊厳」の意義を強調し,「制度」の側からではなく,「個人」

---

[83] 最(大)決平成7年7月5日民集49巻7号1789頁。
[84] 決定のこうした姿勢については,それは本来の制度的保障の発想(第1章第3節Ⅰ3(3)→125頁)によるのではないかを示唆する見解(石川健治)が注目される。

の側から事態をみるべきであると主張する。本規定は民法典中の1条項で，強行規定でないとはいえ，国家の法規範として非嫡出子についての法の基本的観念を表示するもので，非嫡出子が嫡出子に比べて劣るものとする観念が社会的に受容される余地をつくる重要な一因となっていて，人のアイデンティティの確立に大きな影響を及ぼす。そして，いう。「出生について何の責任も負わない非嫡出子をそのことを理由に法律上差別することは，婚姻の尊重の保護という立法目的の枠を超えるものであり，立法目的と手段との実質的関連性は認められず合理的であるということはできない」，と（傍点筆者）。

この反対意見が，「単なる合理性の存否によってなされるべきではなく，立法目的自体の合理性及びその手段との実質的関連性についてより強い合理性の存否が検討されるべき」とし，いわゆる「厳格な合理性」テストによることをうかがわせつつ，「単なる合理性についてすら，その存在を肯認することはできない」と断じているのが注目される。

反対意見は，諸外国の立法状況，わが国の立法作業，国際人権規約B規約26条，子どもの権利条約2条1項をも援用しているが，憲法の解釈論として，本規定の合憲性には強い疑問がある。その後も，最高裁判所は本規定の合憲性を支持しているが，これを違憲としあるいは合憲性に疑問を投げかける個別意見がつきまとっているところである[85]。

なお，その後の展開として，直接の憲法判断ではないが，児童扶養手当法施行令が父から認知された婚外子を支給対象から除外していることにつき，最高裁判所が法律の委任の範囲を逸脱し違法としている[86]のが注目される。

　　（ハ）　**国籍法3条1項**　　しかし，その後の展開として最も注目されるのは，既に触れた**国籍法違憲判決**[87]である（第1章第1節Ⅱ2→107頁）。判決の内容についてはここで繰り返さないが，判決は，「合理性」テストによりつつも[88]，①国籍が国家構成員の資格であるとともに，基本的人権の保障等に関し重要な意味をもつこと，および，②準正の要件を充たすかどうかは「子にとって自らの意思や努力によっては変えることのできない父母の身分行為

---

[85] 最判平成15年3月28日判時1820号62頁（2裁判官の反対意見），最判平成15年3月31日判時1820号64頁（1裁判官の補足意見，2裁判官の反対意見）など参照。
[86] 最判平成14年1月31日民集56巻1号246頁。
[87] 最（大）判平成20年6月4日民集62巻6号1367頁。
[88] 判決は，「区別をすることの立法目的に合理的な根拠が認められない場合，又はその具体的な区別と上記の立法目的との間に合理的関連性が認められない場合には，当該区別は，合理的な理由のない差別と」なるという（傍点筆者）。

に係る事柄」であることに注目して，当該要件は「立法目的との間に合理的関連性を見いだすことがもはや難しくなっている」としており，「厳格な合理性」テストに近いものを思わせる[89]。

このようにみてくると，判例と学説の距離は存するとはいえ，判例の「厳格な合理性」テストへの接近，少なくとも従前の「合理性」テストに減り張りをもたせようとする姿勢がうかがわれるように思われる。

（2） 政治生活に関係する問題　この領域で最も激しくかつ持続的に争われ，裁判所が苦心しながら対応してきた問題は，議員定数不均衡問題であった。この問題は，判断基準との関連でいえば，14 条 1 項後段の差別禁止事由にあたらないが，民主制の根幹にかかわる選挙権に関することだけに，目的ないし手段の相当性が厳しく問われなければならない。1 票が等しい価値をもつことから出発しなければならないが，二院制の問題ともからむところがあり，後に論述する（第 3 編第 1 章第 2 節Ⅲ3 ➡ 406 頁）。

（3） 経済生活等に関係する問題　法の下の平等違反が争われた文脈は多岐にわたるが，ここでは国民一般の生活に重要なかかわりをもつ課税と社会保障に関する判例に言及するにとどめる[90]。

最高裁判所が，課税の平等の問題に関し，その考え方，姿勢を示したものとして重要なのは，サラリーマン税金訴訟（大島訴訟）判決[91]である。本件訴訟は，大学教授が，①給与所得控除が一律に定額を控除するのみで，その収入額に対する割合が他の事業所得に比べて低いこと，②給与所得の捕捉率が他の事業所得よりも高いこと，③他の事業所得には租税特別措置により優遇措置がなされていること，などを理由に，所得税法（昭和 40 年改正前のもの）下の課税処分の取消しを求めたものであった。

判決は，そもそも「租税法の定立については，国家財政，社会経済，国民

---

[89] 泉徳治裁判官の補足意見は，「この差別は，差別の対象となる権益が日本国籍という基本的な法的地位であり，差別の理由が憲法 14 条 1 項に差別禁止事由として掲げられている社会的身分及び性別であるから，……国籍法 3 条 1 項の立法目的が国にとり重要なものであり，この立法目的と，『父母の婚姻』により嫡出子たる身分を取得することを要求するという手段との間に，事実上の実質的関連性が存することが必要である」（傍点筆者）と述べている（因みに，泉裁判官は，東京都管理職選考受験訴訟判決でも同趣旨の反対意見を述べている）。

[90] 当初，例えば，条例による取扱いが地域によって異なることが法の下の平等との関係でしばしば問題とされたが，一般的にいえば，地方自治に関連して条例制定権が認められている以上，そうした違いが生じるのは当然の結果である。売春防止法の制定前の売春取締条例に関する最（大）判昭和 33 年 10 月 15 日刑集 12 巻 14 号 3305 頁参照。

[91] 最（大）判昭和 60 年 3 月 27 日民集 39 巻 2 号 247 頁。

所得,国民生活等の実態についての正確な資料を基礎とする立法府の政策的,技術的な判断にゆだねるほかはなく,裁判所は,基本的にはその裁量的判断を尊重せざるを得ないものというべきである。そうであるとすれば,租税法の分野に於ける所得の性質の違い等を理由とする取扱いの区別は,その・立・法・目・的・が・正・当・な・も・の・で・あ・り,か・つ,当・該・立・法・に・お・い・て・具・体・的・に・採・用・さ・れ・た・区・別・の・態・様・が・右・目・的・と・の・関・連・で・著・し・く・不・合・理・で・あ・る・こ・と・が・明・ら・か・で・な・い・限・り,その合理性を否定することができず,これを憲法14条1項の規定に違反するものということはできない」という(傍点筆者)。そして,給与所得者において自ら負担する必要経費の額が一般に給与所得控除の額を明らかに上回るものと認めることは困難で,「右給与所得控除の額は給与所得に係る必要経費の額との対比において相当性を欠くことが明らかであるということはでき」ず,また,「捕捉率の較差が正義衡平の観念に反する程に著しく,かつ,それが長年にわたり恒常的に存在して租税法制自体に基因している」事情があれば格別,そうした事情は認められない,などと述べて,14条1項違反性を否定した。

判決についての調査官解説によれば,アメリカにおける「合理的基礎テストに類する穏やかな審査基準」をもとに,「取扱いの区別により侵害される利益が経済的・財産的利益であること,区別の理由が憲法14条1項後段掲記の事由ではないこと」が考慮されてのことであったといわれる。判断基準としてよく理解できるところであるが,「著・し・く・不・合・理・で・あ・る・こ・と・が・明・ら・か」(傍点筆者)といった本判決の表現およびその後の判例における本判決の安易ともいえる引用の仕方をみるとき,本判決が課税を中心とする行政領域における過度ともいうべき司法謙譲の根拠となった感があるのは残念に思われる[92]。

社会保障関係については,**堀木訴訟判決**[93]に触れるにとどめる。本件訴訟は,国民年金法に基づく障害福祉年金受給者が,離婚後養育する児童に関し児童扶養手当の受給資格について認定を申請したところ,昭和48年改正前の児童扶養手当法4条3項3号の併給禁止条項にあたるとして却下された件

---

[92] 本判決において伊藤正己裁判官の補足意見が租税法の分野にあっても14条1項後段の列挙事由に該当する場合には厳格な基準による審査を求めていたところであり,本文中に言及した調査官解説もその考えを示唆していたところであるが,その後の判例ではそうした考えは全く無視されてきたごとくである。

[93] 最(大)判昭和57年7月7日民集36巻7号1235頁。

にかかわるものである。判決は，社会保障給付の全般的公平を図るため公的年金相互間における併給調整を行うかどうかは立法府の裁量の範囲に属する事柄であり，「とりわけ身体障害者，母子に対する諸施策及び生活保護制度の存在などに照らして総合的に判断すると，右差別がなんら合理的理由のない不当なものであるとはいえないとした原審の判断〔大阪高判昭和50年11月10日行集26巻10・11号1268頁〕は，正当として是認することができる」とした。判決は「合理性」テストによっているが，併給禁止が生存権の重大な制限をもたらしているかどうかが問題であって，それが肯定される場合には，「厳格な合理性」テストによるべきものと解される（第4章第2節I→361頁）。

第3章　消極的権利

第1節　精神活動の自由

Ⅰ　思想・良心の自由

1　総説

憲法は，「思想及び良心の自由は，これを侵してはならない」(19条)と定める。この自由は，精神的自由の母体をなすもので，外部に向かって表現されるに至るときは「表現の自由」(21条)の問題となり，基本的に内面的精神作用にとどまる場合でも，宗教的方面に向かえば「信教の自由」(20条)の問題となり，論理的・体系的知識の方面に向かえば「学問の自由」(23条)の問題となる。

したがって，思想・良心の自由の保障規定は，精神的自由に関する基礎法ともいうべき地位を占めるが，「表現の自由」や「信教の自由」などが十分に保護されれば，既に「信条」による「差別」が禁止されていること(14条1項)と相まって，19条が妥当すべき余地はほとんどないのではないか，という疑問も生じうる。実際，比較憲法論的にいって，端的に思想・良心の自由を保障する例が多くなかったのは，このような理由によるものと解される。

この点，日本国憲法がこの規定を設けた背景には，内面の思想そのものまでも統制しようとしたわが国における過去の苦い経験(治安維持法がその象徴)と，「思想の自由」の確立を求めたポツダム宣言の受諾という事情がある(第1編第2章第2節Ⅰ➔63頁，本編第1章第2節Ⅱ2➔115頁)。19条は，およそ精神的自由の源泉として精神史的意義をもつのみならず，なお法的には以下にみるように「表現の自由」などには解消し尽されえない独自の意義をもっていると解される。

2　「思想及び良心」の意義

「良心」は人の精神作用のうち倫理的側面に，「思想」はそれ以外の側面にそれぞれかかわるものと解される。「良心」は「思想」よりもより根源的なものとみる余地はあるが，19条が両者を包摂して保障する以上，両者を正面から区別して論ずることに特別の意味があるとは思えない。謝罪広告事件判決[1]における栗山茂裁判官の補足意見のように，「良心の自由」をもって「信仰（選択）の自由」と解する説もあるが，その根拠とされるヨーロッパの歴史的沿革が必ずしも正確に把握されているとはいい難い。のみならず，19条が併記する「思想及び良心の自由」のうち「良心の自由」を取り出して20条の「信教の自由」と重複させる結果になるもので，解釈論的に妥当ではないと解される。

このように，「思想及び良心の自由」は一体的なものとして人の内心領域における自由を指すものと解すべきであるが，それが具体的に何を内容とするかがさらに問題となる。この点，「思想」と「良心」との結びつきをどのように解するかにより，両者を立体的に捉えようとする説（A説）と平面的に捉えようとする説（B説）とがありうる。A説は，「良心」は基本的に「思想」の内面化であり，信仰に準ずる世界観，主義，思想，主張を全人格的にもつことを意味するとみるもので，人格核心説と呼ばれる。対してB説は，「良心」をもって世界観などに限らず事物に関する是非弁別の判断を含む内心領域を広く包摂するとみるもので，内心説と呼ばれる。

「思想及び良心」は，「信教」や「学問」と内的関連性をもつはずのものであり，内心領域一般とすることは広汎に失すると解され，考え方としてはA説をもって妥当としよう。そして，この問題は「思想及び良心の自由」の保障の性格と内容をどう捉えるかという次にみる事柄と関係しており，「良心」を広く捉えることはこの保障を相対化することに通じやすい。ただし，「思想及び良心」は，その動態的な形成過程に対する配慮を必要としている点に留意すべきである。

この問題が正面から争われた代表例が，名誉毀損に対する救済方法としての謝罪広告の強制が19条との関係で問題とされた，先に触れた謝罪広告事件であった。田中耕太郎長官の補足意見は，A説的見地に立って，「良心」は「謝罪の意思表示の基礎としての道徳的の反省とか誠実さというものを含

---

[1]　最(大)判昭和31年7月4日民集10巻7号785頁。

ま」ず、「今日においてはこれは宗教上の信仰に限らずひろく世界観や主義や思想や主張をもつことにも推及され」るとした。これに対し、藤田八郎・垂水克己裁判官の反対意見は、B説的見地に立って、「事物に関する是非弁別の内心的自由」をも含むとした。因みに、多数意見はこの点必ずしも明確ではないが、結論として「良心の自由」侵害の主張を斥けた[2]。

3 「思想及び良心の自由」の保障の性格と内容

(1) **「思想及び良心の自由」の保障の意義**　「思想及び良心」は、それが人の内心にとどまっている限り、性質上法的規制の対象とはなりえないが、公権力が、人の特定の「思想・良心」の形成を意図して、①人の内心を強制的に告白させもしくは推知するとき、②特定の「思想・良心」を組織的に宣伝・教化するとき、あるいは、③外部的行為を強制ないし規制するとき、「思想及び良心の自由」は重大な危機にさらされ、まさに人格的自律権の基盤が掘り崩されることになる。

したがって、「思想及び良心の自由」を法的に保障することの意義は、公権力のこの種の行為を禁止し、人の人格的自律性の基盤を保障することにあると解される。

(2) **「思想及び良心」を告白するよう強制されまたは推知されない自由**　この自由は、通常「沈黙の自由」と呼ばれる。が、「沈黙の自由」がいいたくないことをいわない自由であるとすれば、そして「思想及び良心」の意味を先のA説のように解する限り、19条に根拠する「沈黙の自由」は、「沈黙の自由」一般の一部を構成するにすぎないことが留意されなければならない。つまり、「沈黙の自由」は21条の「表現の自由」にも根拠するのであって（いいたくないことをいわないという消極的表現の自由）、非公表の文脈のものでかつ世界観などの人格核心にかかわる場合にのみ19条の「沈黙の自由」が妥当する、ということである。ただ、「思想及び良心」の意味をA説的に解すべきだとしても、上述のように動態的に理解すべきであるから、世界観や思想などの形成にかかわる具体的判断や事実の知識も「思想及び良心」に含まれることがあると解される。そして、この点に関する限り、その保障は絶

---

[2] その後、例えば、勤務評定における「自己観察」の記入義務が問題とされた勤評長野方式事件に関する長野地判昭和39年6月2日判時374号8頁は、「『思想及び良心』の自由の保障すなわち沈黙の自由の保障の対象は宗教上の信仰に準ずべき世界観、人生観等個人の人格形成の核心をなすものに限られ、一般道徳上、常識上の事物の是非、善悪の判断や一定の目的のための手段、対策としての当不当の判断を含まない」としている。

対的ともいうべきものと解される。

　先の謝罪広告との関連でいえば，それが是非弁別のごとき一定の判断内容にかかわる限り「思想及び良心」と全く無関係とまではいえないが，本件謝罪広告は名誉毀損の成否にかかわる事実の存否に関係し，人格の核心にかかわる世界観・主義などに関連するものとは解し難いから，19条に根拠する「思想及び良心の自由」を侵害するものとみることは困難で，21条に根拠する「沈黙の自由」の問題が残るだけであると解される。因みに，そのような表現の自由の観点からみたとき，「陳謝します」とまでいわせなければならないのかの疑問の余地がある。従来の制度運用からみて，「陳謝します」といっても，人格的評価にかかわる重いものとは受け止められていないようにもみえる。そうだとすれば，少なくとも加害者が個人の場合には，その加害者の費用で判決要旨を新聞などに載せるということですむのではないかと思われる。

　なお，労働組合法7条に定める不当労働行為に対する救済処分として労働委員会が会社に対して発する「**ポスト・ノーティス**」**命令**[3]につき，憲法19条に反するとして争われた件につき，最高裁判所は次のように判示した[4]。すなわち，該命令は，労働委員会によって会社の行為が不当労働行為と認定されたことを周知徹底させ，同種行為の再発を抑制しようとする趣旨のものであって，「深く陳謝する」との文言は措辞適切さを欠くが，同種行為を繰り返さない旨の約束文言を強調する趣旨にでたもので，会社に対し陳謝の意思表示を要求することは上記命令の本旨とするところではなく，19条違反の主張はその前提を欠く，と。判決は，昭和31年の謝罪広告事件判決を引用しているわけではないが，その論法に依拠しているように解される。しかし，民法上の不法行為に対する救済方法に関する法理を，労働組合法上の不当労働行為の領域に用いることが妥当か疑問の余地がある（ポスト・ノーティス命令を履行しない使用者には，刑罰や行政罰が科される〔同法28条・32条〕）。**翻って**，人格的自律権の基盤そのものをなす「思想及び良心の自由」を会社が主張しうるかは疑問で，（消極的）表現の自由の問題と解されるべきであろう。

3　「当会社は，貴組合及び組合員に対しこのような不当労働行為を行ったことについて深く陳謝するとともに今後このような不当労働行為を行わないことを約束いたします」という内容の文書を従業員のみやすい場所に掲示するよう命じたもの。

4　最判平成3年2月22日判時1393号145頁。また，最判平成2年3月6日判時1357号144頁なども参照。

訴訟手続法などで証人の**証言義務**が定められ、一定の例外的な場合に限って証言拒絶権が認められているが[5]、事実に関する証言強制は、21条との関係は別として、一般的には19条の問題とはならないと解される[6]（高橋和之）。なお、報道者の取材源秘匿の問題も、自由な情報流通にかかわるものとして、21条の問題と解される。

これに対して、例えば雇用に際し、政治的信条や政治活動の有無あるいは思想団体への所属関係の有無の申告を求めることは、「思想及び良心の自由」の侵害となる。これに関連して微妙なのは、公務員の服務宣誓である（国家公務員法97条、昭和41年2月10日政令第14号）。公務員は憲法尊重擁護義務を負う（99条）ので、公務員に憲法尊重擁護の宣誓を課すこと自体は違憲とはいえない。が、特定の憲法解釈を内容とする宣誓は問題であり、また、人の政治的関係や信条を推知しまたは許容される政治的信条を枠づけそれに従った行動を強要するような内容の宣誓は、「思想及び良心の自由」の侵害となると解される。

以上のように、「思想及び良心の自由」は、「思想及び良心」を告白することを強制されまたは推知されないことであって、第三者などを通じてその種の情報を取得収集すること（いわゆる「思想調査」）は、むしろ既に述べた13条のプライバシーの権利の侵害の問題であると解される[7]。

そして、思想・良心の告白の強制ないし推知により、あるいは第三者など

---

[5] 刑事訴訟法143条・146〜149条、民事訴訟法190条・196条・197条、議院における証人の宣誓及び証言等に関する法律1条以下参照。

[6] 1950年から54年にかけてのアメリカでマッカーシズムが吹き荒れ、マルクス主義者の友人の名を明かすよう強制された事態などは、思想・良心の自由の侵害の例と目しえよう。

[7] 区立麹町中学校の生徒で高校を受験したがすべて不合格となり、その原因は「内申書」の記載にあるとして、区および都を被告として損害賠償請求がなされた事件がある（**麹町中学校内申書事件**）。内申書には、「校内において麹町中全共闘を名乗り、機関誌『砦』を発行した。……大学生ML派の集会に参加している」などの記載があった。最判昭和63年7月15日判時1287号65頁は、①これらの記載は「思想、信条そのものを記載したものでな」く、また、記載に係る「外部的行為によっては上告人の思想、信条を了知し得るものではな」く、生徒の性格、行動に関する客観的事実を記載したにすぎず、②「記載に係る行為は、いずれも調査書に記載して入学者の選抜の資料として適法に記載し得るものであ」り、また、本件記載による「情報の開示は、入学者選抜に関係する特定小範囲の人に対するものであって、情報の公開には該当しない」から、教育上のプライバシーの権利を侵害するものではない、とした。判決のような「思想・信条そのもの」と「外部的行為」との切断の仕方には強い疑問が残るところであり、また、既にみたようにプライバシーの権利の侵害は判決のいう「公開」の文脈においてのみならず、「特定小範囲の人」に対する開示についても生じうる（第2章第1節Ⅲ3(3)→181頁）ことに留意する必要がある。

を通じて得られた情報に基づき，その思想・良心を理由として不利益を課すとすれば，信条による差別となる（14条違反）だけでなく，本体というべき人格的自律権の基盤そのものである「思想及び良心の自由」を侵害するもの（19条違反）と解される[8]。換言すれば，思想・良心を告白するよう強制されまたは推知されない自由があると考え，あるいは思想・良心にかかわる情報は「固有情報」の典型として格別の保護が必要と考ええる（第2章第1節Ⅱ3(3)➡181頁）のも，このような事態の発生を可及的に防止しようとするものである。

「思想及び良心の自由」侵害の問題は，私人間においても生じる。例えば，私企業が雇用に際し，上に触れた種類の調査，申告の要求をなしうるかにつき，契約締結の自由を理由に，「労働者の採否決定にあたり，労働者の思想，信条を調査し，そのためその者からこれに関連する事項についての申告を求めること」も違法ではないとした三菱樹脂事件判決[9]とその問題点については，既に述べた（第1章第5節Ⅱ➡164頁）。また，会社における部外秘が日本共産党機関誌「赤旗」に掲載されたため，取材源の調査が開始され，共産党員か否かを質問されるなどしてこれを拒否した社員が損害賠償を請求した東電塩山営業所事件につき，最高裁判所は，質問する必要性・合理性がないわけではなく，強要にわたらず，雇用上の不利益処分をともなっていないことなどに注目して，「社会的に許容し得る限界を超えて」いないとした[10]。

(3) **特定の「思想・良心」を組織的に宣伝・教化されない自由**　この自由は，全体主義を拒否する立憲主義体制が当然の前提とするものである。しかし，現代立憲主義国家は，既にいろいろなところで触れたように高度管理化国家の傾向を強くもち，国民生活に関する厖大な情報を収集・利用する一方，厖大な情報を直接的あるいは間接的に様々な方途を通じて国民に提供しあるいは提供しうる立場にある（「政府言論」と呼ばれる）。それは，国民の「知る権利」に応え，社会における豊かな情報の流通をもたらすという側面をもつが，同時に，圧倒的な経済力・組織力などを背景に情報の流通に大き

---

[8] 占領下において，総司令部の指令に基づき軍国主義や共産主義の思想を理由に公職追放やレッド・パージが行われたが，こうした措置は占領終結後にあっては許されることではない。なお，最（大）決昭和35年4月18日民集14巻6号905頁参照。

[9] 最（大）判昭和48年12月12日民集27巻11号1536頁。

[10] 最判昭和63年2月5日労判512号12頁。なお，富士重工事件に関する最判昭和52年12月13日民集31巻7号1037頁参照。

な歪みをもたらし，国民の「思想・良心」を一定の方向に誘導する危険を孕んでいる（蟻川恒正）。「政府言論」に対抗する言論が活力をもついわゆる「思想の自由市場」の確保が従来にもまして重要になっているといえよう。

　この関係で論ずべき課題は多いが，ここでは，特に注意すべきものとして，学校や「軍」などのいわば"閉ざされた場"における問題に言及するにとどめる。先に明治憲法体制下にあって初等教育や軍隊内に神権的国体観念の浸透が図られたことに触れたが（第1編第2章第1節Ⅱ→58頁，本編第1章第2節Ⅱ2→115頁），これらの"場"はいわば「囚われの聴衆[11]」的性格をもち，特定の「思想・良心」の浸透のターゲットとされやすい。特に教育の場における問題については，「教育を受ける権利」の個所（第4章第2節Ⅱ→368頁）で立ち入って触れることにし，国旗・国歌に関連する問題についてのみ次に論及する。

　(4)　一般的法義務および外部的行為の強制（規制）にかかわる問題　国家は，納税の義務をはじめ法律を通じて国民に様々な義務を課している。こうした義務について，「思想及び良心」に反することを理由に拒否することができるか。もしこれを・一・般・的に承認するならば，おそらく政治社会は成り立たないであろう。例えば，宗教団体の中には，およそ世俗の政府は認めないとするものがあり，その信者が納税を拒否したとしたら，どうであろうか。

　立憲主義諸国は，従来一般に，いわゆる「良心的兵役拒否」の問題に真剣に対応してきた。その根本的理由は，兵役が戦争における殺人行為にかかわるという異常性にあった。しかも，これを認める場合でも，従来一般に宗教的信念によるものに限定し，非宗教的なものに拡大するときでも，宗教的信念と同程度の強さをもつ信念に限定しようとする傾向がみられる[12]。

　日本国憲法下にあっては兵役義務は認められないと解されており，「良心的兵役拒否」の問題は生じない。そして，法義務に対する拒否を・一・般・的に承

---

[11] 「囚われの聴衆」の問題については，既に触れたが（第2章第1節Ⅱ4→188頁），「囚われの聴衆」ないし「心の静穏」の問題は多面的である。「音」に着目した環境権説を別にすれば，広義のプライバシーないし自己決定権の問題と捉える13条説，思想・良心の自由の問題と捉える19条説，表現の自由（情報受領拒否権）の問題と捉える21条説などがある。既にみたように伊藤裁判官の広義のプライバシー説ではいかにも弱々しいもののように思われる。そこで21条説による論者も多いが（渋谷秀樹，甲斐素直），公権力が各種媒体を通じてその立場を組織的に放送するような場合は19条の問題として捉える必要が生じよう。

[12] 徴兵制をとっていたアメリカは，このような経過を辿った。ドイツの憲法は，信仰・良心の自由，宗教活動の自由を定める条文の中で，「何人も，その良心に反して，武器を伴う軍務を強制されてはならない。詳細は，連邦法律で，これを定める」（4条3項）と規定している。

認することはできない。では，法の命ずる行為を自己の「思想・良心」を理由に拒否することを認めるべき場合はありえないということであろうか。

　この問題をクローズアップしたのは，君が代・日の丸の強制にかかわる事件であった。その中の1つに，公立中学校の音楽専科の教諭が，入学式において「君が代」のピアノ伴奏を求める学校長の職務命令を拒否したため戒告処分を受け，憲法19条に違反するとして争われた日野市「君が代」ピアノ伴奏事件がある。最高裁判所は，伴奏拒否は「君が代」がわが国の負の歴史にかかわるという教諭の「歴史観ないし世界観……及びそれに由来する社会生活上の信念」に基づくものであろうが，一般的には不可分に結びつくとはいえず，入学式等において「君が代」斉唱は広く行われ，伴奏も音楽専科の教諭として通常想定・期待されるところである（いわんや職務上の命令に従って行う場合は）として，特定の思想をもつことを強制したり禁止したり，特定思想の有無について告白することを強要するものでもなく，児童に対して一方的な思想や理念を教え込むことを強制するものとみることもできないと判示した[13]。

　君が代・日の丸については様々な議論があるところであるが，世界諸国において国旗・国歌が定められ，わが国においても「国旗及び国歌に関する法律」（平成11年）が制定されていることを前提とするとき，本件拒否行為は公務員としての行為のあり方として疑問の余地がないではない（この点，藤田宙靖裁判官の反対意見が，該職務命令は，一律参加を強要することは間違っており自分はそれに参加すべきでないという信念・信条を直接抑圧するものであるとしたうえ，職務命令によって達しようとする公共の利益の具体的内容を明らかにしつつ，思想・良心の保護の必要との間の「慎重な考量」を求めている，のが注目される）。しかし，子ども（その親）の場合は別で，「思想・良心」に基づく拒否行為は19条に照らし尊重されなければならない。そして，そのような子ども（親）が存在する場合に，その子どもと特定具体的関係を有する教師がそれを配慮する行動をとることも容認されなければならない場合がありえよう。

　以上要するに，「思想及び良心の自由」の保障は，公権力が個人の内心（「思想・良心」）の領域に不当に立ち入ってはならないことを要求するとともに，個人がその内心（「思想・良心」）に基づく主張をしたとき，公権力がそれを尊重すべき場合があると解すべきであるということである。そして，実

---

[13] 最判平成19年2月27日民集61巻1号291頁。

は，このような考え方は，信教の自由の領域で，散発的にせよ，裁判所が示してきたところであって[14]，その点については次の**Ⅱ**で論及する。

なお，法律上の組織強制・加入強制をともなう団体における，会員の「思想及び良心の自由」の問題については，既に触れた南九州税理士会事件判決[15]などを参照されたい（第1章第4節Ⅳ2→153頁）。

Ⅱ 信教の自由

1 総説

憲法は，「信教の自由は，何人に対してもこれを保障する」（20条1項前段），「何人も，宗教上の行為，祝典，儀式又は行事に参加することを強制されない」（同条2項），と規定するとともに，「いかなる宗教団体も，国から特権を受け，又は政治上の権力を行使してはならない」（20条1項後段），「国及びその機関は，宗教教育その他いかなる宗教的活動もしてはならない」（同条3項），「公金その他の公の財産は，宗教上の組織若しくは団体の使用，便益若しくは維持のため，……これを支出し，又はその利用に供してはならない」（89条），と定める。

信教の自由の問題は，既にいろいろなところで示唆したように，近代人権思想の展開において，中心的な役割を果たしたものと理解されており，その自由の保障のあり方は，精神的自由の保障のあり方を示すバロメーターの意義をもっていることは否定されえない。明治憲法も，信教の自由を保障していたが（28条），その徹底さを欠いていたことが反省され，日本国憲法は上に掲げたような詳細な規定を設けたものである。

2 「信教の自由」の保障の性格と内容

(1) 「信教」の意義　憲法にいう「信教」すなわち「宗教」の意義については，憲法が過去の経験に鑑み徹底した「信教の自由」を保障しようとしていることに照らし，広く捉えるべきであると解される。この点，下級審の一判決は，「憲法でいう宗教とは『超自然的，超人間的本質（すなわち絶対者，造物主，至高の存在等，なかんずく神，仏，霊等）の存在を確信し，畏敬崇拝する

---

[14] 「牧会活動と犯人蔵匿罪」に関する神戸簡判昭和50年2月20日判時768号3頁，「エホバの証人剣道実技拒否」に関する最判平成8年3月8日民集50巻3号469頁。

[15] 最判平成8年3月19日民集50巻3号615頁。

心情と行為』をい」うと述べている[16]。なお，ここにいう「信教」すなわち「宗教」と，後にみる政教分離の場合にいう「宗教」との間には，ある種のずれがあることに留意されたい。

(2)　「信教の自由」の保障の性格と内容　憲法の保障する「信教の自由」とは，このような「存在の確信」およびそれにかかわる行為について，公権力により妨げられないことを意味する。具体的には，「信教の自由」は，①内心における信仰の自由（積極的信仰の自由〔信仰をもつ自由〕と消極的信仰の自由〔信仰をもたない自由〕，および積極的信仰告白の自由〔告白する自由〕と消極的信仰告白の自由〔告白しない自由〕，よりなる），②宗教的行為の自由（積極的宗教的行為の自由〔宗教上の儀式などを行う自由や布教宣伝を行う自由〕，および消極的宗教的行為の自由〔そのようなことを行わない自由〕，よりなる），③宗教的結社の自由（積極的宗教的結社の自由および消極的宗教的結社の自由よりなる），より構成される。

①に信仰告白の自由が含まれるのは，告白行為が信仰そのものとは切り離し難い，高度にパースナルな事柄であるからである。この①の側面は，上述の「思想及び良心の自由」と類似の性格を有する。

②の消極的宗教的行為の自由については，20条2項が特に明文上これを明らかにする。そこにいう「宗教上の行為」は，本来「祝典，儀式又は行事」を包摂するものであるにもかかわらずそれと区別されており，したがって本項の「宗教上の行為」は，「祝典，……行事」以外の行為を包摂するものであって，その中には布教宣伝行為も含まれると解される。要するに，2項は1項にいう「信教の自由」の一部を裏から定めたものとみることができる。

そうすると，2項の存在理由はあまりないということになりそうであるが，後にも触れるように，3項とのかね合いで2項が特に設けられたのではないかと思われる。つまり，3項にいう「宗教的活動」にあたらない場合にあっても，個人が自己の信教に反するとして参加を拒否するときは，強制してはならないという趣旨を明らかにしようとしたのではないかと解される。

③の宗教的結社すなわち憲法にいう「宗教団体」の意義については，異説はあるが，これを広く，特定の信仰を有する者による，該宗教目的を達成するための組織体，の意に解すべきであろう。宗教法人法は，該法律における「宗教団体」をもって，「宗教の教義をひろめ，儀式行事を行い，及び信者を

---

[16] 津地鎮祭事件に関する名古屋高判昭和46年5月14日行集22巻5号680頁。

教化育成することを主たる目的とする」団体で，ⓐ「礼拝の施設を備える神社，寺院，教会，修道院その他これらに類する団体」，およびⓑ「〔ⓐ〕に掲げる団体を包摂する教派，宗派，教団，教会，修道会，司教区その他これらに類する団体」，と定義している（2条）。これは，憲法上の「宗教団体」よりもその概念において狭く，したがって憲法上の「宗教団体」で宗教法人法によって法人格を取得できないものも生じうる。法律による法人格付与の定め方いかんによっては憲法上問題となる余地はあるが，現行の宗教法人法は主として財産管理・取引の安全の確保の見地から一定の要件を定めているものと解される。法人格を取得しなくとも，もとより宗教的結社として活動でき，その活動は憲法上保護される。もっとも，宗教法人には，後述するように，現行法制上様々な特権がともなっていることに留意する必要がある。

宗教的結社の自由が保障されるとは，人は，宗教団体の結成・不結成，団体への加入・不加入，団体の成員の継続・脱退につき公権力による干渉を受けないということ，および団体が団体としての意思を形成し，その意思実現のための諸活動につき公権力による干渉を受けないということ（団体自体の自由。しばしば「教会自律権」などと呼ばれる），を意味する。因みに，宗教法人法は，宗教団体における信仰・規律・慣習などの宗教上の事項について，公権力は「いかなる形においても調停し，若しくは干渉する権限」や「宗教上の役職員の任免その他の進退を勧告し，誘導し，若しくはこれに干渉する権限」を有しないと定めている（85条）。

以上の①〜③のほか，本条に関連づけて「宗教的人格権」（「静謐な宗教的環境の下で信仰生活を送るべき法的利益」などと説かれる）が主張されることがあるが，この点については後述する。

3　「信教の自由」の限界

(1) 制約に関する基本原則　まず，内心における信仰の自由は，「思想及び良心の自由」の場合と同じく，その保障は絶対的ともいうべきものであり，信仰を告白するよう強制もしくは推知することは許されない。告白行為については，その態様いかんによっては，表現の自由に関する法理が妥当することがありえないではないが，原則として制約することは許されない。

第2に，個人に一定の信仰を受け入れるよう強制することは許されないことはもちろん，一定の信仰を組織的に宣伝・教化することも禁止される。この点は政教分離にかかわってくるところであって，後に詳論する。

第3に，信仰を理由に一般的法義務を拒否しうるかについて，Ⅰでみたように，これを一般的に承認することはできないが，その法義務の実質的目的が信仰の抑制にあると解されるような場合や，その法義務が実質的な公共的利益の実現にとって重要なものとはいえないような場合などには，そのような義務を拒否することが正当とされ，またはそのような義務を課すことそれ自体が違憲となる。アメリカ合衆国で，学校生徒に国旗敬礼を強制する州の行為は，宗教的信念が敬礼を許さないという生徒に適用された限りにおいて違憲であるとした判例がある一方，日曜日閉店法はユダヤ教徒の信教の自由を侵害する（ユダヤ教は土曜日に働くことを禁じており，該法律の結果ユダヤ教徒は二日休まなければならないという不利益を被る）として争われた事件で，該法律はレクリエーションや静養の雰囲気を日曜日に与えようとする世俗的目的を有する法律と解し，ユダヤ教徒に負担が生ずるとしても間接的なものにすぎないとして合憲とした判例がある。

第4に，信教の自由は，内心領域にとどまることなく，「信教」に応じて様々な外部的行為に及ぶ性向をもつ。その結果，そうした行為が一般法上の諸規制と関係してくる可能性が大きい。その場合，信教にかかわる行為であることを理由に例外的扱いをすることには問題もあるが，その適用にあたって信教の自由の侵害にわたらないよう慎重な配慮が求められる[17]。

(2) **具体的事例** **（イ）刑法などの定める公共の安全・秩序にかかわる場合**　精神障害平癒を祈願するため線香護摩による加持祈祷を行い，開始して4時間後に該障害者が心臓麻痺で死亡し，傷害致死罪（刑法205条）に問われた加持祈祷事件で，最高裁判所は，該行為は「信教の自由の保障の限界を逸脱した」「著しく反社会的なものである」として，致死罪の成立を認めた[18]。

オウム真理教解散命令事件につき，最高裁判所は，「法令に違反して，著しく公共の福祉を害すると明らかに認められ，宗教団体の目的を著しく逸脱した行為をしたことが明らかである」として，該命令を是認した[19]。

---

[17] 国際人権規約B規約は，「宗教又は信念を表明する自由については，法律で定める制限であって公共の安全，公の秩序，公衆の健康若しくは道徳又は他の者の基本的な権利及び自由を保護するために必要なもののみを課することができる」と規定している（18条3項）。

[18] 最(大)判昭和38年5月15日刑集17巻4号302頁。

[19] 最決平成8年1月30日民集50巻1号199頁。本件は，東京地検事正および東京都知事が，宗教法人法81条に基づき東京地方裁判所に同宗教法人の解散命令を請求した（その理由は，同法人の代表役員である教祖が信者多数とともに組織的に，不特定多数の者を殺害する目的で

しかし，上の諸例のような場合は別として，「反社会的なもの」であるか否か微妙な判断を要する場合がある。教会牧師が，凶器準備集合罪などの容疑で追及されている高校生を教会内でかくまったとして犯人蔵匿罪に問われたいわゆる**牧会活動事件**（種谷牧師事件）で，裁判所は，牧会活動が憲法20条の「信教の自由」のうち「礼拝の自由にいう礼拝の一内容」をなすとしたうえ，「内面的な信仰と異なり，外面的行為である牧会活動が，その違いの故に公共の福祉による制約を受ける場合のあることはいうまでもないが，その制約が，結果的に行為の実体である内面的信仰の自由を事実上侵すおそれが多分にあるので，その制約をする場合は最大限に慎重な配慮を必要とする」と述べた。そして裁判所は，牧師の本件行為は，形式上刑罰法規に触れるとしても，「両少年の魂への配慮に出た行為」であり，「目的において相当な範囲にとどまったもの」であって，「全体として法秩序の理念に反するところがなく，正当な業務行為として罪とならない」とした[20]。これは，刑法上の規制であっても，問題の行為の深い宗教的な性質を配慮して，信教の自由を保護しようとした事例として注目される[21]。

上のような比較的明確な場合を両極として，その中間には，詐欺・恐喝まがいのものも含めて，多種多様な問題領域が存在しているものとみられる。

（ロ）　**宗教施設などに対する課税にかかわる場合**　　かつて奈良県は，県内観光施設の整備費に充てるため，東大寺金堂および法隆寺西院に対価を払って入場する者に対し，1人10円ないし5円の文化観光税を課し，それが信教の自由を侵害するとして争われたことがある（**奈良文観税訴訟**）。裁判所は，入場者の出損をお賽銭，お布施とみるのは無理で，文化観賞の対価とみるほかはないとしたうえ，国民の納税義務を規定したものでも，それが特に宗教的行為を対象としてこれを規制するものである場合は20条に反するが，本件条例は「課税の趣旨，目的，課税対象の性質，宗教との密着性，課税額

サリンの生成を企て，もって殺人の予備行為をしたというもの）ところ，オウム真理教が，サリン生成等の事実関係を争うとともに，解散命令は，真摯に信仰を続けている事件に無関係の多数の信者から信仰の場を奪うもので，20条の「信教の自由」を侵害するとして争ったものである。また，詐欺行為を理由とする宗教法人明覚寺の解散命令請求事件に関する和歌山地判平成14年1月24日訟月48巻9号2154頁参照。

20　神戸簡判昭和50年2月20日判時768号3頁。
21　なお，教義の伝道などを通じて地道な自己省察をなさしめ，その結果少年は8日後には心の落着きを取り戻し，自己の行為を反省し自主的に警察署に出頭している，といった事情が認められる。

……納税義務者の範囲等に関し……仔細に認定した諸般の事実を総合判断すると、特に宗教を対象としこれを規制したものとは認め難い」とした[22]。

そして、京都市古都保存協力税条例の事前施行差止めが求められた**古都新税訴訟**で、裁判所は、「本件条例は、文化財の観賞という行為の宗教的側面自体を否定するわけではなく、対価を支払ってする有償の文化財の観賞という行為の客観的、外形的側面に担税力を見出し、これに本税を課すこととしたまでである」とし、本件条例の施行によって信教の自由が侵され、回復し難い重大な損害を被るおそれがあるとすることは無理であるとしている[23]。

(ハ) **宗教上の信念に基づく行為と日常生活上の規範とが矛盾する場合**　キリスト教会の礼拝のため日曜日の参観授業に欠席した児童と牧師である親が、(公立)学校がその児童を欠席扱いにしたのは信教の自由に違反するとして、学校長などを相手どり欠席処分の取消しと損害賠償を求めた**キリスト教徒日曜日参観訴訟**につき、裁判所は、公教育上の特別の必要性がある授業日の振替えの範囲内では宗教団体の集会と抵触することになったとしても、法はこれを合理的根拠に基づくやむをえない制約として容認していると解されること、国民の自由権といっても、それが内心にとどまるものではなく外形的行為となって現われている以上、法が許容する合理的根拠に基づく一定の制約を受けざるをえないことについては信仰の自由も例外ではないこと、などを指摘し、請求を棄却した[24]。

本件では、欠席処分のもたらす不利益の僅少さの故にか、既にいろいろなところで触れたように問題の多い**内心の信仰と外部的行為の二分論**に簡単に依拠して、信仰に配慮した代替措置について十分な検討を加えなかったきらいがある (駒村圭吾)。この点がより厳しく問われたのが、**エホバの証人剣道実技拒否事件**であった。すなわち、「エホバの証人」信徒が信仰上の理由で剣道実技への参加を拒否したため、神戸市立工業高等専門学校から進級拒否処分、さらには退学処分を受け、それらは信教の自由 (および学習権) を侵害するとしてその取消しを求めて争った事件である。

第一審と第二審とで判断は別れたが[25]、最高裁判所は、実技拒否は「信仰

22　奈良地判昭和 43 年 7 月 17 日行集 19 巻 7 号 1221 頁。
23　京都地判昭和 59 年 3 月 30 日行集 35 巻 3 号 353 頁。
24　東京地判昭和 61 年 3 月 20 日行集 37 巻 3 号 347 頁。なお、本件では、日曜日参観授業は年度中 1 回だけであったようである。
25　神戸地判平成 5 年 2 月 22 日判タ 813 号 134 頁、大阪高判平成 6 年 12 月 22 日行集 45 巻 12 号

の核心部分と密接に関連する真しなものあった」ところ,処分による「重大な不利益を避けるためには剣道実技の履修という自己の信仰上の教義に反する行動を採ることを余儀なくさせられるという性質を有するものであったことは明白である」としたうえ,他の学生に不公平感を抱かせないような「適切な……代替措置」が可能であったことを指摘し,本件処分は「社会観念上著しく妥当を欠」き,「裁量権の範囲を超える違法なもの」とした[26]。

本判決も,内心の信仰と外部的行為の二分論に立脚しているが,外部的行為にかかわる場合であっても,「信仰の核心部分と密接に関連する真しなもの」で,「自己の信仰上の教義に反する行動を採ることを余儀なくさせられる」場合には,厳格に検討する必要があるとしたところに大きな意義がある。先にみた下級審の牧会活動事件判決の趣旨と通じるものがあるといえよう。

なお,第一審判決は,代替措置を講じたりすることは政教分離原則に反することを論拠としたが,後述するように政教分離原則は個人の信教の自由を確保するためのものであって,第一審判決の論法はいわば本末転倒の考え方と称すべきものといえよう。この点,本判決は,後述する津地鎮祭事件判決[27]が採用した目的・効果基準を援用して,代替措置を講じても学校の宗教的中立性を害するものではないとしている。

宗教上の信念からいかなる場合にも輸血を受けることを拒む固い意思をもつ「エホバの証人」信者に対し,予め医療方針を十分説明しないままに輸血したことに対し,不法行為などを理由に損害賠償が請求された事案に関するエホバの証人輸血拒否事件判決[28]については既に述べたので(第2章第1節Ⅲ4→188頁),ここでは繰り返さない[29]。

2069頁。
[26] 最判平成8年3月8日民集50巻3号469頁。
[27] 最(大)判昭和52年7月13日民集31巻4号533頁。
[28] 最判平成12年2月29日民集54巻2号582頁。
[29] 「エホバの証人」を信仰し,輸血を拒否する成人(債務者)に対し,その両親(債権者)らが,「債務者にかわり病院に対し左脚切断手術及び輸血等の医療行為を委任することができる」旨の仮処分申請をなしたという件につき,大分地決昭和60年12月2日判時1180号113頁は,正常な精神的能力を有する者の真摯な宗教上の信念に基づくものであることを重くみて,結局,右輸血拒否行為が権利侵害として違法性を帯びるものと断ずることはできないとした。因みに,本決定は,扶養関係にない成人した親子関係に,包括的な一種の人格的権利ないし利益を認め,債務者の輸血拒否行為は債権者の該権利ないし利益を侵害する不法行為となりうることを認めてのうえのものである。

(二) **宗教法人（団体）にかかわる場合**　宗教上の結社すなわち憲法にいう「宗教団体」の意義および宗教法人法の趣旨・精神については，既に述べた。

宗教法人法は，宗教団体が容易に法人格を取得できるよう，法人規則の認証による準則主義を採用する (4条, 12条以下参照) とともに，他方において，財産目録等の作成・備付け・閲覧および提出 (25条) などについて定め，そして，宗教法人が，「法令に違反して，著しく公共の福祉を害すると明らかに認められる行為をしたこと」，「〔既に触れた2条に規定する〕宗教団体の目的を著しく逸脱した行為をしたこと又は1年以上にわたってその目的のための行為をしないこと」，などがあると認めるときは，裁判所は，所轄庁，利害関係人もしくは検察官の請求によりまたは職権で，その解散を命ずることができると定めている (81条)。

宗教法人の数は18万を越え，その中には，全く活動せず，あるいは単に脱税目的のために利用されているものがある，などと指摘されてきたところである。先に触れたオウム真理教解散命令事件は，宗教法人（団体）が暴走したときの恐ろしさを露にしたが，最高裁判所の決定は，先に示唆したように，宗教法人法による宗教団体の規制は専ら該団体の世俗的側面だけを対象とし，その精神的・宗教的側面を対象外としているのであって，信者が宗教上の行為を行うなどの信教の自由に介入しようとするものではなく (1条2項参照)，該法人の解散命令も会社のそれと同旨のものとしている。したがって，宗教法人は解散されても，信者は法人格を有しない団体を存続させ，あるいは新たに結成することもでき，また，宗教上の行為を行い，その用に供する施設や物品を新たに調えることが妨げられるわけではない，と決定はいう。ただ，解散命令が確定すれば清算手続が行われ，該法人に属する財産が処分されることになるから，信者の信仰に支障を生じさせることがありうるが，大量殺人を目的としたサリン生成といった本件の文脈の下にあって，その支障は解散命令にともなう「間接的で事実上のものであるにとどまる」，と決定は結論している。

宗教的結社の自由にかかわるものとして，宗教団体の内部紛争に関する多くの事例がある。この種の紛争に対する公権力のかかわり方について，宗教法人法85条には既に触れたが，このような紛争が裁判所に持ち込まれた場合，司法権のあり方とも関連して難しい問題がある。本書では，この問題は

司法権の個所で論及することにする (第4編第1章第2節Ⅲ2(2)➔593頁)。

4 政教分離の原則

(1) 総説　個人の信教の自由の問題は, 歴史的にみて, 他面では, 国教の取扱いをめぐる問題でもあった。この国教問題の処理の仕方には, 大別して, 次の3つの型がある。

国教制度を温存しつつも, 他の宗教に対する寛容性を法制上確立しているもの (A型)。その代表例はイギリスで, 国家元首が同時にイングランド教会の首長になるなどの関係がみられる。次に, 国教を認めるわけではないが, 国家と宗教団体との一定の協力関係の存置を前提とするもの (B型) で, ときに公認宗教制度と呼ばれる。その代表例はドイツやイタリアで, ドイツでは公法上の社団である宗教団体 (この地位を付与するのはラント) には教会税賦課徴収権が憲法上保障されている。第3に, 国教の存在を認めず, 国家と教会 (宗教団体) とを分離するいわゆる政教分離制度をとるもの (C型)。このC型には, 宗教に対する肯定的観点からいわば友好的に分離を図ろうとするもの (C_1型) と, 宗教に対する否定的観点からいわば敵対的に分離を徹底しようとするもの (C_2型) とがある。C_1型の代表例はアメリカ合衆国やフランス, C_2型の代表例はかつてのソ連邦である。

こうした様々な型の存在は, それぞれの国のおかれた歴史的事情の反映であり, その是非を一概に論ずることはできない。また, それぞれの型もそれぞれの国の事情に応じて決して一様ではなく, しかも時代ととも変容していく。例えば, B型をとる国にあっても, 宗教心の世俗化 (教会離れ) や宗教多元化などを背景に, 教会税に対する批判が強まっているようにみえる。

わが国についていえば, 明治憲法下では, 曲折を辿りながらも, 「神社は宗教ではない」という前提において次第に神社神道が事実上国教的待遇を受けるようになり, 他方において, 大本教弾圧などが現出した。総司令部の「神道指令[30]」(昭和20年12月) のあとを受けて制定された日本国憲法が詳細な規定を設けてC型によること明らかにしたのは, 当然の帰結であった。

ところで, この政教分離制度 (原則) の法的性格については, これをいわゆる「制度的保障」と解する (X説) のが通説であった。ただ, この説にあっても, 「制度的保障」をもって, その保障対象は制度それ自体であって,

---

[30] 正式名は,「国家神道 (神社神道) ニ対スル政府ノ保証, 支援, 保全, 監督及ビ弘布ノ廃止ニ関スル覚書」。

その本質的内容を害しない限度で法律により具体的に定められるとするもの(X_1説)と,「制度的保障」の内容は憲法上一義的に定まっているとするもの(X_2説)とがある。

　後述する津地鎮祭判決[31]は,「元来,政教分離規定は,いわゆる制度的保障の規定であって」と述べたうえ,「国家が宗教的に中立であることを要求するものではあるが,国家が宗教とのかかわり合いをもつことを全く許さないとするものではなく,宗教とのかかわり合いをもたらす行為の目的及び効果にかんがみ,そのかかわり合いが右の〔国の社会的・文化的〕諸条件に照らし相当とされる限度を超えるものと認められる場合にこれを許さないとするものである」とするが,緩やかなX_1説的理解である。

　この点,X_2説によれば,分離原則は,一定の内在的制約に服するほかは,公権力を直接拘束する効果をもつ。ただ,そうすると,何故にことさら同原則を「制度的保障」と捉えるのか,疑問が生じる。因みに,X説とは別に,分離原則をもって人権として把握する立場(Y説)もあるが,実質的にはX_2説と同内容となろう。ただ,X_2説による場合には,分離原則違反それ自体を訴訟で争うには,納税者訴訟のような訴訟類型が創設される必要があるという違いは存する。

　「制度的保障」論の出自からみて,そもそも分離原則をことさら「制度的保障」と捉えることが適切かは疑わしい(第1章第3節Ⅰ3(3)→125頁)。また,分離原則を端的に個人の主観的権利とみることも無理があるように解される。結局,分離原則は,根本的には個人の信教の自由の保障を確実にすることに向けられた制度であり,その内容は憲法上明示されており,その明示されたところに従って公権力を厳格に拘束するものと解すべきであろう(Z説)。

　問題は,分離原則に想定する「宗教」を広く解し,また,分離原則をあまり機械的に厳格に貫くと,常識に反する非現実的な結果を招いたり(例えば,広島,長崎の原爆平和祈念式典さえ違憲となりかねない),かえって個人の信教の自由を尊重することにならない結果になったりすることである(例えば,刑事収容施設の被収容者の自発的な申出による施設での教誨活動さえ認められなくなりかねない)。

　そこで,まず,①分離原則は,宗教に対する肯定的観点に立っての,個人の信教の自由を全うさせるためのもの(先のC_1型)であることを確認する必

---

[31] 最(大)判昭和52年7月13日民集31巻4号533頁。

要がある。次に，②個人の信教の自由をいう場合の「宗教」(20条1項前段や同条2項の場合)と，政教分離原則をいう場合の「宗教」(20条3項や89条)とは必ずしも同一でないと解する必要がある。つまり，前者の「宗教」は，上述のように広く解すべきであるが，後者の「宗教」は，何らかの固有の教義体系を備えた組織的背景をもつものと解される。そうした教義体系に直接かかわる行為ないし教義的象徴としての行為を公権力が行うということになると，それはもとより分離規定によって禁止される。しかし，そうした宗教と関係性を有しないというわけではないが，一般習俗化するなどして特定宗教性が稀薄化している類の行為がある。そうした類の行為が具体的に憲法の禁止に属するか否かの判断にあたって，先の津地鎮祭判決にみられた，いわゆる目的・効果基準がはじめて意味をもちうると解される。以下，憲法の規定に即して具体的に検討する。

(2) 「特権」付与の禁止　20条1項後段は，宗教団体に対する「特権」の付与を禁止する。ここに「特権」とは，他の団体から区別して宗教団体のみに与えられる，または他の宗教団体から区別して特定の宗教団体のみに与えられる優遇的地位・利益を指す。これにより，国教制も公認宗教制も排除することが明らかにされる。

宗教法人は，現行税法上「公益法人等」と位置づけられ，法人税が原則として非課税とされるなどの優遇的扱いを受けている。この扱いについて，本項の「特権」にあたる（さらには後述の89条にいう公金支出にあたる）とみて合憲性を疑問視する向きもあるが，一般には他の公益法人などに対する扱いの一環と位置づけて合憲と解されている。ただ，宗教法人をもって端的に公益法人とみるべきものではなく，人間の生にとっての宗教の意義に注目しての立法政策的措置と解されるべきであろう（小嶋和司，大石眞）。

また，特定の宗教団体の保有する建築物や仏像などにつき，文化財の保存を目的として国や地方公共団体が補助金を支給することがある。文化財の保護という非宗教的な一般目的によるものである限り，本項にいう「特権」の付与とは解されない。

(3) 「政治上の権力」行使の禁止　20条1項後段は，宗教団体が「政治上の権力」を行使することを禁止する。ここにいう「政治上の権力」について，"政治的権威の機能"や"政治的影響力"の意味に解する立場もあるが（佐藤功），1項全体の趣旨に照らし，課税権とか裁判権といった統治的権力

を指すと解すべきであろう。前者の説は，宗教団体が今日統治的権力をもたないことは自明とするが，先にみたドイツのような例があるところであり，また，憲法 21 条や 14 条との関係で問題となる余地がある。

(4) **国の宗教的活動の禁止** 20 条 3 項は，「国及びその機関」に対し，「宗教教育その他いかなる宗教的活動」もしてはならないとする。ここに「宗教教育」とは，およそ宗教を宣伝しひろめることまたは宗教を排斥することを目的として行われる教育のことをいう。教育は，強制をともなわないといっても，個人の内心の形成に深くかかわりうることを重くみて，公教育が過度の宗教的色彩をもつことを避けようとする趣旨である（教育の場がいわば「囚われの聴衆」的性格をもつことは，先に触れた）。したがって，宗教の社会生活上の意義に触れ，宗教的寛容を養うことを目的とするがごとき教育は，憲法上禁止されない[32]。

「宗教的活動」の意味については，特定宗教の布教・教化・宣伝を目的とする積極的行為と解する説（A 説）もあるが，20 条 2 項にいう諸行為を含めておよそ宗教にかかわる行為を広く意味すると解する傾向が強いようである（B 説）。津地鎮祭事件に関する第二審判決[33]は B 説によったが，最高裁判所は，上述の目的・効果基準により，「行為の目的が宗教的意義をもち，その効果が宗教に対する援助，助長，促進又は圧迫，干渉等になるような行為」と解する。A 説よりも広いが，B 説よりは限定的である。A 説は狭きに失するが，他方，B 説は広きに失する。上述のように，個人の信教の自由をいう場合の「宗教」は広く解すべきであるが，3 項にいう「宗教」はそれよりも狭いと解されるからである。

問題は，この目的・効果基準が基準というには大まかに過ぎることである。裁判官の中にもその有用性を疑問視する向きもあるが，より適切な代替案も見当たらないこともあって，学説の多くはこの基準によりつつ厳格な適用を志向している[34]。以下，具体的事例に即して検討することにしよう。

---

[32] 教育基本法 15 条は，「①宗教に関する寛容の態度，宗教に関する一般的な教養及び宗教の社会生活における地位は，教育上尊重されなければならない。②国及び地方公共団体が設置する学校は，特定の宗教のための宗教教育その他宗教的活動をしてはならない」と定める。

[33] 名古屋高判昭和 46 年 5 月 14 日行集 22 巻 5 号 680 頁。

[34] この目的・効果規準は，アメリカ合衆国最高裁判所のレモン事件判決（1971 年）が示したいわゆるレモン・テストを参考にしてのものである。それによれば，①国家行為の目的が世俗的なものであるか，②その主要な効果が宗教を助長したり，逆に抑圧したりするものであるか，③それが，行政的あるいは政治的に，宗教との過度のかかわり合いを促進するものであるか，

ある行為が，特定の宗教に源をもつものであっても，一般人にそのことを感じさせない程度までに生活様式化・慣例化している場合には，「宗教的活動」に該当しないと解される (例えば，学校の教室でクリスマス・ツリーのかざり物をするがごとき行為)。しばしば触れた地鎮祭について，第一審判決[35]は「習俗的行事」としたが，先に触れた第二審判決は，習俗的行為か否かの基準として，①行為の主宰者が宗教家か否か，②行為の順序作法が宗教界で定められたものか否か，③行為が一般人に違和感なく受け入れられる程度に普遍性を有するか否か，に求め，地鎮祭は習俗的行為とはいえないとした。これに対して，最高裁判所は，習俗的行為であれば「宗教的活動」にあたらないとの論法はとらず，そして①②については「外形的側面」と捉え，それのみにとらわれることなく，「一般人の宗教的評価」を考慮に入れた目的・効果基準によって判断すべきものとし，本件地鎮祭は憲法で禁止された「宗教的活動」にあたらないとした。地鎮祭に生活様式的要素があることは否定し難いが，先の①②の要素，および戦前における神社神道の地位・役割に関する国民感情などを考慮すれば，「宗教的活動」でないとするのは困難であろう。

　自衛隊の協力の下に，隊友会山口県支部連合会が，死亡した自衛官の護国神社合祀申請を行ったところ，その自衛官の妻 (自衛隊および夫の父親による仏式の葬儀にそれぞれ参列した後，教会の納骨堂に納骨し，キリスト教の信仰の下に生活) が隊友会と国に対して慰謝料の支払を，そして隊友会に対して合祀申請の取消しを求める訴えを提起した自衛官合祀訴訟につき，最高裁判所は次のように判断した[36]。①本件合祀申請は実質的に隊友会の単独行為であり，②自衛隊職員のかかわり合い方も間接的であってその意図・目的および効果 (行為の態様) からして「宗教的活動」とまではいえないこと，③3項はいわゆる「制度的保障」規定であるから，この規定に違反する行為であっても，私人に対する関係で「制限」「強制」をともなわぬ限り当然には違法とはならないこと，④「原審が宗教上の人格権であるとする静謐な宗教的環境の下で信仰生活を送るべき利益なるものは，これを直ちに法的利益としては認めるこ

を問題とし，そのうちのいずれかが肯定されれば，国教樹立禁止条項に違反するというものであった。これに対し，津地鎮祭判決の示す目的・効果基準は，より抽象化・総合化されたものとなっている。因みに，アメリカではこのテストに対する批判も根強いものがあり，ときには，最高裁判所は，国家行為が特定宗教を推奨するメッセージ性をもつかどうかを問題にしたりしている (エンドースメント・テスト)。

[35] 津地判昭和42年3月16日行集18巻3号246頁。
[36] 最(大)判昭和63年6月1日民集42巻5号277頁。

とはできない性質のものである」こと，を指摘し，妻の請求を斥けた。

　本件のポイントは，自衛隊の関与をどのように評価するか，妻の法的利益（宗教的人格権）をどのように解するか，にあった。が，判決は，護国神社のなす合祀自体と合祀申請とを区別して申請は合祀の前提としての法的意味をもつようなものではないとしたうえ，自衛隊職員の関与も間接的なものにすぎないと捉え，事件の本質を私人相互間の問題へと転轍してしまった。確かに，事柄の本質は妻と護国神社との関係（私人Ａが嫌だというものを私人Ｂはあくまでも強行できるか）の問題とみる余地があるとしても，判決は，「制度的保障」論を背景に，形式論を駆使して強引に国の関与の「宗教的活動」性を否認してしまったように思える[37]。

　大阪市が市営住宅の建替えに際し，町会の要望を受けて，町会が建立・移設する地蔵像の敷地として市有地を無償で使用させたところ，住民訴訟が提起された大阪地蔵像訴訟につき，最高裁判所は次のように判断した[38]。①市の意図・目的は，市営住宅の建替えにあたって地元の協力を得ようとすることにあり，②寺院外の地蔵像信仰は習俗化し，宗教性が稀薄であり，また，③町会は自治会組織であって，宗教活動をする団体ではなく，憲法20条3項・89条に違反しない，と。

　箕面市が忠魂碑移設のため代替地を無償で貸与し，教育長が遺族会主催の慰霊祭に列席したことなどが争われた箕面忠魂碑・慰霊祭訴訟につき，最高裁判所は次のように判断した[39]。①本件行為は小学校校舎の建替えにともなうもので（専ら世俗的目的），その効果の面からみても，3項にいう「宗教的活動」にあたらず，②1項後段にいう「宗教団体」，89条にいう「宗教上の組織若しくは団体」とは，特定の宗教の信仰・礼拝または普及などの宗教的活動を行うことを本来の目的とする組織ないし団体を指し，戦没者遺族の相互扶助や英霊の顕彰などを主たる目的とする遺族会はそれにあたらない，③教育長の列席は遺族に対する社会的儀礼という世俗的ものであり，その効果の面からみても，政教分離に反するものとはいえない，と。

---

[37] 因みに，島谷六郎・佐藤哲郎裁判官の「意見」は，隊友会の単独行為とするのは「余りにも形式論にすぎる」としつつ，法的利益については消極的な立場をとり，伊藤正己裁判官の反対意見は，合祀と申請とは密接不可分であり，本件申請行為は自衛隊職員と隊友会との共同行為とみるべきであるとしたうえ，「いわば心の静穏の利益もまた，不法行為法上，被侵害利益となりうる」としている。

[38] 最判平成4年11月16日判時1441号57頁。

[39] 最判平成5年2月16日民集47巻3号1687頁。

愛媛県知事が，県の公金から，靖国神社の行う例大祭などに玉串料・献灯料を，県護国神社の行う慰霊大祭に供物料を奉納させていたことに対し，憲法20条3項・89条に違反するとする，地方自治法に基づく損害賠償代位請求がなされた愛媛玉串料訴訟につき，最高裁判所は次のように判断した[40]。まず，上述の津地鎮祭判決や自衛官合祀訴訟判決に依拠して，目的・効果基準によってある行為が「宗教的活動」にあたるか否かを検討するにあたって，「当該行為の外形的側面のみにとらわれることなく，当該行為の行われる場所，当該行為に対する一般人の宗教的評価，当該行為者が当該行為を行うについての意図，目的及び宗教的意識の有無，程度，当該行為の一般人に与える効果，影響等，諸般の事情を考慮し，社会通念に従って，客観的に判断」すべきものとする。そのうえで，例大祭や慰霊大祭などは各神社の挙行する祭祀の中でも重要なものであり，玉串料・供物料などはそうした儀式に際して神前に供えられ，献灯料はみたま祭において境内に奉納者の名前を記した灯明が掲げられるというもので，地鎮祭などと違って，目的・効果の面からみて3項の「宗教的活動」にあたり，また，89条の「公金の支出」にあたり，違憲と断じた。

この判決は，目的・効果基準を適用してのものであるが，アメリカの判例中にみられるエンドースメント・テスト[41]を思わせるものがある。

内閣総理大臣などの靖国神社参拝をめぐって，様々な訴訟が提起されてきた。その中の1つで，小泉純一郎総理大臣が，公的参拝か私的参拝かをあいまいにしたままで，公用車を用い，秘書官を同行させ，総理大臣の名で記載するなどした行為につき，戦没者をどのように回顧し祭祀するか否かに関し自ら決定し行う権利ないし利益が侵害されたこと，参拝が政教分離原則に反すること，を理由に国家賠償と参拝の違憲確認を求めた訴訟に対し，最高裁判所は次のように判断した[42]。人（総理大臣を含めて）が神社に参拝する行為自体は他者の信仰生活等に圧迫・干渉を加えるものではなく，それに「不快の念」を抱いたとしても被侵害利益として直ちに損害賠償を求めうるものではない，と[43]。

---

[40] 最(大)判平成9年4月2日民集51巻4号1673頁。
[41] 注34参照。
[42] 最判平成18年6月23日判時1940号122頁。
[43] したがって賠償請求を棄却するとともに，違憲確認の求めを却下した下級審の判断を支持した。なお，下級審の判決の中には，違憲性を確認しつつも，被侵害利益がないことを理由に請

北道道砂川市が市の敷地を神社に無償提供しているのは20条・89条に違反するとして撤去などを求めた空知太神社訴訟で，最高裁判所は，宗教的施設の性格や無償提供の経緯と態様，これらに対する一般人の評価などを考慮し，「社会通念に照らして総合的に判断すべきもの」としたうえ，違憲と判断した[44]。氏子集団が神社を利用した宗教活動を容易にし，特定宗教に特別の便益を提供し援助していると受けとられてもやむをえないというのがその理由である。ただ，撤去しなくとも土地の譲渡や有償提供といった手段もありうることを指摘し，氏子らの信教の自由にも配慮した合理的・現実的手段を検討する必要があるとして，札幌高等裁判所に差戻した。

　本件神社は，先にみた地蔵像や忠魂碑などの場合に比べて，宗教性が明白で，かつ，行政として漫然と見過してきたというべき例であった。判決は目的・効果基準に直接依拠してはいないが，本件神社のように法人格をもたないものを含めれば，国公有地にある神社は多いようで，その扱いは一様ではありえないであろう。判決も，宗教的施設としての性格があっても歴史的・文化財的な建造物として保護の対象となり，社会的な価値や意義に着目して国公有地に設置されている場合もありうる，と述べている。

　最後に，先に少し触れた刑事収容施設における教誨活動について，簡単に論及しておきたい。改正前の監獄法は受刑者に対する教誨活動について定めていたが[45]，これが「宗教的活動」にあたらないかの問題を孕んでいた。この点，宗教的信仰の宣伝に至っているか否かを基準にして，宗教に関する一般的知識の理解を図る類のものは，憲法の禁止する「宗教的活動」にはあたらないと解されてきた[46]。また，在監者の自発的な申出により，私人としての教誨師が行う活動についても，同様に解すべきものであった。上述のように，政教分離原則は，個人の信教の自由を尊重するためのものであるからである。

　そして，現行の刑事収容施設法は，「被収容者が一人で行う礼拝その他の宗教上の行為は，これを禁止し，又は制限してはならない。ただし，……」と定め (67条)，「刑事施設の長は，被収容者が宗教家 (民間の篤志家に限る。以

　　求を棄却した例がある (主文で勝訴した国側は，上訴できない)。
　44 最(大)判平成22年1月20日民集64巻1号1頁。
　45 監獄法29条，同施行規則80条・81条参照。
　46 大阪地判昭和33年8月20日行集9巻8号1662頁，東京地判昭和36年9月6日行集12巻9号1841頁参照。

下この項において同じ。）の行う宗教上の儀式行事に参加し，又は宗教家の行う宗教上の教誨を受けることができる機会を設けるように努めなければならない」（68条1項）としている。

(5) 公金の支出禁止　89条の「宗教上の組織若しくは団体」に対する公金支出，財産供用の禁止は，アメリカ的発想に基づき政教分離を財政面から裏づけようとするものである。ここに「宗教上の組織若しくは団体」の意義については諸説があるが，20条1項後段にいう「宗教団体」，89条にいう「宗教上の組織若しくは団体」とは，特定の宗教の信仰・礼拝または普及などの宗教的活動を行うことを本来の目的とする組織ないし団体を意味し，遺族会や町会はこれにあたらないとする判例について，既に触れた。

既に述べたように，宗教法人に対する非課税措置，文化財保護の一般的政策に基づき公金が支出されて（文化財保護法）宗教団体にも及ぶこと，刑事施設被収容者の申出に基づき特定の宗教団体に対し教誨師を委嘱紹介する行為，等々は本条に反するものではない。

私立学校振興助成法は，学校法人に対し，その教育（または研究。大学などの場合）にかかわる「経常的経費」について補助することを定め（4条，9条），さらに当分の間学校法人以外の私立の幼稚園の設置者にも補助するものとしている（同法附則2条）。したがって，宗教団体設置の幼稚園なども，補助の対象となる。「経常的経費」であるだけに89条に違反しないかの疑問の余地があり，少なくとも補助金の具体的支払を，子供を受益者とするような形式において行う配慮が求められよう。

III　学問の自由

1　総説

憲法は，「学問の自由は，これを保障する」（23条）と定める。「学問の自由」の観念は，大学のあり方にかかわる理念と結びついて，19世紀ドイツの憲法史の展開過程で顕現した[47]。英米では，伝統的に，学問の自由の問題

---

[47] 大学像・大学教師像を根本的に変えた契機の1つは，1810年，フィヒテを初代学長として創設されたベルリン大学（現在，フンボルト大学）であった。それまでのいわゆる大学では「教育」が主要な任務とされたが，ベルリン大学では「教育」とともに「研究」が大学（教授）の主要な任務とされ，しかも，教授が研究を行うだけでなく，学生がその研究に関係すること，換言すれば，学生は受身的に教授の講義を聴くということではなく，学生も研究の過程に参画

も，思想・表現の自由などの市民的自由の文脈で把握されていたが，学問研究をとりまく環境の変化にともなって，「学問の自由」の独自性が認識されるに至った[48]。

日本国憲法は，京大事件（滝川事件）[49]（昭和8年）や天皇機関説事件[50]（昭和10年）などに象徴される明治憲法下の悲劇的経験に鑑み，精神的自由権の中でも「学問の自由」が独自の意義をもつことを認め，これを特に明記したものと解される。その背景には，「学問」というものがもつ本来的な独自の意義についての再認識と，現代世界における「大学」というものの存在理由とそのあり方に関する省察があったものと思われる。

人間は本当のこと（真理）を知りたいと欲する存在であり，そこに「学問」の原点がある。人間のこの精神的営みと試行錯誤，意図と偶然，の中から様々な新しい発見・発想が生み出され，ときに時代の支配的な社会的価値観や政治権力と緊張を孕みながら，人間の生と社会の発展に寄与してきた。そして現在，人類の学問の成果を継承しつつ，新たな知の地平を切り拓いていく役割を担う中核として位置づけられているのが，「大学」である。大学の公共的性格を踏まえた高度の自律性（大学の自治）を保持する中で，「学問の自由」をいかに確保していくかを真剣に問い続けなければならないゆえんである。

すること，が目指された。教授の教える自由と学生の学ぶ自由とが一体化したこの大学像は，多くの分野で世界をリードする成果をあげ，大学のあり方のモデルとなった。この大学（教授）像の根底にあるもの，それは，人間の知識は不十分・不完全なものであり，したがって高みから一方的に教えを垂れるというような中で得られるものではないということを明確に認識する，ソクラテスに遡る弁証法の哲学であった。猪木武徳・大学の反省（NTT出版，2009年）参照。

48 J・H・ニューマンの『大学の理念』(1850-58年)は，当時の閉鎖的・差別的な大学との苦闘の中で書かれたものであるが，「（大学とは）すべての知識と科学，知識と原理，研究と発見，実験と思索といったものを高度に保護する能力であり，知識の領域を定め，すべての分野において侵害や，屈従が行われないように監視する場所である」という考えを示している（猪木武徳）。アメリカでは，大学の教員が大学などの方針に反するとして容易に解雇される事態の中で，20世紀初頭，大学教員の「学問の自由（academic freedom）」を保障するための組織（米国大学教授協会〔American Association of University Professors〕）（通称 AAUP）が作られ，「学問の自由と終身在職権」の考え方が打ち出されている。

49 刑法学者の滝川幸辰京都帝国大学法学部教授の主張が共産主義的であるなどとして鳩山一郎文相が罷免し，憲法学者の佐々木惣一を中心とする法学部教授などがこれに抵抗したが，結局弾圧された事件。

50 憲法学者の美濃部達吉東京帝国大学法学部教授の，天皇は法人である国家の機関であって統治権は国家にあるとする主張が，わが国の国体に反するとして糾弾され，貴族院議員を辞職させられた事件。

2 「学問の自由」の保障の性格と内容

「学問の自由」は、既に示唆したように、広く個人の①学問研究活動および②その成果の発表につき、公権力により妨げられないことを意味するが、教育研究機関としての大学の本質に照らし、特に大学におけるこれらの自由を保障する趣旨と解される。この趣旨は、ポポロ事件判決[51]も明らかにしているところである。

「学問」は、真理探究それ自体に向けられた論理的・体系的知にかかわる働きであり、①の学問研究活動の自由および②の研究成果発表の自由は、それぞれ思想・良心の自由（19条）および表現の自由（21条）に対して特別法的性格を有する。この点、例えば、表現の自由を保障する根拠としてよく「思想の自由市場」論[52]に言及されるが、学問上の真理は「市場」で広く受け入れられるか否かとは次元を異にしている（長谷部恭男）。

②の研究成果の発表の自由に関連して、さらに③大学において研究成果を教授する自由（教授の自由）を含むと解される。これは、大学における教育という意味をもっている点で、発表の自由それ自体とは違った独自の存在理由をもつからである。先に触れたポポロ事件判決は、「教育ないし教授の自由は、学問の自由と密接な関係を有するけれども、必ずしもこれに含まれるものではない」としながらも、「大学が学術の中心として深く真理を探究することを本質とする」存在で、これに沿って学校教育法52条が「大学は、学術の中心として、広く知識を授けるとともに、深く専門の学芸を教授研究」するところとしている（改正前の規定で、現行法83条参照）ことに照らし、大学において教授その他の研究者がその専門の研究の結果を「教授する自由」が保障されるとしている。そして後の旭川学力テスト事件判決[53]は、この「自由」が23条の保障する「学問の自由」に含まれることを明確にしている。

なお、この点に関連して、初等・中等教育機関における教育従事者（教員）にも「教育の自由・教授の自由」の保障があるのではないかの問題がある。こうした機関における教員も個人として「学問の自由」の保障を享受するのは当然である。ここでの問題は、その教員が教育の場において23条の保障する「教授の自由」を主張しうるかである。この点につき、学問と教育との

---

[51] 最（大）判昭和38年5月22日刑集17巻4号370頁。
[52] その代表的論者は合衆国最高裁判所裁判官を長年勤めたホームズ（本節Ⅳ1 ➔ 248頁）。
[53] 最（大）判昭和51年5月21日刑集30巻5号615頁。

不可分性などを根拠に積極に解する説も有力に主張され，判決例も積極，消極の2種類に分かれたが，上記の旭川学力テスト事件判決は，普通教育の場でも「一定の範囲における教授の自由が保障されるべきことを肯定できないではない」としつつも，「教師に完全な教授の自由を認めることは，とうてい許されない」と判示した。判決も示唆しているところであるが，大学にあっては，学生が批判能力をもち，教育と研究とが不可分の関係にあたるのに対し，これとは異なり，心身の発達に応じた普通教育を施すことを使命とする初等・中等教育機関にあっては，直接には23条の保障内容をなす「教授の自由」は妥当せず，それとは別の「教育の自由」が妥当すると解すべきではないかと思われる（第4章第2節Ⅱ2→369頁）。

大学におけるあるべき教育と研究は，既に示唆したように，大学が国家権力その他の外部の権威から独立し，組織体としての高度の自律性を保障されることによってはじめて可能であり，その意味において「学問の自由」は④「大学の自治」もその内実としているものと解される。幾度か触れたポポロ事件判決も，「大学における学問の自由を保障するために，伝統的に大学の自治が認められている」としている。ただ，大学制度と大学の自治については後述するが，大学内部にあって大学と個々の教員の自由とが緊張関係に立つ面もあることは留意されなければならない。

3　「学問の自由」の限界

学問研究活動は，内心領域にとどまる限り，その保障は絶対的ともいうべきものであるが，通常は何らかの外部的行動をともなう。そして例えば，学問研究の方法・手段において，人体実験などのように他人の生命・身体などの法益を侵害してはならないという制約が存するのは明らかである。

現在特に微妙な問題を提起しているのは，生命科学の領域である。かかる事態を象徴する，平成12年に制定されたクローン規制法（「ヒトに関するクローン技術等の規制に関する法律」）は，「ヒト又は動物の胚又は生殖細胞を操作する技術のうちクローン技術ほか一定の技術（以下「クローン技術等」という。）が，その用いられ方のいかんによっては特定の人と同一の遺伝子構造を有する人（以下「人クローン個体」という。）若しくは人と動物のいずれであるかが明らかでない個体（以下「交雑個体」という。）を作り出し，又はこれらに類する個体の人為による生成をもたらすおそれがあ」るとし，それが「人の尊厳の保持，人の生命及び身体の安全の確保並びに社会秩序の維持……に重大な影

響を与える可能性がある」ことに鑑み,「人クローン胚,ヒト動物交雑胚」等を人または動物の胎内に移植すること禁止し（1条・3条），違反者を10年以下の懲役もしくは1000万円以下の罰金に処する（16条）と定めている。ここでの規制が社会にとっての具体的危険ではなく,「重大な影響を与える可能性がある」という理由による点が注目されるところである（もっとも，ここで禁止されているのは，胎内に移植するという方法に関するものではある）。

大量殺戮兵器の開発に結びつくような研究についても，難しい問題がある。知ろうとする人の精神作用は研究の基礎をなすものであり，その過程ないし結果が何をもたらすかは様々な要因による。研究者のモラルや研究遂行の管理のあり方，研究結果の利用の統制等々の問題として考えるべきものであろう。

最後に，研究と国民の**プライバシーの権利**（自己情報コントロール権）との関係について簡単に触れておきたい。この問題は研究のいろいろな面にわたるが，ここでは特に医学の分野に言及するにとどめる。今日，ゲノム研究を背景に，「研究」と「医療」との一体化が進み，遺伝子解析データと病歴・家族歴・生活習慣・予後等々の患者の情報とが照合され，治療・研究が試みられる。換言すれば，「究極の個人情報」ともいわれる遺伝子情報が個人の身体や生活歴等に関する臨床情報と一体となって貴重な「研究資源」となった。そして，ここにゲノム情報と臨床情報とをリンクした大規模なオンライン・データベースを構築する可能性が開かれた。

このことは，人間にとっての最もセンシチブな情報（本書にいう「プライバシー固有情報」〔第2章第1節Ⅱ3(3)→181頁）が個人の手を離れて「世界」に流出し飲み込まれていく可能性が生じたことを意味する。個人情報保護法は，「公衆衛生の向上」や「学術研究」という除外規定（16条3項・23条1項・50条1項）を設け，また，学術研究への協力を目的とする個人情報の提供については主務大臣の権限の行使を制限している（35条2項）。結局，この種の情報の扱いは個別法に委ねられたかたちであるが，現在各所で各種のガイドラインが存在するにとどまる。医療の向上・医学研究の推進を図るためにも，プライバシーの権利を適正に保護する法的・制度的枠組の構築を求める声は医学関係者の中にもみられる[54]。

---

[54] 例えば，宇都木伸＝菅野純夫＝米本昌平・人体の個人情報（日本評論社，2004年）参照。さ

4 大学の自治

(1) 総説 上述のように，学問の自由は「大学の自治」をその内実とするが，その内容は憲法上一義的に確定しているわけではない。大学における学問の自由を確保するため，大学は自治権を認められなければならないという基本的観点から，法律によって具体的な制度内容が定められることになる。

(2) 自治の内容 「**大学の自治」の内容**について，**ポポロ事件判決**は，①「とくに大学の教授その他の研究者の人事に関して認められ」，②「大学の学長，教授その他の研究者が大学の自主的判断に基づいて選任され」，また，③「大学の施設と学生の管理についてもある程度で認められ，これらについてある程度で大学に自主的な秩序維持の権能が認められている」と述べた。これは，伝統的な学説を反映するものであったといえる。大学の自治のあるべき内容としては，これに加えて，④研究教育作用を進めるうえでの自治，⑤予算管理における自治も含める必要があろう。

自治の主要な担い手は，自治の存在理由からいって，教授その他の研究者の組織であるべきであって，具体的には，教授会がその中心たるべきものと解される（学校教育法93条は，「大学には，重要な事項を審議するため，教授会を置かなければならない」と定めている）[55]。

大学の評議会において学長事務取扱を選考し，文部大臣（当時）にその任命を上申したところ，その人の発言が大学紛争激化の中で国会で問題とされ，文部省がその釈明を求めて発令を延期した（2ヶ月が経過）ところ，その延期によって名誉を傷つけられたとして争った**九大・井上事件**につき，裁判所は，文部省の対応には理由がないわけではないとして請求を棄却しつつも，傍論において次のように述べた[56]。学長事務取扱に指定する発令には，学長等の任用に関する教育公務員特例法10条の規定が類推適用されるとしたうえ，同条にいう「申出」については，明らかな手続違背や公務員の欠格条項に該当するなどの事情がない限り，文部大臣として発令すべき職務上の

らに，保木本一郎・核と遺伝子技術の法的統制（日本評論社，2001年），山本龍彦・遺伝情報の法理論（尚学社，2008年）等参照。

[55] なお，自治における学生の地位につき，かつてはポポロ事件判決も含めて一般に営造物利用者として捉えていたが，学生は大学の教育研究を支える構成員というべく，大学の運営につき積極的に意見を述べうる立場あると解される。

[56] 東京地判昭和48年5月1日訟月19巻8号32頁（請求棄却〔確定〕）。

義務がある, と。

M・トロウは, 主要先進国の大学につき, エリート型からマス型へ, さらにユニバーサル・アクセス型への変化を予言した[57]。日本の大学・短大への進学率は, 1955年段階では10.1％であったが, 2005年には51.5％に達している。こうした変化は, 大学のあり方にも大きな影響を及ぼしてきた。

その影響と対応は各国それぞれで決して一様ではないが, 日本の大学像も次第に変化し, 大学の自己評価・第三者機関による認証評価制度が導入され[58]、また, 平成15年制定の国立大学法人法は, 学長を筆頭とする「役員会」, 学長を長とする「経営協議会」(委員の総数の2分の1以上は学外者), 同じく学長を長とする「教育研究評議会」(基本的に学内選出委員)を設けるものとし, 中心となるその学長の任命については, 国立大学法人の「申出」に基づいて文部科学大臣が行うが, その「申出」は「学長選考会議」(基本的に学内, 学外同数の委員)の選考によるものとしている(従来学長の選出は学内構成員一般の選考によったが, 国立大学法人法は全学投票を要求してはいない)。

大学の自治を支える財政的基盤も, 今日の大学が抱える大きな問題である。OECDの統計によると, 高等教育への教育支出に占める公財政支出は, OECD諸国の平均は7割強に対して日本は3割強にとどまる[59]。アメリカの大学は, 州立と私立とではもとより事情は異なるが, 連邦の補助や民間からの寄付に依存する度合いが強い。が, 大陸ヨーロッパ諸国では, 8割から9割以上が公財政支出で賄われているという。両者それぞれ一長一短をもつが, 公財政への依存度が大きいからといって学問の独立性・大学の自治が弱いということを意味しない。ただ, そこでは, 大学の質を維持し社会の理解を得るための様々な努力が払われてきた(例えば, 人事や学位審査をできるだけ

---

57 因みに, 該当年齢人口に占める大学在籍人口を指標として, エリート型は15％まで, マス型は15％から50％, ユニバーサル・アクセス型は50％以上, というように大まかに区切られている。

58 学校教育法109条以下参照。文部科学大臣の認証を受けた「認証評価機関」が, 大学の教育研究等の総合的な状況について, 政令の定める期間ごとに, 評価するもので, そこでは教員の適格性も審査される(さらに, 法科大学院などの専門職大学院については, 別途の認証評価が義務づけられている)ことに留意されたい。

59 国立大学が法人化された以後も, 基本的には文部科学省から年度ごとに交付される「運営交付金」に支えられているのが現状であるが, 受託研究費などの「外部資金」やCOE(研究拠点形成費補助金)などの「競争的資金」等々が重要性を増すなど, 成果主義・競争主義的傾向が強くなってきている。日本の大学のマス化, ユニバーサル化を主に受け止めてきた私立大学については, 昭和50年制定の私立学校振興助成法によって経常費補助がなされてきたが, いまだ10％強にとどまっているといわれる。

公開にするなど）点は看過しえない。

　グローバル化の進展する中で，日本でも，20世紀末以来，大学院重点化，法科大学院に象徴される専門職大学院の創設等々を含む，既に垣間見たような大学改革が推進されてきた。こうした改革が所期の実を結ぶかどうかは，財政基盤の強化の成否とともに，関係者の智恵ある工夫と努力にかかっている。

　(3)　自治の限界　「大学の自治」といっても，学問の自由と無関係の消防・衛生などにつき一般の場合と同様の規制に服するほか，人事や学生懲戒処分などにつき司法審査の対象となることがあるなど，そこには一定の限界が存することは否定できない。

　従来「大学の自治」との関係で特に問題とされたのは，警察作用との関係であった。この点につき，まず，内部秩序の維持は大学自らの管理責任においてなされるべき事柄であり，それが不可能な場合に，大学側の要請に基づき警察権の発動が行われるという原則が妥当すべきものと解される。第2に，警察権の具体的発動については，警察権の限界に関する諸原則，すなわち警察公共の原則，警察責任の原則および警察比例の原則が当然に妥当することが注意されなければならない。

　この問題に関する事例は幾つかあるが，リーディング・ケースともいうべきものは，既に幾度も触れたポポロ事件判決である。本件は，東京大学構内で同大学の学生劇団の演劇発表会が行われた際，学生が観覧中の私服警官を発見し，暴行を加え，警察手帳を取り上げたため，暴力行為等処罰ニ関スル法律1条（当時）違反として起訴された事件である。警察手帳などにより，警察は，以前より大学構内に立ち入り，警備情報収集活動を行っていたことが明らかにされた。

　第一審判決[60]は，被告人の行為は「大学の自治」を守るための正当行為の範囲に属するものとし，第二審もこれを支持したが，最高裁判所は，次のような見解に立って，破棄差戻した。すなわち，本件集会は，真に学問的な研究とその発表のためのものではなく，「実社会の政治的社会的活動」であり，かつ公開の集会またはこれに準ずるものであって，本件警察官立ち入りは，大学の学問の自由と自治を犯すものではない，と。が，本件警察官の行為が従前からの学内情報収集活動の一環として行われたものであることが適切に

---

[60] 東京地判昭和29年5月11日判時26号3頁。

考慮されていない点に問題があり、また、本件集会が、学問研究そのものにかかわるものではないとしても、大学の正規の手続を経て大学の教室において行われた行動であることに鑑み、大学の管理権者の自律的判断を尊重することが、「大学の自治」を認めることの帰結ではないかの疑問がある[61]。

Ⅳ　表現の自由

1　総説

憲法は、「(集会、結社及び) 言論、出版その他一切の表現の自由は、これを保障する」(21条1項) と定め、さらに「検閲は、これをしてはならない」(同条2項前段) と規定する。

ここに「**表現の自由**」とは、定義通りに解すれば、人の内心における精神作用を、方法のいかんを問わず、外部に公表する精神活動の自由をいう (21条1項の文言に照らして狭く解すれば、「表現の自由」は、口頭 (「言論の自由」) および印刷物 (「出版の自由」) 以外の方法による表現活動ということになるが、憲法上そのように区別すべき実質的根拠に乏しい)。なお、21条は「集会、結社」の自由もあわせ規定しているが、それは「表現の自由」との密接な関連性をもつことに着目してのこととはいえ、両者には趣旨を異にするところがあり[62] (次のⅤ参照)、ここでは「表現の自由」について論及する。

表現の方法は、口頭・文章のほか、絵画・彫刻・音楽・演劇・映画・放送等々と多種多様であり、憲法がその自由を保障する「表現」は、条文にも「一切の表現」とあるように、これらを広く包摂する。したがって、「**芸術上の表現活動**」もここにいう「表現」に含まれ[63]、また、いわゆる「**象徴的表**

---

[61] 差戻後第一審の東京地判昭和40年6月26日下刑集7巻6号1275頁は、警察官の立入りを「集会の自由」を侵害するものとしたが、被告人にはもっと適当な方法がなかったとはいえないとして有罪とし、第二審も控訴棄却、そして最判昭和48年3月22日刑集27巻2号167頁は再上告を棄却した。

[62] アメリカ合衆国憲法は「言論もしくは出版の自由」と「人民が平穏に集会〔する〕権利」を同一条文中に規定するが、ドイツの憲法をはじめヨーロッパ諸国の憲法は「表現の自由」と「集会の自由」や「結社の自由」とを別個の条文で規定する傾向があるようである。

[63] 最判昭和45年4月24日刑集24巻4号153頁参照。また、後述するように、芸術的表現とわいせつ性あるいは名誉・プライバシーの権利の侵害性との関係がいろいろな事件で論じられてきたところである。この点、ドイツの憲法では、表現の自由とは別に「芸術および学問、研究および教授は、自由である」(5条3項) と規定され、理論的には「芸術の自由」は厚く保護されると観念されているようである。

現」も包含されると解される[64]。

　「表現の自由」は思想・信条・意見の表出活動として語られることがあるが，厳密には，「報道の自由」も「表現の自由」に含まれることは今日では当然視されている[65]。事実の報道と意見などとを区別することは実際問題として難しく，また，政治・社会・経済的事象に関する事実情報の流通は各人の精神活動および立憲民主制の運営にとって不可欠であるからである。

　このように考えていくと，「表現の自由」は，思想・信条・意見・知識・事実・感情など人の精神活動にかかわる一切のもの（これを包含して「情報」と呼ぶことにする）の伝達に関する活動の自由と解することができる。そして，情報を伝達する行為は，情報を受けとる行為があってはじめて有意的となるという意味で，「表現の自由」は「情報を受け取る自由」（以下「情報受領権」と呼ぶ）を前提とするといえる[66]。さらに，情報伝達行為は，多かれ少なかれ情報収集活動に依拠するから，「表現の自由」は「情報収集の自由・権利」（以下「情報収集権」と呼ぶ）を包摂するものと解される[67]。

　以上のような射程をもつ「表現の自由」は，①個人の人格の形成と展開（個人の自己実現）にとって，また，②立憲民主制の維持・運営（国民の自己統治）にとって，不可欠であって，この不可欠性の故に「表現の自由の優越的地位」が帰結される。確かに，既にみた「思想・良心の自由」や「信教の自由」などの内面的精神活動の自由，あるいは人身の自由や私生活の自由さらには経済活動の自由も，個人の自由な自己実現にとって不可欠なものであって，優劣は簡単にはつけ難いかもしれない。しかし，「表現の自由」は人間の精神活動の自由の実際的・象徴的基盤であるとともに，人の内面的精神活動の自由や人身の自由や私生活の自由などの保障度を国民が不断に監視し，自由の体系を維持する最も基本的な条件であって，その意味で「ほとんどすべての他の形式の自由の母体であり，不可欠の条件である」（カードーゾ裁判官）。「表現の自由」が「公開討論の場の確保」に寄与することによって，国民主権と直結することについては後述する（第3編第1章第1節Ⅱ3→395頁）。

64　アメリカでは，例えば，ベトナム戦争反対の意思表明の手段として公衆の面前で徴兵カードや国旗を焼却することが行われたが，こうした行為も「表現の自由」の問題として扱われる。
65　博多駅フィルム事件に関する最（大）決昭和44年11月26日刑集23巻11号1490頁も，これを承認する。
66　注65の決定は，国民の「知る権利」観念に触れつつ報道の自由の意義を説いている。
67　注65の決定は，「報道のための取材の自由も，憲法21条の精神に照らし，十分尊重に値いするものといわなければならない」とする。

「表現の自由」の意義・機能としては、さらに、③真理への到達および④社会の安定と変化の間の均衡ということが指摘される（エマーソン）。が、この2つは、①と②の近代憲法原理を支える信条ないし仮説の体系とも称すべきものであろうと思われる。③の真理への到達機能は、しばしば「思想の自由市場」の言葉で語られる。つまり、「真理の最上のテストは、市場の競争において自らを受け入れさせる思想の力である」（ホームズ裁判官）という発想である。しかし、この自由市場論については、真理が究極において勝利する保障はあるのかといった原理的疑念とともに、そもそも自由市場というものは実際上存在しうるのか、むしろマスメディアの少数者への集中など歪みをもたらす様々な要因が不断に働き、といって表現の自由を傷つけることなくそれを是正することは非常に困難ではないかといった疑念がつきまとっている。

なお、このマスメディアの問題とも関連して、急速に普及してきたインターネットの役割が注目される。それは、Eメールの送信・受信という通信機能だけでなく、掲示板への書き込みやホームページの開設など「表現」としての機能を有している。したがって、それは個人が広く容易に利用しえる「表現」の場が誕生したことを意味しているが（したがって、表現の自由に関する法理が妥当する）、従来の「表現」の場とは違ったそれ固有の問題があり、後に若干触れることにしたい（特に第3節①→320頁）。

2　「表現の自由」の保障の性格と内容

(1) 総説　憲法21条1項に「言論、出版その他一切の表現の自由は、これを保障する」とは、上述したところを前提にいえば、情報の流通にかかわる国民の諸活動が公権力により妨げられないことを意味する。ここにいう「情報」の意義については既に触れた。「情報の流通」とは、情報収集―情報提供（伝播）―情報受領の全過程を包摂することも既に示唆した。「妨げられない」とは、直接的規制のみならず、例えば表現主体に対する特別課税のような間接的規制からも自由であることを意味する。

(2) 情報提供権　この権利は、いいたいことをいうという、「表現の自由」の原点をなすもので、今日でも「表現の自由」の保障の核をなすものであることには変りはない。この権利は、いいたくないことをいわない自由（「消極的情報提供権」ないしいわゆる沈黙の自由）を包含するが、それが問題となるのは「公表」（不特定または多数者に対する伝達）の強制の文脈においてであ

って，19 条に根拠する「沈黙の自由」とは性格・内容を異にする（第 1 節 I 3 ➔218 頁）。

　(3)　**情報受領権**　この種の表現は，当初，情報提供権を補強する趣旨で言及されたが，次第に独自の存在理由をもった「権利」として理解されるようになり，ときに「知る権利」や「知る自由」の名において語られた。この権利は，次の収集権と違って，自発的な情報提供者の存在（何らかのかたちで公表される情報の存在）を前提とする点に特性をもつ。

　わいせつ物規制に関する「悪徳の栄え」事件判決[68]の反対意見の中で表現の自由には「知る自由」が含まれるという一節が登場し[69]，そして「よど号」新聞記事抹消事件判決[70]は，新聞紙・図書などの「閲読の自由」が憲法 19 条・21 条の「派生原理」として当然に導き出されるとするに至る（第 1 章第 5 節 I 3 ➔157 頁）。

　受領権も，対公権力において妥当するものであるが，社会的には「知る権利」の名においてマスメディアに向けられることが少なくない。しかし，マスメディア自体が表現の自由の享有主体であることを考えると，受領権がどのような形式・基準において妥当すべきかは難しい課題である（後述 7 ➔282 頁）。

　(4)　**情報収集権**　この権利は，自ら情報を獲得しようとする積極的行動にかかわる点で，受領権と性格を異にする。収集権は，①収集活動が公権力によって妨げられないという自由権的側面と，②公権力に対して情報の開示を請求するという請求権的側面とを有する。①を消極的情報収集権（一般に「取材の自由」と呼ばれる），②を積極的情報収集権と呼ぶことにする。

　消極的情報収集権（取材の自由）は，通説・判例によってほぼ承認されているといってよい[71]。これに対して積極的情報収集権は，請求権的性格を有す

---

[68] 最(大)判昭和 44 年 10 月 15 日刑集 23 巻 10 号 1239 頁。
[69] さらに，写真集輸入税関事件に関する最判昭和 54 年 12 月 25 日民集 33 巻 7 号 753 頁における高辻正己裁判官の補足意見は，書籍・図画などを「思想の表明・伝達の行為に用いて一般の視聴に供することの自由が，その半面においては，一般の視聴に供されたそれを視聴することの自由が，憲法 21 条 1 項…によって保障されるものであることは，明らかである」と述べている。
[70] 最(大)判昭和 58 年 6 月 22 日民集 37 巻 5 号 793 頁。
[71] 既に幾度か触れた注 65 の博多駅フィルム事件決定は，「憲法 21 条の精神に照らし」て「取材の自由」を肯認し，西山記者事件に関する東京高判昭和 51 年 7 月 20 日高刑集 29 巻 3 号 429 頁は，「取材の自由」は「憲法 21 条により保護される自由の範疇に属する」とした。最高裁判所の判例にいう「精神に照らし」という表現は必ずしも明確でないが，「取材の自由」が端的

ることから，これを「表現の自由」の内実とすることについてなお消極的意見があるようにみえる。

　が，情報の流通という観点からみた場合，積極的情報収集権は欠くことのできない部分をなすこと，この権利は元来立憲民主制に内在するとみるべきものであったところ，積極国家化現象にともなって顕在化せざるをえないものであったこと，「表現の自由」が請求権的側面をもつに至ったとしても，そのことの故に・直・ち・に本来の自由権としての性格が損なわれると速断するのは妥当でないこと，が指摘されなければならない。ただ，この権利は，政府の情報開示という作為を求めるものであること（政府の文書〔情報〕の適正な管理体制の構築が大前提となる），および権力分立構造下の裁判所の地位というものを考慮するならば，法律による開示基準の設定と国民一般に対する具体的開示請求権の根拠づけをまたずに，直ちに一般的に，司法的強制可能な権利とみることは困難であろう。その意味で，憲法上の開示請求権は抽象的な請求権たる性格をもつにとどまると解される。

　因みに，この開示請求権も「**知る権利**」と呼ばれることがある。「知る権利」は多義的で，広義においては，「表現の自由」全般を支える基礎的原理ないし理念ともいうべきものであるが，狭義においては，既に触れた情報受領権や情報収集権一般を含めて観念され，最狭義においては，ここにいう積極的情報収集権（これは性質上対公権力との関係でのみ問題となるもので，その意味では**政府情報開示請求権**といってよい）を指す。

　この憲法上の要請に応えるべく，様々な地方公共団体において情報公開条例が制定された（その中には，憲法上の「知る権利」の具体化であることを明記するものもみられた）が，国レベルでは，平成11年に至ってようやく**情報公開法**（「行政機関の保有する情報の公開に関する法律」。平成13年施行）の制定をみた。この法律には「知る権利」は明示されなかったが，「国民主権の理念にのっとり，行政文書の開示を請求する権利につき定める……」と規定されている（1条）。いずれにせよ，情報公開法（条例）が憲法上の要請に基づくものと解される以上，文書（情報）管理体制の構築や公開基準などの設定およびその運用につき，憲法上の統制が働くことが留意されなければならない。

に憲法によって保障されているわけではないけれども，21条の「表現の自由」の保障を全うさせるため，一定の場合に「取材の自由」も憲法的保護を受ける，という趣旨のように解される。

(5) 「表現」に対する国家援助の問題　以上情報の流通にかかわる国民の諸活動が公権力によって妨げられないことを中心に考察してきた。しかし政府は、こうした国民の諸活動を妨げる（「表現」行為の禁止ないし制限）ことがあるだけでなく、「表現」行為を資金的に支えるなどの「援助」（国家援助）を行うことがある。このような国家援助を「表現の自由」の保障との関連でどう解すべきであろうか。

この点、経済的力関係によって大多数の国民が言論や情報とメディアから疎外されている現代国家状況下にあって、言論の多様性と情報の自由な流れを確保するため、国家が援助すべき積極的責務が21条に含まれるとする説（A説。右崎正博）がある。しかし、このような一般的な積極的責務を21条に読み込むことは、「表現の自由」の保障の体系に何をもたらすであろうか。このA説も、「消極的自由」を確立することを前提に、積極的措置は「モア・スピーチ」の手段を与えることおよび内容中立的であることを原則とすべきであるとするが、「消極的自由」の確保自体が不断に微妙かつ困難な課題であることを考えるとき、にわかに賛同できないものがある[72]。

そこで一般には、21条にこのような読み込みをなすことには消極的である（B説。芦部信喜）。因みに、先に触れた「知る権利」（政府情報開示請求権）も、政府に積極的責務を課すものではないかといわれることもあるが、それは、政府の活動から生み出される文書（情報）を、国民の誰であれ、その求めに応じ、法律の定める同一の基準に従い開示（公開）すべきであるというものであって、ここで問題とされる「援助」とは性格を異にすると思われる。

もっとも、B説は、「援助」が禁止されているとまでいっているわけではない（高橋和之）。ただ、表現についての評価や公金の支出などにかかわるだけに、公正中立的な判断とそれを担保するための仕組みが求められ、やり方いかんによっては法の下の平等や表現の自由などの問題を惹起する可能性がある[73]。

---

[72] ソビエト社会主義共和国連邦憲法（1977年）は、1936年のいわゆるスターリン憲法と同じように、「人民の利益に従い、社会主義体制を強固にし、発展させる目的で」表現の自由・集会の自由を保障する（50条1項）とともに、「これらの政治的自由の実現は、勤労者およびその団体への公共の建物、街路および広場の提供、情報の広範な普及、出版物、テレビジョンおよびラジオを利用する可能性、により保障される」（同条2項）と定めていた。

[73] 天皇コラージュ事件に関する富山地判平成10年12月16日判時1699号120頁や高槻市パネル展事件に関する大阪地判平成13年1月23日判時1755号101頁など参照。

3 「表現の自由」に対する制約の合憲性判断基準

(1) 総説　「表現の自由」は外部的行為（公表ないし情報収集活動）にかかわるため、他人または社会の利益との抵触の問題を孕み、このことから制約の可能性は承認されなければならない。しかし、上述のような表現の自由の「優越的地位」に照らし、一般に通常の合憲性推定の原則が排除され、むしろ基本的に違憲性推定の原則が妥当すると解される。すなわち、表現行為を制約する法律を適用する側で、該法律の合憲性について裁判所を説得するに足る議論を積極的に展開しなければならないということである。

アメリカのニューヨークタイムズ社対サリバン事件判決（1964年）は、公務員の公的活動にかかわる名誉毀損事件では、被害者の方でその言説が「現実の悪意」をもってなされたこと（虚偽であることを知っていたか、または虚偽か否かを不遜にも顧慮しなかったこと）を立証しなければならない、との法理を打ち出した。この法理の基礎に据えられたのは、「誤謬を含む陳述は自由な討議において避け難いものであり、表現の自由が『息をつく余裕』をもつためにはそれも保護されなければならない」という考え方であった。表現の自由が元来「壊れやすく傷つきやすい」点に着目したこの「萎縮効果」論は、名誉毀損の文脈においてのみならず、表現の自由の保障の全般を貫く基礎的哲学と解すべきではないかと思われる（毛利透）。

以上のように考えると、基本的人権の制約に関し一般的に妥当する「合理性」の基準によるべきではなく、したがって事件ごとにあらゆる利益を衡量する「個別的利益衡量」（ad hoc balancing）に依拠することなく、変動する政治社会状況から表現の自由を守るに足る厳格な審査を可能にする客観的な判断枠組・基準を確立し、それを遵守しながら具体的な判断を行うことが要請されるということになる。憲法は「検閲」の禁止を明記してこの点を示唆しているが、アメリカの長い判例史上表現の自由を確保するための様々な特別の法理ないしルールが案出されてきたところである。それらは、日本国憲法の解釈にあたっても参考になるところであって、次の (2) 以下において論及する。

ただ、そうはいっても、表現の方法や媒体などは多種多様であって、それぞれの特性に応じた考慮が必要なことも否定できない。この点、「表現」に含まれるとされるものについては、表現の自由としての価値に高低ないし序列があるわけではなく、同一の判断枠組・基準で対処すべきであるとする有

力な意見がある (松井茂記, 君塚正臣)。確かに,「表現」につき安易に価値序列化を行うべきではなく, また, 判断枠組・基準はできるだけ簡明であることが望ましい。しかし, 上述のように表現の自由の保障対象となる「表現」の範囲・内容が拡大し, 例えば「象徴的表現」も含むとされ (かつてアメリカでは, わいせつ的表現, 名誉毀損的表現, 営利広告などは憲法修正1条にいう「言論もしくは出版」に含まれないとされていた), また, 情報受領や情報収集活動も包摂するとされる状況において, あまり画一的処理にこだわるとかえって表現の自由全体の保障度を引き下げる結果になりかねないことが危惧されるところである。

「表現」の特性は, 表現の方法・手段, 場所, 内容, 主体等々に関連して顕現し, また, 問題状況は規制の態様によって違ってくる。(2) 以下に論及する特別の法理ないしルールは, 実は既にこうした点を視野に入れてのものであり, そして, 4 以下において具体的事例に即して検討する。ここでは,「表現」の類型論として従来論じられた①公的 (政治的) 言論と私的言論と②営利的言論と非営利的言論, に触れるにとどめる。

①の類型論の典型は, 公的言論の優越性ないし絶対性を説くところに特徴をもつ。が, これに対しては, 両者の区別の困難さ, 絶対性の貫徹の不可能性, 裁判上の基準としての不適当性などが指摘されうる。もっとも, 公務員の名誉毀損について挙証責任を転換する, 後にも触れる「現実の悪意」の法理は, この類型論に根ざしているとみることができよう。

②の類型論は, かつては営利的言論を「表現の自由」の保障の対象外とするところに特徴をもった。が, 両者の区別の基準は必ずしも明確でないこと, また国民にとっての情報価値という視点を考慮すれば, そのような解釈は妥当ではない。わが国の判例は,「あん摩師はり師きゅう師及び柔道整復師法」7条の定める広告制限の合憲性につき, 営利広告が「表現の自由」の範疇に属するか否かを必ずしも明確にしないままに,「国民の保健衛生上の見地」からの合理性に求めてそのことの故に憲法21条に反しないとした[74] (経済活動の一環として捉えようとする補足意見と, 明確に「表現の自由」に含まれるとする反対意見とをともなっている)。

上述のように, 営利的言論といえども「表現の自由」の保障対象となると解すべきであるが, 営利的言論の中には国民の健康や日常的経済生活に直接

---

[74] 最(大)判昭和36年2月15日刑集15巻2号347頁。

影響するところが大きいということのほか、その真実性は概して政治的言論と違って客観的判断になじみやすく、また「萎縮効果」をおそれるべき度合いが少ないことを考慮して、厳格性の緩和された審査基準が妥当すると解する余地がないではない。各種法律[75]にみられる虚偽誇大広告制限などは、直ちに違憲と断ずることはできないかもしれない。しかし広告禁止については、保障対象となる言論の直接的禁止を構成する以上、むしろ厳格な審査が妥当すべきであると解されるし、先の「あん摩師はり師きゅう師及び柔道整復師法」は真実の情報まで規制している点で合憲といえるかは相当疑わしいものであった。そのように考えると、営利的言論について頭から緩和された審査基準が妥当すると解すべきではないといえよう。

(2) **事前抑制の原則的禁止の法理と「検閲」** 　**事前抑制**とは、広義においては、表現行為がなされるに先立ち公権力が何らかの方法で抑制すること、および実質的にこれと同視できるような影響を表現行為に及ぼす規制方法をいう。この方法は、①情報が「市場」に出る前にそれを抑止するものであること、また、②手続上の保障や実際上の抑止の効果において事後規制の場合に比べて問題が多いこと、から、憲法による「表現の自由」の保障には、**事前抑制の原則的禁止**が含まれるということは一般に承認されている。もっとも、同じく事前抑制といっても種類によって規制機能に差があり (例えば、届出制の場合は、許可制と違って行政の恣意的裁量の余地は少ない)、この法理も画一的に捉え切れないところがある。また、原則的禁止の法理であるから、(i)この原則の例外をいかなる場合に認めうる余地があるか、(ii)例外はどのような手続条件の下に容認されうるか、の点が問題となる。

この論点(i)は裁判所を含むすべての公権力との関係で問題となるが、論点(ii)は該法理の根拠②にかかわるもので、主として行政機関が直接または間接に表現の自由の保障範囲程度を終局的に決定することを忌避するところからくるものである。したがって、恣意的な行政裁量の働く余地のない場合 (例、典型的届出制) や、適正な司法手続を通じて行われる場合には、事前抑制も許容されることがありうるということになる。憲法 21 条 2 項が特に禁止する「**検閲**」は(i)と(ii)を包摂した観念があって、結局それは表現行為 (かつての通説のように「思想の公表」に限定されないことに注意) に先立ち行政権がその内容を事前に審査し、不適当と認める場合にその表現行為を禁止すること

---

[75] 例、食品衛生法 20 条、薬事法 66 条・68 条、宅地建物取引業法 32 条・33 条など。

を意味し、この種の事前抑制を絶対的に禁止するところに２項の趣旨が存すると解される[76]。

判例も類似の考え方をとるが、その「検閲」概念は不当に狭すぎるように思われる。すなわち、**輸入書籍・図画等の税関検査訴訟判決**[77]は、「検閲」とは「行政権が主体となって、思想内容等の表現物を対象とし、その全部又は一部の発表の禁止を目的として、対象とされる一定の表現物につき網羅的・一般的に、発表前にその内容を審査した上、不適当と認めるものの発表を禁止することを、その特質として備えるものを指す」とし（傍点筆者）、かかる「検閲」は絶対的に禁止されるとする。が、「発表」とか「網羅的一般的に」といった限定は、「検閲」を不当に狭くするもののように思われる。外国で出版されているものを国内に「輸入」できない以上、「検閲」にあたるというべきである。

論点(i)の解明は、従来必ずしも十分には行われていないが、アメリカの判例上、①公表されたならば害悪が発生することが異例なほど明白である場合、②公表されたならば取り返しのつかない害悪が発生するような場合、には、事前差止が許容される傾向があるようである。わが国についていえば、例えば、名誉・プライバシーの侵害につき、裁判所が慎重な配慮の下に事前差止を行うことは、憲法上可能と解すべきであろう。この点、裁判所は理論的に認めていたが[78]、最高裁判所は、**北方ジャーナル事件**において、とりわけ公務員または公職選挙の候補者に対する評価・批判などにかかわる表現行為に対する事前差止は原則として許されないとしつつ、①ⓐその表現内容が真実でなく、またはⓑそれが専ら公益を図る目的のものでないことが明白であって、かつ、②被害者が重大にして著しく回復困難な損害を被るおそれが

---

[76] この点、表現行為に対してなされる審査が事前か事後か、表現行為の禁止をともなうかどうか、ではなく、文書を中心とする有体物による表現行為につき、完全・公正・かつ迅速な司法判断も経ないうちに、公権力が、関連のある表現について、その判断をあおぐよう市民に義務づける手続を「検閲」と定義する、注目すべき見解がある（阪本昌成）。しかし、「検閲」は１つの歴史的概念であり、憲法は、「検閲」という表現の自由に対する歴史上の特殊な規制形態に着目してその全面的禁止を目指したもので、本文に述べたような理解は十分の根拠があると思われる。因みに、戦前において形式上は検閲制はないとされたが、その運用の実態はまぎれもなくここにいう「検閲」制であった。

[77] 最(大)判昭和59年12月12日民集38巻12号1308頁。

[78] 「エロス＋虐殺」事件に関する東京地決昭和45年3月14日下民集21巻3・4合併号413頁は「高度の違法性」論をとり、東京高決昭和45年4月13日高民集23巻2号172頁は「慎重な」「比較衡量」によるべきことを指摘しつつ、事前差止の可能性を示唆した。

あるときは、例外的に事前差止も許されるとしている[79]。同判決は、また、仮処分命令を発するについては「口頭弁論又は債務者の審尋を行い、表現内容の真実性等の主張立証の機会を与えることを原則とすべきもの」と述べ、当然のことながら手続保障にも配慮している。

このように「事前抑制の原則的禁止」(1項) と「検閲の禁止」(2項) とを区別し、後者は事前抑制の特定類型を絶対的に禁止するものとする考え方はときに二元論と呼ばれ、事前抑制と検閲とを同義に捉え、2項は事前抑制の原則的禁止を明文で確認したもの（したがって例外を許さないわけではない）と捉える一元論と対比される。そして、絶対的禁止にこだわれば判例のように絞り込まれるのは不可避であり、そうなれば実際上は一元論と二元論との違いはほとんどなくなると批判されることがある。しかし、独立性を保障された司法権と行政権との区別は重要であり、何よりも、憲法が「検閲は、これをしてはならない」と明記しているにもかかわらず「してもいい」場合があるという解釈は容認できない（例えば、27条3項は「児童は、これを酷使してはならない」と規定するが、「酷使」の定義が問題であるとしても、「酷使」に該当するけれども許される場合があると解釈されるべきであろうか）。したがって、「発表」とか「網羅的一般的に」といった絞り込み方こそ批判されるべきである。

海外で発表済みのものを受領する権利が問題となる税関検査については、後に少々立ち入って検討するとして、ここでは教科書検定の問題について触れておく。学校教育法にいう学校では、文部大臣（現在は文部科学大臣）の「検定」を経た教科用図書を使用しなければならないとされてきた（同法21条など。現行法では34条など）。この制度につき、恣意的に運用されているとの批判が絶えず、「検閲」禁止との関係でも問題とされてきた。教科書検定訴訟（家永訴訟）に関する下級審の判決の中には、検定が思想内容に及ぶものでない限り「検閲」ではないとし、ただ訴訟で問題とされた不合格処分は思想内容にわたっており「検閲」であるとするものがみられた[80]。が、最高裁判所は、上述の税関訴訟判決の「検閲」概念によりつつ、検定は発行済みの一般図書をそのまま検定申請してもよく、不合格となっても一般図書として

[79] 最(大)判昭和61年6月11日民集40巻4号872頁。
[80] 第2次教科書検定訴訟に関する東京地判昭和45年7月17日行集21巻7号別冊1頁。これに対し、第3次教科書検定訴訟に関する東京地判平成元年10月3日判タ709号63頁は、検定は「思想の自由市場」への登場自体を事前審査により禁止するという「検閲」の備えるべき特質を欠いているとしている。

の発行は禁止されないのであるから,「検閲」にはあたらない,と判示した[81]。様々な批判を受けて検定手続の適正化・透明化が図られてきたが,検定は憲法の禁止する検閲ないし事前抑制にあたるとの説を含む,教科書出版の自由化を求める見解も根強いものがある(君塚正臣)。

事件の当事者は,法律の定める制度が上述のような「検閲」にあたると考える場合には文面上違憲の主張を行い,裁判所は,その主張が正しいと考える場合には文面上違憲無効の判断を行うことになる(第4編第2章第3節Ⅲ→654頁)。

(3) 漠然性故の無効の法理(明確性の法理) 人の行為を規制し処罰する法律が明確な法文構成をとるべきことは,およそ憲法13条ないし31条の要請するところと解されるが,「表現の自由」の「優越的地位」に照らし,表現行為に対する萎縮効果を最小限にすべく,特に明確性が厳格に要求され,漠然不明確な表現規制立法は原則として文面上違憲無効とされなければならない。これを,漠然性故の無効の法理(明確性の法理)と呼ぶ。

最高裁判所は,集会の自由に関してではあるが,徳島市公安条例事件判決[82]において,「刑罰法規があいまい不明確のゆえに憲法31条に違反するものと認めるべきか」は,「通常の判断能力を有する一般人の理解において,具体的場合に当該行為がその適用を受けるものかどうかの判断を可能ならしめるような基準が読みとれるかどうかによ」ると述べて,注目された。もっとも,判決は,「交通秩序を維持すること」というような条例の定め方は「立法措置として著しく妥当を欠く」としながらも明確性を欠き31条に違反するものではないと結論して,当惑させた。ただ,ここで示された基本的な考え方は,その後も維持されてきているといえる[83]。

---

[81] 第1次教科書検定訴訟に関する最判平成5年3月16日民集47巻5号3483頁。なお,判決は,憲法21条1項違反の主張については,表現の自由も「公共の福祉による合理的で必要やむを得ない限度の制限」を受けることがあり,普通教育における中立・公正,一定水準の確保などの要請から不適切な教科書の発行・使用等を禁止する必要があり,その制限も教科書という特殊な形態での発行の禁止にとどまることを指摘して,合憲としている。また,判決は,事前抑制の問題に関し,本件は思想の自由市場への登場自体を禁ずるものではないから,北方ジャーナル事件判決の妥当する事案ではないとしている。

[82] 最(大)判昭和50年9月10日刑集29巻8号489頁。

[83] 注77の税関検査訴訟判決は,「表現の自由を規制する法律の規定について限定解釈をすることが許される」要件として,「その解釈により,規制の対象となるものとそうでないものとが明確に区別され,かつ,合憲的に規制し得るもののみが規制の対象となることが明らかにされる場合でなければならず,また,一般国民の理解において,具体的場合に当該表現物が規制の対象となるかどうかの判断を可能ならしめるような基準をその規定から読みとることができる

(4) 必要最小限の規制手段の選択に関する法理　およそ基本的人権の制約は最小限のものにとどまらなければならないということは，憲法13条の要請するところであるが，「表現の自由」については，その「優越的地位」に照らし，特に，その制約が過度に広汎にわたっていないか，より制限的でない他の選択しうる手段が存しないか，が厳密に問わなければならない。前者は**過度の広汎性故の無効の法理**と呼ばれ，後者は**より制限的でない他の選択しうる手段**（less restrictive alternative）**の法理**（**LRAの法理**）と呼ばれる。

まず，前者の過度の広汎性故の無効の法理は，そのような制約の存在自体が本来憲法上保護さるべき表現行為にも萎縮効果を及ぼすことを理由とする。つまり，憲法訴訟上の通常のルールと違って，事件当事者本人の表現行為に適用された場合にはその制約が合憲であるとしても，第三者への適用が違憲となることを理由として，その当事者は当該法律（規定）の違法性を争うことができ，裁判所はその合憲性を文面上審査し，理由があると認めるときは**文面上違憲無効**となしうるということである。例えば，国家公務員の政治活動の自由をほぼ全面的に禁止する国家公務員法102条は，ここにいう過度の広汎にわたる規制と目すべきものであるが，これを合憲とした猿払事件判決[84]とその問題性については既に述べた[85]（第1章第5節Ⅰ4(2)→160頁）。

先の漠然性故の無効の法理とこの法理とは類似したところがあり，判例でも「広汎又は不明確の故に違憲無効ということはできない」などと表現されてきた[86]。が，法律が「全く」漠然不明確な場合には，被告人は，彼（彼女）自身の行為いかんにかかわりなく，文・面・上・無効の争いができるが，「全く」漠然不明確とまでいえない場合において，その行為が法律の「核心部分」に該当する被告人にあっては，そのような争い方はできないと解すべきものであろう（長谷部恭男，宍戸常寿）。これに対して，過度の広汎性の場合は，上述のように，彼（彼女）自身の行為いかんにかかわりなく，文・面・上・無効の争いをすることができると解されるものである。したがって，この法理は付随的違憲審査制のあり方からは異例ともいうべきものであって，この法理が妥当

ものでなければならない」と述べている。

84　最（大）判昭和49年11月6日刑集28巻9号393頁。

85　もっとも，本件は，下級審が適用違憲としたことからも知られるように，その行為が憲法上保護されて然るべき被告人が法律の違憲性を争った事案であった。

86　注**77**の税関検査訴訟判決や福岡県青少年保護育成条例事件に関する最（大）判昭和60年10月23日刑集39巻6号413頁など参照。

するのは，法律の規定上合憲的適用部分と違憲的適用部分とが分ち難く一体的に結びついているような事情のある場合に限られることになろう。

以上述べてきたことに関連して注目されるのは，広島市暴走族条例事件判決[87]である。判決は，漠然性（不明確性）と過度の広汎性とをはっきりと区別し，本件条例の問題は適用範囲が過度に広汎でないかにあるとして判断を行い，法理の新たな展開の可能性を思わせるものがある（渡辺康行）。

LRAの法理は，表現の自由を規制する場合に，政府目的を達成するうえでより制限的でない代替手段があるときにはその規制は許されないとするものである。この法理は次に触れるいわゆる表現内容中立的規制の場合に妥当するとされるが，その考え方はおよそ表現の自由の規制に関し一般的に妥当するものと考えられる。

(5) 表現の内容に関する規制と時・場所・方法等に関する規制　この両者の区別に強い法的意義を認める考え方として，表現の内容規制・内容中立的規制二分論がある。この二分論は，アメリカの判例・学説の動向を踏まえ，わが国でも広い支持を得ている（芦部信喜，高橋和之，松井茂記）。その根拠および具体的帰結は論者により必ずしも一定しないが，総じていえば，表現の内容に着目した内容規制は，とりわけ権力にとって都合の悪い表現内容の恣意的抑圧の危険を孕むが故に厳格な審査が求められ，時・場所・方法等の規制にかかわる内容中立的規制の場合はより緩やかな審査で足りるとされる。

この二分論の趣旨とするところは理解できるが，ただ，まずいわゆる内容規制の範囲はどのようなものであるか（例えば，公職選挙法による選挙運動の制限や公務員の政治的行為の禁止をどう理解するか），次に時・場所・方法等にかかわるいわゆる内容中立的規制の危険性・問題性が軽視されてはいないか，そして第3に構成の仕方が図式的になりすぎてはいないか，の疑問の存するところである（市川正人，奥平康弘）。

確かに，表現の内容に着目した規制と，表現の時・場所・方法等に着目した規制とで，その規制を正当化する理由を考える際の筋道に違いがある。が，内容規制であるからといってすべての場合について厳格な審査（「やむにやまれざる政府利益」を達成するために必要不可欠なものでなければならない）が妥当するのか，他方，時・場所・方法等での表現行為（例えば，ある時・場所でのビ

---

[87] 最判平成19年9月18日刑集61巻6号601頁。なお，合憲限定解釈によることなく違憲無効とすべきであるとする藤田宙靖裁判官，田原睦男裁判官の反対意見参照。

ラ貼り・配り行為）は人によってきわめて重要な意義をもつものであり，その規制につき頭からより緩やかな審査が妥当するとみるべきであろうか。

したがって表現の自由の制約は，内容規制であれ時・場所・方法等の規制であれ，可及的に自由で豊かな情報の流通を確保しようとする趣旨からの「優越的地位」を基礎にして，その合憲性が判断されなければならないと解すべきであろう。すなわち，表現行為の規制について，まず，事前抑制の原則的禁止と「検閲」，漠然性故の無効の法理，必要最小限の規制手段の選択に関する法理の観点からの精査を行うとともに，その実質判断に関しては，個別的利益衡量の手法に安易に寄り掛ることなく[88]，規制の対象や態様などに応じて，表現の自由の保障を確かなものとするためにアメリカの判例・学説上案出されてきた「やむにやまれざる政府利益」，「明白かつ現在の危険」，定義づけ衡量ないし範疇化などの諸法理によることを考えるべきである。

ここに「明白かつ現在の危険」の法理とは，政府が人を表現行為の故に処罰することができるのは，政府が憲法上防止することのできる実体的害悪がもたらされる明白にしてさし迫った危険の存する場合に限られるとするものである（ホームズ，ブランダイス裁判官）。ただ，この法理は，例えば消極的表現の制限の場合には妥当しないなどの限界があり，また，具体的状況において意見表明を罰しうるかの文脈を離れて，法律それ自体の合憲性の判定基準としてどこまで有効かといった疑問の存するところである。この点，範疇化の法理は，個別的文脈のいかんを問わず一定の範疇に属す表現は絶対的に保護されなければならないという発想に立つもので，アメリカのブランデンバーグ判決（1969年）が，オハイオ州刑事サンディカリズム法（政治的変革達成の手段として犯罪・テロなどの必要の唱道を禁止する）につき，「単なる唱道」と「さし迫った不法の行為のせん動」とを区別していないと難じ，「唱道がさし迫った不法の行為をせん動または引き起こすことに向けられ，かつ，かかる行為を実際にせん動または引き起こす見込みのある場合を除き」憲法上禁止できないと述べて文面上無効とした例にみられるものである。

---

[88] 利益衡量の手法は，対立する利益の率直な衡量を通じて妥当な結論を得ようとするもので，全逓東京中郵事件に関する最（大）判昭和41年10月26日刑集20巻8号901頁がこの手法を用い，それまでの紋切型の「公共の福祉」論に代わるものとして注目された。が，「利益」の捉え方が問題で，表現の自由を私的利益となし，これと公益を対峙させて安易に論結する危うさを秘めている。

4 情報提供作用に関する制約

(1) 表現の内容に関する制約 **(イ) せん動** 現行法制上, 犯罪または禁止行為のせん動（あおり）を処罰対象とするものが少なくない[89]。せん動罪は, 被せん動行為の実行の危険性があるというだけで処罰対象とする, 実行行為とは無関係の独立の犯罪であるから,「表現の自由」を侵害し, 政治理論の表明や政府の政策批判までもが処罰されるという危険を孕む。

最高裁判所は,「主要食糧ノ政府ニ対スル売渡ヲ為サザルコトヲ煽動シタル者」を罰する食糧緊急措置令11条違反の件に関し,「公共の福祉」論によって簡単に合憲とした[90]。その後, 最高裁判所は, せん動の意義を破壊活動防止法4条2項の「せん動」の定義とほぼ同様に把握し[91], そして, 沖縄返還協定批准阻止のため武装闘争の必要を訴え,「機動隊をせん滅しよう」などと演説し, 破壊活動防止法39条・40条にあたるとして起訴された件につき,「せん動は, 公共の安全を脅かす現住建造物等放火罪, 騒擾罪等の重大犯罪をひき起こす可能性のある社会的に危険な行為であるから, 公共の福祉に反し, 表現の自由の保護を受けるに値しない」と判示している[92]。

判例は, 抽象的危険があればよいといった印象を与えるが, この問題は, 基本的には上述の範疇化の法理によって把握すべきで, かつ, 具体的適用にあたっては「明白かつ現在の危険」の法理によるべきものと解される。

(ロ) わいせつ文書の頒布・販売 刑法175条は,「わいせつな文書, 図画その他の物を頒布し, 販売し, 又は公然と陳列した者」および「販売の目的でこれらの物を所持した者」を処罰する旨定めている。本条にいう「わいせつ」文書の意義については, 判例は, 大審院の判例を基本的に踏襲して,「徒らに性欲を興奮又は刺激せしめ, 且つ普通人の正常な性的羞恥心を害し, 善良な性的道義観念に反するもの」とし, 該文書に該当するかどうかは「社会通念」によるとしてきた（チャタレー事件判決[93]）。

---

[89] 破壊活動防止法38条〜40条, 国税犯則取締法22条, 国家公務員法110条1項17号など。
[90] 最(大)判昭和24年5月18日刑集3巻6号839頁。
[91] 最(大)判昭和37年2月21日刑集16巻2号107頁。因みに, 同法4条2項は「この法律で『せん動』とは, 特定の行為を実行させる目的をもって, 文書若しくは図画又は言動により, 人に対し, その行為を実行する決意を生ぜしめ又は既に生じている決意を助長させるような勢のある刺激を与えることをいう」と規定している。
[92] 最判平成2年9月28日刑集44巻6号463頁。
[93] 『チャタレイ夫人の恋人』の翻訳書に関する最(大)判昭和32年3月13日刑集11巻3号997頁。

「わいせつ」文書取締りの理由は，①性犯罪などの増大といった直接的・具体的実害をともなう，②チャタレー判決のいうようにおよそ社会には「性行為非公然性の原則」のごときものがあり，善良な性道徳の維持のための規制が許される，かのいずれかになると解される。そして①を実証的に裏づけるものがないとすれば，②に落着かざるをえない。しかし，善良な性道徳を脅かすものは「わいせつ」文書以外にもあることを考慮すれば，「性行為非公然性の原則」そのものに「わいせつ」文書取締りの根拠があることになる。確かに，社会は，性行為を公然となすことを禁止しうるとしても（刑法174条の公然わいせつ罪参照），その趣旨を文書による表現の領域に及ぼすことには飛躍がある。しかも，刑法の規定および判例の定義は曖昧かつ広汎にすぎる。

したがって，刑法175条の違憲論も根強いが，仮に同条の存続を前提にしていえば，同条は，「わいせつ」文書の頒布・販売などの方法（頒布の仕方・売られ方）に着眼しつつ（文脈的アプローチ），通常人にとって明白に嫌悪的なものでかつ埋め合わせできるような社会的価値を全く欠いている文書類の規制に限定するよう適用される必要がある[94]。

文書などの「わいせつ」性は，サド判決[95]が明らかにしたように「文書全体との関連において判断」すること（「全体的考察方法」），また，同判決における田中二郎裁判官の反対意見が強調するように「その科学性・思想性・芸術性との関連において，相対的に判断されるべき」こと（「相対的わいせつ概念」）は，その当然の帰結である[96]。

[94] このような規制が憲法上容認されるとすれば，「わいせつ」的表現はそれをみたくない人にとって苦痛事であり，ポルノ大量陳列などがその周辺の生活環境にある種の衝撃を与えることは否定できないこと，専ら好色的興味に訴えて商業的利潤追求の対象としていると認められるものは結局埋め合わせできるような社会的価値を認め難いこと，などに求めるほかはないであろう。

[95] マルキ・ド・サドの『悪徳の栄え』の翻訳書に関する最(大)判昭和44年10月15日刑集23巻10号1239頁。

[96] チャタレー判決は「部分的考察方法」をとるかの表現をしていたが，サド判決は「全体的考察方法」を明らかにしたものである。ただ，具体的にどのように行うかについて，明らかにするところがなかった。この点，四畳半襖の下張事件に関する最判昭和55年11月28日刑集34巻6号433頁は，文書のわいせつ性の判断にあたっては，「当該文書の性に関する露骨で詳細な描写叙述の程度とその手法，右描写叙述の文書全体に占める比重，文書に表現された思想等と右描写叙述との関連性，文書の構成や展開，さらには芸術性・思想性等による性的刺激の緩和の程度，これらの観点から該文書を全体としてみたときに，主として，読者の好色的興味にうったえるものと認められるか否かなどの諸点を検討することが必要であり，これらの事情を総合し，その時代の健全な社会通念に照らして」決すべきものとしている。なお，メイプルソ

地方公共団体の**青少年保護育成条例**は青少年の保護を目的としてわいせつ的文書など有害図書を取締っているが，（ニ）で言及する。
　いわゆる**児童ポルノの規制**は，わいせつ表現規制と同じく性表現の規制ではあるが，具体的な児童という被害者が存在する点で，性質の異なる問題である。「児童買春，児童ポルノに係る行為等の処罰及び児童の保護等に関する法律」（平成16年改正前の7条2項）による頒布販売等の目的での児童ポルノの製造，所持等の処罰につき，判例[97]は、税関検査訴訟判決や後述の岐阜県青少年保護育成条例判決を先例として簡単に合憲と判断している。被害者の存在によって規制が正当化されるのであるから，アニメ・CGについては，別に考えなければならない。児童ポルノについては，インターネット上での氾濫によって長時間にわたり被害が継続することや，単純所持を処罰している国が多いこともあり，その単純所持の処罰を求める声も強い。

　（ハ）**名誉・プライバシー**　名誉権とプライバシーの権利については既に述べたが（第2章第1節Ⅲ3→179頁），そこでも示唆したように，「表現の自由」との関係で難しい課題がある。
　刑法230条は「公然と事実を摘示し，人の名誉を毀損した者」を処罰対象とするが，昭和22年の改正で，**夕刊和歌山時事事件判決**[98]によれば，名誉の保護と正当な言論の保障との調和を図る趣旨で，230条の2が付加され，①「公共の利害に関する事実に係り」，②「その目的が専ら公益を図ることにあったと認める場合」には，③「事実の真否を判断し，真実であることの証明があったとき」は，「これを罰しない」と定めた（同条1項）。さらに，犯罪報道については公共の利害に関する事実とみなして①の論証を免除し，公務員および公職の候補者に関する事実については①②の論証を免除している（同条2項・3項）。
　しかし，これでも，③の真実の証明がない限り罰せられるわけで，表現行為に対する萎縮効果は否定し難い。上の夕刊和歌山時事事件判決は，この点を配慮して，それまでの厳格解釈を改め，「事実が真実であることの証明がない場合でも，行為者がその事実を真実であると誤信し，その誤信したこと

　　―プ写真集税関検査事件に関する最判平成20年2月19日民集62巻2号445頁が，該写真集は全体的にみればわいせつ性がなく，輸入禁制品にあたるとの通知処分は違法であると判示しているのが注目される。
[97]　最判平成14年6月17日裁判集刑281号577頁。
[98]　最（大）判昭和44年6月25日刑集23巻7号975頁。

について，確実な資料，根拠に照らし相当の理由があるときは，犯罪の故意がなく，名誉毀損の罪は成立しない」とした（これは，「誤信相当性」の法理などと呼ばれる）。

　名誉毀損は民法709条の不法行為にもあたるが，最高裁判所は，実は既に，その成立要件について，刑法230条の2を手掛りに，公共の利害に関する事実について，専ら公益を図る目的で表現した場合には，事実が真実であれば違法性がなく，真実であるとの証明なくとも真実を誤信する相当の根拠があれば故意・過失を欠く，としていた[99]。

　こうした判例上の法理の展開は，憲法21条の趣旨から評価さるべきものではあるが，上の①②の要件が厳格に解釈されれば，表現の自由にとってなお厳しいハードルがあるといわなければならない。この点，月刊ペン事件判決[100]は，私人の私生活上の行状であっても，その携わる社会的活動の性質などいかんでは①の要件を充たすと判示した。

　さらにいえば，③の要件は表現者にとって依然として厳しいものである。もし上述の「誤信相当性」の法理が厳しく限定的に解されることになれば，③の要件の厳しさは表現者に重くのしかかる。ここで個別的判（決）例に触れる余裕はないが，限定的に解される傾向が次第に強まり，下級審の判決の中には，民事につき実定法上の限定もないのに判例上勝手にメディアに緩やかな免責法理があみだされたといった趣旨を述べるものさえ現出している。

　この点，公務員の公的活動にかかわる名誉毀損事件では，被害者（訴える側）の方に挙証責任を負わせるニューヨークタイムズ社対サリバン事件判決のいわゆる「現実の悪意」の法理に前に触れたが（前述3(1)→254頁），わが国でもこの法理の意味がもう少し真剣に受け止められて然るべきである。少なくとも，これも先に触れた北方ジャーナル事件のような差止請求の文脈では，この法理の意義が重く受け止められるべきと思う[101]。

---

[99] 最判昭和41年6月23日民集20巻5号1118頁。
[100] 最判昭和56年4月16日刑集35巻3号84頁。
[101] 注79の北方ジャーナル事件判決における谷口正孝裁判官の意見がこうした考え方によるべきことを示唆し，サンケイ新聞意見広告訴訟仮処分申請事件に関する東京地決昭和49年5月14日判時739号49頁は，政党に対する論争批判につきこの法理に近い考え方を示した。因みに，北方ジャーナル事件判決自体は，本件記事は立候補予定者の評価に関するものであるが，ことさらに下品で侮辱的言辞による人身攻撃などを多分に含むものであり，到底それが公益を図る目的に出たものとはいえず，かつ真実性に欠けるものであるとし，また，本件雑誌の予定発行部数や選挙を間近に控えていることに鑑み，回復し難い重大な損失を受けるおそれがあるとして，差止を容認した。

表現行為によるプライバシーの侵害が不法行為となること，およびその成立の要件を示したのが，東京地方裁判所の「宴のあと」事件判決[102]であった。判決は，個人の尊厳・幸福の追求に言及しつつ，私事をみだりに公開されないことは法的に保護されるべき人格的利益であると明言し，そのプライバシー侵害の成立の要件について次のように述べた。公開された内容が，①私生活上の事実または事実らしく受けとられるおそれのある事柄であること，②一般人の感受性を基準にして，当該私人の立場に立った場合，公開を欲しないであろうと認められる事柄であること，③一般の人々に未だ知られていない事柄であること，を要し，そしてこのような公開によって該私人が実際に不快・不安の念を覚えたことが必要である，と。

この判決は，プライバシーの保護に関するその後の不法行為法の展開に大きな影響を与えるとともに，「表現の自由」との難しい調整問題を惹起することになった。その展開の中での代表例の1つに，ノンフィクション「逆転」訴訟がある。12年余前に実刑判決を受けたが仮出獄後上京し平穏な生活を送っていた者の実名が「逆転」で使われ前科が明らかになり，慰謝料の支払を求めた事案である。最高裁判所は，前科照会事件判決[103]を引用しつつ前科等にかかわる事実を公表されないことは法的保護に値する利益としたうえで，その公表が不法行為となるか否かにつき次のように述べて，請求を認容した原審判断を支持した。その者のその後の生活状況，事件それ自体の歴史的・社会的意義，その当事者の重要性，その者の社会的活動およびその影響力につき，著作物の目的，性格等に照らした実名使用の意義・必要性もあわせて判断すべきものである，と[104]。

プライバシーの権利の侵害に対しては，差止もやむをえない場合がある。柳美里の自伝的小説「石に泳ぐ魚」訴訟は，モデルとされた女性が，自分の身体的特徴や友人として信頼して話した私的事柄などが多く記述されていることに憤りを覚え，損害賠償や出版差止などを求めた事案である。最高裁判所は，公的立場にない該女性の名誉・プライバシー・名誉感情を侵害し，出

---

[102] 東京地判昭和39年9月28日下民集15巻9号2317頁。本件は，三島由紀夫の小説『宴のあと』がモデル小説であることを強調する出版社の広告をともなって売り出され，モデルとされた人物（外務大臣や衆議院議員などの経歴をもち，都知事選で落選）がプライバシーの侵害を理由に訴えたものである。判決は，損害賠償請求を認容。
[103] 最判昭和56年4月14日民集35巻3号620頁（なお，第2章第1節Ⅱ3(3)→181頁）。
[104] 最判平成6年2月8日民集48巻2号149頁。

版により「重大で回復困難な損害を被らせるおそれがある」として，該請求を認容した原審判断を支持した[105]。差止という方法はあくまで例外的であるべきであるが，本件の原告は全くの私人であり，顔面の腫瘍が苛烈に描かれ，本人と分からないような小説構成上の工夫もみられず，その日常生活に大きな支障をきたすような事情を考えれば，差止もやむをえない事案であったといえよう[106]。

プライバシーの権利と表現の自由との調整を考えるにあたっては，被害者の性格（統治に責任ある公務員か，公的存在か，純然たる私人か），公表される事実の性質（統治過程に直接関係する事項か，公の利益にかかわる事項か，全くの私的事項か）を考慮しつつ，自由な情報流通を不用意に阻害することにならないよう慎重な配慮が要請される。

　（ニ）　**青少年の保護**　　先に地方公共団体の青少年保護育成条例に触れた。その内容はもとより条例により一様ではないが，例えば岐阜県条例は，「著しく性的感情を刺激し，又は著しく残忍性を助長するため，青少年の健全な育成を阻害するおそれがある」と認めるとき知事は当該図書を「有害図書」と指定するものとし，該図書については青少年への販売・頒布等が禁止され，自動販売機への収納も禁止される制度を設けた。最高裁判所は，この条例に定めるような「有害図書」が「一般に思慮分別の未熟な青少年の性に関する価値観に悪い影響を及ぼし，性的な逸脱行為や残虐な行為を容認する風潮の助長につながるものであって，青少年の健全な育成に有害であることは，既に社会共通の認識になっている」とし，自動販売機への収納禁止は青少年に対する関係においてはもとより，成人に対する関係においても必要やむをえない制約であって憲法21条1項に反しないと結論した。また，判決は，こうした「有害図書」指定が「検閲」にあたらないことは，税関検査訴訟判決や北方ジャーナル事件判決の趣旨に徴し明らかであるとした[107]。

---

[105] 最判平成14年9月24日判時1802号60頁。本判決では，注**98**の夕刊和歌山時事事件判決と注**79**の北方ジャーナル事件判決が引用されている。

[106] 両親が国会議員で祖父が首相を務めたという家系にある女性が，自己の離婚に触れる記事が公表されようと知ってその出版を禁止する仮処分命令を申し立てた週刊文春事件につき，東京地方裁判所は，①公共の利益，②公益目的，③重大にして著しく回復困難な損害，の3要件を掲げ，①②は認められず，③を充たすとして，申立てを認可したが，東京高決平成16年3月31日判時1865号12頁は，離婚はそれ自体として社会的に非難されたりする事柄ではなく，③の要件を充たすとまではいえないとして，仮処分命令を取り消した。①のほかに②をあげる趣旨がよく理解できないが，③を充足しないとの結論は当然であろう（なお，該女性は，母親の外国出張に同行したり，選挙運動に参加したりすることがあったようである）。

が，事前抑制の原則的禁止の法理ないし「検閲」にあたらないか，不明確ないし過度に広汎な規制ではないか，の疑問を払拭し切れないところである。強いて合憲であるというためには，伊藤正己裁判官の補足意見が主張するように，青少年はその精神的未熟さの故に知る自由につき成人よりも大きな制約を受け，該規制の結果成人も影響を受けるがその知る自由が全面的に閉ざされるわけでない，と解するほかはない。

「青少年が安全に安心してインターネットを利用できる環境の整備等に関する法律」(平成20年)は，携帯電話インターネット接続役務提供事業者に対して，使用者が青少年の場合には，青少年有害情報フィルタリングサービスの利用を条件として，該役務を提供しなければならないと定めている（17条。もっとも，同条但書により，保護者の申出があれば別）。ここにも，青少年保護育成条例と同様の問題がある。

少年法61条は，「家庭裁判所の審判に付された少年又は少年のとき犯した罪により公訴を提起された者については，氏名，年齢，職業，住居，容ぼう等によりその者が当該事件の本人であることを推知することができるような記事又は写真を新聞紙その他の出版物に掲載してはならない」と定める（ただし，この規定に違反しても，刑罰は科されていない）。

この規定の趣旨や法的意義については様々な考え方があるが，**堺市通り魔殺人事件**に関する大阪高等裁判所の判決は，「少年の健全育成を図るという少年法の目的を達成するという公益目的と少年の社会復帰を容易にし，特別予防の実効性を確保するという刑事政策的配慮に根拠を置く規定であ」り，少年期に罪を犯した少年に対し実名で報道されない権利を付与しているものではないとする。そして判決は，表現の自由とプライバシー権等の侵害との調整においては，「61条の存在を尊重しつつも，なお，表現行為が社会の正当な関心事であり，かつその表現内容・方法が不当なものでない場合には，その表現行為は違法性を欠き，違法なプライバシー権等の侵害とはならない」としている[108]。

なお，**長良川リンチ殺人事件報道訴訟**に関する原審名古屋高等裁判所は，61条は「憲法で保障される……健全に成長するための権利の保護」とともに少年の名誉・プライバシーを保護しようとするもので，同条違反は民法

---

[107] 最判平成元年9月19日刑集43巻8号785頁。
[108] 大阪高判平成12年2月29日判時1710号121頁。

709条の不法行為となり，「特段の事情」がない限り違法性が阻却されないとの考えを示したうえ，本件報道は面識を有する読者などは容易に本人と推知できるから，不法行為責任は免れないと判示したが，最高裁判所は次のように述べて原審に差し戻した[109]。すなわち，推知報道かどうかは「面識等のない不特定多数の一般人」を基準とすべきであり，また，名誉毀損・プライバシーの侵害になるかどうかについての個別具体的な事情が何ら審理判断されていない，と。

　（ホ）　**差別的表現**　　人種や性あるいはマイノリティ集団などに対する憎悪や嫌悪などを表す表現行為も，難しい課題を提起する。表現の自由を最重視する国といえるアメリカ合衆国にあっても，差別的表現（ヘイト・スピーチ）を禁止すべきであるという主張が展開され，それをめぐって激しい応酬が繰り広げられてきた。わが国は平成7（1995）年に人種差別撤廃条約に加入したが，その4条（a）（b）には，①人種的優越・憎悪に基づく思想の流布，②人種差別のせん動，③人種等を異にする集団に対する暴力行為のせん動，④人種差別を助長・せん動する団体および組織的宣伝活動その他すべての宣伝活動，⑤そのような団体・活動への参加，等々を法律で禁止・処罰することを求めている。加入に際して，わが国は，憲法の保障する権利と抵触しない限度で義務を履行するとの「留保」を付したことは前に触れたが[110]（第1章第2節Ⅲ2→118頁），この条約も踏まえて平成14年に国会に提出された人権擁護法案の内容などを読むと，表現の自由（および集会・結社の自由）との関係で看過しえない重大な問題が含まれていることが知られる（市川正人）。

　ここでは，やや特殊な政見放送削除事件に触れておこう。本件は，NHKが政見放送中における身体障害者に対する差別的用語を使用した発言部分の音声を削除してテレビ放送したところ，かかる削除行為は政見をそのまま放送される権利を侵害する不法行為にあたると主張してNHKと国に対し損害賠償を請求した事案である（公職選挙法150条1項は，NHK等は「政見をそのまま放送しなければならない」と規定している）。最高裁判所は，該部分は他人の名誉を傷つけ善良な風俗を害するなど政見放送としての品位を損なう言動を禁止

---

[109] 最判平成15年3月14日民集57巻3号229頁。
[110] 条約にいう「人種差別」とは，「人種，皮膚の色，世系又は民族的若しくは種族的出身」に基づく差別をいう（1条1項）。

した公職選挙法150条の2の規定に違反するものであるとしたうえ、該規定は「テレビジョン放送による政見放送が直接かつ即時に全国の視聴者に到達して強い影響力を有していることにかんがみ、そのような言動が放送されることによる弊害を防止する目的で政見放送の品位を損なう言動を禁止したものであるから、右規定に違反する言動がそのまま放送される利益は、法的に保護された利益とはいえ」ないとして、不法行為にあたらないと判示した[111]。

　一見当然の判決のようにもみえるが、150条の2は基本的に「心構え規定」というべきもので(同法235条の3参照)、抽象的グループの身体的特徴についての侮辱的表現は特定人の名誉毀損とは比重が同じではなく、150条1項という明文規定を無視して、むしろ150条の2の「品位を損なう言動」という曖昧な表現に法的意味をもたせたことに疑問が残る(尾吹善人)。

　(ヘ)　**虚偽誇大広告**　　この問題については、既に述べたところに譲る(前述3(1)➔254頁)。

　(2)　表現の時・場所・方法等に関する制約　　(イ)　一般人に開かれた手取り早い表現の手段　　街頭演説、ビラ貼り、ビラ配り、署名運動、宣伝カーの使用、集会．集団（デモ）行進等々は、一般の人にとってやろうと思えば手取り早く行いうる表現の方法・手段である。したがって、表現の自由を保障するとは、実際上一般の人にとってはこうした活動を自由になしうることを意味するが、他方、歴史的にいえば、こうした活動は、時の権力にとって、その秩序を白蟻のように虫喰み、あるいは秩序に衝撃的な打撃を与える性格を潜在させているものとして警戒されてきたことも否定できない。

　先に、表現の時・場所・方法等に関する規制を内容中立的規制と捉える傾向のあることをみた。確かに、この種の表現は国民の日常生活上のルールと調整を要する側面をもっている。しかし、その調整の場に上にみた「権力」の視点が潜入する危険があることに十分な注意が必要である。集会・集団（デモ）行進という集団的行動については次のⅤで論及するとして、ここではそれ以外の表現活動について触れる。

　(ロ)　**道路交通の妨害・静穏の破壊等**　　道路交通法は、「一般交通に著しい影響を及ぼす」行為については、所轄警察署長の許可を要するものとして

---

[111] 最判平成2年4月17日民集44巻3号547頁。なお、「検閲」との関係については、NHKは行政機関ではなく、自らの判断で削除したものであるとして否定している。

いる（77条1項4号）。旧道路交通取締法下において，「道路において，物品を販売し，又は宣伝，広告，演芸，演説，音楽，朗読その他の方法により人寄をすること」が要許可行為とされていた（北海道公安委員会の定めた同法施行細則）ことにつき，表現の自由も「公共の福祉の為め必要あるときは，その時，所，方法等につき合理的に制限できる」と述べて簡単に合憲とした判例[112]があるが，無限定・網羅的な要許可行為への取り込みは憲法21条に違反する疑いを免れない[113]。

駅構内の階段でビラ配布・演説等を行い，鉄道営業法35条および刑法130条（不退去罪）違反に問われた**吉祥寺駅構内ビラ配布事件**につき，最高裁判所は，「その手段が他人の財産権，管理権を不当に害するごときものは許されない」と判示した[114]。伊藤正己裁判官の補足意見は「**パブリック・フォーラム**[115]」論を展開して注目されたが，本件の場所はその性質を必ずしも強くもたず，駅長のもつ管理権が広く認められるべきであるとしている[116]。

立川基地反対などを掲げる団体の運動参加者が「自衛隊のイラク派兵反対」などを記載したビラを各室玄関ドア新聞受けに投函する目的で，何回かにわたり，防衛庁（当時）立川宿舎に管理者・居住者の承諾を得ないで立ち入り，刑法130条（住居侵入罪）違反で起訴された（**立川反戦ビラ事件**）。第一審では無罪，第二審では有罪となり，最高裁判所は，ビラ配りは表現の自由の行使としつつ，宿舎各号棟の1階出入口から各室玄関前までの部分は刑法130条にいう「人の看守する邸宅」にあたるとしたうえ，被告人の行為は管

---

[112] 最判昭和35年3月3日刑集14巻3号253頁。
[113] 所轄警察署長の許可なく駅前道路で印刷物を配布して道路交通法違反で起訴された**有楽町駅前事件**では，一般交通に著しい影響を及ぼす行為類型に該当しないとして無罪となった（東京高判昭和41年2月28日高刑集19巻1号64頁参照）。
[114] 最判昭和59年12月18日刑集38巻12号3026頁。
[115] 「パブリック・フォーラム」論はアメリカの判例上展開されたもので，パブリック・フォーラムと目すべき施設である場合，表現内容に着目した規制については「やむにやまれざる政府利益」という厳格な審査基準が，内容中立的な規制については中間的な審査基準（重大な政府利益に仕えるよう限定的になされているか否かなど）が妥当し，そういう施設でない場合には緩やかな審査で足りるとされるものである。この論は元来表現の自由の妥当する場の拡大を意図してのものであったが，何が「パブリック」かをめぐって争いとなり，むしろ政府所有地に限定されるようになり，さらに政府所有地の中でも政府の管理権のあり方が重視されるようになったといわれる（紙谷雅子）。
[116] 伊藤補足意見中の「パブリック・フォーラム」論は，アメリカのそれのようにカテゴリカルなものではなく，場所の性質を比較衡量の一要素としているように思われる。

理権者の管理権を侵害し，居住者の私生活の平穏を侵害するものとして，上告を棄却した[117]。

本件行為は，宿舎の棟の出入口には施錠もなく，日常的に各種ビラが各室新聞受けに配布され，ときには宗教の勧誘が玄関前でなされていた状況の中で，行われたものであった。管理者・居住者の承諾（意思）といっても，具体的にどのような内容を指してのことであろうか。前に触れた目黒社会保険事務所事件（第1章第5節④4→160頁）などと考えあわせると，特定の内容の表現行為に向けられた，上述の「権力」的視点からの規制のようにみえる。他方，承諾（意思）を抽象化・形式化して決め手とすれば，ビラ配り行為は表現の自由の一内容であるという名辞は，その憲法規範上の実質をほぼ喪失するであろう。

なお，軽犯罪法（1条14号）や騒音防止条例などにより，静穏を害する表現行為は制限されるが，適切な範囲および方法にとどまる限り憲法上許容される。

（ハ）**美観風致の破壊**　屋外広告物法およびそれに基づく都道府県・指定都市の条例は，「美観風致を維持する」目的で屋外広告物の表示の場所および方法について規制する。電柱などのビラ貼りを全面禁止する大阪市屋外広告物条例違反事件につき，最高裁判所は，都市の美観風致の維持は「公共の福祉」を保持するゆえんであるから，この程度の規制はそのための「必要且つ合理的な制限」であるとした[118]。「美観」や「風致」の意味が必ずしも明確でないにもかかわらず，規制内容を直ちに合憲としたことに疑問が残るところである。その後，最高裁判所は，街路樹2本の各支柱に，政党の演説会開催の告知宣伝を内容とするプラカード式ポスター各1枚を針金でくくりつけたため条例違反に問われた大分県屋外広告物条例違反事件で，大阪市条例判決を踏襲しつつ，適用違憲を否定した[119]。

軽犯罪法は「みだりに他人の家屋その他の工作物にはり札を」する行為を処罰対象としている（1条33号）が，同意なしに電柱にビラ貼りをした行為

---

[117] 最判平成20年4月11日刑集62巻5号1217頁。
[118] 最(大)判昭和43年12月18日刑集22巻13号1549頁。
[119] 最判昭和62年3月3日刑集41巻2号15頁。なお，伊藤正己裁判官の補足意見が，「パブリック・フォーラム」論にも触れながら，先例である大阪市条例判決は規制手段について十分な正当化根拠を示していないと示唆するとともに，広告物規制法制に関し適用違憲の可能性があることに言及しているのが目を引く。

につき，最高裁判所は，こうした定めは「財産権，管理権を保護するため」のもので，思想発表の手段が「他人の財産権，管理権を不当に害する」ことは許されず，この程度の規制は「公共の福祉のため」の「必要かつ合理的な制限」とした[120]。美観風致も保護法益に含まれるかどうかは明確ではないが，含まれるとしても財産権，管理権の保護に付随した副次的なものと解される。したがって，所有者・管理者の同意の下で行われるビラ貼りは処罰対象とならないことはもちろん，また，同意のない場合には当然に処罰対象となるのではなく，「表現の自由」の保護を図る観点から，ビラ貼りの目的・手段・態様・被害の軽微性などを考慮して判断されるべきである。

既にいろいろなところでみてきたように（特に第1章第5節Ⅱ→164頁），私法秩序は憲法規範の世界と全く隔絶して存在するわけではないのである。

(二) **公正な選挙の妨害**　これに関係する規制とそれをめぐる問題については，後述する（第3編第1章第2節Ⅲ5→411頁）。

5　情報受領作用に関する制約

(イ)　**税関検査**　関税定率法は，輸入禁制品の1つとして，「公安又は風俗を害すべき書籍，図画，彫刻物その他の物品」をあげていた（21条1項3号。この規定は，現在は関税法69条の11第1項7号）。そして同法によれば，税関長は検査の過程で該禁製品にあたると認めるのに相当の理由があるときはその旨を輸入しようとする者に「通知」すべきものとされ（同条3項。現在は関税法69条の11第3項），かつては，行政優位の思想を反映してか，実務および判決例上，この「通知」は観念の通知にすぎず，行政処分ではない，などとされていた。最高裁判所は，さすがに，「通知」にともなう法律上の効果を重くみて，取消訴訟の対象となることを認めた[121]。

これにより，この税関検査の問題は，ようやく本来の行政訴訟の場にのることになった。そして，「表現」を受けとる行為も「情報受領権」として「表現の自由」に含まれるとするならば，上述の「検閲」概念に該当し，違憲と評せざるをえないことになる。

先に触れた税関検査訴訟判決[122]は，「表現の自由の保障は，他面において，これを受ける者の側の知る自由の保障をも伴うものと解すべき」である

120　最(大)判昭和45年6月17日刑集24巻6号280頁。
121　最判昭和54年12月25日民集33巻7号753頁。
122　最(大)判昭和59年12月12日民集38巻12号1308頁。

とし，税関検査が「表現の事前規制たる側面を有することを否定することはできない」としつつも，上述のような「検閲」の定義をしたうえ，次のように述べてそれにあたらないとした。①輸入が禁止された表現物は，一般に，国外においては発表済みのものであって，その輸入を禁止したからといって，それは該表現物につき事前に発表そのものを一切禁止するというものではない，②該表現物は輸入が禁止されるだけで，税関により没収・廃棄されるわけではないから，発表の機会が全面的に奪われてしまうわけのものではない，③該検査は関税徴収手続の一環としてこれに付随して行われるものであり，思想内容それ自体を網羅的に審査し規制することを目的とするものではない，と。

（ロ）　**刑事施設被収容関係**　旧監獄法下の「**よど号」新聞記事抹消事件判決**[123]が，新聞紙・図書などの「閲読の自由」を憲法19条・21条の「派生原理」として導き出しつつ，一定の要件の下に未決拘禁者の該自由の制限を容認したことは既に幾度か触れた (特に，第1章第5節Ⅰ3→157頁)。この仕組みはまさに「検閲」概念にあたるが，上述の「検閲」の絶対的禁止は一般的統治関係上のもので，刑事施設被収容 (在監) 関係という「特殊的統治関係」の下ではそのままでは妥当しないことに留意されたい。

（ハ）　**消極的情報受領権と「囚われの聴衆」**　既にいろいろなところでみてきたように，自由には積極，消極の両面があり，情報受領権にも理論的には消極面 (「知りたくない自由」,「聴きたくない自由」) が考えられる。しかし，表現の自由の保障の体系にあってそうした消極的情報受領権を語りうるのは，既にみたわいせつ的表現行為の文脈 (前述4(1)(ロ)→263頁) やいわゆる「囚われの聴衆」の文脈 (第2章第1節Ⅱ4→188頁および本章第1節Ⅰ3(3)→221頁) に限られることが留意されなければならない。気に入らない表現行為 (情報提供行為) に対しては，個別的に立ち去るなり，断るなりの対処によるべきであって，消極的情報受領権をたてに表現行為 (情報提供行為) を一般的に制約する根拠とすることがあってはならない (松井茂記)。こうしたことは，特に先にみた表現の時・場所・方法等の制約に関し生じやすいところであって，注意が必要である。

6　情報収集作用に関する制約

(1)　消極的情報収集権をめぐる問題　　（イ）　法廷における取材活動制限

---

[123] 最(大)判昭和58年6月22日民集37巻5号793頁。

刑事訴訟規則215条，民事訴訟規則77条（旧規則では11条）には，法廷における写真撮影・録音・放送などは裁判所の許可なしには行いえないとある。法廷の秩序維持や公正な裁判の確保あるいは被告人のプライバシーの保全などが，その背景にある。

この種の規制は，当初は当然視される傾向があった。そこには，**裁判の公開**を定める憲法82条1項についての独自の理解も影響していたものと思われる。すなわち，実務および通説は，裁判の公開は傍聴の自由を含むが，それは法（制度）の反射であって国民の権利を保障したものではない，という理解である（制度重視で，権利構成をしたがらないわが国の「伝統」の反映の一例）。

最高裁判所は，記者が裁判長の制止を無視して被告人の写真を撮影したため「法廷等の秩序維持に関する法律」により過料に処せられた**北海タイムス事件**において，取材活動の憲法上の意義を十分に明確にしないままに，簡単に刑事訴訟規則215条は憲法に違反しないとした[124]。

法廷における傍聴・取材（情報収集）活動の自由が真正面から問われたのは，公判廷においてメモをとることの可否をめぐって争われた**レペタ訴訟**であった。すなわち，刑事事件の公判の傍聴にあたり，メモをとることを許されなかった者が，憲法・国際人権規約に違反する措置として国家賠償を求めた訴訟である。そして最高裁判所は，「裁判所としては，今日においては，傍聴人のメモに関し配慮を欠くに至っていることを率直に認めなければならない」，と述べるに至る[125]。

問題は，その理論構成である。判決は，憲法82条1項は公開の裁判を制度として保障したもので，各人に傍聴すること，メモをとることを権利として保障したものでない，という伝統的立場に立つ。しかし，他方，「**さまざまな意見，知識，情報に接し，これを摂取する**」「**自由**」は，憲法21条1項の趣旨・目的からの「派生原理」として当然に導かれ，国際人権規約B規約19条2項の規定も同趣のものであるとしたうえ，「**筆記行為の自由**」もその補助としてなされる限り「憲法21条1項の規定の精神に照らして尊重さ

---

[124] 最（大）判決昭和33年2月17日刑集12巻2号253頁。決定は，「新聞が真実を報道することは，憲法21条の認める表現の自由に属し，またそのための取材活動も認められなければならないことはいうまでもない」としながらも，直ちに憲法12条に言及して憲法が国民に保障する自由も無制限ではないと述べ，そして「たとい公判廷の状況を一般に報道するための取材活動であっても，その活動が公判廷における審判の秩序を乱し被告人その他訴訟関係人の正当な利益を不当に害するがごときものは，もとより許されない」，という。

[125] 最（大）判平成元年3月8日民集43巻2号89頁。

れるべきである」から，傍聴人の法廷におけるメモ採取は「裁判を認識，記憶するためになされるものである限り，尊重に値し，故なく妨げられてはならない」という。ただ，憲法21条1項の直接保障する「表現の自由そのもの」ではないから，その制限・禁止には「表現の自由に制約を加える場合に一般に必要とされる厳格な基準が要求されるものではない」が，メモ採取行為が公正かつ円滑な訴訟の運営を妨げるに至ることは通常はありえず，「特段の事情のない限り」傍聴人の自由に任せるべきであり，本件措置は「合理的根拠を欠いた法廷警察権の行使」であったとした[126]。

このように，判決の法理の筋道は複雑である。この点については，次のように解すべきものと思われる。先に，「表現の自由」には積極的情報収集権（それ自体としては抽象的権利）が含まれると述べたが，憲法82条1項はその権利をまさに憲法レベルにおいて具体的権利化する規定である，と（因みに，議院の会議の公開を定める憲法57条1項も同趣旨の規定と解される）。したがって，国民がこの権利の行使として傍聴し取材する活動については，公権力（裁判所）によって不当に妨害されてはならず，裁判所がその活動を制限するには必要最小限度の規制手段の法理が妥当する。

　（ロ）　**政府情報と取材**　国家公務員法100条1項は，公務員が「職務上知ることのできた秘密」を漏示することを禁じ，同法111条は漏示行為の「そそのかし」行為を処罰対象とする[127]。取材の自由に関連して，この「秘密」の意義と「そそのかし」罪の取材行為への適用の可否が問題となる。

ここに「秘密」とは，秘密保全の意欲の認められるもので，かつ客観的実質性の要件（非公知性，必要性，相当性）を備えたものをいうと解される[128]。実質性の判定基準も，自由な情報流通という観点から厳格に解される必要があろう。「そそのかし」ないし「教唆」罪は，その趣旨とするところが公務遂行体制の保全にあるのか，「秘密」それ自体の保全にあるのか必ずしも明確でなく，また取材行為には適用がないと解する余地もないではないが，適用可能性を前提とする場合，少なくとも厳格な限定解釈が必要であると解される。

---

[126] ただ，判決は，それが国家賠償法1条1項にいう違法な公権力の行使にあたるとまではいえないとしている。
[127] なお，地方公務員法34条，62条，自衛隊法59条1項，118条2項など参照。
[128] 徴税トラの巻事件に関する最決昭和52年12月19日刑集31巻7号1053頁は，「実質的にもそれを秘密として保護するに価すると認められるものをいう」とする。

この点につき象徴的かつ厳しい問題をつきつけ，裁判所の判断も示されたが，その判断内容の是非を含む事件そのものの歴史的意味が問われ続けたのが，いわゆる**外務省機密漏洩事件**（歴史に翻弄された関係記者の名前をとって**西山記者事件**と称すべきかもしれない）であった。事件は，沖縄返還にかかわる「密約」を裏づける外務省極秘電文が国会で暴露され，秘密漏洩事件として捜査が開始され，毎日新聞西山記者と外務省事務官（女性）が国家公務員法100条1項，111条違反容疑で逮捕・起訴されたものである。

第一審は無罪，第二審は有罪となり，最高裁判所は，「そそのかし」というだけでは直ちに違法性が推定されるわけではなく，「その手段・方法が法秩序全体の精神に照らし相当なものとして社会観念上是認されるものである限りは，実質的に違法性を欠き正当な業務行為」であるとしつつ，次のように述べて有罪を是とした。すなわち，取材の手段・方法が贈賄・脅迫などをともなう場合はもとより，刑罰法規に触れなくとも，「取材対象者の個人としての人格の尊厳を著しく蹂躙する等法秩序全体の精神に照らし社会観念上是認することのできない態様のものである場合」にも許されないとし，男女関係の情を利用して情報を取得した行為は法的に許されない，と[129]。

本件起訴および有罪判決を通じて，事件は完全にスキャンダル事件と化し，新聞社および記者は世論の激しい非難を浴びた。記者が何故該電文を国会議員に渡したのかなど不可解な面もあるが，事件発生から40年近く経ち，本格的な政権交代もあった中で，「密約」の存在とその経緯が明らかになってきている。

（ハ）**取材源秘匿権の問題**　ここに取材源秘匿権とは，公衆に対する情報伝播の目的で，内々の信頼関係を通じて取材した場合の（文字通りの）取材源を秘匿する権利（**狭義の取材源秘匿権**）およびかかる関係を通じて得られた情報（取材メモ，フィルムなど）を公権力に渡さない権利（**広義の取材源秘匿権**）をいう。これは，情報収集権が肯認され，かつ収集活動におけるかかる内々の信頼関係の保護の必要性が認められる限り，該収集権の内実をなすものと解される。

まず，狭義の取材源秘匿権であるが，宣誓・証言を拒んだため証言拒絶罪（刑事訴訟法161条）に問われた**石井記者事件**で，最高裁判所は，憲法21条は「未だいいたいことの内容も定まらず，これからその内容を作り出すための

---

[129] 最決昭和53年5月31日刑集32巻3号457頁。

取材に関しその取材源について，公の福祉のため最も重大な司法権の公正な発動につき必要欠くべからざる証言の義務をも犠牲にして，証言拒絶の権利までも保障したものとは到底解することができない」とした[130]。が，次に触れる**博多駅フィルム事件決定**[131]が広義の秘匿権に肯定的な考え方を示したことを背景に，旧民事訴訟法の解釈論として狭義の秘匿権を肯認する札幌高等裁判所決定（島田記者事件）が登場し[132]，そして，**NHK 記者取材源開示拒否事件**で，最高裁判所ははじめて正式に取材源が「職業の秘密」（民事訴訟法197条1項3号）にあたるとして証言拒絶権を承認した[133]。

次に，広義の秘匿権であるが，これまでしばしば触れた博多駅フィルム事件は，アメリカ空母の佐世保港寄港反対運動に参加するため博多駅に下車した学生約300名と警備していた機動隊と衝突し，学生側が特別公務員暴行陵虐罪等にあたる行為があったとして告発したが不起訴処分になり，これを不服とし福岡地方裁判所に付審判請求を行い（刑事訴訟法262条），裁判所がNHKや放送会社に対し撮影フィルムの提出を命じた件にかかわる。

最高裁判所は，既に言及したように，「報道のための取材の自由も，憲法21条の精神に照らし，十分尊重に値いする」としたうえ，公正な刑事裁判実現のため該自由の制約がやむをえない場合があり，具体的には，「犯罪の性質，態様，軽重および取材したものの証拠としての価値，ひいては，公正な刑事裁判を実現するにあたっての必要性の有無を考慮するとともに，他面において取材したものを証拠として提出させられることによって報道機関の取材の自由が妨げられる程度およびこれが報道の自由に及ぼす影響の度合その他諸般の事情を比較衡量して決せられるべきであ」る，とした。そして，本件フィルムは「証拠上きわめて重要な価値を有し，被疑者らの罪責の有無を判定するうえに，ほとんど必須のもの」といえるのに対し，「報道機関が蒙る不利益は，報道の自由そのものではなく，将来の取材の自由が妨げられるおそれがあるというにとどまる」として，特別抗告を棄却した。

このように博多駅フィルム事件は付審判請求に関するものであったが，その後，最高裁判所は，取材の自由の観点から捜査機関（検察事務官）による取

---

[130] 最(大)判昭和27年8月6日刑集6巻8号974頁。
[131] 最(大)決昭和44年11月26日刑集23巻11号1490頁。
[132] 札幌高決昭和54年8月31日判時937号16頁。なお，最決昭和55年3月6日判時956号32頁は，この札幌高決に対する抗告を却下。
[133] 最決平成18年10月3日民集60巻8号2647頁。

材テープの押収（日本テレビ事件）や捜査機関（司法警察職員）による取材テープの押収（TBS「ギミア・ぶれいく」事件）が争われた事件につき，博多駅フィルム事件決定に依拠しつつ押収を容認した[134]。前者は，報道機関が事実上捜査を代行したともいえるようなところがあり，後者は，視聴率をかせぐための一種のヤラセ番組といった趣をもつところがあり，そうした特殊事情を反映してか，捜査機関による押収であったにもかかわらず，それを容認する決定の表現は，博多駅フィルム事件決定が述べる要件をむしろ緩和しているようにみえる[135]。

報道に対する信頼は，取材物は報道目的以外に使わないという前提に立っていると解され，安易な比較衡量に陥らない注意が必要である。

(2) 積極的情報収集権をめぐる問題 公権力による国民に対する情報提供は様々なかたちで行われるが，自由な情報流通を確保するには，表現の自由の保障の中に積極的情報収集権（最狭義の「知る権利」ないし政府情報開示請求権）が含まれると解すべきこと，その具体的実現のためには法律（条例）による制度化が必要であること，そして情報公開条例が先行しつつも平成11年に至ってようやく国レベルにおいても情報公開法の制定をみたこと，については既に触れた（前述2(4)➔251頁）。従来，行政法的には，行政文書は専ら「公用物」（行政主体が自己の執務の用に供する有体物）と位置づけられていたが，これにより「公共用物」（行政主体により国民一般の利用に供される有体物）にコペルニクス的転換をとげたといわれる（宇賀克也）。

情報公開法（条例）は全くの立法政策によるものと解する説もないではないが，既に述べてきたように，憲法21条の表現の自由に含まれる積極的情報収集権（それ自体としては基本的に抽象的権利）の具体的権利化であると解されるべきである。そうである以上，法律（条例）は，公開することを原則（原則公開）として，その例外（非公開事項）の定め方は明確かつ限定的であることが要請され，非公開決定に対しては実効的な救済手続が用意される必要があると解される。

---

[134] 日本テレビ事件に関する最決平成元年1月30日刑集43巻1号19頁，TBS「ギミア・ぶれいく」事件に関する最決平成2年7月9日刑集44巻5号421頁。

[135] 特に，TBS「ギミア・ぶれいく」事件決定は，該ビデオテープが軽視することのできない悪質な被疑事件の全容を解明して犯罪の成否を判断するうえで重要な証拠価値をもち，他方，テープを編集したものが放映済みであり，テープが被疑者らの協力によりその犯行場面などを撮影収録したもので，協力者は放映されることを了承していたこと，などに注目している（ここでは，「証拠上きわめて重要」とか「ほとんど必須」といった表現はみられない）。

情報公開法は，「何人も」行政文書の開示請求ができるものとし（3条），「不開示情報」を限定列記し（5条），それにあたることを理由とする不開示決定に対して不服のある請求権者は行政不服審査法に基づきその取消しを求めたり（この場合，情報公開・個人情報保護審査会への諮問が原則として義務づけられる），不開示決定の取消訴訟・開示決定の義務付け訴訟を提起することができる。

　情報公開条例および情報公開法にかかわる判（決）例は，既に相当数に上る。下級審の判決の中には情報公開請求権が憲法上の権利の具体化であることを明言するものもあったが，最高裁判所はその点につき明示するところがない。もっとも，「**インカメラ審理**[136]」の可否をめぐる最近の決定[137]において，泉徳治，宮川光治裁判官の補足意見が，情報公開制度を国民の知る権利に基づくものと位置づけているのが注目される。上述のように，情報公開法は，「知る権利」には言及していないとしても，「国民主権の理念にのっとり」と述べているところであって，憲法の趣旨を踏まえ可及的に公開の方向で解釈・運用されるべきであろう。その際，例えば外交等に関する情報の開示不開示の判断を行政機関の長の裁量に委ねる法律の規定（5条）の仕方が問題であるというのであれば，その改正も視野に入れる必要があろう。

　情報公開訴訟において裁判所の実質的判断を確保するうえで，「インカメラ審理」が必要と考えられる場合がある。実際，福岡高等裁判所が，情報公開法5条3号および5号の不開示事由該当性を判断するため，検証物提示命令を出したことがある[138]。しかしその抗告審である最高裁判所は，上述の決定でそのようなインカメラ審理は民事訴訟の基本原則に反し，明文の規定なき限り許されないと判示した。もっとも，この決定は，情報公開訴訟でのインカメラ審理が憲法82条に反するとまでみているわけではなく，法律による明文の根拠があれば許されるとするもののように解される。この点，先に触れた泉，宮川裁判官の補足意見は，情報公開訴訟でのインカメラ審理は82条に反しないと明言し，その導入に積極的姿勢を示している。

　情報公開制度が所期の機能を発揮するには，行政文書が適正に作成・整理・保存されることが不可欠である。このことは情報公開制度発足にあたっ

---

[136] 非開示とされた文書を直接公開法廷での審理対象とすることはできないが，裁判官だけが該文書を直接みて公開非公開を判断する手法。
[137] 最決平成21年1月15日民集63巻1号46頁。
[138] 福岡高決平成20年5月12日判時2017号28頁。

て十分認識されていたことであるが，法的整備が進まず，ために恣意的な文書廃棄などが散見された。この点，平成21年7月に**公文書管理法**が公布され，ようやく本格的な体制作りに踏み出した。

7 マスメディアと国民

(1) アクセス権　新聞などのマスメディアは，世論の形成に圧倒的な力をもっていることから（ために，"第四権力"であるとか，ときには"第一権力"である，などと呼ばれることがある），「知る権利」論の鉾先はこれらのマスメディアにも向けられる。マスメディアが国民に対し必要かつ十分な情報提供機能を果たしていない，あるいはマスメディアはそのよって立つ政治的立場に基づいて情報操作・世論誘導をしている，「思想の自由市場」は幻想にすぎないのではないか，という不満である。「**アクセス権**」論は，このような不満のたかまりの中で登場した。

もっとも，「アクセス権」も多義的である。狭義においては，不法行為たる名誉毀損に対する一救済方法としての反論権などを指し，広義においては，不法行為たる名誉毀損の成立を要件としない反論権（広義の反論権）や有料の意見広告を含めておよそ市民が何らかの形でマスメディアを利用して自己の意見を表明できることを指す。ここで特に問題にされているのは，広義の「アクセス権」である。

このような意義の「アクセス権」は，マスメディアで取り上げられない思想・情報を国民に対し提供せしめようとする点で「知る権利」の一局面ともいえるが，その特質は，公権力の力を借りてそれ自体表現の自由の主体であるマスメディアの消極的表現の自由を直接侵害しつつ思想・情報を「市場」に参入せしめようとするものである（樋口陽一）。「アクセス権」の問題性は，まさにここにある。

「アクセス権」を主張することの社会的意義は認められるとしても，これを法的権利として主張することは，かえってマスメディアを政治的・経済的"強者"に対しますます弱い存在とし，その提供する思想・情報を非個性的・画一的なものとしないであろうか。広義の反論権が，歴史的には，言論抑圧法として登場し機能したことに留意するべきではあるまいか。

新聞に掲載された自由民主党の意見広告が日本共産党に対する名誉毀損だとして，新聞を相手どり同党が同一スペースの反論文の無料掲載を求めた**サンケイ新聞反論文掲載請求訴訟**につき，最高裁判所は，不法行為が成立する

場合にその者の保護を図ることは別論として、反論権の制度について具体的な成文法がないのに、反論権を認めるに等しい共産党の主張するような反論文掲載請求権をたやすく認めることはできない、と判示した[139]。

(2) **放送などの問題** 「公衆によって直接受信されることを目的とする無線通信の送信」である「放送」については（電波法5条4項、放送法2条1号）、電波法により放送局開設に総務大臣の免許が要求され（同法4条）、放送法に番組準則が規定され（同法3条の2第1項によれば、①公安・良俗を害しないこと、②政治的公平、③真実報道、④論争点の多角的解明、が要求されている。このうち②と④は、特に「公正原則」〔公平原則〕と呼ばれる）、また、「放送番組の適正を図るため」放送番組審議機関の設置などが義務づけられている（同法3条の4）。

このように放送が、新聞などのいわゆるプリント・メディアと違って、特別の規制下におかれることについては[140]、従来、主として電波周波数が有限稀少であることにその正当化の根拠が求められ（したがって放送事業者は、公共的論点について多様な意見に接する公衆の「知る権利」に奉仕すべき公衆の受託者である）、さらに、放送のもつ特殊な強い社会的影響力も指摘されてきた[141]。

しかし、近年の放送技術の発展は目ざましく、もはや電波が稀少とはいえないのではないか、また、放送のみが特別の強い社会的影響力をもつという

---

[139] 最判昭和62年4月24日民集41巻3号490頁。判決は、いわゆる反論権の制度は、新聞記事に取り上げられた者が、その記事の掲載によって名誉毀損の不法行為が成立するかどうかとは無関係に、自己が記事に取り上げられたというだけの理由によって、新聞を発行・販売する者に対し、当該記事に対する自己の反論文を無修正で、しかも無料で掲載することができるとするものと捉えたうえで、このような制度は憲法の保障する表現の自由を間接的に侵す危険につながるおそれが多分に存するとしている。

[140] このように放送と新聞などのプリント・メディアとを区別し、放送のみに広汎な規制を課すやり方は、英米などでみられるものである。対してドイツやフランスなどでは、プリント・メディアにも反論権の制度を設けたり集中排除措置を講じたりして、マスメディア全体に社会の多様な意見を反映させようとしている。

[141] なお、注139のサンケイ新聞反論文掲載請求訴訟判決は、放送法4条の定める訂正放送制度を反論文掲載請求権の根拠とする主張につき、訂正放送制度は、放送事業者が限られた電波の使用の免許を受けた者であって、公的な性格を有し、その訂正放送は、放送により権利の侵害があったことおよび放送された事項が真実でないことが判明した場合に限られるものであり、また、事業者が同等の放送設備により相当の方法で訂正または取消しの放送をすべきものとしているにすぎないことを指摘して、その主張を斥けている。また、テレビジョン放送による政見放送が「直接かつ即時に全国の視聴者に到達して強い影響力を有していること」を理由に、差別的発言部分の音声の削除を正当化した政見放送削除事件判決については既に触れた（前述4(1)(ホ)➡270頁）。

なお、訂正放送制度に関し、生活ほっとモーニング事件に関する最判平成16年11月25日民集58巻8号2326頁を参照されたい。

命題は果たして妥当か、といった意見が強くなってきている。そして、こうしたことを背景に、行政機関による放送規制の危険性も指摘しつつ、「公正原則」は憲法21条に反するという説も存する(松井茂記)。他方、新聞の自由を維持しつつ、放送のみに一定の規制を課すことにより、マスメディア全体としてみればむしろ多様な情報の流通が図られるのではないかという見解もなお根強いものがある。ただ、この場合、新聞と放送との資本的・人的分離が確保されることが前提となる(長谷部恭男)。

また、ケーブルテレビ、衛星放送、さらには、インターネットの普及、等々にともない、それへの法的対応のあり方をめぐる様々な課題が発生してきている。

平成22年の暮、通信・放送分野におけるデジタル化の進展に対応すべく、各種の放送形態に対する制度を統合し、無線局の免許および放送事業の認定の制度の弾力化を図ることなどを目的として、従来の通信・放送関連の法律を見直し、統合化された新たな通信・放送法体系を構築しようとする放送法等の改正法律が制定された。その意義と問題点について、今後検討を要する。

Ⅴ 集会・結社の自由

1 総説

憲法は、「集会、結社……の自由は、これを保障する」(21条1項)と規定する。「**集会**」は特定または不特定の多数人が一定の場所において事実上集まる一時的な集合体であるのに対し、「**結社**」は必ずしも場所を前提としない特定の多数人の継続的な精神的結合体である点で、両者はその性質を異にするが、ともに共同の目的をもってする集団的行為である点において共通性をもつ。「集会、結社の自由」を「表現の自由」と切り離して捉える見方もあるが、「集会、結社」は、集団としての意思を形成し、その意思実現のための具体的行動をとることを当然その内実とするもので、「表現」と同一線上にあるといえる。

因みに、**集団行進・集団示威運動**は、集会の意思の表現形態ないし「動く集会」ともいうべきものであるが、端的に「表現」と捉えてその自由を「表現の自由」の一内実として理解することも十分根拠がある。この点、**東京都公安条例事件判決**[142]や**徳島市公安条例事件判決**[143]も、集団行動は「表現の

自由として憲法上保障されるべき要素」を有すると述べているところである。ただ,「集会,結社の自由」は,「表現の自由」には代替せしめられない独自の価値(情感上の相互作用,連帯感,信奉心の醸成など)を担っていることは留意されるべきである。

「集会,結社の自由」は,「表現の自由」と同様,立憲民主主義過程の維持にとって不可欠であり,そこに参政権的要素を認めることができる。が,非政治的集会・結社も重要な意義を担い,また,「集会,結社の自由」は自由権として消極的な集会・結社の自由を包含していることなどの点に鑑み,一部の説にあるように「集会,結社の自由」を参政権そのものと捉えることは妥当ではない。

2 「集会の自由」の保障の性格と内容

「**集会の自由**」を保障するとは,原則として,その目的・場所・公開性の有無・方法・時間などのいかんを問わず,集会を主催し,指導しまたは集会に参加するなどの行為につき,公権力が制限を加えることが禁止され,またはそのような行為を公権力によって強制されないこと(消極的集会の自由)を意味する。

一般的にいって,土地・建物の所有権などの権原を有する者は,その場所における集会を容認しなければならない義務はない。国・地方自治体の所有・管理する土地・建物について,かつては原則として私人の所有・管理するそれと同様に捉え,市民によるその使用の許否は管理権者の自由裁量に属するとみる見解が支配的であった(「明白かつ現在の危険」の法理などによって表現の自由の確保のために尽力したあのホームズ裁判官でさえ,かつてはそのような類の見解を表明したことがあった)。が,やがて考え方は変り,今日では道路・公園などの場所はその設置目的からいって正当な理由のない限りその利用を拒否することは許されないと解されている。地方自治法は,普通地方公共団体は「住民の福祉を増進する目的をもつてその利用に供するための施設」を設けるものとし(同法244条1項),この「公の施設」について,「正当な理由がない限り」住民に利用を拒んではならず,「不当な差別的取扱い」をしてはならないと定めている(同条2項・3項)。

この問題に関する当初の実務および判例の認識・理解を象徴するのは,皇

---

142 最(大)判昭和35年7月20日刑集14巻9号1243頁。
143 最(大)判昭和50年9月10日刑集29巻8号489頁。

居外苑使用不許可事件とその判決[144]である。本件は，昭和26年11月，総評が，翌年5月1日のメーデーに使用するため，厚生大臣（当時）に対しその管理する皇居外苑の使用許可を申請したところ，不許可となり，国民公園管理規則の趣旨を誤解し，憲法21条などに違反するとして，その不許可処分の取消しを求めた件にかかわる。第一審は処分を取り消したが，第二審は既に5月1日が経過し取消しを求める実益はないとして請求を棄却し，最高裁判所は，同じく「判決を求める法律上の利益を喪失した」としつつ，「なお，念のため」として実体判断を示した。

判決は，「国民が同公園に集合しその広場を利用することは，一応同公園が公共の用に供せられている目的に副う使用の範囲内のことであり，唯本件のようにそれが集会又は示威行進のためにするものである場合に，同公園の管理上の必要から，これを厚生大臣の許可にかからしめたものであるから，その許否は管理権者の単なる自由裁量に委ねられた趣旨と解すべきでなく」，管理権者は，「皇居外苑の公共福祉用財産たる性質に鑑み，また，皇居外苑の規模と施設とを勘案し，その公園としての使命を十分達成せしめるよう考慮を払った上，その許否を決」すべきものとした。そして，結論として，本件不許可処分は，「管理権の適正な運用を誤ったものとは認められ」ず，また，「管理権に名を藉りて実質上表現の自由又は団体行動権を制限することを目的としたものとも認められない」とした。

以上のことからうかがわれるように，判決は，本件の真の問題が憲法の保障する「集会の自由」にあるということから出発するというよりも，まずは公物管理権から出発してその適正な行使の範囲内にあるかどうかを問題にしている。本件規制が事前抑制であること，国民公園管理規則による規制にしてしかも何らの許可基準も定められていない[145]こと，が真剣な考慮対象とされていないのは，そうした発想の結果であろう。さらにいえば，そもそも集会の開催が公園の本来の利用方法とは考えられていないようにもみえる。

この点，アメリカでは，公園や公道などは「**伝統的パブリック・フォーラ**

---

[144] 最（大）判昭和28年12月23日民集7巻13号1561頁。
[145] 同規則4条は「国民公園内において，集会を催し又は示威行進を行おうとする者は，厚生大臣の許可を受けなければならない」と定めるのみである。なお，栗山茂裁判官意見は，この許可制は管理本来の作用とあわせ，公共の秩序維持を理由とする警察許可の性質をも有するもので，法律の根拠を必要とし，それを欠く規則4条およびそれに基づく本件不許可処分は違法であると述べている。

ム」と捉えられ，強い憲法上の保障が及ぼされてきた[146]。わが国においても，今日，学説上この判例法理を参考に考えようとする傾向が強く（高橋和之，松井茂記，長谷部恭男），後述のように判例も従来とは違った姿勢を示すようになってきている。

3 「集会の自由」の限界

(1) **制約に関する基本原則**　日本国憲法による「集会の自由」の保障は，無条件的である。ただ，この自由は，言論・出版の場合と違って，道路・公園などの他の社会生活上の利用と衝突するところがあり，あるいは集会の競合による混乱発生の可能性を孕んでおり，調整のための必要最小限度の制約に服することは承認されなければならない。

その際の合憲性の判断にあたっては，まず内容に基づく規制か内容中立的規制かを見極めるとともに（前者については，厳格な審査が要請される），後者の規制にあっては，フォーラムの性格にも留意しつつ，重要な目的を達成するために限定的に選ばれた規制であるか否かを慎重に審査することが必要である。

なお，集会の競合の場合につき，集会の目的・性格を考慮して優先順位を決定すべきであるという見解もあるが，それは集会の性格・内容についての管理権者の価値判断を許容することになるという意味で疑問である。可及的に機械的原則が妥当すべきで，原則として申請順とすべきであり，ただ，メーデーや祭りのように，多数の国民の参加の下に毎年決まった日に通常その場所を用いて行うような場合に限って，例外的に優先権を認めるというようにすべきであろう。

また，反対勢力や集会に対する敵意をもつ観衆の存在によって治安妨害が発生するおそれがあるという場合については，「正当な権利の行使者を法律上弾圧すべきでない」というイギリスの判例上確立された法理（敵意ある聴衆の法理）が原則として妥当すると解すべきである。

(2) **公園・市民会館での集会**　皇居外苑使用不許可事件判決については先に触れたが，その後の注目すべき判例として，泉佐野市民会館事件判決[147]がある。本件は，「関西新空港反対全国総決起集会」開催のため泉佐野市民会館条例に従い会館の使用許可を申請したところ，実質主催者が過激

---

146 アメリカにおける「パブリック・フォーラム」論については，注115参照。
147 最判平成7年3月7日民集49巻3号687頁。

派団体で，周辺住民の平穏な生活が脅かされるおそれがあるとし，条例の規定する「公の秩序をみだすおそれがある場合」にあたるなどとして市が不許可としたことをめぐって争われたものである。

判決は，公共施設の利用を拒否できるのは，利用の希望が競合する場合のほか，施設をその集会のために利用させることによって，他の基本的人権が侵害され，公共の福祉が損なわれる危険がある場合に限られるべきで，本件条例も，集会の自由を保障することの重要性よりも，人の生命・身体・財産が侵害され，公共の安全が損なわれる危険を回避・防止することの必要性が優越する場合に使用を拒否しうるものと限定して解釈すべきであり，その危険性も単に危険な事態を生ずる蓋然性があるというだけでは足りず，「明らかな差し迫った危険の発生が具体的に予見されることが必要である」とした。そう述べたうえで判決は，本件では，会館職員，通行人，付近住民等の生命・身体・財産が侵害されるという事態が生ずることが「客観的事実によって具体的に明らかに予見された」として，不許可処分は違法でなかったと結論した。判決はまた，「敵意ある聴衆の法理」にも触れ，本件では「警察に依頼するなどしてあらかじめ防止することは不可能に近かった」とした。

市民会館はもとより公園とは性格を異にするが，該会館は集会のための利用を本来の目的とするものであり，少なくとも「伝統的パブリック・フォーラム」に準ずるものと位置づけられるべきであろう。判決の限定解釈のあり方など問題とすべき点はいろいろとあるが，当初の判例に比して，集会の自由の問題として正面から取り組んでいる姿勢は（憲法からは当然のこととはいえ）評価される。

この判決の翌年，何者かに殺害された労働組合幹部の合同葬を行うと上尾市福祉会館の使用許可を求めたところ，内ゲバ殺人である可能性があるとの報道などに鑑み妨害による混乱のおそれがあり，条例の定める「会館の管理上支障があると認められるとき」にあたるとして不許可処分を受けて，これを争った上尾市福祉会館訴訟につき，最高裁判所は，妨害による混乱を理由に公の施設の使用を拒否できるのは，「警察の警備等によってもなお混乱を防止することができない特別の事情がある場合に限られる」と述べて，該不許可処分を違法とした[148]。

---

[148] 最判平成8年3月15日民集50巻3号549頁。
　　なお，集会の自由に対する規制は，様々な個別法に散見されるところである。例えば，後

(3) 道路における集団行動　地方公共団体には，道路・公園その他公共の使用に供される場所における集会や集団行進などにつき，事前の許可または届出を要するものとし，公安委員会は，「公共の安全」を害するおそれがあると判断するときは，許可せずまたは届出を受理せずまたは条件を付することができる旨定める条例（一般に公安条例と呼ばれる）を制定しているところが少なくない。

このような条例は，憲法 21 条に反しないであろうか。この問題につき最高裁判所としてはじめて判断を示したのが，新潟県公安条例事件判決[149]であった。本件は，昭和 24 年，酒の密造容疑者の一斉検挙に抗議して，警察署前の空き地・道路で数百名が集団示威運動を行い，公安委員会の許可を得

述する破壊活動防止法 5 条 1 項は，「公安審査委員会は，団体の活動として暴力主義的破壊活動を行つた団体に対して，当該団体が継続又は反覆して将来さらに団体の活動として暴力主義的破壊活動を行う明らかなおそれがあると認めるに足りる十分な理由があるときは，左に掲げる処分を行うことができる」として，その 1 つとして，「当該暴力主義的破壊活動が集団示威運動，集団行進又は公開の集会において行われたものである場合においては，六月をこえない期間及び地域を定めて，それぞれ，集団示威運動，集団行進又は公開の集会を行うことを禁止すること」をあげている。また，「新東京国際空港の安全確保に関する緊急措置法」（後に，「成田国際空港の安全確保に関する緊急措置法」と名称変更）に基づき，空港の規制区域内に所在する X 所有の通称「横堀要塞」を，1 年間，「多数の暴力主義的破壊活動者の集合の用」などに供することを禁止する運輸大臣（当時）の処分が憲法 21 条に違反するなどとして争われた成田新法事件につき，最（大）判平成 4 年 7 月 1 日民集 46 巻 5 号 437 頁は，該禁止命令によって保護される利益は，空港もしくは航空保安施設等の設置，管理の安全の確保，空港および周辺における航空機の航行の安全の確保，空港を利用する乗客等の生命，身体の安全の確保という「国家的，社会経済的，公益的，人道的見地から極めて強く要請される」ものであるが，該命令によって制限される利益は「多数の暴力主義的破壊活動者が当該工作物を集合の用に供する」ものにすぎないとし，該禁止措置は「公共の福祉による必要かつ合理的なもの」と判示した（なお，第 2 章第 1 節Ⅲ 5 → 192 頁）。

最近の事例として，広島市暴走族条例事件に関する最判平成 19 年 9 月 18 日刑集 61 巻 6 号 601 頁がある。同条例 16 条 1 項は「何人も，次に掲げる行為をしてはならない」として，その 1 号に，「公共の場所において，当該場所の所有者又は管理者の承諾又は許可を得ないで，公衆に不安又は恐怖を覚えさせるようない集又は集会を行うこと」を掲げ，17 条は「前条第 1 項第 1 号の行為が，本市の管理する公共の場所において，特異な服装をし，顔面の全部若しくは一部を覆い隠し，円陣を組み，又は旗を立てる等威勢を示すことにより行われたときは，市長は，当該行為者に対し，当該行為の中止又は当該場所からの退去を命ずることができる」とし，この命令に違反した者を処罰すると定めた。条例の規制はいかにも広汎にわたるといわざるをえず，判決もそのことを認めつつも（この点，本節Ⅳ3(4) → 260 頁），結局は，条例全体の趣旨から規制対象は本来的意味における暴走族およびその類似集団による集会が条例 16 条 1 項 1 号，17 条所定の場所および態様で行われている場合に限られると解されるとし，その前提の下に 21 条 1 項に反しないと結論した。

[149] 最（大）判昭和 29 年 11 月 24 日刑集 8 巻 11 号 1866 頁。判決は，本文で述べるような考え方を展開しつつも，結局は条例を合憲とし，下級審の懲役刑に処す判断を支持して上告を棄却した。

ないで「行列行進又は公衆の集団示威運動」をしてはならないと定める条例1条違反で起訴されたものである。判決は，①「単なる届出制を定めることは格別，そうでなく一般的な許可制を定めてこれを事前に抑制すること」は違憲であるとし，しかし，②「特定の場所又は方法につき，合理的かつ明確な基準の下に，予じめ許可を受けしめ，又は届出をなさしめてこのような場合にはこれを禁止することができる旨の規定」を設けても違憲とはいえず，また，③「公共の安全に対し明らかな差迫った危険を及ぼすことが予見されるとき」は不許可または禁止も許されるとした。

「一般的な許可制」は，一般的な禁止を特定の場合に解除するものであるから，本来自由であるべき集団行動に用いることは許されないのは当然である。他方，集団行動をなすに先立って届出を要求することについては，取締当局が専ら受理するだけにとどまるものであれば（純粋の届出制），通常の言論・出版の場合と違って許されることは判決上の帰結である。しかし判決は，さらに，「特定の場所又は方法につき，合理的かつ明確な基準の下」での許可制ないし禁止留保付きの届出制は憲法上許容されるとする。実際諸条例のとる届出制も，無届の集団行動に対し懲役または禁錮を含む相当厳しい刑罰をもって臨み，かつ公安委員会に公安維持のため必要な条件をつける権限を認めまた遵守事項（条件）を法定するのを常例としており，許可制と届出制との違いは必ずしも実質的でない。

許可制にせよ届出制にせよ，本判決によれば，基準の明確性が重要な決め手となり，事前抑制の原則的禁止の法理の観点からいっても，裁量権の濫用の余地のないよう合理的で明確かつ具体的な基準が法定されることが必要で，かつ適正・迅速な手続的保障がなされなければならないと解される（なお，検閲は本体的な表現内容の事前統制にかかわるから，規制が集団行動の場所・方法などの外形的規制にとどまる限り直ちには検閲とはいえないが，それだけに集団行動によって訴えようとする本体的な表現内容に立ち入ることは許されない）。

③に示唆される「明白かつ現在の危険」の基準は，法文化されることが望ましいが（実際諸条例において法文化されている），それ自体としてはなお抽象的であって，規制対象の特定性・合理性・救済手段の整備などによって補充される必要がある。この基準は，具体的適用段階（事前および事後の規制の両段階）においても問題となる。そしてこうした観点からは，無許可（無届）の集団行動はそのことの故に直ちに違法となるのではなく（主催者が許可申請

〔届出〕を怠ったという点で制裁を受けることは当然であるが，それは形式的違法性を根拠とするものであるから，条例の定める刑罰は重すぎる），公共の安寧に対する直接かつ明白な危険を惹起し可罰的違法性の認められる場合に限ってその指導者などが処罰の対象となると解されなければならない[150]。

以上，新潟県公安条例判決に即して解釈論としてあるべき筋道を説明してきたが，この時期の判決としては，評価すべき内容のものであったといえよう。しかし，実はその後，最高裁判所は，集団行動にともなう危険性を強調し，新潟県条例よりも一層問題の多い東京都条例につき，「条例全体の精神を実質的かつ有機的に考察」すべきであるとして，その合憲性を支持した（東京都公安条例事件判決[151]）。そしてこれにより，公安条例自体の合憲性は判例上確定し，その後は，集団行動に対する許可条件の定め方や運用実態などが争点とされるようになり，特定の許可条件（示威行進のコースや態様に条件をつける）や運用実態を違憲とする下級審の判決なども現出したが，最高裁判所は，ことごとくこれを斥けた。また，届出制をとる徳島市公安条例が，示威行進に関する遵守事項の1つに「交通秩序を維持すること」と定めている点について，最高裁判所はさすがに「立法措置として著しく妥当を欠く」と認めはしたが，結局は，通常の判断能力をもつ一般人がいかなる行為が許されないかを読みとれるはずと結論した[152]（徳島市公安条例事件判決。なお，本節 Ⅳ 3(3)→259頁）。

道路での集団行進については，こうした公安条例による規制のほかに，国の道路交通法による一般的な規制が存する（特に77条1項参照）。まず，公安条例と同法との関係が問題となるが，上の徳島市公安条例事件判決は，この点につき，「道路交通法は道路交通秩序の維持を目的とするのに対し，本条例は道路交通秩序の維持にとどまらず，地方公共の安寧と秩序の維持という，より広はん，かつ，総合的な目的を有するのであるから，両者はその規制の目的を全く同じくするものとはいえない」と判示している。

そしてエンタープライズ事件判決[153]は，アメリカの空母の佐世保港寄港

---

[150] 最判昭和50年10月24日刑集29巻9号777頁は，第二審判決が「たとえ無許可の集団示威運動を指導したとしても，そこに公共の安寧に対する直接且つ明白な危険がなく，可罰的な違法性が認められない限り，その者に対して敢えて右のような重い刑罰を以て臨むべきものではない」と述べていたことを斥け，無許可の集団行動は「公共の安寧と秩序を妨げる危険を新たに招来させる点で，それ自体実質的違法性を有する」と判示した。

[151] 最(大)判昭和35年7月20日刑集14巻9号1243頁。

[152] 最(大)判昭和50年9月10日刑集29巻8号489頁。

に抗議する目的で，道路上において警察署長の許可を得ないでデモを行った件につき，同法によって許可が与えられないのは，「集団行進の予想される規模，態様，コース，時刻などに照らし，……一般交通の用に供せられるべき道路の機能を著しく害すると認められ，しかも，……警察署長が条件を付与することによっても，かかる事態の発生を阻止することができないと予測される場合に限られる」，と解釈して，同法の合憲性（被告人の有罪）を支持した。

公安条例の存する地方公共団体では道路交通法による規制と二重の規制が存在することになるが，道路交通法のみによる規制がなされる地方公共団体と比較して，その規制の実態にどのような違いがあるのか必ずしも明らかではない。もし違いが認められないとすれば，それは何を意味するであろうか。道路が本来的に集会の場であるという趣旨は，どこまで徹底しているであろうか。

4 「結社の自由」の保障の性格と内容

「結社の自由」を保障するという場合の「結社」とは，特定の多数人が，任意に特定の共通目的のために継続的な結合をなし，組織された意思形成に服する団体をいう。次に，「結社の自由」を保障するとは，第1に，人は，団体の結成・不結成，団体への加入・不加入，団体の成員の継続・脱退につき，公権力による干渉を受けないことを意味する。第2に，団体が団体としての意思を形成し，その意思実現のための諸活動につき，公権力による干渉を受けないこと（団体自体の自由）を意味する。

「結社」の目的は，政治的・経済的・宗教的・学問的・芸術的・社交的などのいかんを問わない（なお，宗教的結社については特別に20条に，労働組合については28条に規定がある）。このように結社の目的を広く捉える見解に対して，専らまたは主として経済活動を目的とする団体（会社・職業団体など）は，人の精神活動というよりむしろ経済活動の所産というべきで，憲法22条1項ないし29条の問題と解すべきであるという見解も有力である（浦部法穂，大石眞）。しかし，目的の違いは実際上相対的あるいは目的は重複的であることが多く（出版会社などはその典型例），本条にいう「結社」はおよそ人の共同的結合行為を包摂しているものと解すべきであろう（初宿正典）。なお，家族や「親密な交わり・人的結合」などは，本条の「結社」というよりは憲法

153 最判昭和57年11月16日刑集36巻11号908頁。

13 条ないし 24 条の問題と解される (第 2 章第 1 節Ⅱ 4 ➔ 188 頁)。

　近代立憲主義は，結社に対して消極的性向をもっていたが (ホッブズ，ルソーなど)，結社の発生は「人間の本性」に根ざし，その抑止は個人の自由の封殺に通じるとの考え方 (マジソン) をベースに展開し (もとより国により事情は異なるが)，やがて各種結社が繁茂する「組織の世紀」とよばれる 20 世紀を迎えることになる。ここでは，結社は，個人の自由にとってなお厄介な存在であることが自覚される一方で，民主主義が本来的にもつ体制信従への平衡力 (この点を 19 世紀半ばにいち早く指摘したのはトクビル) ないし強大化する国家権力への個人の自由の防壁としての期待をかけられた (もっとも，この時期，自発的結社を忌避しつつ，国民を公的権力に主導された各種大衆組織に糾合しようとする全体主義的結社観が登場したことに留意する必要がある)。

　既に種々みてきたように，日本国憲法は個人の尊重 (人格的自律権) を根幹に据えつつ，こうした時代環境の下で，個人が現実に生きる場としての結社の意義を認め，その自由を保障したものと解される。上に示唆したように，結社の自由は結社しない自由 (消極的結社の自由) を内包しており，このことは全体主義的結社観とを分つ重要な要素である。

　このこととの関係で，現行法上，一定の職業について，結社の強制 (強制設立) や加入強制が直接・間接に定められているが (弁護士法，司法書士法，弁理士法など)，この種の規制については，職業が高度の専門技術性・公共性をもち，それを確保維持するための措置としての必要があり，その団体の目的および活動範囲が職業倫理の確保と事務の改善進歩を図ることに厳格に限定されているかどうかが問われる必要がある。労働組合については，団結強制 (組織強制) が可能であると解されているが (労働組合法 7 条 1 号参照)，脱退の自由までも全く封ずることは許されない (第 4 章第 2 節Ⅳ 2 ➔ 376 頁)。

　本条の「結社の自由」の保障は，**法人格**をもつか否かにかかわりなく及ぶこともちろんであるが，法人格を有することは法的に種々の便益をともなう。したがって法人格付与のあり方も，「結社の自由」の保障と無関係ではない。この点，従来，わが国は，公益法人については許可主義，営利法人については準則主義をとり，公益法人や個別の特別法による法人以外の非営利団体については，原則として法人格取得の道を閉ざしてきた。しかし近年に至ってようやく，**NPO 法**(「特定非営利活動促進法」[154]) が制定され (平成 10

---

[154] 同法 1 条は，「特定非営利活動を行う団体に法人格を付与すること等により，ボランティア

年)、さらにその後、民法の改正とともに、**一般社団・財団法**(「一般社団法人及び一般財団法人に関する法律」[155])(平成18年)や**公益法人認定法**(「公益社団法人及び公益財団法人の認定等に関する法律」)(平成18年)が成立し、新たな局面を迎えている。

5 「結社の自由」の限界

(1) 制約に関する基本原則 日本国憲法による「結社の自由」の保障は、「集会の自由」の場合と同様、無条件的である。しかしこの自由も、公共の安全や個人の権利・自由の保護の観点からの制約を免れない。結社の種類・性格は文字通り多種多様で、また、規制方法も多面的であって(「存立規制」、「活動規制」、「構成員規制」に大別される[156])、合憲性の判断は容易ではないが、上述の「結社の自由」の保障の意義に照らし、必要最小限度にとどまることが求められる。

(2) 具体的な規制例 まず、結社の設立強制・加入強制の問題については、既に述べた(さらに、第1章第4節Ⅳ→151頁)。

結社の中でも、宗教的結社にかかわる問題については既に論及し(本節Ⅱ→224頁)、また、公共的性格の強い独自の存在である政党については後述する(第3編第1章第3節)。

上述のように、結社の自由には、結社内部の事柄について自律的に決定する自由が含まれているが、その内部的紛争が裁判所などに持ち込まれる場合も少なくない。その際の特に裁判所の対応のあり方については、後述する(第4編第1章第2節Ⅲ2(2)→593頁)。

誰と結社を作り、誰を構成員として迎えるかなどはまさに自由であり、基本的に私人相互間の問題にとどまるが、結社の種類性格によってはその種の行為が人種や性差別などとして問題となる余地もないわけではない。

人種差別撤廃条約が、人種差別を助長・せん動する団体および組織的宣伝活動その他のすべての宣伝活動、さらにそうした団体・活動への参加、を禁止・処罰すべきことを求めているが、結社の自由との関係で問題があり、わが国が加入に際して「留保」していることについては既に触れた(第1章第2

活動をはじめとする市民が行う自由な社会貢献活動としての特定非営利活動の健全な発展を促進し、もって公益の増進に寄与することを目的とする」と定める。

[155] 非営利団体が準則主義によって容易に法人格を取得する道を一般的に開こうとするもの。

[156] 「存立規制」とは結社の設立・解散に関する規制、「活動規制」とは結社の活動・運営に関する規制、「構成員規制」とは結社の構成員の活動に関する規制、をいう(大石眞)。

第1節　精神活動の自由　　Ⅴ　集会・結社の自由　　295

節Ⅲ2➔118頁および本節Ⅳ4(1)(ホ)➔270頁)。

　憲法上個人に対して犯罪として処罰しうる事柄を行うことを目的とする結社は保障対象とはならず，また，憲法秩序の暴力による破壊活動を目的とする結社は同じく保障対象とはならないと抽象的にはいうことは可能であるが，具体的な規制方法のあり方の問題と関連して，その規制はむしろ立憲民主主義秩序を破壊しかねない危険性を内包していることが注意されなければならない (憲法秩序に反する政党の問題につき，第3編第1章第3節Ⅱ3➔423頁)。

　破壊活動防止法 (昭和27年) は，①「団体の活動として暴力主義的破壊活動を行つた団体に対する必要な規制措置」を定めるとともに，②「暴力主義的破壊活動に関する刑罰規定を補整」し，もって「公共の安全の確保に寄与する」ことを目的とし (1条)，①の措置として，「公安審査委員会は，団体の活動として暴力主義的破壊活動を行つた団体に対して，当該団体が継続又は反覆して将来さらに団体の活動として暴力主義的破壊活動を行う明らかなおそれがあると認めるに足りる十分な理由があるとき」には，その団体に対して「六月をこえない期間及び地域を定めて」集団示威運動・集団行進・公開の集会の禁止を行い，あるいは機関誌紙の印刷・頒布の禁止などの処分を行うことを認め (5条1項)，さらにこれら規制では有効ではないと判断した場合には当該団体の解散の指定を行うことができるものとしている (7条)。

　こうした本法による団体の活動制限はいずれも包括的にすぎないか，とりわけ機関誌紙の活動制限は検閲の禁止に触れないか，裁判所の判断によらずに行政機関が解散を決定する (公安調査庁長官の請求をまって公安審査委員会が決定) のは適切か，等々の多くの疑問があり，少なくともその適用については厳格な限定が必要といわなければならない。これまで刑罰の補整の領域では幾つかの適用例があるが，同法による解散例は存在しない (オウム真理教に対して解散請求が行われたが，審査委員会は平成9年，7条の要件を欠くとして棄却した)。

　こうした状況の中で，平成11年，**無差別大量殺人団体規制法** (「無差別大量殺人行為を行った団体の規制に関する法律」) が制定された。本法は，「例えばサリンを使用するなどして」(1条) と事実上オウム真理教を対象とした法律であるが，無差別大量殺人団体に対し「観察処分」(5条) と「再発防止処分」(8条) に付すことを規定している[157] (なお，オウム真理教の宗教法人法に基づく解散

---

[157] なお，組織的活動の規制に関しては，「組織的な犯罪の処罰及び犯罪収益の規制等に関する法律」(組織犯罪処罰法) や「暴力団員による不当な行為の防止等に関する法律」などがある。

については，本節Ⅲ3(2)➜227頁）。

Ⅵ 居住・移転の自由

1 総　説

憲法は，「何人も，公共の福祉に反しない限り，居住，移転（及び職業選択）の自由を有する」（22条1項）と定める。封建体制下にあっては，生産者としての人民は特定の土地に緊縛され，その職業は身分制的に固定されていた。近代市民社会は，かかる土地への緊縛・身分制的拘束からの解放を前提に成立したもので，日本国憲法に「居住，移転及び職業選択」の自由と一体的に保障されているのは，そのような史的経緯を反映してのことである[158]。

しかし，「居住，移転の自由」を，経済的自由の一環としてのみ捉えることは問題である。次にみるように，この自由は多面的性格を有し，人間が生きる基盤そのもの，精神生活とも深くかかわっていることが留意されなければならない[159]。

2 「居住，移転の自由」の保障の性格と内容

「居住，移転の自由」を保障するとは，自己の選択するところに居住し，または移転するにつき，公権力によって妨害されないことをいう。一時的な旅行なども含まれる。

この自由は，上に示唆したように，資本主義経済を成り立たしめる不可欠の要素として経済活動の自由の一環をなすことは否定しえない。しかし，自己の移動したいところに移動できるという点で人身の自由としての側面をもつとともに，自己の選択するところに居を定め様々な自然と人と接し，生活を形成維持することは，その人の人格形成・精神生活にとって決定的ともいうべき意義をもつことであって，精神的自由としての性格をもっている。

ハンセン病訴訟に関する下級審の判決[160]は，これとほぼ同趣旨の考え方

---

[158] 因みに，近代初期の人権宣言にことさら居住・移転の自由を規定する例がほとんどみられないのは，それがあまりにも当然の前提であったからであろう。これに対して，日本のような後進国は，資本主義経済の育成のため，この前提そのものに取り組まなければならなかったわけで，明治憲法22条が法律の留保付きで明文でこの自由を保障したのは，そのような文脈で理解されうる。

[159] 因みに，ドイツの憲法は，「移転の自由」（11条）を，「職業，職場及び養成所を自由に選択する権利」（12条）とは別個の条文で定めている。

[160] 熊本地判平成13年5月11日判時1748号30頁。

を明らかにしたうえ，昭和 28 年制定のらい予防法の隔離規定は「居住・移転の自由を包括的に制限するもの」と断じている（傍点筆者。判決は，さらに，その人権制限の実態は，単に居住・移転の制限の域を越えて，憲法 13 条に根拠する人格権そのものの問題であることを示唆している。第 2 章第 1 節①2(2)➔175 頁)。

3 「居住・移転の自由」の限界

「居住・移転の自由」が上述のような性格・内容のものであるとすれば，22 条 1 項に「公共の福祉」が明示されているからといって，外在的制約原理に一般的に服すると解されてはならない。

この自由を制限する例としては，「感染症の予防及び感染症の患者に対する医療に関する法律」（平成 10 年）による入院（19 条・20 条・46 条），破産法による破産者に対する居住制限（37〜39 条），刑事訴訟法による刑事被告人の住居制限（95 条）などがある。

この自由の制限が人間にとって重大であることを改めて認識させたのが，先に触れたハンセン病訴訟であった。また，アレフ〈旧オウム真理教〉信者転居届不受理事件も注目されるものであった。本件は，中区長に対する不受理処分の取消しと名古屋市に対する損害賠償を求めたものであったが，最高裁判所は，住民基本台帳法の定めるところによれば，本件転入届を受理しないことは許されず，そして，地域の秩序が破壊され住民の生命や身体の安全が害される危険性が高度に認められるような特別の事情がある場合には不受理が許されるというような主張は実定法上の根拠を欠く，と判示した[161]。住民基本台帳法上の転入届が受理されず，記載が認められないと，選挙，健康保険その他様々な局面で不利益を被るのであって，不受理は居住・移転の自由に対する重大な制約であると解される（松本哲治）。

Ⅶ 外国移住・国籍離脱の自由

1 総 説

憲法は，「何人も，外国に移住し，又は国籍を離脱する自由を侵されない」（22 条 2 項）と定める。外国移住も元来居住・移転の内実をなすべきものであるが，移動する地域が国外であることから，憲法は別に規定したものと解される。国籍離脱の自由については既に述べたが（第 1 章第 1 節Ⅱ3➔109 頁），

---

[161] 最判平成 15 年 6 月 26 日判時 1831 号 94 頁。

この自由はいわば非任意的大結社である国家からの離脱を認めるもので，個人の精神の独立に究極の価値をおいて国家を捉える立場の帰着点といえるものである。

2 「外国に移住する自由」の保障の性格と内容

「外国に移住する自由」を保障するとは，外国が入国を認めることを前提に，外国に「移住」することにつき公権力によって妨げられないことをいう。「移住」には，永続的な移住のみならず，一時的な旅行も含むと解される（A説）。判例もこの立場をとるが[162]，一時的旅行は1項の「居住，移転の自由」に含まれるとする見解もある[163]（B説）。「移住」の用語からいってもB説の成立する余地はあるが，移動する地域が外国である点で永住も一時的外国旅行も共通し，かつ内在的制約に服する点では1項と2項とで異なるところはないとみるべきであるから，A説が妥当である。「移住する自由」は，外国に向かって出国する自由のみならず，帰国したいときに帰国できる自由も当然に包含する。

3 「外国に移住する自由」の限界

この自由も，内在的制約に服することは否定できない。この自由を制限する例として，旅券法がある。

「旅券」は所持人の国籍，身分などを証明するとともに，内外の関係官憲に自由通行と保護を要請する公文書である。出入国管理及び難民認定法60条により，国民は，有効な「旅券」を所持し，その者が出国する出入国港において，法務省令で定める手続により，入国審査官から出国の確認を受けなければ出国できないことになっている。そして旅券法は，例えば，「外務大臣において，著しく，かつ，直接に日本国の利益又は公安を害する行為を行うおそれがあると認めるに足りる相当の理由がある者」に対する旅券不発給を定めている（13条1項7号）。この規定については，かねて包括的で明確を欠くとする違憲説も有力に主張されてきた。

モスクワで開催の国際経済会議に招請された前参議院議員が，昭和27年2月，一般旅券を申請したところ，上の7号に相当する5号（当時）にあたるとして発給を拒否されたため会議に参加できず，損害賠償を請求した帆足（ほあし）

---

[162] 最判昭和60年1月22日民集39巻1号1頁は，「憲法22条2項で国民に保障された基本的人権である外国旅行の自由」という。

[163] 上の判決における伊藤正己裁判官の補足意見は，この立場をとる。

計事件につき，最高裁判所は，「公共の福祉のために合理的な制限を定めたもの」として，請求を斥けた[164]。当時の裁判所のいかにもラフな判断といえるが，まだ占領下にあったときの外務大臣の判断であることを考慮して，先例としての重みを限定的に受け止めるべきであろう[165]。

第2節　経済活動の自由

I　職業選択の自由

1　総説

憲法は，「何人も，公共の福祉に反しない限り，(居住，移転及び)職業選択の自由を有する」(22条1項)と定める。「職業」は，人の生計の維持にかかわる社会・経済的活動にして，個人がその人格の展開を図る主要な場でもある。したがって，「職業選択の自由」は，経済活動の自由であるとはいっても，人の人格価値ないし精神生活と緊密な関係を有する「自由」であることが留意されなければならない。薬事法距離制限事件判決[166]も，職業は「各人が自己のもつ個性を全うすべき場として，個人の人格的価値とも不可分の関係を有するもの」としている。

それ故に，既に触れ(第1章第3節 II→131頁)，また後述するように，この「自由」は，精神的自由の場合と違って政策的制約に服することがありうるとはいえ，制約の目的・趣旨に照らしその合憲性についてはなお慎重な配慮が要請される。

2　「職業選択の自由」の保障の性格と内容

「職業選択の自由」は，①職業を「選択」する自由および②職業を「遂行」する自由の両者よりなる。上に触れた判例も，「職業選択の自由」は，「狭義における職業選択の自由」(職業の開始・継続・廃止の自由)と「職業活動の自

164　最(大)判昭和33年9月10日民集12巻13号1969頁。
165　注162の判決は，本判決に従い，本号を合憲とはしたが，旅券法14条が理由付記を求めている趣旨を強調し，単に「旅券法13条1項5号に該当する」とだけ付記した拒否処分を違法として取り消した。なお，伊藤正己裁判官の補足意見は，海外渡航の自由が経済的自由，人身の自由，さらに精神的自由の諸側面をもつことに注意を促し，害悪発生の相当の蓋然性が客観的に存しない場合における拒否処分は適用違憲となることを示唆している。
166　最(大)判昭和50年4月30日民集29巻4号572頁。

由」(選択した職業活動の内容・態様における自由)の2つを含むとする。①の「選択」する自由は,自己が主体的に営む職業を選択する自由のみならず,自己が雇われる職業を選択する自由をも含む(学説の中には,後者は27条の「勤労の権利」の問題であるとするものもある)。「職業選択の自由」を保障するとは,このような「選択」および「遂行」につき公権力により妨げられないことを意味する。

「職業選択の自由」には,営利を目的とする自主的活動の自由である「営業の自由」が含まれる。この点,「職業選択の自由」をもって,自己が主体的に営む職業を選択する自由と解し,内容的には「営業の自由」と同一視する見解もあるが,「職業選択の自由」が元来人間がそれぞれの個性を全うすべき場の確保にかかわるものであることに照らし,そのように限定することは疑問である。したがって,「営業」は「職業」の一形態というべきであるが,職業「遂行」の自由が問題となるのは主として営業活動に関連してであって,職業「遂行」の自由は実質的には「営業の自由」と重なり合う(例えば,研究者の研究活動に対する公権力による干渉は「学問の自由」の問題であって,通常は「職業選択の自由」としては問題とされない)。

経済史学の立場から,「営業の自由」を基本的人権である「職業選択の自由」に含めることに反対する見解が主張されたことがある。すなわち,「営業の自由」とは,歴史的には,個人の自由である「職業選択の自由」とは全く異なり,むしろ営業の独占を排除する「公序」として追及されてきたものであるとされる。が,上述のように,解釈論的には,「営業」も「職業」の1つとして,「営業の自由」は国家との関係における自由権として観念されるべきものと解される。「営業の自由」の問題は,独占の領域に限られるわけではない。

また,「営業の自由」をもって,営業をすることの自由と営業活動の自由とを分け,後者は財産権の行使として29条の問題とする説がある。「職業選択の自由」が上述のように個人の人格価値と不可分の関係において理解されるべきものとすれば,この説は説得力に富む。が,実際問題として営業活動の自由から切り離された営業をすることの自由(あるいはその逆)は考えにくく,両者を含めて「職業選択の自由」の一内実である「営業の自由」の問題と考えるべきであろう。

3　「職業選択の自由」の限界

(1)　制約に関する基本原則　「職業選択の自由」は，本質的に社会・経済的活動であって，純然たる精神的自由に比較して，公権力による規制の要請が強いことは一般に否定されえない。が，この「自由」の制約については，内在的制約と政策的制約が区別されなければならない（第1章第3節Ⅱ→131頁）。前者は，他者の生命・健康への侵害を防止するなどの消極的・警察的目的を達成するための制約であり，後者は，上述の薬事法距離制限事件判決の表現によれば，「国民経済の円満な発展や社会公共の便宜の促進，経済的弱者の保護等の社会政策及び経済政策上」の積極的目的を達成するための制約である。

前者の消極規制の場合は，一定の害悪発生の危険の存在を前提に，規制の程度・手段・方法はその害悪発生を防止するため必要最小限のものにとどまることが要請される。もっとも，この場合，精神的自由の場合と違って，害悪は人の生命・健康などに直接かかわるものであり，かつ，害悪発生の危険はより客観的に認定できるであろうことから，精神的自由の場合のように，現実的・具体的危険であることも要しない（すなわち抽象的危険で足りる）と解される。また，この場合，原則として事後規制のみが許されるということではない（すなわち事前規制も許容される）と解される。さらに，必要最小限度性の判断も，精神的自由の場合ほどの厳格性を要求されないと解される。

この理を明らかにしたと解されるのが，既にしばしば触れた薬事法距離制限事件判決である。本件は，昭和38年の薬事法改正によって配置の適正を欠く場合には薬局開設の許可を与えない旨の規程が追加され，適正配置の基準は条例で定めるものとされる中で，広島県知事により開設の不許可処分を受けた者が，薬事法および同県条例は憲法22条に違反するとして不許可処分の取消しを求めたものである。判決は，職業の規制には「社会政策及び経済政策上の積極的なもの」から「社会生活における安全の保障や秩序の維持等の消極的なもの」に至るまで千差万別で，その重要性も区々にわたるとしたうえ，本件規制を後者と捉えて次のように判示した（傍点筆者）。

「一般に許可制は，単なる職業活動の内容及び態様に対する規制を超えて，狭義における職業の選択の自由そのものに制約を課すもので，職業の自由に対する強力な制限であるから，その合憲性を肯定しうるためには，原則として，重要な公共の利益のために必要かつ合理的な措置であることを要し」，

そのためには「許可制に比べて職業の自由に対する・よ・り・ゆ・る・や・か・な制限である職業活動の内容及び態様に対する規制によっては右の目的を十分に達成することができないと認められることを要する」，と (傍点筆者)。そして，「不良医薬品の供給の危険又は医薬品乱用の助長の弊害」の防止・除去という目的は他の手段 (例えば，行政上の監督体制の強化等) によって達成しうるから，該規制は「必要かつ合理的な規制」とはいえず違憲である，と。

これに対し，政策的制約ないし積極規制に関して考え方を示したのが，この判決の約2年半前の小売市場事件判決[167]であった。本件は，小売商業調整特別措置法に基づく政令指定区域において，その所有する建物を知事の許可を得ずに小売商人ら (店舗数49) に貸し付け，同法違反で訴追されたことにかかわる。この規制措置は，中小の小売商が過当競争により共倒れにならないよう保護しようとする趣旨のものであった。

判決は，「個人の精神的自由等に関する場合」との違いを強調しつつ，「国は，・積・極・的・に，国民経済の健全な発達と国民生活の安定を期し，もって社会経済全体の均衡のとれた調和的発展を図るために，立法により，個人の経済活動に対し，一定の規制措置を講ずることも，それが右目的達成のために・必・要かつ合理的な範囲にとどまる限り，許される」ところである，という。そして，具体的措置は「立法府の政策的技術的な裁量に委ねるほかはなく」，裁判所としてはこの「裁量的判断を尊重するのを建前とし」，ただ，その措置が「著しく不合理であることの明白である場合に限って」違憲となすべきものであり，本件規制措置はそのような場合にあたらない，と判示した (傍点筆者)。

以上のような考えは，目的二分論と称せられ，特に判例の説明の仕方に着目して，消極規制の場合は厳格な審査 (「厳格な合理性の基準」)，積極規制の場合は緩やかな審査 (「明白性の原則」) がそれぞれ妥当することを明らかにするものと受け止められてきた。

しかし，こうした考え方に対して，厳しい批判が投げかけられてきた。論点は多岐にわたるが，大別して，①立法目的を常に消極か積極かというように二分できるのか，そもそも立法目的をどのようにして特定するのか，②積極目的であれば何故緩やかな基準で足りるのか，別のいい方をすれば，国民の生命・健康を守るための規制が何故厳格な審査に服するのか，生命に対す

---

[167] 最(大)判昭和47年11月22日刑集26巻9号586頁。

る権利をむしろ軽んずる倒錯した論理ではないか (棟居快行)，に集約できるように思われる。①の問題は，多かれ少なかれ法律問題一般につきまとう問題というほかはない。そして，例えば，公害に関連する問題も，公害対策基本法 (昭和42年) から環境基本法 (平成5年) への転換にみられるように，公害の除去・防止にはじまって公害予防・環境保全へと立法目的の重点が移ってきている例もあり，法律の文言，立法過程とその後の社会変化等を踏まえて判断されることになろう。

　これに対し，②は確かに重要なポイントである。立法目的が消極か積極かは，どのような権利・利益をどのような理由でどのように保護・制限するのかの実体とは次元を異にしているところがあるからである。この点については，裁判所の審査能力ないし「機能論的 (権限分配論的)」観点を加味して説明されるべきものと解される。つまり，消極規制の場合は，立法事実の把握の面において裁判所にとって比較的容易であるということのほか，手段に関し必要最小限にとどまるかどうかの判断が可能であるのに対し (藤井俊夫)，積極規制の場合は，典型的には，国際的な視野も含めて国としてどのような戦略的視点に立って，いかなる産業をどのように保護・規制するのかといった事柄にかかわり，裁判所として必要最小限度性の基準を用いにくいと事情を指摘できる (特定の政策をどこまで推し進めるかは，国のおかれた社会的・経済的背景・事情により規定される)。ただ，いわゆる積極規制といっても様々な背景をもつ種々の内容のものが考えられるところであって，裁判所として踏み込んで判断すべき場合がありえよう。

　このようにみてくると，消極規制の場合は「厳格な合理性の基準」，積極規制の場合は「明白性の原則」といった捉え方はややミスリーディングなところがあり，内在的制約に関する審査のあり方を基本として，政策的制約 (いわゆる積極規制) については，一般に緩やかな審査で臨むというように解するのが適切ではないかと思われる。

　審査にあたっては，上の規制目的のほか，規制によって達成しようとする権利・利益の種類・内容は何か，職業の「選択」に関する規制か「遂行」に関する規制か (前者は総じてより厳しい規制といえる)，どのような規制方法 (届出制，登録制，許可制，競争制限的許可制，特許制，一般的禁止) か，等々にも着目して総合的に判断しなければならない。因みに，登録制，許可制は，一定の業種につき，登録または許可なしに営業をすることを禁ずるものであるが，

営業に従事するのに免許・資格をもつことを要求するいわゆる資格制も、この規制方法の一種と考えられる。

以下、網羅的ではないが、主な規制例について触れることにする。

(2) 具体的規制例　(イ) 反社会的職業の禁止　著しく反社会性を帯びる職業は、禁止される。売春防止法にいう「管理売春」がこの例で、判例も[168]これを合憲とした。

(ロ) 国の独占事業化による私人による営業の禁止　国の財政収入の確保とか国民に対する均等なサービスの提供などを理由に国がその事業を独占し(国家独占制)、私人がその事業を営むことを禁止するというものがある。かつて、例えば、「たばこ」専売制がとられ、また、有料職業紹介業などが一般的に禁止されていたが、判例はこれらを違憲としたことはない[169]。郵便事業も伝統的に国家独占事業とされていたが、郵貯・簡保とあわせて民営化が図られた。が、平成21年の政権交代にともない、それを見直す方向に進んでいるが、「官業肥大化」などを懸念する声も根強いものがある。

国家独占制にはメリットとデメリットがあり、独占を選ぶか「民」に開放するかは、変動する社会経済や政治状況の中で政策的に決せられる相対的なものというほかはない。

(ハ) 公益事業の特許制　電気・ガス・鉄道などの、いわゆる地域的独占性ないし自然の独占性と生活必需性を有する公益事業については、私人は、国家によってそれを営む権利を認定してもらってはじめてなしうるものとされる(いわゆる公企業特許)。この場合、「需給適合原則」によって結果的に既存業者の独占性が法的に保障されることになるが、他面、利用者を保護するため料金やサービスの内容・継続などに関し特別の規制がなされる。

因みに、この「公企業特許」は、行政法学上かつては国が独占する営業権を特に付与するものと捉えられていたようであるが、憲法上は営業活動に対する規制の一形態とみるべきで、行政法学上も今日ではそのように理解されているようである。ただ、その規制内容は、事業の公共性ないし公益性を反

---

[168] 最判昭和36年7月14日刑集15巻7号1097頁は、人の尊厳を保ち、性道徳を維持し、社会を健全ならしめるため必要なことである、とする。

[169] 最(大)判昭和39年7月15日刑集18巻6号386頁は、「たばこ」専売制につき、財政目的および公衆への均等なサービスの観点から合憲とし、最(大)判昭和25年6月21日刑集4巻6号1049頁は、職業安定法による有料職業紹介業の禁止または制限につき、職業紹介事業の公共性と従来の有料職業紹介業の弊害を理由に合憲とした。

映する積極的性格を帯びている[170]。

（ニ）　**一定の専門的職業の資格制**　職業が高度の専門性・公共性をもつような場合には，その能力を担保するため，免許制度や資格試験制度がとられる。医師，薬剤師，看護師，弁護士，司法書士，弁理士等々がその例である[171]。この種の規制は，基本的には消極的性質のものとみられる。ただ，建前上は資格試験制度とされながら，競争制限的にその合格者数が抑えられる実態もあることに留意する必要がある[172]。

（ホ）　**衛生，風俗その他の警察目的からの営業許可制**　本来自由な活動領域とも考えられるが，放任すると公衆の生命・安全等にかかわることに着目して許可制がとられるもので，古物商[173]，質屋，旅館，風俗営業，飲食店などがその例である[174]。これらのうち風俗営業は，「善良な風俗」の保持という抽象的概念の下に徹底した規制の対象とされ（風営法〔「風俗営業等の規制及び業務の適正化等に関する法律」〕参照），一般の「警察許可」とは異なる特徴をもっている。

　公衆浴場や薬局も，ここにあげるべき側面をもっている。公衆浴場法は，公衆浴場の設置場所が配置の適正を欠くときは，知事は公衆浴場の経営を許

---

[170] 無免許で自家用自動車による有償の乗客運送業務（いわゆる「白タク」）を行い，道路運送法違反に問われ，該禁止の違憲性を争った件につき，最（大）判昭和38年12月4日刑集17巻12号2434頁は，該免許制は，「道路運送事業の適正な運営及び公正な競争を確保するとともに，道路運送に関する秩序を確立することにより道路運送の総合的な発達を図り，もって公共の福祉を増進」しようとする道路運送法の目的に沿うものである，とした。因みに，タクシー事業の免許制は「公企業特許」にあたるとされていたが，批判も強く，後に規制緩和がなされた。

[171] 例えば，最（大）判昭和34年7月8日刑集13巻7号1132頁は，歯科技工法（現在は歯科技工士法）において，歯科医師でない歯科技工士は印象採得などをすることができないとする制限につき，「国民の保健衛生を保護するという公共の福祉のための当然の制限」とした。また，司法書士法が，司法書士および公共嘱託登記司法書士協会以外の者が，他人の嘱託を受けて登記に関する手続について代理する業務等を行うことを禁止し，これに違反する者を処罰するとしていることにつき，最判平成12年2月8日刑集54巻2号1頁は，「登記制度が国民の権利義務等社会生活上の利益に重大な影響を及ぼすものであること」を指摘し，上の昭和34年判決を引用しつつ合憲としている。

[172] 例えば，司法試験合格者数は昭和39年に500人台に達したが，それから30年近くにわたって500人前後という数字が続いた。

[173] 古物営業法による古物営業の許可制について，最（大）判昭和28年3月18日刑集7巻3号577頁は，被害者の保護を図り，犯罪の予防ないし検挙を容易にするために必要であるとして，合憲とした。

[174] これとの対比でいえば，書店や雑貨店などには一切の規制はなく，旅行業や理容業・美容業などには届出制が定められている。届出制は，予め実態を把握しておいて，何か問題が生じたときに迅速に対応するためとされる。

可しないことができる旨定めていたが，知事の許可を得ずに経営したため訴追された件につき，最高裁判所は，浴場が濫立すれば経営が悪化し，ひいては浴場の衛生設備の低下などの好ましからざる影響をきたすおそれがあるとして合憲とした（〔昭和の〕公衆浴場事件判決[175]）。営業の立地選定の自由は，職業選択の自由の核心をなすと解すべきところ，このような距離制限はこの自由を安易に犠牲にして既存業者の利益を一方的に擁護するものであるとの批判があった。

が，この公衆浴場の距離制限にならって，薬事法でも薬局開設の許可に関し距離制限が導入された。しかし最高裁判所は，後者については，上述のように，それは主として国民の生命・健康に対する危険の防止という消極的・警察的目的のための規制措置であるとしたうえで，この種の消極規制に要求される規制の必要性・合理性の存在および立法目的を達成できるより緩やかな規制方法の不存在という要件を充たしていないとして違憲とした（薬事法距離制限事件判決）。

この薬事法判決からすると，公衆浴場判決の妥当性が疑問視される（判決の論理からするとその規制も消極規制で，しかも競争制限的規制ではないか）。両判決が両立しうるとすれば，公衆浴場をもって上述の「公企業特許」のごときものと解することであろう。つまり，公衆浴場は，一種の公共性をもち（自家風呂をもたない国民にとって，料金が低廉でしかも衛生的な公衆浴場は日常生活に欠かせないもの），また，経営上の特殊性を有する（建設費が巨額で，しかも施設転用が困難であるうえ，利用者が地域的に限定されているという意味で企業としての弾力性に乏しい）ことに鑑み，公衆浴場を確保するという政策的見地から，適正配置規制（距離制限）が設けられた，と。さらに，公衆浴場はいってみれば湯水を「製造」する業者であり，過度の競争が「製品」の質に悪い影響を及ぼすことがあるかもしれないが，薬局は製薬業者の製品を販売する小売業者にすぎない，ともいえる。

平成に入り，最高裁判所は，この種の考え方に立って，公衆浴場距離制限を合憲とした（〔平成の〕公衆浴場事件判決[176]）。しかし，何故距離制限によって

---

[175] 最（大）判昭和30年1月26日刑集9巻1号89頁。
[176] 最判平成元年1月20日刑集43巻1号1頁は，先に触れた小売市場事件判決に従いながら，積極規制と位置づけて合憲とした。また，最判平成元年3月7日判時1308号111頁は，目的二分論に言及してはいないが，該規制の目的は，「国民保健及び環境衛生の確保にある」とともに，自家風呂の普及にともなう厳しい状況の中で既存業者の経営の安定を図ることにより

新規参入を規制しなければならないのかを疑問視する意見[177]も根強いものがある。

　(ヘ)　**場所的・距離制限的規制**　この種の規制としては，既に触れた小売商業調整特別措置法，大規模小売店舗立地法，中心市街地活性化法等々による規制があり，風営法上の立地規制もあり，また，これも既に触れた公衆浴場法等々による適正配置（距離制限）規制がある。これらは，規制目的において様々であるが，競争制限的性格をもつものも少なくない。

　小売市場事件判決については基本判例として上述したが，その判例法理は，その後，種々の議論の余地を残しつつも，既に触れた（平成の）公衆浴場事件判決をはじめ様々な事件で踏襲されてきている[178]。

　(ト)　**税収目的のための規制**　酒税法は，酒類の販売業は税務署長の免許を要するものとし（9条），免許を与えないことのできる場合として，「経営の基礎が薄弱である」（10条10号）とか「酒税の保全上酒類の需給の均衡を維持する必要があるため」適当でないと認められる場合（同条11号）などをあげている。これは，財政収入を確保する（酒税の確実な徴収とその税負担の消費者への円滑な転嫁を確保する）ためのものといわざるをえないが，そもそも，

　　「自家風呂を持たない国民にとって必要不可欠な厚生施設である公衆浴場自体を確保しようとすること」にあるとし，該規制はこの目的達成のための「必要かつ合理的な範囲内の手段」とした。

[177]　既存業者によるであれ新規参入業者によるであれ，営業は継続されるではないか，という疑問。

[178]　例えば，たばこ事業法に基づく製造たばこの小売販売業に対する適正配置規制につき，最判平成5年6月25日判時1475号59頁は，たばこ専売法（昭和59年に廃止）下において指定を受けたたばこ小売人には零細経営者が多いことや身体障害者などについて特別の配慮が加えられてきたことに照らし，たばこ事業法は，激変を避けて既存の小売人の保護を図るため，当分の間に限り，たばこの小売販売業について許可制を採用したものであり，かかる許可制の採用は「公共の福祉に適合する目的のために必要かつ合理的な範囲にとどまる措置」ということができ，そして，適正配置規制はこの「目的のために必要かつ合理的な範囲にとどまるものであって，これが著しく不合理であることが明白であるとは認め難い」とした。本判決は，小売市場事件判決に依拠してのものであるが，このような措置が本当にいわゆる社会的弱者保護の役割を果たしているのかどうか，検討の余地がありえたであろう。また，最判平成17年9月8日判時1920号29頁は，医療法30条の7（平成9年の改正前）に基づく病院開設の中止の勧告を無視して開設された病院について，健康保険法43条ノ3第2項（平成10年の改正前）にいう「其ノ他保険医療機関若ハ保険薬局トシテ著シク不適当ト認ムルモノナルトキ」にあたるとして保険医療機関の指定を拒否した件につき，小売市場事件判決に依拠しつつ，公共の福祉に適合する目的のために行われる必要かつ合理的な措置とした。ここでは，「良質かつ適切な医療を効率的に提供するという観点から定められた医療計画に照らし過剰な数となる病床を有する病院を保険医療機関に指定すると，不必要又は過剰な医療費が発生し，医療保険の運営の効率化を阻害する事態を生じさせるおそれがある」とされている。

財政収入の確保・租税保全というような目的は，酒類販売業希望者の営業の自由，さらには競争の受益者である一般消費者の利益，を頭から否定してまで成り立つ正当な目的といえるのか，権力の一方的都合による仕組みではないのか，租税保全は口実で既存業者の一方的保護に堕しているのではないか，等々の批判の存するところである。

最高裁判所は，この問題について，積極目的か消極目的かを論ずることなく，サラリーマン税金訴訟判決[179]に依拠して，「租税の適正かつ確実な賦課徴収を図るという国家の財政目的のための職業の許可制による規制については，その必要性と合理性についての立法府の判断が，右の政策的，技術的な裁量の範囲を逸脱するもので，著しく不合理なものでない限り，これを憲法22条1項の規定に違反するものということはできない」と述べ，合憲とした[180]（傍点筆者）。

財政目的を前にしては，積極目的か消極目的かを問題とする以前に，裁判所としてやや過剰ともいえる礼譲を払っているようにもみえる。営業の自由が問題となる場合に，財政収入目的を正面からの正当化事由となしうるのであろうか。因みに，園部逸夫裁判官の補足意見は，本件規制が消極規制とも積極規制とも異なる独自の規制であることを明確にしたうえで，その運用いかんによっては適用違憲となる可能性を示唆し，坂上壽夫裁判官の反対意見は，販売代金の回収は本来酒類製造者が自己の責任において取引先の選択や取引条件などの工夫によって対処すべきもので，酒税の確保を図るためと称して免許制までもとる必要性・合理性はないとしている[181]。

（チ）　営業の「遂行」（営業活動）に対する規制　　この種の規制は，警察目的のためのもの[182]から，社会・経済政策上の積極目的のためのもの（独占禁止法による諸制限はその代表例）に至るまで，多種多様にわたる。この制限については，上述のように，一般的には「選択」の自由に対する規制の場合より

---

[179] 最（大）判昭和60年3月27日民集39巻2号247頁（なお，第2章第2節Ⅲ2(3)→213頁）。
[180] 最判平成4年12月15日民集46巻9号2829頁。
[181] しかし，最高裁判所は，その後も，合憲性を確認し続けた。上の平成4年判決は，経営基礎に関する酒税法10条10号に関するものであったが，例えば，最判平成10年7月16日判時1652号52頁は，需給均衡に関する同条11号についてもその考え方を踏襲した。因みに，需給要件は，その後，曲折を経つつも，段階的に緩和され，距離基準，そして人口基準が全廃されるに至る。
[182] 最（大）判昭和37年4月4日刑集16巻4号377頁は，東京都風俗営業等取締法施行条例による営業時間の制限につき，これを合憲とした。

もより緩やかな審査基準が妥当するとはいえるが、規制の態様いかんが問題で、裁判所は具体的事案に即して慎重に判断する必要がある。

西陣絹ネクタイ訴訟は、この文脈で捉えることができる。本件は、海外からの安い生糸の大量輸入を前にして、国内の養蚕絹業者の保護を図るため、昭和51年に繭糸価格安定法が改正され、生糸の輸入一元化が図られた結果、国際価格の約2倍の価格で購入せざるをえなくなるなど損害を被ったとして絹織物業者が提起した国家賠償請求訴訟である。

最高裁判所は、国会議員の立法行為が国家賠償法上違法となるのは「立法の内容が憲法の一義的な文言に違反しているにもかかわらずあえて当該立法を行うというよう」な場合に限るとする先例[183]を確認したうえ、小売市場事件判決 (いわゆる「明白性の原則」) に依拠して請求を棄却した[184]。本件は、立法行為に関する国家賠償法上の位置づけという問題が重要なかかわりをもっているが (第4章第1節Ⅱ→356頁, 第4編第2章第2節Ⅱ3→636頁)、いわゆる積極規制であるとしても、特定業種を保護するために他の業種に決定的ともいえる困難を与え、ひいては一般の消費者にも不利益を及ぼす事態について、緩やかな審査で処理するということで済まされるのかどうか大きな疑問を残す (藤井俊夫, 松本哲治)。

Ⅱ 財産権

1 総説

憲法は、「①財産権は、これを侵してはならない。②財産権の内容は、公共の福祉に適合するやうに、法律でこれを定める。③私有財産は、正当な補償の下に、これを公共のために用ひることができる」(29条) と定める。ここに「**財産権**」とは、物権、債権、無体財産権、公法上の権利等々を含む、財産的価値を有するすべての権利をいう。

「財産権」は、かつては人間の実存に不可欠のものとして、"神聖不可侵"視されたが、今日では多かれ少なかれその社会性を強調することが一般的傾向であり、日本国憲法もその傾向に与するものであることは既にいろいろな個所で触れた。財産権の社会性を徹底する立場から、財産の権利性を認めな

---

[183] 在宅投票制廃止事件に関する最判昭和60年11月21日民集39巻7号1512頁。
[184] 最判平成2年2月6日訟月36巻12号2242頁。

いことも理論上考えうるが，財産の権利性を全く否認しつつ，人間の自由な実存が実現された実際例をみない。憲法は，自己の自由にできる財産をもちたいという人間の欲求，および人間の自由な実存にとって（様々な基本的人権を享有し行使していくうえで）そのような財産がなお重要な役割を果たしていることへの実際的配慮から，正当に取得された財産に権利性を認め法的に保護するという行き方をとったものと解される。

2 「財産権」の保障の性格と内容

上述のように，29条1項は，「財産権は，これを侵してはならない」とするが，2項は，「財産権の内容」は法律で定めるものとする。このことから，1項は法律で定められる財産権の不可侵を定めたものであるとする説（A説）が生ずる。が，これによれば，1項は法律の成果を保障するにすぎないことになり，憲法規定として存在することの意味が失われる。したがって，1項に独自の存在理由を認めなければならないことになるが（B説），その具体的捉え方いかんによって次のような諸説が生ずる。大まかに類型化すれば，1項は具体的財産権を権利として保障するものではなく，私有財産制の中核を侵害してはならないという意味である（制度的保障）とする説（B_1説），1項は私有財産制の制度的保障を内実とするとともに，各人が現に有する財産権に対する公権力による不当な侵害を禁止するものであるとする説（B_2説），財産には「大きな財産」（あるいは「独占財産」）と「小さな財産」（あるいは「生存財産」）とがあり，前者については1項は制度的にこれを保障し，後者については不可侵性を定めたものであるとする説（B_3説），などがそれである。

このように，B説は，1項が制度的保障を内実とするものであるとする点において共通している。が，まず，この場合の問題は，私有財産制の中核として何を想定するかである。この点，私有財産制の中核を，人が人間らしい価値ある生活を営む上で不可欠な物的手段の享有と解する説も有力に主張されたが，通説は，資本主義的市場経済を念頭におき，社会主義ないし共産主義体制を実現することは法的に不可能と解してきた。日本国憲法が個人の生活に不可欠な物的手段のみを保障するのであれば（かつての）社会主義国家の憲法のようにその点を明示したであろうし，また，上述のように22条1項によって「営業の自由」が保障されていることを考慮するならば，通説は当然の解釈論的帰結であったといえる。

既にみてきたように，経済的自由（ここでは財産権）は，表現の自由に象徴

される精神的自由に比し，自由な人間の実存（人格的自律権の享有主体）にとって手段的性格をもつものであるとはいっても，そのような人間の様々な活動を支える生活基盤であること，そして，その経済的自由が真の意味において成り立つためには，人類の歴史的経験に照らし，私的自治（契約の自由）と結びついた自由な市場システムを前提とすることが十分に考慮されなければならない（第1編第2章第2節Ⅱ1(3)(ハ)➡72頁，本編第1章第5節Ⅱ3➡167頁）。もとよりこのシステムは，ただ放任すればよいというものではなく，人為による賢明な一定の矯正措置を不断に必要としているとしても。

上述の「大きな財産」（あるいは「独占財産」）と「小さな財産」（あるいは「生存財産」）の区別論は，それ自体としては魅力を覚えるところがあるとはいえ，各種財産がそのいずれに属するかは社会的文脈抜きにして一義的に決定し難く，したがって，全体的法制度の構築と運営にあたって，両者を截然と区別しそれを貫徹することはきわめて困難であるということだけでなく，何よりも合理的にして明確な（したがって予見可能な）ルールで支えられた自由な市場システムへの配慮を欠くことができない（松本哲治）。

1項が私有財産制度を保障しているという場合，このような点についての配慮を内実とするものでなければならないとともに，1項は人が現に保有する財産権を侵害してはならないという要請を含んでいると解されなければならない。この2つの規範的要請が，2項によって「財産権の内容」を法律で定めるにあたって立法権をも拘束することになる。後にも触れる森林法共有分割制限事件判決[185]も，29条は「私有財産制度を保障しているのみでなく，社会的経済的活動の基礎をなす国民の個々の財産権につきこれを基本的人権として保障する」と述べている（傍点筆者）。

3　「財産権」の限界

(1)　制約に関する基本原則　　憲法は，上述のように「財産権」の不可侵性を定める一方，法律による規制と公的収用という2つの制約を留保する。

2項は，「財産権の内容は，公共の福祉に適合するやうに，法律でこれを定める」と規定する。ここにいう財産権の内容について，これを「財産権の行使」と区別して，「財産権の内容」は2項による制約を受けるが，後者の制約根拠は12条・13条であるとする説が有力に主張されたことがある。が，両者を明確に区別することは困難であって，通説は2項をもってお

---

[185] 最(大)判昭和62年4月22日民集41巻3号408頁。

よそ財産権に対する制約根拠と解してきた。すなわち,「財産権の内容」とは,権利者がそれぞれの財産権に依拠してなしうることの範囲,程度を指すものと解される。判例も,29条は「1項において……規定し,私有財産制の原則を採るといっても,その保障は,絶対無制約なものではなく,2項において……規定しているのであって,このことは,1項の不可侵性に対して公共の福祉の要請による制約を許容したものに外ならない。従って,法律で財産上の権利につき使用,収益,処分の方法に制約を加えることがあっても,それが公共の福祉に適合するものとして基礎づけられている限り,当然になしうるところである」としている[186]。

本項にいう「公共の福祉」は,内在的制約の存在を前提としつつ,それを越えて政策的制約の可能性を認める趣旨のものと解される。この点,上に触れた**森林法共有分割制限事件判決**も,「財産権は,それ自体に内在する制約があるほか,……立法府が社会全体の利益を図るために加える規制により制約を受けるものである」とし,「この規制」は,「財産権の種類,性質等が多種多様であり,また,財産権に対し規制を要求する社会的理由ないし目的も,社会公共の便宜の促進,経済的弱者の保護等の社会政策及び経済政策上の積極的なものから,社会生活における安全の保障や秩序の維持等の消極的なものに至るまで多岐にわたるため,種々様々でありうる」という。「したがって,財産権に対して加えられる規制が憲法29条2項にいう公共の福祉に適合する……かどうかは,規制の目的,必要性,内容,その規制によって制限される財産権の種類,性質及び制限の程度等を比較考量して決すべきものである」,と (傍点筆者)。

この判決でも,財産権が経済的自由にかかわる基本的人権として, Ⅰ でみた「職業選択の自由」と同様,内在的制約 (消極規制) と政策的制約 (積極規制) の枠組で規制のあり方が捉えられている。ただ,財産権規制の目的は多種多様であるとしても,財産権と目すべき個別的権利があることを前提に,それに対する具体的規制が憲法上許されるかどうか (規制が許されるとしても3項による損失補償を要する場合もある) の判断は,「職業選択の自由」の規制の場合と異なるところがあることは否定し難いであろう。

共有分割制限事件は,民法によれば共有物について各共有者はいつでもその分割を請求できることになっているところ (256条1項),森林法旧186条

---

[186] 最(大)判昭和35年6月15日民集14巻8号1376頁。

が共有林の分割請求をするには持分価額の過半数が必要であると定めていたため，持分の2分の1ずつの生前贈与を受けていた兄弟の一方が分割を望みながら実現できず，該規定は財産権を侵害するものとして争った事件であった。

判決は，まず，共有物分割請求権が「各共有者に近代市民社会における原則的所有形態である単独所有への移行を可能ならしめ……公益的目的をも果たすものとして発展した権利」であることを強調する（傍点筆者）。そのうえで，森林法の立法目的は，森林の細分化を防止することによって森林経営の安定を図り，ひいては森林の保続培養と森林の生産力の増進を図り，もって国民経済の発展に資することにあると解し，それは「公共の福祉に合致しないことが明らかであるとはいえない」としつつ，手段面を検討し，結局，立法目的との関係において「合理性と必要性のいずれをも肯定することのできないことが明らか」だとしたのであった[187]（例えば，分割請求禁止は，共有者間に争いが生じたときは，かえって森林経営のデッドロック，森林の荒廃を招くこと，などを指摘している）。

なお，2項に「財産権の内容は，……法律でこれを定める」とあることから，**条例による財産権制限の可否**が問題とされたことがある。そして，財産権の「内容」と「行使」とを区別し，条例は後者を規制しうるにとどまるというような見解があった。しかし，「内容」と「行使」の区別が困難であることは既に述べた。条例で私法上の基本事項に関し定めえないのは当然であるが，地方自治事務に関連して条例で財産権に制限を加えることもまた当然と解される（第3編第6章第3節Ⅲ2→565頁）。

（2）　具体的事例　財産権の規制は，上述のように，実に多種多様にわたる。以下，ごく限られた例に言及するにとどめる。

まず，**内在的制約の例**としては，生命・健康などに対する危険を防止するための各種の規制[188]や相隣関係的規制[189]などがあげられる。

この種の制約としてよく引かれる判例として，**奈良県ため池条例事件判**

---

[187] このように判決は，積極規制か消極規制かで図式的に判断することはしていない。因みに，大内恒夫裁判官の意見は，本件規制は積極目的規制と捉えたうえで，手段として「著しく不合理で立法府の裁量権を逸脱したことが明白」としている。
[188] 「感染症の予防及び感染症の患者に対する医療に関する法律」（平成10年）29条・32条，食品衛生法6条〜10条，消防法5条・5条の2・5条の3・29条，宅地造成等規制法16条等々。
[189] 民法209条以下，建築基準法10条による諸規制など。

決[190]がある。本件は、県が「ため池の堤とうに竹木若しくは農作物を植え、又は建物その他の工作物……を設置する行為」を禁止し、違反行為を処罰する（罰金）条例を制定した中で、本件ため池の堤とうで代々耕作を行い、本件条例制定後も耕作を続けて訴追された件にかかわる。判決は、「財産上の権利に著しい制限を加えるもの」と認めつつ、他方では、該使用行為は「憲法、民法の保障する財産権の行使の埒外」であって、権利者は「公共の福祉のため、当然これを受忍しなければならない責務を負う」とした（傍点筆者）。判旨は、先に触れた財産権の「内容」と「行使」二分論、条例による規制は「行使」についてのみ可能とする論の影響がうかがわれ、やや分かりにくいものとなっている。そして、少なくとも本件で問題となったため池の構造をみると、本件規制が防災上本当に必要なものであったのか疑問の余地があり（適用違憲の可能性）、また、仮に規制が容認されるとしても損失補償が必要な場合でなかったかとも思われる（後者の点は次の4で触れる）。

また、成田新法事件判決[191]は、「新東京国際空港の安全確保に関する緊急措置法」3条1項に基づく3態様の使用禁止につき、新空港の設置・管理等の安全を確保するための「必要かつ合理的な制限」であって、29条1項、2項に違反しないとした。

政策的制約の例としては、私的独占の排除・株式保有の制限を定める独占禁止法、借地人、借家人保護のための借地法[192]、借家法（平成3年の借地借家法の制定により、この2法は廃止）、耕作者の地位の安定と国内の農業生産の増大を図るための農地法[193]等々をあげることができる。

もっとも、内在的制約（消極規制）か政策的制約（積極規制）かは混在して判然としない場合も少なくない[194]。財産権保障の対象は、所有権のみなら

---

[190] 最(大)判昭和38年6月26日刑集17巻5号521頁。
[191] 最(大)判平成4年7月1日民集46巻5号437頁。
[192] 最(大)判昭和37年6月6日民集16巻7号1265頁は、「他人の土地を宅地として使用する必要のある者がなお圧倒的に多く、しかも宅地の不足が甚だしい現状において、借地権者を保護するため、…借地法4条1項の規定により、土地所有者の権能に制限を加えることは、公共の福祉の観点から是認される」とした。
[193] 最(大)判昭和35年2月10日民集14巻2号137頁は、農地などの賃貸借の解除などにつき、知事の許可を要するとする農地法20条（現行法18条参照）につき、「農業経営の民主化の為め小作農の自作農化の促進、小作農の地位の安定向上を重要施策としている現状の下では、右程度の不自由さは公共の福祉に適合する合理的な制限」であるとした。
[194] 国土利用計画法、都市計画法、建築基準法、自然環境保全法、都市緑地法、文化財保護法等々様々な目的からの種々の規制がある。

ず，債権や契約の自由などにもかかわっている。そして，既に示唆したように，財産権の場合，規制目的が何かによって規制の可否を図式的に判断しにくい事情がある。先に森林法共有分割制限事件判決が，立法目的につき「公共の福祉に合致しないことが明らかである」かを問い（傍点筆者），それを否定しつつ，手段面を問題として，合理性・必要性を欠くとして違憲としたことをみたが，まず，立法目的そのものにつき，判例が不合理と判断した例はなく，実際そのような場合は通常想像にしにくいところである。次に，手段面についてであるが，裁判所の判断になじみやすいとはいえ，共有分割制限事件のような例はそう多くあるかどうか。

　この点を象徴するのが，旧証券取引法164条1項の合憲性が争われた**短期売買益の返還請求訴訟判決**[195]である。本項は，インサイダー取引を規制するため上場会社等での役員等が特定有価証券等の短期売買取引によって得た利益を当該会社などに提供する義務を定めたものである。判決は，同規定は証券取引市場の公平性・公正性を維持し，一般投資家の信頼を確保するという「経済政策に基づく目的を達成するためのもの」としたうえで，その「目的が正当性を有し，公共の福祉に適合するものであることは明らか」とするとともに，「規制手段が必要性又は合理性に欠けることが明らかであるとはいえない」とする（傍点筆者）。

　判決は，審査基準論につき森林法共有分割制限事件判決を踏襲しているように見受けられるが，いかなる先例も明示せず，また，「消極」「積極」といった言葉も見出せない。そして以後，最高裁判所は，様々な事例につき，本判決に依拠して処理してきている[196]。このことは，何を示唆しているのであろうか。

4　財産権の制限と損失補償

(1) 総説　3項は，私有財産を「公共のために用ひる」ことができ

---

[195] 最(大)判平成14年2月13日民集56巻2号331頁。なお，証券取引法は平成18年に金融商品取引法と名を改めた。

[196] 例えば，農地法による農地の転用等の許可制と無許可転用等の処罰につき，農地をめぐる社会情勢が変化した現在でもなお正当であるとして合憲とした最判平成14年4月5日刑集56巻4号95頁，証券会社が投資家に対して投資によって生じた損失を補塡をすることなどを禁じた旧証券取引法42条の2第1項3号につき，それは市場の価格形成機能を維持し，証券市場の中立性・公正性に対する一般投資家の信頼の喪失を防ぐ正当な目的を実現するためのものであるとしたうえ，私法上有効に成立した損失保証等を内容とする契約に基づく請求権の行使ができないとしてもやむをえないとして合憲とした最判平成15年4月18日民集57巻4号366頁等々参照。

るものとし，その場合「正当な補償」をなすべきものとする。公共目的を達成するため，特定の者の財産を制限し剥奪することが不可欠な場合がある。このことは，財産権が"神聖不可侵"視されていた時代でも認識されていたことであって，公用収用権が明確に留保されていた[197]。ただ，財産権の保障との調節の観点から，収用は「公共の用のため」のものでなければならず，剥奪ないし制限に見合った「補償」がなされることが要件とされる。3項は，この理を明示するものである。

(2) 「公共のために用ひる」の意味　「公共のために用ひる」とは，直接公共の用に供するため特定の私有財産を収用すること（公用収用）ないし制限すること（公用制限）に限られるとする説（狭義説）もあったが[198]，「公共の利益」も含めて広く解するのが通説・判例である[199]（広義説）。したがって，被収用財産が結局他の個人に分配されその私的な用に供されるという場合であっても，「公共の利益」実現の手段としてなされるものは，本項にいう「公共のために用ひる」に含まれることになる[200]。

なお，この趣旨を貫くならば，本条2項に基づき法律により財産権に制限を加える場合にあっても，その内容いかんによっては3項の収用に準ずるとみるべきであると解される。

(3) 補償の要否の判定基準　この問題は，3項が「正当な補償」を求める根拠をどう理解するかにかかわっている。この点については，従来一般に，私人に課される「特別の犠牲」に基づく損失に対する償いであるとされてきた。問題は，何をもってそのような犠牲とみるかである。

これについては，まず，1項につき専ら制度的保障とみる立場から，その犠牲が一部の者についてのみ課されているか否かを決め手として，補償はそのような不平等な負担を是正することであるとする説（A説）と，次に，1項につき人が現有する財産権の保障であるとみる立場から，財産権の剥奪ま

---

[197] 1789年のフランス人権宣言17条，アメリカ合衆国憲法修正5条。

[198] 農地改革事件に関する最(大)判昭和28年12月23日民集7巻13号1523頁における井上登・岩松三郎裁判官の意見は，「公共の為めに用いる」というのは「公の福祉の為め」というよりは狭い観念であって，農地改革は憲法外においてなされたものであるとした。

[199] 注[198]の事件判決における栗山茂裁判官の補足意見は，「公共のために用ひる」とは「公共の利益の必要があれば権利者の意思に反して収用できる趣旨」であるとし，多数意見もこの立場に与した。

[200] 最(大)判昭和27年1月9日刑集6巻1号4頁は，食糧管理法令上の供出制度につき，「公共のために用いるものに外ならぬ」とし，注[198]の判決や最判昭和29年1月22日民集8巻1号225頁などは，自作農創設のための土地買収を本項によるものとしている。

たは剥奪するような結果になる著しい制限の場合には補償を要するものとする説（B説）とがありえた。しかし，上述のように，1項につき制度的保障のみならず現有財産の不可侵の保障を定めたものとみる立場からは，制限が一般的か一部の者についてかの形式的基準のみならず，その制限が本質的に強度なものか否かという実質的基準とがあわせ考慮されなければならないことになる（C説）。

したがって，直接公共の用に供するための特定財産の公用収用ないし公用制限の場合，補償が必要なことは当然である[201]。また，積極的な政策目的のため財産権を制限する場合において，それが一部の者にのみ負担を課しまたは財産権の剥奪もしくは剥奪するような結果になる類のものであるときは，補償が必要と解される[202]。

対して，消極目的・警察目的による規制の場合は，本来財産権者において受忍すべき性質のものと解され，一般には補償は不要とみられる。ただ，その規制が本質的に強度のもので，かつ，その規制が必ずしも権利者の責に帰すべき事由によるとみられない場合には，補償が必要と解されよう[203]。先に触れた奈良県ため池条例による規制は，まさにこのような場合にあたると解すべきものではなかったか。

関連して興味をひくのは，河川附近地制限令事件判決[204]である。本件は，旧河川法に基づく河川附近地制限令に反し，知事の許可を得ずに附近地で砂利採取を行い訴追された件にかかわる。判決は，該規制は河川管理上支障のある事態の発生を事前に防止するために所定の行為につき知事の許可を要求したもので，公共の福祉のためにする一般的制限にして原則として何人も受忍すべきものとしつつ（したがって有罪を支持），被告人のように相当の資本を

---

[201] 公共事業のために必要な土地などの収用または使用については，土地収用法が一般的に定めている。いわゆる公共事業の場合ではないが，例えば，消防法は，消火・延焼の防止・人命の救助のために緊急の必要のあるときに，第三者の土地などの使用・処分などをなしうるものとし，その際損失補償の要求があればそれに応ずべきものと定めているが（29条3項），これなどもこの文脈で理解すべきものであろう。
[202] 例えば，文化財保護法は，重要文化財保護のため現状変更などに対し制限を課し，また環境保全のため一定の措置を講じうるものとし，その際の損失補償について規定しているが（43条・45条），これなどはこの文脈で理解できるであろう。
[203] 実際，この種の消極目的的制限と目すべきものでありながら，損失補償について定める結核予防法31条のような例があった（もっとも，同法は，「感染症の予防及び感染症の患者に対する医療に関する法律等の一部を改正する法律」〔平成18年〕により廃止された）。
[204] 最(大)判昭和43年11月27日刑集22巻12号1402頁。

投入してきた砂利採取業者が被る損失につき,「一般的に当然に受忍すべきものとされる制限の範囲をこえ, 特別の犠牲を課したもの」と述べた (傍点筆者)。仮に本件規制が内在的なものであると解されるとすれば, その場合であっても信頼保護的補償が必要な場合があることを示したものとして注目される。

以上のように, 内在的制約であるからといって一切補償は不要と解するのは適切ではない。のみならず, 具体的規制が内在的か政策的かが判然としない場合も少なくなく, 結局,「特別な犠牲」がどうかを具体的事案に即して判断することが本筋ということになろう[205]。

なお, 予防接種禍訴訟につき, 29条3項を類推適用して国に対し補償を請求できるとした判決例があるが, 基本的には13条の問題と解すべきことは既に述べた (第2章第1節①2(1)→173頁および②1→177頁)。

最後に, 法律が財産権を制限するとき, 補償規定を設けなかった場合のことについて触れておきたい。憲法上の補償の有無も法律の規定の存在次第とみる考え方もありえないではないが, それでは3項の存在理由は失われよう。3項の存在を重くみ, そして, 憲法解釈上補償が必要と解されるにもかかわらず補償規定がないという場合, 考え方として2つの筋道がある。1つは, 該法律は違憲無効と考え, 裁判上そのように処理し, 法律上規定をおくことを求めるというものである。が, 該法律が明確に補償を排除する趣旨のものでない限り, そのように違憲無効と断じ去るのではなく, むしろ直接憲法29条3項に基づいて補償を請求できると解すべきであろう (直接請求権発生説)。先に触れた河川附近地制限令事件判決も, 制限令上損失補償に関する規定がないからといって, あらゆる場合について一切の補償を全く否定する趣旨とまでは解されず, 本件被告人も, その損失を具体的に主張立証して, 別途, 直接憲法29条3項を根拠にして補償請求をする余地が全くないわけではない, と述べていたところである。

---

[205] 例えば, 自然公園法は「この法律は, 優れた自然の風景地を保護するとともに, その利用の増進を図ることにより, 国民の保健, 休養及び教化に資するとともに, 生物の多様性の確保に寄与することを目的とする」(1条) と定め, 様々な規制を設けている。同法は「関係者の所有権, 鉱業権その他の財産権を尊重するとともに, 国土の開発その他の公益との調整に留意しなければならない」(4条) とするが, その具体的「調整」には難しい問題があることが推測される。因みに, 自然公園法旧35条にいう「通常生ずべき損失」をめぐる東京地判昭和57年5月31日行集33巻5号1138頁や東京地判昭和61年3月17日行集37巻3号294頁など参照。

(4) 「正当な補償」の意味　3項にいう「正当な補償」の意味について，従来いわゆる完全補償説と相当補償説とが対立的に主張されてきた。完全補償説は，被収用財産の客観的にもつ貨幣価値（およびその制限によって生ずる，例えば移転費などの附帯的損失）とする。対して，相当補償説は，常に完全な補償である必要はなく，侵害目的や社会・経済状況などを考慮し，合理的と認められる相当な額であればよい場合もあるとする。

まず，直接公共の用に供するための公用収用または公用制限については，完全な補償がなされなければならないと解される。これは，全体のために一部の者に特別の負担を課すものであり，その不平等な負担は補償面で清算されなければならない。

最高裁判所も，旧土地収用法72条[206]につき，「土地の所有者等が被る特別な犠牲の回復をはかることを目的とするものであるから，完全な補償，すなわち，収用の前後を通じて被収用者の財産価値を等しくならしめるような補償をなすべきであり，金銭をもって補償する場合には，被収用者が近傍において被収用地と同等の代替地等を取得することをうるに足りる金額の補償を要するもの」と判示した[207]（傍点筆者）。そして，この判決は，直接には72条の解釈として示したものではあるが，実質的には憲法解釈を示したものと一般的に受け止められてきた。

相当補償説は，主として，農地改革問題に関連して提示されたものである。先にも触れた昭和28年の農地改革事件判決[208]は，「正当な補償とは，その当時の経済状態において成立することを考えられる価格に基き，合理的に算出された相当な額をいうのであって，必しも常にかかる価格と完全に一致することを要するものでない」とする。そして判決は，国の全土にわたり自作農を急速かつ広汎に創設する自作農創設特別措置法の目的を力説し，同法が農地買収の最高価格を定め，その算出にあたって自作収益価格を基礎に米の公定価格に依拠したことを合憲とした。この判決を念頭におきつつ，社会国家的積極目的のために制限する場合には，完全な補償を要しないとするいわゆる相当補償説が展開されることになる。

しかし，財産の剥奪を正当化する「公共のため」ということが補償の低減

---

[206] 昭和42年改正前のもので，近傍類地の取引価格等を考慮した相当な価格を補償金の額とし，その価格は収用委員会の収用または使用の裁決の時の価格でなければならないとしていた。
[207] 最判昭和48年10月18日民集27巻9号1210頁。
[208] 最(大)判昭和28年12月23日民集7巻13号1523頁。

までも包含するとみることは論理の飛躍ではないか，それでは財産権の保障をあまりにも相対化するものではないかの批判が妥当しよう。この点，農地改革事件判決における井上登・岩松三郎裁判官の意見は，農地改革をもって占領下の憲法外的事象と捉え，判決の論理を一般化すれば「〔29〕条1項の保障は大なる危殆にひんするであろう。私達はこれを憂うのである」と述べていたところである。

こうして学説・判例とも，次第にいわゆる完全補償説に落着いていった。もっとも，何が「完全な補償」かについては議論の余地を残すものではあった。そうした中で，高度経済成長期に入って地価の異常な高騰にともなう問題に対処すべく土地収用法が改正された。その71条は，補償金の額は「近傍類地の取引価格等を考慮して算定した事業の認定の告示の時における相当な価格に，権利取得裁決の時までの物価の変動に応ずる修正率を乗じて得た額とする」とある。そしてこの規定の合憲性が争われた事件において，最高裁判所は，憲法にいう「正当な補償」とは，「その当時の経済状態において成立すると考えられる価格に基づき合理的に算出された相当な額をいうのであって，必ずしも常に上記の価格と完全に一致することを要するものではないことは，当裁判所の判例（最高裁昭和25年（オ）第98号同28年12月23日大法廷判決・民集7巻13号1523頁）とするところである」と判示した[209]。

昭和28年の農地改革事件判決を先例として明示してのこの判決は，一般に驚きと戸惑いをもって迎えられた（塩野宏，松本哲治）。判決の主観的意図も射程も必ずしも明確でないが，憲法解釈論的には，「完全な補償」とは何かの次元での議論に収斂していくことを期待したい。

第3節　私的生活の不可侵

I　通信の秘密

1　総説

憲法は，「通信の秘密は，これを侵してはならない」（21条2項後段）と定める。ここに「**通信の秘密**」とは，郵便，電話，コンピューター通信など，

---

[209] 最判平成14年6月11日民集56巻5号958頁。

およそ「通信」によるコミュニケーションに関する秘密を包摂する観念である。そしてそれは，コミュニケーションの内容のみならず，コミュニケーションの存在自体に関する事柄（例えば，信書であれば，信書の差出人・受取人の氏名・住所，信書の差出個数・年月日など）も包含する。

「通信の秘密」の保障は，人間のコミュニケーション過程の保護にかかわるもので，その意味で「表現の自由」とも密接なかかわり合いをもつ。憲法が「通信の秘密」を「表現の自由」の個所で規定しているのは，この点を考慮してのことと考えられる。ただ，「表現の自由」は，その核をなす情報提供権についていえば，不特定または多数者に向けられたいわば外的コミュニケーション過程を保護しようとするのに対し，「通信の秘密」は，**内的コミュニケーション過程の保護**を通じて個人間の私的接触を可能としようとするところに本来の意義を有し，その意味で「私生活の秘密（自由）」ないし「プライバシーの権利」の保護の一環としての性格を有する。

「通信の秘密」は，**通信の自由**（非公開でコミュニケーションを行う自由）を論理的前提とする。したがって，既にみたように，インターネット上の掲示板への書き込みやホームページの開設などのように公開を前提とするもの（ために「公然性を有する通信」とも呼ばれる）は，ここにいう「通信」には含まれない（第1節Ⅳ1→248頁）。そこでは基本的に「表現の自由」に関する法理が妥当するが，ただ，それが有する「通信」としての側面に鑑み，なお「通信の秘密」の保護が問題となる余地がないわけではない（例えば，権利を侵害された者に発信者情報の開示請求等を認めるプロバイダ法の問題[210]）。

このように，「通信の秘密」，そして通信の自由がその論理的前提になるとすると，通信制度（郵便や電信・電話など）の基盤整備とそのあり方が問題となる。

2　「通信の秘密」の保障の性格と内容

「通信の秘密は，これを侵してはならない」とは，①公権力により，個別的通信の内容および通信の存在に関し調査の対象とはされないこと（**公権力による積極的知得行為の禁止**），②通信業務従事者（公務員である場合もあるし，そうでない場合もある）により職務上知りえた通信に関する情報を漏洩されないこ

---

[210] プロバイダー法（「特定電気通信役務提供者の損害賠償責任の制限及び発信者情報の開示に関する法律」〔平成13年〕）4条は，プロバイダーに発信者情報の開示を実質的に義務づけるもので，議論の余地を残している。なお，最判平成22年4月8日民集64巻3号676頁，最判平成22年4月13日民集64巻3号758頁参照。

と（通信業務従事者による漏洩行為の禁止），をいい（郵便法7条・8条1項，電気通信事業法3条・4条1項などは①面にかかわり，郵便法8条2項，電気通信事業法4条2項などは②面にかかわる），さらに，「通信の秘密」の論理的前提である通信の自由に関係して，③通信業務提供者から公正な通信業務の提供を受けることができること（通信業務提供者による不当・差別的取扱いの禁止）を意味する（郵便法5条，電気通信事業法6条参照）。

かつては郵便事業は国が独占し，電信・電話も公社が独占していたが，規制改革の動きの中で民営化され，他の事業者の参入も認められるようになった。上にみた法制は，通信事業が国によるであれ民間によるであれ，事業者をコモン・キャリアと捉え，憲法の趣旨から要請されるあるべき姿を法律により明示的に定めたものであると解される。

因みに，郵便法7条や電気通信事業法3条は通信の「検閲」を禁止するが，それは憲法21条前段の「検閲」とは異なり，事前審査に限定されないことに留意する必要がある。また，通信業務従事者に禁止される漏洩行為の相手方は，私人・公権力のいずれであるかを問わないことにも留意されたい。公権力が通信業務従事者に通信に関する情報提示を求めることが禁止されるのは，いわゆる「通信の検閲禁止」の帰結である[211]。

3 「通信の秘密」の保障の限界

(1) 各種制約 憲法による「通信の秘密」の保障は無条件的であるが，一定の内在的制約を受けることについては異説をみない。制約例としては，①刑事手続上の制約——郵便物等の押収（刑事訴訟法100条・222条），②刑事収容施設関係上の制約（刑事収容施設法第2編第2章第11節第3款），③破産手続上の制約（破産法81条・82条），④通信業務遂行上・行政上の必要に基づく制約——郵便物引受けの際の説明・開示，取扱中にかかる郵便物の開示（郵便法31条・32条など），関税法上の郵便物の差押（関税法122条），などがある。

こうした現行法上の制約が，憲法上許される内在的制約として必要最小限のものにとどまっているか否かについては，議論の余地がありうる。例えば，①の刑事訴訟法100条については，通信機関の保管・所持する郵便物などにつき，「被告人から発し，又は被告人に対して発した」もの（同条1項）

---

[211] 刑事訴訟法197条2項は「捜査については，公務所又は公私の団体に照会して必要な事項の報告を求めることができる」と規定するが，このような概括的規定に基づく照会に通信事業者が応ずることは，通信当事者の同意のない限り，憲法21条および郵便法8条などに反すると解される。

および「被告事件に関係があると認めるに足る状況のあるもの」(同条2項)であれば差し押えうるとして、通常の差押えの場合 (99条・222条は、「証拠物又は没収すべき物と思料するもの」に限り令状により差押えを認める) と比べて、その要件を緩和している点でその合憲性には強い疑問がある (なお、②については、第1章第5節①3→157頁)。

(2) 通信傍受 (盗聴) の問題 捜査のために通信傍受 (盗聴) が認められるかについては、憲法35条にいう「押収」が歴史的沿革から有体物に限られると解されることとの関係で、憲法21条2項の「通信の秘密」の保障の問題となる[212]。

現代の組織犯罪などの実態に鑑み傍受 (盗聴) の必要性も認められるが、それは裁判所の令状に基づかなければならないことは当然のこととして、その令状発付の条件としては、少なくとも次の諸点を充足するものでなければならないと解される。①重大な犯罪、とりわけ人の生命・身体に危害を生ぜしめる犯罪に限定すること、②特に傍受によらなければならない特殊事情が存すること、③ⓐある特定の犯罪が既に犯されまたは犯されつつあること、ⓑその犯罪に関係するある特定の事柄をある特定の人物が話すであろうこと、ⓒその会話がある特定の電話または特定の場所で行われるであろうこと、を信ずるに足る相当な根拠が存すること。その他傍聴の許容期間や令状発付後の措置などについても格別の配慮が要請される。

従来、刑事訴訟法には傍受に関する定めがなく、そのため、嫌疑の明白な営利目的覚せい剤譲り渡し事件に関し「検証許可状」による傍受が行われたことがあった。果たして現行の刑事訴訟法上の「検証」として傍受を行えるのかをめぐって議論があったが、最高裁判所は、これを肯定した[213]。そして平成11年、**通信傍受法** (「犯罪捜査のための通信傍受に関する法律」) が制定された[214]。傍受令状発付の要件や許される傍受の限定性あるいは被傍受者の

---

[212] なお、通信の傍受ではないが、電子装置を使っての室内会話の傍受も、憲法13条の問題 (プライバシーの権利の保障の問題) として同様に考えられなければならない。かつて、この種の室内会話盗聴の件につき、東京高決昭和28年7月17日判時9号3頁は、明言はしていないが盗聴を任意捜査として扱い、盗聴により第三者の「住居、言論、集会、結社及び政治的活動等に関する基本的人権」の行使に「軽度の悪影響」が与えられたとしても、「捜査目的を達成するに必要な範囲と限度とにおいて行われ」る限り、第三者は受忍すべきであるとしたが、これは今日では全く支持しえない見解である。

[213] 最決平成11年12月16日刑集53巻9号1327頁。

[214] 本法は「通信」にかかわるものであり、同法の射程外の室内会話傍受を「検証」でなしうる

事後的救済への配慮の不十分さなどが指摘されるが，運用のあり方が注目される。

なお，いわゆる脅迫電話の逆探知は憲法上許されるかが早くから問題とされたが，現行犯逮捕の法理によって是認されると一般に解されてきた[215]。

Ⅱ 住居などの不可侵

1 総　説

憲法は，「何人も，その住居，書類及び所持品について，侵入，捜索及び押収を受けることのない権利は，第三十三条の場合を除いては，正当な理由に基いて発せられ，且つ捜索する場所及び押収する物を明示する令状がなければ，侵されない」(35条1項)と定め，「捜索又は押収は，権限を有する司法官憲が発する各別の令状により，これを行ふ」(同条2項)と規定する。"各人の住居はその城郭である"という英米の法諺の示唆するように，「住居」は自由の基盤をなす私的生活の本拠として，その不可侵は立憲主義的憲法体系における最も古くかつ重要な権利の1つとなっている。同様の趣旨は，「書類及び所持品」についてもあてはまる。

この趣旨から，「住居」は，事務所や旅館の居室なども含めて，およそ人が私生活の保護について合理的期待を抱く場所と観念されなければならない。「書類及び所持品」とは，人の占有するすべての物を指し，書類が特に掲げられているのは歴史的沿革および重要性に照らしてのことと解される。「侵入」とは，管理者の同意によるのでなしに「住居」内に入ることをいう。「捜索」とは，一定の物を探す目的で住居・所持品を点検することをいい，「押収」とは，一定の物の占有を強制的に取得することをいう。

2　住居などの不可侵の保障とその限界

明治憲法では，「日本臣民ハ法律ニ定メタル場合ヲ除ク外其ノ許諾ナクシテ住居ニ侵入セラレ及捜索セラルヽコトナシ」(25条)となっていたにすぎないが，日本国憲法の下で公権力が侵入・捜索・押収をなしうるのは，①

かの問題は残る。注213の決定を根拠にその種の傍受を適法・合憲としうるわけでは必ずしもないといわれる（堀江慎司）。

215　法制意見（昭和38年12月9日付）も，この法理に訴え，公衆電気通信法5条2項（現行の電気通信事業法4条2項に相当）が特にこの「当然の条理」を覆しているものとは解されないとしている。

「正当な理由に基いて発せられ，且つ捜索する場所及び押収する物を明示する令状」による場合と，②「第三十三条の場合」とに限られる。

①の場合の「**令状**」は，「権限を有する司法官憲」すなわち裁判官が発する (2項)。そしてその「令状」は，「正当な理由に基いて」のものでなければならず，かつ，捜索場所・押収物を「明示する」ものでなければならない (1項)。「正当な理由に基いて」とは，侵入・捜索・押収を必要とするだけの十分な理由ということであり，「明示する」とは，捜索および押収の対象たる場所および物を個別・具体的に特定していう意味である。したがって，数個の捜索または押収についてひとまとめにする包括的令状は許されず，2項の要求する「各別の令状」は，その趣旨を形式面において貫徹しようとしたものである。捜索・押収の対象となる場所や物を特定しないいわゆる一般令状は断固禁止される。

もっとも，「令状」にどこまで具体的に記載すべきかの問題があり，判例・実務上はかなり概括的な記載方法でもよしとされている[216]。

②の「**第三十三条の場合**」とは，同条による逮捕の場合を指し，令状による逮捕および現行犯逮捕がそれにあたる。人間の自由にとって最も基本的な身体の自由が合憲的に制約される逮捕の場合において，その逮捕のために住居に立ち入り，付随して必要かつ合理的な範囲内において捜索・押収がなされる（刑事訴訟法220条参照）のもやむをえないとの理由によるものである。この点に関し，判例は，現実に逮捕する場合であることを要せず，現行犯として逮捕しようと思えばできる場合をも含むとし[217]，さらに，いわゆる緊急逮捕に関連して，次のように述べている[218]。刑事訴訟法220条の「逮捕する場合において」と「逮捕の現場で」の意義につき，前者は，単なる時点よりも幅のある逮捕する際をいうのであり，逮捕との時間的接着を要するが逮捕着手時の前後関係は問わない，後者は，場所的同一性を意味するにとどまる，としたうえ，「例えば，緊急逮捕のため被疑者方に赴いたところ，被疑者がたまたま他出不在であっても，帰宅次第緊急逮捕する態勢の下に捜索・押収がなされ，且つ，これと時間的に接着して逮捕がなされる限り」許容される，と。このような捜索・押収までも可能と解すべきか，多分に疑問

---

216 例えば，最(大)決昭和33年7月29日刑集12巻12号2776頁参照。
217 最(大)判昭和30年4月27日刑集9巻5号924頁。
218 最(大)判昭和36年6月7日刑集15巻6号915頁。

の残るところである。

3 行政手続との関係

35条が，その位置・沿革からして，刑事手続に関するものであることは疑いないが，行政手続としての住居などの調査（行政調査）に対する適用可能性を排除するものとは解すべきではない。

この点，当初の判例は必ずしも明確なものではなかったが[219]，川崎民商事件判決[220]は，旧所得税法の定める質問検査に関連して，「当該手続が刑事責任追及を目的とするものでないとの理由のみで，その手続における一切の強制が当然に右規定〔35条〕による保障の枠外にあると判断することは相当ではない」と述べて明確にした。

問題は，35条が妥当する範囲・程度である。判決は，①該検査が行政目的のもので，性質上刑事責任追及を目的とせず，②実質上も刑事責任追及のための資料の取得収集に直接結びつく作用を一般的に有せず，③罰則による強制の度合いが，検査の相手方の自由な意思を著しく拘束して実質上直接的物理的な強制と同視すべき程度にまで至っておらず，④検査制度は公益上必要不可欠で，そのことと比較してこの程度の強制は不均衡・不合理とはいえない，ことを理由に，該検査が予め裁判官の発する令状によることを一般的要件としないからといって35条の法意に反しないとした。

しかし，①と②に関していえば，各種行政法規の定める検査などは元来公益的・公共的な行政目的のためのもので，刑事責任追及のための資料の取得収集を目的として認められているものではないはずである。しかし，同時

---

[219] 注217の判決の事案は，事情を知って焼酎等密造の場所を世話し留守番を行い，密造幇助にあたるとして酒税法違反で起訴されたものであった。第一審，第二審でともに有罪とされたため，被告人は，その事実は，国税犯則取締法3条1項に基づき，収税官吏が裁判官の発する令状または許可状によらずに差し押えた物件を証拠に認定されたもので，同法3条は憲法35条に違反し，収税官吏作成の顛末書は違法証拠にあたると主張して上告した。判決は，本文で触れたように，逮捕の場合に限らず現行犯という状態が存すれば「憲法三十三条の場合」にあたるとして，上告を棄却した。判決は，35条が行政手続にも適用されるかについては明確には触れず，ただ35条にいう「憲法三十三条の場合」にあたるか否かを検討してそれを肯定しているにとどまる。それは，国税犯則取締法上の調査手続にも35条の適用があるとの前提に立っての判断のようにも読める。そして最（大）決昭和44年12月3日刑集23巻12号1525頁は，国税犯則取締法2条に基づき裁判官の発する許可状による収税官吏の行う捜索・差押につき，該調査手続の性質は「一種の行政手続であって，刑事手続（司法手続）ではない」と明言するに至る。

[220] 最（大）判昭和47年11月22日刑集26巻9号554頁。本件は，自宅店舗において収税官吏が所得税確定申告調査のため帳簿書類等の検査を求めたところこれを拒否し，旧所得税法違反として起訴されたものである。

に，本件調査のように，行政目的のためのものであっても，検査の結果過少申告が明らかになり，ひいては所得税逋脱の発覚にもつながり，刑事責任追及に移行する可能性のあることも否定できない。判決も，かかる可能性は否定しないが，「そうであるからといって，右検査が，実質上，刑事責任追及のための資料の取得収集に直接結びつく作用を一般的に有するものと認めるべきことにはならない」というのみである。③の点についても，本法の定める罰則は行政法規の定める立入・検査拒否に対する制裁としては最も重い方で，これが35条の適用外だというなら，同条の適用対象となる検査制度はまずありえないことになる[221]。

あるいはこの点，判決が，35条が行政手続に適用ある場合にも同条の定める令状の要件がすべて厳格に遵守されなければならないと解していることの結果なのかもしれない。もしそうだとすれば，35条が妥当する行政調査はきわめて例外的な場合に限られることになろう。こうした理解自体は35条の解釈論として是認できるとしても，行政目的のための立入・検査について，13条が保障する「適正な手続的処遇を受ける権利」の観点から，刑事手続（およびそのようなものとみるべき手続）の場合とは違った要件の下で裁判官が発する許可状が必要とされる場合がありうると解すべきではないであろうか。

なお，税務の領域においては，「質問検査権」という一般の行政調査権（所得税法234条，法人税法153条～155条）と「犯則調査」（国税犯則取締法2条の定める「臨検・捜索・差押え」）の2種類がある。後者は，判例上は「一種の行政手続」とされるが[222]，収税官吏が調査の結果犯則事実ありと思料するときは，直ちに捜査機関に告発がなされ，調査で得られた資料が捜査機関に引き継がれ，捜査および訴追のための証拠として利用される。ために，判例上も，「実質上刑事責任追及のための資料の取得収集に直接結びつく作用を一般的に有する」ものとされる[223]。そして，この調査には原則として裁判官

---

[221] 因みに，成田新法事件に関する最(大)判平成4年7月1日民集46巻5号437頁は，工作物への立入りは，法律に基づく使用禁止命令が既に発せられている工作物について命令の履行を確保するために必要な限度においてのみ認められ，その立入りの必要性が高いこと，立入りには職員の身分証明書の携帯・提示が要求されていること，立入りの権限は刑事責任追及のための資料収集に直接結びつくものでないこと，強制の程度・態様が直接的な物理的なものではないこと，を総合的判断すれば，35条に違反しないとしている（なお，第2章第1節Ⅲ5→192頁）。

[222] 注219参照。

の発する許可状が要求される[224]。対して前者は，上の川崎民商事件にみられるように，拒否すれば罰則が科せられるが，担当職員は強制的に立ち入ることはできない。そして法律上，質問検査権は「犯罪捜査のために認められたものと解してはならない」と明記される（所得税法234条2項，法人税法156条）。質問検査権が犯罪捜査や上述の犯則調査のための手段として行使することが許されないことは当然であるが[225]，いかなる場合がそれにあたるか問題がなお残るところである[226]。

「質問検査権」は，憲法38条との関係でも問題となるが，後に論及する。

第4節　人身の自由および刑事裁判手続上の保障

I　奴隷的拘束・苦役からの自由

1　総説

憲法は，「何人も，いかなる奴隷的拘束も受けない。又，犯罪に因る処罰の場合を除いては，その意に反する苦役に服させられない」（18条）と規定する。本条が，アメリカ合衆国憲法の「奴隷制度およびその意に反する苦役は，犯罪に対する刑罰として適法に宣告を受けた場合を除いては，合衆国内またはその管轄に属するいずれの地にも存してはならない」との規定（修正13条1節）に由来することは，文言の相似性からも知られる。明治憲法下において奴隷制が存したわけではないが，個人の尊厳を確立する前提条件として，およそ非人道的な自由拘束状態の廃絶を企図して本条が設けられたものと解される。

---

[223] 最判昭和59年3月27日刑集38巻5号2037頁。
[224] こうした「犯則調査」の権限は，平成17年の独禁法の改正で，公正取引委員会にも一般の行政調査権とは別に与えられた。
[225] 学説上異論はなく，また，最決平成16年1月20日刑集58巻1号26頁も「犯罪の証拠資料を取得収集し，保全するためなど，犯則事件の調査あるいは捜査のための手段として行使することは許されない」とする。
[226] 注225の決定は，引用した文章についで，「しかしながら，上記質問又は検査の権限の行使に当たって，取得収集される証拠資料が後に犯則事件の証拠として利用されることが想定できたとしても，そのことによって直ちに，上記質問又は検査の権限が犯則事件の調査あるいは捜査のための手段として行使されたことにはならない」と含みのあるいい方をしている。

2 「奴隷的拘束・苦役からの自由」の保障の性格と内容

「奴隷的拘束」とは，自由な人格的主体であることと両立し難いような身体の拘束をいう。公権力がこのような拘束を加えることが絶対的に禁止されることはあまりに当然のことであって，本条の趣旨は，むしろ私人によるこの種の行為（いわゆる「監獄部屋」的拘束など）を禁ずるところにあるともみられる（赤坂正浩）。

「その意に反する苦役」とは，強制的な労役のことをいうものと一般に解されている。ただ，その中にあって，大別して，「苦」に通常人が多少とも苦痛を感ずる程度のものを求めようとするもの（小嶋和司，高橋和之）と「苦」の字にかかずらうのは適切でないとするもの（宮沢俊義）との2つの立場がある。が，非常災害時における救援活動等への従事命令（災害対策基本法65条・71条，災害救助法24条・25条，水防法24条，消防法29条5項など）について，合憲とすることにほとんど異説をみない。これは，災害防止・被害者救済という限定された緊急目的のため必要不可欠で，かつ応急的一時的な措置であり，通常人にとって苦痛とは感じられないであろうという意味で，本条にいう「苦役」にあたらないと解される。

国際人権規約B規約8条3項は，「何人も，強制労働に服することを要求されない」（(a)）と定めつつ，その例外として刑罰の場合をあげ（(b)），また，「強制労働には……含まない」（(c)。傍点筆者）例として，「社会の存立又は福祉を脅かす緊急事態又は災害の場合に要求される役務」（(iii)）や「市民としての通常の義務とされる作業又は役務」（(iv)）などを掲げている。先に述べた救援活動等への従事命令の例，また，議院証言法や訴訟法上の証言義務，裁判員を勤める義務など[227]は，この人権規約の規定に照らしても納得できるところである[228]。国民にとっての負担が18条に違反するかどうかは，負担を課す必要性・正当性，負担の程度（労役の強度や期間など），負担の免除事由などを総合的に考慮して具体的に判断されることになろう[229]（土井

---

[227] 「議院における証人の宣誓及び証言等に関する法律」1条，刑事訴訟法143条・150条・151条・160条，民事訴訟法190条・192条～194条，裁判員法112条など参照。なお，裁判員制度は国民の権利としての側面をも有すると解される余地がある（第2章第1節II 6 → 194頁。また，第4編第1章第3節III 2 → 602頁）。

[228] 憲法18条後段も，「犯罪に因る処罰」としては例外的に「苦役」が許されるということを示唆するが，その場合でも「奴隷的拘束」であってはならず，また「残虐な」ものであってはならない（36条）。

[229] 徴兵制は憲法18条後段に違反するというのが通説および政府見解であるが，立憲主義憲法

真一)。

これらの自由を確保する救済方法を一般的に定めたものとして，**人身保護法**が重要である。既に示唆したように，これらの自由の保障は，私人間においても貫徹されなければならない。刑法の逮捕・監禁・誘拐の罪（220条・224条〜229条)，労働基準法の強制労働の禁止（5条）などは，この点にかかわるものである。

II　法定手続の保障

1　総説

憲法は，「何人も，法律の定める手続によらなければ，その生命若しくは自由を奪われ，又はその他の刑罰を科せられない」（31条）と規定する。立憲主義憲法は，刑罰権は国家が独占することを前提に，その刑罰権の行使の濫用を抑止し，国民の自由の保全を図る趣旨から，諸種の原則を展開せしめた。日本国憲法はそれを受けて詳細に定めるが，31条はその出発点をなす基礎的規定である。本条は，「何人も，……適正な法の手続（due process of law）によらずに，生命・自由または財産を奪われることはない」と定めるアメリカ合衆国憲法修正5条（および修正14条1節）の考え方の影響下に成立したであろうことは，文言の相似性からも知られるが，その具体的な性格・内容については，彼我の憲法の表現や構造の違いを反映して，以下にみるように諸種の見解に分かれる。

2　法定手続の保障の性格と内容

(1)　「法律の定める手続」の意味　本条にいう「**法律の定める手続**」の意味をめぐって，次のような諸説がありうる。科刑の手続の法定のみを要求するとみる説（A説)，科刑手続を定めた法律の内容が適正なものでなければならないとする説（B説)，科刑の手続についてのみならず，実体要件についても法律で定めなければならないとする説（C説)，科刑手続を定めた法律の内容が適正なものでなければならないのみならず，実体要件について法定されなければならないとする説（D説)，科刑の手続および実体要件の双方に

の歴史（なお現行のドイツの憲法12a条や大韓民国憲法39条など）や国際人権規約B規約8条3項(c)(ii) などに照らし，むしろ憲法9条にかかわる問題と解すべきであろう（赤坂正浩)。

つき法定されなければならないのみならず、その内容はともに適正なものでなければならないとする説（E説）。

アメリカの「適正な法の手続」条項は、憲法構造上広く解釈しなければならない必然性があるが（特に14条1節は、州の権力に対する人権保障の一般的根拠とされなければならないという事情）、日本国憲法の場合は、特に刑事手続に関して33条以下に詳細な定めがあり、また実体についても豊富な規定があり、さらに13条を上述のように包括的な人権規定と解すべきものとすれば（第2章第1節）、31条を広く解釈しなければならない必要性に乏しいといえよう。

罪刑法定主義についても、遡及処罰の禁止（39条）や政令による罰則についての法律による個別的委任の必要性（73条6号）から、導かれえないではない。その点で、A説にも十分な根拠がある。ただ、罪刑法定主義のような立憲主義憲法の重要原則が日本国憲法上黙示的にしか定められていないのかを疑問視すれば、31条こそこの重要原則を表現していると解されることになる。また、科刑の手続や実体要件の適正性の問題がすべて他の憲法条項によって尽されていると断言してよいかを疑問視すれば、やはり31条の出番を考える必要があることになる。つまり、31条は、13条から流出派生する刑事に関するまさしく基礎的規定であって、他の憲法条項によって尽されない科刑の手続や実体要件の適正性の問題が31条によってカバーされると解されることになる。理由づけは論者により必ずしも一定しないが、E説が通説的地位を占めている。

　(2)　**科刑手続の法定と適正**　　まず、科刑手続は「法律」で定められなければならない（ここにいう「法律」には、実体法の場合と違って地方公共団体の「条例」を含まない。また、最高裁判所の定める「規則」との関係については、第4編第1章第5節①3➡611頁）。

　次に、手続を定める「法律」は適正なものでなければならない。憲法13条が「適正な手続的処遇を受ける権利」を保障していることは既に触れたが（第2章第1節Ⅱ5➡192頁）、刑事手続は最も厳しい法的制裁であり、身柄の拘束などの人権制約手段をともなう点に鑑み、最も厳格な適正性が求められる。端的にいえば、適正な手続の内実をなす告知・聴聞・防禦の機会の保障の徹底を図る中で、管轄権を有する公平な裁判所による裁判が確保されるようにしなければならないということである（佐藤功）。この点は以下にみるように32条以下に相当詳細に定められているところであるが（ただし、35条に

ついては既に前節Ⅱで触れ，32条については第4章第1節Ⅰ➡353頁で触れる），31条は，そうした諸規定の解釈指針となるとともに，32条以下の諸規定違反とならない場合であるとしてもなお不適正な刑事手続を非とする役割を担う（市川正人）。

最高裁判所は，関税法が被告人に対する「付加刑」（刑法9条）として，情を知った第三者所有の船舶・貨物などにつき，これを没収する旨規定する場合において，当該第三者に事前に告知・弁解・防禦の機会を与えないことは31条に反すると判示した（第三者所有物没収事件判決[230]）。本判決は，情を知った第三者の所有物を没収することを，いわば本条にいう「その他の刑罰」にあたるとみて，その手続の適正さを求めたものといえる。また，起訴状に書かれていない犯罪事実をいわゆる余罪として認定し，これを実質上処罰する趣旨の下に重い刑を科すことにつき，憲法38条3項および31条に違反するとした[231]。これも，起訴状に書かれていない犯罪事実については，告知・弁解・防禦を十分になしえないことを重くみての結果と解される。

いわゆる**違法収集証拠排除法則**も，本条の射程内の問題と考えられる（内野正幸）。例えば，既にみた35条に顕著に違反して得られた証拠を利用して被告人を処罰することは，いかにも適正手続の観念に反する。アメリカにおいて，この法則の論拠として，違法捜査の抑制や「司法の無瑕性」などが指摘されるが，手段的性質をもつことは否定しえず，したがって，およそ違憲ないし違法性が認められれば自動的にその証拠は排除されなければならないとまでいい切れるかは疑問の余地がある。この点，やや絞り込みすぎの感はあるが，次のように述べる判例[232]がある。憲法35条が住居などの不可侵を保障し，また，「憲法31条が法の適正な手続を保障していること等にかんがみ」，「令状主義の精神を没却するような重大な違法があり，これを証拠として許容することが，将来における違法な捜査の抑制の見地からして相当でないと認められる場合」においては証拠能力は否定されるべきである，と。

---

[230] 最（大）判昭和37年11月28日刑集16巻11号1593頁。この判決を受けて，「刑事事件における第三者所有物の没収手続に関する応急措置法」が制定された。なお，没収に代わる「追徴」に関する同趣旨の判決として，最（大）判昭和40年4月28日刑集19巻3号203頁参照。

[231] 最（大）判昭和42年7月5日刑集21巻6号748頁。

[232] 最判昭和53年9月7日刑集32巻6号1672頁。その後，例えば最決平成7年5月30日刑集49巻5号703頁は，所持品検査が違法であっても，発見された覚せい剤所持の逮捕に続く採尿の証拠能力は否定されないとしたが，最判平成15年2月14日刑集57巻2号121頁は，採尿が重大な違法のある逮捕に密接に関連するものであるとし，その証拠能力を排除した。

およそ**刑事手続の原理**に関し、「**実体的真実主義**」と「**適法手続（あるは適正手続）主義**」とが対比され、後者と表裏の関係にあるのが「**当事者主義**」であるといわれる。そして、明治憲法から日本国憲法への転換をもって、しばしば、「実体的真実主義から適正手続主義へ」とか「職権主義から当事者主義へ」という標語で語られてきた。もっとも、「実体的真実主義」といっても、消極的意味でのものと積極的意味でのものとがあり、前者は、要するに罪のない者を罰してはならないということであるとするのに対し、後者は、真実を必ず明らかにして犯人を処罰しなければならないとする必罰主義と結びつくとされる（杉原泰雄）。そして後者は、捜査上の糾問主義、裁判上の職権主義と親和性を有するとされる。

この分析枠組に従うなら、日本国憲法下にあっては、消極的「実体的真実主義」は可及的に徹底する必要があるというべきであるが、積極的「実体的真実主義」については、証人審問権（37条2項）、弁護人依頼権（同条3項）、黙秘権（38条1項）などを保障していることからもうかがわれるように、被告人が主体的な対等の立場において検察側と対峙しつつ訴訟の追行に臨むという当事者主義的見地に立って、これを拒否していると解される。

刑事訴訟法は、当事者主義化が真実の軽視に至ることを恐れ、同法の目的の1つに「事案の真相を明らかに〔する〕」ことを掲げ（1条）、また、被告人が公判廷で有罪を自認してもそれだけで有罪判決をすることはできないものとして、いわゆるアレインメント（起訴認否手続）による事件処理を封じ込めた（319条3項）、といわれてきた。一般にいわゆる司法取引について拒否反応が強く、また、先にみたように違法収集証拠排除法則について裁判所は理論的に認めつつも実際には認めたがらないのも、こうした刑事訴訟観と関係しているのではないかとも指摘されてきた。

憲法は、**公判中心主義**（刑事裁判は、公開の法廷での公判期日における審理手続を中心に行う）を核に、それにふさわしい全体的な刑事手続構造を想定しているものと解される。しかし、実際には、被疑者を長時間にわたって拘束し取り調べて捜査官が作成した調書を中心に展開され、「公判中心主義の稀薄化ないし形骸化」が指摘されてきた（「調書裁判」とか「精密司法」とか呼ばれてきた運用実態）。裁判員制度の導入は、公判中心に**直接主義・口頭主義**（裁判所自らが、公判廷で証拠や証人を直接調べて評価し、当事者の口頭弁論に基づいて裁判をするという原則）の徹底を図ろうという狙いをともなっている。そしてその方向

で法的整備がなされ、既に刑事裁判の姿も大きく変ってきているが、今後のさらなる展開が注目されるところである。

(3) 実体要件の法定と適正 まず、いかなる行為についていかなる刑罰が科せられるかは、予め「法律」で定められなければならない（罪刑法定主義。なお、ここにいう「法律」は地方公共団体の「条例」が含まれることについては、第3編第6章第3節Ⅲ2→565頁）。また、刑罰法規は不明確なものであってはならないということも、本条の要請するところと解される（なお、この要請は罪刑法定主義そのものに含まれると解することもできるが、本条の求めるところとする点では変りはない）。判例は、刑罰法規があいまい不明確の故に本条に違反する可能性を認めてはいるが[233]、実際に違憲と断じた例はない。

実体法の適正性の問題として、例えば、犯罪と刑罰との均衡の問題に論及する下級審の判決例があり[234]、また、最高裁判所も、「刑罰規定が罪刑の均衡その他種々の観点からして著しく不合理なものであって、とうてい許容し難いものであるときは、違憲の判断を受けなければならない」と述べたことがある[235]。ただ、実体法の適正性の問題は、憲法13条・14条をはじめとする各種人権規定との関係で真剣に論議されるものと想定され、またそう考えるべきであって、31条固有の"出番"の局面が多々あるとは想定しにくい。

3 行政手続との関係

およそ公権力の行使は適正な手続によらなければならず、国民には「適正な手続的処遇を受ける権利」が13条によって保障されていることは既に述べた（第2章第1節Ⅲ5→192頁）。そして、そのような公権力の行使の中で、「刑罰」に関係するものが31条の規律対象となることも既に示唆した。

従来、31条にいう「その他の刑罰」の意味をめぐって、「法廷等の秩序維持に関する法律」の定める監置・過料の制裁（2条・3条）や行政罰としての秩序罰・執行罰・懲戒罰があたるかどうかが問題とされ[236]、また、厳密に

---

[233] 例えば、徳島市公安条例事件に関する最（大）判昭和50年9月10日刑集29巻8号489頁（なお、第1節Ⅳ3(3)→259頁およびⅤ3(3)→289頁）。また、福岡県青少年保護育成条例事件に関する最（大）判昭和60年10月23日刑集39巻6号413頁は、「淫行」という文言が不明確かつ過度に広汎に失し31条に違反するという主張につき、合憲限定解釈を施して違憲ではないとした（なお、第4編第2章第3節Ⅱ→651頁）。
[234] 砂川事件に関する東京地判昭和34年3月30日下刑集1巻3号776頁、東京地判昭和44年6月25日判時565号46頁など。
[235] 猿払事件に関する最（大）判昭和49年11月6日刑集28巻9号393頁。
[236] 最（大）決昭和33年10月15日刑集12巻14号3291頁は、「法廷等の秩序維持に関する法律」の定める監置・過料につき、「刑事的行政的処罰のいずれの範疇にも属しない」独自のものと

は「刑罰」の性質を有しないとしても、少年法による保護処分とその収容、「精神保健及び精神障害者福祉に関する法律」による措置入院 (29条・29条の2) 等々につき、同条の適用ないし準用の余地があるかどうかが問題とされてきた。

こうした31条の射程をめぐるの議論は重要ではあるが、既に述べた13条の「適正な手続的処遇を受ける権利」の重要性が十分に認識されるならば、刑事手続かいわゆる行政手続かは決定的なものではない。むしろここで確認すべきは、いわゆる積極的「実体的真実主義」が拷問・自白の偏重 (そして冤罪) につながってきたことに思いを致しつつ、手続というものが人格の尊重に直結するきわめて重要な意義を担っているということである。

Ⅲ 不法な逮捕からの自由

1 総説

憲法は、「何人も、現行犯として逮捕される場合を除いては、権限を有する司法官憲が発し、且つ理由となつてゐる犯罪を明示する令状によらなければ、逮捕されない」(33条) と規定する。本条は、「逮捕」について令状主義の原則を定め、人身の自由の保全を図ろうとするものである。

2 「不法な逮捕からの自由」の保障の性格と内容

(1) 令状主義の原則 逮捕は、「権限を有する司法官憲」すなわち裁判官が発する令状によらなければならないのが原則である。「**理由となつてゐる犯罪を明示する令状**」とは、いわゆる一般令状を禁止する趣旨であり、容疑の犯罪名のみならず、その犯罪事実をも明示するものでなければならない (刑事訴訟法200条参照)。この令状主義の原則は、裁判官を関与せしめることによって逮捕権の濫用を抑止するためのものであるから、裁判官は、刑事訴訟法199条2項の定めるように、「明らかに逮捕の必要がないと認めるとき」は令状発付を拒否すべきものと解される。

するが、とりわけ監置は身体の自由の拘束であって「その他の刑罰」に準じて考えるべきであるとの見解もあった (佐藤功)。秩序罰や執行罰としての過料は本条の問題と解するべきであるとする説が有力であり (佐藤功、尾吹善人)、最(大)決昭和41年12月27日民集20巻10号2279頁は非訟事件手続法による過料の裁判が本条の定める適正手続の要請を充たさなければならない性質のものであることを認め、最(大)決昭和43年6月12日刑集22巻6号462頁は保釈保証金没収決定についても同趣旨の判断を示した。

本命の犯罪（本件）につき容疑が固まらない場合に，他のより軽微な犯罪（別件）を理由に逮捕して取調べ，本件についての証拠を収集しようとする，いわゆる**別件逮捕**は，本条の脱法行為としての疑いがあり，これを違憲とする下級審の判決もみられた[237]。この点，最高裁判所は，**狭山事件**につき，別件と本件とが「社会的事実として一連の密接な関連があり」，別件捜査は本件捜査ともなるので，「専ら『本件』のためにする取調というべきではな」い，と判示した[238]。

(2) 令状主義の例外　33条は，令状主義の例外として，「現行犯として逮捕される場合」を認める。「**現行犯**」とは，現に罪を行いまたは現に罪を行い終った者をいう（刑事訴訟法212条1項）。これが令状主義の例外とされるのは，逮捕の必要性が高くかつ逮捕権の濫用のおそれが少ないことによる。刑事訴訟法は，この「現行犯」のほかに，さらに，犯人として追呼されあるいは誰何(すいか)されて逃亡しようとする者などで，「罪を行い終つてから間がないと明らかに認められるとき」には，これをいわゆる**準現行犯**として「現行犯」と同じ扱いをしているが（212条2項），時間的接近性を厳格に解する必要があろう。

刑事訴訟法は，さらに，捜査機関が死刑または無期もしくは長期3年以上の懲役もしくは禁錮にあたる罪を犯したことを疑うに足りる「充分な理由」がある場合で，「急速を要し，裁判官の逮捕状を求めることができないとき」に，逮捕状請求をあとまわしにして逮捕できるとする，いわゆる**緊急逮捕**を認め，この場合，「直ちに裁判官の逮捕状を求め」，これが発せられないときは直ちに被疑者を釈放しなければならないと定めている（210条）。

この緊急逮捕につき，一種の令状逮捕とみて（令状逮捕類似説）あるいは一種の現行犯逮捕とみて（現行犯逮捕類似説）合憲とする説が主張されるが，前者は，事後に令状が発付されなかった場合をどう説明するか，後者は，犯行と逮捕との時間的接着性が要件とされず，嫌疑の程度も「充分」性にとどまっていることをどう考えるか，など疑問がある。そこで違憲説も有力に主張されてきたが，この逮捕の合憲性の根拠を強いて求めるとすれば，社会秩序に対する重大な侵害を排除する緊急の措置であるという点にあり（緊急行為

---

[237] 例えば，麻布連続放火事件に関する東京地判昭和45年2月26日刑月2巻2号137頁。
[238] 最決昭和52年8月9日刑集31巻5号821頁。なお，最判昭和58年7月12日刑集37巻6号791頁参照。

説)，例外を肯定するに足る嫌疑の明白性が必要であると解される。判例[239]は，「罪状の重い一定の犯罪のみについて，緊急已むを得ない場合に限り，逮捕後直ちに裁判官の審査を受けて逮捕状の発行を求めることを条件とし，被疑者の逮捕を認めることは，憲法33条規定の趣旨に反するものではない」としている。

3　行政手続との関係

行政法規の中には，人の身体の拘束について定めた規定が少なからず存在する[240]。こうした身体の拘束についても，できる限り本条が類推適用されるべきであるとか，事情に応じて準用されるべきであると有力に主張されてきた。身体の拘束が犯罪捜査との結びつきを有しない場合には，基本的には，本条ではなく，13条（ないし31条）の問題と解すべきであろう。

Ⅳ　不法な抑留・拘禁からの自由

1　総　説

憲法は，「何人も，理由を直ちに告げられ，且つ，直ちに弁護人に依頼する権利を与へられなければ，抑留又は拘禁されない。又，何人も，正当な理由がなければ，拘禁されず，要求があれば，その理由は，直ちに本人及びその弁護人の出席する公開の法廷で示されなければならない」(34条)と規定する。本条は，「抑留」および「拘禁」が人身の自由に対する重大な侵害であることに鑑み，それが公明正大に行われることを確保しようとするものである。

2　「不法な抑留・拘禁からの自由」の保障の性格と内容

ここに「抑留」とは，身体の一時的拘束をいい，「拘禁」とは，比較的継続的な拘束をいう。両者の区別については，本条が，「拘禁」についてのみ，公開法廷における理由の開示を要求していることを考慮する必要がある。刑事訴訟法は，逮捕および勾引にともなう留置などは「抑留」，勾留および鑑定留置などは「拘禁」，にそれぞれ該当するとの前提に立って，後者について理由開示の手続を定めている (82条～86条，167条5項[241])。

---

[239] 最(大)判昭和30年12月14日刑集9巻13号2760頁。
[240] 例えば，出入国管理及び難民認定法39条以下による強制収容，「感染症の予防及び感染症の患者に対する医療に関する法律」4章の定める健康診断・入院措置，「精神保健及び精神障害者福祉に関する法律」29条・29条の2等による精神障害者の入院措置など。

まず,「抑留」および「拘禁」をなすにあたっては,「理由」を「直ちに」告げることが要求される。ここに「理由」とは,一般に,単に嫌疑ある犯罪の名称ではなく,「抑留又は拘禁」の根拠となった犯罪事実または公訴事実を指し,「拘禁」についてはその必要性を基礎づける理由（逃亡,罪証隠滅のおそれなど）をも包含するものと解される。「理由」の告知については,刑事訴訟法に具体的な定めがある（76条・77条・203条・204条）。

次に,「抑留」および「拘禁」をなすにあたっては,「弁護人に依頼する権利」を「直ちに」与えることが要求される。憲法は,別に37条において刑事被告人について弁護人依頼権を保障しているが,本条は,被拘束者に対し,法律専門家の助けを得て自己の自由を防禦する機会を与えようと特にこの権利を明記したものといえる。刑事訴訟法は,被疑者や被告人に弁護人依頼権を告げなければならないと定めている[242]（弁護人依頼権の告知。76条・77条・203条・204条）。従来,憲法37条3項を受けて,被告人には国選弁護人の制度が設けられていたが,被疑者については存在しなかった。この点,先の司法制度改革の一環としてようやく被疑者国選弁護の制度が導入され（刑事訴訟法37条の2, 37条の4など,総合法律支援法〔平成16年〕）,弁護人依頼権の告知にもその趣旨が含まれる。

安藤・斎藤事件判決[243]は,被拘束者への弁護人依頼権の保障が,単に弁護人を選任することを官憲が妨害してはならないということにとどまるものではなく,弁護人から援助を受ける機会（相談・助言等の機会）を実質的に保障するものとしている。そして,刑事訴訟法の定める接見交通権（39条）

---

[241] 刑事訴訟法によれば,被疑者を逮捕した後,一時的に身体を拘束する処分を「留置」といい,司法警察員による逮捕の場合は48時間以内に検察官に送致するか否かを決定し（203条1項）,検察官による逮捕の場合は48時間以内に,司法警察員から送致を受けた場合は24時間以内に,裁判官に「勾留」を請求するか否かを決定し（204条1項・205条1項）,送致を受けた場合にあっては被疑者が身体を拘束されたときから72時間を越えてはならないとされる（205条2項）。「拘禁」は起訴前勾留と起訴後勾留の両方を含むが,刑事訴訟法によれば,起訴前勾留は請求日から最高20日間に限られている（208条）。つまり,起訴前の被疑者の身体の拘束は最大限23日間に及ぶことになる。そしてさらに,起訴後勾留（未決拘禁）が続くことになる。なお,特に被疑者の勾留については,警察の留置場が「代用監獄」として使われることが多く（刑事収容施設法14条・15条1項,旧監獄法1条3項参照）,被疑者の立場を弱くしていると指摘されてきた。

[242] もっとも,最(大)判昭和24年11月30日刑集3巻11号1857頁は,弁護人依頼権は,被告人が自ら行使すべきもので,裁判所検察官等が被告人にこの権利を行使する機会を与え,その行使を妨げなければいいのであって,弁護人に依頼する方法およびその費用等についてまで被告人に指示する必要はない,とした。

[243] 最(大)判平成11年3月24日民集53巻3号514頁。

も，こうした相談・助言等を受ける機会を保障するものとして，「憲法の保障に由来する」と明言している。従来，この接見交通権については，捜査の便宜を優先しすぎるとの批判が絶えず，裁判所も次第にチェックの姿勢を強めてきたが[244]，本判決は，この権利の憲法上の位置づけを明確にしつつ，そうした方向を確認したものと思われる[245]。

本条後段を受けて，刑事訴訟法は，**勾留理由開示の制度**を設けているが(82条以下)，同制度は直接には理由の開示を定めるにとどまる。が，本条後段の趣旨は，開示された理由を被拘束者が争う機会を与え，不当な拘禁であることが判明すればその釈放を命ずる趣旨のものであると解する立場からは，現行の開示制度は十分なものではないということになり，あるいはその開示手続は勾留取消などの制度と一体のものとして理解されなければならないことになる。なお，刑事訴訟法の該制度とは別に，人身保護法が制定されており，それも本条に由来するものと解される（が，次の3参照）。

3　行政手続との関係

本条は，直接には刑事手続上の抑留・拘禁に関するものである。行政手続による身体の自由の拘束については，13条（ないし31条）との関係で手続的保障のあり方が問題とされることになる。が，さらに，本条が英米法のHabeas Corpus的発想を背景としていることを考慮すれば，行政手続による身体の拘束にもできる限り本条の趣旨が及ぼされることが期待されているというべきであろう（安念潤司）。**人身保護法**は，まさにそのような期待にかかわるものと解される（が，人身保護規則や判例は同法の妥当範囲を著しく限定的にしてしまっている）。

Ⅴ　拷問および残虐刑の禁止

1　総説

憲法は，「公務員による拷問及び残虐な刑罰は，絶対にこれを禁ずる」(36条)と規定する。本条は，アメリカ合衆国憲法の「残虐で異常な刑罰を科し

---

[244] この点，杉山事件に関する最判昭和53年7月10日民集32巻5号820頁，浅井事件に関する最判平成3年5月10日民集45巻5号919頁。
[245] 判決は，この権利も捜査権との「合理的な調整」に服するものとするが，取調べ中の場合を例示しながら「接見等を認めると取調べの中断等により捜査に顕著な支障が生ずる場合に限られ」る，などと述べている（傍点筆者）。

てはならない」という規定 (修正8条) に由来するものといわれているが，「残虐な刑罰」とともに，「拷問」をも例外なしに禁止しようとするものである．

2 「拷問」の禁止

「拷問」とは，被疑者や被告人から自白を得るため肉体的・生理的苦痛を与えることをいう．古くは，ヨーロッパ諸国や日本において，自白が有罪の決め手とされ，拷問が行われることが少なくなかった．明治期に入り拷問廃止が打ち出されるが，拷問が根絶しなかったことは明治憲法下の歴史の示すところである．このような過去の苦い経験に鑑み，日本国憲法は拷問を「絶対に」禁止するとともに，拷問による自白の証拠能力を否定した (38条2項)．ここに「公務員による」とあるが，特に念頭におかれているのは警察官・検察官である．刑事訴訟法は，特別公務員暴行陵虐罪 (刑法195条) につき，準起訴手続 (付審判請求手続) を認めている．国家賠償請求の対象となることもちろんである (憲法17条，国家賠償法1条)．

3 「残虐な刑罰」の禁止

「残虐な刑罰」とは，判例[246]によれば，「不必要な精神的，肉体的苦痛を内容とする人道上残虐と認められる刑罰」とされ，学説も一般に類似の説明をしている．人の生命を奪う「死刑」が「残虐な刑罰」にあたらないかにつき，これを肯定する説もあるが，判例[247]は，憲法中に死刑を予想している規定がある (13条・31条) ことを指摘しつつ，死刑そのものはそれにあたらないとしている．もちろん，死刑の執行方法などが「その時代と環境とにおいて人道上の見地から一般に残虐性を有するものと認められる場合」には「残虐な刑罰」となり，そのような意味で，現行の絞首刑と違って，かつてみられた火あぶり，はりつけなどの方法をとることは本条に違反する[248]．

なお，現在の時点では死刑そのものは「残虐な刑罰」にあたらないとしても，将来国民感情のあり方いかんによっては，本条に違反することになる可能性を指摘する見解が存する[249]．しかし，このような理解は，憲法解釈論としていささか無理なように思える (特に31条と本条との関係の問題)．ただ，

---

[246] 最(大)判昭和23年6月23日刑集2巻7号777頁．
[247] 最(大)判昭和23年3月12日刑集2巻3号191頁．
[248] 注247の判決や最(大)判昭和30年4月6日刑集9巻4号663頁など．
[249] 注247の判決における島保・藤田八郎・岩松三郎・河村又介裁判官の補足意見．学説としてもこれを是とするものがみられる (橋本公亘)．

憲法規範上死刑を設けなければならないわけではなく，政策論・立法論として死刑を廃止することは十分ありえることである（奥平康弘）。

犯罪の罪質に対して著しく不均衡な重い刑罰が定められたとき，あるいは法定刑の範囲内での宣告刑が具体的な犯罪と著しく不均衡であるとき，それは「残虐な刑罰」とならないか。「残虐な刑罰」は刑の性質ないし種類にかかわるものであるとして消極に解する説が支配的かとも思われるが[250]，積極説も有力である（鈴木茂嗣，赤坂正浩）。仮に本条にいう「残虐な刑罰」にあたらないとしても，憲法31条ないし13条に違反するとみるべきであろう。

Ⅵ 刑事裁判手続上の保障

1 総　説

刑罰は，人の自由に対する重大な侵害であることに鑑み，それを科する手続は，慎重かつ公明正大なものでなければならない。憲法は，37条から39条にかけて，刑事裁判手続に関する各種の保障を定めている。既に若干触れたように，英米法的な当事者主義・弾劾主義的な色彩が濃厚である。

2 公平な裁判所の迅速な公開裁判を受ける権利

（1）**総　説**　憲法は，「すべて刑事事件においては，被告人は，公平な裁判所の迅速な公開裁判を受ける権利を有する」（37条1項）と規定する。「裁判を受ける権利」は既に32条によって保障されているところであるが（第4章第1節Ⅰ→353頁），本条は，特に刑事裁判について，公平・迅速・公開の要件が充たされる必要のあることを明示したものである。

（2）**公平な裁判所**　ここに「公平な裁判所」とは，判例[251]によれば，「偏頗や不公平のおそれのない組織と構成をもった裁判所による裁判」をいい，「個々の事件につき内容実質が具体的に公正妥当なる裁判を指すのではない」とされる。刑事訴訟法（20条以下）および刑事訴訟規則（9条以下）が裁判所職員の除斥，忌避および回避の制度を設けているのは，この点にかかわる。「公平な裁判所」の英訳文は"an impartial tribunal"とあり，このことは陪審制を示唆するものともいわれるが（鯰越溢弘），裁判員の選任手続に

---

[250] 注246の判決は，法定刑の範囲内で刑の量定をした場合，被告人側からみて過重の刑であるとしても，それだけでは「残虐な刑罰」とはならないとする。

[251] 最（大）判昭和23年5月26日刑集2巻5号511頁。

様々な工夫と配慮が施されている（特に裁判員法17条・18条・34条4項など）。また，刑事訴訟法が，裁判所に第三者性を保持させ，裁判官に事件につき予断を抱かせないよう，いわゆる**起訴状一本主義**を採用し[252]（256条6項），あるいは，訴訟手続の「当事者主義」化を推し進めていることなども，「公平な裁判所」の裁判の実現を図ろうとする趣旨に基づくものといえる（鈴木茂嗣）。

(3) 迅速な裁判　「**迅速な裁判**」とは，適正な裁判を確保するに必要な期間を越えて不当に遅延した裁判でない裁判をいう。この点，"時間がかかりすぎる裁判"（刑事裁判に限らないが）ということが日本の司法の大きな問題であるといわれてきた。

　最高裁判所は，はじめは，迅速を欠いた違法があるからといって第二審判決を破棄差戻をすれば，裁判は一層遅延することになるとして，遅延による違憲性を上告の理由とすることができないとの考え方をとった[253]。これによれば，本項はいわゆる**プログラム規定**ということになる。が，その後，「審理の著しい遅延の結果，迅速な裁判をうける被告人の権利が害せられたと認められる異常な事態」が生じた場合には，これに対処すべき具体的規定がなくとも，審理を打ち切るという非常救済手段がとられるべきであるとし，15年余にわたって第一審の審理が中断した事案につき免訴の言渡しをすべきものとした（**高田事件判決**[254]）。この判決は，裁判実務に大きな衝撃を与えた。ただ，判決は，いかなる場合に迅速な裁判違反になるのかの基準に触れてはいるものの，被告人側の態度も考慮要素とするなど，曖昧さを残すものであった。実際，その後の最高裁判所は，「異常な事態」を認定することに慎重であった。

　単純な事件は別として，日本の刑事裁判が遅延しがちである（ときには異常に）ということは，先に触れた「調書裁判」とか「精密司法」とか呼ばれる

---

[252] 裁判員制度の導入により，できる限り連日的開廷が図られることになった（刑事訴訟法281条の6参照）。それは，裁判員の負担なども考えれば不可欠ともいえる。このことを考慮し，かつ，充実した裁判を行うには，事前のお膳立てが必須だということで，新たに争点等を整理するための「**公判前整理手続**」が設けられた（刑事訴訟法316条の2以下）。この整理手続は，予断排除の原則や公判中心主義との関係で問題を孕むが，この整理手続に関与する裁判官（本番の公判にも参加することになる）はこの手続の段階では証拠の中身は一切みていないといわれる（四宮啓）。

[253] 最（大）判昭和23年12月22日刑集2巻14号1853頁。

[254] 最（大）判昭和47年12月20日刑集26巻10号631頁。

日本の刑事司法の運用実態と密接に関係している。公判の冒頭にいきなり厖大な量の「調書」に接した弁護側は訴追側に対抗するための時間を要し（これは一般的には十分に理解できるところである。被疑者弁護の制度も存在しなかった），また，裁判官はその「調書」を読み込むために同じように時間がかかり，「開廷間隔」があき，裁判官の転勤もからんで，判決に至るまで徒に時間が流れるのである（松尾浩也）。この間，基本的に，被告人の身体の拘束が続くことがもっと深刻に考えられなければならない。裁判員制度の導入は，こうした事態打開の道筋の模索の結果でもあった。

なお，先の司法制度改革の一環として，裁判迅速化法（平成15年）が制定され，「司法を通じて権利利益が適切に実現されることその他の求められる役割を司法が十全に果たすために公正かつ適正で充実した手続の下で裁判が迅速に行われることが不可欠であること」などを理由として（1条），「第一審の訴訟手続については2年以内のできるだけ短い期間内にこれを終局させ」ることを求めている（2条）ことが注目されてよい。

(4) 公開裁判 「公開裁判を受ける権利」とは，対審および判決が公開法廷で行われる裁判を受ける権利をいう。「公開裁判」の意義については，既に表現の自由に関連して触れ（第1節Ⅳ6(1)→275頁），また，後に82条に関して論及する（第4編第1章第4節Ⅰ→605頁）。ここでは，傷害および強姦事件の公判において，証人尋問に関し遮へい措置・ビデオリンク方式がとられた（刑事訴訟法157条の3および4）ことにつき，裁判の公開規定に反しないとした判例[255]があることに言及するにとどめる。

なお，略式手続（刑事訴訟法461条以下）については，迅速な裁判を確保し被告人の利益になるところもあることから，正式裁判請求権の保障がある限り，これを合憲とするのが通説・判例[256]である。

3 証人に関する権利

(1) 総説 憲法は，「刑事被告人は，すべての証人に対して審問する機会を充分に与へられ，又，公費で自己のために強制手続により証人を求め

---

[255] 最判平成17年4月14日刑集59巻3号259頁は，審理が公開されていることに変りはないという。

[256] 最(大)決昭和23年7月29日刑集2巻9号1115頁，最(大)判昭和24年7月13日刑集3巻8号1290頁。なお，平成16年に即決裁判手続（刑事訴訟法350条の2以下）が創設されたが，それにともなって定められた刑事訴訟法403条の2第1項につき，最判平成21年7月14日刑集63巻6号623頁はこれらを合憲としている。

る権利を有する」（37条2項）と規定する。この権利は，公正な裁判を確保するうえで基礎的前提条件をなす。

　(2) 証人審問権　前段の証人審問権の対象となる「**すべての証人**」とは，本来の意味の証人のみならず鑑定証人なども含めて，およそ被告人に対して不利な証拠となる供述をなす者を指す。このような者に対して被告人が審問する機会を「充分に」与えられなかったときは，その供述は証拠となしえないものと解される。**伝聞証拠排除法則**（**伝聞法則**）がこれである。

　刑事訴訟法もこの法則を採用しているとされるが（320条），一定の場合に例外（伝聞例外）を認め（321条以下），判例もこの例外に関し緩やかな態度をとる傾向があり[257]，公判中心主義的当事者主義訴訟の建前に悖るとの批判も強いものがある。

　なお，先の「公開裁判」のところで触れた，証人尋問における遮へい措置・ビデオリンク方式が，証人審問権を侵害しないかにつき，被告人が自ら証人と物理的・直接的に対面することは証人審問権の本質的要素ではないとする見方もありうるところであり，判例[258]は，そこまでは明言せずに，証人の精神的負担の軽減という制度趣旨に言及しつつこれを合憲としている。

　(3) 証人喚問権　後段はいわゆる**証人喚問権**を保障するものであるが，判例[259]は，被告人側申請の証人をすべて喚問する必要はなく，「当該事件の裁判をなすに必要適切な証人を喚問すればそれでよい」とする。

　ここに「**公費で**」とは，判例[260]によれば，「証人尋問に要する費用，すなわち，証人の旅費，日当等は，すべて国家がこれを支給する」ことであって，その趣旨は「被告人をして，訴訟の当事者たる地位にある限度において，その防禦権を充分に行使せしめんとする」ものであり，有罪の判決を受けた場合にもなおかつ被告人に対し該費用を含めて訴訟費用を負担させてはならないという趣旨ではないとされる。しかし，このような理解は，被告人の防禦権を全うさせようとする本項の趣旨に悖るのではなかろうか（佐藤

---

[257] 例えば，最（大）判昭和23年7月19日刑集2巻8号952頁は，本条が直接審理主義の方向を目指しているものではあるが，それをどの程度に具体化するかは社会の実情に即して適当に規制せらるべき立法政策の問題であるとし，あるいは，最判昭和30年11月29日刑集9巻12号2524頁は，検察官面前調書の証拠能力（刑事訴訟法321条1項2号）につき容易にこれを合憲とした。
[258] 注255の判決。
[259] 最（大）判昭和23年7月29日刑集2巻9号1045頁。
[260] 最（大）判昭和23年12月27日刑集2巻14号1934頁。

功）。

4　弁護人依頼権

憲法は，「刑事被告人は，いかなる場合にも，資格を有する弁護人を依頼することができる。被告人が自らこれを依頼することができないときは，国でこれを附する」（37条3項）と規定する。本項は，直接には「刑事被告人」に関するものであるが，被拘束の被疑者には既に34条により弁護人依頼権が保障されていることについては触れた（本節Ⅳ→337頁）。

本項後段は**国選弁護人の制度**を設けるものであるが，ここに「**自らこれを依頼することができないとき**」とは，貧困その他の理由（弁護人の引受け手がないなど）で自ら選任をなしえない場合をいう。刑事訴訟法は，請求による被告人国選弁護について定め（36条），また，公訴の提起のあったときは，裁判所は「遅滞なく被告人に対し，弁護人を選任できる旨及び貧困その他の事由により弁護人を選任することができないときは弁護人の選任を請求することができる旨」告知しなければならないとしている（272条）。

刑事訴訟法は，「死刑又は無期若しくは長期三年を超える懲役若しくは禁錮にあたる事件」を必要的弁護事件とする（289条）。いかなる事件を必要的弁護事件とするかは立法政策の問題で，憲法31条および本項によって定まるものでない，というのが判例[261]である。

5　自己帰罪供述強要の禁止

(1) 総説　憲法は，「何人も，自己に不利益な供述を強要されない」（38条1項）と規定する。本項は，イギリスのコモン・ローに由来し，合衆国憲法が保障する**自己帰罪**（あるいは**自己負罪**）**拒否特権**（修正5条は，「何人も，刑事事件において，自己に不利益な供述を強要されない」と規定する）にならったもので，人間性に対する配慮と自白偏重による人権侵害を防止しようとする考慮とに基づくものである。

(2) 保障の内容　ここに「**自己に不利益な供述**」とは，自己の刑事上の責任に関する不利益な供述，すなわち刑罰を科せられる基礎となる事実や量刑にかかわる不利益な事実などについての供述をいう[262]。ここに「**強制されない**」とは，供述しないことを理由に何らかの法律上の不利益（罰することに限られない）を課すことを禁止する意味である。この保障を受けるの

---

[261] 最(大)判昭和25年2月1日刑集4巻2号100頁。
[262] 最(大)判昭和32年2月20日刑集11巻2号802頁。

は、主として被疑者、刑事被告人および各種証人であるが、さらに、後述のように、行政手続の領域におけるこの保障の妥当性が問題となる。

刑事訴訟法は、本項の趣旨を受けて、「何人も、自己が刑事訴追を受け、又は有罪判決を受ける虞のある証言を拒むことができる」(146条。なお147条参照)と定めるとともに、被疑者および被告人については、いわゆる黙秘権(すべての供述を拒否しうる権利)を保障している (198条2項・291条3項・311条1項)。この黙秘権は、憲法の保障の趣旨を拡大したものであると一般に解されているが、憲法の要請に基づくものであるとする説もある。

判例[263]は、氏名の供述は「原則として」本項にいう「自己に不利益な供述」にあたらないとし、氏名黙秘者の弁護人選任届を無効とすることは本項に反しないとした。

本項の保障は自己帰罪的「供述」であるから、指紋・足型の採取、身体の測定・写真撮影、身体検査などは本項の射程外である。しかしいわゆる麻酔分析は、人の理性を失わせて不利益な供述を引き出そうとするものとみられ、本項に反する。ポリグラフ・テストについては、黙秘権と無関係とみる説もあるが、被検者の応答を生理的変化と関連づけて解釈する点において本項の射程内にあるとみる余地があろう。自動車運転中、酒気帯び運転のおそれがあるとして警察官から「呼気」検査に応ずるよう求められ、これを拒否したため、酒気帯び運転等の他、「呼気」検査拒否罪(道路交通法120条1項11号)で起訴された件につき、最高裁判所は、該検査は「アルコール保有の程度を調査するものであって、その供述を得ようとするものではないから」本項に違反しないとした[264]。

刑事訴訟法は、黙秘権の告知について定めているが (198条2項・291条3項)、この要請が本項の直接要求するところか否かについては、判例・学説は消極的である[265]。しかし、これには有力な批判もあるところである[266]。

---

[263] 注262の判決。

[264] 最判平成9年1月30日刑集51巻1号335頁。

[265] 最(大)判昭和23年7月14日刑集2巻8号846頁、最(大)判昭和24年2月9日刑集3巻2号146頁。国税犯則取締法上の犯則嫌疑者に対する質問調査手続に関する最判昭和59年3月27日刑集38巻5号2037頁は、この23年、24年判決に依拠しながら、本項は供述拒否権の告知を義務づけるものではなく、告知を要するとするか否かは立法政策の問題であって、同法に供述拒否権告知の規定を欠き、収税官吏が同法1条に基づく質問をするにあたり予め該告知をしなかったからといって、その質問手続は本項に違反しない、とした。

[266] この点、アメリカ合衆国にあっては、身体的拘束下の取調べに先立って弁護人依頼権や自己帰罪拒否特権の存在についての告知などが要求される (いわゆるミランダ・ルール)、このルー

第4節　人身の自由および刑事裁判手続上の保障　Ⅵ　刑事裁判手続上の保障　*347*

　(3)　行政手続との関係　　行政法規の中には，種々の目的のために報告義務・答弁義務・記帳義務などを課し，それに応じない者に一定の刑罰を科す例が少なくない。このような場合に，本項はどのようなかかわりをもつか。最高裁判所は，当初，この問題について明確にしないままに，黙秘権の放棄を擬制したり[267]，報告などの義務づけは行政目的達成のためのもので，自己の刑事責任を問われるような類のものではないと述べて[268]，違憲ではないとした。

　その後，35条の個所で触れた川崎民商事件判決[269]は，旧所得税法上の質問検査に関連して，38条1項に関してもそれは，「純然たる刑事手続」以外にも「実質上，刑事責任追及のための資料の取得収集に直接結びつく作用を一般的に有する手続」にも及ぶと述べて，その点を明確にした。しかし，判決は，旧所得税法上の「規定そのものが〔本項〕にいう『自己に不利益な供述』を強要するものとすることはでき」ないとするにとどまり，具体的な憲法判断は示さなかった。

　この問題は難しいが，まず，本項は，手続のいかんを問わず，刑事責任に関する不利益な供述強要を禁止するものであることから出発する必要がある。他方，一般的にいえば，行政目的上一定の場合に申告・報告義務などを課す必要のあることは否定し難い。憲法上の判断枠組としては，①その目的が国民の生命・安全などの保全を中核とする重要な公共的利益にかかるものであり，かつ，②その場合，刑事責任追及を目的とするものでないことはもちろん，そのための資料の取得収集に直接結びつく作用を一般的に有するものではないことを前提に，しかも，③かかる行政目的達成のため申告・報告などの義務を課すことが必要不可欠であるという事情の存する場合に限って，許容されると解すべきものと思われる（なお，黙秘権放棄の理論によったも

ルに違反して得られた自白は原則として証拠から排除される。日本の刑事訴訟法が被疑者や被告人に告知を求めていることについては本文中に言及してきたが，黙秘権の告知を欠いた自白の証拠能力については，証拠能力がないとする説が強い（任意性とは無関係にその違法性の故に，あるいは，不告知の場合は任意性がないと事実上推定されるとする）とはいえ，任意性の有無はあくまで取調べの実態にあるとする説もあり，最判昭和25年11月21日刑集4巻11号2359頁等は不告知即任意性の欠如とはならないとしている。
[267] 麻薬取扱者の記帳義務に関する最判昭和29年7月16日刑集8巻7号1151頁。
[268] 例えば，自動車事故の報告義務に関する最(大)判昭和37年5月2日刑集16巻5号495頁。この判決の論法とは別に，注[267]の判決でみられたような，免許取得の際に黙秘権の包括的放棄が成立しているとみる見解もあったところである。
[269] 最(大)判昭和47年11月22日刑集26巻9号554頁。

のと考えられる判（決）例もあり[270]，これを支持する学説もあるが，それは独自の正当化事由というよりは，補充的なものと解される）。

そして具体的判断にあたっては，35条の個所でも示唆したように，法律の定める制度の一般的性格が何かという問題と個別事案における制度の運用・適用のあり方の問題とを区別して考える必要があろう（宇藤崇）。

判例は，国税犯則取締法上の質問調査手続につき，「自己の刑事上の責任を問われるおそれのある事項についても供述を求めることになるもので，『実質上刑事責任追及のための資料の取得収集に直接結びつく作用を一般的に有する』もの」としたが[271]，所得税法や法人税法上の質問検査などにおいてはそうした性格づけは否定している[272]。法律上実質的に刑事責任追及のための資料の取得収集に直接結びつく作用を一般的に有する「行政手続」については，自己帰罪拒否特権の告知義務を含めて刑事手続に関する要件が基本的に妥当すべきものと解されるが，他方，そうでない行政手続にあっても，例えば，質問に対する答弁拒否に罰則を科して得た供述についてこれを刑事裁判で証拠として使用することは原則として許されることではないと解される[273]（芝原邦爾）。

近時の判例[274]は，看護師が点滴で間違って消毒液を注入して死亡させ，その病院の院長が，医師法21条に違反して警察署への異常死体届出義務を果たさず，起訴された件につき，本件届出義務の公益上の必要性が高いことを指摘しつつ，この届出は「届出人と死体とのかかわり等，犯罪行為を構成する事項の供述までも強制されるものではない」，という。そして判決は，

---

[270] 例えば，注267の判決。
[271] 注265に触れた最判昭和59年3月27日刑集38巻5号2037頁。もっとも，この判決は，直接には黙秘権の告知にかかわるもので，黙秘権それ自体の制約可能性については立ち入った判断を示していない。
[272] 例えば，覚せい剤の輸入について関税法111条の定める無許可輸入罪の成立を認めることの可否につき，最判昭和54年5月10日刑集33巻4号275頁は，川崎民商事件判決を引用しながら，該申告は，関税の公平確実な賦課徴収および税関事務の適正円滑な処理を目的とする手続であって，刑事責任追及を目的とする手続でないことはもとより，そのための資料の取得収集に直接結びつく作用を一般的に有するものでもなく，また，該申告は本邦入国者すべてに対し品目いかんを問わず義務づけられるものであって，行政目的達成上必要かつ合理的な制度であるとしている。
[273] 35条のところで触れた最判平成16年1月20日刑集58巻1号26頁は，法人税法上の質問検査の結果得られた資料を犯則事件の証拠とすることを一切禁止すべきものとまでいっていないが，どの範囲までなら許されるかにつき言及していない（川出敏裕）。
[274] 最判平成16年4月13日刑集58巻4号247頁。

本件届出義務の性質・内容・程度および医師という資格の特質と，届出義務の高度の必要性に鑑み，一定の不利益を負う可能性があっても，それは医師免許に付随する合理的根拠のある負担である，と結論している。

6 自白の証拠能力・補強証拠

(1) 総説 憲法は，「強制，拷問若しくは脅迫による自白又は不当に長く抑留若しくは拘禁された後の自白は，これを証拠とすることができない」(38条2項) と定め，また，「何人も，自己に不利益な唯一の証拠が本人の自白である場合には，有罪とされ，又は刑罰を科せられない」(同条3項) と規定する。前者は自白排除法則，後者は自白補強法則と呼ばれ，いずれも自白すなわち自己に不利益な供述強要の禁止を確保するためのものである。

(2) 自白排除法則 ①「強制，拷問若しくは脅迫による自白」または②「不当に長く抑留若しくは拘禁された後の自白」は，真実性において疑わしい場合が想定されるだけでなく，捜査機関などによる違法・不当な圧迫を根絶するには，およそこの種の自白は証拠として使えないものにしなければならないという判断によるものである。刑事訴訟法は，この①②のほか，③「その他任意にされたものでない疑のある自白」も証拠にできないとしている (319条1項)。最高裁判所は，偽計によって被疑者が心理的強制を受け，その結果虚偽の自白が誘発されるおそれのある場合には，その自白の任意性に疑いのあるものとして，証拠能力を否定すべきであり，それを証拠に採用することは，刑事訴訟法319条1項ひいては憲法38条2項に違反するとしている[275]。

(3) 自白補強法則 3項の趣旨について，最高裁判所は，被告人の架空な自白によって有罪とされることを防止するためとし[276]，どのような補強証拠が必要かについては，自白にかかわる犯罪組成事実の全部にわたる必要はなく，自白にかかる事実の真実性を保障しうるものであれば足りるとしている[277]。

刑事訴訟法は，「被告人は，公判廷における自白であると否とを問わず，

---

[275] 最(大)判昭和45年11月25日刑集24巻12号1670頁。
[276] 最(大)判昭和24年10月5日刑集3巻10号1646頁。
[277] 最判昭和23年10月30日刑集2巻11号1427頁。なお，最(大)判昭和33年5月28日刑集12巻8号1718頁は，共犯者または共同被告人の犯罪事実に関する供述は，独立・完全な証明力を有し，3項にいわゆる「本人の自白」と同一視またはこれに準ずるものとすることはできないとしている。しかし，共犯者の自白を強要する結果になりかねないこと，他に責任を転嫁しようとすることから共犯者の供述には問題が多いことなどを理由に反対論が強い。

その自白が自己に不利益な唯一の証拠である場合には，有罪とされない」と定める(319条2項．傍点筆者)。これが本項の要請を受けてのものか，つまり公判廷における被告人の自白も「本人の自白」に含まれるか否かについて，判例は一貫して消極的である[278]。その理由は，公判廷では被告人は自己の真意に反してまで軽々に自白し，真実でない自己に不利益な供述をするような状態になく，またそのような自白に対しては弁護人が直ちに是正する機会をもっているからというにある。しかしこれには，憲法は公判廷内外を区別していない，公判廷における自白でも背後における不当な圧迫によることがありうる，などを理由に強い反対論がある。この問題は，英米流のアレインメントの制度導入の可否に関係している。

7 事後法の禁止

憲法は，「何人も，実行の時に適法であつた行為……については，刑事上の責任を問はれない」(39条前段)と規定する。**事後法(ex post facto law)の禁止**または**遡及処罰の禁止**として知られるこの原則は，罪刑法定主義の重要な帰結の1つである[279]。

本条は総括的な事後法の語を用いず，「適法であつた行為」といっているところからみて，実体法および実体法と密接な関係をもつ手続法的規定の場合(公訴時効や挙証責任規定)に妥当するものと解される[280](それ以外の場合は準用が問題になるにとどまる。田宮裕)。なお，**判例変更と遡及処罰**との関係については，後述する(第4編第2章第3節Ⅶ→670頁)。

本条は，刑事責任に関するものであって，民事法規の遡及効を禁止しようとするものではない[281]。ただ，例外的に本条の趣旨が妥当すると解すべき場合がありえよう[282]。

---

[278] 例えば，最(大)判昭和23年7月29日刑集2巻9号1012頁。
[279] 行為時の刑罰より重い刑罰を科したりすることも本条に反すると解される。逆に，刑が廃止または軽減された場合については，刑法6条や刑事訴訟法337条2号参照。
[280] 最(大)判昭和25年4月26日刑集4巻4号700頁は，「単に上告理由の一部を制限したに過ぎない」訴訟手続の改正規定を適用して，制定前の行為を審判することは，「たといそれが行為時の手続法よりも多少被告人に不利益であるとしても」本条を類推すべき場合とは認められないとしている。
[281] 最(大)判昭和24年5月18日民集3巻6号199頁，最判昭和33年4月25日民集12巻6号912頁。
[282] 最判昭和26年4月28日民集5巻5号336頁は，地方議会が，その会議規則中の，議員懲罰に関する実体規定を，規則制定前の行為に適用し懲罰議決をすることは違法であるとした。ただ，判決では，本条違反と明示しているわけではない。

8 一事不再理

憲法は,「何人も,……既に無罪とされた行為については,刑事上の責任を問はれない。又,同一の犯罪について,重ねて刑事上の責任を問はれない」(39条) と規定する。本条の前段後半と後段とが何を意味するかについて,両者相まって大陸法的な「一事不再理」を定めたものとする説 (A説),前段後半は「一事不再理」を,後段は「二重処罰の禁止」を定めたとする説 (B説),両者相まってアメリカ法流の「二重の危険の禁止」を定めたとする説 (C説),などが存する。

規定の文言に適合的と思われるのはB説であるが,規定としてはやや不自然であり,「二重処罰の禁止」は既に13条から導かれるのではないかの疑問がある。C説による場合,問題は,「二重の危険」となる時期である。この点,アメリカの場合と違って,わが国では,「危険とは,同一の事件においては,訴訟手続の開始から終末に至るまでの一つの継続的状態と見るを相当とする」として検察官上訴を合憲とする判例[283]の立場が一般に支持されている。とすると,「二重の危険の禁止」といっても,実体裁判が確定した場合の効果としての「一事不再理」に接近することになる。結局,本条前段後半と後段は,事件が確定的に処理されたときは,被告人を二重の危険にさらしてはならないということから,被告人の利益のために一事不再理効を保障したものと解される[284]。もっとも,裁判員制度導入に関連して,今後,第一審で無罪とされた場合の検察官上訴にはきわめて重い判断が求められるといわなければならない。

最高裁判所は,再犯加重について,前犯に対する確定判決を動かしたり,前犯に対して重ねて刑罰を科する趣旨ではないとし[285],あるいは,起訴状に公訴事実の記載を欠き公訴棄却とされた場合において,その後同一事件につき再度公訴を提起することは禁止されず[286],不起訴にした犯罪を後日起訴しても本条に反しないとしている[287]。なお,他の制裁との関係につき,最高裁判所は,追徴税,加算税,課徴金のほかに[288],あるいは弁護士法に

---

[283] 最(大)判昭和25年9月27日刑集4巻9号1805頁。
[284] 注283の判決は,「元来一事不再理の原則は,何人も同じ犯行について,二度以上罪の有無に関する裁判を受ける危険に曝さるべきものではないという,根本思想に基く」ものとしている。
[285] 最(大)判昭和24年12月21日刑集3巻12号2062頁。
[286] 最(大)判昭和28年12月9日刑集7巻12号2415頁。
[287] 最判昭和32年5月24日刑集11巻5号1540頁。

よる懲戒処分のほかに[289],刑罰を科すことについて,それらは「刑罰」でないことを理由に合憲とする。

---

[288] 最(大)判昭和33年4月30日民集12巻6号938頁,最判昭和45年9月11日刑集24巻10号1333頁,最判平成10年10月13日判時1662号83頁。
[289] 最判昭和29年7月2日刑集8巻7号1009頁。

第4章　積極的権利

第1節　受益権

Ⅰ　裁判を受ける権利

1　総説

憲法は、「何人も、裁判所において裁判を受ける権利を奪はれない」(32条) と規定する。本条は、裁判を拒否されないということを保障するもので、具体的には次の2つの意味もつ、と従来説かれてきた。すなわち、①何人も、憲法により司法権を行使すべきものとされる裁判所に訴訟を提起し裁判を求める権利を有するということ (民事・行政事件の場合)、および、②かかる裁判所による裁判によるのでなければ刑罰を科せられないということ (刑事事件の場合)。②との関係では、この権利は自由権としての性格を有することになるが、その点は憲法37条に (重ねて) 保障されていることは既にみた。とすると、本条のより大きな意義は①にある、つまり国民が裁判に訴えて自己の権利の実現を図れること (裁判請求権) を保障することにあるとみることができる。

ただ、上にみたように、従来の説明は、裁判を求めた際に拒否されないという面に着目しすぎたように思われる。本条の英訳は "No person shall be denied the right of access to the courts" とある。"access" とは、拒否されないといった受身的な意味にとどまらず、能動的に「裁判所」に近づき、justice (裁判、正義) の実現に積極的にかかわるという意味合いをともなっている (早野貴文)。「裁判を受ける権利」を保障するとは、質量とも豊かな法曹と質の高い司法 (裁判) 制度の存在を前提とし、それへのアクセスを容易にする仕組みをともなうものでなければならない (兼子一＝竹下守夫、中野貞一郎)。このことは、刑事裁判の場合についても基本的に妥当し、前節において、質量とも豊かな法曹 (弁護士) が国民の身近にいてその助けを得られる

ことがいかに重要かが知られたはずである。先の司法制度改革に関連して，"正義へのユビキタス・アクセス社会"の実現ということがいわれたのは，司法・法曹が一般の国民にとって"高嶺の花"であった従来の社会のあり方への反省をこめて，今度こそ国民が"正義"にアクセスする道を拡充整備しようとするためであった。

2 「裁判を受ける権利」の保障の性格と内容

(1) 「裁判所において」裁判を受ける権利 ここに「裁判所」とは，後述するように，「最高裁判所及び法律の定めるところにより設置する下級裁判所」をいう（第4編第1章第2節および第3節）。憲法76条2項は「行政機関は，終審として裁判を行ふことができない」と定め，裁判所以外の行政機関が「裁判」を行うことがありうることを示唆しているが，この点についても後述する（第4編第1章第2節Ⅳ3➡597頁）。ただ，ここでは，そのような機関などによる「裁判」ないし紛争解決も，広い意味では，「裁判を受ける権利」の実現充足にかかわっていることを指摘しておきたい[1]。

なお，裁判員制度の導入に関し，職業裁判官でない裁判員も入って裁判体を構成するのは32条に反するとの見解もみられた。この点，本条の「裁判所」は，明治憲法に「法律ニ定メタル裁判官ノ裁判ヲ受クルノ権」（24条）とあったため（傍点筆者），陪審制が中途半端なものに終ったことが反省され[2]，明確な自覚の下に選びとられた表現であったことを強調しておきたい。本条（および37条）にいう「裁判所」については，下級裁判所に関する限り，裁判官以外の者がその構成員になることは容認されていると解される[3]（常本

---

[1] 当事者同士の私的交渉と訴訟との中間に，「裁判外紛争処理」（ADR〔Alternative Dispute Resolution〕）と呼ばれる領域がある。中立的な第三者の介入により紛争の解決を図ろうとするものであり，それには，調整型（調停・あっせんなど）と裁断型（仲裁・裁定など）の別があり，また，設営主体いかんにより司法系（裁判所や弁護士会の仲裁センターなど），行政系（公害等調整委員会など）および民間系（交通事故紛争処理センターなど）の別がある。先の司法制度改革の一環として平成16年にADR法（「裁判外紛争解決手続の利用の促進に関する法律」）が制定され，ADRの拡充・活性化が図られた。民間の紛争解決事業者の業務に関する認証制度を設け，認証を受けた業務としての紛争解決手続には時効の中断や訴訟手続の中止等の法的効果が付与されている。ただ，こうしたADRが十分機能するためには，本体の訴訟による強制的紛争解決が中核にあってゆるぎない役割を果たすことが不可欠であることに留意する必要がある。

[2] 旧陪審制度には，陪審の答申には拘束力がなく，被告人に陪審の辞退が認められ，裁判官が裁判のはじめに被告人に陪審を選ぶかどうかを問いただす，等々の特徴がみられた。

[3] ただ，下級裁判所についても，裁判官がその本質的構成員であることに留意する必要がある（土井真一）。この点，アメリカの陪審制にあっても，事実認定・有罪無罪の決定は陪審員のみで行うとはいえ，裁判の運営において裁判官がきわめて重要な役割を果たしている。

照樹，長谷部恭男，土井真一）。

(2) 裁判所における「裁判を受ける権利」　ここに「裁判」とは，司法権の作用としての裁判であって，憲法76条1項にいう「司法権」(第4編第1章第2節) を前提とする。つまり，「裁判」は，法令を適用することによって解決しうべき権利義務に関する当事者間の具体的紛争が存し（「法律上の争訟」の存在），裁判所に持ち込まれた場合に，その権利義務の存否を確定し紛争を解決する作用である。したがって，訴訟の目的である権利関係につき裁判所の判断を求める法律上の利益を欠く場合，本案の審判を拒否しても，「裁判を受ける権利」の保障に反するものではない[4]。この権利は，出訴期間に関連しても問題となりうるが，判例[5]は，「その期間が著しく不合理で実質上裁判の拒否と認められるような場合でない限り憲法32条に違反するということはできない」とする。

憲法82条は，別に，「裁判の対審及び判決は，公開法廷でこれを行ふ」と規定している。32条にいう「裁判」は，この82条にいう「裁判」と同義か。つまり，32条にいう「裁判」とは，「対審及び判決〔が〕公開法廷で〔行われる〕」「裁判」を意味しているのか。ところで，日本の裁判所も，御多分に洩れず，多くの非訟事件を扱っている（典型例は家庭裁判所の家事審判）。そして，その手続は訴訟手続とは違い非公開で進められ，裁判所の裁量的判断に委ねられる面が大きい。では，この非訟手続は32条の「裁判」とは無関係のものということになるのであろうか。厄介な「訴訟と非訟」の問題であるが，後に論及する（第4編第1章第4節）。

刑事訴訟（裁判）については，前節において憲法上の詳細な手続保障があることをみた。民事訴訟（裁判）については，直接には格別の規定はない。しかし，民事訴訟（裁判）も，13条の個所で触れた「適正な手続的処遇を受ける権利」の保障の土台をなすものであり，訴訟当事者には十分な主張・立証の機会を与えるなど手続主体にふさわしい地位が保障されなければならない（手続保障）。

前節において，憲法上の規定を受けて，刑事被告人国選弁護の制度が設けられたことをみた。対して，民事訴訟については，国の法律扶助政策は皆無に等しい状態が続いてきた[6]。平成12年にようやく民事法律扶助法が施行さ

---

[4] 最(大)判昭和35年12月7日民集14巻13号2964頁。
[5] 最(大)判昭和24年5月18日民集3巻6号199頁。

れ，そして平成16年に**総合法律支援法**が成立し，既にみた被疑者国選弁護も含めて総合的な法律支援体制が整備された[7]。刑事訴訟（裁判）の個所で**裁判迅速化法**に触れたが，民事訴訟法が改正されて計画審理が義務づけられた（147条の2および3の追加など）。司法制度改革の中心的な柱の1つである司法の人的基盤の拡充（法科大学院の創設を中心とする新たな法曹養成制度を基盤とする法曹人口の増員）と相まって，こうした様々な改革の相乗効果の下で，上述の"正義へのユビキタス・アクセス社会"の実現が進展することが期待される。

Ⅱ 公の賠償請求権

1 総　説

憲法は，「何人も，公務員の不法行為により，損害を受けたときは，法律の定めるところにより，国又は公共団体に，その賠償を求めることができる」（17条）と規定する。本条は，明治憲法下で妥当していた「**国家無答責の原則**」[8]を廃棄し，基本的人権をはじめ国民の権利の侵害に対する救済を十分なものとするため「国又は公共団体」の責任を明確にしたものである。

2 「公の賠償請求権」の保障の性格と内容

17条については，かつては，これをプログラム規定と解し，本条を実施する法律によってはじめて具体的な賠償請求権が確立されるとするのが通説であった[9]。この問題が現実的意味をもったのは，国家賠償法施行前の事態についてであった。

本条が「国家無答責の原則」を廃棄し，賠償を求めることができると定める以上，立法政策的に形成されるべき領域は別として，およそ**国家賠償制度**

---

[6] 日本弁護士連合会の協力の下で財団法人法律扶助協会による支援が行われるにとどまった。
[7] 総合法律支援法に基づき設立された日本司法支援センター（「**法テラス**」）の本来業務は，①情報提供業務，②民事法律扶助業務，③国選弁護関連業務，④司法過疎対策業務，⑤犯罪被害者支援業務などであるが，例えば，①にかかわるコールセンターの利用件数は平成18年10月の開業以来の3年半で累計100万件を越え，それも年々増加傾向にあるという。因みに，法テラスにかかる政府予算は21年度で260億円あまりに達している。
[8] 主権と責任とは相容れないという主権免責の法理，公務員は違法行為を行う権限は与えられておらず，そのような行為をしたとすれば公務員個人の責任で国に責任が帰属することはないという法理，などによって成立したもの。
[9] 東京高判昭和29年9月30日下民集5巻9号1646頁は，17条は，国に対する賠償請求につき具体的要件を法律に譲ることを定めたものであるから，この要件を規律する法律が存しない限り，上記の請求は実際上これをなしえない，という。

の核心にかかわる領域については，法律の定めがなくとも，直接本条によって賠償請求権が発生すると解すべきものと思われる。そして，国家賠償法施行前の事態については，民法の不法行為規定を適用ないし類推適用する道もありえたはずである[10]（塩野宏）。また，国の賠償責任についての法律の定め方いかんによっては，それが本条に違反すると断すべき場合がありうると解される（この点，すぐ後に触れる郵便法違憲訴訟判決[11]参照）。

　本条を受けて制定された国家賠償法は，「国又は公共団体の公権力の行使に当る公務員が，その職務を行うについて，故意又は過失によって違法に他人に損害を加えたときは，国又は公共団体が，これを賠償する責に任ずる」(1条1項) と定める（なお，同条2項は，「公務員に故意又は重大な過失があつたときは，国又は公共団体は，その公務員に対して求償権を有する」と定めている）。また，同法は，「道路，河川その他の公の営造物の設置又は管理に瑕疵があつたために他人に損害を生じたときは，国又は公共団体は，これを賠償する責に任ずる」(2条1項) と定める（なお，同条2項は，「他に損害の原因について責に任ずべき者があるときは，国又は公共団体は，これに対して求償権を有する」と定めている）。

　公務員の不法行為について何故国が賠償責任を負うのかにつき，本来責任を負うべきは公務員であることを前提に，その責任を国が代位して負担するのだとする代位責任説と，公務員個人の責任とは関係なく，国の活動にともなう危険責任（公務員の過誤は国の過誤そのもの）を国が本来的に自らの責任として負担するのだとする自己責任説とがある。国の賠償責任が問題となる事案の中には，特定の公務員の特定の行為というよりも，複数の公務員の複合的・組織的行為による場合が少なくなく，その意味で後者の説は説得力をもつが，先にみた現行の国家賠償法の理解としては（特に1条1項が公務員の「故意又は過失」を要件としている点に着目して）代位責任説が適合的であると一般に受け止められてきた。

　このように国や公共団体が負うべき責任とは別に，被害者はその公務員個人に責任を問うことはできないか。この点につき，公務員に故意または重過失がある場合には別に公務員にも責任を負わせてもよいという考え方もありうるところであるが，判例[12]は明確に否定している（なお，国家賠償法が求償権

10　東京高判昭和32年10月26日下民集8巻10号1979頁は，民法の適用を主張した。因みに，国家賠償法4条は，「国又は公共団体の損害賠償の責任については，前3条の規定によるの外，民法の規定による」と定めている。

11　最(大)判平成14年9月11日民集56巻7号1439頁。

について定めていることについては既に触れた)。

　上に示唆したように，代位責任の立場に立つと，加害公務員・加害行為を特定しないと賠償的救済が得られないという課題が生じるが，この点，判例は，特定の公務員個人の行為いかんだけに焦点を合わせることなく，組織的決定全体のあり方をも問題としており，柔軟な運用が図られてきている[13]。

　国家賠償法上の賠償要件については，1条にいう「公権力の公使」「職務行為」「故意・過失と違法性」や2条にいう「瑕疵」等々をめぐる解釈論上の問題があり，また，「公務員」といっても，"特殊な公務員"ともいうべき裁判官・検察官・司法警察員あるいは国会議員などについては特に配慮すべきところがないか，公務員がなすべきことをなさない場合（行為の不作為）の場合はどうかなど，考えなければならない課題は多い。従来，行政事件訴訟法（あるいはその解釈運用）が行政庁の活動を正面から争う道を狭くしてきたこと（いわゆる行政訴訟の機能不全）も関係して，国賠訴訟がいわばその部分的代替機能を果たすことを求められ，判例・学説上多種多様な法的対応が模索されてきた。これらの点については行政法の領域で詳論されるところで，ここで立ち入る余裕はない[14]。ただ，国会（議員）の立法ないし立法不作為に

　12　例えば，農地委員会解散無効事件に関する最判昭和30年4月19日民集9巻5号534頁。
　13　例えば，役所内の定期健診における診断ミスが争われた事例に関する最判昭和57年4月1日民集36巻4号519頁など参照。
　14　例えば，2条にいう「瑕疵」につき，道路に関する高知落石事件に関する最判昭和45年8月20日民集24巻9号1268頁は，「営造物が通常有すべき安全性を欠いていること」であって，その点について国や公共団体の側での過失の存在を必要としないとした。この立場は客観説として知られるが，判例はその後は諸般の事情を総合考慮して個別具体的に判断する傾向にあるようである。河川に関しては，大東水害訴訟に関する最判昭和59年1月26日民集38巻2号53頁は，改修中の河川は社会的・財政的・技術的諸条件を配慮して過渡的安全性を備えていれば，管理に「瑕疵」はないとした。が，その後，多摩川水害訴訟に関する最判平成2年12月13日民集44巻9号1186頁は，改修済み河川は「改修，整備がされた段階において想定された洪水から，当時の防災技術の水準に照らして通常予測し，かつ，回避し得る水害を未然に防止するに足りる安全性を備えるべきもの」で，計画高水流量に充たない増水で決壊した場合には「瑕疵」があったと認めるべきものとしている。
　裁判官の裁判については，最判昭和57年3月12日民集36巻3号329頁は，裁判官が付与された権限の趣旨に明らかに背いて行使したと認められるような特別な事情があることが必要としている。検察官については，芦別国賠事件に関する最判昭和53年10月20日民集32巻7号1367頁は，無罪判決が確定したというだけで起訴前の逮捕・勾留，公訴の提起・追行，起訴後の勾留が違法となることはないとし，「逮捕・勾留はその時点において犯罪の嫌疑について相当な理由があり，かつ，必要性が認められるかぎりは適法であり」，「起訴時あるいは公訴追行時における検察官の心証は，……〔それらの時点における〕各種の証拠資料を総合勘案して合理的な判断過程により有罪を認められる嫌疑があれば足りる」としている。なお，再審で無罪判決が確定した場合の事態につき，最判平成2年7月20日民集44巻5号938頁参照。

対する賠償請求の可否や意義などに関連して，後に，関係個所で論及することにする（既に触れたハンセン病訴訟〔第3章第1節Ⅵ2→296頁〕もこの問題に関係するが，在宅投票制度廃止違憲国賠訴訟，議員定数不均衡違憲国賠訴訟，在外国民選挙権訴訟などにかかわる問題。これらにつき，第3編第1章第2節Ⅰ→396頁およびⅢ→401頁や第4編第2章第2節Ⅱ3→636頁など参照）。

　以上から知られるように，本条は，法律による具体的制度化を予定しているが，同時に，この点も既に指摘したように，決して法律に白紙委任しているわけではない。この点を明確にしたのが，上述の郵便法違憲訴訟判決であった。本訴訟は，会社の金を横領した者の銀行預金を差し押える目的で裁判所が発した債権差押命令を，郵便局員が銀行（支店）に直接送達すべきところ私書箱に投函したため到達が遅れ，その間に預金が引き出されてしまい，会社が国家賠償請求訴訟を提起した事案にかかわる。第一審も第二審も郵便法上の責任免除・制限規定をたてに（該規定は国家賠償法5条にいう「別段の定」にあたり，同法や民法に優先して適用され，かつ，憲法17条に反しないという理由で）請求を斥けたが，最高裁判所は，郵便事業の性質に照らし郵便事故の責任制限規定を設けることの合理性は認めつつも，故意または重過失で書留郵便につき，軽過失で特別送達郵便につき，損害を与える行為まで免責している点は，合理性を欠き違憲であるとした。

　本条は「何人も」と規定しているが，国家賠償法は，相互保証のある国に属する外国人に限って賠償請求を認めている（6条）。この点，「国家無答責の原則」を廃棄した本条の趣旨や「何人も」とあることなどを重くみて，当然に外国人も含まれるという説も有力である（奥平康弘，渋谷秀樹）。が，「何人も」という表現は決め手とならず（第1章第4節Ⅲ2(1)→144頁），また，いわゆる前国家的権利とはいえないことを考慮すれば，違憲とまでは断じ難い。相互主義の採用は，やむをえない合理的規制として是認できる余地があろう（伊藤正己，高見勝利）。

Ⅲ　刑事補償請求権

1　総説

　憲法は，「何人も，抑留又は拘禁された後，無罪の裁判を受けたときは，法律の定めるところにより，国にその補償を求めることができる」（40条）

と規定する。既に昭和6年に刑事補償法が制定されているが，それがもつ恩恵的施策としての性格を克服し，憲法上の刑事補償請求権にまで高めたのである。

2　「刑事補償請求権」の保障の性格と内容

犯罪を行ったと疑うべき相当の理由のある者について，その身体を拘束し，有罪判決を期待しうる合理的根拠のある場合にこれを起訴することは，国の正当な行為であって，たとえ無罪の裁判を受けたとしても，かかる行為自体が違法であると断ずることはできない。が，身体を拘束され起訴された者は多大な犠牲を被ったのであって，無罪放免するだけでは正義・衡平の観念に反することを考慮して，金銭による事後的救済を与えてその償いをしようとするのが，本条の趣旨である（本条が「賠償」といわず「補償」としているのは，この趣旨を表わすものであろう）。

ここに「無罪の裁判」を受けたときとは，刑事訴訟法による無罪判決が確定したときとみる説と，より広義に捉えるべきであるとする説とがある。刑事補償法は，「免訴又は公訴棄却の裁判をすべき事由がなかったならば無罪の裁判を受けるべきものと認められる充分な事由があるとき」には補償請求ができるものとしている（25条）が，後者の説によれば憲法上の要請に基づくものということになる。身体を拘束されたが，起訴されるに至らず釈放された場合には，本条の適用はないとするのが通説であり，刑事補償法もこの場合について規定していない（ただ，「被疑者補償規程」〔法務省訓令〕が，被疑者が「罪を犯さなかったと認めるに足りる十分な事由があるとき」の補償について定めている）。なお，判例[15]は，40条につき，抑留または拘禁された被疑事実が不起訴となった場合は本条の補償の問題は生じないとしつつも，ただ，ある被疑事実による逮捕または勾留中に，他の被疑事実についても取調べ，その事実につき公訴が提起された後無罪の裁判を受けた場合において，その取調べが不起訴となった事実に対する逮捕勾留を利用してなされたものと認められるときは，本条の適用対象となると判示している。

15　最(大)判昭和31年12月24日刑集10巻12号1692頁。

第2節　社会国家的権利

Ⅰ　生存権

1　総説

　憲法は，「すべて国民は，健康で文化的な最低限度の生活を営む権利を有する」(25条1項) と定め，「国は，すべての生活部面について，社会福祉，社会保障及び公衆衛生の向上及び増進に努めなければならない」(同条2項) と規定する。

　マッカーサ草案にも日本政府原案にも，本条1項にあたる規定は存在しなかった。しかし，本条2項にあたる規定は，既にマッカーサ草案には用意されていた。そして衆議院の審議過程で，社会党の主張を入れて「権利」付与的規定が挿入されることになり，それにともなって，政府原案にあった規定が2項へと移されたという経緯がある。

　本条はワイマール憲法の系譜に連なるものであるが，大きくいえば，近代立憲主義の措定する抽象的人間像から**具体的人間像への転換**を背景とする (第1編第1章Ⅲ→8頁)。本条の特徴は，**積極国家** (社会国家) の理念を基礎に，健康で文化的な最低限度の生活を営むことができることを**主観的な「権利」**として保障しようとしたところにある。物質的・経済的裏づけを必要とするこの種の事柄を「権利」として保障するのは適切か，法的にどのような意味をもちうるか，の問題を孕むもので，実際，後述するように様々な議論を生むところとなった (因みに，第2次世界大戦後のドイツの憲法は，「権利」保障規定を直接有効なものに限っている)。

　とまれ，本条の存在は大きな注目を引き，その意義について，「自由権」という18・19世紀的権利に対して，国家による人間の生存の確保にかかわる「生存権」という20世紀的権利を明らかにしたものと受け止め，28条までの権利を包括して「**生存権的基本権**」と捉える説がいち早く主張され (我妻栄)，憲法解釈に大きな影響を与えた。

　しかし，その後，自由権と生存権 (社会権) の異質性と国家の役割を強調するこの説を「上からの『社会権』論」と総括し，むしろ個人の自律性 (自

由と参加)を基礎に社会権を捉えるべきであるとする「**下からの『社会権』論**」が主張されるようになった(中村睦男)。既に明らかにしたように、いわゆる生存権(社会権)も、13条の幸福追求権(**基幹的な人格的自律権**)から流出派生する権利であり、就中(なかんずく)、25条は生存権(社会権)の土台というべき総則的規定の位置にあると解される(第2章第1節① 2 ➡ 173頁および Ⅲ 1 ➡ 177頁)。人は、その誕生から誰にも訪れる死を迎える生の過程において、様々な問題や困難に遭遇する。個人が誇りをもった自律的な存在としてその生を全うするため(「セルフ・リスペクトを有する市民であり続けるため」〔尾形健〕)には、その様々な局面において、社会連帯に基礎をおく、その状況に応じた適正な支えを必要とする。その根底には、「自由で公正な社会」とは何かという問いが横たわっている[16]。

　かつては、1項と2項を一体的に捉え、「健康で文化的な最低限度の生活を営む権利」つまり「生存権」の法的規範性、さらには裁判規範性の有無に関心を集中させる傾向があった。もとより1項と2項とに通底するものがあるはずであるが、1項は、「権利」を保障するというのに対し、2項は、条文の示すごとく、「すべての生活部面について」、「社会福祉、社会保障及び公衆衛生の向上及び増進」に「努めなければならない」というように(傍点筆者)、目標設定的にきわめて広汎にわたるものである。この両項の違いを意識させるきっかけになったのは**堀木訴訟**第二審判決[17]であるが(その問題性を含めて後に若干論及する)、わが国の高度経済成長能力の減退と少子高齢化社会への進行に関係して全体的な社会保障システムのあり方が重く問われるようになるにともない、1項にいう「権利」と2項に掲げる「目標(政策)」との違いと関係性、後者独自の意義と難しさが意識されるようになった[18]。

　ここでは、1項にいう「権利」を「**狭義の生存権**」、2項にいう国が整備す

---

[16] 日本国憲法における「福祉」の構想を、①「福祉」は、人々がセルフ・リスペクトを有する市民として、社会における平等な協同者であり続けるためにあり、②「福祉」の配分は、人々が「福祉」という財についてなした解釈をともなう、必要性(needs)を踏まえてなされ、その際、仮説的な保険原理が1つの指針となり、③国家は、人々が「福祉」について協同しうるような、多様な枠組を用意することが求められる、と理解する見解(尾形健)が注目される。この論に限らず、社会保障制度をもって、憲法13条を基軸に、憲法25条をそれと有機的に連結させ、各人がその生を主体的に構想し、達成できる存在であり続ける条件整備の1つと捉える傾向があるように思われる(遠藤美奈、葛西まゆこ、小泉良幸、竹中勲)。

[17] 大阪高判昭和50年11月10日行集26巻10・11号1268頁。

[18] 現代正義論や経済学などの成果を踏まえ、憲法との新たな架橋を探究する社会保障法学の動向(例えば、菊池馨実)が注目される。

る責務を負う諸施策＝目標に対応するものを「**広義の生存権**」と呼ぶことにする。

2 「生存権」の保障の性格と内容

(1) 「生存権」の法的意義　上にみたように，当初は，1項と2項とを一体的に捉えつつ，25条はいわゆるプログラム規定か否かをめぐって議論が展開され，それを肯定する**プログラム規定説**が支配的であった。それは，同条は政策的目標ないし政治道徳的義務を定めたものであって，個々の国民に何か具体的な請求権を保障したものではないというものである。資本主義経済体制の特質[19]，憲法規定の抽象性，財政立憲主義上の理由[20]等々が，その根拠とされた。そして**食糧管理法違反事件判決**[21]が「〔25条〕により直接に個々の国民は，国家に対して具体的，現実的にかかる権利を有するものではない」と述べて，この説を裏づけるものとされた。

しかし，この説および判決をそのまま受け取れば，国家は法から全く自由ということになってしまう。この立場の根拠に疑わしい面がある[22]だけでなく，何よりも25条1項が「権利」として保障するといっているものを，実は法的には無意味であるとするのは，あまりに恣意的ではないかという強い批判がなされたのは当然である。そして実は，この説の論者も，生存権の"自由権的効果"について語り[23]，あるいは25条が法律の解釈準則となると説く傾向にあった。

そこで，本条に保障する「権利」は法的に意味のあるものとする**法的権利説**が通説化する。ただ，その「権利」の法的性質をどう解するかにより，いわゆる**具体的権利説**と**抽象的権利説**とが対立的に主張されてきた。

まず具体的権利説であるが，具体的権利であるという以上は，25条を直

19　そこでは個人の生活について自助の原則が妥当し，生存権を具体的権利とする前提を欠く，といったこと。

20　生存権の具体的実現には予算をともなうが，予算の配分は財政政策上の問題として国の裁量に委ねられる，といったこと。

21　最(大)判昭和23年9月29日刑集2巻10号1235頁。因みに，本件は，闇米の購入・運搬行為が同法に違反するとして起訴された事件で，25条を正面から問題とするにふさわしい事案であったかは疑問の余地がある。

22　例えば，注19の理由については，生存権はむしろ資本主義体制それ自体の要請に基づいて生まれたものであるのではないのか，他方，いわゆる社会主義体制とて生存権を具体的権利とする現実的基盤をもちうるのか，といった疑問。

23　「健康で文化的な最低限度の生活」を積極的に侵害するような具体的措置については違憲無効を主張しうるとし，そのような例として生活保護行政の停止や保護基準の切り下げ措置などがあげられた。

接の根拠にして裁判所の具体的な給付判決（例えば，これこれの額を支払えという判決）を求めうるということになるかとも思われるが（したがって，先のプログラム規定説の対極に立つことになる），この説は一般にそこまでは主張せず，国が25条を具体化する立法をしない場合に立法不作為の違憲確認判決（あるいは，立法が不十分な場合にはそれが違憲であることの確認判決）を求めうるにとどまるという（大須賀明）。そこには，憲法上の生存権が具体的であるといっても，これこれの額を支払えというほどまでには具体的ではないとの理解があるものと思われる。本条から一般的に具体的請求権が発生するとなれば，財政立憲主義の問題も含めて権力分立との関係の大きな問題が生じるし，他方，違憲確認判決にとどまるとしてもこの種の違憲確認判決が司法作用にふさわしいものか，具体的にどのような法的意味をもちうるのかの疑問が残るところである。

とすると，抽象的権利説かということになるが，まず判例との関係を一瞥しておきたい。

生活保護法に従っての厚生大臣（当時）の決定した生活扶助が低額にすぎ憲法に反するとして争われた行政訴訟（朝日訴訟）につき，最高裁判所は，先の食糧管理法違反事件判決を引用して，本条は「直接個々の国民に対して具体的権利を賦与したものではな」く，「具体的権利としては，……生活保護法によって，はじめて与えられている」としたが，他方で，「現実の生活条件を無視して著しく低い基準を設定する等憲法および生活保護法の趣旨・目的に反し，法律によって与えられた裁量権の限界をこえた場合または裁量権を濫用した場合には，違法な行為として司法審査の対象となる」と述べた[24]（傍点筆者）。

そして，障害福祉年金受給者が児童扶養手当の受給資格認定の請求をしたところ，児童扶養手当法の定める併給禁止規定にあたるとして却下され，該禁止規定は25条に違反すると争った，先に触れた堀木訴訟につき，最高裁判所は，「憲法25条の規定の趣旨にこたえて具体的にどのような立法措置を

[24] 最(大)判昭和42年5月24日民集21巻5号1043頁。本件は，重度の結核で入院中の者が，昭和31年8月以降兄から新たに月1,500円の送金を受けることになり，それをみて，役所が日用品費600円・医療費無料という生活保護を変更し，1,500円から900円を医療費として支払わせ，残り600円を日用品費に充てさせる決定をしたことをめぐって争われたものであった。事件そのものは，原告が上告中に死亡したため，判決は，保護受給権の一身専属性を理由に訴訟終了を宣告しつつ，「なお，念のため」として本体についての判断を示したものであった。

講ずるかの選択決定は，立法府の広い裁量にゆだねられており，それが著しく合理性を欠き明らかに裁量の逸脱・濫用と見ざるをえないような場合を除き，裁判所が審査判断するのに適しない事柄である」と述べるに至る[25]。いわゆる立法裁量論を取り入れたものであるが，そのことは 25 条に法的効力があることを明確にしたものといえ，抽象的権利説の立場から評価されることになる。

　もっとも，抽象的権利といってもその具体的内実について必ずしも明確でないところがあり，ためにプログラム規定説や具体的権利説とどこがどう違うのかの批判にさらされ続けてきた。この点，典型的なプログラム規定説は論外であることを確認したうえで，具体的権利説か抽象的権利説かといったカテゴリカルな捉え方は適切ではないことを指摘しておきたい（中村睦男）。まず，憲法上の生存権は，その一般的な実現のためには法律による具体化が必要であるが，そのことは実現されるべき憲法上の実体が何もないことを意味するものでは決してないということを強調しておきたい（既にみたプラバシーの権利と個人情報保護制度，政府情報開示請求権と情報公開制度，それぞれの関係と構造的には同じである〔第 2 章第 1 節Ⅲ3(3)(ハ)➔184 頁，第 3 章第 1 節Ⅳ2(4)➔251 頁および 6(2)➔280 頁〕。生存権の場合は，財政立憲主義の問題が存するが）。

　先に堀木訴訟第二審判決に触れたが，同判決は，1 項による施策を「救貧施策」，2 項による施策を「防貧施策」とし，前者については厳格審査が妥当し，後者については裁量権の行使を著しく誤り裁量権の範囲を逸脱した場合に限って違憲となるとの考え方を示し，そして併給禁止は後者にあたるとして合憲としたものであった（因みに，上述の最高裁判所の判決は上告を棄却したが，1 項と 2 項の区別論には立っていない）。しかしこの判決のように，「救貧」と「防貧」と命名し，しかも両者を機械的に切り分けてしまうのは正当ではない。ただ，ここで強調したいことは，1 項は，2 項により国が構築すべき全体的な社会保障システムを背景に，「健康で文化的な生活の最低水準（ミニマム・スタンダード）を保持する権利[26]」を保障し（それは，いわゆる所得保障に限られない），その具体的な保障のあり方に関し，裁判所は，堀木訴訟判決にいう

---

[25] 最(大)判昭和 57 年 7 月 7 日民集 36 巻 7 号 1235 頁。
[26] 25 条の英語訳には，"the right to maintain the minimum standards of wholesome and cultured living"とある。因みに，生活保護法 3 条・8 条に注意するとともに，同法が「保護の種類及び範囲」とするのは，生活扶助・教育扶助・住宅扶助・医療扶助・介護扶助等々に及んでいること（11 条以下）に配慮されたい。

ような緩やかな「明白性の原則」によるのではなく，少なくとも裁判所に通常期待される審査機能を果たすことが求められるということである。

　以上のことを踏まえ，項目的に整理しておこう。①25条1項にいう「権利」すなわち「生存権」は本来的に不確定的なものではなく，法律の制定を待つことなく核となる内実をもつこと（象徴的にいえば，前に外国人との関係で触れた緊急の医療扶助を想起されたい〔第1章第4節Ⅲ2(2)➔144頁〕）。②この「権利」の一般的な実現のためには，法律による具体化が必要であること，換言すれば，国家はこの「権利」を具体化すべき明確な法的義務を負っていること。③国家がこの種の法律を制定しない場合，その立法不作為により損害を受けた者による国家賠償請求訴訟の対象となること。④この種の法律が制定された場合，それを受けて行政庁の基準設定がなされ，それに基づき具体的処分が行われるが，それらは25条1項との関係で評価され，その処分（さらには法律自体）が1項違反とされるべき場合がありうること[27]（その際，「明白性の原則」ではなく，少なくとも通常の違憲審査が妥当すること）。⑤一旦具体化された給付とその水準を正当な理由なく廃止・後退させる場合，その措置は端的に1項違反となること（従来これを生存権の"自由権的効果"と説明する向きがあったが，そのようなやや屈曲した説明による必要はない）。

　なお，先にみた食糧管理法違反事件のように国民の活動規制が本条との関係で問題とされたり，あるいは，総評サラリーマン税金訴訟のように課税のあり方が生存権侵害として争われたりすることがあるが，具体的に本条固有の問題として示すことは相当困難であろう[28]。

(2)「すべての生活部面において〔の〕社会福祉，社会保障及び公衆衛生の向上及び増進」（広義の生存権の実現）　憲法は「社会福祉」「社会保障」「公衆衛生」の三者を列挙するが，それぞれは広狭様々に用いられ，しかも相互に有機的に関連し合っており，厳密に区別することは困難で，また強いて区別

---

[27] 生活保護法のとる補足性の原則（4条1項・8条1項）と自立助長目的（1条）との関係は微妙な問題を孕むが，生活保護受給者が子の高校修学費用に充てる目的で加入した学資保険の満期保険金につき収入認定をし保護の減額をした保護変更決定処分を違法として争われた学資保険訴訟につき，最判平成16年3月16日民集58巻3号647頁が，憲法論に踏み込んでのものではないが，違法性を認めているのが注目される。

[28] 総評サラリーマン税金訴訟に関する最判平成元年2月7日判時1312号69頁は，給与所得にかかる課税制度が給与所得者の「健康で文化的な最低限度の生活」を侵害するとの主張につき，本条の趣旨に応えて具体的にどのような立法措置を講ずるかの選択決定は立法府の広い裁量に委ねられていることを指摘したうえ，上告人はかかる「立法府の裁量の逸脱・濫用と見ざるをえないゆえんを何ら具体的に主張していない」としている。

する必要に乏しい。例えば、「社会保障」は狭くは公的扶助や社会保険方式による生存の確保の向上を意味するが、広くは社会保険・国家扶助（公的扶助）・公衆衛生および医療・社会福祉などを包摂する。上において全体的な社会保障システムという言葉を使ったが、広義の概念を念頭においている。

これにかかわる法制としては、生活保護法、児童福祉法、児童扶養手当法、老人福祉法、障害者自立支援法、「精神保健及び精神障害者福祉に関する法律」、国民健康保険法、介護保険法、国民年金法等々、所得保障、障害者などに対する社会福祉サービス、医療保障等にわたる、実に多種多様な法律が制定されている。どのような個別的制度を設けるか、システムというにふさわしい諸制度相互の関係をどのように調整するかの問題であり、そのことはもとより1項の狭義の生存権の保障のあり方に関係してくる（先の併給禁止をめぐる問題はその1つで、25条1項や14条などとの関係で問われることになる）[29]。また、これらの制度とその運用には、プライバシーの権利（自己情報コントロール権）・自己決定権・私生活の不可侵・人身の自由などの問題を孕んでいるものがあり、不当な侵害にわたらないよう慎重な配慮が要求される。

日本の社会保障制度はいわばつぎはぎ的に積み上げられてきたともいえるものであるが（例えば、年金の比重が高く、福祉の割合が非常に低いことが指摘される）、これからの社会のあり方についての議論を踏まえたトータルビジョンの下で再構築を図るべき時期にきているように思われる。

いわゆる「環境権」については13条の個所で論及したが（第2章第1節Ⅲ3(4) → 186頁）、例えば、公害患者の救済は25条の射程に属するといえるし、さらに、より大きな政策的視点からの良好な自然環境の保全も広義の生存権の実現にかかわっているといえる。

---

[29] 平成元年改正前の国民年金法は、20歳以上60歳未満の者を強制加入とする一方、20歳以上の学生は例外的に任意加入としていた。大学在学中に障害を負ったが、該年金に任意加入をしておらず、障害年金の支給を認められなかったため、不支給決定の取消しなどを求めて争われた。この学生無年金障害者訴訟に関する最判平成19年9月28日民集61巻6号2345頁は、国民年金制度は憲法25条の趣旨を実現するための社会保障制度であるが、どのような制度措置を講ずるかは、「立法府の広い裁量」に委ねられているとしたうえ、学生を任意加入としたことにはそれなりの理由があり、障害者基本法や生活保護法等による諸施策が講じられていることからすれば、本件立法措置が「著しく合理性を欠く」ということはできず、憲法25条、14条1項に違反しないとした。因みに、平成元年の改正で学生強制加入制が導入され、既に発生した無年金障害者については「特定障害者に対する特別障害給付金の支給に関する法律」（平成16年）で救済が図られた。

昭和45年の公害対策基本法の改正は，その1条に「国民の健康で文化的な生活を確保するうえにおいて公害の防止がきわめて重要であることにかんがみ」という文言を挿入し，経済の発展との調和条項を削除して，同法の理念転換を図った。そして同法の廃止をともなう平成5年の環境基本法は，「環境の保全について，基本理念を定め，並びに国，地方公共団体，事業者及び国民の責務を明らかにするとともに，環境の保全に関する施策の基本となる事項を定めることにより，環境の保全に関する施策を総合的かつ計画的に推進し，もって現在及び将来の国民の健康で文化的な生活の確保に寄与するとともに人類の福祉に貢献することを目的とする」とうたっている[30]。

II 教育を受ける権利

1 総　説

憲法は，「すべて国民は，法律の定めるところにより，その能力に応じて，ひとしく教育を受ける権利を有する」（26条1項）と定め，また，「すべて国民は，法律の定めるところにより，その保護する子女に普通教育を受けさせる義務を負ふ。義務教育は，これを無償とする」（同条2項）と規定する。人間の自由や幸福は，豊かな知識と教養を前提にしてはじめて有意義に実現されるものであるから，「幸福追求権」の保障は，人がその選ぶところに従って適切な教育を受けることができるという権利を当然措定しているものと解される。したがって，およそすべての国民がかかる教育を受ける権利の主体であると解されなければならない。

ただ，「幸福追求権」は，同時に，親権者がその子をどのように教育するかの自由を内包しているから（第2章第1節II4 ➔ 188頁），「親権者」と「その子」との関係が問題となる。この点，親権者の権利は，子の教育を受ける権利を充足させるためのものであることを前提にして妥当するものと解され，近代国家は，少なくとも普通教育については，親権者に対しその保護する子にそれを受けさせなければならないとした。日本国憲法26条2項は，この理を表現するものである（第1章第6節3 ➔ 170頁）。

---

[30] ドイツなどのヨーロッパ諸国では，環境税（ガソリンや重油など温室効果ガスを発生させるものに課す税）を導入し，それを社会保障の財源に充てることが行われている。一見奇異にも映るが，ここでも社会保障の問題と環境問題とのつながりを考えさせるものを含んでいる。

このように国民はすべて教育を受ける権利をもち，保護する子に教育を施す権利をもつといっても，国民各人が自らなしうることには限界ある。かかる権利を有意的なものするには，教育施設や教育専門家の助けが必要となる。技術文明の進展は，この必要性を一層切実なものとするに至った。したがって，**現代国家における教育を受ける権利**とは，国家に対し合理的な教育制度と施設を通じて適切な教育の場を提供することを要求する権利のことであるということになる。つまり，教育を受ける権利は，社会権としての性格を有することになる。日本国憲法26条1項の保障する「教育を受ける権利」は，この理を表現しているものと解される。

2 「教育を受ける権利」の保障の性格と内容

(1) 「教育を受ける権利」と教育制度法定主義　このように，26条に保障する「**教育を受ける権利**」とは，国民が「幸福追求権」の一環として教育の自由を有することを前提に，国に対して合理的な教育制度と施設を通じて適切な教育の場を提供することを要求する権利である。この権利は「その能力に応じて，ひとしく教育を受ける権利」であって，国は，「法律の定めるところにより」その権利を確保するに必要な措置を講ずることを要請される。

この権利については，当初は生存権的性格（教育の社会均等を実現するための経済的配慮を国家に要求すること）が強調されたが（宮沢俊義），やがて子どもの**学習権**を基礎において理解すべきものと説かれるようになり（堀尾輝久），最高裁判所も，**旭川学力テスト事件**において，「国民各自が，一個の人間として，また，一市民として，成長，発達し，自己の人格を完成，実現するために必要な学習をする固有の権利を有」し，「特に，みずから学習することのできない子どもは，その学習要求を充足するための教育を自己に施すことを大人一般に対して要求する権利を有する」と判示するに至った[31]。いわば「学習権」を媒介に自由権的性質と社会権的性質とが結びついた「教育を受ける権利」観念の確立，とみることができる（中村睦男，小林直樹，佐藤功）。

この権利は，「法律の定めるところにより」実現される（**教育制度法定主義**）[32]。これを受けて，この権利保障規定はプログラム規定であるとする説がある（大石眞）。が，上述のところから知られるようにその核は明確であって，

---

[31] 最(大)判昭和51年5月21日刑集30巻5号615頁。
[32] 明治憲法下では，教育に関する事項は命令（勅令）で定めるという**教育勅令主義**がとられていたが，日本国憲法はそれを明確に否定する趣旨である。

やはり**法的権利**として保障したものと解すべきである。ただ，具体的な制度構築にあたっては様々な考慮要素が存するところで，その意味では**抽象的権利**規定とみるべきものではあろう。

昭和22年制定の**教育基本法**および**学校教育法**を中心に制度構築が図られ（なお，教育基本法は平成18年全部改正が行われ，学校教育法も改正された），小学校（6年）・中学校（3年）の「**普通教育**[33]」が義務教育とされた（保護者は子に「九年の普通教育」を受けさせる義務を負う〔学校教育法16条〕。因みに，高等学校は「高度な普通教育及び専門教育」を施すものとされる〔同法50条〕）。

こうした制度を前提としたうえで，具体的な教育内容を誰がどのように決定・実施するのか（いわゆる教育権）をめぐって，「**国家教育権説**」（学校教育の内容の決定権は国家にあるとするもので，その根拠を議会制民主主義に求める）と「**国民教育権説**」（国家機関の決定権を原則的に否定し，親とその信託を受けた教師を中心とする国民全体にあるとする）とが激しく対立した。

下級審の立場も両者に割れたが[34]，先に触れた**旭川学力テスト事件判決**は「いずれも極端かつ一方的であ」るとして斥け，次のように述べた。すなわち，親，私学および教師の自由がそれぞれ一定の範囲において妥当することを前提に，それ以外の領域において，国が，子ども自身および社会公共の利益のため必要かつ相当と認められる範囲内において，教育内容について決定する権能を有するものとし，その際子どもが「自由かつ独立の人格として成長することを妨げるような国家的介入，例えば，誤った知識や一方的な観念を子どもに植えつけるような内容の教育を施すことを強制するようなことは，憲法26条，13条の規定上からも許されない」，と。

①一口に「国民」といっても，子ども，親，教師という違った立場の存在を含み，その内部にも対立緊張の契機があること（米沢広一），②国家の場合は議会制民主主義で一応の制度的説明がつくとしても，教師への「信託」の制度的説明はなかなか難しいこと，しかし③国家であれ教師であれ，教室内の子どもはいわば「囚われの聴衆」の立場におかれていること（第3章第1節 ①3(3)➡221頁），などを考慮すると，判決の趣旨は大筋において首肯できるところである[35]。

---

[33] およそ人間にとって共通に必要とされる一般的・基礎的な教育の意。
[34] いわゆる杉本判決（東京地判昭和45年7月17日行集21巻7号別冊1頁）は後者に，高津判決（東京地判昭和49年7月16日判時751号47頁）は前者に，それぞれ与した。
[35] 本件は，全国中学校一斉学力調査を阻止するため，北海道教職員組合ほかの労働組合員等が，

福岡県立高校の教師が，革命思想を鼓吹し，授業で教科書を使用せず，一律評価を行ったなどを理由に懲戒免職処分を受けて争われた行政訴訟（伝習館高校事件）につき，最高裁判所は，旭川学力テスト事件判決を引用しつつ，高等学校学習指導要領は法的拘束力を有し，かく解しても憲法23条・26条に反しないこと，学校教育法は教科書使用義務を定め，かく解しても憲法26条・教育基本法10条（当時）に反しないこと，を明らかにして該処分を支持した[36]。指導要領が細部にわたり行き過ぎると判例も認める教師の教育の自由と両立しなくなるが（内野正幸），上述のように「囚われの聴衆」の問題は教師との関係でも存在することは否定できない（藤井樹也，西原博史）。

　教科書検定の問題については，表現の自由との関係で既に触れたが（第3章第1節Ⅳ3(2)→256頁），第1次教科書検定訴訟判決[37]は，教育の自由と国の教育内容への介入の限界に関し，学力テスト事件判決を引用しつつ，検定制度は憲法26条，教育基本法10条（当時）に違反するものではないとした。

　26条1項は，すべて国民は「その能力に応じて，ひとしく」教育を受ける権利を有すると規定するが，教育基本法が「人種，信条，性別，社会的身分，経済的地位又は門地によって教育上差別されない」（改正法4条1項）とするのはその当然の帰結である。そして同法は，「障害のある者が，その障害の状態に応じ，十分な教育を受けられるよう，教育上必要な支援を講じなければならない」（同条2項）とし，また，「能力があるにもかかわらず，経済的理由によって修学が困難な者に対して，奨学の措置を講じなければならない」（同条3項）と定めている。特に前者に関し，学校教育法は，「特別支援教育」と位置づけて，「障害による学習上又は生活上の困難を克服し自立を図るために必要な知識技能を授けることを目的」として様々な配慮を施している（改正法72条以下）。

　従来特別教育のための学校として盲学校や養護学校などが設けられ，改正学校教育法によって「特別支援学校」と総称されるに至ったものであるが，従来からこうした特殊な学校（あるいは学級）の存在に否定的な見解もあり，学校（学級）の選択をめぐって紛争や様々な議論があった[38]。選択に関する

　　校長の制止をきかず校舎に侵入し，校長等に暴行・脅迫を加えたとして，建造物侵入・公務執行妨害等の罪で起訴されたものである。判決は，結論として，本件学力調査は適法として，公務執行妨害罪の成立を認めた。
[36] 最判平成2年1月18日民集44巻1号1頁，また，判時1337号3頁。
[37] 最判平成5年3月16日民集47巻5号3483頁。

公権力（教育委員会や公立学校長等）の決定は手続も含めて慎重さが求められるが，普通学校では十分な教育を受けられない者が特別な学校（学級）での教育を求める権利も26条にいう「教育を受ける権利」の内実として考えられるのではないかと解される（米沢広一）。

最後に，学校（教師）と親・子どもとの関係で様々な問題が生じてきたことに一言しておきたい。内申書の不利益記載問題，キリスト教徒日曜日参観やエホバの証人剣道実技拒否をめぐる問題，校則をめぐる様々な事件等々がそれである。ただ，これらについては既に触れたところに譲りたい（第1章第4節①2➡136頁，第2章第1節Ⅱ4➡188頁，第3章第1節①3(2)➡218頁およびⅡ3(2)(ハ)➡229頁）。

(2) 教育の義務と義務教育の無償性　26条2項は，すべて国民は「法律の定めるところにより，その保護する子女に普通教育を受けさせる義務を負ふ」とするが，学校教育法では，保護者（親権者，未成年後見人）は「九年の普通教育」を一定の学校で受けさせる義務を負い，違反者に罰則が科せられる（改正法16条・17条，144条。もっとも，18条は病弱等のための就学義務の猶予免除について定めている）。

この教育の義務と関連して，2項後段は「義務教育は無償」とするが，その意味をめぐって，プログラム規定説，授業料無償説および修学費無償説（一切無償説）が対立した。最高裁判所は，教科代金請求事件につき，義務教育の無償とは「対価を徴収しないこと」「授業料不徴収」のことで，教育基本法4条2項（改正法では5条4項）および学校教育法6条ただし書（改正法でも同じ）はその趣旨を確認するものと明言した[39]。教育の自由，教育の私事性を基本とする日本国憲法にあっては，授業料無償説をもって正当としよう。

---

[38] 筋ジストロフィー少年高校入試訴訟（尼崎高校事件）はその一例であるが，その訴訟に関する神戸地判平成4年3月13日行集43巻3号309頁は，たとえ施設等の面で養護学校が望ましかったとしても，普通高校に入学できる学力を有し，かつ普通高校での教育を受けることを望む者に対して入学の道を閉ざすことは許されないとし，入学不許可処分には裁量権の逸脱または濫用があった，としている。

[39] 最(大)判昭和39年2月26日民集18巻2号343頁。本件訴訟提起後の立法措置により教科書の無償配布が行われるようになったが，それは憲法の要請を越えた措置ということになる。

III 勤労の権利

1 総説

憲法は、「すべて国民は、勤労の権利を有し、（義務を負ふ）」(27条1項)と定め、「賃金、就業時間、休息その他の勤労条件に関する基準は、法律でこれを定める」(同条2項)ものとし、また「児童は、これを酷使してはならない」(同条3項)と規定する。社会国家にあっても、国民の生活は各人の勤労によって維持されるのが原則であり、本条は、勤労によって生活しようとする国民に対し勤労の権利を保障し、またそのような国民のために勤労条件の基準を法定すべきことを要求したものである。

2 「勤労の権利」の保障の性格と内容

(1) 権利の性質 本条の「勤労の権利」について、これを自由権の1つとして解する立場もないではないが、一般には社会権の一種と解されている。つまり、資本主義的経済体制の下、各人が自己の選択するところに従って働く場を見出していくことを前提としたうえで、①私企業などへの就職の機会が得られるよう国に対して配慮を求め、②就職できない場合には、雇用保険などを通じて適切な措置を講ずることを要求する権利である。換言すれば、国民が、具体的な勤労の場を提供することを司法手続を通じて国に請求できるような権利（具体的権利）を、憲法は保障しているわけではない。

ワイマール憲法は、「すべてのドイツ国民には、経済的労働によりその生活の糧を得る可能性が与えられるべきである。適当な労働の機会が与えられない者に対しては、必要な生計のための配慮がなされる。詳細は、特別のライヒの法律によりこれを定める」(163条2項)と規定していた。日本国憲法に即していえば、勤労の機会が得られない場合、最終的には上述の25条の生存権の保障によって支えるということになる。

上の①については、大きくいえば国の経済・財政政策の課題ということになるが、個別的には職業安定法、雇用対策法、職業能力開発促進法、男女雇用機会均等法等々が対応し、②については、失業給付の制度を導入した雇用保険法などが対応している。

(2) 勤労条件法定主義・児童の酷使禁止 本条の重要な意義は、2項において、当事者間で取決めるべき労働条件につき、勤労者の利益のためにそ

の最低基準を法律で定めて該基準を下まわることのないよう制限しようとしている点にある。ここには,「契約の自由」の名の下に労働者が劣悪な労働条件・生活状況を強いられた歴史的経験に鑑み[40],「契約の自由」を修正し,賃金・就業時間・休息などの労働条件に関する労働保護立法の制定を国会に義務づける必要があるとの発想がある（特に第1編第1章第1節Ⅲ→8頁）。また,3項において「児童は,これを酷使してはならない」とあるのも,子どもが低い報酬で炭鉱などの劣悪な環境で扱き使われた人類の歴史に鑑みてのことである。

　労働基準法・労働安全衛生法・最低賃金法などは,この憲法の要請を受けてのものである。労働基準法は,「労働条件は,労働者が人たるに値する生活を営むための必要を充たすべきものでなければならない」（1条1項）とし,労働条件の基準の最低のものとその確保のあり方について定め,また,特に「年少者」の章を設け,「使用者は,児童が満十五歳に達した日以後の最初の三月三十一日が終了するまで,これを使用してはならない」（56条1項）とし,特別の労働基準を定めている。

　こうした労働者保護立法は,上述のように労働者を保護するための「契約の自由」の修正ではあっても,個人の自由・契約の自由（労働契約）の意義を否定しているわけではない。しかし,日本の場合,終戦後の集団主義的理念の強い支配の下で,労働組合と使用者との間の「労働協約」が決定的意味をもち,労働契約の意義は稀薄となり,労働基準法などは補足的地位に位置づけられたといわれる。そして,企業の長期雇用と年功序列,それに加えての企業内組合という職場環境の中で,例えば労働者が私生活の過度の犠牲をともなう長時間残業を強いられるなどの実態があった。価値観の多様化にともなって,次第に組合の組織（加入）率も低下し,労働者に理解を示す側からも個人の自由意思（自己決定）をもっと大事にすべきであるとする主張がみられるようになった（西谷敏）。勤労の権利も一人ひとりの自律的生のためのものであるとすれば,それは当然の主張であったといえよう。

　しかし,他方,日本の高度経済成長の終焉とグローバル化の進展する中で,長期雇用を前提とする企業社会も変容し,企業は自己責任原則や市場原理に訴えて雇用関係の自由化・多様化を求めるようになった。

---

[40] 合衆国最高裁判所は,19世紀末から20世紀初頭にかけて,労働者の労働時間制限法や最低賃金法などを契約の自由に抵触するとして違憲無効にした。

そして、平成19年に労働契約法が成立した。この法律の意義をめぐって様々な議論があるが、派遣、契約社員、請負といった"雇用形態"における厳しい労働環境が指摘される中、憲法が想定する「勤労の権利」の実現は容易な課題ではない。

(3) 労働審判制度の導入の意味 従来、解雇、配置転換、出向、労働条件の不利益変更等の労働条件その他の労働関係に関する紛争（いわゆる個別的労働紛争）につき、適正かつ迅速な救済手続がなく[41]、ために労働者は事実上"泣き寝入り"を強いられる一般的状況下におかれた。

司法制度改革の一環として、平成16年に労働審判法が制定され、労働審判制度が導入された。裁判官（「労働審判官」）1名・専門家（「労働審判員」）2名で構成される「労働審判委員会」は、原則として3回以内の審理で調停を試みる（迅速な手続）。調停に異議があれば裁判の道も開かれているが、調停が成立すれば裁判上の和解と同一の効力が発生する。発足後利用も多く、ようやくにして実効的な救済手続が確立されたとして評価する向きが強い。

IV 労働基本権

1 総説

憲法は、「勤労者の団結する権利及び団体交渉その他の団体行動をする権利は、これを保障する」（28条）と規定する。「その他の団体行動をする権利」とはすなわち争議権であり、本条は、労働者の団結権、団体交渉権および争議権（これらは労働三権とか労働基本権とか呼ばれる）を保障しようとしたものである。この労働基本権は、全逓東京中郵事件判決[42]によれば、「憲法25条に定めるいわゆる生存権の保障を基本理念とし、勤労者に対して人間に値する生存を保障すべきものとする見地に立ち」、「経済上劣位に立つ勤労者に対して実質的な自由と平等とを確保するための手段として」保障されるものである。この権利の主体である「勤労者」とは、労働組合法にいう「労働者」がそれにあたり、「職業の種類を問わず、賃金、給料その他これに準ず

---

41 従来から労働委員会（地方労働委員会と中央労働委員会）があり、不当労働行為に関し救済命令を出すことができたが、使用者が裁判所に取消しの訴えを提起すると「事実上の五審制」という事態になり、気の遠くなるような時間が費やされた。労働関係事件は特に迅速な解決が望まれるにもかかわらず……。

42 最（大）判昭和41年10月26日刑集20巻8号901頁。

る収入によつて生活する者」(3条)である。公務員が「勤労者」に含まれるか否かについては消極説もあるが，上の判決も含めて判例は一貫して積極説の立場に立つ。

2 労働基本権の保障の性格と内容

(1) 保障の性格　労働基本権について，これを自由権（例えば，経済的自由権）として捉える説もあるが，上の判例でも示唆されているように，社会権としての性格を有するものと理解されるべきであろう。ただ，他の社会権とは異なる複合的性格をもつことに留意する必要がある。すなわち，この権利は，使用者との対抗関係において勤労者に認められる権利であって，国家との関係においてのみならず，本来的に私人との関係においても妥当すべきで権利である。

このことを踏まえ，労働基本権の保障の意義として，次のことが指摘されうる。①国家は，この権利を侵害してはならず，正当な争議行為を刑事制裁の対象としてはならない（いわゆる**刑事免責**）[43]。②特別の立法をまつまでもなく，私人間においてこの権利を侵害する契約は無効，事実行為による侵害は違法となり，また，正当な争議行為は債務不履行または不法行為責任を生じさせることはない（いわゆる**民事免責**）[44]。③この権利の保障を確実なものとするには，国の立法その他による積極的措置が必要であって，勤労者はそのような措置を講ずるよう国に要求する権利を有する。労働組合法が不当労働行為について定め，労働委員会による労働者・組合の救済，争議の調停・仲裁などを用意しているのは，この点にかかわる。

(2) 権利の具体的内容と限界　まず，**団結権**とは，勤労者が適正な労働条件の確保を目的として団体を結成する権利をいう（労働組合法2条参照）。したがって，憲法21条にその自由が保障される「結社」の1つといえるが（第3章第1節Ⅴ4→292頁），労働組合は，使用者と対等な交渉力を確保するという見地から，多かれ少なかれ団体加入強制の要素をともなっているところに特徴があり，本条で特に団結権に言及するのはその故と解される。

問題は，その具体的内容である。組合加入強制の方法には**クローズド・シ**

---

[43] 注42の判決は，争議行為として正当なものが刑事制裁の対象とならないのは，憲法の保障する権利の行使として当然のことで，労働組合法1条2項はこの当然のことを注意的に規定したものであるとする。

[44] 注42の判決は，刑事免責と同じ論法で民事免責を論じ，労働組合法7条・8条は当然のことを明示的にしたものとする。

ョップ[45]もあるが，わが国で広くとられているのはユニオン・ショップで，使用者は組合員資格とは無関係に採用できるが，労働者は一旦雇われた以上は一定期間内に組合に加入しなければならず，加入しない場合（または組合から脱退ないし除名された場合）は，使用者は解雇しなければならないことを労使間の協定で取決める方式である[46]。当初は，当時の社会経済状況も反映して，労働者は団結によってはじめて自由になれる（あるいは団結しないのはぜいたくである）といった雰囲気が強く，ユニオン・ショップを当然視する傾向があった。しかしこれには，労働者個人には組合に加入しない自由（消極的団結権）ないし労働組合選択の自由（積極的団結権）があるのではないか，解雇を義務づける点で憲法 27 条の勤労権を侵害するのではないか，等々の疑問の存したところである。

初期の判例はクローズド・ショップによる解雇を一般論として承認したり，ユニオン・ショップにつき制度としての正当な機能を果たすことを条件に協定の効力を認めたが，三井倉庫港運事件判決[47]は，ユニオン・ショップ協定によって，労働者に対し，解雇の威嚇の下に特定の労働組合への加入を強制することは，「それが労働者の組合選択の自由及び他の労働組合の団結権を侵害する場合には許されない」として，限定的組織条項による解雇を否定した。

団結権は，また，団体としての意思を形成し行動する自由（団体自体の自由）を意味し，団体内部の問題に公権力や使用者が不当に介入することが禁止される（労働組合法 7 条 3 号参照）。これに関連して，組合の内部的統制権と組合員の権利との調整のあり方が問題となる。三井美唄炭鉱労組事件判決[48]

[45] 労使間の協定により，使用者は組合員の中からのみ従業員を採用しなければならず，従業員が組合員資格を失うとこれを解雇しなければならないとするもので，欧米のように個別企業を越えて産業別に組合が作られる社会でみられるものである。

[46] 日本の労働組合の 65 パーセントがこの協定を締結しているといわれる（もっとも，その多くは厳格な解雇義務を課さない「不完全ユニオン」であるという〔菅野和夫〕）。なお，国家公務員法 108 条の 2 第 3 項や地方公務員法 52 条 3 項などは，職員が職員団体あるいは労働組合に加入しない権利を保障するオープン・ショップを定めている。

[47] 最判平成元年 12 月 14 日民集 43 巻 12 号 2051 頁。なお，東芝労働組合小向支部・東芝事件に関する最判平成 19 年 2 月 2 日民集 61 巻 1 号 86 頁は，「労働組合は，組合員に対する統制権の保持を法律上認められ，組合員はこれに服し，組合の決定した活動に加わり，組合費を納付するなどの義務を免れない立場に置かれるものであるが，それは，組合からの脱退の自由を前提として初めて容認されることである」と述べているのが注目される。本件事案の特殊性の問題もあり，三井倉庫港運事件判決との関係も明確でないところはあるが。

[48] 最(大)判昭和 43 年 12 月 4 日刑集 22 巻 13 号 1425 頁。

は，「憲法28条による労働者の団結権保障の効果として，労働組合は，その目的を達成するために必要であり，かつ，合理的な範囲内において，その組合員に対する統制権を有する」とした (傍点筆者)。本件は，組合が市議会議員選挙に向けて統一候補を決め，その決定に反して立候補しようとした組合員に対して断念するよう説得し，威圧的発言を行い，さらに組合員としての権利を1年間停止する旨の公示をし，組合役員らが公職選挙法225条3号違反に問われたものであった。判決は，このように統制権の意義を認めつつも，「立候補の自由」の重要性を指摘し，「勧告または説得の域を超え，立候補を取りやめることを要求し，これに従わないことを理由に…統制違反者として処分するがごときは，組合の統制権の限界を超える」と結論している (傍点筆者)。統制権とその限界の問題が問われた事例は多いが，もう1つの代表例として，前に触れた国労広島地方本部事件判決[49]を参照されたい (第1章第4節Ⅳ2(2)➡154頁，さらに第3章第1節Ⅴ4➡292頁)。

　団体交渉権とは，団体を交渉主体として (その代表者を通じて) 勤労条件について使用者と交渉する権利をいう (労働組合法6条参照)。使用者が雇用する労働者の代表との団体交渉を正当な理由なく拒むことは不当労働行為となる (同法7条2号)。そして団体交渉の結果合意に達した事項は，労働協約として締結され，規範的効力が付与される (同法16条)。

　争議権については，同盟罷業 (ストライキ) と怠業 (サボタージュ) を本体とし，職場占拠とピケッティングを付随的・補助的手段と捉える立場と，ビラ貼りやリボン闘争などをも含めて広く捉える立場とがあるが (前者の立場によれば，ビラ貼りなどは組合活動として評価される)，ストライキ権がその中核をなす[50]。

　先に正当な争議行為については刑事免責・民事免責があるべきことに触れたが，労働組合法もその点を明記する (1条2項・7条1号・8条参照)。正当性の判断基準は刑事と民事の場合とで異なり，刑事の場合の正当性の限界は，基本的に他人の生命・身体に対する侵害をもたらすような場合に限られることになろう (1条2項但書参照) (中村睦男)。

　目的の正当性に関しよく問題とされたのは，いわゆる「政治スト」である。この点，政治スト全面合法説もあるが，政治ストにつき使用者に対する

---

[49] 最判昭和50年11月28日民集29巻10号1698頁。
[50] なお，労働関係調整法7条参照。

経済的地位の向上と直接に関係する事項（例えば，最低賃金法の制定）にかかわる「経済的政治スト」とそうでない「純粋政治スト」とに分け，前者は正当と考える説が有力である（中村睦男，戸波江二）。判例は，公務員に関する事案であるが，安保条約反対ストや警職法改正反対ストなどの件につき，正当性を否定している[51]。ただ，「経済的政治スト」まで認めない趣旨ではないようにも読める[52]。

いわゆる生産管理の可否については，判例は，企業経営の権能を権利者の意思を排除して非権利者が行うもので，法が求める調和を破るものであるとしている[53]。

争議行為については，労働関係調整法による各種規制があり，また，「電気事業及び石炭鉱業における争議行為の方法の規制に関する法律」（いわゆるスト規制法）による特殊的規制がある。

また，**公務員の労働基本権**については，上述のように公務員も「勤労者」に含まれるというのが判例の一貫した立場であるが，他にみられない広汎な規制対象下におかれている[54]。この問題に関する判例の動向については，既に触れたところに譲る[55]（第1章第5節□4 ➔ 160頁）。

---

[51] 前に触れた全司法仙台事件に関する最(大)判昭和44年4月2日刑集23巻5号685頁は前者の件に，全農林警職法事件に関する最(大)判昭和48年4月25日刑集27巻4号547頁は後者の件に，それぞれかかわる（これらの判決については，第1章第5節□4 ➔ 160頁）。

[52] 例えば，注51の全農林警職法事件判決は，「私企業の労働者たると，公務員を含むその他の勤労者たるとを問わず，使用者に対する経済的地位の向上の要請とは直接関係があるとはいえない警職法の改正に対する反対のような政治的目的のために争議行為を行なうがごときは，もともと憲法28条の保障とは無関係なもの」と述べている（傍点筆者）。

[53] 山田鋼業事件に関する最(大)判昭和25年11月15日刑集4巻11号2257頁。

[54] 警察職員・消防職員・自衛隊の隊員などは労働三権のすべてが否定され（国家公務員108条の2第5項，地方公務員法52条5項，自衛隊法64条），非現業の国家・地方公務員は団結権（ただし，労働組合法の適用を受ける労働組合ではない）および団体交渉権（ただし，労働協約締結権はない）は認められるが，争議権は否定され（国家公務員法108条の2第1項〜3項・108条の5第1項・2項・98条2項・3項・110条1項17号，地方公務員法52条1項〜3項・55条1項・2項・37条1項・2項・61条4項），現業の国家・地方公務員は団結権（ただし，ユニオン・ショップのような加入強制は認められない）および団体交渉権（ただし，管理・運営事項は対象外）は認められるが，争議権は否定されている（特定独立行政法人等の労働関係に関する法律4条1項・8条・17条1項，地方公営企業等の労働関係に関する法律5条・7条・11条）。

[55] なお，全逓東京中郵事件に関する最(大)判昭和41年10月26日刑集20巻8号901頁も，「もし争議行為が労組法1条1項の目的のためでなくして政治的目的のために行なわれたような場合であるとか，暴力を伴う場合であるとか，社会の通念に照らして不当に長期に及ぶときのように国民生活に重大な障害をもたらす場合には，憲法28条に保障された争議行為としての正当性の限界をこえ」，刑事制裁を免れないとしていた。

第5章　能動的権利

I　参政権

1　総説

近代立憲主義は，国民の権利・自由の保障とともに国民の国政参加を根幹とするが，現代立憲主義への展開・国民主権理念の浸透にともなって，国民が国政に能動的に参加できること（**参政権**）の意義がより強く意識されるようになった（特に第1編第1章第1節）。日本国憲法ももちろんその文脈に位置づけられる。

国民の国政参加には，**フォーマルな参加**と**インフォーマルな参加**とがあること，また，フォーマルな参加には直接的方法（**直接的参政権**）と間接的方法（**間接的参政権**）とがあることについては既に若干言及した（第2章第1節II 6 ➡ 194頁）。インフォーマルな参加形態の中でも，請願権は本章で扱うべき性格も備えている。これについては次のIIで述べるとして，ここではまずフォーマルな参加権について述べる。なお，ここに「フォーマル」とは，組織制度化を前提に国政上何らかの法的意味をもつことに着目してのことである。

2　直接的参加方法（直接的参政権）

この方法として日本国憲法が用意しているのは，**憲法改正の場合の国民投票の表決権**と**国民の公職就任権**である。

前者の国民投票については，既に論じたが（第1編第1章第3節III ➡ 35頁），国民個人の側からみた場合，国民は有権者団の一員として改正の可否に関し投票する権利を有するということができる。この権利の根拠を憲法第3章に求めるとすれば，既に示唆したように「幸福追求権」ということになろう。

後者の公職就任権についても，既に述べた（第2章第1節II 6 ➡ 194頁）。国民は，国会議員のみならずその他の公職に就任する権利を有するが，それぞれの公職の特性に応じて法律に一定の資格要件が設けられている（国会議員などの被選挙権に関しては，第3編第1章第2節III ➡ 401頁。一般職の任用については，国家公務員法33条は，同法および人事院規則の定めるところにより，受験成績，人事評

価またはその他の能力の実証に基づいて行うものとしている。また，裁判官の任命資格については，裁判所法に定めがある）。なお，導入された裁判員制度に関していえば，一般国民にとって，憲法に潜在していた権利の顕在化とみることができる。

3 間接的参加方法（間接的参政権）

この方法は，国民が国家意思の形成・決定に直接参与するというものではなく，それに携わる者の選任に関与することを通じて，いわば間接的に国政のあり方に影響を及ぼそうとするものである。

この点にかかわる規定が憲法15条1項で，「公務員を選定し，及びこれを罷免することは，国民固有の権利である」とうたっている。国民主権下にあっては，およそ公務員は，終局的には国民が選定・罷免する可能性をもつことを前提に，その存在を認められるものである。したがって，憲法上，すべての公務員が国民によって直接選定され，また罷免の対象とされなければならないということでは必ずしもない[1]。

憲法は，国民が公務員を直接的に選定すべき場合（43条・93条2項）および罷免できる場合（79条）について定めると同時に，他方，内閣総理大臣，国務大臣，裁判官などについてはそれぞれ独自の選定（罷免）権者を規定している（6条・67条・68条・79条・80条）。その選定・罷免については憲法上明記された公務員以外について，国民の選定・罷免権をいかに具体化するかは，国家組織法上の問題として，国会が公務の種類・性質を考慮しつつ決定すべきことになる。なお，憲法は，このような公務員の地位に対応して，「すべて公務員は，全体の奉仕者であつて，一部の奉仕者ではない」（15条2項）と規定している。

憲法は，「公務員の選挙については，成年者による普通選挙を保障する」（15条3項）と定める。これは，国民固有の権利である公務員の選定・罷免権に基づき，国民が公務員を選挙する場合の基本に関する規定である[2]。**選挙権の本質**については，権利説，公務説，権限説などがあるが，有権者団の構成員としての公務という側面とともに，そのような公務に参与することを通

---

[1] 最(大)判昭和24年4月20日民集3巻5号135頁参照。

[2] **公民権停止事件**に関する最(大)判昭和30年2月9日刑集9巻2号217頁は，選挙権が「国民の最も重要な基本的権利の一である」とし，斎藤悠輔・入江俊郎裁判官の意見は，「普遍，永久且つ固有の人権であるとすることはできない」とししつも，「国民主権につながる重大な基本権である」と述べている。最高裁判所は，当初から選挙権の重要性を認めてきたといえよう。

じて国政に関する自己の意思を表明することができるという個人の権利としての側面を有していると解すべきである（いわゆる二元説）。この点を含め選挙制度に関する重要な事柄については，後述する（第3編第1章第2節Ⅲ➡401頁）。

現に在職している公務員を国民が罷免できる場合，つまり国民が解職請求権をもつ場合について，憲法が明記するのは，最高裁判所裁判官についてのみである。この解職制度（リコール制）は厳密には解職類似制度というべきものであるが，これについては後に触れる（第3編第1章第2節Ⅲ3➡399頁）。また，地方公共団体の場合については，後述する（第3編第6章第3節Ⅲ➡559頁）。

Ⅱ 請願権

1 総説

憲法は，「何人も，損害の救済，公務員の罷免，法律，命令又は規則の制定，廃止又は改正その他の事項に関し，平穏に請願する権利を有し，何人も，かかる請願をしたためにいかなる差別待遇も受けない」（16条）と定める。請願権は，近代人権宣言において早くから登場した権利の1つであるが，普通選挙の確立や言論・集会の自由の拡大など国民の国政参加の道が広く開かれるにつれ，その重要性を減じてきたことは否定し難い。が，請願権は，民情を国政に反映させる方法として，次にみるように，なお他に代替しえない特徴をもっていることが留意されるべきであろう。

2 請願権の保障の性格と内容

請願権とは，国や地方公共団体の機関に対し，それぞれの職務にかかわる事項について，苦情や希望を申し立てることのできる権利をいう。憲法の施行と同時に施行された請願法は，請願の方式や請願書の提出先について定める（2条・3条）と同時に，「この法律に適合する請願は，官公署において，これを受理し誠実に処理しなければならない」（5条）と規定している。

このことから知られるように，請願権は，その行使の相手方である機関に請願（請願法2条によれば「文書」によることが要求される）を受理し誠実に処理する義務を負わせるにとどまり[3]，該機関は請願内容に応じた措置をとるべき義務を負うわけではない。このことから，請願権は，請願を受理するという

国務を請求する権利であるとされる。確かに，請願権のこのような性質が，言論・集会の自由にはみられない特徴である。また，この権利は，元来国政に特定の民情を具体的に反映させようとする趣旨を有する点で，参政権として把握すべき性格の存することは否定し難い。ただ，この権利は，上述のように（直接的であれ間接的であれ）決定権的意味をもつものではない点で，典型的参政権とは性質を異にし（したがって，外国人もこの権利の享有主体となる），むしろそのような参政権を補充する意味合いをもっている。

　請願権は，憲法上，「平穏に」行使することが要請される。請願の手続については，上述のように請願法のほか，国会法（79条〜82条）や地方自治法（124条・125条）に定められている。

　請願の対象は，国または地方公共団体の機関の権限内にあるすべての事項に及びうるもので，憲法に「損害の救済，……その他の事項」とあるのもその趣旨と解される。

　上述のように法律に適合する請願は，官公署においてこれを受理し誠実に処理しなければならないが，国会の各議院に対する請願は，各議院の委員会の審査を経て議院で議決され（国会法80条），各議院において採択した請願で，内閣において措置することが適当と認められたものは内閣に送付され，内閣はその処理の経過を毎年議院に報告しなければならないものとされている（国会法81条）。

3　「受理し誠実に処理」するということの中に「検討と回答要求」が含まれるとする説がある（渡辺久丸，笹沼弘志）。

第3編

国民主権と政治制度

第1章　国民主権の意味とその空間

第1節　主権者としての国民

[I]　国民主権の意味をめぐる諸議論

1　総説

憲法は,「ここに主権が国民に存することを宣言し,この憲法を確定する」(前文) といい,「(天皇は,日本国の象徴であり日本国民統合の象徴であつて,) この地位は,主権の存する日本国民の総意に基く」(1条) と規定する。

「主権」という言葉は多義的である。大別して,①国家権力それ自体 (例,「日本国ノ主権ハ,本州,北海道,……ニ局限セラルベシ」〔ポツダム宣言8項〕),②国家の対外的独立性 (例,日本国憲法前文にいう「自国の主権」,主権国家),そして③国家の最高意思決定権,に区別される。が,ここで問題とする「主権」は,③である (いわゆる「国家の主権」ではなく,「国家における主権」)。明治憲法における「天皇主権 (君主主権)」から日本国における「国民主権」への転換といわれる場合の主権観念である。

しかし,その意味理解は決して一様ではない。そこでまず,諸見解に触れ,あわせてその問題点についてみることにする。

2　最高機関意思説

いわゆる国家法人説的見地に立って,統治の権利主体は国家それ自身であるとの前提の下に,国民主権をもって,国家の意思力を構成する最高の機関意思,国家の原始的直接機関[1]として統治権を発動する力が国民に属するとする主義であると解し,その国民とは参政権を与えられているものの全体であるとする見解がある (美濃部達吉,佐々木惣一)。この見解によれば,理論

1　ここに「直接機関」とは,他の機関から委任されたのではなく,直接に国家の組織法によって国家機関たるものをいい,その中でも,他の直接機関を代表するものではなく,憲法上自己に固有のものとして認められる権能を有するものを「原始的直接機関」という (美濃部達吉)。

上，主権の所在は憲法によって定まることになり，主権は憲法によって創設された最高権という意味合いをもつことになる[2]。主権者たる「国民」からは一般に天皇は除かれる。ただ，この国民は，雑然とした多数者であって常に直接国家意思を決定することはできないので，主権者たる国民の意思を現実に表示することを職分とする代表者が必要であり，日本国憲法上は国民の選挙によって選ばれる国会がそれにあたるとされる。

　この見解は憲法発足当初有力に主張されたものであるが，次のような問題を孕むものであった。まず，主権をもって機関意思と把握する以上行為能力が問題となり，そこでこの説は主権者を有権者とするのであるが，国民の中には主権者であるものとそうでないものとがあることになって，国民主権の根本理念に反することにならないか。主権者たる国民は具体的には有権者とされるが，誰が有権者かは日本国憲法上基本的には法律で決まることになっていること（44条参照），また，日本国憲法が国会をもって「国権の最高機関」としていること（41条），との関係をどう考えるか。主権は憲法を生み出す力（憲法制定権力）と解すべきであって，憲法によって主権の所在が決まるというのは主権の本質を見誤るものではないか。論者によっては，国民主権をもって，国民が国権の源泉者または国権の「総攬者」であることの意味に解するが（佐々木），天皇が「総攬者」であると同じような意味において国民の「総攬者」を語りうるか。この説は，国民の選挙によって組織される国会が立法権を中心に国政を統括する地位に立つとすれば，国民主権の趣旨は充たされるとする傾きをもつが，国会の機能ももとより憲法による拘束下にあることをどう理解するか，また，選挙にそのような本質的契機を認めることは果たして妥当であろうか。

3　憲法制定権力説

（1）**総　説**　　最高機関意思説の上のような問題点を踏まえて，国民主権をもって憲法制定権力が国民にあるという趣旨に解そうとする説が主張される。しかし，この点において基本的発想を共通にしつつも，仔細にみれば，さらに次のような諸説の分岐がみられる。

（2）**実力説**　　まず，憲法制定権力の本質を最高の実力に求める見解が

---

[2] 美濃部は，国民主権は憲法の民定性を要求すると解したようであるが，主権者をもって憲法・法律によって組織された国民と解する限り，憲法以前にそのような国民が存しうるのか疑問である。この点，佐々木は，日本国憲法は欽定憲法であるとなし，ただ，日本国憲法の規定によれば，天皇の制定による欽定憲法というものは将来は存在しえない，と説く。

ありうる。これは、フランス革命期のシェイエスの憲法制定権力論[3]、そしてワイマール憲法下でシュミットが主張した憲法制定権力論に連なる考え方である。後者の憲法制定権力論によれば、それは「自己の政治的実存の態様と形式に関する具体的な全体決定を下すことのできる、すなわち、政治的統一体の実存を全体として規定することができる実力または権威をもった政治的意思」で、「移付され、譲渡され、吸収され、使い果たされることはありえない」ものとされた。

こうした考え方は、憲法制定権力論の典型例として、わが国にあってむしろ批判的言及の対象とされてきたものであるが、次のような問題を孕んでいる。憲法制定権力が実力であるとして、そもそもその実態は何か、正体のはっきりしない「神」のごとき存在ではないか、また、最高の実力としての憲法制定権力にとって、そもそも憲法典の定立とはいかなる意味をもちうるのか。さらに、制定権力の実態が明らかにされず、しかも全能の存在ということになると、誰もが制定権力の名において既存の憲法を変更し、勝手に新たに憲法を制定することを正当化する道を開くのではないか、そうなると、憲法はもはや法の世界とは無縁となり、全くの政治の世界そのものと化してしまわないか。

(3) 権限説　実力説のこのような問題性を忌避して、実定的な「根本規範」の存在を想定し、憲法制定をもって、このような「根本規範」の授権に基づいて（内容的制限を含めて）行われるところの機関としての行為として捉えようとする見解が登場する。つまり、憲法制定権力は、厳密には憲法制定権限というべきものとなる。そしてここにいう「根本規範」とは、純粋法学流の仮説規範ないし法論理的意味における憲法ではなく、すべての成文憲法の前に妥当する、人間人格不可侵の原則を核とする価値体系にかかわる規範であるとされる（清宮四郎、鵜飼信成）。このような考え方に依拠して、一般に、権限主体はシェイエスの場合と同様に国民でなければならないとされ、そして君主主権に対峙する意味で国民からは天皇が除かれ、かつ、機関としての行為が問題となることから具体的には有権者が想定される。

この見解は、次のような問題を孕むものであった。憲法制定の権限主体、

---

[3] シェイエスは、「憲法を制定する権力（pouvoir constituant）」と「憲法によって作られた権力（pouvoirs constitués）」とを区別し、前者は自然法の下で国民のみがこれを有し、単一不可分であり、それ自体いかなる形式にも服することのない、「意思しさえすれば十分である」万能の存在である、と説いたことで知られる。

制定の手続，制定されるべき憲法の内容を定める実定的な「根本規範」といったものはそもそも存在するのか。仮に人間人格不可侵の原則の実定性が承認されるとしても，その具体的内容および実現の方法は決して一様ではありえず，その違いがいかに確定されるかはなお重大な問題として残るというべきではないか。国民の中に主権の担い手であるものとそうでないものとの区別が生じ，国民主権の根本理念に反することにならないか（未成年者などの非有権者は，何故に憲法に従わなければならないのか）。有権者は日本国憲法上基本的には法律によって定められるが，憲法制定の権限主体が国会によって定められることになって不当ではないか。

(4) **監督権力説**　主権者としての意思活動を憲法制定権力の発動と把握する立場に立ちつつ，国民主権の本質をもって，国民の代表の行う統治に対して，同意を与えまたは与えない監督の権力であるところに求める見解が存する（渡辺宗太郎）。つまり，国民主権は，具体的な積極的行動を行う組織化された主体にかかわるのではなく，国家の統治作用に同意を与えまたは与えないという受動的な作用を本質とするところの，現に生存しているすべての国民全体の「一般意思」の力である点に眼目があると解するのである。国民主権国家にあっては，国権が国民の代表によって行われるにせよ，結局国民の同意が国政における決め手となることが力説される。

この見解は，実力説および権限説のそれぞれ有する問題性を免れ，と同時に国民主権における討議の自由（表現の自由）と自由なる選挙の不可欠性を提示している点で優れた説というべきである。が，そこでいう「一般意思」とは具体的に何であり，それはいかにして認定されるか。一時点における支配的意思が「一般意思」として絶対視される危険はないか。あるいは，国政は結局「一般意思」によって行われるということになって徒らに現状肯定的な保守的説明手段に堕しないか。また，国民の同意が国政における決め手であるということであるとすれば，およそ国民が政治的意思をもつ限り，憲法の定めいかんにかかわりなく国民が主権者ということになりはしまいか。それは，結局，いわゆる「事実の確認としての国民主権」論や後述のノモスの主権説に接近することになるのではないか。

(5) **最終的権威説**　国民主権をもって，憲法制定権力が国民によって担われるという意味において把握するが，制定権力をもって実力とみたり権能（権限）とみたりせず，統治を正統化すべき最終的権威が国民に存すると

いう意味において理解する見解が存する。ここにいう国民とは抽象的な観念的統一体としての国民であって，およそ日本国民であれば誰でも包含され，天皇も私人としてみる限りこの国民に含まれると解することが可能となる（宮沢俊義[4]）。

この見解は，主権＝憲法制定権力から権力的要素を徹底的に排除し，あくまでも権力の正統性の所在の問題として把握し，主権＝憲法制定権力の名の下に憲法破壊ないし人権侵害が正当化されることを回避しようとする立場と解することができる。そして，主権者たる国民は権威としての国民であって，国家機関としての国民とは異なり行為能力を問題とする必要はなく，最高機関意思説や権限説のように国民の範囲をめぐる問題にかかわる必要がないという長所をもつ。しかし他面，この説にいう国民主権はあまりにも無内容ではないか，国民主権はそこから一定の政治組織・運営上の原則が帰結されるべき性質のものと捉えるべきではないか，の批判が加えられることになる。

(6) 「正当性的契機」と「権力的契機」二要素説　　国民主権をもって憲法制定権力が国民によって担われるという見解の系譜に立ちつつ，それは，主権の保持者が全国民である限りにおいて主権は権力の正当性の究極の根拠を示す原理であるが（「正当性の契機」），同時に，その原理には，国民自身（実際には「有権者の総体」）が主権の最終的行使者（具体的には憲法改正の決定権者）であるという「権力的契機」が不可分に結合していると説く見解がある（芦部信喜）。

この説は，最終的権威説（中でも宮沢説）の展開形態と捉える向きもあるが，その点は議論の余地がある[5]。その点はともかく，実力説に関してみたように，憲法制定権力論には立憲主義にとっての重大な問題性を孕んでおり，「主権＝憲法制定権力」永久凍結が説かれる（樋口陽一）のも理解できるが，他面，日本国憲法の解釈論として，典型的な最終的権威説のように徹底した建前・理念のレベルにとどめることは果たして妥当であろうか。そこで，この説が登場する理由がある。

この説は折衷的・複合的性格のものであるが，国民主権を“絵にかいた

---

[4] 宮沢は，次頁の4にみる「ノモスの主権」説との論争で，「権力または権威」「力」というシュミット的な表現をしたが，後には専ら「権威」について語っている。
[5] この説は宮沢の「権力または権威」の二重定義に着目したとする理解（高見勝利）に対し，むしろ宮沢説との異質性をみる理解もある（菅野喜八郎，時本義昭）。

餅"にしないためには不可避だともいえる（尾吹善人）。ただ，2つの「契機」がどのように不可分に結合・融合しているのか，「権力的契機」が憲法改正の決定権のレベルにとどまっているのは何故か，必ずしも明確でないところがある（辻村みよ子）。

4 ノモスの主権説

主権をもって事実の世界から完全に切断し，純然たる法理念の問題として把握しようとする見解が存する。それによれば，いかなる権力も越えてはならない「正しい筋道」すなわちノモスがあるのであって，国の政治を最終的に決めるものがあるとすれば，主権は*ノモス*[6]にあるとみるべきだとされる（尾高朝雄）。あるいは，この説は，法の効力根拠をノモスという道理・規範に求める説だとみる余地もある[7]（そうだとすると，この説は，「根本規範」の存在を前提とする先の権限説に接近する）。

この説によれば，国民主権か君主主権かという問題は二義的な問題と化してしまう。事実，この説は，国民主権も君主（天皇）主権もすべてノモスという理念の支配であるから，明治憲法から日本国憲法に変っても「国体」は不変であると主張した。しかし，仮にノモスが存在するとしても，具体的にどのような内容のノモスが，どのような方途を通じて支配するのか，という問題意識がこのノモスの主権説には欠落しており，天皇制の弁明としての性格をもつものであった。ただ，国民主権の場合であっても，あるべき政治とは何かの課題は残るのであって，その限りでは，ノモスの主権説も考えるべき課題を提起しているといえよう。

5 人民主権説

国民主権をもって憲法制定権力と解することに反対し，主権を実定憲法秩序における国家権力の帰属の問題として捉えるべきであるとし，したがって主権が国民にあるとされる場合の主権は，憲法秩序に取り込まれた構成的な規範原理として，国民をして実際の国政のうえで最高権の存在にふさわしい

---

[6] 因みに，ノモスは，古典古代ギリシャにおいて自然（ピュシス）の対立概念として考えられ，絶対的なものではなく破られやすいものではあるが，それに従うべきであるとされたものであるという。

[7] 尾高は，ノモスの主権は結局のところ為政者への「心構え」の問題とし，それに反する立法の無効の主張にまでは及ばなかった。そこには，法の効力をもって「法的規範意味が事実の世界に実現され得るという『可能性』である」と捉える考え方が作用していたようである。つまり，法の効力は当為のレベルではなく，事実のレベルにつなぎとめられていたということになる。

場を確保せしめるという民主化の作用を果たすべきものとみるべきであるとする見解が存する (杉原泰雄)。そして国民主権をルソー流の人民主権の方向で把握するのがあるべき歴史的解釈であるとし，日本国憲法に即していえば，15条1項，79条2項・3項，96条1項などは人民主権になじむ規定であると捉え，43条1項や51条の規定にかかわらず，命令的委任の採用は可能であると説く[8]。

この見解は，まず，主権は法的権力であるが，憲法制定権力は法の外の世界に属する事象と捉える (この説によれば，主権＝憲法制定権力という定式では，国民主権は建前と化し，結局現実の国政の場で国民を主権者である地位から追放することになるという)。しかし，主権観念が国家統治のあり方に最も根源的にかかわり合う憲法の制定に無関係とすることは問題で，ドイツの憲法のように，「ドイツの国民は……その憲法制定権力に基づき，この基本法を決定した」(前文) とうたって，憲法制定権力を実定化している例のあることが留意されるべきではないか。そして主権＝憲法制定権力と基本的に把握することが，直ちに主権観念を無内容のものとすると解すべきではなく，後述のように一定の構成的作用を果たすものとみるべきではないであろうか。なお，命令的委任の問題については後に若干触れるが (第2章第1節Ⅰ→425頁)，国民代表観念が，現実でないものを現実であるかのようによそおう「イデオロギー」的性格をもつとすれば，命令的委任もそのような性格を免れうるわけではないことを指摘しておきたい。

Ⅱ 日本国憲法における「主権が国民に存する」の意味

1 総説

上の諸見解は，日本国憲法下で主張された諸説の典型例である。様々なバリエーションがあり，諸説の背景には諸外国におけるそれぞれの歴史を反映する諸学説がある。議論は錯綜している[9]。ために，主権論，憲法制定権力論が元来もっている立憲主義との緊張関係にも着目しつつ，主権論にかかずらうことを回避しようとする向きも生ずる。

---

[8] 命令的委任の意義は必ずしも明確ではないが，一般に，選挙で選ばれた代表者は選挙区の訓令によって行動すべき義務を負い，それに違反した場合には有権者によって罷免されうるという要求を内容としているようである。

[9] 実際，国民主権論の「混迷」を指摘する意見も強い (岡田信弘，渡辺康行)。

しかし，日本国憲法が二度にわたって明言する「主権が国民に存する」ということの解釈論的意味は，やはり明らかにしておく必要がある。このことは，憲法前文にいう「われら日本国民（We, the Japanese people）」の観念とその成立の条件を憲法に即して明らかにすることでもある。

2 憲法制定権力者の「自己拘束」としての日本国憲法

国民主権は，まず，主権という属性をもった国家の統治のあり方の根源にかかわる憲法を制定しかつ支える権力ないし権威が国民にあることを意味する。この場合の国民は，憲法を制定した世代の国民，現在の国民，さらに将来の国民をも包摂した統一体としての国民である。したがって，この場合の国民は，基本的には，それ自体として法的に国家の具体的な意思決定を行いうる存在ではない。換言すれば，雑然とした国民の全体を1つの観念で把握し，そこに1つの意思があると想定し（あるいは一般意思と呼んでもよい），その意思に国家の合法性の体系を成立させる究極の正当性の根拠をみるのである。

もとより，国民主権を標榜する場合にあっても，現実には，憲法は，ある歴史的時点において，その世代の人々により，ある方法をとって（憲法会議と国民投票という方法をとることもあれば，そうでないこともある）制定される。その意味では，国家の合法性の体系は具体的意思ないし実力（権力）から生まれるものといわなければならない。つまり，上述のように「根本規範」ないし自然法あるいは「ノモス」といったものを想定し，国家の実定法体系をその授権的具体化・実現として捉える（法の根拠としての道理説）のではなく，法の根拠について意思ないし実力に求める立場である[10]。

しかし，その場合の最重要課題は，何のために，どのような原理に基づく憲法を制定するかである。換言すれば，憲法制定者にとって「動かし難いものとして立ち現れてくるもの」（土井真一）は何であったかということである。

日本国憲法の場合についていえば，それは，「わが国全土にわたつて自由のもたらす恵沢を確保し，政府の行為によつて再び戦争の惨禍が起ることのないやうにする」（前文）ということであった。前編で縷々述べてきたところ

---

[10] 宮沢俊義は，既に若干触れたように，尾高のノモスの主権説を批判するにあたって，意思ないし実力説的見地に立つことを示唆したが，他方では，「憲法の正邪曲直を判定する基準になる『名』の存在」，さらには憲法の効力さえ左右する自然法論のごとき立場に与することを示唆した。

に従って、「基本的人権」つまり個人の人格的自律権が十全に尊重される"善き社会"の形成・発展を図るということであった、と言い換えることもできる。憲法制定者は、それに必要な統治の規範・システムを法典として明示し、以後それに従って行為することを誓った、それが日本国憲法である（憲法制定権力者の「自己拘束」〔プリコミットメント〕としての憲法）。

過去の国民（"死者"）は現在の国民（"生者"）を拘束することはできない。自由と参加の保障を核とする立憲主義を支える道徳理論、人格的自律権を基礎づける道徳理論によるならば、過去の国民（"死者"）が現在の国民（"生者"）を拘束することが許されるのは、現在の国民（"生者"）が自由な主体として自己統治をなすことができる開かれた公正な統治過程を保障するという場合のみである。国民をもって、憲法を実際に制定した世代の国民、現在の国民、さらに将来の国民を包摂した観念的統一体として把握し、そのような国民の意思に国家の合法性の体系の成立・存続の正当性の根拠を求めることが道徳理論上容認されうるのは、そのような条件が充たされる場合においてのみである。換言すれば、ここにおいてはじめて憲法にいう「われら日本国民」が成立するとみることができる。

制定された憲法は、変化する時代環境に適応しつつ国家の根本法として安定的に機能することが期待される。前に憲法改正権の本質について "法制度化された憲法制定権力" と解すべきであると述べたが（第1編第1章第3節Ⅱ3(1)→38頁）、憲法制定権力が「自己拘束」の一環として憲法中に自らを法制度化して残り、憲法の安定的な機能に最終的な責任を担おうとするのは1つの当然の筋道であろう。もちろん、改正の場に登場する国民は具体的には一定の資格をもったもの（有権者）であるが、主権者（憲法制定権力者）たる国民そのものに擬すべき存在と解される。

問題は、「主権が国民に存する」ことの意味は以上のことで尽きるかである。

3 実定憲法上の構成的原理としての国民主権

(1) 統治制度の民主化の要請 国民主権は、以上述べたように憲法を成立せしめ支える意思ないし権威としてあるのみならず、その憲法を前提に、国家の統治制度がこの国民の意思ないし権威を活かすよう組織されなければならないという規範的要請を帰結すると解される。次節にみるように国民は「有権者団」という機関を構成するが、それは民意を忠実に反映するよう組

織されなければならないとともに，統治制度全般，とりわけ国民を代表する機関の組織と活動のあり方が，憲法の定める基本的枠組の中で，民意を反映し活かすという角度から不断に問われなければならないというべきである。国民主権のこの要請から例えば先に触れた命令的委任が帰結されるかは憲法の定める基本的枠組の解釈の問題であって，その点は後述する（第2章第1節[I]➡ 425頁）。また，有権者団としての国民の意思，その意思に基づいて組織される国家機関の意思は，2 でみた憲法制定権力者としての国民の意思そのものではないのであって，絶対性を主張することはできないことが留意されるべきである。

(2) **公開討論の場の確保の要請** 構成的原理としての国民主権は，統治制度の民主化を要請するのみならず，統治制度とその活動のあり方を不断に監視し問うことを可能にする"公開討論の場"が国民の間に確保されることを要請する。集会・結社の自由，いわゆる「知る権利」を包摂する表現の自由は，国家からの個人の自由ということを本質としつつも，同時に，公開討論の場を維持発展させ，国民による政治の運営を実現する手段であるという意味において国民主権と直結する側面を有している。しばしば国民主権は"世論による政治"であるといわれるのは，国民主権のこのような面にかかわる。

因みに，統治制度上，このような"公開討論の場"の中心にあって，国民に対して国政に関する重要な情報を提供し，考えるべき筋道を示す機能・役割を期待されているのが国会（特に議院の会議の公開に関する憲法57条の意義）と裁判所（特に裁判の公開に関する憲法82条の意義）である。この点は，既に若干触れたところであるが（特に第2編第3章第1節[IV]6➡ 275頁），後に国会および裁判所の個所で論及する。

第2節　有権者団としての国民

[I]　有権者団の性格と構成

1　有権者団の性格

上述のように，主権者たる国民は，国民主権の実をあげるため，実定憲法

上１つの機関を構成して活動する場を確保することを例とする。有権者団という国家機関がそれである。有権者団は一定の判断能力をもつもの（有権者）によって構成される機関であるから，必然的に主権者たる国民とは同一ではなく，その意思も特殊的にならざるをえないが，主権者である国民に最も近いところに存する，国家機関の中でも最も基礎的かつ重要な機関である。

ただ，有権者団は，きわめて多人数で構成される機関であることから，組織性において弱く，恒常的活動には適さないという宿命を負っている。性格そのものからいえば，有権者団こそ「国権の最高機関」と呼ぶにふさわしいが，日本国憲法は，「その権威は国民に由来し，その権力は国民の代表者がこれを行使」する（前文）となし，実際的観点から国会をもって「国権の最高機関」としている（41条）。

2　有権者団の構成

有権者団のこのような性格から，その構成は，国民全体の意思ができる限り忠実に反映されるように行わなければならない。憲法が，公務員の選定・罷免権を「国民固有の権利」となし（15条１項），公務員の選挙につき「成年者による普通選挙」を保障している（同条３項）ことは参政権の個所でみたが，さらに，国会の両議院の議員の選挙人の資格は法律で定めるとしつつ（44条），「但し，人種，信条，性別，社会的身分，門地，教育，財産又は収入によつて差別してはならない」（同条但書）と規定し，有権者団構成の基本原則を明らかにしている。

憲法のこの趣旨を受けて，公職選挙法が構成に関し定めている。同法は，有権者団が「日本国民で年齢満二十年以上の者」で構成されるとなし（9条１項），ただ，成年被後見人，禁錮以上の刑に処せられその執行を終るまでの者，一定の選挙犯罪者等々は，有権者団から除外されるとしている（11条。もっとも，憲法改正手続法参照）。ここに成年被後見人がカテゴリカルに除外されていることに議論の余地があることについては，前に触れた（第２編第１章第４節①3 → 138頁）。なお，ここでは外国人は含まれないが，憲法上の当然の帰結であることについては既に述べた（第２編第１章第４節Ⅲ2 → 144頁）。

有権者団の構成者であることを証明する公簿である「選挙人名簿」は，同法によれば，市町村選挙管理委員会がその調整・保管の任にあたるものとされ，毎年３月，６月，９月および12月並びに選挙を行う場合に該名簿の登録を行うものとされる（19条）。該登録は，該市町村の区域内に住所を有する

者で，在住する市町村の住民票が作成された日から引き続き3ヵ月以上該市町村の住民基本台帳に記録されている者について行われる（21条）。

ところで平成10年の同法の改正までは，外国に居住する日本国民は日本の選挙で一切投票できなかった。この改正で国政選挙への道は開かれたが，「当分の間」投票できる選挙は衆議院・参議院の比例代表選挙に限られた。その結果，衆議院小選挙区・参議院選挙区選挙に投票できないことは憲法15条や国際人権規約B規約25条などに違反すると主張し，改正前および改正後の公職選挙法が違法であることの確認，さらに予備的に次回の小選挙区選挙・選挙区選挙において選挙権を行使する権利を有することの確認を求めるとともに，平成8年の衆議院議員総選挙で投票できなかったことに対する国家賠償を請求する訴訟（在外国民選挙権訴訟）が生じた。

最高裁判所は，まず，選挙権の重要性を指摘したうえ，選挙権またはその行使を制限するには「やむを得ない事由」がなければならず，「選挙の公正を確保しつつ選挙権の行使を認めることが事実上不能ないし著しく困難であると認められる場合でない限り」選挙権の制限は認められないという。そして，平成8年選挙において投票をすることを認めなかったことにつき「やむを得ない事由があったとは到底い」えず，また，長きにわたって立法上是正措置を講じない著しい不作為があったとして各人に対し慰謝料5,000円の支払を命じ，さらに，平成10年改正後についても「当分の間」の限定は「やむを得ない事由」によるものとはいえないとして，予備的請求を認容した[11]。

II 有権者団の権能とその行使

1 憲法改正の承認

憲法改正の承認は，有権者団の権能として，まず最初にあげるべきものである。この場合の国民は，主権者（憲法制定権力者）に擬すべき存在であることは先に述べた。具体的な行使の手順などについては，既に述べたところに譲る（第1編第1章第3節II➡35頁）。

2 国会議員の選挙

---

[11] 最（大）判平成17年9月14日民集59巻7号2087頁。なお，本判決後法改正が行われ，在外選挙の範囲は国政選挙全般に拡大された。因みに，在外国民は「在外選挙人名簿」に登録される。

有権者団は，組織性において弱く，統治にかかわる複雑な問題を継続的に処理するのに適さないことから，より高度に組織化された機関に処理権を委ねなければならない。その中心となるのが国会である。

憲法は，「両議院は，……選挙された議員でこれを組織する」(43条)と定め，国会の議員が有権者団によって選任されなければならないことを明らかにしている。衆議院議員の選挙は，任期が4年なので(45条)4年ごとに，または衆議院の解散があった場合にはその日から40日以内に(54条)，行われる。この場合衆議院議員を一斉に選ぶことになるが，これを総選挙と呼ぶ。参議院議員の場合は，任期は6年，3年ごとに議員の半数を改選することになっているので(46条)，有権者団はそれに従って選挙を行う。これを通常選挙と呼ぶ[12]（なお，憲法7条4号にいう「国会議員の総選挙」はこの通常選挙も含む）。

選挙に関する各種の問題については，IIIでやや立ち入って論及する。

3　最高裁判所裁判官の国民審査

憲法は，最高裁判所の裁判官について，「その任命後初めて行はれる衆議院議員総選挙の際国民の審査に付し，その後十年を経過した後初めて行はれる衆議院議員総選挙の際更に審査に付し，その後も同様とする」(79条2項)と定め，その審査において「投票者の多数が裁判官の罷免を可とするときは，その裁判官は，罷免される」(同条3項)と規定する。審査に関する事項は法律で定めるものとされ(同条4項)，最高裁判所裁判官国民審査法が制定されている[13]。

裁判官の適否について有権者団に直接判断させることの是非については，司法権の独立の観点から議論のありうるところである。が，最高裁判所が規則制定権(77条)や下級裁判所裁判官の指名権(80条)を有するとともに，拘束力のある判決をなす立場にあり，また，何よりも違憲審査権を行使する終審裁判所で(81条)，格別の憲法保障機能を託されていることを考慮する

---

[12] 国会議員の選挙には，このほかに特別選挙として，当選人がないときや当選人がその選挙における議員の定数に達しないときなどに行われる再選挙（公職選挙法109条・110条），議員に欠員が生じたときに行われる補欠選挙（同法113条）がある。

[13] この審査制度のモデルはアメリカの1945年ミズーリ州憲法であるといわれる。それによれば，最高裁判所などの裁判官は，法律家・一般市民で構成される裁判官選考委員会の提出する名簿に基づいて州知事が任命するが，任命後1年経過した後の最初の総選挙の際，各裁判官につき各別の投票用紙で「任期満了まで職に留めるべきかどうか」をイエス，ノーで問う形式のものであった。

ならば，憲法が特に最高裁判所裁判官の適否について有権者団に判断させることにしたのには十分な理由があると解されるべきであろう。つまり，相互に依存的でありながら，同時にときには反発し合う，法の支配の原理と民主主義の原理との微妙な調和を達成維持しようとする1つの試みとして評価されうる。

　この国民審査の法的性質については，リコールとみる説，任命行為を完結確定させる行為とみる説，リコールと任命行為の完結確定という両方の性質を有するとみる説，任命の効力確定はさておき，リコールと事後審査という両方の性質を有するとみる説などに分かれた。国民が能動的に罷免手続を開始できないことや，任命後はじめて行われる審査が任命されたばかりでほとんど裁判したことのない裁判官について行われることがありうることなどを考慮すると，疑問の余地がないわけではないが，本質的には一種のリコール制とみるべきであろう。

　最高裁判所裁判官国民審査法は，審査に付される裁判官の氏名を投票用紙に印刷しかつ×印記載欄を設け，審査人は罷免を可とする裁判官に×印を記載し，罷免を可としない裁判官には何ら記載もしないで投票する方法を採用している（14条・15条）。この方法につき，棄権の自由を認めず，罷免の可否が分からず何の記入もせずに投票したものに罷免を可としない法的効果を付与するもので違憲であるとの主張もなされた。そうした意見もある中で提起された最高裁判所裁判官国民審査無効事件につき，最高裁判所は，国民審査制度は「その実質において所謂解職の制度と見ることが出来る」と述べ，したがってこの制度は積極的に罷免を可とするものとそうでないものとの2つに分け，前者が後者より多数であるか否かを知ろうとするものであり，いずれとも分からないものは積極的に罷免を可とする意思をもたないものとして後者に入れるのは当然であるとした[14]。

　ただ，現行制度が憲法上許容される唯一の方法であるかといえば疑問で，罷免を可とする場合は×印，不可とする場合は○印，無記入は棄権として扱う方法も可能と解される。

4　その他の活動

　有権者団の活動は，選挙は別として，上述の2つの場合に限られるかは1個の問題である（なお，95条があるが，これは地方自治における事柄である）。いわ

---

[14] 最(大)判昭和27年2月20日民集6巻2号122頁。

ゆる直接民主制の手段・方法には各種あって一律に論じ切れないが，有権者団が大規模で組織性が低いということに鑑み，憲法は代表制を中心に構想していると考えられ，国政レベルにあっては，国民が自ら国家意思を決定するという直接民主制的方法として憲法は上記2つの場合に限定する趣旨ではないかと解される（さらにいえば，国民審査は裁判官を辞めさせるかどうかの次元であって，直接的国政参加方式というべきかは疑問の余地がある）。前に民主制という統治形態には，直接制，代表制，半直接制があることに触れたが（第1編第1章Ⅲ3→11頁，第2章第2節Ⅱ1→69頁），日本国憲法のとる民主制は限定的な半直接制ということになる。

　もっとも，国家意思形成の参考にする趣旨で行われる国民投票制であれば，憲法上必ずしも禁止されていないと解される[15]。いわゆる国民投票制は，狭義においては国民表決（レファレンダム）（特定の法案などに関し可否を決するもの）を指すが，広義においては国民表決のほか国民発案（イニシアチブ）（特定の法律の制定などを求めるもの）や国民罷免（リコール）を含む。法律の可否を国民投票で決する国民表決は憲法41条・59条1項に違反するといわざるをえないが，国民発案や国会の決定に先立って国会の参考のために行われる国民投票（助言的国民投票とか国民諮問とか呼ばれる）は憲法に違反するとまではいえず，その採用は立法政策に委ねられていると解される。

Ⅲ　選挙制度

1　総説

　ここに選挙とは，有権者団という合成の機関が公務員（代表）を選任する行為をいう。有権者団を構成する個々の有権者が公務員（代表）の選任行為に参加して行う意思表示は投票と呼ばれ（これもときには選挙と呼ばれることがある），多数人の共同の行為としての選挙と区別される。選挙は，投票によって行うのを例とするが，無投票当選のような場合もある。選挙は，通常，有権者団によって選定された者（すなわち当選人）がそれを受託する意思を表示することによって有効に成立する。

---

[15] イギリスでEC残留の是非につき，オーストリアでEU参加の是非につき，イタリアで離婚禁止制度廃止の是非につき，国民投票にかける，というように，ヨーロッパなどの国々において重要な問題に関し国民投票にかけて決する例が多くみられるようになった。

有権者団の構成員となって行為しうる権利を選挙権というが，その性質としては，機関としての公務という側面と，そのような公務に参与することを通じて国政に関する自己の意思を表明することができるという個人の主観的権利という側面の二面性を有する。この二面性に着目して選挙権を捉える考え方は二元説と呼ばれることは，参政権の個所で述べたが（第2編第5章Ⅰ3 ➡ 381頁），選挙権も基本的人権の1つと解されるとしても，他の基本的人権とは違った特殊性をもっていることは否定されえない。実際，立憲民主主義国にあっても強制投票制をとる国もある。

立憲民主主義国は，選挙に関する様々な重要な諸原則を確立させてきた。以下，日本国憲法と関連づけながら選挙制度をめぐる問題を考察する。

2 選挙に関する諸原則

(1) 普通選挙　まずあげるべきは，普通選挙である。これは，制限選挙に相対するもので，狭義においては，納税額や財産を選挙権の要件としないものをいうが，今日では人種・信条・性別・教育などによる制限を含めて広く観念されている。近代立憲民主主義国は当初制限選挙を採用したが，19世紀から20世紀にかけて普通選挙制の確立をみるところとなった。わが国では，大正14（1925）年に25歳以上のすべての男子に選挙権が認められ，昭和20（1945）年には女性にも選挙権が与えられるとともに，年齢資格が20歳以上に引き下げられた。日本国憲法が完全な普通選挙を保障していることは既に触れた。現在，憲法改正国民投票法が「年齢満十八年以上の者」としていることから，選挙においても年齢引き下げが課題となっていることにも既に触れた（第1編第1章第3節Ⅱ2(2)(ハ) ➡ 37頁）。

有権者団によって選定されたとき，これを受諾して公務員となることのできる資格は被選挙権と呼ばれる。このような性質から，被選挙権は厳密には資格（権利能力）であって権利ではないと説かれたりするが（この立場からは選挙権の場合も同様となる），自ら公職者として国政に参与することは，基本的には「幸福追求権」の内実をなす「権利」と解されるべきものと思われる（第2編第2章第1節Ⅱ6 ➡ 194頁，第5章Ⅰ2 ➡ 380頁）。憲法44条は，国会議員の被選挙権について，選挙権の場合と同様に差別を禁止している。このような国会議員の被選挙権についての考え方は，その他の公務員の被選挙権についても妥当すると解される。もっとも，被選挙権は，公務員として直接重要な国家意思の形成に参与する権利であることから，選挙権と全く同一ではない

と解する余地があり，公職選挙法は被選挙権につき年齢制限を高くしているが（衆議院議員については25歳以上，参議院議員については30歳以上），それがどれほどの合理的理由をもつかは議論の余地があろう。

　有権者団は誰を選任するかは本来自由なはずであるが，それでは選挙の目的を達成し難いことから，立候補制度が採用される。このことに関連して立候補の自由が問題となり，この自由の根拠について，判例は「立候補の自由は，選挙権の自由な行使と表裏の関係にあ」り，憲法15条1項の保障する「重要な基本的人権の一つ」としているが[16]，考え方の筋道については既に述べたところに譲る（第2編第2章第1節Ⅲ6→194頁）。なお，国政選挙ではないが，得票数が法定得票数に達せず，立候補の際に供託した金が没収されたため[17]，該供託制度および没収は立候補の自由を制約し，憲法に違反するとして，国や県に対し供託金相当額の返還を請求する訴訟があった。これにつき大阪高等裁判所は，選挙の妨害や売名目的の立候補を「不正な目的」とし，ただ何がそうした目的かは類型化することは困難で，供託を求めるにとどめたものであり，「参政権の行使を確保しつつ，自由かつ公正な選挙を実現する方策として」必要最小限度の規制と解し，そして現行の金額は国会の裁量の範囲内であると判示した[18]。立候補者がどういう人物かは有権者団が判断すべきことであって，諸外国に比べても高いハードルを設けることの是非は議論の余地がある[19]。

　(2) 平等選挙　平等選挙とは，各有権者の投票価値を均等に扱う原則をいう。これに相対するのが不平等選挙で，等級選挙制（有権者の財産や社会的身分などによって数個の等級に分け，各等級別に選挙を行うもの）や複数投票制（有権者の財産や社会的身分などによって1人2票以上の投票権を認めるもの）がその例である。このような不平等選挙は，憲法14条1項，44条あるいは15条3項の許すところではない。

　平等選挙との関係では，今日議員定数の不均衡が最大の問題となっている。これについては，3で述べる。ここでは，在宅投票制度廃止違憲国賠訴

---

[16] 最(大)判昭和43年12月4日刑集22巻13号1425頁。
[17] 本件は県議会議員選挙に関するものであるが，公職選挙法93条1項が供託金没収の条件として定める得票数（本件の場合，有効投票総数を選挙区の議員定数で割った10分の1）に達せず，供託した60万円を没収されたというものであった。
[18] 大阪高判平成9年3月18日訟月44巻6号910頁。
[19] 公職選挙法92条によれば，衆議院の小選挙区，参議院の選挙区の場合は300万円，両院の比例代表選出の場合は600万円，となっている。

訟に触れておく。

　公職選挙法は，いわゆる投票所投票自書主義をとりつつ (44条～46条。なお，46条の2以下に記号式投票や代理投票についての定めがある)，その例外として一定の場合に不在者投票を認めている (49条)。かつて不在者投票の一環として病人などの在宅投票制が認められていたが，悪用されたとして昭和27年に廃止された。この廃止措置は，身体障害者の選挙権行使の機会を奪うもので，憲法14条1項，15条1項，44条などに反するとして問題とされ，国家賠償請求訴訟も提起される状況の中で，昭和49年の改正で重度の身体障害者につき在宅投票が認められるに至った (なお，49条2項・3項参照)。

　この訴訟は，立法行為（または立法不作為）と国家賠償との関係にかかわる問題として注目され，下級審の判断の筋道も分かれたが[20]，最高裁判所は，「国会議員の立法行為は，立法の内容が憲法の一義的な文言に違反しているにもかかわらず国会があえて当該立法を行うというごとき，容易に想定し難いような例外的な場合でない限り，国家賠償法1条1項の規定の適用上，違法の評価を受けない」とした (傍点筆者)。そして，憲法には在宅投票制の設置を積極的に命ずる規定を欠き，かえって47条のような規定があるのであって，選挙事項の具体的決定は原則として国会の裁量的権限にまかせる趣旨であり，在宅投票制を廃止しその後一定期間これを復活しなかった本件立法行為につき，「例外的な場合」にあたると解すべき余地はない，と判示した[21]。先に触れた在外国民選挙権訴訟判決[22]との関係など興味をひく論点があるが，第4編において論及する。

　(3)　**直接選挙**　**直接選挙**とは，有権者が直接自ら公務員を選定する選挙をいい，有権者がまず選挙委員を選び，その選挙委員が公務員を選定する間接選挙と相対する。かつては間接選挙が広く行われたが，民主主義の進展

20　廃止の立法措置は違憲であるとして損害の賠償を請求した一次訴訟につき，札幌地裁小樽支判昭和49年12月9日判時762号8頁は請求を認容し，札幌高判昭和53年5月24日高民集31巻2号231頁は，廃止措置そのものよりも，在宅投票制を国会が復活させない立法の不作為が違憲であるとし，ただ議員にそれについての故意・過失がなかったとして請求を棄却した。また，廃止立法および立法不作為による損害の賠償を求めた二次訴訟につき，札幌地判昭和55年1月17日判時953号18頁は，廃止立法の違憲性および廃止の結果在宅投票制をともなわない公職選挙法が適用される限りにおいて違憲・違法を認めたが，議員の故意・過失がなかったとして請求を棄却し，札幌高判昭和57年4月26日選挙35巻8号34頁も同様の理由で請求を棄却した。

21　最判昭和60年11月21日民集39巻7号1512頁。

22　最(大)判平成17年9月14日民集59巻7号2087頁。

にともなって直接選挙へと切り換えられてきている。日本国憲法は，地方公共団体の長や議員などにつき直接選挙を明記するが (93条2項)，国会議員については「全国民を代表する選挙された」というのみである (43条1項)。したがって，二院制のあり方とも関連して，参議院の場合については間接選挙の導入も可能と解する余地もあるのかもしれない (佐藤功，大石眞)。しかし，憲法15条1項・3項，44条などに照らし，かつ，間接選挙を示唆させる文言上の手掛りを欠く中，間接選挙の導入は困難なように思われる (伊藤正己，戸波江二)。したがって，また，いわゆる複選制 (別の選挙で選ばれた公務員によって選挙させる制度。例えば，地方議会の議員によって参議院議員を選挙させること) の採用も許されないと解される。

(4) **秘密投票**　有権者の自由な意思に基づく投票を確保する趣旨から，今日広く秘密投票が採用されてきており，日本国憲法もこれを明文で保障している (15条4項)。公職選挙法はこれを受けて，無記名投票，投票用紙公給主義，投票の秘密侵害罪等々について定め，さらに，「何人も，選挙人の投票した被選挙人の氏名又は政党その他の政治団体の名称……を陳述する義務はない」(52条) と規定している。

最高裁判所は，選挙や当選の効力についての訴訟において，不正投票が誰に対してなされたかは取り調べてはならない，と判示した[23]。しかし，公職選挙法所定の詐欺投票罪の捜査のため，警察が被疑者の投票所入場券と特定候補者名の記載された投票用紙すべてを裁判所の差押許可状を得て押収し，指紋照合を行い，これに対して，その特定候補者と被疑者でない選挙人らが投票の秘密が侵されたとして提起した国家賠償訴訟につき，最高裁判所は次のように判示した。本件捜査は被疑者らが投票をした事実を裏づけるためにされたもので，上告人 (原告) らの投票内容の探索が目的でなく，照合に使われた指紋には上告人らの指紋は含まれておらず，上告人らの投票内容が外部に知られるおそれもなく，上告人らの投票の秘密にかかる法的利益は害されておらず，損害賠償請求は理由がない，と[24]。しかし，本件では特定候補者に投票されたすべての投票用紙が押収されており，押収された投票用紙が実際にどのように扱われるのかはいわばブラックボックスである。判決は，憲法上の条件的枠組みを示すべきではなかったか。

[23] 最判昭和23年6月1日民集2巻7号125頁，最判昭和25年11月9日民集4巻11号523頁。
[24] 最判平成9年3月28日判時1602号71頁。

(5) 任意投票　上述のように選挙権の行使は公務としての側面をもっており，その意味で投票は義務としての性格を帯びているともいえる。したがって，強制投票制もありうるところであるが，投票は個々の有権者の自由な意思に基づくのが筋で，公明な選挙を実現するうえでもその方が望ましいとの判断から（強制投票制をとった場合，どのように違反者に対する制裁を実現するのかという実際上の難問もある），**任意投票制**（**自由投票制**）が一般的で，わが国でも伝統的に任意投票制がとられてきた。

3　議員定数の不均衡をめぐる問題

人口移動があっても，それに応じて各選挙区の議員定数の適正な調整が図られないと，選挙区間で投票の重みに大きな格差が生じる。かつては，この種の問題は選挙制度全般の健全な運営に関する政治技術上の問題と受け止める傾向があったが，いわゆる都市問題などを背景に，憲法上の平等権の問題として浮上してきた。

わが国の最高裁判所は，当初，一方では，議員定数を人口比に応じて配分すべきことを「積極的に命じている規定は存在しない」とし，その前提に立って定数配分を「立法府である国会の権限に属する立法政策の問題」であるとしつつ，他方では，「選挙人の選挙権の享有に極端な不平等を生じさせるような場合は格別」と述べ，参議院議員選挙における投票価値比が1対4.09程度では「極端な不平等」とはいえないとした[25]。その後も，参議院議員選挙における1対5.08の格差について全く同じ論法で処理した。

しかし，格差についての国民の間の批判は次第に強まっていった。昭和47年の衆議院議員選挙の際にみられた投票価値比1対4.99に直面して，最高裁判所もついに，「各選挙人の投票の価値の平等もまた，憲法の要求するところである」と明言するに至り，そしてその不均衡は「一般的に合理性を有するものとはとうてい考えられない」と述べて違憲とした[26]。もっとも，判決は，行政事件訴訟法31条のいわゆる「事情判決」の制度を類推して，主文で該選挙は違法であると宣言するにとどめ，選挙を無効とはしなかった。

判決は，「事情判決」的手法を用いつつ，定数不均衡の問題領域に乗り出したもので，その積極的姿勢には評価すべきものがあった。判決がこの手法

---

[25] 最(大)判昭和39年2月5日民集18巻2号270頁。
[26] 最(大)判昭和51年4月14日民集30巻3号223頁。

に訴えたのには，2つの前提的理由があった。第1は，公職選挙法の定数配分規定は不可分一体で全体として違憲であるということである。第2は，憲法違反の法律は原則として当初無効であり，それに基づいてなされた行為の効力も否定されるべきところ，本件訴えがあった公職選挙法204条の訴訟における選挙無効は形成的無効であるが，それでも実際に選挙を無効とした場合，該選挙区選出の議員がいなくなるだけで事態の改善は達成されず，むしろ同様の訴訟が多数提起され当然無効の場合と同様の不当な結果が生じたり，訴訟の提起次第で議員のいない選挙区ができたりできなかったりというような不都合が生ずるということである。

こうした理解の仕方の是非については，議論の余地がある。例えば，平均的投票価値をもつ多数の選挙区については憲法上問題がないのではないか，また，選挙を無効としても既に当選しているものの議席を失わせる必要はないのではないか，等々の議論がありうるところである。それはともかくとして，該判決は，選挙を無効としなかったものの，違憲性・違法性を確認し，政治部門の憲法上の責任も明確にした点で大きな意義をもつものであった。

しかし問題は，①憲法上許容される格差はどの程度か，そして，②政治部門がその責任を果たさないときはどうなるか (「事情判決」手法を繰り返すのか)，である。該判決は，①の点に関し，「従来の選挙の実績」，「選挙区としてのまとまり具合」，「市町村その他の行政区画」，「面積の大小」，「政治における安定の要請」等々の多くの要素に言及しつつ，国会の「高度に政策的な考慮」余地を認めるものであった。関連してもう1つ注目すべきは，「いわゆる「合理的期間」論 (違憲状態になってから「合理的期間」が経過してはじめて法律が違憲となるというもの) によっていたことである。

その後多くの判決が重ねられてきたが，憲法上許容される格差限度として判例上目安とされているのは1対3あたりではないか，と推測された[27]。これに対して，何故1対3ならよいのかという当然の疑問があり，学説は一般に"1人1票"の原則をベースにしながら許容限度は2倍未満ではないかと

---

[27] 最(大)判昭和58年11月7日民集37巻9号1243頁は，格差1対3.94につき違憲状態としつつ「合理的期間」論により違憲とは断定しなかったが，最(大)判昭和60年7月17日民集39巻5号1100頁は，格差1対4.41につき違憲・違法と断定し，「事情判決」の手法によった。他方，最判昭和63年10月21日民集42巻8号644頁は，格差1対2.92につき違憲とはいえないと判示している。しかし，最(大)判平成5年1月20日民集47巻1号67頁は，1対3.18につき違憲状態と判断した。

いうものであった．もっとも，これは中選挙区制下でのことであり，平成6年の公職選挙法の改正で小選挙区・比例代表並立制が導入され，そして衆議院議員選挙区画定審議会設置法によって選挙区間の最大格差が「2以上にならないようにすることを基本と」するとされている（3条1項）状態の下では，従来の判例の枠組はもはや妥当しないと解される．が，最高裁判所（多数意見）の考え方は必ずしも明確でない[28]．

　さらに重大な問題は，参議院について存する．最高裁判所は，両院ともに等しく平等原則が妥当するとしつつ，先に触れた判決以降も，例えば52年選挙時の格差1対5.26，55年選挙時の格差1対5.37，61年選挙時の格差1対5.85につき，違憲の問題の生じるほどではないとしてきた．平等原則が妥当するとしながら5倍以上の格差も違憲というほどのことはないというのは，きわめて理解困難であるといわざるをえない．そして，平成4年選挙時の格差1対6.59に直面してさすがに最高裁判所は，「違憲の問題が生ずる程度の著しい不平等状態が生じていた」と認めざるをえなかったが，なお「不平等状態が相当期間継続し」ていたとはいえないとして，違憲・違法とは断定しなかった[29]（傍点筆者）．

　参議院の定数配分規定は，該判決前の平成6年に改正され，不均衡はある程度是正されたが，到底本質的な是正ではありえず，裁判で争われ続ける．そして，平成13年選挙時の格差1対5.06が問題とされた平成16年の判決[30]では，6人の裁判官の反対意見が定数配分規定を明確に違憲と断じ，4人の裁判官の補足意見が「仮に次回選挙においてもなお，無為の裡に漫然と現在の状況が維持されたままであったとしたならば，……違憲判断がなさるべき余地は，十分に存在する」と述べて注目された．その後も最高裁判所の合憲判決は続くが，より厳格性を求めるトーンが強くなってきているように思える[31]．

28　最(大)判平成11年11月10日民集53巻8号1441頁は，格差1対2.309につき合憲と判断したが，河合伸一等4人の裁判官，そして福田博裁判官の強い反対意見をともなっている．4人の裁判官の反対意見は，2倍未満とすべきであるとするもので，いわゆる"1人別枠方式"（各都道府県にまず1人を割り振る．本文に触れた設置法3条2項参照）は過疎対策とは何の関係もないと断じているのが注目される．その後，最(大)判平成19年6月13日民集61巻4号1617頁は，格差1対2.171につき，昭和51年判決や平成11年判決などを引用しつつ，合憲としたが，実質的には6人の裁判官が違憲と判断している．なお，平成21年の総選挙での2倍を越える格差につき，大阪，広島，東京等の高等裁判所が相ついで違憲と判断している．
29　最(大)判平成8年9月11日民集50巻8号2283頁．
30　最(大)判平成16年1月14日民集58巻1号56頁．

何がこうした変化を生み出したのであろうか．判例が本来的に理解し難いものであったこともさることながら，様々な要因により参議院の政治的比重が格段に強くなってきたことが考えられる．参議院が衆議院と全く同等なら，何故参議院の場合の定数配分が衆議院の場合よりはるかに緩やかであっていいのか．16年判決における泉徳治裁判官の追加反対意見は，いう．「参議院議員の選出について人口比例の原則をある程度後退させ，各都道府県代表の性格を強く持たせるということも考えられないではないが，現在の参議院の有する権限を考慮すると，それは許されないと考える」，と（傍点筆者）．この点は，二院制にかかわる問題であり，また後に触れる（第2章第2節）．

定数不均衡の問題（小選挙区制の場合は，正確には定数の問題ではないが）は，従来主として公職選挙法204条の訴訟として争われてきた．国家賠償請求訴訟として争われることもあったが，格別の展開をみせるところとはならなかった．しかし先に触れた在外国民選挙権訴訟判決は，公法上の当事者訴訟として権利確認訴訟を認め，国家賠償請求訴訟で立法行為の違憲性を争う新たな可能性をうかがわせるところもある．こうした点について，第4編で触れることにしたい．

4　選挙区制と代表法

国の全有権者団が1つの有権者団を構成して行動する場合もあるが，通常は，全国を幾つかに区分し，それぞれの区域の有権者団に一定数の議員を選定させる行き方がとられる．この区域が「選挙区」とされるものである．そして，1人の議員を選定する場合を小選挙区，2人以上を選定する場合を大選挙区という．衆議院議員選挙についていえば，小選挙区制が採用されたこともある（明治22年と大正8年）ものの，一般に大選挙区制が採用されてきた（一般に都道府県を数区に分かち，1選挙区3人から5人の定数で，中選挙区制と呼ばれてきた）．しかし，平成6年，新たな制度として小選挙区比例代表並立制（小選挙区300議席，比例代表200議席）が導入された（現在は衆議院議員の定数は480人，そのうち300人を小選挙区選出議員，180人を比例代表選出議員としている）．

小選挙区制，大選挙区制の特質と長短については，代表法との組合わせで理解する必要がある．代表法には，選挙区の多数派に当選者を独占させる多数代表法，選挙区の少数派にも当選者を出す可能性を与えようとする少数代

31　最(大)判平成18年10月4日民集60巻8号2696頁，最(大)判平成21年9月30日民集63巻7号1520頁参照．ここでも近時，高等裁判所の違憲判断が続いている．

表法，多数派と少数派の得票数に比例して当選者を出す可能性を保障しようとする比例代表法，とがある。小選挙区制は，多数代表法の典型である（これには絶対多数の代表方式と，相対多数の代表方式すなわち一回投票主義とがある）。大選挙区制でも，完全連記制と結びついた場合には，多数代表法となる。大選挙区制限連記投票制や従来わが国でとられてきた大選挙区単記非移譲式投票制などは，少数代表法の例である。

　多数代表法の場合はいわゆる死票が多くなり，他方，少数代表法の場合は政党の得票数と当選者の比率がかなり偶然によって支配され，多数派あるいは少数派が不当に多くの当選者を出す可能性がある。その点，比例代表法は有権者の意思を正確に反映する点で優れているといわれる[32]。

　しかし，比例代表法は，国民の多様性をよりよく反映するといっても，政党が他の政党との違いを際立たせようと競い合い，政治を過度に分散化の方向に押しやり，政権の形成と運営が政党間の確執と離合集散の中に漂うという事態を招きやすい側面をもっている（因みに，こうした小党分立や政治的不安定といった問題は，大選挙区制の下でも生じうる）。他方，多数代表法の場合は，選挙で多数を得た政党が政権を形成し，選挙で訴えた政策の具体的実現を図る構図が描かれるが（つまり，国民は選挙を通じて多数派を形成し，政権誕生の基礎を作る，換言すれば，選挙は政権選択の意味をもつ），そこでは政策形成力を含むガバナンスに富んだ，少なくとも2つの主要な政党の存在が不可欠となる。現実の選挙制度は，国民の意見の多様性の反映と国民の意見の集約（統合）という2つの選挙の機能・課題の間にあって，どちらにどのように比重をおくかによって定まるが，そこにはそれぞれの国の伝統や文化あるいは国のおかれた大きな時代的課題などが反映する[33]。

---

[32] 比例代表法といっても各種のものがある。大別して，単記移譲式と名簿式とがある。この名簿式にも，拘束名簿式（投票者は，名簿すなわち政党の選択をのみ示す投票を行う。各名簿の得票数に応じて，予め名簿に登載された候補者の順位に従って当選者が決定される）と非拘束名簿式（投票者は，名簿に登載されている候補者を指定して投票する。まず，名簿ごとに得票数を集計して当選者数を決定し，そして，各名簿の中で個人得票の多数を得たものから順に当選者が決定される）といった種別がある。

[33] そうした意味で，最(大)判昭和51年4月14日民集30巻3号223頁が次のように述べていることは，抽象的には正しい。「代表民主制の下における選挙制度は，選挙された代表者を通じて国民の利害や意見が公正かつ効果的に国政の運営に反映されることを目標とし，他方，政治における安定の要請をも考慮しながら，それぞれの国において，その国の事情に即して具体的に決定されるべきものであり，そこに論理的に要請される一定不変の形態が存在するわけのものではない」。

わが国では，衆議院について伝統的に中選挙区制がとられてきたが，選挙費用の削減や派閥解消ないし政策本位・政党本位の選挙の実現の必要などの観点から小選挙区制の導入が早くから説かれる一方，小選挙区制導入の基盤の欠如や弊害を指摘する声も強く存在した。そして 20 世紀末の厳しい時代環境の中で政治改革が推進され，その重要な柱として，上述のように，平成 6 年，小選挙区比例代表並立制が導入された。比例代表選挙は，全国を 11 のブロックに分け，それぞれに人口数に比例して定数が配分され，ブロックごとに各政党名簿が獲得する議席数が決定され[34]，そのうえで各名簿記載の順位に従って当選人が決定される（なお，小選挙区の立候補者が同時に比例選挙の名簿にも載れる「重複立候補」も認められている）。この新しい制度の様々な側面について裁判でその合憲性が争われたが，最高裁判所は，選挙制度に関する国会の「広い裁量」を指摘して，合憲と判断している[35]。

参議院については，長らく全国選出議員と地方選出議員の別を設けていたが，昭和 57 年に拘束名簿式の比例代表制に改められ，さらに平成 12 年には非拘束名簿式に変更された[36]。

5 選挙の自由と公正

(1) 総説 選挙がその本来の意義を発揮するには，有権者が必要かつ十分な判断資料に接することが必要であって，その意味において言論・出版などを通じての選挙運動の自由が不可欠となる。しかし，他面，選挙運動が全く放任されると，買収などの腐敗が生じたり，財力によって不当に支配されるおそれがあることから，一定の調整が必要となる。「選挙に関する事項」は法律で定めるとの憲法の規定（47 条）を受けて，公職選挙法は，「選挙が選挙人の自由に表明せる意思によつて公明且つ適正に行われることを確保」（1 条）する目的で，「選挙運動」につき広汎かつ多岐にわたる規制を加えている（129 条〜201 条の 15）。同法は，他方で，無料での政見放送などにつ

---

[34] この決定方法は一様ではないが，日本では名簿すなわち政党の得票総数を 1, 2, 3 といった整数で割り，その商の多い順に定数が尽きるまで議席を配分するというドント式が採用されている。

[35] 最（大）判平成 11 年 11 月 10 日民集 53 巻 8 号 1577 頁，同号 1704 頁は，重複立候補制と立候補の自由，比例代表制と直接選挙制，小選挙区制の合憲性等々について，いずれも憲法上問題はないと判断した。

[36] 非拘束名簿式につき，名簿登載者個人には投票したいが，所属政党には投票したくないという場合にも，その政党への投票として扱われるのは，国民の選挙権を侵害し，憲法 15 条に反するという主張につき，最（大）判平成 16 年 1 月 14 日民集 58 巻 1 号 1 頁は，政党が国民の政治意思を形成する最も有力な媒体であることを指摘しつつ，その主張を斥けた。

いて定めている（これに関連する政見放送削除事件判決[37]については，第2編第3章第1節Ⅳ4(1)(ホ)➔270頁）。

これらの規制の中には，戦前の普通選挙導入時における内務省主導の腐敗防止・選挙管理的発想（その根底には政党・国民に対する不信感があった）に連なるものが存在している。日本国憲法下にあっては，それは表現の自由に対するあまりに著しい制限ではないか，選挙の自由と公正の調整という枠をはみ出しているのではないか，の疑問にさらされてきた。以下，その中の幾つかに触れるにとどめる。

(2) 「選挙運動」・「選挙運動期間」・「事前運動禁止」　**選挙運動**とは，特定選挙につき，特定候補者のため，その当選を目的として，選挙人に働きかける諸行為とされるが[38]，公職選挙法は，該運動の可能な期間（「**選挙運動期間**」）を候補者の届出のあった日から当該選挙の期日の前日までとしている（129条）。そして，その前に選挙運動をした者に対しては，罰則が設けられている（239条1項。「**事前運動禁止**」）。

こうした制限については，「選挙運動」と「政治活動」とを区別し，制限されるのは前者についてのみであり，「政治活動」は広くその自由が認められているとして正当化された。判例[39]は，常時選挙運動が行われると，①不当，無用な競争を招き選挙の公正を害するのみならず，②徒らに経費，労力がかさみ経済上の不平等を帰結するおそれがある，として合憲としてきた。

しかし，「選挙運動」という概念は，先の定義からも知られるように，きわめて広汎かつ不明確であり，そのこととも関連して「政治活動」との区別などはほとんど不可能に近い。「選挙運動」概念をそのまま広く適用すれば，政治に携わる（携わろうとする）者が現実になし・なすべき行為のほとんどが違法となりかねない。そもそも選挙は，日常的政治活動の帰着点であるはずであり，政治活動と選挙過程との接合を切断しようとするのは原理的に理解し難い。この制度および判例の理解は，有権者が必要かつ十分な判断資料に接しつつ投票に臨むという立憲民主主義国における選挙の意義に背き，規制の便宜（それに安易に依拠してきた日本の政治の習性）に傾きすぎているように思われる[40]。

37　最判平成2年4月17日民集44巻3号547頁。
38　最判昭和38年10月22日刑集17巻9号1755頁参照。
39　最(大)判昭和44年4月23日刑集23巻4号235頁，最判昭和55年6月6日判時964号129頁など。

(3) 戸別訪問の禁止　戸別訪問の禁止（公職選挙法138条1項）は，大正14年の普通選挙法以来の，わが国独特の規制であるが，最高裁判所は，憲法21条の保障する表現の自由にも「公共の福祉のためにその時，所，方法等につき合理的制限のおのずから存する」ものとの理解の下で，戸別訪問は「種々の弊害を伴う」とのみ述べて合憲とした[41]。その後，下級審の判決の中に，「明白かつ現在の危険」の法理を用いて無罪としたり，あるいは戸別訪問罪自体を違憲とするものもあったが，最高裁判所は，戸別訪問禁止規定は全面的禁止規定である旨明らかにしつつ，一貫して上の25年判決の合憲判断を確認してきている[42]。

判（決）例が合憲とする根拠は，①買収，利益誘導，②投票の情実による支配，③無用・不当な競争にともなう選挙の実質的公平の阻害，④有権者の私生活の平穏の攪乱，等々の回避である。学説の中には，こうした理由のほか，さらに秘密投票原則の保持もあげて合憲とするものもみられたが，やがて，表現の自由の保障や国民主権の観点からの違憲論も強く主張されるようになった。確かに，憲法発足直後の頃はともかく，その後の憲法解釈論の進展や社会状況の変化（電話の普及，情報化社会の進展）からすれば，上にみたような諸根拠は，そもそも表現の自由を制約する根拠とはなりえず，裏づけを欠く抽象的断定にすぎないものであった。

上述のように下級裁判所の中には違憲視するものもみられるようになり，最高裁判所も新たな理由づけが必要と感じたのか，昭和56年6月の判決[43]で，猿払事件判決[44]の枠組（第2篇第1章第5節Ⅰ4→160頁）に従い，①「選挙の自由と公正を確保する」という目的は正当であり，②弊害（上にみた諸根拠参照）を総体的にみて，戸別訪問の一律禁止と禁止目的との間には合理的な関連性があるとしたうえ，③利益衡量に移って次のように述べた。すなわち，戸別訪問禁止は，意見表明そのものの制約を目的とするものではなく，

---

[40] 因みに，「選挙運動期間」は短縮化の傾向にあり，他方，投票率向上を理由に期日前投票の条件が緩和されており（公選挙法48条の2参照），「選挙運動」そのものの意義さえますます稀薄化しつつあるようにみえる（毛利透）。

[41] 最（大）判昭和25年9月27日刑集4巻9号1799頁。

[42] 最判昭和42年11月21日刑集21巻9号1245頁，最（大）判昭和44年4月23日刑集23巻4号235頁，最判昭和56年6月15日刑集35巻4号205頁，最判昭和56年7月21日刑集35巻5号568頁，等々。

[43] 注42の判決。

[44] 最（大）判昭和49年11月6日刑集28巻9号393頁。

意見表明の手段方法のもたらす弊害の防止であり，失われる利益は単に手段方法の禁止にともなう限度での「間接的，付随的な制約」にすぎないのに対し，得られる利益は「選挙の自由と公正の確保」であって，後者の利益は「はるかに大きい」，と。

猿払事件判決に関して述べたように，一見精緻な判断枠組・基準のようにみえるが，「選挙の自由と公正の確保」というように目的を抽象的に広く捉えてしまえば，②と③の"論証"はほとんど意味をなさないものである（はじめから結論は明らかである）。また，表現内容の規制と時・場所・方法等に関する二分論の問題性についても，既に述べたところに譲る（猿払事件判決に触れた個所や，第2編第3章第1節Ⅳ3(5)→261頁,4(2)→271頁など）。ただ，戸別訪問の禁止は，単に他人の家を訪問するという手段方法についてではなく，当選を目的として他者に働きかけるということにともなう"弊害"に着目してのことであるとすれば（おそらくそう解さざるをえない），それは内容に着目しての規制といわざるをえないことを付言しておきたい。

(4) 文書図画の利用制限等　公職選挙法は，また，選挙における**文書図画の利用を広汎に規制**しており，昭和4(1929)年以来の「包括的禁止・限定的解除」方式を踏襲したものと指摘されているところである。

この点についても，判例[45]は，いとも容易にこの程度の規制は「公共の福祉のため，憲法上許された必要且つ合理的の制限」としてきた。その理由とするところは必ずしも明確ではないが，指摘されるように，①多額の出費にともなう経済上の不平等，②無責任，悪意の文書の横行，③選挙人にとっての迷惑，などの回避ということなのかもしれない。もしそうだとして，それぞれが表現の自由のこれほどの徹底した規制を正当化するに十分な根拠となるのであろうか（例えば，②の問題は，別のより制限的でない規制方法がありうるし，また，いわゆる選挙運動期間が長ければ対応も可能なはずである）。そして，この種の規制については，先の戸別訪問の禁止のように手段方法のもたらす弊害の防止にすぎないという論法が妥当しないことは明白である。

演説会に関する細かな規制（161条～166条）も，事前運動禁止や文書図画の利用制限などと相まって，きわめて窮屈な状況を作り出している。

---

[45] 最(大)判昭和30年4月6日刑集9巻4号819頁，最(大)判昭和39年11月18日刑集18巻9号561頁，最(大)判昭和44年4月23日刑集23巻4号235頁，最判昭和57年3月23日刑集36巻3号339頁，等々。

そのほか新聞紙・雑誌の報道・評論に関する規制（148条・148条の2）についても，注意を要する点が存する[46]。

(5) **基本的見直しの必要性**　以上一瞥した限りでも，わが国の選挙が異様ともいうべき徹底した規制管理下におかれていることが知られる。公職選挙法はもとより日本国憲法下で制定されたものであるが，既に示唆したように明治憲法下の規制形態を下敷にしており，その後の事情を反映しつつ"精緻"化が図られ，複雑で分かりにくいものとなっている。そして何よりの問題は，こうした規制のあり方は日本国憲法の保障する表現の自由の保障と国民主権の趣旨に適合するものであろうかということである。

実は，先に触れた判決[47]の中で伊藤正己裁判官は補足意見を書き，戸別訪問禁止や文書図画の利用制限を表現の自由の保障などとの関連で正当化することが困難であることを率直に認めたうえで，「選挙に関する事項」は法律で定めるとする憲法47条に注目し，選挙運動規制は各候補者が競い合うにあたって守るべき「合理的なルール」（一種のゲームのルール）とみるしかないことを示唆した。しかしこの論の最大の問題は，国民が蚊帳の外におかれていること，つまり国民にとって重大な事柄である選挙のあり方に関し立法者が勝手にルールを決めてよいのかということである。憲法は選挙に関しまず自由ということから出発していると解されるとすれば（長谷部恭男），このルール論はにわかに首肯し難いものがある。

もとより選挙の公正を維持するための規制措置（例，買収防止のための当選無効制度や買収供応，候補者による寄付の禁止等々）は必要である。しかし，一瞥した選挙運動規制は主要な立憲民主主義国の中にあって「異常」（毛利透）に映ることは否定し難い。そして，政治改革や行政改革が推進される中で，政党の政策形成力とそれを実現する力量がより強く求められ，それだけに政党としての日常の政治活動が格段に重要となってきており，それにインターネットの普及という要素も加わって，従前の選挙運動規制・統制がそうした状況に適合しないことが顕著になってきている。国会が，明治憲法体制以来の習性から脱却し，選挙規制・統制を抜本的に改革すべき時期に至っているといえよう。

46 最判昭和31年2月16日刑集10巻2号201頁，最判昭和54年12月20日刑集33巻7号1074頁など参照。
47 注42の56年7月判決，注45の57年3月判決。

6 選挙に関する争訟

選挙の適法，公正を確保するために種々の工夫が必要であるが，公職選挙法は，選挙の不法，不正を広く裁判所に訴えて争い，是正する道を開いている。すなわち，①選挙人名簿の登録に関し不服のある選挙人が提起できる選挙人名簿に関する訴訟（24条・25条），②選挙人，公職の候補者であれば誰でも，選挙の全部または一部の無効を主張して争うことのできる選挙無効訴訟（204条・205条），③選挙自体は有効ではあるが，当選人の決定に誤りがあると主張して当選しなかった者が争う当選訴訟（208条・209条），④選挙運動の総括主宰者，出納責任者などの特定の選挙犯罪により処罰された場合などにおいて，該当選人の当選を無効であると認める検察官が提起する訴訟である，選挙関係法違反による当選無効および立候補の禁止の訴訟（連座制の訴訟）（211条），といった各種の方法が用意されている。

第3節　政　党

Ⅰ　政党の憲法上の根拠とその地位

1　政党の憲法上の地位

上述のように，国民は，有権者団として主として選挙を通じ，あるいは公開討論の場における言論活動を通じて，国家の意思形成過程に関与するが，その過程において政党が重要な役割を果たしていることは否定し難い事実である。実際，政党は，今日の政治過程の実態に即してみれば，議会制民主主義を支え，国民の統合と憲法の機能のあり方を規定する重要な存在であり，憲法の定める統治構造と過程は，実質的には，政党の数，政党の性格・内部構造，価値観をめぐる政党間の懸隔，国民の日常生活への浸透度ないし支配度などによって規定されているといっても過言ではない。例えば，政党の問題を抜きに，個人の自由の保障の体系や権力分立制は語りえない。

従来，単一の政党しか認めない国家が少なくなかった。そこでは，その政党の無謬性が措定され，権力分立制とは違った，その政党の支配にふさわしい国家機構が採用される。複数政党を認める場合にあっても，支配政党が無謬性の絶対的価値観に立つときは，単一の政党しか認めない国家に接近す

る。また，複数政党を認める国家にあって，野党が無謬性の絶対的価値観に立つときは，選挙は，根本的な体制選択の意味をもつことになる。

現代国家におけるこのような政党の重要性に照らし，ドイツの憲法（21条），イタリアの憲法（49条），フランス第5共和制憲法（4条）のように，憲法上政党について規定するものがみられるようになった。中でも注目されるのがドイツの憲法である。イタリアの憲法は，「市民の権利および義務」の一環の「政治的関係」の個所で，市民の自由な「政党結成権」について定めるにとどまるが，ドイツの憲法は，国家の基本構造に関する「連邦およびラント」の個所において，次のように定める。①政党は「国民の政治的意思の形成に協力」し，②政党の「結成は自由」であるが，③その内部秩序は「民主的諸原則に適合し」，また，「その資金の出所および用途ならびにその財産について，公に報告しなくてはなら」ず，さらに，④「その目的または党員の行為が自由な民主的基本秩序を侵害もしくは除去し，またはドイツ連邦共和国の存立を危うくすることを目指す」政党は，連邦憲法裁判所によって違憲とされ，⑤詳細は連邦法律で定める，と。

国家における政党の位置づけに関する歴史的変遷として，ⓐ敵視，ⓑ無視，ⓒ承認および法制化，ⓓ憲法的編入の4段階に分けるトリーペルの説がしばしば引用される。ドイツの憲法は，ⓓに踏み出したことをうかがわせる。問題は，ⓒ，特にⓓが，議員の国民代表的性格に基礎をおく近代議会制とどう調和するかである。この点，ドイツの憲法は，政党の存在と機能を積極的に認めるとともに，同時に「議員は，全国民の代表であって，委任および訓令に拘束されることなく，自己の良心にのみ従う」（38条1項）と規定しており，両者の関係をめぐって様々な議論を呼んできた。さらなる問題は，政党の公認は規制と裏腹の関係になりやすく，本来任意的な自由な存在であるべき政党のあり方とどう折り合いをつけるかである。

2　日本国憲法と政党

上において政党の憲法上の位置づけに関しやや一般的に論じたが，日本国憲法にあってはどうであろうか。憲法は，政党について直接言及するところがない。この憲法の沈黙を考慮し，かつ議員の国民代表的性格も重視しつつ，政党に対して消極的に評価する見解もあったが（A説），現在では，政党は議会制・立憲民主主義を支える不可欠の存在として積極的に評価する見解が支配的である（B説）。

この点，八幡製鉄政治献金事件判決[48]は，政党は「議会制民主主義を支える不可欠の要素」であり，「国民の政治意思を形成する最も有力な媒体」であって，憲法は「政党の存在を当然に予定している」と断じ，共産党袴田事件判決[49]も，政党は「政治上の信条，意見等を共通にする者が任意に結成する政治結社であ」ると述べつつ，同様の認識を示した。

　このようにＢ説に立つとしても，その憲法上の根拠はどこに求めるべきであろうか。この点特に根拠に触れない論もみられるが，憲法の解釈論としては 21 条がその自由を保障する「結社」であると解すべきであり，それが一般的であると思われる[50]。したがって，政党の結成・不結成の自由，政党への加入・不加入の自由，党員の継続・脱退の自由，政党の自治的活動の自由が保障されていることを基本とすべきである（この政党の自由には，14 条 1 項や 44 条も関係する）。故に，政党をもって，国家機関化可能対象と考えたり，頭から特別の規制対象となる存在と解すべきではない。

　もっとも，政党は，国民の意向を反映しかつまた掲げる政策を国民に訴えつつ，政府機構の支配を獲得・維持することによってその実現を図ることを目指す点において，結社の中でもきわめてユニークな存在である。政党は，既に触れた判例も示唆するように，いわば国家と国民とを媒介する枢要な役割を果たしているとみることができる。こうした点に着目して政党の公(共)的性格が強調されるのは，十分な理由がある。

　このことの 1 つの帰結として，包括的な政党法を制定して，政党の国家意思形成の協力者としての地位を確認し，それにふさわしい活動を促進するに必要な保護助成および規制の措置を講ずべきであるとする考え方が登場する。しかし，政党の自由，保護育成そして規制をどのように調和させるかは容易な課題ではない。こうしたこともあって，わが国では，個別的な必要に応じて立法措置が講じられてきた。政治資金規正法，公職選挙法，政党助成法（平成 6 年）および法人格付与法（「政党交付金の交付を受ける政党等に対する法人格の付与に関する法律」〔平成 6 年〕）がそれである。

　立法措置を講ずるにあたって，政党の定義が問題となる。この点，抽象的

---

[48] 最(大)判昭和 45 年 6 月 24 日民集 24 巻 6 号 625 頁。
[49] 最判昭和 63 年 12 月 20 日判時 1307 号 113 頁。
[50] 例えば，既に触れた共産党袴田事件に関する東京地裁八王子支判昭和 58 年 5 月 30 日判時 1085 号 77 頁や東京高判昭和 59 年 9 月 25 日判時 1134 号 87 頁は，憲法 21 条や 19 条によって政党の自由の意義を説き，上告審判決も同様の理解に立っているものと思われる。

第3節　政　党　　① 政党の憲法上の根拠とその地位

にいえば，既に示唆したように，政党とは，一定の政策を掲げ，それに対する国民の支持を背景に，政府機構の支配の獲得・維持を通じてその実現を図ろうとする，自主的・恒常的な政治組織団体，ということになろうかと思われるが，具体的には，立法目的との関連で決まることになる（したがって，立法目的に応じて異なることもありうる。はじめから政権を意図しないものであっても，例えば選挙の実施上「政党」として扱うということもありうる）。政治資金規正法は，「政治上の主義若しくは施策を推進し，支持し，又はこれに反対すること」などを目的とする「政治団体」で，かつ，5人以上の国会議員を有するか，その可能性のあるもの（直近の選挙で有効投票総数の2パーセント以上を得たもの）を「政党」としている（3条）。そして政党助成法は，政治資金規正法にいう「政治団体」のうち，①当該政治団体に所属する国会議員5人以上有するもの，②①の政治団体に所属しない国会議員を有するもので，直近の選挙で有効投票総数の2パーセント以上を得たものを「政党」と呼び（2条1項），政党交付金を受けるには法人格付与法により法人となっていることを要求している（3条）。

　政党助成法は，様々な議論の中で制定されたものである。国の法制上政党の公（共）的性格がより強く公認されたといえるが[51]，同時に，そのことは，政党が本来党員や政策への賛同者によって支えられてその独自の存在理由を発揮しうるという側面が後退することを意味する。一定度の政党助成はやむをえないとしても，政党の国家補助への依存がさらに高まれば（いわば「国営政党」化[52]，その行き着く先は何であろうか。政党の政治資金は難しい課題であるが，その点については次の②で少し触れる。

　以上政党の重要性についてみてきたが，最後に，憲法には，議員の全国民代表性に関する43条1項や議員の免責特権に関する51条などが存在することに注意を促しておきたい。議員は，選挙に際し所属政党の掲げる政策を支持することによって全国民を代表することを表明するのであるから，当選後の議員の去就に一定の規律が生ずることは当然であろう。この点，国会法

---

[51] 同法制定の目的は，「議会制民主政治における政党の機能の重要性にかんがみ，国が政党に対し政党交付金による助成を行うこととし，このために必要な政党の要件，政党の届出その他政党交付金の交付に関する手続を定めるとともに，その使途の報告その他必要な措置を講ずることにより，政党の政治活動の健全な発達の促進及びその公明と公正の確保を図り，もって民主政治の健全な発展に寄与すること」（1条）とされている。

[52] 政党交付金は，基準日における人口に1人あたり250円を乗じた額で，現在総額は年300億円を越える。さらに増額を求める動きもあるようである。

は，特に比例代表選挙により議員となった者につき，議員となった日以後に，その選挙における他の名簿届出政党等に所属することになったときは，その日をもって退職者となると規定している（109条の2）。したがって，この場合以外の党籍離脱が議員の身分喪失に結びつくことはない（無所属となるとか，選挙後に結成の新政党に所属するとかの場合）。党籍離脱にも様々な事情があることが考慮されなければならない。

　しかし，政党の方針に反したことなどを理由に党を除名されたような場合に即議員の身分喪失という法的効果をともなわせることは，憲法43条1項などに反するといわなければならない。この点については，国会の個所でも論及する（第2章第1節①3→428頁）。なお，当選人の決定に直接影響を及ぼすような政党の除名処分が，政党の自治（自律）権との関係で争われた特殊な日本新党事件については，次のⅡで言及する。

Ⅱ　政党の活動と法的規制

1　政党の自律性と党内民主主義

　上述のように，政党は，結社の1つとして自治（自律）的存在であるとともに，「議会制民主主義を支える」公（共）的な特別の政治的役割を担った存在である。後者の性格から，可能な限りでの公開性をともなった民主主義的な組織運営（いわゆる党内民主主義）が要請される。既にみたように，ドイツの憲法は，党内民主主義の確立が憲法的要請であることを明記している。このような明文規定を欠く日本国憲法下にあっても，理念上は，党内民主主義の確立の要請が憲法上妥当していると解されるべきであろう。

　ただ，この要請は一義的にその具体的内容を決めることは困難で，政治上のものと解さざるをえないものもあるし，ときには法上のものと解さなければならないものもある。わが国にあっても，例えば党首の選定につき，地方支部にも投票の枠を拡げるようになったことなどは，そうした政治上の要請に沿うものとみることができる。微妙なのは，政党の内部的な自治権への法的介入である。ここでは，先に言及した2つの事例に触れるにとどめる。

　共産党袴田事件は，反党的活動などを理由に除名処分を受けた幹部が従来から居住していた党所有の家屋を明渡さないため，党がその明渡しを求めた事案にかかわる。該幹部は，除名処分は党規約に反し手続的にも実体的にも

無効であると反論した。最高裁判所は,「政党が党員に対してした処分が一般市民法秩序と直接の関係を有しない内部的な問題にとどまる限り,裁判所の審判権は及ばない」とするとともに,その処分が一般市民としての権利利益を侵害する場合でも,該処分の当否は「当該政党の自律的に定めた規範が公序良俗に反するなどの特段の事情のない限り右規範に照らし,右規範を有しないときは条理に基づき,適正な手続に則ってされたか否かによって決すべきであり,その審理も右の点に限られる」と述べて,結論として党の請求を認容した。判決は,政党の内部的な自律権への配慮に基づき,手続的な側面についても慎重な姿勢を示したものといえよう[53]。

日本新党事件は,参議院比例代表選出議員の選挙の際の名簿登載の候補者 A_1（選挙の結果次点）を党が除名し,その旨の届出を選挙長に行い,その後上位当選者 2 名が辞職したため繰上補充が行われ（$A_2 A_3$ が当選人となる）,A_1 は当選人とされなかったため,A_1 が A_3 の当選無効の訴訟を提起したという事案にかかわる。一審の東京高等裁判所は,本件除名は党則に従ってはいるが,党則には民主的かつ公正な適正手続の定めがなく,かつ,そうした手続に従ってなされたものでないから無効であり,A_3 の当選決定も無効であるとした[54]。しかし最高裁判所は,「〔公職選挙法〕が名簿届出政党等による名簿登載者の除名について選挙長ないし選挙会の審査の対象を形式的な事項にとどめているのは,政党等の政治結社の内部的自律権をできるだけ尊重すべきものとしたことによる」としたうえ,政党による名簿登載者の除名が不存在または無効であることは,除名届が適法にされている限り,当選訴訟における当選無効の原因とはならないと断じた[55]。

学説の評価も分かれているが,政党の自律権を尊重すべきものとはいえ,名簿に基づく選挙民の意思を軽く扱いすぎてはいまいか,そもそも当選訴訟として特に裁判所に判断させることの意味は一体どこにあるか,といった疑問のあるところである（山元一）。

2 政治過程の公明さの保全

政党や「公職の候補者」が政治活動を行うには,様々な面で相当の資金を

---

[53] 注 49 の判決。なお,注 50 の同事件の下級審の判決は,結論としては党の請求を容認しているが,政党の高度の公共性に言及し,政党の内部的自律権による制裁処分についても「公正な手続」によるべきことを強調している。
[54] 東京高判平成 6 年 11 月 29 日判時 1513 号 60 頁。
[55] 最判平成 7 年 5 月 25 日民集 49 巻 5 号 1279 頁。

必要とする。先にドイツの憲法が、その内部秩序は「民主的諸原則に適合し」、また、「その資金の出所および用途ならびにその財産について、公に報告しなくてはならない」と定めていることをみたが、このような憲法の規定のない国でも、その形態は様々ではあるが、政治過程の腐敗を防止し公明さを保全する趣旨から、一般に政治資金に関する規制と公開制を設けてきた。

わが国では、政治資金規正法が、「政治団体及び公職の候補者により行われる政治活動が国民の不断の監視と批判の下に行われるようにするため、政治団体の届出、政治団体に係る政治資金の収支の公開並びに政治団体及び公職の候補者に係る政治資金の授受の規正その他の措置を講ずることにより、政治活動の公明と公正を確保し、もつて民主政治の健全な発達に寄与することを目的」(1条) として、各種の規制を行ってきた。また、これとは別に、公職選挙法は、選挙運動資金の規制を加えてきた (194条)。

しかし、この2本建ての規制の問題に加え (選挙運動と政治活動の区別の問題については既に触れた)、そのときどきの問題の発生と世論の動向への政治的配慮に基づく文字通りつぎはぎ的な"対症療法"が繰り返されてきた結果、国民が規制とその効果の全容を理解することがほぼ不可能なほどに複雑で迷路のような仕組みになっていると指摘されている。既に様々な抜本的な改革案も提示されているが (選挙運動費用と政治活動費用の2本建て規制を改めて、一本化することも含めて)、肝心なことは、政党・政治家が、まず何よりも、①政治活動にかかわる資金の収支の全体像を率直に国民に示すこと (それは、何が政治資金として必要かつ合理的なものかについての国民の理解の大前提となる)、そして、②政治資金の公開・透明性を確保するためのより簡明で実効的な仕組みを構築すること、である。

政党助成のことについては既に触れたが、政党が基本的に国民の自発的な寄付やボランティアによって支えられ、これ以上国家補助に依存することにならないようにするためにも[56]、上のような改革は避けて通れない道である。ついでに政党助成について付言すれば、この制度には政党の機会均等の確保といった趣旨も含まれているが、他面既成政党に有利に働くことは否めず、また、現行の配分基準 (政党交付金は所属国会議員数と得票数に応じて各政党に配分される) が大政党に有利に作用しないかなどの課題をともなっている。

---

[56] 政党交付金が300億円を越えることは注52で触れたが、文書通信費80億円余、立法事務費50億円余が国庫から支出されており、諸外国と比べても既に相当な額である。

以上，政党の政治資金の公開・透明性の確保の重要性を強調してきたが，そのための規制は公正かつ実効的に実施されなければならず，それには独立性の強い第三者的な監査機関を設けることが必要と考えられる。そして最後に，こうした規制が，国民の政治活動（結社活動）の自由を不当に萎縮させることにならないような配慮が必要なことを付言しておきたい。例えば，献金者の開示制により，小政党がそのため結社の権利を侵害される合理的蓋然性を証明した場合には，適用除外がありうることを示唆する合衆国の判例は，その意味で注目されるところである。

3　憲法秩序に反する政党の問題

　政党は，上述のように，政府機構の支配を獲得・維持することにより国家を指揮することを目指す点において，ユニークな結社であり，それだけに憲法秩序の維持との関係で微妙な課題を孕んでいる。この点，ドイツの憲法は，ナチスがワイマール憲法の保障下で成長したという苦い経験に鑑み，自由の否定者には自由を与えるべきではないという思想（いわゆる「闘う民主制」）の下に，上述のように「自由な民主的基本秩序」に反する政党を違憲として禁止する道を開いた（因みに，韓国1987年憲法もこの系譜に属する）。この種の規定を欠く日本国憲法下にあっても，法律で解散を限度に規制措置を講ずることは可能であると説く見解もあり，あるいは，政党助成に関連して，"憲法忠誠"を要求できるとする説が存する。

　ただ，ドイツや韓国の憲法と違って，政党に関する明文規定を欠き，「結社の自由」にいう「結社」と解すべき日本国憲法下にあっては，政党助成に関連する問題はともかくとして，解散を含むこのような規制措置については消極に解されるべきであろう。積極説に対しては，相対主義的哲学に依拠する自由主義的民主主義（ただし，自由主義的民主主義を支える「土俵」すなわち日本国憲法の選択そのものは，上述のように憲法制定者にとって「動かし難いものとして立ち現れてくるもの」であって，決して単なる相対主義ではない）に背馳することにならないかの原理的疑問，自由の濫用を一切認めないところでは自由は存在しうるかの実際的疑問を提起できる。

　さらに，政党の目的それ自体を理由に解散などの規制措置を講ずることは，憲法の保障する思想・良心の自由と相容れず，また，「自由な民主的基本秩序」（ドイツの憲法）ないし「民主的基本秩序」（韓国の憲法）といっても抽象的で明確を欠き，政権保持者による恣意的適用の危険が大きいという規制

技術上の問題があることが指摘されなければならない（なお，この両国は，憲法裁判所型違憲審査制国である）。

第2章 国　　会

第1節　国会の性格と地位

I　国会の性格

1　国民代表機関としての国会

　日本国憲法は，前文において「そもそも国政は，国民の厳粛な信託によるものであつて，その権威は国民に由来し，その権力は国民の代表者がこれを行使し，その福利は国民がこれを享受する」と定め，さらに，43条1項において「両議院は，全国民を代表する選挙された議員でこれを組織する」と規定して，日本国憲法が代表民主制を基本とすることを明らかにする。

　国民主権下にあっては，およそすべての国家機関が国民の代表と目されるべきものであるが（広義の代表観念），43条1項が①両議院が「選挙された議員」で構成され，しかも特に②その議員は「全国民〔の〕代表」であると明記していることには特別の意味がある。すなわち，国会は，それを構成する議員が特に選挙によって選ばれるということによって，民意を忠実に反映すべき機関であるとともに，同時に，その議員が単にその選挙区や特定の団体などの利益ではなく，国民全体の「福利」の実現を目指すべき存在にして，かつ法上その存在にふさわしい行動をとる自由を保障されるということによって，統一的国家意思を形成決定できる機関であるということである（狭義の代表観念）。これは近代議会制の特徴である国民代表観念の系譜に連なるものであるが，もう少し立ち入って考察しなければならない。

2　「代表」の観念と機能

　(1)　国民代表（選挙制代表）観念の登場　「代表」という言葉は，多義的である。通常の主な用法としては，本人に代わって行動する代理人ないし代弁者を意味する「委任的代表」，ある人がある部類に属する人々の性質を幾らか共有していることを意味する「縮図的代表」，ある人がある部類に属す

る人々の一体性ないし資質を象徴していることを意味する「象徴的代表」の3つがあるといわれる (A・H・バーチ)。

　中世の身分制議会は「委任的代表」の例であるが，近代社会への脱皮の過程で，まず17世紀イギリスにおいて，議会の議員は選挙人の代理人としてではなく，国民全体にとって何が最善であるかについての自らの判断に従って行動すべき存在であるとするホイッグ的代表理論が登場した。これは，上記の3つの代表観念のいずれとも異なる独特のもので，「**国民代表**」とかときに「**選挙制代表**」とか呼ばれるものである (バーチ)。この新代表理論は，地方の利害の代表に議員の機能を求めるトーリ的代表論と拮抗しつつ，次第に定着していく (選挙民との密接な接触の必要を説きつつ，同時に国民全体にとって何が重要であるかの独自の判断力を行使するところに代表の本質があると説く，1774年のエドマンド・バークの演説は有名である)。

　このホイッグ的理論は，フランス革命の中で対応物を見出す。1791年憲法は，国民主権を宣言するとともに，国民は代表者を通じてしか権力を行使しえないものとし，代表者は「全国民の代表者」であると規定して命令的委任を明確に否定した。これはヨーロッパ大陸における代表観念の転換をもたらす契機をなすものであったが，次の点に注意する必要がある。つまり，この代表理論は，国民の意思が議会にもろに流入することを遮断して，代表エリートが国民から独立した自由な立場において，しかも国民の名において統治することを可能ならしめようとするものであったということである (なお，第1編第1章第1節Ⅲ2 ➔ 5頁)。

(2)　国民代表観念の変容　　イギリスや大陸における代表理論と並んで，アメリカにおけるそれにも注目する必要がある。ここではホイッグ的理論は受け入れられず，主権は人民に属するとの前提に立って，代表を直接民主制の手段と捉える考え方が支配的となった。下院議員の任期が2年と短いのは，そのことの反映である。しかし，また，トーリ的発想とも異なる。アメリカでは，人民すなわち議会が，主役であるという発想がとられた。トーリ的発想では，統一的政策形成者は政府 (国王と大臣) であることを前提にして，議会には地方的利害を代弁させ，その救済を政府に要求するという機能を期待するものであった (その意味では議会は"脇役"にとどまる)。ただ，このアメリカ的代表論は，間接選挙によって選ばれ，国家的利害の観点から行動することを期待される大統領の存在を前提とするものであったことが注意さ

れる必要があり，また，各州から2名ずつ6年の任期で選ばれる議員で構成される上院の存在，さらに違憲立法審査権をもつ裁判所の存在も忘れてはならない。

このように代表を直接民主制の手段と捉えようとする考え方は，実はフランス革命期にも登場した。1793年の憲法は，かかる考え方を反映するものであった。しかし，この考え方はヨーロッパ大陸では直接には根づくこととはならなかった。ただ，19世紀に入り，政治の民主化要求を背景に選挙権が拡大されていく中で，次第に議会は実在する民意を忠実に反映・代弁すべきであると考えられるようになっていった。それまでの「純粋代表」に代わって「半代表」と呼ばれる事態である（第1編第1章第1節Ⅲ3 ➔ 11頁）。

もっとも，こうした変容にともなって，議会は，多様な意見や利害の渦巻く中で，いかにして統一的な国家意思を形成していくかという困難な課題に直面する。ワイマール憲法体制は，この困難な課題を解決できず，ナチス独裁体制に転落したが，今日もなおわれわれはこの課題から完全に免れえているわけではない。

(3) **代表の機能** 以上の素描を前提に，やや単純化しすぎるきらいはあるが，議会の代表観を次のように類型化することができよう。①統一的な国家意思形成機能を他の機関に託することを前提とする「委任的代表」観。②実在する民意を遮断する中で，自ら独自に統一的な国家意思形成を行うことを目指す代表観。③実在する民意を忠実に反映しつつ，同時に自ら独自に統一的な国家意思形成を行うことを目指す代表観。④命令的委任を導入して完全に直接民主主義の手段と捉える代表観。

代表制が「国民自治」の理念と結びついて代表民主制と呼びうるのは③および④であるが，③は代表を通じて政治的指導力を創設し，統一的な国家意思形成機能を特に意識している点で④と異なる。国民大衆による一定の統制を加えつつ，政治的指導力を創設し，もって立憲主義体制の保全を図ろうとするところに，③の代表機能観の特質があるといえよう。

アメリカの代表観は③を一歩踏み出しているといえるところがあるが，命令的委任の制度そのものを採用しているわけではなく，また，上述のように国家的利害の観点に立つべき大統領の存在（大統領は，ネガチブな立法権というべき拒否権をもっている）を含む巧妙な抑制・均衡の体制であって，④そのものではない。アメリカの経験主義的研究によれば，多くの立法者は自ら最善

と信ずるところに従って行動する自由があると考えているといわれる。

④は国民大衆による統制という点では徹底するが、政治的指導力の創設という点では問題であって、結局①のように統一的な国家意思形成機能を他のより独立した機関に委ねざるをえないことにならないかの疑問が残る。また、命令的委任といっても、その具体的内容は必ずしも明確ではない。同じく経験主義的研究によれば、選挙民は明確かつ具体的政策観をもって投票するわけではないといわれており、実際かつてのような単純社会と違って選挙民は"訓令"を与えにくい立場にある。

3　日本国憲法における代表制

(1)　国民主権と代表制　国民主権をもって権力の正当性の所在の意味でのみ用いれば、②の代表観もありうるが、それは上述の国民主権の意義（第1章第1節Ⅱ➡393頁）に照らし妥当ではない。

他方、その意義に照らし、④は理論上可能である。が、最初に引用した「権力は国民の代表者がこれを行使」するという前文および「全国民〔の〕代表」性を特に規定する43条1項、参議院議員の任期を6年という長期に定め、また解散の可能性があるとはいえ衆議院議員についても4年という任期を定める46条および45条、後述のように国会を国権の最高機関と定めて統一的な国家意思形成力を特に期待する41条、議員の発言表決の無答責を定める51条、等々に照らし、日本国憲法が④を許容するとみるのは困難であろう。

したがって、憲法が立脚する代表制は③であると解される。

議員は、普通・平等選挙を通じて選挙されるが（前章第2節Ⅲ2➡402頁）、ひとたび選任されると「全国民〔の〕代表」となり、選挙の際の自己の言動や選挙区の選挙人の意向を考慮に入れつつ、全国民にとって最善と思うところに従って決断し、そのことに関し選挙区の選挙人による法的問責（例、罷免）の対象となることはない。公職選挙法が議員は「行政区画その他の区域の変更によりその選挙区に異動があつても、その職を失うことはない」（16条）と規定しているのも、議員の全国民の代表性、選挙区の選挙人に対する法的独立性を受けてのことと解される。憲法51条も、議員の独立性の保障にかかわるが、委細については後述する（第6節Ⅱ2➡471頁）。要するに、憲法は、議員が選挙区単位で選任され、各議員が各選挙区の選挙人の意向を忠実に汲み取るべきことを期待しつつ、同時に、そのことを前提にして、自由

な討論・表決を通じて国会が統一的な国家意思を形成することを期待しているものと解される[1]。

(2) 政党と代表制 前章において，現代国家にあっての政党の役割の大きさに触れた。候補者は政党をバックに選挙に臨み，当選した議員は議会において所属政党の統制を受けつつ活動する（いわゆる党議拘束）。そのことは，上に述べた③型の代表観と矛盾しないか。この点，代表制の形骸化をみて政党に否定的になる見解がある一方，現代社会にあっては政党の媒介によってのみ議員は実質的に国民の代表者となりうるとし（「政党国家的代表」）（手島孝），さらには国民の一般意思は政党を通じてのみ顕現するとする見解がある。国民の一般意思は政党を通じてのみ顕現するとまでいうべきかは疑問であるが，上述の「半代表」ないし「政党国家的代表」観によれば，党議拘束をもって議員の独立的地位と矛盾するとは直ちにはいえない。

ただ，徒らな党議拘束が議員の地位ひいては議会の本来あるべき姿と緊張関係をもつことは否定できない。この点，明治憲法体制に遡源しうる政府と与党との二元体制の下で生れた，政府提出案に対する与党事前審査とそれにともなう党議拘束という慣行は，議会における審議を随分といびつなものとした。党議の意味，党議拘束の範囲・強弱・時期などについて，議会における充実した審議と意思形成力という観点から十分な再吟味が必要である。

なお，党議拘束違反などを理由とする除名を議員の身分喪失と結びつけることの問題については，既に述べた（第1章第3節①2→417頁）。

II 国会の地位

1 国権の最高機関

(1) 国権の最高機関としての国会 憲法は，「国会は，国権の最高機関で……ある」(41条) と定める。憲法は，国会を「国の唯一の立法機関」であると規定する (41条後段) とともに，行政権は内閣に (65条)，司法権は裁判

---

[1] 憲法下の国民主権を人民主権（プープル主権）の意味に解し，公務員の選定・罷免権を国民固有の権利とする15条1項はその人民主権を体現するものと把握し，43条1項および51条を限定解釈しつつ，選挙区単位による議員の罷免も可能とする有力な説（人民代表説）もあるが（杉原泰雄），本文中に述べた理由から妥当とは思われない。なお，罷免も可能とする説によれば，内閣総理大臣である議員も罷免することができるわけで，結局，一選挙区の選挙人によって内閣の存立を左右することができることになる。

所に (76条1項) それぞれ属すると定めて**権力分立制**を採用するが，国会が国民の代表機関としての性格をもつことに照らし，特に国会をもって「国権の最高機関」の地位においたものと解される。

したがって，**民主的権力集中制**に立脚する人民代表議会 (例，かつてのソ連邦最高会議，中国の全国人民代表大会) をもって「最高国家権力機関」とする従来の典型的な社会主義諸国の憲法とは，その趣旨を根本的に異にする。

そこで，国会が国権の最高機関であることと権力分立制とはいかなる関係にあるかが問題となる。

(2)　「国権の最高機関」であることの意味　「国権の最高機関」といっても，憲法上の大きな概念の例にもれず，また，明治憲法下でなじみの薄い概念であったことから，その意味理解をめぐって様々な見解が生じた。ごく概括的にいえば，**政治的美称説** (国民代表機関としての地位や重要な権限を与えられていることに照らしての修辞的な表現であって，法的には特別の意味はないとする見方)と**法規範説** (単なる政治上の修辞ではなく，法的にも一定の重要な意味があるはずであるとする見方) とがある。

両説の中では，政治的美称説が憲法学では圧倒的な通説であった (宮沢俊義，清宮四郎，芦部信喜)。その背景には，大雑把にいえば，①国政調査権に関連しての「統括」機関説 (佐々木惣一) に対する警戒と②明治憲法体制期以来の国家法人説的発想の影響があったように思われる。確かに，①の警戒にはもっともなところがある。この点については後述することにして (第5節Ⅲ→465頁)，ここでは②について論及する。

国家法人説は，国民主権に立脚する日本国憲法下にあって消極的に受け止める向きが強かったが (例，清宮四郎)，その消極性がどれほど徹底したものであったかは別である。国家法人説によれば，国家が公共性を独占し，国家の中で意味のある活動をしようとすれば，国家の機関として収まらなければならず，関心は機関のそれぞれの法的権限とその相互関係 (対等か上下か) に向けられるという特徴があることが指摘される (石川健治)。そして実際，41条の「最高機関」の意味もこのような枠組の中で分析され，三権の中で上下の関係があるはずはないとして，その法的意味は否定された。

国会が「国権の最高機関」である，という基礎には国民主権がある。国民の選挙の結果，国会で多数を得た政党から国会において内閣総理大臣が選ばれ，その内閣総理大臣が該政党と一体化しつつ内閣を組織し，官僚組織を活

用かつ統制しつつ政策を推進するという流れ・構図である。この点，法的権限に着目した機関中心の構造分析にあっては，この流れ・構図が影の薄いものとなり，政治学などから強い批判を受けることになる (松下圭一, 西尾勝, 山口二郎)。この問題は，権力分立制や議院内閣制の理解の仕方，行政権の捉え方などに関係してくる重要な論点であるが，後に論及する (特に第4節Ⅴ→457頁および第3章第1節)。ここでは，次のことを述べるにとどめる。

「国権の最高機関」であるとは，国会が階層的な統治組織上の上位にあって他の機関に「指揮・命令」するというようなことを意味するのではない。比喩的にいえば，国会は並列関係にある三権の中で一番高い地位にあり，国政全般の動きに絶えず注意しつつ，その円滑な運営を図るべき立場にあるということである。すなわち，行政府や司法府の組織や権能は憲法の枠内で法律によって具体化され，これらの府の活動は一般に法律に準拠して行われるのであるから，国会は国政全般がうまく機能するよう絶えず配慮すべき立場にあり，しかも憲法の枠内でうまくいかないと判断した場合には憲法改正を発議すべき立場にあるのであって，その意味で国会が国政全般について最高の責任を負う地位にある，ということである。

こうした考え方はときには最高責任地位説と呼ばれ，初期の頃から少数説として主張されていた総合調整機能説 (田中正巳) などと並んで，法規範説として類型化される。法規範と捉える立場 (清水睦, 阪本昌成, 松井茂記, 赤坂正浩) にあってもその内容は論者により必ずしも一定しないが，ここでは次のことを指摘しておきたい。

①「最高機関」性は国家諸機関の権能および相互関係を解釈する際の解釈準則となること (なお, 政治的美称説の論者もこの点を必ずしも否定しない)，②いわゆる総合調整機能も1つの重要な法的地位・権能であること[2]，③憲法上どの機関に属するかは明記されてはいないが，国家にとって避けて通れない重要な決定事項については，国会に属すると推定すべき根拠となること[3] (例えば，自衛権の行使にかかわる緊急事態に関する権限。第1編第1章第2節Ⅳ2→28

---

[2] 平成11年改正の内閣法は，内閣官房の事務の1つとして，積極的な総合調整事務を掲げたが (12条)，それはいわゆる霞が関の様々な"抵抗"を克服してのことであった。なお，内閣のこうした事務と国会との関係については，第3章第1節で触れる。

[3] 従来の政治的美称説は総じて無限定な行政控除説を当然視してきた。「国権の最高機関」という明文規定は政治的美称としつつ，何故に行政権については「控除」として様々な権限が認められるのか，日本国憲法の解釈論として理解しにくいものがある (手島孝)。

頁，第3章第3節Ⅲ→100頁）。

なお，このような説につき，「最高機関」性に関しなお消極的な推定にとどまっているとして，むしろ正面から国家基本計画の策定など重要な基本的政治決定の根拠規定と解すべきであるとする，いわゆる「**本質的機関説**」が登場している（手島孝，上田章＝浅野一郎，土井真一）のが注目される。

2 唯一の立法機関

(1) 国の唯一の立法機関としての国会　憲法は，国会は「国権の最高機関」であるとともに，「**国の唯一の立法機関である**」(41条) と定める。これは，権限配分規定として，国会が「国の立法」権を独占すること（いわゆる**国会中心立法の原則**)，および「国の立法」は国会の手続においてのみ完成し他の国家機関の関与を許さないこと（いわゆる**国会単独立法の原則**）を意味する。

(2) 「国の立法」の意味　まず，「**国の立法**」であるから，地方公共団体の自治立法（条例）は別であると解される。では，「**立法**」とは何か。この点，ドイツの理論の影響を受けながら，明治憲法体制下の理論・実務を引き継ぎつつ種々論じられてきた。そして一般的説明は，「立法」とは，「**実質的意味での立法**」を「形式的意味での法律」によって行うこと，というものであった（いわゆる**二重法律概念**)。つまり，およそ議会手続を経て成立する法規範を「法律」と呼ぶことを前提にして（形式的意味での法律)，実質的意味での立法はこの法律という形式によって定めなければならないというのが41条の趣旨だというわけである。

では，そこにいう「実質的意味での立法」とは何かが改めて問われることとなる（因みに，憲法には，「法律の定めるところによる」とか「……は法律で定める」といった例が数多くみられるが，41条の「立法」とはいかなる関係にあるか，ということでもある）。従来の用語法によれば，それは「**法規**」ということになるが，さらに法規とは何かが問題となる。この点については，対象事項に着目する考え方 (A説) と規範の性質に着目する考え方 (B説) とがあった。

A説の原型は，権利を制限し義務を課す規範というものであるが (A_1説。内閣法11条，内閣府設置法7条4項，国家行政組織法12条3項参照)，今日では権利付与規範も含め (A_2説)，さらには行政各部の組織も含めて[4]広く解する説

---

[4] 憲法は内閣の組織については法律で定めるとしつつも（66条1項)，行政各部の組織については明示するところがないが，法律で定めなければならないというのが学説のほぼ一致した見解

（A₃説）がある。これに対し，B説は，一般的・抽象的規範性に本質をみようとするものである。

しかし，今日の議会は実に多種多様な事項について法律で定めており，日本もその例外ではない。また，一般的・抽象的規範性に関しても，幾度か触れた成田新法，事実上オウム真理教を対象とした無差別大量殺人団体規制法，各省設置法（例，財務省設置法，文科省設置法等々），日本銀行法等々，個別的事項を対象に規律する法律も数多くに上る。アメリカでは private act[5]（個別的法律）があり，日本国憲法も「一の地方公共団体のみに適用される特別法は，……」（95条）と定めて，個別的法律の存在を前提にしているようでもある。

そこで，A説やB説のような限定は議会が現実にやっていることと大きく乖離しているとして，むしろ「立法権」をもって憲法を除き最高の法形式である「法律」を制定・改廃する権能と捉えようとする見解が主張されることになる[6]（C説。玉井克哉，松井茂記）。確かに，国民主権の下で唯一の強い民主的正統性をもつ議会が，現代社会にあって，A説やB説が想定してきたことよりもはるかに多くのなすべき課題に直面していることは率直に受け止めなければならない。その際，議会としてなすべきことをなしているか，基本的政策決定を自らなし，安易な委任立法を行っていないか[7]，法律制定手続は"公開討論の場"にふさわしいものになっているか，議会は自ら定立した法・政策が適正に執行・実現され，所期の結果を生み出しているかを事後的にチェックする適切な仕組み・手立てを整えているか（例えば，会計検査院の位置づけ方の問題。第5章第3節），等々の問題にもっと関心を向ける必要がある[8]。

であった。その理由として，権力分立，民主主義，議会主義，法治主義，国会の最高機関性などが指摘された。この点，行政各部の組織は，国民の権利を制限し，義務を課す存在であることに鑑み，41条の「立法」概念に含まれると解することも十分可能であると思われる（堀内健志）。なお，国家行政組織法は，国の行政機関の組織はこの法律で定めるものとし（3条1項），省，委員会，庁の設置および廃止は別に法律の定めるところによるものとし（2項），ただ，行政の硬直化を避ける趣旨から，内部部局（官房，局および部など）の設置および所掌事務の範囲は政令で定めるものとしている（7条4項・5項）。

5 特定の個人，団体，地域にのみかかわる法律。
6 アメリカ合衆国憲法は「この憲法によって付与される立法権は，すべて合衆国議会に属する」（1条）と規定し，アメリカでは二重法律概念のような難しい議論はみられない。
7 一般的規範の定立という名目・形の下に，委任立法によって執行部門に実質を委ねてしまうことは十分ありうることである。

とはいえ，A説およびB説の問題関心の意義が失われたということを決して意味するものではない（玉井克哉）。国民の権利・義務にかかわる法律は，特に正確性を期すべきもので，安易な委任立法を生まないよう厳格な精査が必要である。また，個別的法律は恣意的・専断的になりがちで[9]（先に触れた95条が特別法につき住民投票を要求しているのも，このことと関係している），法の一般性が「法の支配」と重要なかかわり合いをもっていることは十分に配慮されなければならない（第1編第2章第2節Ⅲ1(3)→70頁）。

(3) 国会中心立法の原則 憲法が国会をもって「唯一の立法機関」とするのは，明治憲法下の緊急勅令（明治憲法8条。これは「法律ニ代ルヘキ勅令」であって，代行命令とも呼ばれる）や独立命令（明治憲法9条。これは法律を媒介とせず，法律執行のためでない独立の命令という意味で，独立命令と呼ばれる）のような制度を排して，立法権を国会に独占させようとする趣旨である。

もっとも，憲法は，内閣の事務として，「この憲法及び法律の規定を実施するために，政令を制定すること。但し，政令には，特にその法律の委任がある場合を除いては，罰則を設けることができない」（73条6号）と定めている。ここから，まず，内閣は，「憲法及び法律の規定を実施するため」の命令，すなわちいわゆる執行命令を発することが認められると解されてきた。ここでの問題は，2つある。

1つは，「憲法及び法律の規定」とあって，「憲法の規定を実施するための命令」もありうるかのようにも読めるが，そのような権限は独自の大きな権限であって，既にみてきた国会の性格・地位に照らし，"憲法執行命令"などはありえないと一般に解されている（その意味で，「憲法及び法律」は一体的に読まれるべきであるということになる）。因みに，戦前の法令である「褒章条例」が昭和30年に政令で改正され，新しい種類の褒章が設けられたが，政府は，褒章授与は権利を制限するような事柄ではないので「立法」ではなく，憲法の栄典授与に関する規定を実施するためのものとの理解によったようであ

---

8 こうした文脈において，ドイツの「本質性理論」が注目されるところである。それは，①議会が予め規律しなければならない対象を，自由および財産への侵害から拡張し，②基本的政策決定，基本計画，行政組織の骨格を議会が法定化すべきとする要請を含み，③議会自ら規律しなければならず，放棄してはならない事項は何かの視点が中心にあり，④議会少数派も含む公開の議会で批判にさらされながら法案が議論される，そうした法律制定手続の中で基本政策を決定していこうとする視点をともなっている，という（大橋洋一）。

9 アメリカの大統領が拒否権を行使する例の多くは，個別的法律であるといわれる。

る。が，栄典授与のルール作りも「立法」と解する余地があり，また，上述のように"憲法執行命令"はありえないという二重の意味において，疑問の措置であった。

　もう1つは，いわゆる執行命令なるものとは何かである。憲法学では，法律上確定された内容の施行細則であるということを暗黙の前提にして，法律による具体的委任は必要でないと解してきた。しかし，その実態は何であったかが問題で，近時，いわゆる執行命令を限定的に捉え，法的統制を広く及ぼそうとする行政法学の動向が注目されるところである[10]。

　次に，いわゆる**委任命令**について述べておかなければならない。積極国家化は，既に触れたように，多種多様な立法を議会に迫るところとなり，議会の処理能力の問題を現出させた。そこで議会は，法内容を特定せず，行政府やその他の機関に立法的性質の規則を制定する権能を委任するという現象が生ずるに至った。当初このような委任は違憲であるという説が有力であったが，現実無視の論であるとして斥けられ，一定の条件の下でこれを容認しようとする傾向が強まった。日本国憲法は立法の委任を正面からは認めていないが，先に引用した73条6号但書から委任命令も可能であると解され，判例[11]もこれを認めてきた。

　しかし，基準なき広汎な委任は，種々の代価をともなう[12]のみならず，何よりも憲法制定権力者の定めた国家機関と権能に関する憲法上の取決めを破壊するものとして許されないと解される。したがって，国会は，顕著な政策的選択肢について明白な決定を自ら行うことが必要であって，委任はその決定にとって手段的でなければならないと解される[13]。

---

[10] 伝統的な行政法学では，命令をもって「法規命令」（行政主体と一般国民との権利義務関係に関するもの）と「行政規則」（行政機関の内部秩序に関するもの）とに分け，後者に属する訓令・通達・要綱等は，行政機関の内部的事項に関するものであるから，法律の根拠なしに行政機関が自由に定めうるものとされてきた。しかし，かねて「行政規則」の中にも国民生活に大きく影響を及ぼすものがあることが指摘されてきた。本文中に触れたように，41条にいう「立法」の対象事項は，決して国民の権利義務関係に限られているわけではない。近時，行政法学において，執行命令も一般的授権による委任立法の一種と捉える説明がみられる（芝池義一，大橋洋一）のが注目される。因みに，行政手続法では，審査基準・処分基準の作成・公表義務が定められ（5条，12条〔ただし，努力義務〕），また，地方自治における機関委任事務の廃止の狙いは従前の通達行政の改革にあることが強調されているところである（西尾勝）。

[11] 例，最(大)判昭和25年2月1日刑集4巻2号73頁。

[12] 例えば，公正な行政運営の困難さ，行政についての司法審査の困難さ，国民にとっての行政基準の不明確さ。

委任立法の限界の問題は，立法の委任の仕方がどうかと命令が委任の範囲にとどまっているかの両面に及ぶ。わが国の判例は，この問題にそれほど真剣であったとはいえない[14]。前にやや詳しく触れた猿払事件（第2編第1章第5節①4→160頁）は，人事院規則への委任も大きな論点の1つとして含むものであったが，最高裁判所は，国家公務員法102条1項の委任の趣旨は「同条項の合理的な解釈により理解しうる」とし，また，懲戒処分関係と刑罰関係を区別せず一括して規則に委任しても何の問題もないと判示した[15]。ただ，大隅健一郎裁判官等の4人の裁判官の反対意見が，委任は，合理的必要性があり，かつ，受任機関を「指導又は制約すべき目標，基準，考慮すべき要素等を指示してする」ものでなければならないとしたうえ，懲戒処分関係と刑罰関係を区別せず一律一体として規則に委任しており，少なくとも刑罰の対象となる禁止行為の規定の委任に関する限り憲法41条に反すると断じて注目された。

もっとも，平成に入り，最高裁判所も，命令が委任の範囲にとどまるものか否かについて従前よりは厳しい姿勢をみせるようになってきており[16]，評価されるところである。

国会中心立法の原則との関係の問題として，最後に，議院規則と最高裁判

---

13 ここには憲法的正統性にかかわる問題があるのであって，行政立法手続を工夫すればよいといった問題ではない。なお，イタリアの憲法は，「立法作用の行使は，指導的な原則および標識が定められ，かつ限られた期限および特定された目的についてでなければ，政府に委任することはできない」(76条) と定めている。

14 例えば，最判昭和27年5月13日刑集6巻5号744頁は「いわゆる包括的な授権は許されない」が，「特定的，限定的なものであればよい」と述べたが，何が包括的で何が特定的であるかをどのように判断するかこそ肝心な点であった。しかし，その後，例えば，国家公務員法102条1項の人事院規則への委任のあり方が問われた件に関する最判昭和33年5月1日刑集12巻7号1272頁は，委任の範囲の具体的内容や限界についてほとんど全く述べていない。

15 最（大）判昭和49年11月6日刑集28巻9号393頁。

16 銃砲刀剣類の所持を禁止している銃砲刀剣類所持等取締法は，「美術品として価値のある刀剣類」をその禁止から除外し，その意義は同法14条5項の委任に基づく文部省令（当時）によって「日本刀」と定められた。外国製サーベルの所持者がこれも「美術品として価値のある刀剣類」にあたるとして争った件につき，最判平成2年2月1日民集44巻2号369頁は省令は委任の趣旨を逸脱していないとしたが，角田禮次郎・大堀誠一裁判官の強力な反対意見が付せられていた。そして最判平成3年7月9日民集45巻6号1049頁は，（旧）監獄法施行規則120条・124条は監獄法50条の「委任の範囲を超えた無効のもの」と断じ，また，最判平成14年1月31日民集56巻1号246頁は，児童扶養手当法施行令1条の2第3号が，児童扶養手当法4条1項1号ないし4号に準ずる状態にある婚姻外懐胎児童を支給対象としながら，認知児童を除外することは，「法の趣旨，目的に照らし両者の間の均衡を欠き，法の委任の趣旨に反する」と断じている。その後も，法の委任の趣旨に反するとする幾つかの事例がある。

所規則について触れておく。それぞれの「規則」の委細については後述するが (第5節[1]→460頁, 第4編第1章第5節[1]→611頁), これらの規則の核心は, 各議院の独自性または裁判所の独立性を配慮しての, 各議院または裁判所の内部的作業方法および規律の自主的決定権の確認にかかわるものである。したがって, その部分については規則の排他的所管事項と解すべきであり, しかもいわゆる法規とは無関係であるから, 憲法41条の例外ということはできない。もっとも, 後述のように, 規則の中には法規にかかわる部分も含まれており, その部分については法律と競合することがありうる。その限りでは, それらの規則制定権は41条の例外ということになるが, 両者が競合した場合には法律が優位すると解すべきであろう。

(4) 国会単独立法の原則 明治憲法は立法権は天皇と帝国議会が共同で行使するとの建前に立ち (5条), 天皇が裁可権をもつことを明記していたが (6条), 日本国憲法が国会をもって唯一の立法機関とするのは, このような体制を排する趣旨である。実際, 憲法は「法律案は, この憲法に特別の定めのある場合を除いては, 両議院で可決したとき法律となる」(59条1項) と定めて, この趣旨を明確にしている。

この原則の例外として, 「一の地方公共団体のみに適用される特別法」があり, その場合には住民投票が要求されることは (95条), 既に触れた。

この原則との関係で問題となりうるのは, ①内閣の法律案提出, ②法律への主任の国務大臣の署名, 内閣総理大臣の連署 (74条), ③公布 (7条), である。

まず, ①内閣の法律案提出についてであるが, 発案を立法の一部とみて国会のみが有するとの説もあるが (佐々木惣一), 発案は立法過程の不可欠の要素ではあるけれども, 立法そのものではなく, むしろ立法の契機を与えるところの立法の準備行為とみるべきであり, したがって国会が独占しなければならないものではないと解される。のみならず, 憲法は, 内閣の事務の1つとして, 「法律を誠実に執行し, 国務を総理すること」(73条1号) を掲げ (傍点筆者), 内閣が国政のあり方について全般的な配慮をなすべき立場にあることを明らかにしている (第3章第1節[2]→479頁)。そのような配慮の一環として, 内閣が立法の提案をなすべきことが要請されているともみることができる。それが, また, 議院内閣制下における「責任」のあり方に沿うゆえんでもあろう。そのように考えれば, 憲法が「内閣総理大臣は, 内閣を代表

して議案を国会に提出し，…」（72条）という場合の「議案」の中に法律案も含まれていると解すべきであろう（内閣法5条は，「内閣総理大臣は，内閣を代表して内閣提出の法律案，予算その他の議案を国会に提出し，…」と定めている）。

実際，質量ともに，内閣提出の法律案が圧倒的である。これに対し，いわゆる**議員立法**（議員もしくは委員会が作成した法律案，またはその法律案が両議院で可決されて成立した場合の法律を指す俗称）をもっと推進すべきであるとの声もあり，それには十分な理由があるが[17]，内閣提出の法律案であれ議員立法であれ，肝心なのは審議の中身である。

②**法律への署名・連署**は，執行責任を明確にする趣旨と解されるが，それを拒否することは許されず，その欠缺も法律の効力を左右するものではない。③**公布**については，通説は既に成立した法律を国民に知らしめる表示行為と理解し，公布は法律施行の要件である（公布なければ施行なし）との前提に立って，公布は義務的であるとしている。もっとも，議会の公開審議で議決された法律についてことさら公布というようなことは必要でないとする国もあり，通説的理解を疑問視する見解もある（堀内健志）。なお，公布は，慣習として「官報」によってなされるが，国会法66条によれば法律は奏上の日から30日以内になされなければならないとされている。

第2節　国会の構成

I　二院制

1　総説

憲法は，「国会は，衆議院及び参議院の両議院でこれを構成する」（42条）と定める。両議院はそれぞれ別個に組織され（48条参照），相互に独立して意思決定を行い（56条参照），両院の意思の合致によって国会の意思が成立する（59条参照）。このようにそれぞれ独立に意思決定を行う権能をもつ2つの議院によって議会が構成されることを**二院制**（両院制）という。

---

[17] 国会法は，議員の「発議」について（56条1項），また，委員会の法律案の「提出」について（50条の2），それぞれ定めるとともに，そうした国会の活動に備えて，両議院の法制局（131条），国立国会図書館（130条）あるいは常任委員会における専門員・調査員（43条）などについて規定している。

二院制は，中世のイギリスにおける特殊な政治的事情を基盤に誕生したものであるが，近代国家の統治構造に取り入れられた背景には，立憲主義思想が働いていたものと思われる。それは，国民一般より選挙され，国民の多数意思を反映する第一院に対して，それとは違った原理に基づき組織される第二院（貴族制の国にあっては貴族院，連邦制の国にあっては州代表議院，あるいは職能代表議院など）を対峙させ，もって抑制・均衡の体系を議会内に構築しようとする構想である。

　当初はこの抑制・均衡機能が強く意識され，両院を対等の地位におくことを典型としたが（対等型二院制），民主主義の進展と積極国家化の傾向の中で，第二院の果たすべき機能を縮小したり（イギリスでは，1911年の国会法によって，下院の意思のみで議会意思が成立する可能性が認められた）（非対等型二院制），さらには一院制を採用するところが多くみられるようになってきた。因みに，非対等型といっても，その内容は様々でありうる。第二院に対し修正権を認めず，ただ第一院を阻止するという権能のみを認めるもの，第一院における審議に反省の機会を与え，議決を慎重ならしめるという，より控え目な機能を第二院に期待するもの，等々があり，さらに第二院を諮問機関化しようとするものさえみられるようになってきている。

2　わが国での二院制とその問題状況

　明治憲法下の二院制は，貴族院型の対等型二院制であった。貴族制を廃止し徹底した民主主義観に立つマッカーサ草案は一院制を採用したが（41条），わが国政府の強い要請で結局二院制とされた。しかし，その二院制はもはや対等型のそれではありえず，憲法改正の発議は別として（96条），立法・予算の議決・条約締結の承認・内閣総理大臣の指名について衆議院が優越する非対等型の二院制である。

　もっとも，既に若干触れ，以下にも述べるように，両議院とも全国民を代表する選挙された議員で組織される（43条1項）ところから，第二院（参議院）の特別組織性が稀薄で，実際，第二院の政党化につれ（それを決定的にしたのは，昭和57年の比例代表制の導入であった），両議院の同質化が顕著になった。

　そして，政権与党である自民党が参議院において過半数割れする事態が生じるようになると，連立政権形成の要因となったり，また，与党内において参議院の政治的比重を著しく高める結果を生んだ。殊に平成19年の通常選

挙で自公連立与党が過半数割れし，衆・参多数派のいわゆる"ねじれ"現象が生じ，二院制の是非やそのあり方が真剣に問われるようになった。平成21年の衆議院総選挙で民主党政権が誕生して"解消"したが，平成22年の通常選挙で民主党は敗北し，"ねじれ"現象が再現した。

このような姿は，一体どのように評価されるべきものであろうか。議院の組織や二院間の関係を憲法の規定に即してみたうえで，論ずることにしたい。

II 議院の組織

1 総説

既に幾度も触れたように，憲法は，両議院は全国民を代表する選挙された議員で組織するものとし (43条1項)，議員の定数は法律で定めるものとしている (同条2項)。公職選挙法は，現在，衆議院の定数を480人とし，うち300人を小選挙区選出議員，180人を比例代表選出議員とし，参議院の定数を242人とし，うち96人を比例代表選出議員，146人を選挙区選出議員としている (4条1項・2項)。

憲法は，衆議院議員の任期は4年で，解散の場合にはその任期満了前に終了するものとし (45条)，参議院議員の任期は6年で，3年ごとに議員の半数を改選するものとしている (46条・102条)。両議院議員の兼職は禁止される (48条)。

2 内部構造

(1) **議長その他の役員** 「両議院は，各々その議長その他の役員を選任する」(58条1項，国会法6条)。議長は，「議院の秩序を保持し，議事を整理し，議院の事務を監督し，議院を代表する」(国会法19条)。憲法によれば，議長は，議決に際し可否同数のとき決裁権をもつ (56条2項)。憲法は「役員」の範囲を明らかにしていないが，国会法は，正副議長，仮議長，常任委員長，事務総長を役員としている (16条)。

(2) **委員会** 積極国家化現象の下で議会が対処しなければならない課題が拡大し，その取扱いに十分な調査と専門的知識を必要とするようになった。これに応えるべく誕生したのが委員会制である。日本国憲法は委員会制に触れるところはないが，国会が国政の中心となった背景において，占領軍

の指示と指導の下に，委員会中心主義が採用された（実際，この点が帝国議会と大きく異にするところである）。

　国会法は，各議院に常任委員会と特別委員会をおくものとし（40条），現在，常任委員会は，衆議院・参議院ともに17種，ほぼ同じような内容になっている（41条）。常任委員は，会期のはじめに議院において選任し，議員の任期中その任にあるものとし，議員は少なくとも1箇の常任委員となる（42条）。特別委員会は，議院において特に必要と認めた案件または常任委員会の所管に属しない特定の案件を審査するため設置される（45条）。常任委員および特別委員は，各会派の所属議員数の比率により，各会派に割り当て選任される（46条）。なお，国会法は，参議院について，「国政の基本的事項に関し，長期的かつ総合的な調査を行うため，調査会を設けることができる」（54条の2第1項）としている。

　(3) 付属機関　各議院には事務局がおかれ，議員の法制に関する立案に資するため法制局がおかれ（議院事務局法，議院法制局法），また，国立国会図書館が設置されていること（国会法130条，国会図書館法）などについては既に触れた。

Ⅲ　二院間の関係と今後の課題

1　同時活動・相互独立の原則

　憲法は，「衆議院が解散されたときは，参議院は，同時に閉会となる」（54条2項）と定めるのみであるが，一般に両議院は同時に召集され，開会・閉会するものと解されている（例外として参議院の緊急集会がある点については後述する）。両議院はそれぞれ独立して審議・議決を行い（56条参照），両議院の意思の合致によって国会の意思が成立する（59条）。

2　衆議院の優越

　(1) 総説　このように，国会の意思は両議院の意思の合致によるが，合致しないため国政にとって困った事態が生ずる可能性がある。これは二院制のやむをえない代価ともいえるが，それだけでは済まされない事態も想定される。憲法は，こうした事態に対処すべく，以下にみるように，議決の効力について衆議院の優越を認めている。また，衆議院の優越といえば，衆議院には予算先議権があり（60条1項），さらに，衆議院のみが法的効果をとも

なう内閣不信任決議権を有する (69条) ことの意義も認識する必要がある。

(2) 議決の効力面における衆議院の優越 憲法は，まず，①**法律案の議決**については，衆議院で可決し，参議院でこれと異なった議決（否決と修正議決）をした法律案は，衆議院で出席議員の3分の2以上の多数で再び可決したときは法律となるものとされ (59条2項)，参議院が衆議院の可決した法律案を受け取った後，国会休会中の期間を除いて60日以内に議決しないときは，衆議院は参議院がその法律案を否決したものとみなすことができるとされる (同条4項)。後者は，参議院が不議決という方法で法律案を"握りつぶす"道を閉ざそうとする趣旨で，衆議院は，「否決したものとみなす」議決を行い（それは出席議員の単純過半数でなされる），その旨を参議院に通知する（国会法83条の3第1項参照）。

②**予算の議決**については，衆議院が先議権をもつとともに (60条1項)，参議院が異なった議決をした場合に，法律の定めるところにより，両議院の協議会を開いても意見が一致しないとき，または参議院が衆議院の可決した予算を受け取った後，国会休会中の期間を除いて30日以内に議決しないときは，衆議院の議決をもって国会の議決とされる (同条2項)。

③**条約の締結に必要な国会の承認**については，予算の議決に関する60条2項の規定が準用される (61条)。

④**内閣総理大臣の指名**については，衆議院と参議院とが異なった指名の議決をした場合，法律の定めるところにより，両議院の協議会を開いても意見が一致しないとき，または衆議院が指名の議決をした後，国会休会中の期間を除いて10日以内に参議院が指名の議決をしないときは，衆議院の議決をもって国会の議決とされる (67条2項)。

①の法律案の議決については，衆議院で出席議員の3分の2以上の特別多数による再議決が必要とされるから，参議院は衆議院に対して「抑止的」権能をもっているといえるが，②③④の場合は反省の機会を求めるという意味合いをもつにとどまるといえる。この点に着目して，わが国の二院制は「一院制型二院制」であるなどとも称されてきた[18]。

3 二院制の課題

以上みてきたように，日本国憲法下の二院制は「非対等型二院制」，ときには「一院制型二院制」と捉えられてきたが，法律案の議決についていえば，3分の2以上の多数による再議決という「ハードル」は決して容易なも

のではない。従来このことが必ずしも強く意識されなかったのは，当初参議院が「良識の府」にふさわしい行動をとろうとしたことや，政権与党と野党が長期間にわたって固定化し本格的な政権交代が現出しなかったことなどによるものと思われる。しかし，前世紀末の国民意識の変化や制度改革などが進められる中で，参議院の政治的比重が高まるにつれ，状況は大きく変わった[19]。そして，衆議院の選挙に勝って政権を作り，選挙で約束した政策を進めようとしても，参議院の選挙で敗北すればたちまち政権運営に行き詰ってしまう。

　民主主義の観点からすれば，既にみたように，きわめて大きな定数配分不均衡をかかえた参議院がかくも大きな政治的権力をもつことは，理解し難いことである（第1章第2節Ⅲ3→406頁）。民主主義の観点からすれば，一院制で十分であるともいえ，現に一院制に移行した国々もあり，わが国でもそういう観点での憲法改正論も存するところである。

　ただ，多数代表法の下で政権選択の課題を担う衆議院に対して，参議院が少数意見にも配慮した，第一院とは違った様々な視点からのより丁寧な審議を行い，衆議院に反省を迫る場として機能するならば（参議院の役割についての再定義），二院制にも十分な存在理由があると考えられる。そのためには，まず何よりも，両院協議会の機能強化のための工夫が要請される[20]。しかし，それだけでなく，参議院の組織面（例，従来の府県などを越えたより大きな

18　なお，憲法8条は皇室の財産授受について「国会の議決」を要求し，87条2項は予備費の支出について事後に「国会の承認」を得なければならないとしているが，これらの場合にも衆議院の優越が妥当するのか否かの問題がある（もっとも，後者の「国会の承認」については，各議院の別々の意思の表示でよいか，両議院一致の議決が必要と考えるか，の論点も関係する）。因みに，国会法は，国会の会期の決定および延長について「両議院一致の議決」を要求しつつ（11条・12条），両議院の議決が一致しないとき，または参議院が議決しないときは，衆議院の議決したところによるとしている（13条）。

19　「政治改革」は，"参議院問題"を「括弧に入れた」ままに突き進んだと批判されることもあるが，"参議院問題"にもかかわれば政治改革の実現は恐らく困難であったろう。

20　両院協議会は，国会法によれば，各議院において選挙された各々10人の委員で組織するものとし（89条），議長には各議院の協議委員においてそれぞれ互選された議員が毎会更代してあたるものとされている（90条）。そして，協議案が出席協議委員の3分の2以上の多数で議決されたとき成案となるとされる（92条1項）。現在，両院とも院の議決（院議）を構成した会派からすべての委員が選ばれており，合意に達する難しさの一因になっているといえる。そこで，例えば，各院の協議委員を増やし，会派比例配分で，しかも責任ある地位にある人物を人選することなどが提案されている。こうした提案を含めて，新しい日本をつくる国民会議（21世紀臨調）・政権選択時代の政治改革課題に関する検討小委員会「政権選択時代の政治改革課題に関する提言」（平成22年）参照。

「地域」単位の選出），手続面（例，両院協議会の機能強化や次にみる会期制の改廃〔立法期の導入〕），機能面（例，行政監視機能，決算機能，長期的国政基本方針の調査提案）などのあり方について早急に検討することが望まれる[21]。

これらの問題は，現代国家における議会制，議院内閣制をどう捉えるかとも深くかかわっており，以下それぞれの関係個所で論及する。

第3節　国会の活動

Ⅰ　会　期

1　会期制

国会が活動能力をもつ期間を会期という。

議会が期間を限って活動するという考え方はイギリスで生まれ，議会制の伝播にともなって各国にも取り入れられた。明治憲法も，会期制を採用した（39条・42条～44条）。日本国憲法は，明治憲法のように明確ではないが（もっとも，50条は「会期中」「会期前」といった表現をしている），「国会の常会は，毎年一回これを召集する」(52条) と規定し，「臨時会」や国会法にいう「特別会」(53条・54条，国会法1条) に関する定めをおいていることなどから，会期制によるものと受け止められ，そのように運用されてきた。

国会の会期は，天皇の召集によって開始され，①所定期日の経過または②衆議院の解散によって終る。憲法は，「衆議院が解散されたときは，参議院は，同時に閉会となる」(54条2項) と定めている。会期終了にともなって国会は活動能力を失うが，国会法は，委員会については例外を設け，常任委員会および特別委員会は，各議院の議決で特に付託された「案件」(懲罰事犯の件を含む) については，閉会中もなお審査することができるものとしている（47条2項）。また，国会が会期中に限って活動能力を有するということの例

---

[21] イギリスでは，貴族院は，予算関連の権限が制限され，法律案についても政府が政権公約に基づいて推進するものに関し基本的に尊重するという自己抑制のルール（ソールズベリー・ドクトリンやキャリントン・ドクトリン）が慣例として確立されている。もちろんこれは貴族院型の場合のものであり，日本の参議院のように「国民代表機関」の場合には難しいとの見方もありうるが（成田憲彦），自己抑制しつつなすべきことはなすという知恵には学ぶところがあるように思われる。

外として，衆議院が解散されて「国会」を召集しえない場合における参議院緊急集会がある（54条2項，国会法99条〜102条の5）。

会期制と関連して語られるものに，会期不継続の原則と一事不再議の原則がある。前者につき，国会法は「会期中に議決に至らなかつた案件は，後会に継続しない」（68条）と定めているが，会期制の必然的帰結であるかは疑問である（因みに，同条但書は「第四十七条第二項の規定により閉会中審査した議案及び懲罰事犯の件は，後会に継続する」としている）。後者の原則は，明治憲法にも明記されていたが，基本的にはおよそ会議運営上の技術的ルールといった趣旨に理解されるべきものであろう。

さて，この会期制こそ，実は，日本の国会審議の形式化（儀式化）と深く関係している。これを論ずる前に，会期の種類について一瞥しておく。

2　会期の種類

(1)　常　会　憲法は，「国会の常会は，毎年一回これを召集する」（52条）と定める。常会，俗に通常国会と呼ばれるものである。「毎年一回」の意味について，国会の活動能力を欠く期間が1ヵ月に及んではならない趣旨とする説と，より厳格に暦年のいずれかの期日に召集日がなければならない趣旨とする説とがありうる。この点，国会法は，常会の召集は毎年1月中に行うのを常例とすると定め（2条），会期は150日間としている（10条）。同法によれば，常会の会期は，両議院一致の議決で，1回だけ延長することができ（12条），衆議院の優越の定めがある（13条）。

(2)　臨時会　憲法は，「内閣は，国会の臨時会の召集を決定することができる。いずれかの議院の総議員の四分の一以上の要求があれば，内閣は，その召集を決定しなければならない」（53条）と定める。臨時会，俗に臨時国会と呼ばれるものである。なお，国会法は，衆議院議員の任期満了による総選挙，参議院議員の通常選挙が行われたときは，他院の議員選挙期間中でない限り，新議員の任期開始の日から30日以内に臨時会を召集しなければならないと定めている（2条の3）。同法は，臨時会の会期は両議院一致の議決で定め（11条），会期延長も同様の方法で2回に限って行うことができるものとし（12条），これらの場合において衆議院の優越を認めている（13条）。臨時会は，常会の召集をまたずに，特別の必要に基づいて召集されるものであるが，召集目的である事項は公示されず，権能行使に制約はない。

(3)　特別会　憲法は，「衆議院が解散されたときは，解散の日から四十

日以内に，衆議院議員の総選挙を行ひ，その選挙の日から三十日以内に，国会を召集しなければならない」(54条1項) と定める。**特別会** (国会法1条3項)，俗に**特別国会**と呼ばれるものである。因みに，衆議院議員の任期満了にともなう総選挙後召集されるのは，特別会ではなく臨時会である。これらの場合，内閣総理大臣の指名が他のすべての案件に先だって行われる (67条1項)。参議院の緊急集会が開かれていた場合には，そこでとられた措置に対する同意が求められることになる (54条3項)。特別会の会期の決定およびその延長は臨時会の例による (国会法11条～13条)。なお，特別会は常会とあわせて召集することができる (国会法2条の2)。

3　会期制を越えて

会期制がイギリスで誕生し，それが一般化した背景には，議会の議事の効率性を高めるとか，議員が選挙民と接触する機会を多くするとか，行政府の機能を不必要に阻害すべきでないとか，様々な要因が働いていたものと思われる。

先にみたように，明治憲法は会期制について立ち入って定めたが，そこには帝国議会の活動をできるだけ限定的なものにするという基本的発想が投影されていたのではないか。日本国憲法下の国会はもとより明治憲法とは大きく異なる基本的発想に立っているが，会期制的発想は引き継がれた (こうした例は国会法と議院規則との関係など多くみられるが，後に関係個所で触れる)。

当初会期延長などをめぐり"乱闘国会"が繰り広げられたが[22]，やがてさすがに終息するとはいえ，国会は実質的な議論を行う場というよりも，手続や審議日程が最大の政治的駆け引きの対象となる「日程国会」(それを支える「国対政治」)と称される，世界の主要な立憲主義国では例をみない事態がずっと続いてきた。

上述のように，積極国家化にともなって，現代の議会のなすべき仕事は飛躍的に増大してきている。日本国憲法の基本的発想に沿って国会が期待に応えようとするならば，古い会期制的発想から脱却し，衆議院議員の総選挙の時期を基準とする「**立法期**」制度[23]の導入に踏み切ることが重要な第一歩と

22　与党は何が何でも法案を通そうとし，野党は会期切れにして廃案に追い込もうと必死に抵抗した。

23　アメリカ合衆国にあっては，上院議員 (任期は6年で2年ごとに3分の1が改選) と下院議員 (任期は2年) の選挙が同じ日に行われ，両院とも組織替えのない2年間を「第〇議会」といい，その中に第1会期・第2会期が設定され，その会期間に継続性が認められる。

なろう（なお，会期不継続の原則の廃止や常会の長期化により実質的に「通年国会」を実現することも提案されている）。

Ⅱ 国会の開閉

1 召　集

　期日および場所を定めて議員を集会させ，国会の会を成立させる行為を召集という。日本国憲法上，内閣の「助言と承認」に基づき天皇が召集することによって（7条2号），国会は活動能力を取得する。召集は詔書の形式で公布されるが，常会は少なくとも10日前に公布することを要する。が，臨時会および特別会の召集詔書の公布にはそのような要件はない（国会法1条2項・3項）。

　議会が活動を開始する方法には，議会以外の機関の招集によって集会する他律的集会型，憲法もしくは法律の定める期日または前回の議会の議決した期日に招集行為なしに会期がはじまり，あるいは議長の招集によって集会するという自律的集会型，そして両者の折衷型，がある。日本国憲法が採用するのは他律的集会型であるが，上述のように，常会および特別会の召集を義務づけ，また臨時会について「いづれかの議院の総議員の四分の一以上の要求があれば，内閣は，その召集を決定しなければならない」（53条）と規定しており，自律的集会型の要素も内包している。

　なお，このように国会の召集権者は天皇であるが，その実質的決定権は内閣に存するとみるべきところ，ただその憲法上の根拠については，憲法7条の「助言と承認」権に求める説（A説）と臨時会に関する53条を常会，特別会にも一般的に類推する説（B説）とがある。B説は，天皇の権能は全く名目的で，内閣の「助言と承認」権もそのような名目的行為についてのものであって，それ自体具体的権能の実質的根拠となりえないとみるものである。

　議員による臨時会召集の要求があった場合には，内閣は法的に召集の決定を義務づけられると一般に解されている。ただ，召集の期日または期限の指定のあった場合のその拘束力については，肯定説と否定説とに分かれる。憲法が召集要求権を認めた趣旨（国会における少数派の保護など）から，肯定説が妥当と解される。もっとも，肯定説も，指定された期日または期限に機械的に拘束されるのではなく，社会通念上合理的と判断されるものであればよい

とするものである。

2 休 会

国会または一議院が，自らの意思に基づいて会期中に一時的にその活動を休止することを**休会**という。国会の休会は，両議院一致の議決で行われる（国会法15条1項）。議院の休会は，10日以内に限りその院の議決により行われる（同条4項）。国会または議院の休会中，一定の手続で会議を開くことが認められている（同条2項，衆議院規則22条の2，参議院規則23条の2）。

3 閉 会

国会は会期の終了または衆議院の解散により**閉会**となり，活動能力を失う。衆議院の解散については，後述する。既に触れたように，かつて会期延長がしばしば行われ，与野党激突の原因となったが，昭和33年の国会法の改正で延長回数が制限された。

Ⅲ 審議と表決

1 総 説

近代議会制を支える原理として，既にみた代表の原理とともに，**審議の原理**があげられる。この原理は，議会の決定の妥当性に客観性をもたせるうえで，議会の構成員による自由な討議を尽くすことが肝要であるとする原理である。**議事（会議）公開の原則**は，国民に選挙に際しての判断資料を提供し，国民の「知る権利」に応え，国民と議会とを結びつけるという機能を果たすとともに，議会の決定の妥当性を側面から担保するという機能を有する。近代議会制が依拠する**多数決の原則**は，この審議の原理，議事公開の原則を背景においてはじめて有意的となる。

いわゆる与党の強行採決と野党の審議拒否が日本の国会の宿痾と指摘されてきたが，次第に世論の強い批判を受けるようになってきている。根本的な問題は，上述のような「日程国会」と称される事態の中で実質的な議論が少ないということである。そして，議事運営の舞台はほとんど委員会にある（**委員会中心主義**）中，「定例日制」[24]がとられるなど十分な審議体制にないことが指摘されている。

---

[24] 定例開議日は，衆議院では火・木・金曜日，参議院では月・水・金曜日とされている（それぞれの院の先例集）。

2 定足数

憲法は,「両議院は,各々その総議員の三分の一以上の出席がなければ,議事を開き議決することができない」(56条1項)と定め,議事についても議決と同様の定足数を要求している。ここにいう「総議員」の意味については,法定議員数か現在議員数かといった問題があるが,各議院の合理的判断に委ねられていると解すべきであろう。むしろ問題なのは,議事に関する定足数である。本会議が有効に機能するようにとの見地から,議事に関する定足数を憲法で定めるという考え方をとらない傾向がある(合衆国憲法は議事に関する定足数を定めているが,議事規則によって柔軟な運用を図っている)。

国会法は,委員会の定足数につき委員の半数以上と定めている[25](49条)。委員会がもっと有効に機能できるようにとの見地から,上述の「定例日制」の撤廃とともに,半数以上の要件を議決についてのみの要件とすべきことが提案されている。

3 議決方法

憲法は,「両議院の議事は,この憲法に特別の定のある場合を除いては,出席議員の過半数でこれを決し,可否同数のときは,議長の決するところによる」(56条2項)と定める。本項は,**単純多数決制**(絶対多数決制)および可否同数の場合の**議長の決裁権**を明らかにするものである。

「出席議員の過半数」という場合の「出席議員」の中に,棄権者,無効票,白票が含まれるか。含まれるとすると,棄権者などは反対投票者と同じ扱いをすることになり,果たして合理的かといった疑問はあるが,基本的には議院の自律的判断に委ねられていると解すべきであろう。また,議長の決裁権について,帝国議会以来,まず議長は表決に加わらないことが慣行であり,また,決裁権は消極的・現状維持的に行使するのが例であるといった理解もあるが,この点も基本的にはそれぞれの院が自律的に決すべきものと解される。

なお,本項にいう「議事」が選挙を含むか否かにつき積極・消極の両説があるが,選挙の特殊性を考慮する必要もあり,基本的には議院規則に委ねられているとみられる[26]。

---

[25] なお,両院協議会の定足数は各議院の協議委員の各々3分の2以上とされている(国会法91条)。

[26] 例えば,衆議院規則は1人を選ぶ場合は過半数,複数を選ぶ場合は比較多数の方法によっている(8条・18条・23条〜26条)。

「この憲法に特別の定のある場合」(特別多数決制)としては、まず、(a)「出席議員の三分の二以上」の特別多数による場合として、①議員の資格争訟の裁判における議席喪失の判決 (55条但書)、②議院が秘密会とする決定 (57条1項)、③院内の秩序を乱した議員の除名の決定 (58条2項但書)、および④法律案について参議院で異なった議決をした場合の衆議院の再議決 (59条2項)、があり、次に、(b)「総議員の三分の二以上」の特別多数による場合として、憲法改正の発議 (96条1項) がある。

国会法は、委員会における議事について、出席委員の過半数で決し、可否同数の場合には委員長が決するものとしている[27] (50条)。

4　国務大臣の出席

憲法は、「内閣総理大臣その他の国務大臣は、両議院の一に議席を有すると有しないとにかかはらず、何時でも議案について発言するため議院に出席することができる。又、答弁又は説明のため出席を求められたときは、出席しなければならない」(63条) と定める。議院内閣制の下で、内閣は法律案などの各種議案を国会に提出し、行政権の行使について連帯して国会に対して責任を負い、他方、国会の方では議案の内容を吟味検討し、かつ内閣の行政権の行使について監視し責任を追及しうる態勢になければならないことから、本条は国務大臣の議院出席の権利と義務を定めたものである。国会法は、内閣官房副長官、副大臣および大臣政務官も、内閣総理大臣その他の国務大臣を補佐するため、議院の会議または委員会に出席できるものとしている (69条1項・70条)。

この点、明治憲法は、「国務大臣及政府委員ハ何時タリトモ各議院ニ出席シ及発言スルコトヲ得」(54条) と定め、議院の請求があるとき出席が義務づけられる旨の規定はおいていなかった。

上にみるように、明治憲法に明記されていた「政府委員」について、日本国憲法は触れるところがない。が、国会法ではこの制度について定め[28]、政府委員の数は通常国会で平均300人にも上る状況にあった。この制度は憲法

27　両院協議会における議事については、国会法92条に定めがある。なお、注20および25参照。
28　極東委員会は、立法府を強化し、内閣が国会に対して責任を負うという原則を明確にするという趣旨から、国会法で「政府委員」制を設けることに懸念を表明し、それに対して、最高司令官が「技術的補佐」にとどまることをあげて弁護した、というような事情があったようである。

に規定がないうえ，大臣責任原則に照らしてかなり問題のあるところで[29]，政治改革・国会改革などに関連して廃止された[30]（なお，国会法69条2項・70条参照）。

5 会議の公開

憲法は，「両議院の会議は，公開とする」（57条1項）と定める。この**公開原則**は，上述のような意義を担う議会制に関する重要な原則である。ただ，憲法は「出席議員の三分の二以上の多数で議決したときは，秘密会を開くことができる」（同項但書）と定め，例外を認めている。

会議の公開は，具体的には，傍聴の自由，報道の自由および会議録の公表，の3要素の充足によって成立する。憲法は，「両議院は，各々その会議の記録を保存し，秘密会の記録の中で特に秘密を要すると認められるもの以外は，これを公表し，且つ一般に頒布しなければならない」（同条2項）とし（公表は官報に掲載することによってなされる），各議員の表決についても出席議員の5分の1以上の要求がある場合には会議録に記載すべきものとしている（同条3項）。

なお，国会法は，委員会については，議員のほか傍聴を許さないものとし，ただ報道の任務にあたる者その他の者で委員長の許可を得たものは例外的に認められると定め（52条1項），さらに委員会の決議により秘密会とすることができるものとしている（同条2項）。因みに，両院協議会は，その性質上，傍聴を許さないとされている（97条）。

会議の公開原則は，国会が，"公開討論の場"の中心にあることへの期待にかかわるものであり，国民の側からみた場合，憲法21条の保障する表現の自由の内実をなす積極的情報収集権（狭義の「知る権利」）の憲法レベルでの具体化と解すべきことは，既に述べたところに譲る（第1章第1節Ⅱ→393頁，第2編第3章第1節Ⅳ6→275頁）。ただ，秘密会について憲法がその要件を定めず，特別多数を要するとのみ定めていることからみて，議院の決定をもって最終的なものと解さざるをえないであろう。他方，国会法の委員会についての定め方には疑問を覚えるところである。

---

[29] 委員会で質問を受けた大臣が，"これは大事な問題なので政府委員に答弁させます"と答える例もあったようである。

[30] 因みに，国会は，与野党の枠を越えた行政監視機能を強化する体制を整え（例えば，後述の国政調査権の活用），行政官なども政府参考人として招致し，行政実態の正確な把握に努める必要がある。

IV 衆議院の解散

上述のように,「衆議院が解散されたときは,参議院は,同時に閉会となる」(54条2項) ことから,衆議院の解散は国会の活動にとり重大な意味をもつ。ここに「解散」とは,議員の任期満了前に全員の議員としての身分を失わせる行為をいう (45条参照)。解散は衆議院のみについて存し,参議院には認められない。解散は,内閣の「助言と承認」に基づいて天皇が行い (7条3号),その結果総選挙が行われる (54条1項)。解散は理論上会期外でも可能であるが,会期中に行われることを通例とする。

解散をめぐる問題は,議院内閣制にかかわる重大な問題で,次章において詳論することにする。

V 参議院の緊急集会

1 総　説

日本国憲法は,明治憲法と違って徹底した国会中心主義を採用しており,閉会中に国会の措置を必要とする緊急の問題が生じた場合には,至急国会が召集されることを前提としている。ただ,衆議院が解散されて不存在の場合があるので,これに備えて憲法は参議院の緊急集会制度を設けた。

2 緊急集会の要件と手続

憲法は,「衆議院が解散されたときは,参議院は,同時に閉会となる。但し,内閣は,国に緊急の必要があるときは,参議院の緊急集会を求めることができる」(54条2項) と定める。

緊急集会は,①解散による衆議院不存在の場合で (議員の任期満了の場合でも理論上その必要は考えられうるが,憲法はそういう場合は想定していない),かつ②「国に緊急の必要があるとき」に限る。「国に緊急の必要があるとき」とは,国会議決を要する事項について,総選挙後の特別会をまてないような差し迫った事情がある場合をいう。

このような事情は,まさに国家の緊急事態において考えられる。自衛隊法76条1項は,内閣総理大臣が自衛隊の防衛出動を命ずるには,武力攻撃事態対処法9条の定めるところにより,「国会の承認」を得なければならない

としており，同9条は衆議院解散の場合は参議院の緊急集会による承認を得るものとしている。ただ，「緊急の必要」は，こうした重い事情の場合に限られず，いわば事務処理上の必要の場合もありえ，実際過去の幾度かの例はそういう例であった。

緊急集会の要求権は内閣にあり，国会法によれば，集会の期日を定め，案件を示して，内閣総理大臣から参議院議長に請求し，議長はこれを各議員に通知し，議員は指定された集会の期日に参議院に集会することになっている（99条）。集会は，緊急の案件がすべて議決されたときに終了する（102条の2）。

3 　緊急集会の権能と衆議院の事後承認

参議院の緊急集会は国会の代行機能を果たすのであるから，国会の権能に属する事項すべてに及びうるのが原則であるが，憲法改正の発議はできないと解される（小嶋和司）。緊急集会の性格から，そこでとりうる措置は緊急必要な事項に限られる。しかも，緊急集会の要求権が内閣にのみ与えられていることから，参議院は内閣提出の案件およびそれと関連する事項についてのみ権能を行使ができると一般に解されている（国会法101条・102条参照）。

この緊急集会でとられた措置は「臨時のものであつて，次の国会開会の後十日以内に，衆議院の同意がない場合には，その効力を失ふ」（54条3項）。この「効力を失ふ」の意味について若干問題となる余地はあるが，一般には将来に向かって失うの意味であると解されている。

第4節　国会の権能

Ⅰ　憲法改正の発議・提案権

憲法は，「この憲法の改正は，各議院の総議員の三分の二以上の賛成で，国会が，これを発議し，国民に提案してその承認を経なければならない」（96条1項）と定める。この憲法改正の発議・提案権は，国会の最も重要な権能の1つである。この権能については，既に述べた（第1編第1章第3節Ⅱ➡35頁）。

Ⅱ 立法権

1 立法権
国会の**立法権**については,「唯一の立法機関」性 (41条) に関して述べたので, そこに譲る。

2 立法の手続
立法過程は, ①法律案の提出, ②審議, ③議決, ④署名と公布, の各要素に大別できる。

①との関係で, 先に内閣が法律案提出権をもつと解すべきことに触れたが, **議員が議案の発議権をもつ**ことは憲法上当然である。しかし, 国会法によれば, 議員が発議するには, 衆議院においては議員20人以上, 参議院においては10人以上の賛成を要し, 特に予算をともなう法律案については, 衆議院においては議員50人以上, 参議院においては20人以上の賛成を要するものとされている[31] (56条1項)。こうした要件は, 憲法発足後しばらくして, いわゆる「お土産法案」批判の中で, 設けられたものである。議員の発議権の行使の仕方, 取り扱い方については, 後述する各議院の自律権の一環として各議院が決めるべきことと解されるが (現在は国会法という法律が定めていることの問題については, 後に触れる), 現行の要件は厳しすぎないかの批判がありうる[32]。

上述のように国会は委員会中心主義がとられており, 議院に法律案が提出されると, 議長はこれを適当な委員会に付託し, その審査を経て会議に付すのを原則とする (国会法56条2項)。ただ, 特に緊急を要する案件で, 発議者または提出者の要求に基づき, 議院の議決で委員会の審査を省略することができる (同項但書)。委員会において本会議に付するを要しないと決定した議案以外はすべて議院の本会議に付される (同法56条3項)。もっとも, 本会議に付するを要しないという委員会の決定の日から休会中の期間を除いて7日

---

[31] 憲法改正原案の発議については, それぞれ100人以上, 50人以上とされている (国会法68条の2)。なお, 委員会も所管に属する事項に関し法律案を「提出」できることについては既に触れたが (注17), この場合は委員長が提出者となる (国会法50条の2)。

[32] これとは別に, 衆議院では「機関承認」という慣行があり, 議員が発議するには所属する会派 (政党) の国会対策委員長による承認印が要求され, それがないと衆議院事務局で受理しないとされてきた。この慣行については, 議員立法の活性化の観点から, 否定的評価が少なくない。

以内に議員20人以上の要求があるものは，これを本会議に付さなければならない（同項但書）。本会議では，委員長が委員会の経過および結果を報告した後（国会法53条），質疑応答などを経て採決されることになるが，委員会での審議に比べて本会議での審議は形式的なものとなる傾向があるといわれる。

　法律案は両議院で可決したときに法律となるが（59条1項），この審議と議決の方法については既に述べた。

Ⅲ　条約締結の承認権

1　総　説

　憲法は内閣の職務の1つとして条約の締結をあげるが，同時に，「事前に，時宜によつては事後に，国会の承認を経ることを必要とする」（73条3号）と定める。明治憲法が条約の締結を天皇大権とし，議会の関与を認めなかったこととは対照的である。日本国憲法は，条約が国家の運命や国民の権利・義務に直接関係することを重くみて，締結権は内閣に帰属させつつも，その権限の行使を国会の直接の統制下におこうとしたものと解される。

2　国会承認の対象

　国会の承認が求められるのは条約であるが，ここに「**条約**」とは，条約という名称いかんを問わず（協定，協約，議定書等々であってもよい），外国との間における国際法上の権利・義務関係の創設・変更にかかわる文書による法的合意を意味する。が，私法上の契約の性質をもつもの，条約を受けてその実施のため相手国行政府との間に結ばれる行政取極（適正な範囲にとどまることが必要）または条約の委任に基づくもの，は国会の承認を要する条約には含まれないと解される。

　昭和49年2月，大平外務大臣により明らかにされた政府見解によれば，国会の承認を経るべき「条約」とは，①「いわゆる法律事項を含む国際約束」，②「いわゆる財政事項を含む国際約束」，③「わが国と相手国との間あるいは国家間一般の基本的な関係を法的に規定するという意味において政治的に重要な国際約束であって，それゆえに，発効のために批准が要件とされているもの」，であるとされている（①の例としては，租税条約のごときもの，②の例としては，経済協力を約束する条約のごときもの，③の例としては，かつての日中友

好条約のごときもの)。

　このこととの関係で，国会の承認を経るを要しないものとしては，④「すでに国会の承認を経た条約の範囲内で実施しうる国際約束」，⑤「すでに国会の議決を経た予算の範囲内で実施しうる国際約束」，⑥「国内法の範囲内で実施しうる国際約束」，があげられている。④でいう「条約の範囲内」とは，条約の明示的な委任のある場合とか条約の実施細目にかかわる場合など限定的に解すべきものであろう。

　最高裁判所は，旧安保条約3条に基づく行政協定につき，「委任の範囲内のもので」国会の承認を必要としないとした[33]。もっとも，該協定は，条約の実質を備えるものであって国会の承認を必要とするものであるという強い批判もあった。新安保条約6条に基づく日本国における合衆国軍隊の地位などに関する協定については，こうした批判を意識してか，国会の承認措置がとられた。

3　国会承認──事後承認をめぐる問題

　「事前，事後」は条約の確定的成立時を基準とし，一般にみられる批准（外交使節による合意事項に対する本国政府の承認）を要する条約については，批准前が「事前」，批准後が「事後」となる（署名のみで成立する場合は，署名前が「事前」，署名後が「事後」となる）。事前，事後のいずれに承認を経るかは内閣の裁量に属するとする説もあるが，憲法が特に国会の承認を要求した趣旨からは，事前承認が原則と解すべきであろう（小嶋和司）。国会の承認の方法については，既に述べた。

　事前の承認が得られなければ，内閣は条約を締結できないことになるにとどまる。しかし，事後の承認の場合，承認が得られないという事態がありうる（事後承認をめぐる問題）。その場合には，条約の効力はどうなるか。この点，有効説（佐藤功，橋本公亘，小嶋和司）と無効説（宮沢俊義，清宮四郎）が対立したが，ウィーン条約法条約[34]に関する受け止め方とも関連しつつ，次第に無効説が強くなってきているように思われる（尾吹善人，野中俊彦，渋谷秀樹）。

---

[33] 砂川事件に関する最(大)判昭和34年12月16日刑集13巻13号3225頁。
[34] 1969年にウィーンで採択され，80年に発効。わが国は1981年に批准した。同条約46条によれば，「いずれの国も，条約に拘束されることについての同意が条約を締結する権能に関する国内法の規定に違反して表明されたという事実を，当該同意を無効にする根拠として援用することができない。ただし，違反が明白でありかつ基本的な重要性を有する国内法の規則に係るものである場合は，この限りでない」とある。

国会の承認がない以上国内的には実施できないといわなければならないが，さらに不承認即条約の「無効」とまでいえるのかどうか。事前承認が原則との立場に立った場合，事後承認によるのはどのような事情の場合であろうか，また，国会における再度の審議で承認するということはありえないか。因みに，事前承認を求めるのが慣例で，これまで事後承認が得られなかった実例はない。

4　条約の「修正権」をめぐる問題

条約の承認は一括して行われ，全体として承認するか否認するかのいずれかであって（もっとも，条約が可分の場合には一部承認，一部否認はありうる），変更を加えたり，削除あるいは増補したりすることはできないと解される。

この点，あるいは国会の最高機関性などを根拠に国会は「修正権」をもつとする見解もあるが（国会法85条が条約の承認についても両院協議会を予定しているのは，修正権の存在が前提となっているとされる），修正は相手国のさらなる同意を必要とするものであるから，締結権をもつ内閣として，再交渉の余地なしと判断し，あるいはそのような修正を施すならばむしろ条約を締結しない方がよいと判断した場合には，全部の否認とみなして締結を見送ることもできると解すべきであろう。つまり，国会は厳密な意味では「修正権」を有せず，修正をしたとしても，それは条約を法的には否認しつつ内閣に再交渉を注文するという政治的意味をもつにとどまるとみられる。

Ⅳ　財政に関する統制権

国の財政のあり方は，国政の方向と性格を規定する基盤である。近代立憲主義は，財政を国民の代表機関である議会の統制下におくという財政立憲主義（ないし財政民主主義）をその重要な構成要素として確立した。もとより日本国憲法は，「国の財政を処理する権限は，国会の議決に基いて，これを行使しなければならない」(83条)と定め，「財政」と題する章において立ち入って規定している。これについては，第5章において論ずる。

Ⅴ　内閣総理大臣指名権

憲法は，「内閣総理大臣は，国会議員の中から国会の議決で，これを指名

する」(67条1項前段) ものと定め，かつ「この指名は，他のすべての案件に先だつて，これを行ふ」(同項後段) ものとしている。内閣総理大臣の被指名資格は，「国会議員」であるほか，「文民」であることが要求される (66条2項)。この指名の議決の方法については，既に述べた。

　これにより国会は，内閣の組織形成者を実質的に選任することになる。そして憲法は，さらに，「内閣は，行政権の行使について，国会に対し連帯して責任を負ふ」(66条3項) ものとし，「内閣は，衆議院で不信任の決議案を可決し，又は信任の決議案を否決したときは，十日以内に衆議院が解散されない限り，総辞職をしなければならない」(69条) と規定している。ここにわが国の議院内閣制の骨格をみるが，これについては，次章で論ずる[35]。

Ⅵ　弾劾裁判所設置権

1　弾劾裁判所の設置

　憲法は，「①国会は，罷免の訴追を受けた裁判官を裁判するため，両議院の議員で組織する弾劾裁判所を設ける。②弾劾に関する事項は，法律でこれを定める」(64条) と規定する。憲法は，司法権の独立を明記し (76条3項)，その一環として裁判官の身分を保障するが (78条)，他方では，国民の公務員の選定・罷免権 (15条1項) を受けて，裁判官の職にあるにふさわしくない重大な非違のある裁判官を排除し，もって裁判の公正と司法に対する国民の信頼を確保する方途として，国民代表機関である国会に弾劾裁判所設置権を付与したものである。憲法は特別裁判所の設置を禁止するが (76条2項前段)，この弾劾裁判所は憲法自体が認めた例外である。設置された弾劾裁判所はそれ自体独自の機関であって，上述の閉会中であっても，活動能力を有する。

2　弾劾裁判所の構成と活動

　憲法64条2項を受けて，国会法および裁判官弾劾法が該裁判所の構成や

---

[35] 議会による行政府の統制制度として，大臣罷免の手続としての弾劾制度があるが，議院内閣制が確立されるにつれて利用されなくなった。日本国憲法は，その流れに沿うものである。もう1つは，スウェーデンで誕生発展し，特に第2次大戦後世界的に注目されるようになったオンブズマンである (平松毅)。様々な形態があるが，ここで注目するのは，議会による行政統制の一方法としてのそれである。しかし，第2次大戦後直後に成立した日本国憲法には，この制度についての言及はなく，現在に至るも設けられていない (行政のレベルで俗にそのような名で呼ばれるものもあるが，ここにいうオンブズマンではない)。

活動方法について定めている。それによれば、弾劾裁判所は、各議院においてその議員の中から選挙された各7人の裁判員で組織するものとされる（国会法125条1項、裁判官弾劾法16条1項）。「裁判員は、独立してその職権を行う」（裁判官弾劾法19条）。裁判長は、裁判員が互選する（国会法125条2項）。裁判所は、罷免の訴追をまって裁判するが、この訴追を行う機関として訴追委員会が設けられ、それは各議院においてその議員の中から選挙された各10人の訴追委員で組織するものとされる（国会法126条1項、裁判官弾劾法5条1項）。委員長は、委員が互選する（国会法126条2項）。当然のことながら、裁判員と訴追委員の兼任は禁止される（国会法127条）。

弾劾裁判所は、衆議院議員たる裁判員および参議院議員たる裁判員がそれぞれ5人以上出席しなければ、審理および裁判をすることができない（裁判官弾劾法20条）。弾劾による罷免事由は、①「職務上の義務に著しく違反し、又は職務を甚だしく怠つたとき」および②「その他職務の内外を問わず、裁判官としての威信を著しく失うべき非行があつたとき」、である（同法2条）。裁判所が罷免の裁判をするには、審理に関与した裁判員の3分の2以上の多数の意見による（同法31条2項）。裁判所の対審および裁判の宣告は、公開の法廷で行われる（同法26条）。裁判官が罷免宣告を受けると、いわゆる法曹としての資格を失う（同法37条、弁護士法7条2号、検察庁法20条2号。もっとも、資格回復の道も残されている〔裁判官弾劾法38条〕）。

裁判官の弾劾を求める訴追請求はこれまで相当数に上るが（裁判内容に対する不満からのものが圧倒的に多いようである）、実際に訴追されたのは8人、罷免宣告を受けた裁判官は6人である。

VII　その他の権限

国会の憲法上の権能は上記のものに限られず、憲法が法律で定めるべきものとする事項はすべて国会の権能である。それは、皇位継承制度（2条）、天皇の国事行為の委任の制度（4条2項）、摂政制度（5条）、などをはじめ、既に触れまた後に言及するように、両議院の議員定数（43条）や選挙に関する事項（47条）あるいは会計検査院の組織・権限（90条）等々多くの事柄に及んでいる。

のみならず、国会はその立法権に基づき各種の権限を創設することができ

る。例えば，緊急事態の布告の承認 (警察法74条)，自衛隊の出動の承認 (自衛隊法76条・78条)，中央選挙管理会の委員の指名および罷免の同意 (公職選挙法5条の2)，日本銀行の総裁・副総裁および審議委員の任命の同意 (日本銀行法23条)，等々多くを数えることができる。ここでは，「国会の承認」，「国会の議決」，「国会の同意」あるいは「両議院の同意」などのかたちで，国会が関与している。

第5節　議院の権能

I　自律権

1　総説

上述のように，各議院は，相互に独立して審議・議決を行う機関であって，他の機関や院の干渉を排して行動できる自律権をもつことがその前提となる。憲法は，そのための権限として次のようなものを各議院に認めている。

2　自主組織権

(1) 議院役員選任権　憲法は，「両議院は，各々その議長その他の役員を選任する」(58条1項) と定める。この点については，既に若干触れた (第2節II→440頁)。

(2) 議員の資格に関する争訟の裁判権　憲法は，「両議院は，各々その議員の資格に関する争訟を裁判する。但し，議員の議席を失はせるには，出席議員の三分の二以上の多数による議決を必要とする」(55条) と定める。ここに「議員の資格」とは，憲法44条の「両議院の議員……の資格」と同じで，法律で定められることになっており，被選挙権があること (公職選挙法10条・11条)，兼職が禁止される公職についていないこと (48条, 国会法39条・108条・109条)，が要求される。争訟の手続については，国会法に定めがある (111条~113条)。

この争訟の「裁判」は，憲法76条の例外であって，司法裁判所の管轄外と解される。したがって，議院の裁判に不服であっても，司法的救済の道は存しない。裁判権の濫用に対しては，但書の要求する特別多数によって対処

しようとする趣旨である。なお，「資格」とは別の当選の効力の問題については，司法裁判所の管轄となる[36]。

(3) **議員の逮捕の許諾および釈放要求権**　憲法は，「両議院の議員は，法律の定める場合を除いては，国会の会期中逮捕されず，会期前に逮捕された議員は，その議院の要求があれば，会期中これを釈放しなければならない」(50条) と定める。国会法は，これを受けて，「各議院の議員は，院外における現行犯罪の場合を除いては，会期中その院の許諾がなければ逮捕されない」(33条) ものとしている。この議院の議員逮捕許諾権および議員の釈放要求権は，沿革上，行政機関による不当な干渉を排して，議院の組織活動力の保全を図ろうとする趣旨である。

(4) **議員の辞職の許可**　国会法は，各議院はその議員の辞職を許可することができるものとし，閉会中は議長が許可できると定めている[37] (107条)。

(5) **委員会その他内部組織決定権**　次の3でみるように，憲法は「会議その他の手続」についての規則制定権を認めているが，各院が委員会その他内部組織決定権を有することがその前提にある。

3　自律的運営権

(1) **議院規則制定権**　憲法は，「両議院は，各～その会議その他の手続及び内部の規律に関する規則を定め」る，と規定する (58条2項前段)。この規則制定権は，議院が独立して審議・議決を行う機関である以上当然に前提とされる性質のものである。この権能に基づき，各議院において，衆議院規則，参議院規則がそれぞれ定められている。

規則の所管事項は，各議院の「会議その他の手続及び内部の規律」に関する事項であり，これらの事項は原則として規則の排他的所管事項と解される。この点，日本国憲法施行以来とられてきた発想と実務は明治憲法時代のそれを引きずり[38]，むしろこれらの事項の基本を「国会法」という法律で定

---

[36] 因みに，マッカーサー草案49条には「国会ハ選挙及議員ノ資格ノ唯一ノ裁決者タルベシ」とあり，政府提出の憲法改正案51条には「両議院は，各～その議員の選挙又は資格に関する争訟……」とあったが，衆議院での修正で「選挙又は」が削除された。本文の記述は，その帰結である。

[37] 平成4年，PKO協力法の制定をめぐる対立に付随して，当時の社会党と社民連の全衆議院議員が辞職願を提出したが，衆議院議長が「辞職は認められない」という見解を示すことで決着がつけられた。

[38] 明治憲法は，「両議院ハ此ノ憲法及議院法ニ掲クルモノノ外内部ノ整理ニ必要ナル諸規則ヲ定ムルコトヲ得」(51条)と定めた。そこには，議会（特に衆議院）の活動を政府のコントロール下におきたいという意図があったであろうことも十分に推測される。が，根本的な考え方を

める道が選択された。しかし,憲法が議院の自律権を重要視しているとの理解に立ち,他方,法律は政府も発案でき,参議院の反対にもかかわらず成立しうることに注意を促しつつ,こうした発想と実務に厳しい批判が向けられることになる。

このような根本的批判の嚆矢にして,実践的叡智の所産というべきものが,「紳士協定」説であった(小嶋和司)。つまり,本来議院規則で規定すべきものを法律で定めたとしても(特に国会法第3章・第5章・第6章の諸規定),それは両議院の道義的義務にすぎないものとみる[39]。したがって,ここでは,従前のように規則と法律との競合可能性を前提としていずれが優位するかの議論(規則優位説と法律優位説との対立)は妥当しないことになる(なお,近時,「紳士協定」説も曖昧であって,端的に違憲無効と断ずべきであるという説もみられる〔渋谷秀樹〕)。

「紳士協定」説は,両議院関係事項(特に国会法第10章)については法律事項と解した[40]。憲法は,両院協議会を開くことについて「法律の定めるところにより」と規定している(59条3項・60条2項・67条2項)。

なお,議院規則の中には,傍聴人に関する規定や議院における証人の取扱い方に関する規定のように国民を義務づけるものも含まれうるところであるが,この種の事柄は法律で定めることも可能と解され,そして仮に規則と法律とが違った定めになったとすれば,法律が優位すると解される。現在,議院証言法(「議院における証人の宣誓及び証言等に関する法律」)が制定され,証言拒否等についての罰則を定めているが,憲法からはむしろこれがあるべき筋と解される。

最後に,先に日本が今直面している二院制の問題に触れたが(第2節Ⅲ3→442頁),参議院が期待される独自の役割を果たそうとするならば,何事につけ衆議院と同じような立場に立たんとして「国会法」の中に入り込もうとし

大きく異にする日本国憲法に至っても,そもそもこうした事項は法律で定めるものである,さらには,国民代表機関である国会が法律として定めることが筋である,という考え方となって展開したように思われる。法律と規則との競合を認める立場にあっても,法律優位説が有力であったのも(宮沢俊義),こうした文脈において理解できる。

[39] そういう性質のものであるとすれば,両議院の合意なしには成立しない(衆議院の優越は妥当しない)のは当然である。

[40] もっとも,法律ということになると,形式的には内閣の構成員の署名が必要で,大臣が両議院関係の執行責任を負う結果になるとして,アメリカの連邦議会のように,各議院が同一内容を議決する「両院共同決議(concurrent resolution)」によるべしとする説もある(大石眞)。

た従来の姿勢から脱却する気概をもつことが必要であろうことを指摘しておきたい。

(2) 議員懲罰権 憲法は,「両議院は,……院内の秩序をみだした議員を懲罰することができる。但し,議員を除名するには,出席議員の三分の二以上の多数による議決を必要とする」(58条2項) と定める。「懲罰」は,院内秩序の維持に関連して議員に科される制裁であって,その手続や種類については国会法に定めがある (121条以下)。それによれば,公開議場における戒告,陳謝,一定期間の登院停止および除名の4種類があるが (122条),特に除名は,事の重大性に鑑み,憲法自体において出席議員の3分の2以上の特別多数を要するものとされている。

懲罰は「院内の秩序」に関連してのものであるから,議員の院外での行動はその対象としない (もっとも,委員会が院外で活動する場合などにおける行動はもとより対象となる。また,召集に応じないとか,秘密会の秘密保持の義務に反したとかいうような場合には,事柄の性質上,場所のいかんを問わず,懲罰の対象となりえよう)。懲罰の対象となるのは「議員」であるが,議員である国務大臣は対象となるかについては,肯定説と否定説とがある (肯定説は,懲罰の意義は院内の秩序をみだす行為をただし,議院の権威を維持することにあるのだから,議員たる国務大臣を他の議員から区別すべき理由はないとし,否定説は,国務大臣の中で議員である者とそうでない者との間に不均衡が生ずることなどを問題にし,結局,不信任決議によって責任を追及すべきであるとする)。

懲罰権は,濫用される危険があり,特に除名については,その点を考慮して司法審査の可能性を肯認する説もある。が,一般には,懲罰権が議院の自律的運営権の一環として憲法の明文上認められていることを重視して,議院の判断は最終的なものと解している[41]。

(3) 議長の秩序保持権 憲法は,院内の一般的な秩序維持の方法について明示するところがない。が,国会法は,議長に院内秩序を保持するための一般的な内部警察権を付与し (114条),その要求により内閣が派出する警察官は議長の指揮を受けるものとしている (115条)。議長は,議場の秩序をみだすなどの行為をする議員に対して制止するなどの適当な措置を講じ (116

---

[41] 因みに,地方議会議員の懲罰に関し,最(大)判昭和35年10月19日民集14巻12号2633頁は,出席停止のごとき懲罰は内部規律の問題として司法審査の対象とならないが,除名処分のごときは単なる内部規律の問題にとどまらないとしている。が,議院と地方議会とは同日には論じえないであろう。なお,第4編第1章第2節参照。

条),傍聴人の議場妨害行為などを取り締まり (118条),議員以外の者で議院内部において秩序をみだす者に対して適当な措置をとる (118条の2)。

(4) 議事手続と司法審査 上述のように,各議院は,憲法,法律,議院規則などの定めるところに従い,他の院や機関の干渉を受けることなく独立して審議・議決を行うわけであるが,その議事手続の適法性について,司法審査権が及ぶかどうかが問題となる。この点,議院の自律的運営権をいわば絶対視して院の判断を終局的とみ,司法審査を一切否定する説 (A説) と,裁判所の合法性維持機能を重視して司法審査を肯定する説 (B説) とがある。もっとも,B説といえども,無条件に司法審査を肯定しているわけではなく,明白に違法な場合に限られるとか (B_1 説),憲法違反の場合に限られるとか (B_2 説),限定付きである。

裁判所は法律内容の適憲性について審査しうるのであるから,議事手続の適憲性について頭から一切判断しえないとするのは疑問である。考え方としては,法律の制定などに至った場合において,その議事手続に明白な憲法違反が認められる場合には司法判断が可能と解すべきであろう。上述の議員懲罰は議院内部の問題にとどまるが,法律制定などにつながる議事手続は,国民の権利・義務に直接関係してくるからである。

明白な憲法違反かどうかの判断にも一応の事実審理が必要であるが,その際自律権に対する強い配慮が求められる。この点,A説的立場から司法審査は「原則として」否定されるとしつつ,ここに「原則として」とは,議会の議事録に記録された事実を確定的だとする議事録掲載主義で足りるという意味であるとする説 (大石眞) が示唆に富む。かつて法案の成立を期して与党が会期の延長を図り,野党がこれに抵抗し,議長が本会議場に入れないままに延長の議決を強行し,結局法案を成立させ,後に具体的事件でこの点が問題とされた警察法改正無効訴訟につき,最高裁判所は,「両院において議決を経たものとされ適法な手続によって公布されている以上,裁判所は両院の自主性を尊重すべく……事実を審理してその有効無効を判断すべきでない」と判示した[42]。

---

[42] 最(大)判昭和37年3月7日民集16巻3号445頁。本件で問題とされたのは,定足数や過半数の計算もなされない事態についてであるが,混乱したのは会期延長の議決であって,新警察法の議決自体についてではないことに留意する必要がある(毛利透)。なお,地方自治法は,地方議会の議決または選挙がその権限を越えまたは法令もしくは会議規則に違反する場合に関し,地方公共団体の長による再議・再選挙請求・知事または総務大臣による審査裁定・裁判所

4 財政自律権

議院が上述のような自律権をもった主体としてその機能を全うするには，それに見合った財政的基盤（財政自律権）が必要である。明治憲法時代の議院法は「両議院ノ経費ハ国庫ヨリ之ヲ支出ス」(18条)と定め，その経費はいわゆる法律費（明治憲法67条参照）の一種とされ，財務実務上も大蔵省の所管とされてその査定に服した。この点，国会法は，予備金を含む「両議院の経費は，独立して，国の予算にこれを計上しなければならない」(32条)と定める。両議院の所要経費は，一般会計歳出予算における独立した「国会所管」として計上・議決され，また，予算編成過程において両議院の概算要求については特例的扱いがなされている。

II 国政調査権

1 総説

憲法は，「両議院は，各々国政に関する調査を行ひ，これに関して，証人の出頭及び証言並びに記録の提出を要求することができる」(62条)と定める。①議院がその職権を有効かつ適切に行使するためには，正確な情報に根拠することが必要であるとともに，②代表制を基礎とする国会の最高機関たるにふさわしい国政の中心機能を果たしていくためには，各議院が世論を反映しつつ同時に国民に情報を提供し世論を形成する作用を遂行することが前提となる。国政調査権は，そのために必要とされる議院の基礎的権能である。

とすれば，この権能は，憲法の明文規定をまつまでもなく当然に議会に備わるべきものである。明治憲法下でも，各議院はその権能を行使するため調査権を当然に有すると解されていた。が，議院法は，各議院が審査のため人民を召喚しまたは議員を派出することを禁じ(73条)，また，国務大臣および政府委員のほか他の官庁および地方議会に対して照会往復することを認めていなかった(75条)。こうした事情が，特に本条が設けられた背景にある。

2 国政調査権の性格

憲法施行後間もない昭和23年，参議院法務委員会が，「検察及び裁判の運

による裁判の道を開いているが(176条)，このような仕組みの当否はともかくとして，議院と地方議会とは同日に論じえない。

営等に関する調査」の一環として、地方裁判所のある確定判決を取り上げ、関係者を喚問するなどして調査を行い、翌年、事実認定ないし量刑が失当であるとする報告書を出した。これに対して、最高裁判所が司法権の独立を侵害すると抗議する出来事があった。いわゆる浦和事件である。

　これを契機に、そもそも国政調査権とは何かをめぐる論議が展開された。それは、次の2説の対立に集約される。1つは、明治憲法下の法制との違いに注目し、とりわけ日本国憲法41条の定める国会の「国権の最高機関」性に関連づけて、国政調査権をもって国権「統括」の1方法として捉えるいわゆる独立権能説である（佐々木惣一）。もう1つは、調査権をもって国会に憲法上付与された権能（主として立法権）を有効に行使するための補助的手段として捉えるいわゆる補助的権能説である。そして、「統括」という概念の不明性と相まって、前者は司法権の独立を危うくする説と受け止められて、後者が通説化した。

　しかし、それぞれの主張内容を委細にみれば、カテゴリカルに二者択一的に理解するのは適切ではない。すなわち、独立権能説といえども、議院が他の国家機関の権能そのものである作用を行うことを認めるわけではなく、また、基本的人権に対する配慮を当然の前提とするものである。他方、補助的権能説といえども、国会の権能・役割が立法・予算審議・行政監視等々広汎に及び、したがって調査権もほぼ国政全般にわたっていることを承認している[43]。

　仮に調査権の本来的性格は補助的なものと理解するとしても、今や補助すべき対象はきわめて広汎にわたること、そして、国民に対する情報提供・争点提起機能が決して軽視されるべきではないこと、を前提としたうえで、国民の基本的人権の尊重と他の機関特に裁判所の本来的権能の保全との現実的調整を図ることが要諦と解される。

3　国政調査権の行使と限界

　議院の国政調査権の行使は、特別の院議決定により調査特別委員会を設けてこれに委任し、あるいは、常任委員会による調査要求を議長が承認する、というかたちで行われる。調査の具体的方法・手段については憲法自体が明

---

[43] 議院内閣制と大統領制との違いをどう評価するかの問題はあるが、アメリカ合衆国において、調査権は立法目的のためとしつつ、いわゆる「立法目的推定の法理」を確立させるなどして、広汎な調査権の行使が是とされてきた。

示し，議院証言法が罰則的裏づけをしていることは既にみた。

　調査権の行使には，既に示唆したように，①他の国家機関の作用そのものを行いえないことはもちろんのこと，その権限行使に重大な影響を及ぼすことは許されないこと，②国民の基本的人権は十分に尊重すべきであること，の限界が存する。

　まず，①との関係では，上述の浦和事件での法務委員会の調査は，明らかに調査権の範囲を逸脱したものであったといわなければならない。また，現に裁判所に係属中の事件について調査権を行使することも，一層問題であるといわなければならない。そして，司法的性格をもつ検察権の作用についても，これに準じた配慮が求められよう。

　議院証言法は，証人が公務員である場合または公務員であった場合，（ⅰ）その者が知りえた事実について，本人または該公務所から「職務上の秘密」に関するものであることを申し立てたときは，該公務所またはその監督庁の承認がなければ証言，書類提出を求めえないとし，（ⅱ）その際，該公務所または監督庁が承認を拒むときはその理由を疎明しなければならず，（ⅲ）議院，委員会あるいは合同審査会がその理由を受諾できないときは，その証言などが「国家の重大な利益に悪影響を及ぼす」旨の内閣声明を要求できる，としている（5条）。

　次に，②との関係では，国民は，調査目的と関連性のない，または不当に個人のプライバシーにわたる質問または資料の提出要求を拒否できると解される。議院証言法は，「正当な理由」なしに証言を拒否などした場合には禁錮ないし罰金に処するとしているが[44]（7条），このような場合は「正当な理由」にあたるというべきである（なお，同法5条の2参照）。また，国民は，自己帰罪的証言を拒否できる（同法4条参照）。同法は，証人は，各議院の議長・委員長または合同審査会の会長の許可を得て，補佐人（弁護士）を選任することができるものとし（1条の4），あるいは，委員会または合同審査会における証人に対する尋問中の撮影・録音については，委員長または会長が，証人の意見を聴いたうえで，委員会または合同審査会に諮り，許可するものとしている（5条の3）。

44　なお，議院証言法でも認められていないが，調査手段として捜索・押収は憲法上許さないと解される。

4　国政調査権の適切かつ有効な行使に向けて

　国政調査権の行使は，単なるパフォーマンスに終ってはならず，調査結果は，後の政策立案や適正措置に資するに値する報告書として作成・提出されなければならない。また，調査権が政府に対する統制方法として重要な意義をもつことに照らし，国会の少数派にも道を開いておくことが望まれる。

　この後者の点に関し注目されるのは，衆議院において平成10年から導入された「予備的調査」制度である (衆議院規則56条の2・56条の3・86条の2)。委員会は，審査・調査のため事務局の調査局長・法制局長に対し予備的調査を行い，報告書を提出するよう命ずることができる。注目されるのは，該命令が出される場合の1つとして，議員40人以上が委員会が該命令を発するよう要請する書面を議長に提出することができ，提出を受けた議長はこれを適当の委員会に送付し，送付を受けた委員会は該命令を発するものとされていることである。これはあくまで予備的調査であって，委員会の調査権の行使の場合と違って，強制力をともなうものではないが，その調査結果は報告書として作成され，委員会に提出され，委員長より議長にその写しが提出され，議長より議院に報告される。本格的なものではないが，少数派にも調査権への道が少し開かれた意味合いがある。

第6節　議員の地位と特権

I　議員の地位

1　議員の地位と身分の得喪

　(1)　議員の基本的地位　既に幾度か触れたように，憲法は，「両議院は，全国民を代表する選挙された議員でこれを組織する」(43条1項) と定め，議員が選挙区の代表ではなく，全国民の代表として何が国民全体の「福利」になるかの独自の判断に従って行動すべき地位に立つことを明らかにする (特に第1節I➡425頁)。憲法は，議員のこのような地位を保障するため一定の特権を認めるが，この点についてはIIで論ずる。

　(2)　議員の身分の得喪　このような基本的地位に立つ議員の身分は「選挙」を通じてのみ取得され (43条1項)，衆議院議員については4年の任期満

了または解散の場合にはその期間満了前に (45条)，参議院議員については6年の任期満了により (46条)，それぞれ議員としての身分を失う。しかし，そのほかにも，議員は，①他の議院の議員となったとき (48条，国会法108条)，②被選挙資格を失ったとき (国会法109条)，③資格争訟の裁判により資格がないとされたとき (55条，国会法111条以下)，④懲罰として除名されたとき (58条，国会法121条以下)，⑤選挙関係争訟における判決により選挙または当選が無効とされたとき (公職選挙法204条以下)，⑥辞職したとき (国会法107条)，にはその身分を失う。

憲法は，内閣総理大臣と国務大臣の過半数は国会議員の中から選ばれなければならないとしているが (67条・68条)，議員が行政府や地方公共団体の役職をむやみに兼務することは権力分立上問題が生ずることから，国会法は，「議員は，内閣総理大臣その他の国務大臣，内閣官房副長官，内閣総理大臣補佐官，副大臣，大臣政務官及び別に法律で定めた場合を除いては，その任期中国又は地方公共団体の公務員と兼ねることができない。ただし，両議院一致の議決に基づき，その任期中内閣行政各部における各種の委員，顧問，参与その他これらに準ずる職に就く場合は，この限りでない」(39条) と規定している。したがって，⑦この禁止に触れる場合には，その身分を失う。

その他，両議院の比例代表選出議員は，⑧議員となった日以後に，その選挙における他の名簿届出政党等に所属することになったときは，その日をもって退職者となる (国会法109条の2。第1章第3節①2 ➔ 417頁)。

2　議員の権能

議員は，それぞれの議院の構成者として，単独でまたは一定数合同して次のような各種権限を有する。①国会召集要求権 (53条)，②議案の発議および修正動議の提出権 (国会法56条1項・57条・57条の2。その要件が厳しすぎるのではないかにつき，第4節Ⅱ➔454頁)，③内閣に対する質問権 (国会法74条〜76条)，④質疑・討論・表決する権限 (51条・57条，衆議院規則118条，参議院規則108条・113条など)，⑤表決の会議録記載要求権 (57条3項)，など。

「日程国会」などとも称される事態の中で (特に第3節参照)，重要な③④の趣旨は十分な実現をみていないと指摘されて既に久しい。

II 議員の特権

1 会期中の不逮捕特権

　上述のように，議員が全国民の代表者としてその職責を全うできるようにするため，憲法は3つの特権を認めている。まず，**会期中の不逮捕特権**について説明する。

　憲法は，「両議院の議員は，法律の定める場合を除いては，国会の会期中逮捕されず，会期前に逮捕された議員は，その議院の要求があれば，会期中これを釈放しなければならない」(50条) と定める。行政府による逮捕権の濫用によって議員としての活動が妨害されることを防ぎ，もって議院の組織活動力の保全を図ろうとする趣旨から認められた特権である (第5節①2→460頁)。したがって，犯罪事実が明白で逮捕権の濫用の可能性が少ない場合は別であると考えてよいわけで，この特権の例外となる「法律の定める場合」として，国会法は，「院外における現行犯罪の場合[45]」と「その院の許諾」のある場合，をあげている (33条)。

　この特権は国会の「会期中」においてのみ妥当するが (この特権は一般の国民にはない特権であり，会期前の逮捕には及ばない。ただ，会期前に逮捕し，身体の拘束を継続することになると，不逮捕特権の制度の趣旨が損なわれることになることから，50条後段がおかれたものと解される)，緊急集会中の参議院は国会の代行機能を果たすのであるから，その期間中の参議院議員にも同様の特権が妥当すべきものと解される (国会法100条参照)。ここに「**逮捕**」というのは，刑事訴訟法上の逮捕，勾引，勾留をはじめ行政上の身体の拘束をも含む，およそ公権力による身体の拘束を指すものと解される。ただ，この特権は不逮捕特権であって，訴追されない特権ではない。

　逮捕の許諾を求めるには，内閣は，所轄裁判所または裁判官が令状を発する前に内閣へ提出した要求書の受理後速やかに，その要求書の写しを添えて，議院に請求すべきものとされる (国会法34条)。これまで10数件に上るが，議院運営委員会の審査を経て，本会議での議決という手順を踏むようである。

---

[45] 院内における現行犯罪については，議院の内部警察権によって自主的に取り扱われる (国会法114条，衆議院規則210条，参議院規則219条)。

議院が逮捕の許諾を与えるか否かの判断基準については，逮捕が正当か否かによるべきであるとする説と，その議員の逮捕が議院の職務遂行にとって妨げとなるか否かによるべきであるとする説とがありうる。一般に，前者によれば，許諾にあたって条件または期限を付すのは難しい（正当である以上そうした条件または期限を付しえない）とされ，後者によれば，可能であるとされる。議院に期待されているのは，正当か否かという法技術的判断ではなく，おそらく後者であろうと解される。もっとも，後者の説のようなニュアンスをみせながらも，許諾は無条件的でなければならないとした下級審の決定[46]がある。

なお，会期前に逮捕された議員の釈放要求の手続については，国会法 34 条の 2 および 3 が定めているが，これまでこうした例はないようである。

2　発言・表決に対する免責特権

憲法は，「両議院の議員は，議院で行つた演説，討論又は表決について，院外で責任を問はれない」（51 条）と定める。この免責特権は，院内における議員の発言・表決の自由を最大限に保護しようとするものであり，近代立憲主義憲法は，先の不逮捕特権と並んで，ほぼ例外なく規定してきたものである。

この特権は「議員」の特権であるから，異説もあるが，国務大臣として行った発言については免責されないと解される[47]。ここに「議院で行つた」とは，院の内外を問わず，およそ議院の活動の一環として議員が職務上行った発言などをいう。

ここに明示される「演説，討論又は表決」について，一般の国民にない特権であることに注目して限定的に解する説（限定説）と，議案の発議や修正動議の提出などを想定しつつ例示的に解する説（例示説）とがあるが，後者をもって正当としよう。が，自己の主張を通そうと実力に訴える行為は，範囲外である。かつて国会乱闘に関係して公務執行妨害罪や傷害罪に問われる事件があった。下級審の判決は，該特権は「議員の国会における意見の表明とみられる行為にまで拡大され，……議員の職務執行に附随した行為にも」及ぶとか[48]，「少なくとも議員がその職務上行なった言論活動に附随して一

---

[46] 東京地決昭和 29 年 3 月 6 日判時 22 号 3 頁。
[47] 東京高判昭和 34 年 12 月 26 日判時 213 号 46 頁参照。
[48] 第一次国会乱闘事件に関する東京地判昭和 37 年 1 月 22 日判時 297 号 7 頁。

体不可分的に行なわれた行為」に及ぶとか[49]、拡大的に解しつつも、実力行為の免責性を否定した[50]。

なお、議員が院内の発言を院外において刊行したような場合には、もはや「議院で行つた」発言とはいえず、一般の法律によって律せられる[51]。ただ、議院の会議は公開で、会議録が公表頒布される（57条）ことなどを理由に、会議録をそのまま引用する形での刊行など一定の場合には免責特権が及ぶとする説も有力である。

「院外で責任を問はれない」とは、一般の国民なら負うべき民事・刑事上の法的責任（例えば、名誉毀損行為として不法行為法上ないし刑法上の責任）、または議員が公務員を兼職する場合（上述の国会法39条参照）の懲戒責任、を問われないことを意味するとされ、ときにこの保障は文字通り絶対的であることが強調される（安藤高行）。この特権の歴史的沿革などからその趣旨は十分理解できるが、では、議員の発言によって個別具体的な個人がどのような深刻な被害（権利侵害）を受けたとしても、一切の法的救済は存しない（何をいわれてもただ堪え忍ばなければならない）ということまで意味するのであろうか。

この問題を提起したのは、議員が病院長の所業を具体的に指摘・追及しつつ所管行政庁の対応を求める発言をし、その翌日病院長は自殺、その妻が名誉毀損を理由に該議員および国に対して提起した損害賠償請求訴訟（病院長自殺事件）であった。最高裁判所は、国家賠償法1条と公務員個人の賠償責任に関する従来の判例法理に従って議員個人に対する請求を排斥する一方（第2編第4章第1節Ⅲ➡356頁）、「多数決原理によって統一的な国家意思を形成す」る活動と「国家意思の形成に向けられた行為」（質疑等）とを区別しつつ、後者につき職務上の義務違反の成立（したがって国家賠償責任の発生）の可能性を認めて、その要件につき次のように述べた。

すなわち、該国会議員が、「その職務とはかかわりなく違法又は不当な目的をもって事実を摘示し、あるいは、虚偽であることを知りながらあえてその事実を摘示するなど、国会議員がその付与された権限の趣旨に明らかに背いてこれを行使したものと認め得るような特別の事情があることを必要とす

---

[49] 第二次国会乱闘事件に関する東京高判昭和44年12月17日高刑集22巻6号924頁。
[50] ただ、例えば注48の判決は、犯罪の証明が十分でないことなどを理由に無罪とした（確定）。
[51] 因みに、明治憲法52条但書は、「議員自ラ其ノ言論ヲ演説刊行筆記又ハ其ノ他ノ方法ヲ以テ公布シタルトキハ一般ノ法律ニ依リ処分セラルヘシ」と規定していた。

る」，と[52]。

　本条の禁ずるのは「院外」の者による問責であるから，その行為が院内で懲罰の対象とされることはありうるし，また，該議員の所属する政党や支持団体によって除名や支持撤回などの制裁を受けることがあっても，本条とは無関係である。

　なお，上述のように職務行為に付随して生じた暴力行為などの犯罪行為は免責特権の対象とはならないが，この種の犯罪行為については，議院の自律権の観点から，議院の告発がなければ起訴できず，裁判所は裁判権を有しないとする説もあった。しかし，このような理解は，結局憲法に規定のない新たな「特権」の創設を認めることに通じ，正当とは思われない。先に触れた下級審の判決例は，この種の行為の訴追については議院の告発を要せず，免責特権の範囲内の行為であるか否かの認定権は裁判所にあるとの立場をとっている。

3　歳費受領権

　憲法は，「両議院の議員は，法律の定めるところにより，国庫から相当額の歳費を受ける」（49条）と定める。国会法などにより具体的に定められている（国会法35条は，「議員は，一般職の国家公務員の最高の給与額……より少なくない歳費を受ける」と定めている）。

---

[52] 最判平成9年9月9日民集51巻8号3850頁。そして判決は，本件では，①法律案の審議という議員の職務に関係するものであったこと，②議員に違法または不当な目的があったとは認められないこと，③発言内容が虚偽であるとも認められないとした原審の認定判断は原判決挙示の証拠関係に照らして首肯できること，を指摘し，上告を棄却した。
　この判決は，従来の学説状況の中にあって，評価すべきものであった。ただ，救済の要件は相当厳しく絞り込まれており（原審の札幌高判平成6年3月15日は，過失によって虚偽であることを知らなかった場合も国家賠償法上の違法があるとしていたが，本判決はそれを削ぎ落している），権利（人権）侵害を受けた国民にとってどのような道が実際開かれたのか覚束無い。このことに関連して，前に触れた（第2編第2章第1節Ⅲ 1 ➡ 177頁），13条に根拠する新しい人権類型として，「特別犠牲を強制されない権利」を類型化し，予防接種禍の場合のほか，国会議員の免責特権にともなう名誉毀損の場合をあげる説（高橋和之）が注目される。

第3章 内　　閣

第1節　内閣の性格と地位

I　内閣の性格と地位

1　総　説

　内閣は，国会の信任に依拠して存在する，「行政権」を担当する機関である。

　前章で国会の権能に関し内閣総理大臣指名権に触れた際，日本国憲法が議院内閣制によることを述べた（第2章第4節Ⅴ➡457頁）。**議院内閣制**とは，議会と政府（行政府）の関係のあり方に関する統治類型の1つで，ごく概括的に定義すれば，政府は議会（二院制の場合は特に第一院）の信任に依拠して存在し，他面，政府は議会（二院制の場合は特に第一院）の解散権をもつことにより，制度上議会と政府との間に連携と反発（均衡）の関係を内包せしめている統治類型（ときに「協同型」と呼ばれる〔小嶋和司〕）をいう。委細にみれば，議院内閣制も歴史とともに変容しているが，それに立ち入る前に，他の統治類型を一瞥しておこう。

　1つは**大統領制**で，アメリカ合衆国憲法の定める統治類型がその典型例である。議会と政府は別々に国民から選出され，それぞれ独立して立法権，行政権を行使する。法律案提出権は議員のみが有し，政府にはない。政府は議会から不信任決議を受けることがない一方，政府は議会解散権を有しない（この型はときに「同格・隔離型」と呼ばれる〔小嶋〕）。

　もう1つは**会議制**（議会統治〔支配〕制）で，フランス革命期にその原型をみ（国民公会制），社会主義憲法に取り入れられたものである（第1編第1章第1節Ⅲ2➡8頁，本編第2章第1節Ⅲ1➡429頁）。ここでは会議（議会）に全権力が集中し，政府は完全にそれに従属する（制度上政府は会議の単なるサーバントにすぎない。この型はときに「主従型」と呼ばれる〔小嶋〕）。興味深いのはスイスの憲

法で，立憲主義的考え方を基礎としつつ，この統治類型によっている[1]。

上の3類型のほか，フランス第5共和制憲法によって展開された，大統領制と議院内閣制の混合した統治形態があり，それに倣う国もでてきている（例，大韓民国）ことから，「半大統領制」と類型化されることもあるようである。

2 議院内閣制と日本国憲法

(1) 議院内閣制の展開と変容　議院内閣制はもともとイギリスで誕生し，国王（元首）と議会とが対峙し，国王の任命にかかる内閣が議会（下院）の信任を受けていることをその在職要件とするとともに，国王は下院解散権をもつという体制がまず確立した。が，その後国王の権力は次第に名目化し，内閣が政府の本体をなすに至り，専ら議会に多数を占める政党を基盤に内閣が成立し，内閣が解散権を行使するという形態へと変化していく。つまり，内閣が国王（元首）と議会の両者に実質的責任を負う形態（二元的議院内閣制）から，実質的に議会に対してのみ責任を負う形態（一元的議院内閣制）への展開である。そこでは，国民に対して責任を負う議会，その議会に責任を負う内閣，という動態的政治過程が息づいている。そしてその背景には，民主主義の進展（選挙権の拡大）という歴史的潮流があった。

イギリスの議院内閣制は，このように内実における重要な変化があったが，君主制との結びつきに着目して，議会君主制と呼ばれる。フランスでは，イギリス流の二元的な議会君主制が採用されたこともあったが，第3共和制下においていわゆる議会共和制が誕生・定着した。しかもそこでは大統領の解散権が死文化し，その後を継いだ第4共和制下では憲法上解散権の行使に制約が課され，議会万能型議院内閣制とか「不真正な議院内閣制」（レズロープ）とか呼ばれる形態が現出した。そして第5共和制下では，公選の大統領と議会とが対峙する二元的構造の間に内閣を介在させる，古典的な二元的議院内閣制の変種ともいうべきもの（新二元型）が登場した。

ワイマール憲法期に政局の不安定に悩まされたドイツでは，そのことがナチスの登場を招いたと反省されて，第2次大戦後制定された憲法において，政府による議会解散権と議会による政府不信任決議権とが厳しく限定された

---

[1] 政府の閣僚はすべて下院（国民院）の総選挙ごとに連邦両院合同会議によって選任され，議会は政府監督権をもち，政府による議会解散権などはもちろん存在しない（小林武）。ただ，実際の国政運営は政府主導的であるといわれる。

形態が採用された。

このように，議院内閣制といっても，国により，また時代により，その内実は決して一様ではない。そして，そもそも議院内閣制とは何かをめぐって議論が闘わされ，わが国でも，その「本質」をめぐって，政府が議会の信任に依拠することに本質をみる説 (責任本質説) と信任に依拠することに加えて政府と議会とが均衡することを重視して解散権を本質的要素とみる説 (均衡本質説)，の対立的構図が描かれた。そこには，第3および第4共和制下の形態をどう位置づけるか (会議制と位置づけるか，なお議院内閣制と位置づけるか)，ドイツの憲法のように解散権を限定しようとする動向をどう評価するか，等々の論点が関係していた。

責任本質説は，政府よりも議会を民主的と捉え，政府に対する民主的コントロールを決定的なものとみるわけであるが，解散の"脅威"から解放された議会はどこまで国民の側に立っていると主張できるのか。国民 (有権者団) の存在を基礎に据え，議会と政府とが，それぞれ不信任決議権と解散権をもって，その支持を求めて競い合うという構造こそが，国民主権下のあるべき議院内閣制の姿ではないのか。

既に19世紀半ば，バジョットは，「首相の選出」こそが下院の「最も重要な機能」であることを指摘し，伝統的な考え方はこれを無視していると嘆いた。が，今日，二大政党制と小選挙区制を背景に，選挙がそのまま政府選択となる姿がイギリスの「国のかたち」の核をなしている。イギリスとは相当事情を異にするヨーロッパ諸国でも，半直接制と呼ばれる状況の中で，議院内閣制も意味変化を来してきているように思われる (第1編第1章第1節Ⅲ3→11頁)。議院内閣制に関し，議会と政府との関係にのみ焦点をあてた従前の「権力分立モデル」から，国民 (有権者団) と議会・内閣の動態的なつながりに焦点をあてた「民主主義モデル」への転回が語られたり (大石眞)，「国民内閣制」論が主張されるのも (高橋和之)，こうした文脈で理解できる[2]。

(2) 日本国憲法と議院内閣制 既に若干触れ，また後にも述べるように，日本国憲法は，立法権と行政権はそれぞれ国会と内閣が担当すること

---

[2] 議会に関する比較研究に基づき，「変換の議会」と「アリーナの議会」とが区別されることがある (ポルスビィ)。「変換の議会」は，社会的要求を法律に変換する機能が重視されるもので，アメリカを代表例として，オランダ，スウェーデンがそれに準じるとされる。「アリーナの議会」は，公式の討論を通じて有権者に対立点を明確に示す機能が重視されるもので，イギリスを代表例として，ベルギー，フランス，そしてドイツ，イタリアがこれに準じるとされる。後

(41条・65条)を前提に，内閣総理大臣は国会が国会議員の中から選任し(67条1項・6条1項)，その総理大臣が国務大臣を任命して(その過半数は国会議員でなければならない)内閣を組織し(68条1項・7条5号)，閣僚の議院への出席・発言を認め(63条)，そして，内閣の国会に対する連帯責任(66条3項)，衆議院の内閣不信任決議権(69条)，内閣の衆議院解散権(69条・7条3号)について定めている。

ここには，解散権を制限するような格別の規定はみられず，まさに，国民(有権者団)を基礎にして，議会と政府との連携と反発(均衡)というダイナミックな関係を措定しているようにみえる。

が，衆議院の解散については，憲法上の様々な論点が絡み合い，1つの問題領域を形成してきた。次に，それに若干立ち入って論及する。

(3) 衆議院解散権の根拠と限界の問題 憲法が解散について具体的に言及するのは69条で，それは「内閣は，衆議院で不信任の決議案を可決し，又は信任の決議案を否決したときは，十日以内に衆議院が解散されない限り，総辞職をしなければならない」というのみで，その他の場合の解散可能性に直接言及していない。そこで，解散は69条の場合に限定されるとする説(A説)と限定されないとする説(B説)の対立が生じた。

さらに，B説には，その根拠を天皇の国事行為の1つとして「衆議院を解散すること」を掲げる7条に求める説(B_1説)，7条以外の規定ないし憲法原理にその根拠を求める説(B_2説)，自律的解散の可能性に言及する説(B_3説)とがあった。B_1説は，さらに，天皇の解散は本来形式的・儀礼的なものであるから，実質的決定権は内閣にあるとする説(B_1'説)と，7条3号の解散は元来政治的なものであるが，専ら内閣の「助言と承認」に基づかせることによって憲法は天皇の「国事行為」としたのだとする説(B_1''説)とに分かれた。また，B_2説は，65条の行政権規定に根拠を求める説(B_2'説)と，議院内閣制のあり方とか権力分立制の原理などを根拠とする説(B_2''説)とに分かれた。

さてどう考えるかであるが，まず，69条が解散の行われうる場合を不信任決議案の可決(信任決議案の否決)の場合にのみ限定した趣旨とはにわかに

者では与党は内閣の法案を成立させることが任務であり，野党はそれを阻止したりするというよりも，国民に立場の違いを鮮明にし，次の総選挙での政権獲得を目指すことに力点がおかれる，という。

断じ難い。それは、そうした可決（ないし否決）の場合の内閣のとるべき方途を定めたものであって、他の解散の可能性を封ずる趣旨と解する根拠は一体どこにあるか。ドイツの憲法を例に持ち出すことも考えられるが、上述のようにドイツ特有の歴史的背景があり、しかも規定上の明確な定めがある。国会の「最高機関」性を根拠とすることもなされたが、上述のように、国会が最高機関とされる実質的根拠は、国会が選挙を通じて国民の意思を反映しつつ同時に統一的な国家意思形成力を発揮するところにあるのだから、何らかの事情でこの点に問題が生じた場合に、選挙によって国民の意思を確認することが、国権の最高機関なるが故に許されないとは解し難い。

したがって、B説が妥当と解される。しかし、まず、B_3説については、国民主権や国会の最高機関性を根拠とするものであるが、それならば参議院の場合も同様とならないか、むしろ憲法上の明文規定なしにそうしたいわば"勝手"なことは許されるのか、といった疑問がある。B_2'説は、行政控除説によっているごとくであるが、そもそも行政控除説なるものは憲法上どのように評価されるべきものか、少なくとも、解散という作用をもって立法でも司法でもないから行政であるといった発想はいかにも安直ではないか（アメリカ合衆国大統領は行政権者であるから議会解散権をもつと誰が主張するであろうか）。B_1'説については、天皇の国事行為をすべて本来的に形式的・儀礼的なものと解した場合、内閣の「助言と承認」権に実質的解散権を求めるのは解釈論上無理が存することは否めない（本体が形式的・儀礼的行為にすぎないのに、それにつき「助言と承認」をする内閣に本体的権限があるとするのは不自然である）。

そうすると、B_1''説かB_2''説に落着かざるをえない。ただ、B_1''説については、天皇は伝統的な立憲君主と異なるものだという前提（伝統的な立憲君主は本来的に政治的権能を有しつつ、大臣助言制の徹底によってその権能が名目化してきたのに対し、天皇ははじめから名目的な権能しか有しないという前提）に立つと、支持し難いものとなる。結局のところ、上述のように、憲法の諸規定を総合的にみて、憲法は本来的な議院内閣観に立脚していると解され、内閣はそれを基礎にして天皇に対して解散につき「助言と承認」をする、ということになろう[3]。

内閣による衆議院の解散には限界はないか。この点、先に国会の最高機関

---

[3] 苫米地事件に関する東京地判昭和28年10月19日行集4巻10号2540頁は、「天皇に……純理論的には総体としての国民のみが有し得る筈の衆議院解散の権限を形式上帰属せしめ……内

性に関連して述べたところから導かれる筋論として，①選挙の際に直接の争点とはならなかった重大な問題が生じ，任期満了をまたずにそのことに関する国民の意思を問う必要がある場合，②国会の統一的な意思形成力に問題が生じ，内閣として責任ある政策形成を行いえないような事態が生じた場合には，解散によって国民の意思を問うべき正当な理由がある，と解される。もっとも，こうした解散に訴えるべき正当な理由があるか否かは結局は内閣の判断に委ねられることになる。

因みに，これまで解散は 21 回に及ぶが[4]，そのうち不信任決議への対応として解散が行われたのは 4 例[5]にとどまる。

以上を踏まえて，確認的にいえば，日本国憲法の想定する議院内閣制は，まさに「国民内閣制」論（高橋和之）の文脈で理解されるべきであるということになろう。

II 行政権とその帰属

1 「行政権」の意義

（1） 総　説　憲法は，「行政権は，内閣に属する」（65条）と定める。本条は，既に示唆してきたように，国会と立法権に関する 41 条，裁判所と司法権に関する 76 条と並んで，「国のかたち」の根幹にかかわる規定である。

およそ内閣が行使する権能を行政権と観念することもあるが（形式的意味での行政権），本条にいう「行政権」とはそもそも何であるかが問われなければならない（実質的意味での行政権）。実は，憲法は，内閣の行うべきものとして，7 つの重要な「事務」を別に掲げているが（73条），65 条の「行政権」の意味を問うことは，73 条との関係を問うことでもある。

（2）「行政権」の意味　本条にいう「行政権」とは，やや抽象化してい

閣の助言と承認の下にこれを行使せしむとする」ものと述べ，7条をもって解散権の所在とその行使の仕方を定めたものとしているところからすると，B_1'' 説によっているものといえよう。もっとも，本件に関する最（大）判昭和 35 年 6 月 8 日民集 14 巻 7 号 1206 頁はいわゆる統治行為論に依拠しており，この問題には直接には答えていない。

[4] 参議院での郵政民営化法案の否決を受けて，平成 17 年 8 月 8 日，第 2 次小泉内閣が 7 条により衆議院を解散した例（郵政解散）は記憶に新しい。

[5] 昭和 23 年 12 月 23 日（対第 2 次吉田内閣），昭和 28 年 3 月 14 日（対第 4 次吉田内閣），昭和 55 年 5 月 19 日（対第 2 次大平内閣），平成 5 年 6 月 18 日（対宮沢内閣）。なお，69 条による 2 回目以降の解散の詔書には，「69 条により」という文言は挿入されていない。

えば，国のとるべき適切な方向・総合的な政策のあり方を追求しつつ，法律の誠実な執行を図る作用，と解される。このことは，73条が内閣の事務の冒頭に掲げる，「法律を誠実に執行し，国務を総理すること」(1号)という中に確認的に示されている。

議会制の下において，行政権者(大統領・内閣)が議会の制定した法律を誠実に執行すべきは当然の責務である。行政権が執行権と呼ばれたりするゆえんで，その限り行政権は立法権の下位に位置することになる。なお，実際法律の執行にあたるのは基本的に行政各部(各省)であって，行政権者が法律を執行するというのは，より正確にいえば行政各部に執行させるようにするということである(アメリカ合衆国憲法2条3節は，大統領の権限として「法律を誠実に執行させるようにする」と規定している。上の定義で「誠実な執行を図る」と表現しているのは，そういう含みである)。

しかし行政権者は，こうした法律の執行のほか，憲法上，外交関係の処理，議会の招集や議会との関係の処理，裁判官の指名・任命等々の様々な権能を与えられるのが例で，後にみるように日本国憲法上も多くの権能が付与されている。行政権者は，一定の方針・定見の下に，こうした事務をこなしていかなければならない。

行政権者が，以上のような責務を適切に果たすためには，行政各部からの必要かつ十分な情報に接しなければならず，必要に応じてより高い次元から行政各部間の調整を図り，場合によっては指揮命令権をもって臨んだり，新たな法律案を国会に提出してその成立を図ることも必要となる。問われているのは，行政権者の総合的な政策判断・形成力とその推進力である[6]。これはまさに「政治」ないし「統治」と呼ばれる作用である。今日，外国(憲法)で，executive power と呼ばれるのは，このような内実を含むものである(須貝脩一)。議院内閣制下にあっては，この「政治」ないし「統治」は，内閣と議会(特に与党)との密接な「協同関係」の中で行われることになる。

以上が内閣に属するとされる「行政権」の意味であるが，日本国憲法の英訳では，65条の「行政権」は executive power，72条の「行政各部」は

---

[6] 平成9年の行政改革会議・最終報告は，「各省庁による分担管理原則は，従来は時代に適合的であったものの，国家目標が複雑化し，時々刻々変化する内外環境に即応して賢明な価値判断・政策展開を行っていく上で，その限界ないし機能障害を露呈しつつある。いまや，国政全体を見渡した総合的，戦略的な政策判断と機動的な意思決定をなし得る行政システムが求められている」，と述べている。

various administrative branches となっている。因みに，73条柱書きの「他の一般行政事務」に関し，65条の「行政権」とクロスさせつつ重く受け止める向きもあるが，その英訳は other general administrative functions であり，むしろ国会にも裁判所にも存する「庶務」（予算の執行・人事・公金・物品の管理など）のごときものではないかという説（須貝脩一）に賛意を覚える。なおついでにいえば，73条に掲げる7つの事務はすべて65条の「行政権」の内容の確認であるとはいえず，中には創設的な事務もあると解されるが，この点は第4節で触れる。

最後に，行政権に関する従前の考え方との関係と学説の現状につき触れておきたい。まず，憲法施行後しばらくは，一般に，法治国家の意義を強調しつつ，「行政権」をもって法律の執行と捉え，政治・統治の作用を正面からは認知しようとしなかった。他方，国家としてなすべき事務を想定しつつ，立法作用と司法作用以外のものはすべて行政作用に含まれるという**行政控除説**がとられ，73条に掲げる事務もその観点から説明された（清宮四郎）。しかしこの説は，①「表」では政治を認めずに「裏」から政治を導き入れるものではないか，何よりも②絶対君主制の立憲君主制への脱皮の中で，立法と司法とが分離するけれども残りはすべて君主（執行府）の手の中にという発想を引きずっているのではないか，そして③国会の国権の最高機関性を政治的美称にすぎないとしつつ何故にいわば無限定の行政控除説が妥当しうるのか（第2章第1節Ⅱ1→429頁），の疑問を避けられないものであった。

確かに，立法・司法とは違って，行政は実に様々なものを対象としており，行政控除説的発想を完全に否定し切れるかは問題ではあるけれども，現在，従前のいわば無限定的行政控除説を正面から肯定するのは少なくなってきているように思われる。大雑把にいえば，そうしたうえで，65条の「行政権」をあくまで法律の執行として捉えようとする**法律執行説**（松井茂記，高橋和之，毛利透）と，端的に執政権として捉えようとする**執政権説**（阪本昌成，石川健治，渋谷秀樹）とが対立している。

それぞれの論者の説明理由は一様ではないけれども，行政権者がなしていることまたはすべきことをすべて法律の執行で説明することはどうしても無理があるように思えるとともに，行政権者の主要な任務の1つはやはり法律の誠実な執行であり，かつ，政治ないし統治的要素は立法権者と協同しつつ行うものであって，行政権のみをことさら執政権と呼ぶのにはやや抵抗感を

覚えるものがある。

したがって、65条の「行政権」は冒頭の定義のように捉えるべきものと解される（赤坂正浩、上田健介）。

2　行政権が「内閣」に帰属することの意味

(1)　「内閣」の立場　憲法は、このような行政権が「内閣」という合議機関に帰属するとする。明治憲法下の内閣制度とその問題状況については既に触れたが（第1編第2章第1節Ⅲ→58頁）、日本国憲法は、その反省のうえに、「内閣」を憲法上の制度とし、そこに行政権を一元的に帰属させたわけである。

行政権が上述のごときものであるとすれば、内閣の組織のあり方も行動原理もそれにふさわしいものでなければならない。既にいろいろな個所で触れ、後にも述べるように、憲法は、国会で選任された内閣総理大臣が国務大臣を任命して内閣を組織するものとし（さらに、「任意に国務大臣を罷免」できる）、「首長」として内閣が職責を全うできるよう指導力を発揮することを期待している[7]（66条～68条・72条）。そこには、通常、選挙で勝利した政党の党首が内閣総理大臣に指名され、国民―国会―内閣というつながりの中に、政治的磁場ができることが想定されていたものと考えられる。

しかし、憲法施行後も、明治憲法体制下の行政各部中心の行政観を基盤に内閣の合議機関性がことさらに強調され、むしろ「国会」と「内閣・行政各部」との権力分立が意識される傾向さえあった。そして、20世紀末の行政改革などで内閣機能の強化・内閣総理大臣の指導性の重要性が改めて説かれることになる（その背景について、第1編第2章第2節Ⅲ1→69頁）。以下、平成11年改正の内閣法の主な改正点に触れるにとどめる。

改正前の同法（以下旧法という）1条は「内閣は、日本国憲法第七十三条その他日本国憲法に定める職権を行う」としていたが、改正法1条はこれを「国民主権の理念にのつとり」を加えて1条1項とし、同条2項として「内閣は、行政権の行使について、全国民を代表する議員からなる国会に対して連帯して責任を負う」を設けた（これは旧法2条2項に「全国民を代表する議員か

---

[7]　総司令部での憲法草案の検討過程で、行政権を合議体たる内閣にではなく、内閣総理大臣一人に与えるという主張もあった。しかし、SWNCC（国務・陸軍・海軍三省調整委員会）-228の趣旨および日本における従来の制度に配慮して、行政権は内閣に属するということになったようである。ただ、内閣総理大臣の重要性が強く意識されていたことは間違いない。

らなる」の文言を加えて1条に移したものである)。これは，内閣は，行政権の行使について，直截には国会の信任に，ひいては国民の信託に応えるべき存在であることを明確にしようとしたものといえよう。

　旧法2条1項は「内閣は，首長たる内閣総理大臣及び…国務大臣を以て，これを組織する」としていたが，改正法2条は「内閣は，国会の指名に基づいて任命された首長たる内閣総理大臣及び内閣総理大臣により任命された国務大臣をもつて，これを組織する」としている。内閣総理大臣の主導性を明確にしようとしたものである。

　旧法4条2項は「閣議は，内閣総理大臣がこれを主宰する」とするのみであったが，改正法はその後に「この場合において，内閣総理大臣は，内閣の重要政策に関する基本的な方針その他の案件を発議することができる」と付け加えている。

　また，内閣および内閣総理大臣の補佐・支援体制の強化の趣旨の下に，まず，内閣官房の強化として，旧法12条とは違って，改正法12条は，「内閣の重要政策に関する基本的な方針に関する企画及び立案並びに総合調整に関する事務」「閣議に係る重要事項に関する企画及び立案並びに総合調整に関する事務」等を所掌事務として掲げている。さらに，内閣府設置法を制定して，内閣に内閣府を設け，様々な重要な機能を担わせた。これらは，従来とは違って，内閣が積極的な総合企画・調整力を発揮することを期待してのことである。

　さて，行政組織の統轄者という地位は，かつては行政組織決定権を随伴した。このことは，明治憲法が「行政各部ノ官制」を定めることを天皇の大権事項としたこと（10条）からもうかがわれる。しかし，法律による行政の考え方や民主主義思想の進展を背景に，行政組織決定権は国民の代表者である議会が掌握するところとなり，行政組織の統轄者ということは，議会の設定した行政組織を前提に，人事と職務上の指揮監督作用を通じての統轄を意味するところとなった。日本国憲法もこの考えによっていること，現行法制（内閣法・内閣府設置法・国家行政組織法・各省設置法など）もそれを受けていること，ただ，過度の組織的硬直化を避ける趣旨から内部部局については政令に委ねていること，については既に触れた（特に第2章第1節Ⅲ2→432頁）。

　この統轄との関係で理論上問題となるのが独立行政委員会の問題で，次に検討する。

(2) 独立行政委員会の問題 　**独立行政委員会**とは，特定の行政事務について内閣から独立して行う，複数の委員よりなる合議機関をいう。アメリカで発達した制度で，占領前期にわが国に広く導入されたが，間もなくわが国になじまないとして廃止ないし諮問機関化などされ，独立行政委員会と呼ぶに最もふさわしいものとして存続したのは**公正取引委員会**と**人事院**である[8]。

　人事院を例にとると，「法律の定めるところに従い，給与その他の勤務条件の改善及び人事行政の改善に関する勧告，採用試験及び任免……給与，研修，分限，懲戒，苦情の処理，職務に係る倫理の保持その他職員に関する人事行政の公正の確保及び職員の利益の保護等に関する事務をつかさどる」（国家公務員法3条2項）ものとして，内閣の「所轄の下に」おかれる（同条1項）合議制の機関である（4条）。院を構成する人事官は，両議院の同意を経て，内閣が任命する（5条）。人事官の任期は4年で（7条），強い身分保障がある（8条・9条）。院は，毎年国会および内閣に対し業務の状況を報告しなければならないが（24条），独立して職権を行使することが前提とされる。院は，法律を実施するため，または法律の委任に基づいて，人事院規則を制定したりする権限を有し（16条），また，「職員の意に反する不利益な処分に関する審査」を行い，処分の取消しや是正措置の指示をすることができる（89条〜92条の2）。

　内閣の事務の1つとして73条が掲げる「法律の定める基準に従ひ，官吏に関する事務を掌理すること」（4号）については第4節で触れるが，人事院はいわば国会の下請け機関的に「法律の定める基準」作りに関係し（いわゆる**準立法作用**），また，人事院の手続が不利益処分の行政事件訴訟に前置される「前審としての裁判」に位置づけられる（いわゆる**準司法作用**）。

　独禁法の目的達成のため設けられる**公正取引委員会**は「内閣総理大臣の所轄」に属し（独禁法27条），人事院の場合と同様，職権行使の独立，委員長・委員の身分保障，国会に対する報告・意見の提出などに関する定めがおか

---

[8] 国家行政組織法によれば，省の「外局」として（3条参照），総務省に公害等調整委員会，法務省に公安審査委員会，厚生労働省に中央労働委員会，国土交通省に運輸安全委員会をおくものとされ，内閣府設置法によれば，その「外局」として（49条参照），公正取引委員会と国家公安委員会をおくものとされている。人事院は国家公務員法に基づく（同法4条4項により国家行政組織法は人事院には適用されないとあり，これが委員会ではなく「院」と称せられるゆえんともなっている）。なお，国家行政組織法3条に定める機関を「3条機関」，同法8条に定める諮問的な審議会等を「8条機関」と呼んで区別している。

れ，行政的権限のほか，準立法的権限や準司法的権限（審査機能・審判機能）を付与されている。

このような委員会の存在とその機能は，明治憲法下の考え方と大きく離れていたため抵抗も強く，「行政権は，内閣に属する」(65条) に抵触するとの違憲論 (A説) も当初強く主張された[9]。が，次第に合憲論 (B説) に落着いていったように思われる。

ただ，合憲論 (B説) も，その理由づけは一様ではなかった。B説は，大別して，委員会は何らかの意味においてなお内閣の下にあるということを根拠とするもの (B_1説) と，逆に委員会の独立性を正面から認めたうえで，憲法は内閣がすべての行政について指揮監督権をもつことを要求していないとするもの (B_2説) とに分かれる。B_1説は，要するに，内閣に委員任命権や予算権があることを重視するものである。しかし，そういうことならば，裁判所だって同様ではないか，のもっともな疑問がありうる。

そこで B_2 説になるが，それがまた様々な主張を含むものであった。65条に「すべて行政権は，……」とないことを理由とし (B_2'説)，あるいは，65条の行政権は政治的作用として執政を意味し，委員会の行う非政治的作用はそもそも同条にいう行政権に含まれないとし (B_2''説)，あるいは，異議の裁決や能力試験さらには公務員の人事行政一般や警察などのように，国会による政治的コントロールになじまないまたは望ましくない行政事務は，内閣から独立の機関に行わせても65条に反しないとし (B_2'''説)，あるいは，65条が行政権を内閣に帰属させているのは，国会に対する責任行政を確保しようとする趣旨からである（66条3項）と解し，したがって内閣から独立でもその分国会のコントロールを受けるのであれば65条に反しないとし (B_2''''説)，あるいは，権力分立は元来行政府に対する抑制設定にあると解し，特に行政組織が法律により定められる体制下にあっては，国会が内閣とは独立の行政機関を設けてそこに行政権の一部を帰属させることも可能とする (B_2'''''説)。この B_2 説のそれぞれについて論ずべきことはあるが，次のように解すべきであろう。

①憲法上「行政権は，内閣に属する」とある以上，憲法自体に別段の定め

---

[9] 中には，独立行政委員会は明治憲法下の統帥権の独立にも相当するという強い主張もあった。しかし，委員会は国会が法律によって創設したものであり，内容を変更したり廃止することはいつでもできるのであるから，そのたとえは正確ではない。

のない限り，内閣から全く無関係の行政機関を設けることは許されないと解すべきであろう。ただ，その場合，行政はすべて内閣の指揮監督権に服さなければならないとみる必要はない。

そして，②独立行政委員会の歴史的展開過程などに徴し，制度自体に合理性の認められる場合には，その限りにおいて職権行使の独立を認めうる余地があると解される。第4編でもみるように，憲法自体，「行政機関は，終審として裁判を行ふことができない」（76条2項）と定めて，行政機関が裁判を行うことがあることを想定しているが，裁判という以上職権行使の独立が前提とされる。そして裁判（準司法作用）以外にも，中立的立場で取組まれるべき行政的事務が考えられうるところである（例，選挙の管理）。

ただ，③65条が行政権を一元的に内閣に帰属させている背景には，内閣を通じての民主的コントロールを確保する趣旨とも解されるから，内閣によるコントロールの不十分なところは国会自らが補う必要があると解される。このことは，別の観点からいえば，設けられる機関は，内閣と国会のそれぞれの思いの交錯する中でその存在理由を発揮し続けるべく，むしろそれ独自の専門性・見識を懸命に研かなければならないということを意味する。委員は内閣ないし内閣総理大臣が，両議院の同意を得て任命すべきものとされ，委員会は国会に対する報告・説明義務を負うとされることなどは，このような意味合いで理解される必要があろう。

以上を総合して結論的にいえば，**制度自体の合理性の存否**が最後の決め手となろう。この点に関し，アメリカ合衆国での理論と実務的経験の分析を通じて，独立機関の正当化根拠として，（ⅰ）政府の失敗（「誠実な執行」の挫折），（ⅱ）領域横断的対応・政策課題焦点化，（ⅲ）熟慮的討議，を指摘する見解（駒村圭吾）が示唆的である。

第2節　内閣の組織

Ⅰ　内閣の組織

1　内閣の組織

(1)　内閣の成立とその組織　憲法は，「内閣は，法律の定めるところに

より，その首長たる内閣総理大臣及びその他の国務大臣でこれを組織する」(66条1項) と定める。内閣総理大臣は，「国会議員の中から国会の議決で，これを指名」し (67条1項前段)，これに基づいて天皇が任命し (6条1項)，この内閣総理大臣が「国務大臣を任命」し (68条1項)，天皇が認証する (7条5号)。ただし，国務大臣の「過半数は，国会議員の中から選ばれなければならない」(68条1項但書) ことも，既に触れてきた。この趣旨を忠実に受けて内閣法は，既に触れたように「内閣は，国会の指名に基づいて任命された首長たる内閣総理大臣及び内閣総理大臣により任命された国務大臣をもって，これを組織する」(2条1項) と定めるとともに，「国務大臣の数は十四人以内とする。ただし，特別に必要がある場合においては，三人を限度にその数を増加し，十七人以内とすることができる」(同条2項) としている。

このように内閣は，新たな内閣総理大臣がその他の国務大臣を任命することによって完全に成立するが，総辞職後の内閣の職務執行は新たな内閣総理大臣の任命によって終了することになるので (71条参照)，新たな内閣総理大臣が任命され，その他の国務大臣が任命されるまでの間は，総理大臣が単独で内閣を組織するという結果にならざるをえない。実際には，総辞職後の内閣は組閣が事実上終るのをまって新たな総理大臣の任命についての助言と承認をなし，総理大臣の任命とその他の国務大臣の任命・認証がほぼ同時に行われるよう配慮するのが例のようである。

憲法は「行政各部」と「主任の国務大臣」について定め (72条・74条)，法律の立案・運用について所管するものの存在を想定している。内閣法は，各大臣は，内閣を構成するいわゆる閣僚であるとともに，「主任の大臣」として行政事務を分担管理するものとするが (3条1項)，分担管理しないいわゆる無任所大臣の存することを妨げないとしている (同条2項)。国家行政組織法には，各省の長は，それぞれ各省大臣とし，内閣法にいう主任の大臣として，それぞれ行政事務を分担管理するとあり (5条1項)，各省大臣は，国務大臣の中から，内閣総理大臣がこれを命ずるが，自らこれにあたることを妨げないとされる (同条2項)。

なお，国務大臣といっても，その意味は一様ではない。広義においては閣僚全部を (99条にいう「国務大臣」)，狭義においては内閣総理大臣以外の閣僚を (7条5号や68条にいう「国務大臣」)，最狭義においては内閣総理大臣と各省大臣を除く閣僚 (無任所大臣) を意味する。

(2) 文 民 憲法は，「内閣総理大臣その他の国務大臣は，文民でなければならない」(66条2項) と定める。前に触れたように本項は，貴族院での審議段階で挿入されたものである (第1編第3章第3節Ⅰ1→90頁)。

「文民」は civilian の訳語として議論の末案出されたものであるが，その意味をめぐって，職業軍人の経歴をもたない者とする説 (A説)，職業軍人の経歴を有し，しかも強い軍国主義思想の持主である者以外の者とする説 (B説)，現役軍人以外の者とする説 (C説)，の諸説が生じた。憲法9条が文字通り一切の「戦力」の不保持を定めたものと解すれば，明治憲法下の職業軍人との関係でA説ないしB説とならざるをえないが，そうすると本項は憲法施行後の時の経過とともに意味のない規定と化する。しかし，9条は自衛のための「戦力」は禁止していない，少なくとも自衛のための「武力」の保持は認めていると解する立場からは，職務上武器を扱う者が存在することになり，C説的に解すれば，本項は重要な規定としての意味をもち続けることになる。政府は当初はA説的理解を示していたが，後にB説的理解に変じ，そして自衛隊の存在を前提に自衛官の職にある者を排除する趣旨に解する立場をとっている。

2 内閣の補佐機構

内閣がその職務を全うするためには，内閣およびその「首長」である内閣総理大臣を補佐・支援する機構が不可欠である。内閣法は，内閣に**内閣官房**をおくとする (12条1項)。そして，そこには内閣官房長官をおき，国務大臣をもって充てるとしている (13条)。この点は従前からのものであるが，内閣およびその「首長」である内閣総理大臣の補佐・支援体制の強化が長年の課題であった。

内閣官房の職務の拡大については，内閣法の改正に関連して既に触れたが，内閣官房が総合戦略 (国政の基本方針) の企画・立案や強力な総合調整機能を果たし，大規模災害等の緊急事態に迅速・的確に対処できるようにするため，その組織面にも相当大幅な改革が加えられた (例えば，従前の内政審議室・外政審議室など5室制を改め，内閣官房副長官補3人をおき，より柔軟かつ強力な企画・調整ができるようにしたこと，内閣危機管理監を設けたこと，内閣総理大臣の直接のスタッフ体制の充実を図ったこと等々)。

そして，この内閣官房の総合戦略機能を助けるいわば「知恵の場」として，また内閣官房につぐ横断的な企画・調整を担う場として，内閣総理大臣

を長とする内閣府が設置され，そこに経済財政諮問会議や総合科学技術会議などがおかれた（民主党政権下で変化している面もある）。

Ⅱ　内閣総理大臣

1　内閣総理大臣の地位

　明治憲法下の内閣も内閣総理大臣も勅令上のもので，内閣総理大臣は「各大臣ノ首班」であり，いわゆる「同輩中の首席」にとどまり，他の国務大臣と同格のものとされたことは，既に幾度か触れた（特に，第1編第2章第1節Ⅱ2 → 60頁）。そして，そのことと関連して，閣議は全員一致によるものとされたから，各大臣はいわば拒否権をもち，閣内不統一によっていつでも内閣を総辞職に追い込むことができた。後世，「明治憲法下の総理大臣ほど哀れな存在は稀である」と評されることにもなる（五百旗頭真）。

　これに対して日本国憲法は，既に触れてきたように，総理大臣が内閣の組織者にして，その「首長」であることを明記し（66条1項），次にみるように，それを裏づける権能を総理大臣に付与している。

　もっとも，日本国憲法下になっても，実務上内閣の合議機関性が強調され，「首長」といっても「合議体の主宰者」の意であるとする説もあって（宮沢俊義），「同輩中の首席」の陰りを強く残す状況（片岡寛光）が続いてきた。学説上は総理大臣の優越的地位を認めるのが通説的であったかと思われ（伊藤正己，中村睦男，渋谷秀樹），政治改革や行政改革もこうした状況を変えようとする方向のものといえる。総理大臣の指導性なくして，内閣がその職責を全うすることはきわめて困難だからである。

　繰り返しみてきたように，総理大臣は「国会議員の中から」選ばれるが（67条），国会議員であることは在職要件でもあると一般に解されている。したがって，衆議院の解散または任期満了のため議員たる地位を失う場合は別として，除名などにより議員たる地位を失ったときは総理大臣としての地位を失うことになり，内閣総辞職に通ずる（70条）。また，総理大臣は自己の意思に基づいて辞職することができると解されるが，その場合には内閣は総辞職しなければならないことになる（つまり，総理大臣単独の辞職はありえない）。

　なお，「内閣総理大臣に事故のあるとき」または「内閣総理大臣が欠けたとき」は，その予め指定する国務大臣が臨時に総理大臣の職務を行うものと

される（内閣法9条）。この「指定」には，内閣成立の際行われる予備的指定と，事故が起りそうな状態を予想してなされる応急的指定とがあるが，いずれもないときは，他の国務大臣の協議で臨時代理を決めるほかはない（現在は，予め臨時代理就任者5名を順序を決めて指定する方法がとられているようである）。この臨時代理の地位に関し，国務大臣の任免権に及ぶかにつき肯定説[10]と否定説とがある。国会による総理大臣の指名は個人的人格に着眼しての面も強く，その人物に内閣の一体性を確保するための権限が付与されているのではないか，また，臨時代理は議員でないこともありうるのではないか，などを考えると，後者が妥当なように思われる。

2　内閣総理大臣の権能

(1) 国務大臣の任免　総理大臣は，上述のように，国務大臣を任命する（68条1項）とともに，また「任意に国務大臣を罷免することができる」（同条2項）。この任免権は総理大臣の専権に属し，閣議にかけるを要しない。国務大臣の任免は天皇の認証を必要とするから（7条5号），内閣が助言と承認を与えることになるが，事柄の性質上内閣は助言と承認を拒みえないと解されている。

この任免権こそ，総理大臣を「首長」たらしめる実質的基盤といえるもので，総理大臣がその国政に関する基本的な考え方に従って内閣の統一性を維持するうえでのたてとなる。

(2) 国務大臣の訴追に対する同意　憲法は，「国務大臣は，その在任中，内閣総理大臣の同意がなければ，訴追されない。但し，これがため，訴追の権利は，害されない」（75条）と定める。これは，総理大臣が，検察機関による不当な圧迫から国務大臣を守り，もって内閣の一体性と活動力の保全を図ることを可能にしようとする趣旨にでるものである。ここに「訴追」とは，厳密には検察官の公訴の提起を意味するが，一般には，本条の趣旨からみて，その前提となる逮捕，勾留などの身体の拘束をも含むと解すべきであるとされている。

同意を与えるか否かは総理大臣の裁量に属し，その適否は国会による政治的責任追及の対象となるにとどまる。同意に基づかない逮捕，勾留は違法であり，その訴追は無効となる。ただ，訴追の権利は害されないから，訴追に

---

[10] この肯定説は，一般理論に従い法定代理においての代理権は総理大臣の権限のすべてに及ぶとするものである。

同意のない場合には時効の進行は停止し，国務大臣を退職するとともに訴追可能となる。因みに，現行の検察庁法は，法務大臣は個々の事件の取調べまたは処分について検事総長を指揮できるものとしている (14条) から，本条の同意が問題となる余地は少ないと思われる。

なお，本条にいう「国務大臣」に総理大臣自身が含まれるかについては，積極説（総理大臣は自らの訴追について総理大臣の地位において同意するか否かを決めることになる）と消極説とに分かれるが，消極説も，一般に，総理大臣の訴追が可能とすることは本条の趣旨に反するとし，むしろ摂政と同じように在任中訴追されないと解すべきであるとしている。

(3) **内閣の代表・行政各部の指揮監督**　憲法は，「内閣総理大臣は，内閣を代表して議案を国会に提出し，一般国務及び外交関係について国会に報告し，並びに行政各部を指揮監督する」(72条) と定める。ここで問題となるのは，行政権が合議体である内閣に属するということと，総理大臣が行政各部を指揮監督すること，との関係いかんである。

この点，実務および学説の大勢は，合議機関性を重視し，「内閣を代表して」は「行政各部を指揮監督する」にもかかると解してきた。内閣法も，「内閣総理大臣は，閣議にかけて決定した方針に基いて，行政各部を指揮監督する」(6条) と定めてきた[11]。これに対して，「内閣を代表して」とは，行政府の外との関係を指すもので，「行政各部」にはかからないとする説もあったところである (中川剛，手島孝)。

行政改革会議でも，総理大臣の指導性の強化に関係して，内閣法6条の改廃も議論になったが，最終的には存置させつつ「弾力的に運用する」ことが確認された。この点に関し，ロッキード事件（丸紅ルート）判決[12]は，憲法66条（「首長」性）・68条（国務大臣の任免権）・72条などに言及しつつ，総理大臣は「内閣を統率し，行政各部を統括調整する地位」にあるとしたうえ，「少なくとも，内閣の明示の意思に反しない限り，行政各部に対し，随時，その所掌事務について一定の方向で処理するよう指導，助言等の指示を与える権限を有する」と判示した (傍点筆者)。

---

[11] なお，内閣法は，総理大臣の指揮監督のコロラリーとして，「主任の大臣の間における権限についての疑義は，内閣総理大臣が，閣議にかけて，これを裁定する」(7条)，「内閣総理大臣は，行政各部の処分又は命令を中止せしめ，内閣の処置を待つことができる」(8条) と定めている。

[12] 最(大)判平成7年2月22日刑集49巻2号1頁。

(4) 法律・政令の署名および連署 憲法は,「法律及び政令には,すべて主任の国務大臣が署名し,内閣総理大臣が連署することを必要とする」(74条) と定める。総理大臣は主任の大臣(上述のように内閣府の長)として法律および政令に署名することがあるほか,内閣の代表として主任の国務大臣の署名とともに連署する。

署名および連署の対象は,憲法の明文上は「法律及び政令」であるが,条約についても署名および連署がなされるのが例である(予算,国庫債務負担行為については,公布の必要もなく,署名・連署も必要がないとの解釈がとられているようである)。署名の要求は,主任の大臣の執行責任を明確にする趣旨である。また,内閣が,政令を制定し,法律および政令が行政各部を通じて誠実に執行されるよう配慮すべき立場にあり,その責任を明確にする趣旨から,総理大臣に連署を要求したものと解される。法律への署名・連署は義務的であって,その欠缺も法律の効力を左右するものでないことは既に述べた(第2章第1節Ⅱ2(4)➔437頁)。

(5) 閣議の主宰と総理大臣としての発案 総理大臣である以上閣議を「主宰」するのは当然のことである。内閣法の規定(4条)はそれを確認するにすぎないものであったが,この「主宰」は元来きわめて重要な意味をもちうるところ,わが国では形式的な軽い次元で解する向きがあったようである。そして,総理大臣も閣議において閣僚の一人にすぎず,閣僚の一人として発案権をもつにすぎないとされてきた(因みに,国務大臣は閣僚として他省のことも含め何事についても発言・発案できるとされたが,もしそうした発言を実際にすれば"不規則発言"として受け取られたという)。

上述のように,改正内閣法が,「主宰する」に続いて,わざわざ「この場合において,内閣総理大臣は,内閣の重要政策に関する基本的な方針その他の案件を発議することができる」という文言を加えたのは,こうした歴史的背景においてである。

(6) 内閣総理大臣および主任の国務大臣の代理の指定 総理大臣は,総理大臣または主任の国務大臣の事故のあるときまたは欠けたときにおける臨時代理を指定する権限を有する(内閣法9条・10条)。特に総理大臣の臨時代理の問題については,既に述べた。

III 国務大臣

(1) 国務大臣の地位 　国務大臣は，内閣を構成する閣僚として閣議において対等の発言権を有するとともに，「主任の大臣」として行政事務を分担管理するのを例とすることについては，既に述べてきた。国務大臣が総理大臣により任命され，任意に罷免されうる存在であること，さらに，その在任中総理大臣の同意がなければ訴追されないこと，についても既に述べた。

(2) 国務大臣の権能 　国務大臣は，閣議に列席し（内閣法4条1項），案件のいかんを問わず総理大臣に提起して閣議を求めることができ（同条3項），主任の大臣として法律および政令に署名し（74条），議案について発言するために議院に出席する（63条前段）など，各種の権限を与えられている。

IV 内閣の消滅——内閣の総辞職

1 内閣総辞職の場合

(1) 総説 　憲法は，「内閣総理大臣が欠けたとき，又は衆議院議員総選挙の後に初めて国会の召集があつたときは，内閣は，総辞職をしなければならない」（70条）と定める。また，「内閣は，衆議院で不信任の決議案を可決し，又は信任の決議案を否決したときは，十日以内に衆議院が解散されない限り，総辞職をしなければならない」（69条）ことは，既に各所で触れた。

(2) 「内閣総理大臣が欠けたとき」の意味 　憲法にいう「**内閣総理大臣が欠けたとき**」とは，総理大臣が死亡した場合がその典型であるが，除名（58条2項），資格争訟の裁判（55条）などによって国会議員たる地位を失った場合も含まれる。総理大臣の自発的辞職も「欠けたとき」にあたるか否かについては，積極説と消極説とに分かれるが，結果的には両説に差異はない（積極説は，自発的辞職も「欠けたとき」に含め，総辞職を69条と70条の場合に限定されるとするのに対し，消極説は，69条と70条の場合は必要的総辞職であるが，そのほかにも任意的総辞職があると解する。ただ，消極説も，必要的総辞職の場合に関する71条に定める措置は，条理上，任意的総辞職の場合についてもとられる必要があると解しているからである）。因みに，病気や一時的生死不明などのように暫定的性質の故障の場合には，「欠けたとき」には含まれず，その場合には，上述のように内閣

法9条にいう「内閣総理大臣に事故のある」ときとして対処されることになる。

衆議院の解散または衆議院議員の任期満了のときから、総選挙を経て新国会召集に至るまでの期間において、総理大臣が欠けた場合、総辞職の必要があるか否か（つまり、70条の「内閣総理大臣が欠けたとき」として直ちに総辞職すべきか、あるいは、「衆議院議員総選挙の後に初めて国会の召集があつたとき」に総辞職すべきか）については、肯定説と否定説との対立がある。否定説は、衆議院が存在しないから衆議院によって総理大臣を指名させることができないこと、この期間の内閣は新国会召集のとき総辞職すべき態勢にあるいわば期限付総辞職内閣であること、総辞職を認めるだけの実際上の必要もないこと、などを理由とする。対して肯定説は、70条の「欠けたとき」にあたる以上直ちに総辞職すべきであること、この期間の内閣は総辞職まちの内閣ではあっても、（期限付きにせよ）総辞職した内閣とはいえないこと、この時点で総辞職する以上、新国会召集のとき重ねて総辞職するまでもないこと、等々を根拠とする。先例は、この肯定説によっている[13]。

2 内閣総辞職の決定とその効果

69条の場合における総辞職は閣議で決定されるが、70条の場合においては、内閣は総辞職をしない自由を全く有しないことを理由に、内閣の決定を要しないとする説が有力である。この説によれば、総理大臣が欠けたときは、当然に内閣総辞職の効果が生じることになる。また、衆議院議員総選挙の後にはじめて国会の召集のあったときは、その召集の日に当然に内閣総辞職の効果が発生する。

内閣は、総理大臣が欠けたとき、または辞表を提出したときは、直ちにその旨を両議院に通知しなければならない（国会法64条）。国会は、「他のすべての案件に先だつて」速やかに新たな内閣総理大臣を指名すべきことになる（67条1項）（国会が閉会中のときは、内閣は直ちに臨時会の召集を決定しなければならない。衆議院の解散などのときから、新国会召集に至るまでの間に総理大臣が欠けた場合のことについては上に述べた）。

---

[13] 大平内閣の下で昭和55年5月19日、衆議院が解散された。6月22日に総選挙が行われることになっていたところ、総理大臣が急病で入院し、そして6月12日に死亡した。死亡の前日、伊東内閣官房長官が総理大臣臨時代理に指定され、この臨時代理内閣は6月12日に総辞職し、新国会召集のときには重ねて総辞職するというようなことはしなかった。

総辞職した内閣は,「あらたに内閣総理大臣が任命されるまで引き続きその職務を行ふ」(71条)。

第3節　内閣の活動

1　内閣の活動方法

　憲法は，内閣がその権能を行使する場合の方法について明示していない。この点，内閣法は,「内閣がその職権を行うのは，閣議によるものとする」(4条1項) と定め，そして，既に触れたように，閣議は総理大臣が「主宰」し，その際，総理大臣は「内閣の重要政策に関する基本的な方針その他の案件を発議」することができ (同条2項)，各大臣は「案件の如何を問わず，内閣総理大臣に提出して，閣議を求める」ことができるとしている (同条3項)。「閣議」には，定例閣議，臨時閣議そして持回り閣議[14]，という三種がある。

　閣議の定足数および議決方法についても，憲法は明示するところがない。閣僚全員が出席することが建前とされ，議決方法については，明治憲法下の場合と同様に全員一致制によるものとされてきた。もっとも，前に示唆したように，各国務大臣が天皇に直属し単独輔弼の建前をとる明治憲法の場合と違って，日本国憲法下にあっては全員一致制をとる理論的必然性はない。

　全員一致制がとられてきた背景には，単なる惰性といった面もあったのかもしれないが，内閣が一丸となって事にあたることが憲法の求める連帯責任を負う (66条3項) という趣旨に沿うゆえんであるという理解があったものと思われる。実際，全員一致制は憲法上の要請であると説かれることもある。しかし，多数決によった場合でも，敗れた閣僚が内閣にとどまる限り，外に向っては内閣一体として行動し，連帯して責任を負うべきものである (閣議は非公開であり，閣僚には守秘義務がある)。したがって，全員一致制が憲法上の要請とまでは解されない (長谷部恭男)。全員一致制にこだわる場合には，総理大臣は反対の国務大臣を罷免などして局面の打開を図らなければならないことになる。

　いま触れたように，閣議は，国会の場合と違って非公開とし (元来内閣制度

---

[14] 閣僚が実際に会同することなく，閣議案件を記した閣議書を各閣僚に回覧してその押印をもって閣議決定とする例外的方法。

は密室 (cabinet) 審議から出発した），閣議の参加者は審議内容の秘密を保持すべきものとされている。意思形成にあたって閣僚の自由な発言を許容しつつ，迅速に事に対処する必要があり，かつ，意思形成後，国会に対して連帯して責任を負うものとされている以上，このようなルールには合理性があるというべきであろう。

2 閣議と司法審査

閣議のあり方がこのような性質のものである以上，閣議のあり方については司法審査は及ばないと解される。すなわち，内閣の職権行使のあり方は内閣自らの自律的運営に委ねられ，他律的規範の拘束にはなじまず，憲法が職権行使の方法について明示的規定をおいていないのもその趣旨の現われと解される。

昭和27年，第3次吉田内閣は憲法7条に基づきいわゆる「抜き打ち解散」を行ったが，これにより議員の地位を失った者が，①7条のみによる解散であること，②7条所定の内閣の「助言と承認」に関し2つの閣議がなかったことを理由に，本件解散は違憲無効であると主張し，議員の資格確認と歳費支払を求めて出訴した**苫米地事件**につき，最高裁判所は次のように判決した[15]。

「直接国家統治の基本に関する高度に政治性のある国家行為」は「裁判所の審査権の外にあり，その判断は主権者たる国民に対して政治的責任を負うところの政府，国会等の政治部門の判断に委され，最終的には国民の政治判断に委ねられている」，と。そして政府の見解は，69条の場合以外でも憲法上有効に解散をなしうるものであり，本件解散は7条に依拠し，かつ，内閣の助言と承認により適法に行われたものであるとするにあることは明らかであって，「裁判所としては，この政府の見解を否定して，本件解散を憲法上無効なものとすることはできない」，と結論した。

この判決は，**統治行為論**（政治問題の法理）によった典型例として受け止められてきた（第4編第2章第2節Ⅲ→643頁）。しかし，69条以外にも7条によって解散できるかは純粋な解釈問題で，明確に合憲というべきではなかったか。ただ，7条による場合にも一定の憲法上の限界があるとした場合，その限界内にあるかどうかは結局内閣の判断に委ねられることになる（裁量論）

---

[15] 最(大)判昭和35年6月8日民集14巻7号1206頁。

(第1節I 2(3)→477頁)。また,「助言と承認」についても,それぞれに閣議決定が要るのか両者は一体的に捉えるべきかは純粋な解釈問題というべきで,後者によるべきことを明確にしたうえで,実際の閣議のあり方は司法審査になじまない問題とするべきではなかったか (自律権論)[16]。

第4節 内閣の権能

I 行政権にかかわる本来的権限

1 総 説

憲法上行政権は内閣に属する (65条) から,内閣は行政事務を行う権限を一般に有することになるが,憲法73条は,「内閣は,他の一般行政事務の外,左の事務を行ふ」と規定し,以下においてみるように,内閣が行うべき重要な事務を列挙している。これらの事務には,65条の「行政権」を確認する意味合いのものと,創設的に行政権者に担わせるものとがあることは,既に述べた。また,73条は,ここに列挙されている事務を内閣から奪ってはならないという含意をともなっていると解される。

2 法律の執行と国務の総理

内閣は,「法律を誠実に執行し,国務を総理する」(1号)。これが内閣の行政事務の中枢をなすこと,およびその意味については,既に述べた (第1節 II 1→479頁)。

「誠実に執行」しなければならないとは,法律内容に批判的な内閣がその執行を誠実に行わないことを排除しようとする趣旨である。既に述べたように,法律を実際に執行するのは基本的には行政各部であるが,内閣は行政各部が誠実に執行するよう図らなければならない。なお,内閣は,憲法を尊重し擁護すべき義務を負うが (99条),最高裁判所が違憲と判断しない限り,ある法律についての憲法上の疑義を理由にその執行を拒否することはできな

---

[16] 小谷勝重・奥野健一裁判官の意見は,69条以外にも解散がありうると明言すべきであり,また,助言と承認は一体的に解すべきであるとしている。もっとも,後者の点につき,「原審が適法に認定した事実関係の下においては」助言と承認があったと認められる,といういい方もしており,自律権論の立場からは疑問の余地を残している。また,河村大助裁判官の意見も参照。

いと解される（ただ，該法律の合憲性について真摯に疑問をもつ場合には，法律の改廃について行動をとることが求められよう）。

3　外交関係の処理

内閣は，「外交関係を処理する」(2号)。条約の締結については次の3号により内閣の権限とされるが，それ以外の**外交事務**（外交交渉，外交使節の任免，外交文書の作成，外国の外交使節にアグレマンを与えること，等々）は，すべて本号により内閣の行う事務とされる。

天皇は認証などのかたちで外交事務に関係するが（7条5号・8号・9号），実質的に外交関係を処理する権限と責任はすべて内閣にある。

外交関係の処理の権限は，三権分立的発想の枠組による行政権とは異質の面があるが，行政権者が担わざるをえない性質をもっている。不断の地道な情報収集と分析，それに基づく総合的および個別的外交政策の定立・調節と実行，を必要とし，かつ，外交関係と国内問題とが密接に連動し合う状況下にあって，外交関係を処理する権限が行政権者に帰属せしめられるのはきわめて自然なことである。

4　条約の締結

内閣は，「条約を締結する」(3号)。ただし，事前に，時宜によっては事後に，国会の承認を経ることを必要とする（同号但書）ことについては，既に述べた（第2章第4節Ⅲ➡455頁）。

5　官吏に関する事務の掌理

内閣は，「法律の定める基準に従ひ，官吏に関する事務を掌理する」(4号)。行政権の活動は，多くの公務員を用いて行われる。行政権者である内閣はこの公務員の任免権，人事権を当然に有すべきもので，本号はまずこのことを確認するものである[17]。したがってここに「**官吏**」とは行政活動に従事する公務員を指し，「**掌理**」には任免権が含まれると解される。

地方公共団体の公務員は，地方公共団体独自の地位に照らし，ここにいう「官吏」には含まれず（93条参照），また，立法権および司法権の活動に参与する公務員は，権力分立などの憲法構造・理念に照らし，同じく本号にいう「官吏」には含まれないと解される。**国家公務員法**は，国家公務員を一般職

---

[17] 明治憲法10条は「天皇ハ行政各部ノ官制及文武官ノ俸給ヲ定メ及文武官ヲ任免ス」と定め，官制権・任官権が天皇の重要な大権の1つとされた。日本国憲法は，この大権事項を内閣の権限としたことを意味する。

と特別職とに分け，本法は一般職に属するすべての職に適用するものとし，そして，国会議員，裁判官，国会職員，裁判所職員などを特別職としてそのほとんどの適用を排除している（2条）のは，その趣旨において理解される[18]。

本号は，次に，「官吏に関する事務〔の〕掌理」が「法律の定める基準に従ひ」行われるべきものとする。「官吏に関する事務を掌理する」の英訳が"administer the civil service"とあるところからも知られるように，アメリカのシビル・サービス制[19]の発想が基礎にある。この発想を基礎に「基準」を定める法律が国家公務員法である。本法の目的と内容につき，人事院に関連して既に触れた（第1節Ⅱ2(2)➔484頁）。

このように公務員の任免権，人事権が内閣にあると解されるが，もとより内閣が自ら直接にすべての人事を行わなければならないということを意味しない。そのようなことは，実際問題として想定し難く，また，シビル・サービス制の観点から必ずしも適切でないとも考えられる。こうした文脈において，国家公務員法55条が事務次官以下各省の職員の任免権をすべて各省大臣に委ねていることをどう評価するかの問題がある（上田健介）。

この点，主任の大臣には内閣（内閣総理大臣）の指揮監督権が及ぶから筋は通るとの見方があり，憲法学において55条が格別問題視されなかったのはそのためではないかと推測される。しかし，その実態からみてそのように割り切れるかはかねて疑問視する向きがあった。行政改革会議ではその点が議論になり，結局，「各省庁の次官，局長等幹部人事については，行政各部に対する内閣の優位性を明確にするため，各大臣に任免権を残しつつ，任免につき内閣の承認を要することとする」とされ，平成12年の閣議決定でその趣旨の措置がとられた経緯がある。

こうした趣旨をさらに進めようとして平成20年制定された，国家公務員制度改革基本法の内容と今後の実施状況が注目されるところである。

---

[18] もっとも，「官吏」について広く国の機関の組織に座を占める職員と解し，国家公務員法が特別職の公務員にも言及しているのはその現れとする説もある（小嶋和司）。この説によれば，「掌理」が具体的人事権までを意味しないとされるのは，当然の帰結となる。

[19] アメリカでかつて存在した猟官制（スポイルス・システム）の弊害が自覚され，19世紀末に採用された制度。公務員の採用，昇任などにつき，資格や専門能力，職務実績などを重視し，公正かつ開かれた人事制度（メリット・システム）を構築しようとするもの。

6　予算の作成・提出

内閣は,「予算を作成して国会に提出する」(5号)。内閣のこの事務は,憲法86条に「内閣は,毎会計年度の予算を作成し,国会に提出して,その審議を受け議決を経なければならない」とあることに対応するものである。こうした点を含めて,第5章で触れる。

7　政令の制定

内閣は,「この憲法及び法律の規定を実施するために,政令を制定する」(6号)。行政機関制定の成文法は「命令」と呼ばれるが,本号は,「命令」のうち最高の形式である政令について,その制定権が内閣にあることを明らかにしたものである。この政令制定権は,「この憲法及び法律の規定」の存在を前提とするもので,これら規定が改廃されれば政令もその効力を失うのを原則とする。ここにいう「憲法及び法律の規定」の意味について,また,執行命令および委任命令の意義と問題については,既に述べた (第2章第1節Ⅲ2(3)→434頁)。

政令は,主任の大臣が案をそなえて内閣総理大臣に提出して閣議を求め (国家行政組織法11条。なお,内閣府については内閣府設置法7条2項),その決定を経て,主任の大臣が署名し,総理大臣が連署し (憲法74条),天皇が公布する (憲法7条1号)。

憲法は,「命令」について,政令以外に具体的に定めてはいないが,実際上の必要から,内閣府設置法は,内閣総理大臣は内閣府にかかわる主任の行政事務につき法律もしくは政令を施行するため,またはその特別に委任に基づいて,内閣府の命令として内閣府令を発することができ,ただ,内閣府令には,法律の委任がなければ,罰則を設け,義務を課し,国民の権利を制限する規定を設けることができない,と定めている (7条3項・4項)。また,国家行政組織法は,各省大臣の発する省令につき同種の規定をおいている (12条)。なお,各委員会および各庁の長官は,別に法律の定めるところにより,政令および省令以外の規則その他の特別の命令を自ら発することができる (国家行政組織法13条)。

立法の委任を受けた機関が,その事項についてさらに他に委任 (再委任) できるか。この点につき,否定説とやむをえない事情のある場合に限って認めようとする肯定説に分かれているが,判例[20]は,法律が「命令ノ定ムル所

---

[20] 最(大)判昭和33年7月9日刑集12巻11号2407頁。

ニ依リ……」と定めて委任している例につき、委任事項の限られた一部を再委任しても、該法律の「委任の趣旨に反しない」とした。安易な再委任は、国会中心立法の原則の趣旨に反する。

8 「恩赦」の決定

内閣は、「大赦、特赦、減刑、刑の執行の免除及び復権を決定する」（7号）。憲法にいう「大赦、……復権」は、「恩赦」と総称されるが[21]、今日主として行刑政策上の見地からその存在理由が認められているものである。恩赦は、立法権および司法権の作用の効果を行政権者の判断で変動させるものであり、権力分立制の例外をなす。そうである以上、恩赦は、立法権および司法権の作用を不要・不当に侵さないだけの合理的理由に基づいて行われなければならない。

日本国憲法が、明治憲法が天皇大権としていた恩赦（16条）を、内閣の権限とし、それにともない恩赦法が制定されたのに関連して、憲法にふさわしい恩赦のあり方を検討するため内閣に恩赦制度審議会が設けられ、同審議会は、昭和23年6月30日、最終意見書および勧告書を内閣に提出した。それによれば、合理的な運用の例として、次のようなものがあげられた。①「法の画一性に基く具体的不妥当の矯正」、②「他の方法を以てしては救い得ない誤判の救済」、③「事情の変更による裁判の事後変更」、④「有罪の言渡を受けた者の事後の行状等に基くいわゆる刑事政策的な裁判の変更もしくは資格回復」。

その後、例えば、尊属殺重罰規定である刑法200条は最高裁判所によって違憲とされたが[22]（第2編第2章第2節Ⅲ2(1)→209頁）、その判決前に尊属殺で受刑している者に関し、減刑嘆願書を提出させ、個別審査をして恩赦により妥当な救済が図られるべきものとされた。恩赦によってしか救済されえないのは問題ではあるが、恩赦制度のあるべき例であろう。

恩赦の決定を立法事項とする例もないではないが、日本国憲法は上述のように内閣の決定事項とした。恩赦が立法権および司法権の作用を変動させる効果をもつ以上、恩赦の各種類の内容と手続については、法律で定めること

---

21 「恩赦」という語には、「君主の仁慈」といった響きがある。日本国憲法は「大赦、……復権」というのみで（7条6号・73条7号）、「恩赦」という語を使用していないが、明治憲法時代の例にならって法制度上「恩赦」という語が使われてきた。
22 最(大)判昭和48年4月4日刑集27巻3号265頁。

が必要と解され，実際に恩赦法が制定され，それらについて定めているところである。それによれば，恩赦には政令恩赦と個別恩赦とがある。政令恩赦は，国家の慶祝時や皇室の慶弔時に政令をもって一律に行うもの（大赦令[23]，減刑令，復権令）であるのに対し，個別恩赦は，有罪の確定判決を受けた特定の者に対して行われるもの（特赦，減刑，刑の執行免除，復権）である。個別恩赦には，慶弔時などに内閣が閣議決定により特別の基準を設けてこれに該当する者につき集中的に行う特別基準恩赦と，いつでも行われる常時恩赦とがある。特別基準恩赦は個別恩赦であるとはいっても，慶弔時恩赦である点でむしろ政令恩赦と性格を共通にしている[24]。

恩赦については，天皇の認証が必要とされる（憲法7条6号）。

Ⅱ 天皇の国事行為についての助言と承認権

内閣の有するこの権限（3条・7条）については，次章で論ずる。

Ⅲ 国会との関係における権限

1 国会の臨時会の召集の決定

憲法は，「内閣は，国会の臨時会の召集を決定することができる」（53条）と定める。この点については，既に述べた（第2章第3節Ⅰ2(2)→445頁）。

2 参議院緊急集会の請求

憲法は，「衆議院が解散されたときは，参議院は同時に閉会となる。但し，内閣は，国に緊急の必要があるときは，参議院の緊急集会を求めることができる」（54条2項）と定める。この点については，既に述べた（第2章第3節Ⅴ→452頁）。

---

[23] 同法3条によれば，政令に特別の定めのある場合を除いて，大赦のあった罪について，有罪の言渡を受けた者については，その言渡は効力を失い，まだ有罪の言渡を受けない者については，公訴権が消滅する。

[24] 国際連合加盟恩赦において公職選挙法違反などを主体とする大赦が行われ，世論の強い批判を受けたことがある。昭和天皇崩御に際会し，内閣は，平成元年2月，政令による大赦および復権のほか，一定の基準により特別に特赦，減刑，刑の執行免除および復権を行う特別基準恩赦の内容を定め，これを施行，実施した。また，内閣は，平成2年11月，「即位の礼」にあわせて，政令による復権のほか，特別基準恩赦の内容を定めてこれを施行，実施し，平成5年6月，皇太子の結婚の儀にあわせて，特別基準恩赦を実施した。

3 国会への議案提出，一般国務および外交関係についての報告

憲法は，「内閣総理大臣は，内閣を代表して議案を国会に提出し，一般国務及び外交関係について国会に報告」する (72条) と定める。ここにいう「議案」に法律案が含まれること，内閣法はそれを前提にできていること (5条) については，既に述べた (第2章第1節Ⅲ2(4)→437頁)。

4 衆議院解散の決定

この権限は，解釈論上議論のあったことは既にみたが (第1節Ⅰ2(3)→477頁)，内閣のもつきわめて重要な権限である。

なお，昭和61年7月に行われたいわゆる同日選挙に関し，同日選挙は適任者選択の機会を奪うものであり，衆議院解散の必要がなかったもの，仮にその必要があったとしても適任者を選定しうるよう同日選挙を回避すべきであったとして，それを禁止しない公職選挙法自体ないし回避しない運用は，憲法15条1項・3項，42条，47条に違反するとして，選挙無効を求める出訴がなされるということもあった。しかし，何よりも，そもそも衆議院解散がいつありうるか分からないことを考えれば，同日選挙を違憲とまで断ずることはできないであろう。

Ⅳ 裁判所との関係における権限

1 最高裁判所の長たる裁判官の指名

内閣の有するこの権限 (6条2項) については，第4編で述べる。

2 最高裁判所の長たる裁判官以外の裁判官の任命

内閣の有するこの権限 (79条1項) については，第4編で述べる。

3 下級裁判所裁判官の任命

内閣の有するこの権限 (80条1項) については，第4編で述べる。

Ⅴ その他の権限

憲法は，上にあげた諸権限のほか，予備費を支出し，事後に国会の承認を求めること (87条)，国の収入支出の決算を会計検査院の検査報告とともに国会に提出すること (90条)，国会および国民に対して国の財政状況について報告すること (91条)，などについて定めている。いずれも国の財政にか

かわる事柄であるが、これらの意義をも含めて第5章で論述する。

なお、国会は法律により内閣の権限（責務）を創出しうるから、実際には内閣の権能は上にみた憲法上の諸権限に限定されるものでないことは付言しておかなければならない。

第5節　内閣の責任

1　内閣の責任

明治憲法は、「国務各大臣ハ天皇ヲ輔弼シ其ノ責ニ任ス」（55条1項）と定めていたが、日本国憲法は、「内閣は、行政権の行使について、国会に対し連帯して責任を負ふ」（66条3項）と規定し、国民主権下における民主的責任政治の原則を明確にしている。憲法は、また、「天皇の国事に関するすべての行為には、内閣の助言と承認を必要とし、内閣が、その責任を負ふ」（3条）と定めている。したがって、憲法上の内閣の責任には、①行政権の行使についての責任と、②天皇の国事行為への助言と承認についての責任との2種類が存することになる。

2　行政権の行使についての責任

66条3項にいう「行政権」の意義については、実質的意味における行政権と解する説と、形式的意味における行政権と解する説とがある。前説も、国会はその地位に照らし実質的意味における行政権以外の権限の行使についても内閣の責任を追及しうるとみているのであるから、結果において後説と異ならないが、後説の説くように、66条3項はおよそ内閣の権能の行使についての責任を明らかにしたものと解するのが妥当であろう。内閣法が、「内閣は、国民主権の理念にのつとり、日本国憲法第七十三条その他日本国憲法に定める職権を行う」（1条1項）とし、そして「内閣は、行政権の行使について、全国民を代表する議員からなる国会に対し連帯して責任を負う」（同条2項）と定めていることは、既に触れた。

内閣は、「国会に対し」責任を負うが、各議院が個別的に責任を追及することを排除する趣旨ではない。責任の追及は、質疑・質問、国政調査、決議などの方法により行われるが、そのうち最も強力なのは衆議院の内閣不信任決議（69条）である。既にみたように、その決議は、内閣に総辞職か衆議院解散かの二者択一を迫るものだからである。この点、参議院の決議（いわゆ

る問責決議)[25]は，そのような効果をともなわない。したがって，それは政治的意味をもつにとどまるが，参議院がその決議を機に審議停止をするなど"内閣を相手にせず"の姿勢をとると，きわめて大きな意味をもつことになり，先に触れた二院制問題（第2章第2節Ⅲ3→442頁）が露出することになる[26]。

内閣は，「連帯して」責任を負うが，このことは各国務大臣の単独責任を追及する可能性を排除するものではないと解される（衆議院の不信任決議により池田通産大臣が結局引責辞職した例がある）。ただ，各国務大臣の責任事項についても内閣の連帯責任を追及することは可能であって，いずれの責任追及方法とするかは，国会（議院）の裁量に委ねられる。なお，単独責任追及（不信任決議）には，法的効力は存しない。

憲法は，内閣の「責任」の原因や内容について明示するところがなく，その「責任」は政治的責任であると解される。衆議院の不信任決議には法的効果をともない，法的責任であると説かれることもあるが，要件は法定されておらず，内閣の政治姿勢・能力全般を理由にして不信任決議を行うことも可能であって，なお政治的責任としての性質を失わない。

3　天皇の国事行為への助言と承認についての責任

国事行為への助言と承認の行為が66条3項の「行政権の行使」に含まれると解すれば，その行為に対する責任の内容・性質は 2 で述べたところと同様となる。「行政権の行使」とは別に考える立場にあっても，「国会に対し連帯して」負う責任であると解されており，結論において違いはない。

---

[25] 参議院は，当初は，個々の大臣に対する問責決議案は別として，内閣問責決議案には関心を示さなかった。が，第68回国会において社会党が佐藤内閣問責決議案を提出して以来，事情が一変したといわれる。

[26] そういう状況の打開策の1つとして，内閣は衆議院に内閣信任決議案を提出し，自己の政治的立場を固めるという手法をとることが考えられる。そして衆議院が信任決議案を可決したのに，参議院がなお自己の立場に固執することは，憲法の趣旨から正当化されえないと解される。

第4章 天　　皇

第1節　天皇の性格と地位

I　天皇の地位

1　「天皇」の諸立場

　日本国憲法は第1章において「天皇」について定めるが，それは，日本の長い歴史を踏まえつつ，国民主権に立脚する憲法体系における位置づけを明らかにしようとする趣旨によるものと考えられる。

　「天皇」は，(a) 国家生活とかかわり合いを有する存在としての立場と，(b) 国家生活と無関係の私人たる存在としての立場とを有する。(a) の立場には，(a_1) 国家を構成する一員としての面と，(a_2) 国家生活において一定の積極的役割を果たすべき存在としての面とがある。さらに (a_2) には，(a_2') 国家の象徴としての面と，(a_2'') 一定の国家作用を行う国家機関としての面とがある。(a_2'') については「天皇の権能」として後述することにして，ここでは主として (a_2') について論じ，また (a) の立場に基づく (b) の立場への影響について言及することにする。

2　象徴としての天皇

　憲法は，「天皇は，日本国の象徴であり日本国民統合の象徴であって，この地位は，主権の存する日本国民の総意に基く」(1条) と規定する。「象徴」とは，無形の抽象的な何ものかを，ある物象を通じて感得させるとされる場合に，その物象を前者との関係においていうものである。鳩が「平和」の，ペンが「文」の象徴とされたりするのがその例である。したがって，「象徴」は元来社会心理的なものであって，それ自体としては法と関係を有しうる性質のものではない。にもかかわらず，「象徴」関係が法的に規定されることがあるのは，基本的には，この社会心理の醸成・維持を願望してのことである。ドイツの憲法22条が「連邦国旗は，黒・赤・金である」と定めるのが

その一例である（傍点筆者）。それは，そのような国旗を通じて国民が国家を感得し，国民の統合的機能を果たすことを期待してのことである。が，そのような効果が生じるかどうかは法の射程外の心理上のものであり，また，象徴するものがあって象徴されるものが存在するということではない。「象徴」とされることに何らかの法的効果が生ずるとすれば，それは別に法が特に定めた結果であり，「象徴」とされることから当然に流出する効果ではない。

　日本国憲法が天皇を「日本国」「日本国民統合」の「象徴」とするのも，基本的にはこのような意味において理解される[1]。ただ，ここで「象徴」とされるのは，国旗などと違って人格であるため，その地位にある者に対して象徴的役割にふさわしい行動をとることの要請を随伴するものとみなければならず，また，そのような役割にふさわしい待遇がなされなければならないという規範的意味が存することも否定できないであろう。

　このように，憲法が天皇に象徴的役割を求めた背景には，天皇が明治憲法下の天皇とは違って政治行動の外にあって超然とした中立的存在であることを求めるという狙いがあり，国民主権に立っての，わが国の従前の歴史についての省察に基づく決断がある。上述のように，天皇が象徴であるとは，そのこと自体天皇が政治組織法上何らかの具体的権能をもつことを当然に帰結するわけではないが，後にみるように，憲法は天皇に対して一定の国事行為をなすことを求めている。

　なお，天皇は，国事行為を行うほか，国会の開会式に臨んで「おことば」を述べ，外国元首を接受するなどの行為に従事している。これらの行為を，国事行為とも私的行為とも異なる「象徴としての公的行為」として容認する象徴的行為説がある（清宮四郎）。この問題については，第4節で論及する。

3　天皇の地位の根拠と位置づけ

　憲法1条は，前段に，「天皇は，日本国の象徴であり日本国民統合の象徴であつて」といい，これを受けて，後段において，「この地位は，主権の存する日本国民の総意に基く」と規定する。後段にいう「この地位」とは，天皇が象徴としての役割をもつことを1つの地位とみて，その地位を指すものと解される。このような地位も「主権の存する日本国民の総意に基く」とは，日本国憲法が民定憲法である以上当然のことであるが，本条が特にこの

1　これとやや似た例として，「国王は……国の統一および永続性の象徴である」とする1978年スペイン憲法56条がある。

点を明示するのは，明治憲法の神権的国体観念を排斥する趣旨を明らかにしようとするためのものと解される。

「天皇」という言葉とその存在は，わが国において長い歴史的背景を有する。日本国憲法とこの歴史との関連づけについて，大別して，明治憲法的天皇制を排斥しつつも，長い歴史的存在としての「天皇」を存続させるものと捉える**天皇条項**「**宣言的規定説**」[2]（清宮四郎，芦部信喜，戸波江二）と，明治憲法下の天皇をも含めたそのような歴史的存在としての天皇を完全に拒否したうえで，いわば無から新たに「天皇」と称する存在を創設したものと捉える**天皇条項**「**創設的規定説**」[3]（横田喜三郎，横田耕一，阪本昌成）とがある。

歴史的存在としての「天皇」の言葉に引きずられて，日本国憲法の天皇の地位・権能の解釈にあたって，意識的・無意識的に，明治憲法下の「国体」観念を持ち込むことのないよう注意しなければならない。既にいろいろな個所で触れてきたが，日本国憲法は主権の変動をともなう「革命」憲法であって，その意味において，日本国憲法上の諸々の制度は，日本国憲法の「創設」になるものといわなければならない。ただ，天皇条項「創設的規定説」のようにいわば無から新たに創設したというのは，ややいいすぎではないか。憲法の制定経過や「革命」の性質からいっても，日本国憲法が，従来の政治的・法的制度に修正や限定を加えつつ，いわば**継承的**に「**創設**」するということはありうることである。そして天皇の制度は，まさにそのようなものであったといえるのではないか。

もっとも，そうした継承的「創設」が憲法典を支える基本原理や他の諸制度とうまく適合するかどうかは別個の問題である。実際のところ，国民主権（前文・1条）と世襲制の裏づけをもつ（2条）天皇の制度との間に溶解し難い矛盾をみて，あるいは国民主権の側に，あるいは伝統的な世襲天皇の側に徹する憲法改正をして解決を図るべきであるとする見解がありうる。が，こうした立法論も射程に入れて論ずれば別であるけれども，そうでない限り，政治的妥協に基づくものにせよ，できあがった憲法典は矛盾なき統一的法典であるとの前提の下に，憲法典内在的に調和のとれた解釈運用を図るほかはない。

2 天皇条項は一種の「制度的保障」規定とする説もある（石川健治）。「制度的保障」については，第2編第1章第3節Ⅰ3(3)（→125頁）における注29参照。
3 憲法2条は皇位の世襲制を定めるだけで，家系を特定していないから，理論的には現在の天皇家が継承する必然性はなかったとする見解も存する（山下威士）。

4 天皇の地位の特殊性に基づく法的特例

憲法は，「天皇」という特殊な存在を象徴としたことに関連して，皇位を世襲のものとしたが（2条），この点については次節で述べる。上述のように，天皇が象徴であるとは，天皇に対してその役割にふさわしくあるべきことを要請するとともに，同時に，一定の範囲・程度において，そのような役割をもつ人とし取り扱わなければならないという要請を随伴している。現行法上，天皇が特別の身分を認められているのは——その範囲・程度が妥当か否かは別として——このことに対応するものである（なお，特例の多くは，天皇の一家たる皇室を構成する皇族にも及ぼされている）。

まず，**身分法上の特例**として，皇室典範は，天皇の特別の敬称（陛下。なお，三后(さんこう)は陛下，その他の皇族は殿下）について（23条），あるいは，即位の礼・大喪の礼について（24条・25条）定め，また，天皇および皇嗣(こうし)の成年を18年とする（22条）反面，立后(りっこう)および皇族男子の婚姻には皇室会議の議を経るを要するものとし（10条），天皇および皇族は養子をすることができないものとしている（9条）。また，皇族には「氏」がなく，皇室典範は，「天皇及び皇族の身分に関する事項」は，戸籍にではなく，「皇統譜に登録する」ものとしている（26条）。

次に，**刑事法上の特例**として，明治憲法下に存した刑法の不敬罪は昭和22年に削除されたが，天皇，三后および皇嗣の名誉に関する告訴は内閣総理大臣が行うものとされ（刑法232条2項），また，摂政および天皇権能代行者は在任中訴追されない旨の明文規定（皇室典範21条，国事行為の臨時代行に関する法律6条）との関連からいっても，天皇が不訴追の存在であることを当然の前提としているものと解される。

民事責任に関しては，天皇は免責されるとする説と免責されないとする説とがありうるが，憲法学説としては後者の説が有力である（伊藤正己，樋口陽一）。もっとも，民事責任は免責されないとみるべきだとしても，そのことから直ちに天皇に**民事裁判権**が及ぶということになるかはさらに検討を要する問題である。

この点につき，最高裁判所は，「天皇は日本国の象徴であり日本国民統合の象徴であることにかんがみ，天皇には民事裁判権が及ばないものと解するのが相当である」としている[4]。理由づけは抽象的であるが，第二審判決の

---

[4] 最判平成元年11月20日民集43巻10号1160頁。本件は，千葉県の住民が，同県知事が昭和

説くように天皇が被告や証人として法廷に立つ可能性を非としたためかもしれない。ただ，本判決が実体法上の民事責任までも否定したものとは断定できず，第三者（例えば宮内庁長官など）を民事責任に関する訴訟の当事者とする立法措置を講ずる道はありうるであろう。

財産法上の特例については，第6節に述べる。

天皇の私的な生活の自由は尊重されるべきものであるが，天皇は，公的にも私的にも，政治の外にある超然たる存在でなければならない。そのことから，天皇の活動には特別の制約がある。天皇は第3章の保障する基本的人権の享有主体ではないと解されることについては既に述べたが（第2編第1章第4節Ⅲ→141頁），こうした制約が第3章に違反するかどうかの問題は生じないと解される。

Ⅲ 天皇の法的性格

1 総説

天皇は，国家的象徴として上述のような地位に立つとともに，後にやや立ち入ってみるところであるが，「天皇の国事に関するすべての行為には，内閣の助言と承認を必要」とし（3条前段），「天皇は，この憲法の定める国事に関する行為のみを行ひ，国政に関する権能を有しない」（4条1項）ものとされる。このような存在としての天皇は，君主としての性格をもつか，あるいは元首であるといえるか，が問題とされてきた。

2 君主としての性格の有無

天皇が君主としての性格をもつといえるかは，**君主の概念規定**いかんにかかわる。伝統的な国家形態論によれば，主権が一人に帰する場合を「君主国」といい，その主権が帰属する自然人を「君主」と称する。これによれば，日本国憲法下の天皇は君主ではない。しかし，この場合，主権概念の捉え方いかんによって具体的に君主と称しうるか否かが変りうるのみならず，国民主権に立脚しつつ統治権の重要部分を掌握する「国王」をおくベルギー憲法（1831年）のような例も登場したことから，必ずしも主権の帰属にとら

天皇の病気快癒を願う県民記帳所を設置し，そのための公金を支出したことは違法であり，該設置費用相当額を昭和天皇が不当利得し，その不当利得返還債務を現天皇が相続したとして，地方自治法242条の2第1項4号に基づき同県に代位して不当利得返還請求を求めた住民訴訟である。

われずに「君主」を理解しようとする傾向が生じた。その場合，伝統的に君主とされるのは，概ね，①特別の身分を背景に一般に世襲的にその地位が継承される独任制機関で，②統治権の重要部分を掌握し，少なくとも行政権の主体ないし調整権的権能をもつ存在であって，③対外的に国家を代表する権能を有し，④国家的象徴性を備える，という点に共通性をもっているといわれる。これによれば，天皇は，①と④の要素を備えてはいるが，②と③の要素については欠くところが多く，その意味では君主とはいえない。

もっとも，伝統的な君主とされるものも，立憲民主主義思想の進展にともなって，その法的権能が大臣の意向に基づいて行使されるようになった（いわゆる大臣助言制・大臣責任制の確立）結果，名目化する顕著な傾向（君主がいわゆる「君臨すれども統治しない」傾向）がみられる。したがって，その実態からみれば，特別の身分を背景にその地位が世襲的に継承され，国家的象徴機能を果たしているのが現在の君主の姿といえるところがある。

この点，天皇は，先の①と④の要素に加えて，後にみるように，内閣の助言と承認の下に形式的ではあるが幾つかの国家的に重要な行為をなし，また，条約批准書などの認証や外国の大使・公使の接受を行うなど一定の対外関係的行為に携るのであって，天皇も君主といえないことはない。ただ，あくまでも法的権能そのものにこだわるならば（イギリスの君主は，実際に行えばconstitution違反と非難されるであろうが，法的には，例えば，議会を通過した法律を拒否できる），天皇が君主だというのはきわめて限定された意味においてであるということになろう。つまり，従来の立憲君主は，本来的な権能が君主にあって，それが実際上名目化してきたのに対し，日本国憲法下の天皇にはもともと本体的な権能は帰属せず，はじめから名目的な権能のみしか帰属していないのではないかということである。

3　元首としての性格の有無

明治憲法は，「天皇ハ国ノ元首ニシテ統治権ヲ総攬シ……」（4条）と定めていた。しかし，日本国憲法には，天皇を「国の元首」とする規定はない。そこで，天皇は元首か否かが問われてきた。

この問題も，**元首の概念規定**いかんによる。元首（head of the state）は，元来，統治権を総攬し，行政権の首長であると同時に，対外的代表権をもつ君主を，国家有機体説[5]を背景に，国家の頭になぞらえるところに成立した

---

[5] 国家をもって頭にあたる君主（元首）によって統合される有機的生命体と捉えようとする説。

といわれる。が，やがて国家有機体説とは無関係に，行政権の首長にして対外的代表権をもつ存在を元首と称するようになり，さらには専ら対外的代表権に着眼して元首がいわれるようになった。

日本国憲法下の天皇は，統治権の総攬者でないことはもちろん，行政権の首長でもなく，また，条約の締結権や外交関係の処理の権能は内閣にあって天皇にはないことから，天皇は元首とはいえない。もっとも，天皇は，後にみるように，全権委任状および大使・公使の信任状の認証，批准書その他の外交文書の認証，外国の大使・公使の接受，などを含む国事行為を行い，また，世襲制に示される特殊な身分を背景に国家的象徴の立場にある公人であり，さらに形式的とはいえ内閣総理大臣や最高裁判所長官を「任命」する立場にある。こうした点を考慮すると，天皇に元首としての要素が全くないとはいい切れず，国際的に元首として扱われる余地があることは否定できない[6]。

第2節　皇位の継承

1　総　説

歴代の天皇が占める地位を連続的に捉えて「皇位」といい，法の規定するところに従って，特定の一人が従来の皇位充足者に代わって皇位を充たすことを「皇位継承」という。皇位継承について，日本国憲法は，「皇位は，世襲のものであつて，国会の議決した皇室典範の定めるところにより，これを継承する」(2条)と定める。

「世襲」とは，ある地位につく資格が特定の系統に属するものに限定されていることをいうが，皇位継承の場合の系統は血統を意味する。この血統は，いうまでもなく従来「皇統」とされてきたものを指し，そのことを前提にして皇位が世襲されることを本条は明らかにしたものである。日本国憲法は，徹底した平等の理念に立ちながらも，古くからの天皇という名称をもつ制度を存置したことにともない，その例外として世襲制を認めたものと解さ

これと対立するのが社会契約説。
[6] 今日の立憲民主主義国にあっては，国家意思形成の方法は複雑で，また，国家の対外的関係も様々な機関の活動を通じて形成・維持されているのであって，元首という観念それ自体がどれほどの必然性と意義を担っているのか，したがってまた誰が元首かという議論がどれほどの重要な意義を担っているのか，疑問なしとしない。

れる。この世襲制を前提に，その具体的・細目的事項は「国会の議決した皇室典範」の定めるところに委ねられる (傍点筆者)。皇室典範という名称は変らないが，国会の議決によるものとされているところが，明治憲法体制と大きく異なる (第1編第2章第1節Ⅱ→58頁)。

2 皇位継承の原因と発生

皇室典範は，「天皇が崩じたときは，皇嗣が，直ちに即位する」(4条) と定め，生前譲位を排している。天皇崩御の瞬間に皇嗣の「即位」が完成し，皇位継承が生じる。典範は，後述のように，「即位の礼」(24条) について定めているが，「即位」と「即位の礼」とは区別されなければならない[7]。昭和天皇崩御に際しては，崩御直後の臨時閣議において，憲法7条10号，皇室典範4条，皇室経済法7条を根拠に，「剣璽等承継の儀」と「即位後朝見の儀」が新天皇の国事行為と決定され，皇居正殿において国民を代表する三権の長などが列席する中で行われた[8]。

3 皇位継承の資格と順序

皇室典範は，皇位は「皇統に属する男系の男子」である「皇族」が継承すべきものとし (1条・2条)，その順序を，①皇長子，②皇長孫，③その他の皇長子の子孫，④皇次子およびその子孫，⑤その他の皇子孫，⑥皇兄弟およびその子孫，⑦皇伯叔父およびその子孫，⑧上示各号の皇族がいないときは，それ以上で，最近親の系統の皇族，と規定している。そしてこれらの場合，長系を先にし，同等内では長を先にするものとされる。

「皇統」は，歴史的に「男系」であることが求められた。典範1条が「皇統に属する男系」とするのは，それを確認するものである。そして典範では，「男系の男子」とされるから，いわゆる女帝はありえないことになる。

わが国の歴史において，皇位はすべて皇統に属する男系の者で皇族の身分保持者により継承されてきた。その際，有名な持統天皇をはじめ十代八方 (二方は重祚［再び皇位につくこと］) の女性天皇 (男系女子) が存在したこと，また，半数近くが非嫡系による継承であったこと，が留意される。旧典範は皇

---

[7] この「即位」は，旧典範にいう「践祚」に相応するもので，旧典範では「践祚」と「即位」とが区別され，「即位」は後に式典によって行われた。

[8] 旧典範および登極令によれば，天皇崩ずるときは皇嗣即ち践祚し祖宗の神器を承くとあり，「践祚の式」は①「剣璽渡御の儀」を中心に，②「賢所の儀」，③「皇霊殿神殿奉告の儀」，④「践祚後朝見の儀」の4つからなるものとされていたが，このときは，②③は別個の皇室の行事とし，①は「剣璽等承継の儀」，④は「即位後朝見の儀」という名称の下に国事行為として行われたものである。

位継承に関しはじめて明文化したものであるが，皇位継承資格を男系男子（非嫡出系を含む）とし，現行典範はそれを受け継ぎつつさらに嫡出であるという要件を加えたものである。

現行典範が女性天皇を認めないのは性差別で違憲であるとする見解もあるが，世襲の天皇制自体に一般的な平等原則を持ち出すことには無理があることは既に示唆してきたところである。しかし，他方，様々な要因が重なって，このままでは皇位継承資格者（皇族の数）が減少し続ける傾向にあることが懸念されている[9]。

皇位継承の第一順位にある者を「皇嗣」という。典範によれば，皇嗣に精神もしくは身体の不治の重患があり，または重大な事故があるときは，皇室会議の議により，上に述べた順序に従って，継承順位を変えることができるものとされている（3条）。

4 皇位継承の儀礼と改元

皇位の継承があったときは，「即位の礼」を行う（皇室典範24条）。現行典範が「即位の礼」についてのみ定め，旧典範のように大嘗祭について定めていないのは，それが宗教色の濃いものであることに鑑み，国事行為になじまないとの理解によるものと思われる[10]。

旧典範は，践祚の後，元号を建てるものと定めていたが，現行典範にはその種の規定はない。この点，昭和54年制定の元号法は，元号は，皇位継承があった場合に，政令により改めるものとしている。

5 皇族

上述のように，皇位継承の資格要件の1つは「皇族」であるということである。天皇の一家を「皇室」といい，天皇とともに皇室を構成する者を「皇族」という。

典範上皇族とされるのは，皇后，太皇太后および皇太后のいわゆる三后，親王（嫡出の皇子および嫡男系嫡出の皇孫たる男子），親王妃，内親王（嫡出の皇子および嫡男系嫡出の皇孫たる女子），王（三世以下の嫡男系嫡出の男子孫），王妃および女王（三世以下の嫡男系嫡出の女子孫）である（5条・6条）。皇族たる身分を取得するのは，出生と婚姻を通じてのみである。天皇および皇族は，養子をす

---

[9] 詳しくは，『皇室典範に関する有識者会議報告書』（平成17年）参照。それは，女性・女系天皇を認めないと将来の皇位の継承が難しくなるとの強い危機感から，それを容認する立場を示した。

[10] 現行典範の制定に際し，大嘗祭が行われるとすれば，それは「皇室内部の御儀式として」という金森国務大臣の答弁がある。

ることが禁じられている (9条)。立后および皇族男子の婚姻は皇室会議の議を経ることが求められる (10条) ことは，既に述べた。皇族 (三后，皇太子，皇太孫を除く) は，その意思に基づきまたは一定の法定事由により，皇族たる身分を離れる (11条以下)[11]。

皇室事項のうち国家の事務にかかわるものを掌る国家機関として，典範による皇室会議，皇室経済法による皇室経済会議，宮内庁法による宮内庁，などがある。

第3節　天皇の活動方法

1　総　説

既に触れたように，憲法は，「天皇の国事に関するすべての行為には，内閣の助言と承認を必要とし，内閣が，その責任を負ふ」(3条) ものとし，しかも，「天皇は，この憲法の定める国事に関する行為のみを行ひ，国政に関する権能を有しない」(4条1項) と規定する。憲法3条にいう「国事に関するすべての行為」は，4条1項前段において，憲法自体によって明文上認められているものに限定されるものであることが明らかにされる。

この「行為」の中には，後にみるように，それ自体としてみれば形式的・儀礼的とはいえない，いかにも伝統的な君主の行為にふさわしいものも含まれる。そして3条は，立憲主義の要請である大臣助言制に従って立憲君主制のスタイルを明確にしていると理解することができるようにみえる。が，4条1項後段は，さらに「国政に関する権能を有しない」と規定し，天皇が政治に関与しそれに影響を及ぼすことを全面的に否定することによって，伝統的な立憲君主制とも異なる，国民主権の下においてあるべき姿を明確にしている。

2　「内閣の助言と承認」の必要の意味

憲法3条によって，天皇は国事行為をなすにあたって必ず「内閣の助言と承認」に基づかなければならず (傍点筆者)，内閣以外のものによる助言と承認は排斥される。そしてこの内閣の助言と承認は，「天皇の国事に関するすべての行為」について要求される (傍点筆者)。

---

[11] 典範12条によれば，皇族女子は，天皇および皇族以外の者と婚姻したときは，皇族の身分を離れる。

この点に関し，憲法規定上実質的に決定する機関が別に定められている場合には，内閣の助言と承認は不要である（例，内閣総理大臣の任命，国務大臣の任免の認証）とする見解もある。が，憲法の文言からいって，たとえ既に実質的に決定されていることであっても，なお内閣の助言と承認が必要と解すべきであろう（内閣総理大臣の任命についての助言と承認は，総辞職した内閣が行い，新内閣成立時の国務大臣任命の認証についての助言と承認は，内閣総理大臣のみよりなる特殊な内閣が行うことになるが，これはやむをえない結果である。なお，国務大臣の罷免の認証についての助言と承認を行う閣議には，罷免された国務大臣は参加できないと解される）。もっとも，内閣の決定事項とされているものについては，それを決定する閣議と助言と承認を行う閣議とは事実上同一のものでありえよう。

　ここに「助言」とは，天皇の行為に先立って行われる勧告であり，「承認」とは，行為の事後における同意にして内閣がその責に任ずる趣旨を示すものである。ただ，この「助言」と「承認」は統一的に把握することが可能で，「助言」と「承認」のそれぞれについて別個の閣議が必要と解すべきではない（第3章第3節2→496頁）。天皇は助言を拒否することはできないが，国事行為の意味を理解して行うことが前提とされており，そのことに関連して，内閣の代表者が助言と承認をなすにあたってその背景や事情を説明し（いわゆる内奏），その際天皇の発言もありうる。ただ，そのことによって内閣が影響を受けることがあってはならないわけで，このような意味からも助言と承認は統一的に理解されるべきものである。

　なお，法的効果をもつ国事行為は文書によって行うのが例で，「内閣の助言と承認」は内閣総理大臣の副署によって示すものとされている。

3　内閣の責任と天皇の無答責

　上にみたように，天皇の国事行為はすべて内閣の意思によって行われるものであるから，その行為の結果については，憲法3条の明記するように，内閣が責任を負うべきものであり，その限りにおいて天皇の無答責が帰結される。内閣の責任の内容・性質については，既に述べた（第3章第5節3→505頁）。

　なお，次節で触れる公人としての社交的・儀礼的行為は，国事行為ではないので憲法3条とは無関係ということになるが，純粋な私的行為とはいえず，公的性格をもっており（その費用は私費たる内廷費ではなく，公金たる宮廷費をもって支弁される），その意味でかかる行為については宮内庁法1条にいう

「皇室関係の国家事務」として宮内庁が責任を負い，究極的には内閣の行政責任に属すべきものと解される。

第4節　天皇の権能

1　総説

上述のように，憲法4条前段は「天皇は，この憲法の定める国事に関する行為のみを行」うものとし，6条および7条は「国事に関する行為」の種類を具体的に明記する。これにより，天皇の行う国事行為の範囲が憲法上限定され，法律によって新たに天皇の権限を創設することが禁止される。それに加えて，憲法4条1項後段は，天皇は「国政に関する権能」を有しないことを明らかにする。

もっとも，「国事に関する行為」と「国政に関する権能」との違いは，言葉の上だけでは明確ではない。しかも「国事に関する行為」の中には，それ自体としては形式的・儀礼的なものとはいえない「国会を召集すること」(7条2号) や「衆議院を解散すること」(同条3号) などが含まれる。そこで，「国事に関する行為」は本質上「国政に関する権能」にかかわり，4条も「その他の国政に関する権能を有しない」の趣旨である (傍点筆者) との見解 (A説) が登場した (例，金森国務大臣の答弁)。

しかし，そのような理解は4条の文言からいって無理がある。4条は，天皇に「行為」権のみを認め，「国政に関する権能」を認めていないのであって，6条，7条の「国事に関する行為」は本来的に形式的・儀礼的行為にとどまるものと解すべきである (B説。**本来的形式説**)。これに対し，「国事に関する行為」の中には，衆議院の解散などのように実質的に国政に関するものも含まれているとしつつ，これらの「行為」にはすべて内閣の助言と承認が要求され，この助言と承認権には実質的決定権が含まれるから，結果的には「国事に関する行為」は形式的・儀礼的になる，というように説く見解 (C説。**結果的形式説**) もある。

B説とC説のいずれによるかによって，衆議院の解散についての説明も違ってくるが (第3章第1節①2(3)➔477頁)，既に述べたことから明らかなように，B説をもって妥当としよう。以下，「国事に関する行為」を個別的にみることにする。

2　内閣総理大臣の任命

憲法は,「天皇は,国会の指名に基いて,内閣総理大臣を任命する」(6条1項) と定める。国会が次の内閣総理大臣を指名すると,衆議院議長から内閣 (総辞職した内閣) を経由して天皇に奏上し (国会法65条2項),「任命」することについての内閣の助言と承認に基づき「任命」がなされる。先例によれば,「任命」は,天皇が署名・捺印し,内閣総理大臣が副署した辞令の交付によって行われる。

3　最高裁判所の長たる裁判官の任命

憲法は,「天皇は,内閣の指名に基いて,最高裁判所の長たる裁判官を任命する」(6条2項) と定める。指名のための閣議は,同時に助言と承認のための閣議でありうる。

4　憲法改正・法律・政令および条約の公布

天皇は,「憲法改正,法律,政令及び条約を公布する」(7条1号)。「公布」は,憲法所定の手続により既に成立しているこれらの法形式を国民に知らしめる表示行為と一般に理解され,内閣の助言と承認により,これらの法形式の正文の前に天皇の公布文を付することによって行われるのを例とする (公布文には天皇の署名・捺印があり,内閣総理大臣が副署する)。

政令は別として,議会の公開審議で議決された法律については,施行のため公布を要しないとする公布非要件説がありうるが (第2章第1節Ⅱ2(4)➜437頁),最高裁判所は,政令についての事案であったが,明治以来公布が法令の施行要件であり,「現行制度の下においても同様の立前を採用していることは,日本国憲法7条1号が,法律,政令等の公布について規定を置いているところから知ることができ」る,と述べた[12]。

問題は,国民にどのような方法で知らしめるかである。明治憲法下では公式令 (勅令) がその方法 (官報によるという方法) を定めていたが,日本国憲法施行にあたって廃止された。公布は国民にとって重大事項であるから法律によるべきであるとの考え方によるものであったが,そのような法律は制定されなかった。上の事件はそのような事情下で生じたものであったが,判決は,別段の定めがない限り,法令の公布は「従前通り,官報をもってせられるものと解するのが相当であって,たとえ事実上法令の内容が一般国民の知りうる状態に置かれえたとしても,いまだ法令の公布があったとすることは

---

[12] 最(大)判昭和32年12月28日刑集11巻14号3461頁。

できない」とした。
　では，公布の「時」とは何かについては，官報日付午前零時説，官報発送完了時説，各地方別による最初の閲読可能時説等々様々なものがありうるが，最高裁判所は，全国同時施行を前提に最初の官報閲読・購入可能時とした[13]。比較的無難な結論であるといえよう。
　「公布」を行うべき時期については，憲法改正の場合には，国民の承認があったとき「直ちに」公布すべきものとされる (96条2項。なお，憲法改正手続法126条2項)。法律の場合には，奏上の日から30日以内に公布すべきものとされる (国会法66条)。法律は，公布の日より起算して20日を経て，または法律をもって定めた日から施行される (法の適用に関する通則法2条)。地方自治特別法 (95条) の場合には，住民投票でその過半数の同意を得たことが確定した旨の報告があったときは，内閣総理大臣は「直ちに当該法律の公布の手続をとる」ものとされる (地方自治法261条5項)。政令および条約の公布時期については，別段の定めはないが，内閣はその助言と承認で決定すべきものと解される。

5　国会の召集

　天皇は，「国会を召集する」(7条2号)。「召集」については，既に述べた (第2章第3節Ⅲ→447頁)。召集は，詔書形式で行われ，天皇が署名・捺印し，内閣総理大臣が副署する。

6　衆議院の解散

　天皇は，「衆議院を解散する」(7条3号)。この点については，既に述べた (第2章第3節Ⅳ→452頁，第3章第1節Ⅰ→474頁)。解散も，詔書形式で行われる。

7　総選挙の施行の公示

　天皇は，「国会議員の総選挙の施行を公示する」(7条4号)。ここに「国会議員の総選挙」とは，全国のすべての選挙区にわたって行われる選挙をいい，衆議院の場合の総選挙，参議院の場合の通常選挙 (第1章第2節Ⅲ2→399頁) がこれにあたる。公職選挙法は，総選挙 (31条) および通常選挙 (32条) の期日について定め，総選挙の期日は少なくとも12日前に，通常選挙の期日は少なくとも17日前に公示すべきものとしている。内閣は，この限界内で「総選挙」の期日および公示の時期について助言と承認を行うことにな

---

[13] 最(大)判昭和33年10月15日刑集12巻14号3313頁。

る。公示も，詔書形式で行われる。

8 国務大臣任免などの認証

天皇は，「国務大臣及び法律の定めるその他の官吏の任免並びに全権委任状及び大使及び公使の信任状を認証する」(7条5号)。ここに「認証」とは，ある行為が権限ある機関によってなされたことを公に証明する行為をいう。認証は，認証さるべき行為の効力要件ではないと一般に解されている。「国務大臣」の任免は内閣総理大臣の専権であるが (68条)，内閣の助言と承認によって天皇が認証する (第3章第2節Ⅲ2(1)→490頁)。「法律の定めるその他の官吏」の任免の認証の例としては，最高裁判所判事，高等裁判所長官，検事総長・次長検事および各検事長などがある。「全権委任状」とは，特定の外交事項交渉のため特に派遣される使節に対し全権を委任することを表示する文書，「大使及び公使の信任状」とは，特定相手国に派遣する大使・公使に対する信任を表示する文書で，ともに内閣が「外交関係を処理する」権能 (73条2号) に基づいて発し，その助言と承認により天皇が認証する。

9 恩赦の認証

天皇は，「大赦，特赦，減刑，刑の執行の免除及び復権を認証する」(7条6号)。内閣がその権能 (73条7号) に基づいて決定し (第3章第4節Ⅰ8→501頁)，天皇が認証する。

10 栄典の授与

天皇は，「栄典を授与する」(7条7号)。「栄典」とは，特定人に対しその栄誉を表彰するため認められる特殊な地位をいう。本号により天皇は内閣の助言と承認に基づき栄典を授与する権限をもつが，このことは他の機関が栄典の授与を行うことを排除する趣旨ではない。なお，栄典にともなう特権の禁止などについては，既に述べた (第2編第2章第2節Ⅲ2(3)→207頁)。

11 批准書などの認証

天皇は，「批准書及び法律の定めるその他の外交文書を認証する」(7条8号)。「批准書」とは，署名 (調印) された条約を審査し，それを承認してその効力を確定させる国家の最終的意思表示文書をいう。批准書は，条約締結権をもつ (73条3号) 内閣が作成する。「法律の定めるその他の外交文書」の例としては，大使・公使の解任状などがある。

12 外国の大使・公使の接受

天皇は，「外国の大使及び公使を接受する」(7条9号)。ここに「接受」と

は，外国の大使・公使を儀礼的に接見するという事実上の行為を意味するものと解される。外国の外交使節にアグレマンを与えるがごとき行為は，「外交関係を処理する」内閣の権限に属する（第3章第4節Ⅰ3➜498頁）。

13　儀式の挙行

天皇は，「儀式を行ふ」（7条10号）。ここに「儀式」とは，国家的性格の儀式をいい，「儀式を行ふ」とは，天皇が自ら主宰して行う場合であると解すべきものであろう。既にみた「即位の礼」（皇室典範24条）や「大喪の礼」（同法25条）などが，その典型例である。一口に「儀式」といっても様々なものがありうるが，憲法は基本的には政治組織体にかかわる法であるから，本号にいう「儀式」も，（世襲制を背景とする）天皇が象徴であり，一定の国事行為を行う国家機関であるという立場にかかわりをもつものということになろう。したがって，上の例のほか，立太子の礼や天皇・皇太子の結婚の儀などが考えられる。

そして，「儀式」それ自体に観念的には含まれうるとしても，憲法の定める「国及びその機関は，……いかなる宗教的活動もしてはならない」（20条3項）という要請との関連から，特定宗教的性格のものは，国事行為としての「儀式」から排除されることも重要である。既に触れた大嘗祭がそうであり，また，「大喪の礼」などについても，それを行うについては特定宗教色をともなわないような配慮が求められる[14]。

14　いわゆる「公的行為」の可能性

先に，天皇が国会の開会式に臨んで「おことば」を述べ，外国元首を接受するなどの行為に従事していることに触れた。そして，これらの行為を「象徴としての公的行為」として容認する象徴的行為説（A説）があることに言及した（第1節Ⅰ2➜506頁）。しかし，そこで象徴の意味について述べたように，象徴性それ自体からそうした具体的帰結を導くのは妥当ではない。また，このような行為は，摂政などにも期待されることになろうが，摂政などは「象徴」ではない。

そこで，こうした行為を国事行為（例えば，「儀式を行ふこと」）に含めたり，それに準ずる行為として捉えて容認する説（B説）も主張される。しかし，既にみてきたような憲法の文言や趣旨からみて，やや拡張解釈の嫌いがあ

---

[14] 昭和天皇の場合，「大喪の礼」と皇室行事としての「葬場殿の儀」や「陵所の儀」などが区別して行われた。

る。

　そうだとすると，こうした行為は一切認められないということになろうか（C説），あるいは，天皇の私的行為としてなお容認されるとみるべきであろうか（D説）。しかし，D説のように，こうした行為を天皇の相撲見物行為などと同一視するのは問題で，内閣の統制が及ぶべきものと解さなければならない（もっとも，D説もかかる統制が及ぶとするが，私的行為に何故いちいち内閣の統制が必要かの問題がある）。といって，C説のように解するのは実際的ではないように思われる。

　結局，次のように解されるべきではあるまいか。すなわち，天皇は象徴的役割を果たすことが求められ，また国家機関として一定の国事行為をなす存在であるという意味において「公人」であって，そのような公人の社交的・儀礼的行為として認められるものがありうるのではないかということである（E説）。上にあげた例のほか，外国元首に慶弔電を打ったり，外国に親善訪問をしたり，訪日する外国元首に対して儀礼的応接行為をなすこと，などがこれに含まれる。もちろん，こうした行為も，政治に影響を及ぼすようなものであってはならず，また，単なる私的行為ではないのであるから，既に示唆したように，内閣の直接または間接の（宮内庁を通じての）補佐の下に，内閣が責任を負うかたちで行われる必要がある。

第5節　天皇の権能の代行

1　摂　政

　憲法は，「皇室典範の定めるところにより摂政を置くときは，摂政は，天皇の名でその国事に関する行為を行ふ。この場合には，前条第一項の規定を準用する」（5条）と規定する。摂政は，本条全体の趣旨から明らかなように，天皇の法定代理機関であって，天皇自ら行為を行いえない場合に，天皇の名で天皇の国事行為を行う機関である。摂政は天皇ではないから，「象徴」としての役割は有しない。

　摂政は，天皇自ら行為をなしえない場合に設置されるものと解されるが，典範は，設置原因として，①天皇が成年に達しないとき，②天皇が精神もしくは身体の重患または重大な事故により，国事に関する行為を自らすることができないとき（その認定は皇室会議の議により行う），の2つを規定している

(16条)。

　摂政就任資格者は，典範によれば，「成年に達した皇族」に限られ，その順序は，①皇太子または皇太孫，②親王および王，③皇后，④皇太后，⑤太皇太后，⑥内親王および女王，である（17条1項）。

　摂政は，①天皇の崩御のとき，②天皇が成年に達したとき，③天皇が国事行為を自ら行うことができない故障がなくなったとき（皇室典範20条），終了する。

2　国事行為の委任

　憲法は，「天皇は，法律の定めるところにより，その国事に関する行為を委任することができる」（4条2項）と規定する。国事行為の臨時代行に関する法律がこれについて規定しており，それによれば，「天皇は，精神若しくは身体の疾患又は事故があるときは，摂政を置くべき場合を除き，内閣の助言と承認により，国事に関する行為を皇室典範……第十七条の規定により摂政となる順位にあたる皇族に委任して臨時に代行させることができる」（2条）ものとされている。これは，法上当然におかれる摂政と違って，天皇の意思による臨時の委任代行である。天皇の海外旅行の場合や，長い病気ではあるが摂政をおくほどでもないような場合が，これにあたろう。委任の解除や終了などについても，同法に定めがある（3条・4条）。

第6節　皇室財産

1　皇室財産

　憲法は，「すべて皇室財産は，国に属する」（88条前段）と規定する。本条は，憲法施行当時の天皇の財産（御料）および皇族の財産を，憲法施行とともにすべて国有財産に編入するという意味をもつ[15]。ただ，全くの私的生活のための財産は，本条にいう「皇室財産」には含まれない私産と解されている（その例として，一般に，旧皇室財産令にいう内廷に属する財産や，神器・宮中三殿など「皇位とともに伝わるべき由緒ある物」〔皇室経済法7条〕などが指摘される）。なお，本条は，国有財産に編入された「皇室財産」について，皇室に必要とするものをその用に供することを排除する趣旨を含むものではない[16]。

---

[15] 総司令部が皇室を一種の財閥とみてこれを解体しようとした結果であったようである。

2 皇室経費

明治憲法時代，天皇および皇族の活動について，明確な公私の区別を欠いたまま，その費用は皇室財産収入および国庫から支出する皇室経費によってまかなわれていた。が，皇室財産は国有財産に編入されたため，その活動に要する費用は国庫からの支給に依存せしめられることとなり，憲法は「すべて皇室の費用は，予算に計上して国会の議決を経なければならない」(88条後段) と定めた。

皇室経済法によれば，「**予算に計上する皇室の費用**」は，「**内廷費**」「**宮廷費**」および「**皇族費**」に区別される (3条)。「内廷費」は，「天皇並びに皇后，太皇太后，皇太后，皇太子，皇太子妃，皇太孫，皇太孫妃及び内廷にあるその他の皇族の日常の費用その他内廷諸費に充てるもの」で，別に法律で定める定額を毎年支出する。これは，御手元金となるものとし，宮内庁の経理に属する公金とはされない (4条)。「宮廷費」は，内廷諸費以外の宮廷諸費に充てるもので，宮内庁の経理に属する公金である (5条)。「皇族費」は，「皇族としての品位保持の資に充てるために，年額により毎年支出するもの及び皇族が初めて独立の生計を営む際に一時金額により支出するもの」などで (6条)，御手元金とされる。

3 皇室の財産授受の制限

憲法は，「皇室に財産を譲り渡し，又は皇室が，財産を譲り受け，若しくは賜与することは，国会の議決に基かなければならない」(8条) と定める。本条は，皇室に巨大な財産が集中し，あるいは皇室と特定の者との不健全な結びつきが生じることを防止するため，その財産授受関係を国会のコントロール下におこうとするものである。

本条の趣旨がこのようなものだとすれば，皇室の日常活動にかかわる通常の財産授受には個別的議決は必ずしも要求されていないと考えることができる。実際，皇室経済法は，相当の対価による売買など通常の私的経済行為，外国交際のための儀礼上の贈答など，さらに，賜与または譲受に係る財産の価額が一定限度内にとどまるもの，については，その度ごとに国会の議決を経ることを要しないとしている (2条)。

---

[16] 国有財産法3条は，「行政財産」の一種として，「国において皇室の用に供し，又は供するものと決定したもの」である「皇室用財産」をあげており，憲法施行時に現に皇室の用に供されていたものはすべてこの「皇室用財産」とされたようである。

第5章　財　政

第1節　財政立憲主義

I　財政立憲主義の意義

1　「国の財政を処理する権限」

憲法は，「国の財政を処理する権限は，国会の議決に基いて，これを行使しなければならない」(83条)と定める。ここに「国の財政」とは，国家がその存立を図り，任務を遂行するに必要な財源を調達し，管理し，使用する作用を総称する。この作用は，権力的要素の有無に着目して，財政権力作用と財政管理作用に区分される。前者は，財源を調達するために国民に命令強制する作用で(その中心は租税の賦課徴収)，後者は，その財源を管理し，会計を経理する作用である(国費の支出，国有財産の管理など)(佐藤功)。

したがって，「財政を処理する権限」とは，財政権力作用および財政管理作用を含む「国の財政」を処理するうえで必要と認められる権限を広く指す。税の徴収，国費の支出，国の債務負担，国有財産の管理・処分等々の権限がそれである。

なお，憲法7章の財政に関する定めは，国すなわち中央政府の財政作用についてのものであって，地方公共団体(いわゆる地方政府)のそれ(いわゆる地方財政)は含まない。ただ，国の財政と地方公共団体の財政とは密接に関連しあっているところがあり，その限りで国が地方公共団体の財政にかかわることがありうるし(次章で触れる)，また，既に触れ(第2編第3章第1節 II 4 ➡ 232頁)，さらに後述する，89条による公金支出・公的財産供用の禁止などは，地方公共団体にも妥当すると解されなければならない。

2　「国会の議決」──財政立憲主義

このような財政を処理する権限の行使は「国会の議決」に基づかなければならないというのが，憲法の要求する最も重要な点である。この点は，明治

憲法における議会による財政統制が相当に厳しく制限されていたことに鑑み[1]，国民代表機関である国会の関与・統制の徹底を図ろうとした結果であると解される（皇室財政については，前章で述べた）。

　83条をいわば総則的規定として，以下にみるように84条などでさらに具体的に定められるが，これらの規定にみられる憲法の基本的な考え方は，**財政立憲主義**，**財政民主主義**，あるいは**財政国会中心主義**などと呼ばれる。もっとも，それぞれの用語についての理解は，論者により必ずしも一様ではない。ここでは，①財政立憲主義の核に議会中心の財政処理原則があることを当然の前提としつつ，Ⅲでみるように，②憲法が国会の財政処理のあり方にも一定の憲法的統制を加えていることにも注目し，そうした面も含めて財政立憲主義と観念することにする。

　ここでは「国会の議決」の意味について，もう少し述べておくことにする。憲法は，租税法律主義（84条）や国費の支出・債務負担に関し国会の議決が必要なこと（85条）について別に定めるが，国家財政の運営にかかわる基本原則も国会の議決によらなければならないと解される。実際，財政に関する基本法というべき**財政法**は，いわゆる健全財政主義（4条・5条），国の財産の処分・管理原則（9条），会計年度の独立（12条），総計予算主義（14条）等々について定めている。

　ここにいう「国会の議決」には，上にみた財政運営の基本原則にかかわるものや後にみる税法の制定などのように一般的な法律によらなければならない場合と，国庫債務負担行為（85条）につき各個の行為ごとに具体的に議決が行われるような場合（財政法26条）が含まれる。

　このようにわが国の財政制度は，後に立ち入って触れる**予算制度**，財源の中心である租税の調達にかかわる**租税制度**，そして予算執行にかかわる経理を定める**会計制度**を中心に，憲法・法律によって形作られている。

---

[1] 明治憲法も，租税法律主義（62条1項），国債および予算外国庫負担契約に対する議会協賛（同条3項），予算に対する議会協賛（64条1項）などを定めていたが，同時に，例えば，皇室経費が増額の場合以外は議会の協賛を要しないとし（66条），既定費（例，官吏の俸給）・法律費（例，恩給費）・義務費（例，元利償還）の廃除・削減には政府の同意を要するとし（67条），勅令による緊急財政処分を認め（70条），予算不成立の場合には前年度予算の施行を認めていた（71条）。

II 財政処理のあり方に関する憲法的統制

1 一般的統制

憲法が財政処理に関し国会の徹底した関与を求めていることをみたが，この関与（「国会の議決」）の内容は全くの自由に委ねられているのではなく，憲法規範上の統制下にあることが留意されなければならない[2]。それは，地方自治の保障との関連などでもみられるが，就中，既にみた基本的人権の保障にともなって生じるものである。

個人の尊重・幸福追求権（13条）と平等権（14条）が広く関係するが，とりわけ各種社会権や裁判を受ける権利などが財政処理のあり方に大きくかかわっていることは第2編に述べたところから明らかであろう。

2 特別的統制──公金支出・公的財産供用の禁止

(1) 総説　憲法は，「公金その他の公の財産は，宗教上の組織若しくは団体の使用，便益若しくは維持のため，又は公の支配に属しない慈善，教育若しくは博愛の事業に対し，これを支出し，又はその利用に供してはならない」（89条）と定める。これにより，財政処理に関し，特に，①宗教上の組織・団体への公金支出・財産供用，および②「公の支配」に属しない慈善・教育・博愛事業への公金支出・財産供用，がそれぞれ禁止されることになる。

(2) 宗教上の組織・団体への公金支出・財産供用の禁止　この趣旨は政教分離の徹底・確保にあることは明確で，その具体的内容・帰結については既に述べたところに譲る（第2編第3章第1節II4→232頁）。

(3) 「公の支配」に属しない慈善・教育・博愛事業への公金支出・財産供用の禁止　この趣旨は必ずしも明らかではないが，およそ公金の使途は明確にしておかなければならないところ，慈善・教育・博愛の事業の場合は美名の下にとかく包括的な支出が容認されがちであると同時に，他面，これらの事業に公権力が深く介入することはその自主性・独立性を害する結果になり好ましくない，といった配慮によるものと推測される。既にマッカーサ草案（83条）にあったことから知られるように，アメリカ的発想に基づくが，目

---

[2] 財政民主主義と財政立憲主義とを区別し，後者の意義を強調する論（渋谷秀樹，大石眞）は，この点にかかわる。

的・趣旨が必ずしもはっきりしないままに成立し，しかも文言上の問題もあって[3]，様々な論議を生むところとなった。

ここにいう「公の支配に属しない」事業への公金支出禁止の法的意味について，大別して，本質的に私的自主性を基盤とするものへの支出禁止と解する厳格説と，私的事業であっても，国家目的の観点から当該事業が役に立つと国家が規定すれば十分であるとする非厳格説（緩和説）との対立をみた。

昭和24年2月の法務総裁意見は，「公の支配に属しない」事業とは，国または地方公共団体の機関が「決定的な支配力」をもたない事業，換言すれば，その構成・人事・内容・財政などについて公の機関から具体的に発言・指導または干渉されることなく事業主が自ら行う事業である，という見解を明らかにした。まさに厳格説である。

この考え方に強い疑問を投げかけたのが，私学助成問題であった。わが国の教育体系において私学が大きな役割を担っているという背景において，私立学校法（59条）そして私立学校振興助成法（昭和50年）は私学助成を認めるに至るが，後者の助成法は次のような仕組みを定めた。所轄庁は，①必要に応じて，助成を受ける学校法人からその業務もしくは会計の状況に関し報告を求め，またはその職員に当該学校法人の関係者に対し質問させ，もしくはその帳簿その他の物件を検査させる，②当該学校法人が学則に定める定員を著しく越えて入学・入園させた場合に是正を命じる，③当該学校法人の予算が助成の目的に照らして不適当と認めるときは変更を勧告する，④法違反の役員の解職を勧告する，と[4]（12条）。

この程度のもので憲法にいう「公の支配に属」するといえるかは，厳格説からは当然に否定的となろう。他方，非厳格説からは当然に肯定されることになろう。学校教育事業は，私立学校も含めて，元来「公の性質」（教育基本法6条1項）のものであり，教育基本法，学校教育法等々の規制により「公の支配」が成立していると解されるからである（第2編第4章第2節Ⅱ→368頁）。

ただ，法上「公の性質」のものとされているから，当然に「公の支配」の下にあるとするのは，89条をあまりに無内容なものとするものであろう。

---

3 「公の支配」なら「服する」というべきで「属する」ではありえず，「属する」なら「公の支配」ではありえない，と指摘される（小嶋和司）。

4 因みに，社会福祉法56条，児童福祉法56条の2など参照。

立法論として本条をどのように評価するかは別として,「財政」の章に本条がおかれていることを前提とする限り,少なくとも「一般の財政処分が服するような執行統制にまで服することを条件とする」というべきであろう[5]（小嶋和司,中村睦男）。

第2節　租税制度

I　租税法律主義

1　総説

　憲法が,国民の義務の1つとして,「法律の定めるところにより,納税の義務を負ふ」(30条)と定めていることについては,既にみた（第2編第1章第6節）。そして上において,83条の「国会の議決」に関し,租税を課すには法律によらなければならない趣旨を含むことを示唆した。この点,憲法は,さらに,「あらたに租税を課し,又は現行の租税を変更するには,法律又は法律の定める条件によることを必要とする」(84条)と定めて,いわゆる**租税法律主義**を宣明する。

　租税はいろいろな観点から種別化されるが,その1つに**永久税**と**1年税**の別がある。明治憲法は「現行ノ租税ハ更ニ法律ヲ以テ之ヲ改メサル限ハ旧ニ依リ之ヲ徴収ス」(63条)と規定して永久税主義によることを明らかにしていた。日本国憲法はこの点明示するところがないが,永久税主義を排除する趣旨ではないと解されている。

---

[5] 町長が,町内の幼児の保護者と教員をもって構成される権利能力なき社団である幼児教室に対し,町の土地・建物を無償で利用させ,補助金を交付するなどしたことに関し,町住民らが89条に違反するなどとして差止と損害賠償を求めて住民訴訟を提起した（幼児教室事件）。第一審は請求を棄却し,第二審の東京高判平成2年1月29日高民集43巻1号1頁は,89条後段の規制は,教育が国家の重要な任務の1つであり国ないし地方公共団体においても該事業を自ら営みうるものであって,私的な教育事業に対して公的な援助をすることも一般的には公の利益に沿うものであるから,同条前段のような厳格な規制であることを要するものではなく,教育事業が「公の支配」に服する程度は「国又は地方公共団体等の公の権力が当該教育事業の運営,存立に影響を及ぼすことにより,右事業が公の利益に沿わない場合にはこれを是正しうる途が確保され,公の財産が濫費されることを防止しうることをもって足り」,必ずしもその事業の人事・予算などに公権力が直接的に関与することを要するものではないとして控訴を棄却した（なお,最高裁判所により上告も棄却）。

よくいわれる種別は、**直接税**（納税義務者と担税者が一致することを立法者が予定している税）と**間接税**（納税義務者が税を価格に上乗せし、最終的に購入者が負担するものと立法者が予定している税）との別である。直接税には所得税・法人税・相続税・贈与税等、間接税には消費税・酒税等があり、それぞれの根拠法律によって課税される。なお、地方税については、次章で触れる。

2 租税法律主義の内実

(1)　「租税」の意味　ここに「租税」とは、国（地方公共団体）が、その経費を支弁するため国民から強制的に無償で徴収する金銭をいう（租税狭義説）。明治憲法は「新ニ租税ヲ課シ及税率ヲ変更スルハ法律ヲ以テ之ヲ定ムヘシ」（62条1項）と規定しつつ、「但シ報償ニ属スル行政上ノ手数料及其ノ他ノ収納金ハ前項ノ限ニ在ラス」（同条2項）と定めていたところである。

もっとも、このような明文規定を欠く日本国憲法下において、財政民主主義の趣旨を広く及ぼそうとする趣旨からか、「租税」を広く捉え、負担金（特定の公共事業を行う場合に、その事業経費に充てるため、特別の関係を有する者〔受益者〕に対して賦課する金銭給付）、手数料、専売物資の価格、国の独占事業の料金などをも包摂するとみる説（租税広義説）が当初通説的地位を占めた。

問題は、財政法3条の位置づけである。同条は、「租税を除く外、国が国権に基いて収納する課徴金及び法律上又は事実上国の独占に属する事業における専売価格若しくは事業料金については、すべて法律又は国会の議決に基いて定めなければならない」と規定している。上の租税広義説によれば、この規定は憲法的要請を確認したものということになろう。学説の中には、さらに広く公益事業の料金について（当時、郵便、電信・電話、運輸事業、水道、電気、ガス供給事業などが想定された）、84条が準用されるべきであるとする説も主張された。確かに、手数料や免許料などと称する中には、一方的な賦課として「租税」に準じて扱わなければならないものもありうることは否定しないが、上の広義説にいう「租税」概念は広汎にすぎる。

実は、この財政法3条は、同法附則により施行を政令に委ね（適用範囲が明確でないというのが理由だったようである）、しかも、同条の施行と同時に、「財政法第三条の特例に関する法律」が施行され、①製造煙草の定価、②郵便・電信・電話・郵便貯金・郵便為替・郵便振替に関する料金、③国有鉄道における旅客および貨物の運賃の基本賃率、に限定し、私鉄運賃、電気・ガス料金などは対象としなかった。広義説の立場からすれば、こうしたやり方は憲法

上疑義ありとして問題としなければならなかったはずであるが、そうした声はほとんど聞かれなかった。

　もともと広義説には無理があったということであろう。そして上の当初の事態も、国鉄の民営化をはじめとする様々な変革の中で大きく様変りしてきたことは周知のところである。因みに、財政法3条にいう「法律又は国会の議決に基いて」とは、憲法84条にいう「法律……による」とは意味を異にすることに留意する必要がある。前者は、後者とは違って、具体的な金額または金額算定基準までが直接法律によって定められなければならないとまで要求するものではなく、料金などをとる根拠や金額を決定する手続を法律や国会の議決で定め、その手続による決定をも容認する趣旨である[6]。

　国民健康保険には、その経費徴収の方法として保険税方式と保険料方式とがあるが、後者の方式をとる条例が憲法84条との関連で争われた旭川市国民健康保険条例事件につき、最高裁判所は、「国又は地方公共団体が、課税権に基づき、その経費に充てるための資金を調達する目的をもって、特別の給付に対する反対給付としてではなく、一定の要件に該当するすべての者に対して課する金銭給付は、その形式いかんにかかわらず、憲法84条に規定する租税に当たる」と判示した[7]。そして、強制加入・強制徴収は社会保障としての国民健康保険の目的・性質に由来するもので、保険料と保険給付を受けうる地位との牽連性は立ち切られておらず、反対給付としての性格は失われていず、84条が直接適用されることはない、と判決はいう。租税狭義説によるものといえよう。

　ただ、判決は、保険料方式による場合であっても、「強制加入とされ、保険料が強制徴収され、賦課徴収の強制の度合いにおいては租税に類似する性質を有するものであるから、これについても憲法84条の趣旨が及ぶ」として、制度内容を具体的に検討し、結論としてその「趣旨」に反しないとした[8]（傍点筆者）。

　この種の問題は、上にみたように、83条の問題として捉え、事柄の性質

---

[6] なお、放送法は、受信設備を有する者は日本放送協会（NHK）と契約し（契約強制）受信料を支払わなければならないとし（32条）、そして、協会は毎事業年度の収支予算、事業計画および資金計画を作成して総務大臣に提出し、受理した大臣はこれを検討して意見を附し、内閣を経て国会に提出し、受信料の月額は国会が「収支予算を承認することによって、定める」ものとしている（37条）。

[7] 最(大)判平成18年3月1日民集60巻2号587頁。

に応じて「国会の議決」の内容が帰結されると解すべきであろう。

(2) 法律で定めるべき事項 租税法律主義といっても具体的にどのような事項を法律で定めなければならないかにつき憲法は明示していないが、租税の種類ないし課税の根拠のみならず、納税義務者、課税物件、課税標準、税率等の実体的要件はもとより、賦課徴収の手続方法に関する手続的要件についても、法律で定めなければならないというのが確立した判例である[9]。

「代表なければ課税なし」がアメリカ独立革命の原動力になったことからも知られるように、課税のあり方をめぐる問題は、国民個人にとっても政治体制にとっても、最も重要かつ微妙な事柄である。実際、日本国憲法下においても、課税の実体的要件および手続的要件の是非が、特に法の下の平等や適正手続との関連において問われ続けてきた。この点に関し論ずべきことは多いが、第2編で論及したところに譲る（第2章第1節Ⅱ5→192頁、第2節Ⅲ2(3)→213頁、第3章第3節Ⅱ3→326頁、第4節Ⅱ3→334頁、Ⅵ5(3)→347頁）。

Ⅱ 租税法律主義にかかわる若干の問題

ところで本条による租税の賦課は、「法律又は法律の定める条件によ」らなければならないということである（傍点筆者）。まず、それは、法律の定める明確な基本的決定の下に細目的事項について命令などで定めることを排除する趣旨ではなく、むしろそれを予定しているとも解される。ただ、このことと、現行法上地方税について条例によりその税目・税率などを定めること（地方税法2条以下）や関税について条約により特別の定めをすること（関税法3条但書）などが認められていることとは、文脈を異にすることが明確に認識されなければならない。つまり、後者の事柄は、特に地方自治権や関税の特殊性の観点から理解されるべきで、法律の委任といったレベルで解しうる事柄ではないということである（第2章第1節Ⅲ2(3)→434頁）。本条に「法律

---

8 該判決は、本件条例は、保険料率算定の基礎となる賦課総額の算定基準を明確に規定したうえで、その算定に必要な費用および収入の各見込額並びに予定収納率の推計に関する専門的・技術的な細目にかかわる事項を市長の合理的な選択に委ねるものであり、また、見込額等の推計については国民健康保険事業特別会計の予算および決算の審議を通じて議会による民主的統制が及ぶ、と述べる。

9 例えば、最（大）判昭和30年3月23日民集9巻3号336頁、大阪高判昭和48年10月11日高刑集26巻4号408頁、サラリーマン税金訴訟（大島訴訟）に関する最（大）判昭和60年3月27日民集39巻2号247頁など。

の定める条件による」とは，むしろこうした事柄に対応する趣旨と解される[10]。

なお，従来非課税物件とされていたパチンコ球遊器が通達により（旧）物品税法にいう「遊戯具」にあたるとして課税され，租税法律主義に反するとして争われたパチンコ球遊器事件につき，最高裁判所は，「通達の内容が法の正しい解釈に合致するものである以上，本件課税処分は法の根拠に基く処分」であるとした[11]。これにつき，法的安定性（予見可能性）や信頼保護などの観点からの批判もあるところである。

第3節　予算制度

Ⅰ　予算の意味と性格

1　総説

憲法は，「国費を支出し，又は国が債務を負担するには，国会の議決に基くことを必要とする」(85条)と定め，そして「内閣は，毎会計年度の予算を作成し，国会に提出して，その審議を受け議決を経なければならない」(86条)と規定する。

まず，85条は，既にみた83条の財政立憲主義の原則を支出面に関し具体化したものといえるが，本条にいう「国会の議決」の方式については，「国費の支出」に関しては，憲法86条との関連から一般に，「予算」と解され，

---

[10] 関税については，関税法は「輸入貨物（信書を除く。）には，この法律及び関税定率法その他関税に関する法律により，関税を課する」としつつ，「ただし，条約中に関税について特別の規定があるときは，当該規定による」と定め（3条），現にGATT（後にWTO）などによる協定税率があるところである。ただ，地方税に関しては問題がある。かつて，「法律の定める条件による」の意味を，地方自治との関連で次のように説かれたことがある。すなわち，日本国憲法には明治憲法とは違って地方自治に関する規定があり，条例による課税権の行使が想定されるところ，法律の定めによらず住民が納税の義務を負うとなると，憲法30条との関係で問題が生じるので，30条と地方自治の章とをとりもつ趣旨で，本条の「法律の定める条件による」規定が生まれた，というものである。しかし，地方公共団体は，次章にみるように，憲法92条・94条を根拠に当然に課税権を有すると解されるのであって（30条にいう「法律」はこの場合条例を指す），このようなとりもつ規定が必要というべきかは疑問である。地方税法の定めは，国税と本来的な地方税との調整規定とみるべきであろう。

[11] 最判昭和33年3月28日民集12巻4号624頁。

財政法もそれを前提としている。「国が債務を負担する」ための「国会の議決」に関しては、財政法は「法律に基くもの又は歳出予算の金額……若しくは継続費の総額の範囲内におけるものの外、国が債務を負担する行為をなすには、予め予算を以て、国会の議決を経なければならない」(15条1項) と定めている。「予算」における債務負担のための議決にあたる部分は、財政法上、「国庫債務負担行為」と呼ばれる。国が債務を負うことは、当然に将来その弁済のため国費を支出しなければならないことになることから、「国会の議決」を憲法は要求しているわけである。

さて、「予算」であるが、それは1会計年度 (毎年4月1日にはじまり、翌年3月31日に終る〔財政法11条〕) の歳入歳出の見積りを内容とする財政行為の準則である。「予算」は内閣が「作成」し、国会に「提出」してその審議を受け議決を経なければならないが (86条)、その際先に衆議院に提出され、かつ議決の効力において衆議院の優越が認められる (60条) ことについては、既に述べた (第3章第4節Ⅰ6→500頁、第2章第2節Ⅲ→441頁、第4節Ⅳ→457頁)。なお、憲法は、内閣が作成・提出する本来予算案と称すべきもの (60条・73条5号・86条・88条) と国会の議決を経て成立したもの (議決形式) (87条参照) とを区別せず、ともに「予算」と呼んでいる。

先に、85条に関連して、通説 (実務) は、「予算」は法律とは別の議決形式と捉えている (いわゆる予算法形式説) ことに触れたが、必ずしもそのように解すべき必然性はない (86条にいう「予算」とは、上にみたように正確には内閣が国会に提出した参考案〔予算案〕にすぎないのではないか、60条は原則的な議決要件〔両議院の一致〕を全く示しておらず、そのことは法律案に関する59条1項を前提としていると解釈できるのではないか、等々)。そして、予算法律説が主張されることになる (小嶋和司)。ただ、この解釈を是とする論者も、60条が議決形式を明示的に特定していない以上、通説 (実務) も可能な1つだとしている (大石眞)。

2 予算の内容と性格

(1) 予算の意義と内容　先に、「予算」につき、その中心要素として「会計年度」というものがあることに触れた。会計年度とは、収入・支出を区分してその対応関係を明示すべく設けられた期間のことで、1年をもって通例とする。予算は、「毎会計年度」内閣が作成し、国会の議決を経なければならないというのが憲法の要請するところで、これを予算単年度主義という。そして、1会計年度の支出 (歳出) は該会計年度の収入 (歳入) によって

まかなわなければならないというのが基本原則で，これを**会計年度独立の原則**という。

　こうした原則については，長期的施策遂行にとって好ましくないとの批判もあるが，歳入歳出の均衡を図り，健全財政を維持するうえで必要な，人類が編み出した叡智というべきものであろう（ただ，この原則をあまり硬直的に適用すると，予算の円滑な執行の妨げになるところもあり，多かれ少なかれ例外的措置がとられる）。また，「予算」は，行政・司法を含めた国家の活動全般に必要ないわば血液の流れにかかわるもので，その議決権は"強大な権力"というべく（甲斐素直），これを会計年度に区切ることは，立憲主義の観点からも十分理由のあることである。

　財政法は，国の会計を**一般会計**と**特別会計**とに分けるが[12]（13条），一般会計予算は，①予算総則，②歳入歳出予算，③継続費[13]，④繰越明許費[14]および⑤国庫債務負担行為とすると定める（16条）。これらのうち，②歳入歳出予算が中心となるものであるが，①予算総則も公債発行の限度額などにかかわるもので重要な意義を担っている。歳入歳出はすべて予算に編入しなければならないという**総計予算主義**（14条）については，既に触れた。このように「予算」は様々な要素を含むことから，国会の議決の効果も一様ではない。

　なお，財政法は，法律上または契約上国の義務に属する経費の不足が生じたり，予算作成後に生じた事由に基づき特に緊要となった経費の支出が求められる場合などに，**補正予算**措置をとることを認めている（29条）。この補正予算は，ほとんど常態化している。

　(2) 予算の法的性格　予算の法的性格については，明治憲法時代に**訓令説**（予算は天皇が行政庁に与える訓令であるとするもの）にはじまったが，やがて**予算行政説**ないし**承認説**（財政処理権能は本来的に行政と解し，予算は議会が政府の財政計画を承認する意思表示とするもの）へと展開した。これによれば，予算そ

12　特別会計とは，特別の目的のための歳入歳出を独立に計算するべく設けられる会計であるが，これが徒らに設けられると，財政全体の姿が分かりにくくなり，財政全体の健全性の確保にとって好ましくないことは明らかである。こうした点に鑑み，財政法は，①国が特定の事業を行う場合，②特定の資金を保有してその運用を行う場合，③その他特定の歳入をもって特定の歳出に充て一般の歳入歳出と区分して経理する必要がある場合に限り，認められるとしている（13条2項。傍点筆者）。現実には，この特別会計の数は相当数に上り，総額は厖大である。
13　予算単年度主義の例外で，財政法14条の2にその要件についての定めがある。制約が厳しいので，自衛艦の建造などに限られているといわれる。
14　予算単年度主義や会計年度独立の原則の例外で，財政法14条の3に定めがある。

れ自体は法的性格を有せず（予算は政府に対する拘束であり，議会と政府との間に効力を有するにすぎず，国家を拘束し，国家と国民の間に効力を有する法律と異なる），予算の法的拘束力は財政関係法律によって生じるということになる。

　この説は日本国憲法下でも主張されたが（美濃部達吉），既にみてきたように，国会をもって国政の中心に据え，財政処理権の源泉を国会におこうとする憲法の理念・構造にそぐわない。そして，政府の行為は同時に国家の行為であって，政府に対する拘束と国家に対する拘束とを区別すべき十分な理由があるか，直接一般国民を拘束するものではなく国家機関を対象とする規範であるとしても法規範であることを妨げないのではないか，等々の疑問がある。

　こうした批判・疑問の上に成立したのが，予算は法律ではないが法律と並ぶ法的性格をもった国法の一形式であるとする予算法形式説（予算法規範説）で，日本国憲法下で通説的地位を占めてきたものである。もっとも，法律と異なる独自の「法形式（法規範）」とされる「法」の性質は必ずしも明らかにされず，その拘束力の根拠は結局法律である財政法に求めているふしの説もある。この点，予算は法律であるとする予算法律説はすっきりしており，上述のように日本国憲法上そのように解する余地もあり（小嶋和司，吉田善明，杉原泰雄），また，諸外国でも予算を法律として扱っているところも少なくない[15]。

　ただ，これも上述したように，予算法律説によることが憲法解釈上可能な唯一の道と断定することは困難なように思われる。もっとも，「予算」が法律形式とは異なると解するとしても，国権の最高機関である国会による，国政全般にわたる明確かつ具体的な意思表示である以上，それ自体に法的効力が発生すると考えなければならない。そして「予算」は，既にみたように，様々な要素を含み，マクロ的な財政政策を基礎におきつつ，その中心にある「歳入歳出予算」における歳出予算等にあっては，支出の費目が組織ごとに「項」に分けられ，具体的金額が計上され，財政法上各「項」所定の目的外使用が禁止され（32条），「項」間の移用も原則的に禁止されている（33条）。つまり，「予算」は，典型的な立法（法律）とは違って，きわめて個別具体的であり，そして上述のように会計年度によって区切られているところに，大

---

[15] 例えば，アメリカ合衆国憲法1条9節7項は「法律で定める歳出予算」というように規定している。

きな特徴がある。

　なお，予算は成立しながら，その支出を命じ，認める法律（いわゆる権限法）が制定されなかったり，逆に，法律は成立したが，それを執行するための予算がつかなかったり，というような事態（いわゆる予算と法律との不一致）が生じうる。この点，わが国において，予算法律説によればこの問題は解消されると説く向きがないではなかった。しかしこの問題は，法律（権限法）と支出許可を与える予算法（歳出法）との趣旨の違いと，議決方法・要件の違いとによって生じることであって，予算を法律と解するかどうかの問題とは次元を異にする[16]。不一致の問題は，それ自体別途解決が図られなければならない（内閣は補正予算を提出するとか，問題の法律の改廃を図るとか，の努力が必要となる）。

　(3)　予算修正権をめぐる問題　明治憲法下では，予算は議会において濫りに廃除削減できないものとされ（なお，67条参照），増額修正は許されないとされたが，日本国憲法下では，国会は増額，減額のいずれも可能と一般に解され，国会法（57条の2，3）や財政法（19条）もそのことを前提にしている。このような修正権を認めないことは，財政処理について全面的に国会の統制下におこうとする憲法構造と矛盾するからである。

　しかし，予算修正に限界があるか否かについては，先の議論とも連関して，諸種の見解があった。予算行政説では，いきおい厳しい制限付きで認めようとする。他方，予算法律説では，予算の修正も法律の場合と同様ということになる。予算法形式説では，一定の限界ありとするものから無限定であるとするものまで多様であった。

　政府は，予算修正は「内閣の予算提案権」を侵害しない範囲で行われるべきであるとの立場に立って，「項」の新設ないし「項」の内容を全く変えてしまうような修正は難しいことを示唆し，ただ，修正の限界の問題は国会との「連帯と協調の中で」解決されるべき事柄であるとの考えを公にした（昭和52年2月23日のいわゆる政府統一見解）。

　ここに「内閣の予算提案権」を侵害しない範囲といっても不明確であり，「項」の新設ないし「項」を全く変えてしまうことは許されないといっても，何故そうなのか，必ずしもはっきりしない。憲法は内閣に予算を作成し国会

---

[16] 例えば，アメリカ合衆国では，歳出法案が成立しただけでは行政府は予算を支出できるわけではなく，さらに権限法案の成立をまたなければならないことになっている。

に提出する権限を認めるが，上述のようにここに「予算」といっても正確には予算案というべきものであり，提出されたそれは国会の全面的な審議の対象となるというのが憲法の趣旨ではないかと解される[17]。また，国会は予算を否認し，組み替えた新たな予算を内閣に提出させることができるのであるから，その修正には法的な限界はないと解すべきものと思われる。

　もっとも，国会の大幅な修正は，内閣の財政・経済運営と正面衝突することになろうが，そうした問題は，修正権の運用上の問題として，それこそ政府統一見解に述べるごとく「連帯と協調の中で」解決されていくべきものであろう。内閣として，修正がどうしても受け入れ難いということであれば，衆議院解散に踏み切るという手もある。

　(4)　**予算不成立の場合にかかわる問題**　次の会計年度がはじまる前に次年度予算が成立していない場合は，どうなるか。明治憲法が予算が成立しない場合には前年度予算によることを定めていた (71条) ことの問題については上述したが，日本国憲法はこのような事態に関する対処方法について直接的に明示するところがない。この点につき，財政法は，暫定予算の制度を用意し，そして，本予算が成立したときは失効するものとし，暫定予算に基づく支出または債務の負担は本予算に基づいてなされたものとみなすと規定している (30条)。

　しかし，ときにこの暫定予算さえ成立しないことがありえ，実際，短期間であったがその例も少なからず存在してきた (いわゆる「予算の空白」)。が，国の機能が止まることは許されず，どうしても必要な支出については内閣の責任で行うほかはない。

　上に，「直接的に明示するところがない」と述べたが，実はこの点にかかわると解される予備費の制度を憲法は設けている。すなわち，憲法は，「予見し難い予算の不足に充てるため，国会の議決に基いて予備費を設け，内閣の責任でこれを支出することができる」(87条1項) とし，同時に，「すべて予備費の支出については，内閣は，事後に国会の承諾を得なければならない」(同条2項) と定めている。

　この予備費の制度について，財政法は，明治憲法のそれ (69条) と同趣のものと受け止め，「予見し難い予算の不足に充てるため，内閣は，予備費と

---

[17] 因みに，マッカーサ草案には，「国会ハ予算ノ項目 (any item in the budget) ヲ不承認，減額，増額若ハ却下シ又ハ新タナル項目ヲ追加スルコトヲ得」(80条1項) とあった。

して相当と認める金額を，歳入歳出予算に計上することができる」(24条)
と定めている (傍点筆者。なお，35条参照)。そして，支出目的が不特定であるという点で，この予備費は86条の例外とされる。

　しかし，こうした受け止め方では，予算不成立の場合の対処方法とはなりえない (歳入歳出予算が成立しなければ，予備費も成立しない)。この点，日本国憲法上の「予備費」(英訳は a reserve fund) は予算とは別に設けられた恒常的基金の趣旨であるとする説 (小嶋和司) が注目される[18]。この説によれば，予備費は，例えば予算不成立の場合に使用される，通常の予算使用とは異なる特殊の性質をもつことになる。そして，87条が86条の例外であること，だからこそ87条が「内閣の責任」を強調し，「事後に国会の承諾」を特に要求していることの意味がよりよく理解できようというものである。

Ⅱ　予算の執行と統制

1　予算の執行

　予算が成立すると，財政法によれば，内閣は，国会の議決したところに従い，各省各庁の長に対し，その執行の責に任ずべき歳入歳出予算，継続費および国庫債務負担行為を配賦するものとされ (31条1項)，その際歳入歳出予算および継続費の配賦につき「項」(議決科目または立法科目という) を「目」(行政科目という) に区分すべきものとされる (同条2項)。

　予算の執行にあたり，各省各庁の長は，「支払計画」および公共事業等の「支出負担行為実施計画」を作製し財務大臣の承認を受けるべきものとされる (34条・34条の2)。

2　決　算

(1)　総　説　　憲法は，「国の収入支出の決算は，すべて毎年会計検査院がこれを検査し，内閣は，次の年度に，その検査報告とともに，これを国会に提出しなければならない」(90条1項) とし，「会計検査院の組織及び権限は，法律でこれを定める」(同条2項) と規定する。

　ここに「決算」とは，会計年度における財務の実績を示す確定的計数を内容とする計算書をいう。財政法上，決算は財務大臣が歳入歳出予算と同一の

---

[18] マッカーサ草案は，このような趣旨の予備費を意図していたようである。

区分により作製し (38条)，内閣はこれを翌年度の 11 月 30 日までに会計検査院に送付するものとされる (39条)。

(2) 会計検査院の組織と活動 憲法 90 条 2 項を受けて制定された**会計検査院法**によれば，会計検査院は 3 人の検査官よりなる検査官会議と事務総局をもって組織され (2条)，検査官は両議院の同意を経て内閣が任命し，その任免は天皇が認証するものとされる (4条)。会計検査院の長は，検査官が互選した者について内閣が任命する (3条)。院は「内閣に対し独立の地位を有する」(1条) ものとされ (傍点筆者)，検査官には身分保障が与えられている (6条～8条)。

会計検査院は，会計検査院法によれば，①常時会計検査を行い，会計経理を監督し，その適正を期し，かつ，是正を図り (会計経理の監督) (20条2項)，また，②検査の結果により，国の収入支出の決算を確認する (決算の確認) (21条)，ものとされる。「検査」は，「正確性」，「合規性」，「経済性」，「効率性」および「有効性」の観点から行われる (20条3項)。

会計検査院は，この決算の確認，違法・不当な事項の有無などを含む「検査報告」を作成する (29条)。注目されるのは，近時の会計検査院法の改正で，院は，意見を表示しまたは処置を要求した事項その他特に必要があると認める事項について，各年度の検査報告の作成をまたずに，随時，その検査の結果を国会および内閣に報告できるものとされ (30条の2)，また，各議院，その委員会等の要請があるときは，要請にかかる特定の事項について検査を実施してその検査結果を報告できることとされた (30条の3) 点である。

従来，会計検査院は特殊な行政機関 (一種の独立行政委員会) と性格づける傾向があった。が，上の法改正やそれに基づく近時の実際の活動などに照らしてみるとき，院は，内閣および国会の職務遂行と深く関係しつつ，しかし同時に両者から距離をおき，地道な専門的検査活動を基盤に，内閣と国会 (そしてひいては国民) に対して財政 (国政) に関する重要な客観的データと状況把握を提供する，憲法上の独自の重要な機関と解すべきものであろう[19]。

(3) 国会の審査 内閣は，会計検査院の検査報告とともに決算を，翌年度開会の常会において国会に提出するのを常例とする (財政法40条)。つま

---

[19] 因みに，アメリカ合衆国の会計検査院 (General Accounting Office) は立法府に設置される機関で，その長および副院長は大統領により上院の承認を経て任命されるが，政治的独立性を確保するため任期は 15 年である。

り，内閣は，院が決算の確認という公的な意思表明をすることによって，決算を国会に提出できるわけである。

　決算と検査報告は，明治憲法時代の例にならって，両議院それぞれに提出され，両議院はそれぞれ別個に審査し，承認するか否かを議決する方法をとり，一院が議決しても他院に送付しないことが先例となっている。つまり，国会への提出は報告案件のごとく扱われている。その主な根拠として，憲法90条には単に「国会に提出しなければならない」とあるのみで，その議決または承諾を得なければならないとは規定されていないことが指摘される。この方法に対しては，83条の趣旨などを根拠に，内閣の政治的責任の解除を求める承認案件として国会の議決を要するとする批判があるところである。

(4) 財政状況報告　憲法は，「内閣は，国会及び国民に対し，定期に，少なくとも毎年一回，国の財政状況について報告しなければならない」(91条) と定める。本条が国会に対してのみならず，特に国民に対して報告することを要求しているのは，国民主権への配慮によるものであろう。財政法に具体的な定めがある (46条)。

第4節　中央銀行

1　中央銀行

　国の財政運営に深く関係し，金融システムを支える中核的存在として，**中央銀行** (Central Bank) がある。銀行券の独占的発行 (発券銀行)，市中金融機関との金融取引 (銀行の銀行)，国庫金の出納事務や政府との金融取引など (政府の銀行) の役割を担っている存在である。発券銀行として公的性格を有し，また，銀行の銀行として公定歩合操作，金融市場調節，準備率操作等を駆使して金融政策を実施する機能を託されている。

　主要国の中央銀行は法律によって設立されているが，ドイツのように過去 (猛烈なインフレの経験) への反省から憲法典に規定をおく[20]ものもみられる。アメリカ合衆国の連邦準備制度は全額加盟銀行出資であるが，100％国有の

---

[20] 現行の88条には，「連邦は，通貨・発券銀行を連邦銀行として設置する。その任務および権限は，欧州連合の枠内で，独立した欧州中央銀行に委譲され，欧州中央銀行は価格安定の確保という優先的な目的によって拘束される」とある。

出資形態をとる国もある。日本銀行の場合は55％が国の出資で,「半官半民」と称される。

中央銀行と国との関係で注目されるのは,中央銀行には「独立性」が確保されていなければならないという認識が広く共有されていることである——歴史への省察と経済理論的裏づけをともなって。ただ,中央銀行の目的（果たすべき使命・理念）を具体的にどのように設定するか,そこからどのような内実の「独立性」を帰結するか,それを憲法理論上ないし憲法解釈上のどのように正当化するか,の課題の存するところである（片桐直人）。

ここでは,日本銀行に関し幣見するにとどめる。

2　日本銀行の憲法体系上の布置

日本銀行は,明治15年に日本銀行条例により設立され,その後,昭和17年,国家総動員体制の下で(旧)日本銀行法が制定されて全面的に改組された[21]。戦後,同法は数回にわたって改正された[22]。平成9年,日本銀行の使命・理念の明確化を図るとともに,該銀行の中立的かつ専門的判断を尊重すると同時に政策運営の透明性・責任性を明らかにする趣旨を具体化すべく,(新)日本銀行法が制定された。その背景には,バブル経済などへの反省とともにグローバル化への対応の必要や中央銀行として国民に信認を得ることの重要性などについての認識があった。

同法は,「①日本銀行は,我が国の中央銀行として,銀行券を発行するとともに,通貨及び金融の調節を行うことを目的とする。②日本銀行は,前項に規定するもののほか,銀行その他の金融機関の間で行われる資金決裁の円滑の確保を図り,もって信用秩序の維持に資することを目的とする」(1条)と定め,そして,「日本銀行は,通貨及び金融の調節を行うに当たっては,物価の安定を図ることを通じて国民経済の健全な発展に資することをもって,その理念とする」(2条)と規定している。

日本銀行は,日本銀行法に基づく法人であり,その定款の変更は財務大臣および内閣総理大臣の認可を受けなければならない(11条)。最高意思決定

---

[21] 同法1条は,「日本銀行ハ国家経済総力ノ適切ナル発揮ヲ図ル為国家ノ政策ニ即シ通貨ノ調節,金融ノ調整及信用制度ノ保持育成ニ任ズルヲ以テ目的トス」と定めていた。

[22] 昭和24年の改正では,最高の意思決定機関を総裁から政策委員会とするなどの措置がとられたが,必ずしも十分に機能せず,昭和32年から35年にかけて金融制度調査会においてその機能強化を図る方向が打ち出された。が,政府と銀行との関係につき「政府の指示権」を認めるか否かをめぐって意見が対立し,結局,法改正には至らなかった。

機関は政策委員会であり（14条），総裁，副総裁，審議委員は両議院の同意を得て内閣が任命するほか，監事も内閣が任命する（23条）。役員には身分保障がある（25条）。旧法下の大蔵大臣による一般的監督，業務命令権，監督命令権，役員解任権，立入検査権などはすべて廃止され，財務大臣は，銀行に対しその行為の適法性に関する監督権限のみを有する[23]。他方，銀行は，国会への報告および出席が義務づけられ（54条），金融調節事項を議事とする政策委員会の議事要旨・議事録（20条），業務概況書（55条）等の公表が要求されている。

　ここに至るについては，65条の「行政権」との関係などで，議論の曲折があった。昭和30年代の議論[24]をみると，行政側は，日本銀行の業務を，行政控除説によって「行政」と捉え，基本構造上大蔵省の監督統制下におこうとし，対して，日本銀行（政策委員会）の「独立性」を重視する側は，独立行政委員会の合憲性に関する論議の枠組の中でそれを正当化しようとしたことが知られる。

　新日本銀行法による「独立性」の強化も，この独立行政委員会の合憲性に関する論議の枠組の中で正当化できるかもしれない。しかし翻って，そもそも通貨発行権を含めて日本銀行の業務を当然に「行政」と捉えることは正しいのであろうか。そこには，まず，既に批判的に検討した無限定的行政控除説に依拠していることの問題があることが指摘されなければならない（特に第3章第1節Ⅱ→479頁）[25]。次に，通貨制度を設ける権能が国家にある（いわゆる通貨主権）としても，「通貨価値の維持」（いわゆる「良貨」の確保）にかかわる通貨発行権が当然にそこに含まれ，具体的には「行政」作用であるとみるべきものであろうかという疑問が存する。

　マッカーサ草案76条は，「租税ヲ徴シ，金銭ヲ借入レ，資金ヲ使用シ並ニ硬貨及通貨ヲ発行シ及其ノ価格ヲ規整スル権限ハ国会ヲ通シテ行使セラルヘシ」と定めていた。そして，日本国憲法では，上述のように，租税について

---

[23] また，銀行の経費の予算は財務大臣の認可（51条），財務諸表等も財務大臣の承認（52条）を受けるものとされる。

[24] 注22参照。

[25] 日本銀行法改正時の平成9年5月7日の衆議院大蔵委員会において，内閣法制局は，日銀券の発行は国の通貨発行権に基づくもので行政であるとし，準備率を決定する権限，通貨・金融の調節実施といった業務等も，「日銀が行う場合には行政権限の行使になる」といった見解を明らかにしている。

は84条に、国費支出と国庫債務負担については85条に定められ、その過程で、「硬貨……権限」の部分は消えた。しかし、消えたことに積極的意味があったわけではなく、むしろ83条の「財政」に吸収されている、つまり、その権限は「国会の議決に基いて」なされるという趣旨ではなかったかと解される[26]（片桐直人）。

このようにみてくると、国会が法律によって銀行を設立し、それに通貨発行権を含めて中央銀行として担うにふさわしい権限・作用を付与するとともに、その権限・作用を適切に遂行できるよう仕組みを整えることは、むしろ憲法が積極的に想定していると解されることになる。もとより、「独立性」が自己目的なのではなく、日本銀行が政府と緊密な協力関係を保持しつつその役割を果たすことが期待されていることはいうまでもない（因みに、日本銀行は憲法が明記する憲法上の機関ではないが、会計検査院に関して述べたことが日本銀行についても基本的に妥当しよう）。

---

[26] 同旨の見解（小林直樹、浦部法穂）。但し、消えた点を重くみて、消極説もある（小嶋和司）。因みに、アメリカ合衆国憲法1条8節は、合衆国議会の権限の1つとして、「貨幣を鋳造し、その価値および外国貨幣の価値を規律し、…」を掲げている。

第6章　地方の政治制度

第1節　地方自治の保障とその意義

I　現代国家と地方自治

1　近代主権国家と地方自治
　近代主権国家は，それまでの封建体制と違って，主権の単一・不可分性の理論の下に，中央政府を通じて統一的に支配しようとした。そして，近代立憲主義国家の誕生を彩る理性万能の時代的風潮は，ともすると，社会における多様性，各種部分社会の存在に否定的態度を帰結した。
　しかし，中央政府がすべてを支配することは能率的でもなく，また実際上不可能なことであろう。理性万能主義も，行き過ぎれば，近代市民革命が意図した"個人の解放"を，かえって封殺することになりかねない（実際，フランス革命期に，理性信仰に導かれて相当数の虐殺行為がいろいろなところでみられた）。
　こうしたことが次第に自覚されるにつれて，地方自治制度の意義が認識され，その確立を図る様々な努力がはらわれるようになる。もちろん，該制度の具体的内容やそれを支える思想は，それぞれの国の歴史的事情を反映して決して一様ではない。けれども，地方自治制度は，地方の固有の文化を保存し，住民の自発的・創造的エネルギーを蓄積・発揮せしめる場となるものとして，あるいは中央政府の権力を抑制してその濫用から少数者や個人を守るものとして，あるいは"民主主義の学校"としての役割を果たすものとして，これを積極的に評価する点では共通していたのである。このような地方自治制度の積極的評価は，概して消極国家観とも相通じる側面をもっていたことは見逃せない。

2　現代国家と地方自治
　けれども，積極国家への傾斜につれて，国家は次第に国民の生活の細部にまで配慮することが求められるようになり，ここにまた一元的・集権的統治

への傾向を強めることになった。しかし，全体主義の経験は，権力の過度の集中の危険性を認識させるところとなり，第2次大戦後，権力の抑制・均衡のシステムの重要な要素として地方自治制度が再評価されるに至った。第2に，議会制の問題状況に関連して，地方自治制度が議会制を補完する役割を果たすことが期待された点も見逃せない（第1編第1章第1節Ⅲ3→11頁）。日本国憲法が独立の章を設けて地方自治の制度を保障したのも，まさにこのような発想に基づくものであったといえよう。

このように，地方自治制度が立憲民主制を維持していくうえで不可欠な機能——権力の抑制機能と"民主主義の学校"としての機能——を果たすという認識は，第2次大戦後の政治社会の中で経験的に実感されていくことになる。積極国家の進展は，国家のなすべき事柄をますます拡大するとともに，きめこまかさを要求するようになるが，これは中央政府がひとりなしうることではなく，もしなそうとすれば，徒らに強力かつ厖大な官僚機構と国民の生活監視を結果し，それ自体国民の自由にとって一大脅威となることの認識が深まっていったといえよう。

ヨーロッパ地方自治憲章（1988年発効）は，「地方自治体はあらゆる民主主義体制の主要な基礎の一つ」とし，「公的事項の運営に参加する市民の権利」が「最も直接的に行使されうるのは地方のレベルである」（前文）と述べるとともに，「地方自治体に付与される権限は，通常，包括的かつ排他的でなければならない」（4条）と規定している[1]。まず国民の最も身近な自治体のレベルから出発して，そこで処理し切れないものが中間的な自治体レベルにおいて対処され，最後に残った事柄が国レベルで扱われる，といういわゆる「補完性の原理」に基づいて，「国のかたち」が構想されなければならないことを，以上の動向は示唆していると解される。

Ⅱ わが国における地方自治の展開と地方自治権の性質・内容

1 地方自治の展開

(1) 明治憲法体制と地方自治制 明治憲法には，「地方自治」と題する

---

[1] 広田全男・糠塚康江「『ヨーロッパ地方自治憲章』『世界地方自治宣言』の意義」法律時報66巻12号による。

条章は存しない。このことは，ときに解されがちなように，明治憲法が地方自治を否定してひたすら中央集権的見地から制定された，ということを必ずしも意味しない。比較憲法的にみて，当時，地方自治に関する事項が憲法事項であることが普遍的に認識されていたとはいい難い。それはともかく，結局は削除されたが，憲法起草過程において地方自治に関する規定がみられたのである（因みに，井上毅は「町村ノ自治」の擁護論者であった）。そしてその削除は，制定者が地方自治に否定的であったためとは必ずしもいえず，地方自治に関する事項は法律規制事項であることが当然のこととして措定されていたことに注意する必要がある。

　もっとも，明治政府の指導者達が地方自治に必ずしも否定的ではなかったということは，彼らが描く地方自治制が西欧的なモデルであったということを直ちには意味しない。明治政府は，憲法施行に先立って，明治21年に市制・町村制を，23年には府県制・郡制をそれぞれ法律として制定公布し，地方制度の基礎を固めた[2]。

　明治政府がこのように急いだ背景には，国会開設にともなって生じるであろう政治的対立と混乱に対する防壁として，地方自治制度を確立したいという意図があったであろうことは，否定し難い。そこで措定された「地方自治」制度は，"政治的なるもの"の彼岸に立つ"自然村的共同体"であったであろうことも，十分推測されるところである。このように中央の"政治"と対立せしめられた非"政治"的「地方自治」は，結局は官僚的行政システムの一環としての性格を帯有することになる。

　明治憲法下の地方自治制度は幾度か改正され，概して地方自治権の拡充の方向に向かったが，昭和に入り全体主義的傾向が抬頭し強まっていく中で，国の下級行政としての性格を強めていった。

　(2)　日本国憲法の成立　　総司令部は，わが国の統治体系の変革の柱の1つに地方自治の確立を構想し，それはマッカーサ草案の「第八章　地方政治（Local Government）」に反映された[3]。後に述べるところとも関係するので，

2　市制・町村制は，市町村に独立の法人格を付与し，条例・規則制定を認めるとともに，住民の権利義務を定めた。そして住民と公民とに分け，後者に市町村会議員の選挙権を付与し，市長は，内務大臣が市会に候補者3名を推薦させ，上奏裁可を求め，町村長は，町村会で選挙し府県知事の認可を受ける，というものであった。府県は，明治32年に明文で法人格を付与されたが，その執行機関の長は依然として中央政府の官吏である知事が占めた。公選の議員よりなる議会の議決事項は限定的に列挙され，条例制定権はようやく昭和4年になって認められた。

その第8章を掲げておく。

　　第86条　府県知事，市長，町長，徴税権ヲ有スル其ノ他ノ一切ノ下級自治体及法人ノ行政長，府県議会及地方議会ノ議員並ニ国会ノ定ムル其ノ他ノ府県及地方役員ハ夫レ夫レ其ノ社会内ニ於テ直接普通選挙ニ依リ選挙セラルヘシ

　　第87条　首都地方，市及町ノ住民ハ彼等ノ財産，事務及政治ヲ処理シ並ニ国会ノ制定スル法律ノ範囲内ニ於テ彼等自身ノ憲章ヲ作成スル権利ヲ奪ハルルコト無カルヘシ

　　第88条　国会ハ一般法律ノ適用セラレ得ル首都地方，市又ハ町ニ適用セラルヘキ地方的又ハ特別ノ法律ヲ通過スヘカラス但シ右社会ノ選挙民ノ大多数ノ受諾ヲ条件トスルトキハ此ノ限ニ在ラス

　因みに，総司令部内の検討では，都道府県，市，町および村の政府は，それぞれの区域内で合法的に統治作用を運営できるよう，税を課し徴収する権能，地方警察を設け維持する権能，憲法明文で留保されずまたは国会の制定した法律と矛盾しない範囲のその他の統治の権能を有すること，などが考えられたが，それは一種の地方主権を打ち建てるもので，日本の実情にあわないとされ，結局，上にみたような規定に落着いたようである。そしてこれらの諸規定も，後に触れるように，一定の曲折を経て，抽象化・曖昧化されて，現行憲法の92条〜95条となった。

　2　地方自治権の性質・内容

　(1)　地方自治権の性質　このようにして，日本国憲法下に至って，地方自治は憲法上の根拠を与えられ，憲法上の制度として保障されることになった。もっとも，地方自治権の本質をどのように捉えるかについては，明治憲法下の制度とそれを支える考え方の影響を引きずりながら，その理解は一様ではなかった。

　一方の柱には，地方団体の権能は，近代主権国家にあっては，国家の統治権に伝来し，国家の政策的自制に基づく承認ないし国家の委任に根拠するもので，したがって地方団体は国家の統治機構の一環として位置づけられるべきものであるとする見解があった[4]（いわゆる国家伝来説ないし承認説）。他方の柱には，地方自治権は，個人が基本的人権を有すると同様，地方団体固有

3　因みに，明治憲法改正時にみられた政府や政党などによる憲法改正案には，佐々木惣一の案を除いて，地方自治に関する条章はみられなかった。

前国家的なものとし，したがって，国法によってその権能を濫りに制限ないし剥奪することは許されないとする見解があった（いわゆる固有権説）。

　前者は，伝統学説というべきものであるが，説明の便宜上まず後者について論ずる。この説についての疑問をあげれば，主権の単一・不可分性の近代理論にどう対応するか，日本国憲法の立脚する個人主義の原則に照らして，なお地方公共団体が自然法的な絶対権を前提にしたものとみることができるか，地方公共団体はヨーロッパのそれのような歴史的基盤を欠いてはいないか，そうした絶対的な固有権の主体というには地方公共団体というのは漠然としすぎてはいないか，憲法が地方自治の組織・運営につき法律に留保しつつ保障していることの関係をどう評価するか，固有権であるといってもその具体的内実は明確を欠くところがないか，等々があるところである。こうした疑問を考慮すると，地方公共団体の権能つまり地方自治権は国法に根拠するものとみなければならない（実際，欧米では固有権説はかつて説かれたにとどまり，その後支持者はあまりないようである）。

　このように国法に由来すると解すべきであるとしても，問題は具体的なその論理の筋道である。この観点からみると，国家伝来説は，その論理の筋道が明確でなく，憲法が地方自治権につき条章を設けていることの意義を重視していないように思われる。ここでは，国家と中央政府とが漠然と同一視され，いわゆる地方自治権は国家すなわち中央政府から法令により付与されたものとの発想があるようにみえる。この点，憲法第8章は国会といえども侵すことのできない本質的内容を保障する「制度的保障」を定めたものであるとする見解（成田頼明）が登場し，通説化したのは評価されるところである。ただ，このいわゆる制度的保障説も，国家と中央政府とを同一視する立場に立っているように思われる（渋谷秀樹）。

　この問題は，結論的には，次のように解すべきものと思われる。すなわち，国家による主権の独占と，国家においてその主権をどのように構成し秩序づけるかとは別個の問題で，後者は憲法によって定められるものであり，中央と地方との関係もそれに属する。国民は憲法制定権力の担い手として，憲法を通じて，統治権を中央と地方とに分割し，立憲民主主義の観点から，

4　この見解も，さらに立ち入れば，地方団体は専ら国家の利益のために国家事務を行う存在であるとするもの（本来的国家伝来説）と，地方団体は国家から委任された権能を自らの利益のために行使するとするもの（国家伝来的自治権説）とがあった。

それぞれにふさわしい権力を配分したということである。したがって，憲法にいう「地方公共団体」は，端的にいえば，地方政府と称すべきものである。

(2) 「地方自治の本旨」　憲法は，「地方公共団体の組織及び運営に関する事項は，地方自治の本旨に基いて，法律でこれを定める」（92条）と規定する。上述のように，地方自治制に関する事項は明治憲法時代にも法律規制事項とされていたのであるから，現行憲法92条の意義は，地方公共団体の組織・運営に関する事項を法律で定めるにあたって，「地方自治の本旨」に基づかなければならないことを明らかにしているところにあるということになる。そして，その意味について，団体自治（地方団体が自律権を有すること）と住民自治（その支配意思の形成に住民が参画すること）の2つの要素を含むとするのが，従来の支配的説明であった。

ただ，この2つの要素はそれ自体かなり抽象的であることは否めない。上述のように，この92条はマッカーサ草案にはみられなかった規定である。草案で注目されるのは，日本国憲法94条にあたる87条である。同条には，アメリカ合衆国におけるホーム・ルール制（これには，法律上のものと憲法上のものとがあった）が反映されている。憲法上のホーム・ルールを有する州にあっては，地方自治体は，実体的権能を保障されるとともに，その権能の行使のあり方を自ら決定する組織的・手続的権能をも保障される。87条の前段は実体的権能にかかわるものであり，後段の「憲章（charters）ヲ作成スル権利」は組織的・手続的権能にかかわるものである（因みに，「憲章」と訳されたcharters は「基本法」とでも訳すべきものであった）。が，日本側はかかる制度は"連邦制"的であると抵抗し，結局後段は削除され，日本国憲法94条および92条に変容した。これは重要な変更であったとみなければならず，その意味では「地方自治の本旨」の内容も限定的なものと解さざるをえない。しかし，そうではあっても，その具体的内実は，93条以下との結びつきにおいて地方自治を豊かにするように理解する必要がある（総司令部内では，92条よりはむしろ93条以下を重視する向きがあったようである）。

なお，地方公共団体を地方政府と解する立場から，従来団体自治と呼ばれたものは地方統治権に，住民自治と呼ばれたものは地方参政権に，それぞれ呼び替え，それに政府同士の関係としての対中央政府独立性を加えて，「地方自治の本旨」の内実を捉えようとする説（渋谷秀樹）が注目されるところ

である。

第2節　地方公共団体とその機関

I　地方公共団体の意義

1　地方公共団体の意義と種類

(1) 総説　憲法は「地方公共団体」(英訳は local public entities) について定めるが、その意義および種類について明らかにするところがない。この点、マッカーサ草案が自治体の種類を掲げていることは既にみたが、日本側が地方自治体の種類を特定するのは適当ではなく、「地方公共団体」という抽象的なものにとどめ、具体的なものは将来の立法に委ねるのが適当と主張し、総司令部側もそれを受け入れた結果であった。

(2) 地方公共団体の意義と種類　92条以下に想定される「地方公共団体」とは、一定区域を基礎に、その区域内の住民を構成要素として、その独自の統治意思の下に行財政運営を行う統治団体にして法人格を有するものをいう (地方自治法2条1項参照)。

昭和27年の地方自治法の改正で東京都の特別区の長の公選制を廃止したことの憲法93条違反性が争われた特別区区長公選制廃止事件につき、最高裁判所は、憲法上の地方公共団体というためには、①「事実上住民が経済的文化的に密接な共同生活を営み、共同体意識をもっているという社会的基盤が存在し」、②「沿革的にみても、また現実の行政の上においても、相当程度の自主立法権、自主行政権、自主財政権等地方自治の基本的権能を附与された地域団体であることを必要とする」と述べ、当時の特別区はこの基準に該当しないとした[5]。判決が事実上の社会的基盤の存在を要求しているのは過大であり、国会が法律で予め自主立法権などを奪っておけば基準を欠くことになる、といった強い批判がある。因みに、昭和49年の同法の改正で公選制は復活せしめられた (283条1項)。

ところで地方自治法は、地方公共団体を「普通地方公共団体」と「特別地方公共団体」とに区分し (1条の3第1項)、前者は、「基礎的な地方公共団体」

---

[5] 最(大)判昭和38年3月27日刑集17巻2号121頁。

である市町村とこれを「包括する広域の地方公共団体」である都道府県とに（1条の3第2項・2条3項・5項参照），後者は，都の特別区，地方公共団体の組合，財産区および地方開発事業団とに（1条の3第3項・281条・284条・294条・298条など参照），分けられる。憲法上の地方公共団体に相当するのはまずは「普通公共団体」といえるが，「特別地方公共団体」の中でも特別区のような存在があることに注意する必要がある（平成11年法改正で特別区は「基礎的な地方公共団体」とされた。281条の2第2項参照）。

　(3) 2層制および道州制をめぐる問題　もっとも，憲法上の地方公共団体としてまず市町村がそれに該当することには異論はないと思われるが（上述のように，地方自治法は「基礎的な地方公共団体」とする），都道府県も無条件的にそれに含まれるか否か，換言すれば，憲法は地方公共団体として市町村と都道府県の2層構造を保障したものか否か，については諸説があった。

　確かに，憲法上の地方公共団体の種類や地域的範囲は必ずしも固定的なものと解すべきではない。実際，憲法制定時に，日本側は，マッカーサ草案に関連して，完全な自治体は「都，市，町」のみで，「府県」や「村」はそうではないと理解していたようであり，また，憲法に「地方公共団体」としたのも，地方制度，特に府県制度の改革を見込んでのものであった様子がうかがわれるのである。しかし，少なくとも今日では，都道府県は上述の地方自治を担うべき実質を備えた存在であることは否定し難い。したがって，立憲民主主義の観点から中央と地方との関連を改革すべく，都道府県よりも大きな政治的単位（例えば，次に述べる道州制のごときもの）を設け，それに憲法が地方自治に関して定める組織や権能を与え，それとの関連で府県制を廃止するというような場合ならばともかく，濫りに都道府県から憲法上の地方公共団体としての地位を奪うことは許されないと解される。単純に府県を廃止するとなると，市町村が弱体であればその分多くの事務を国が引き受けなければならなくなって中央集権化が進むであろうし，他方，市町村の規模をむやみに大きくすれば，基礎的地方公共団体としての実が失われることになろう。

　20世紀末からはじまった地方分権推進の一環としていわゆる"平成の大合併"が行われ，平成11年には3,200余あった市町村数は約半減し，市町村の規模は拡大し，都道府県から権限移譲も行われた。それにともなって都道府県の存在理由も問われるようになり，それとの関連で道州制論も主張されるようになった。この論も論者により一様ではないが，次の5つの類型化

(西尾勝)が適切なように思われる。

①連邦制国家を構成する単位国家としての「州」「邦」「共和国」等を想定するもの、②国の直下に位置する、国の第1級地方総合出先機関を想定するもの、③国の第1級地方総合出先機関としての性格と広域自治体としての性格を併有する団体を想定するもの、④都道府県よりも原則として広域の、都道府県と並存する新しいもう1層の広域自治体を想定するもの、⑤都道府県に代わる新しい広域自治体を想定するもの。

①②は憲法上相当問題があり、また、③は、結局かつての機関委任事務（後に触れる）のように中央政府のコントロールが強く働くことになる可能性があり、適切ではない。憲法を踏まえ、地方自治の拡充という観点から道州制を真剣に考えるのであれば、⑤を基本に検討されるべきであろう（西尾勝）。

Ⅱ 地方公共団体の機関

1 総説

地方自治はそこに住み生活する人びと（広義の住民）の総意に基づいて行われなければならないが、具体的には、かかる総意を反映するよう構成された機関（地方自治機関）を通じて地方自治が行われる。憲法は、「地方公共団体には、法律の定めるところにより、その議事機関として議会を設置する」（93条1項）ものとし、「地方公共団体の長、その議会の議員及び法律の定めるその他の吏員は、その地方公共団体の住民が、直接これを選挙する」（同条2項）と規定している。

2 地方有権者団

国の場合と同じように、地方公共団体の住民である有権者は、有権者団というそれぞれの地方公共団体の最も基礎的な機関を構成するものと解される。この地方有権者団は、それぞれの地方公共団体の区域内に住所を有する「住民」（地方自治法10条1項参照。因みに、この「住民」には外国人も含まれる[6]）を基礎とするが、地方自治法は「日本国民たる普通地方公共団体の住民は、この法律の定めるところにより、その属する普通地方公共団体の選挙に参与す

---

6 なお、同条2項は、「住民は、法律の定めるところにより、その属する普通地方公共団体の役務の提供をひとしく受ける権利を有し、その負担を分任する義務を負う」と定めている。

る権利を有する」(11条) と規定している。そして，地方自治法 (18条) および公職選挙法 (9条) によれば，日本国民たる年齢満20年以上の者で，引き続き3ヵ月以上市町村の区域内に住所を有する者であることが要件とされる。

国の有権者団の場合とは違って，地方有権者団の場合は，法律によって定住外国人に地方参政権を認めることは理論上可能と解されるが (特に第2編第1章第4節Ⅲ2(2)➡144頁)，地方公共団体ないしその機関の行使する権能の種類や性質，地方公共団体ないしその機関と国との関係等々を考慮しなければならず，そうした前提条件の吟味を抜きにして定住外国人に地方参政権を認めるべきだということはできない (初宿正典)。

地方有権者団は，国の有権者団とは違って，後述のように，選挙のみならず，直接民主主義的方法を通じてより能動的・積極的に活動しうる立場にある。

3 地方議会

地方公共団体には，「議事機関」として「議会」が設置され，有権者団の直接選挙する「議員」によって構成される (93条)。ここに「議事機関」としての「議会」とは，団体意思の決定を行うための合議制機関のことであって，地方自治法にいう「議会」のみならず，同法に町村において「議会」に代わって設置しうるものとされる「選挙権を有する者の総会」(94条) も含むものと解される。後者の場合には，有権者団自体がいわば「議会」になるわけであって，地方自治の原点をなすものである。

地方自治法によれば，議員の任期は4年とされ (93条)，衆参両院議員や地方公共団体の常勤職員などとの兼職が禁止される (92条)。また，後述のように，憲法上，地方公共団体の長も住民によって直接選挙される存在で (93条2項)，都道府県レベルであれ市町村レベルであれ，長と議会という二元代表制が採用されている関係で，地方自治法上，議員と長との兼職が禁止される (141条2項)。議員の被選挙資格は，地方公共団体の議会の議員の選挙権を有する者で，年齢満25年以上のものである (公職選挙法10条，地方自治法19条)。したがって，次にみる長の場合と異なり，議員の被選挙資格として「住民」であることが要求される。

選挙制度は，都道府県議会にあっては市・郡単位を選挙区とし，多くの選挙区においては中選挙区別となっており，また，市区町村議会にあっては市

区町村単位を選挙区とし，大選挙区制となっている。地方議会が，「ひと握りの人たち」しか出れず，性別・年齢別・職種別などからみて普通の住民の構成を適正に代表しているとは到底いえない，と指摘されて既に久しい。従前の代表法で果たして適切なのか，上に触れたような厳しい兼職の禁止は適切なのか（例えば，公務員が立候補届を出すにはその事前に公務員を辞職しなければならない），地方議会でも会期制がとられているが（都道府県，市区，町村によって長さは異なるが，定例会の会期中は，議員は，数日から数週間にわたって連日朝から晩まで議会活動に拘束される），基礎自治体である市区町村議会にまでそうする必要があるか（そこでは定例曜日の夜間に会議を開くようにできないか），等々検討すべき課題は多い。

いずれにせよ，地方議会（議員）のあり方が，国会（議員）の例にならって，不必要に重々しくそして硬直化した制度設計になっているように思われる。地方自治が"民主主義の学校"の役割も託されていることは既に触れたが，地方議会（議員）のあり方についてもそれにふさわしい柔軟な工夫が求められているのではないか。そして，現行公職選挙法は国政選挙と地方選挙を一本化して定めているが，今後，国政選挙法と地方選挙法に分解することも考えられるのではないか（西尾勝）。地方公共団体にあっては直接民主主義的方法が既に採用され，次に触れるように今後住民投票制度が導入される可能性があることも考えると，地方選挙法を構想する必要は高いように思われる。

なお，後述するように，地方自治法上，住民に議会の解散および議員の解職の請求を行うことが認められている。また，地方自治法は，長に対する議会の不信任議決権を認めると同時に，それに対抗する措置として長の議会解散権を認めている（178条）。

4　地方公共団体の長

「地方公共団体の長」は，憲法は有権者団が直接選挙すべきものとする（93条）。既に触れたように，明治憲法時代，知事は中央政府によって任命され，市町村長も直接選挙によって選ばれるものではなかった。長の直接公選制は，総司令部の強い意向を反映するものであったとみられる。地方自治法によれば，長の任期は4年とされ（140条），議員と同様兼職が禁止される（141条2項）。長の被選挙資格は，知事にあっては日本国民で年齢満30年以上のもの，市町村長にあっては日本国民で年齢満25年以上のもの，である

（公職選挙法10条，地方自治法19条）。したがって，ここでは「住民」であることが被選挙権の要件とはされていない。後述のように，地方自治法上，住民に長の解職請求を行うことが認められている。また，長に対する議会の不信任議決については，既に触れた[7]。

　地方自治法は，「普通地方公共団体の長」(知事，市町村長)は，該団体を「統轄し，これを代表」し（147条），該団体の「事務を管理し及びこれを執行す」べきものとする（148条）。これは，憲法にいう「長」は大統領制型の独任制執行機関の意であるとの理解に立つものと解される。ただ，このような理解が憲法解釈として可能な唯一のものかどうかについては，議論の余地がある。例えば，特に市町村レベルにおいて，議会が執行機関となる（市を代表する「市長」は議会のメンバーであって，「議長」のイメージに近い）可能性，あるいは，（市長を含む）議会が行政経営の専門家をシティマネージャーに任命してこれに自治体事務の管理・執行にあたらせる可能性，等々が考えられうる。地方自治の趣旨を活かすにはどのような形態が適切かは，それぞれの自治体の政治的・財政的状況や有能な専門家が得られるかなど様々な要素を考えなければならないが，現行の地方自治制度は硬直的にすぎることは否定し難い[8]。

　なお，憲法は，長のほか「法律の定めるその他の吏員」も住民が直接選挙するものとしているが，このことは必ずそのような吏員を設けなければならないという趣旨ではないと解されている。

---

[7] なお，長は，機関委任事務（後に触れる）の管理執行に違法懈怠があり，裁判所の職務執行命令にも従わないような場合には，罷免されることがありうるとされていたが（地方自治法146条），地方自治の趣旨に適合しないとして，平成3年の法改正でこの制度は廃止された（同条削除）。

[8] 第28次地方制度調査会『地方の自主性・自律性の拡大及び地方議会のあり方に関する答申』（2005年12月9日）参照。

第3節　地方公共団体の事務（権能）

I　「地方公共団体」の事務（権能）

1　総説

　憲法は、「地方公共団体は、その財産を管理し、事務を処理し、及び行政を執行する権能を有し、法律の範囲内で条例を制定することができる」（94条）と定める。憲法上の「地方公共団体」は、本条にいう4種の権能すべてをもつものでなければならない（既に示唆したように、地方自治法にいう「地方公共団体」がすべて憲法上の「地方公共団体」であるというわけではない）。

　上述のように、マッカーサ草案87条から「憲章（charters）」条項が削除されたのは重要な変更であったが、少なくとも憲法上のホーム・ルール制の実体的権能の側面は憲法94条に引き継がれた。もっとも、草案では「財産，事務及政治（government）ヲ処理シ」とあったが（傍点筆者）、憲法では「財産を管理し、事務を処理し、及び行政（administration）を執行する」に変っている（傍点筆者）。しかし、それは、憲法の他の個所ではgovernmentが「国政」と訳されたこととの対比上、この個所では「行政」とされ、その英訳としてadministrationとされたためのようである。とすると、その変更は重要な意味をもたず、要するに、94条は、非権力的作用および権力的作用の両者をあわせて包括的に地方公共団体の実体的権能を保障したものと解される。先に、いわゆる固有権説は自治権の具体的内実を明確に提示していないと述べたが、自治権の実体的側面を一般的・抽象的に表現するとすれば、おそらく94条のような規定とならざるをえないのではなかろうか。

　先に、地方自治権は国法に根拠するものとみなければならないことを指摘したが、憲法によって地方公共団体にこのような実体的権能が保障されることによって、固有権説の趣旨は実質的には実現されているとみることもできないではない。憲法前文は、「そもそも国政（government）は、国民の厳粛な信託によるものであ」ると述べているが、既に示唆したように、主権者たる国民は、憲法を通じて、国の政治制度（中央政府）と地方の政治制度（地方政府）とを確立し、それぞれに相応する権能を「信託」したのであり、それぞ

れの領域にあって国と地方公共団体とは対等な関係にあると解しうるからである。

ただ，地方自治の従前の実態は，憲法の描くこうした姿とはかなり隔たるものであったことは，次にみるごとくである。

2 事務（権能）の内容

(1) 旧制度下の事務（権能） 憲法94条に「財産を管理」するとは，財産を取得・利用・処分することをいう。「事務を処理」することと「行政を執行」することとの区別は必ずしも明らかではないが，通常，前者は非権力的な公共事業，後者は権力的・統治的作用のこととされる。が，94条で示されているのは，事務（権能）の種類であって，具体的にいかなる事務が地方公共団体の事務とされるかについて直接に示すところがない。

この点，平成11年改正前の地方自治法は，司法・刑罰・郵便といった国の専属的事務を除き（2条10項），普通地方公共団体の事務として，①「その公共事務」，②「法律又はこれに基づく政令により普通地方公共団体に属するもの」，③「その区域内におけるその他の行政事務で国の事務に属しないもの」の3種を示し（同条2項），これらの事務の例示として地方公共の秩序維持，公園・道路・河川等の設置・管理等計22の事務を掲げた（同条3項）。そして，①は「固有事務」，②は「団体委任事務」，③は「行政事務」と呼ばれた。②は，本来国の事務とされるものを地方公共団体という団体に委任するという趣旨のものであった。

さらに，これらの事務のほか，地方公共団体の長等の機関に委任される国（または他の地方公共団体）の事務である「機関委任事務」というものがあった。この場合，その機関は国などの下級行政機関としての地位に立ち，知事は主務大臣，市町村長は知事および主務大臣の指揮監督を受けた（150条）。この事務については，議会によるコントロールは十分でなく，もとより条例を制定することはできなかった。しかも，この事務は厖大な数に上っていた。

機関委任事務はもとより，団体委任事務も処理方法に関する細かな指示付きのものであり，さらに固有事務との区別も明確でないなど，様々な問題が指摘され，地方自治の観点から抜本的改革の必要が説かれてきた。

(2) 新制度下の事務（権能） 平成7年に地方分権推進法が成立し，そして平成11年には地方分権一括法が成立して，国と地方公共団体との関係

についての相当根本的な見直しが図られた。すなわち，「機関委任事務」を廃止して事務配分を再編成するとともに，従来の「固有事務」(公共事務)，「団体委任事務」，「行政事務」の区分を廃して（先に触れた，事務の例示に関する2条3項，国の専属的事務に関する2条10項も廃止)，それに代って，地方公共団体の行う事務は**自治事務**と**法定受託事務**の2つに再編成された（改正自治法1条の2，2条等参照)。

法定受託事務は，「国が本来果たすべき役割に係る」事務で，法律により都道府県，市町村に委託し（国政選挙，旅券の交付等の事務)，または「都道府県が本来果たすべき役割に係る」事務で，市町村に委託するものをいう（2条9項)。そして自治事務は，地方公共団体が処理する事務のうち，法定受託事務以外のものをいう（同条8項)。

地方公共団体と国がそれぞれ果たすべき「役割」とは何かであるが，地方自治法によれば，「地方公共団体は，住民の福祉の増進を図ることを基本として，地域における行政を自主的かつ総合的に実施する役割を広く担うもの」(1条の2第1項)とされ，「国においては国際社会における国家としての存立にかかわる事務，全国的に統一して定めることが望ましい国民の諸活動若しくは地方自治に関する基本的な準則に関する事務又は全国的な規模で若しくは全国的な視点に立つて行わなければならない施策及び事業の実施その他の国が本来果たすべき役割を重点的に担い，住民に身近な行政はできる限り地方公共団体にゆだねることを基本と」するもの（同条2項)とされている。ここには，先に触れた「補完性の原理」を思わせるものがある。

従来も国と地方公共団体とは対等であるなどと建前的には説かれたが，法制度的にも実態からみても，それとは程遠いものであった。この点，新制度の下では，中央政府と地方政府との対等色が強められ，国の関与の法定主義（245条の2）や関与の基本原則（245条の3）などが定められ，また，中央政府と地方政府との紛争処理のための仕組みや手続が整備された（250条の7以下参照)。

Ⅱ 地方公共団体の「機関」の権能

1 地方有権者団の権能
(1) 地方公共団体の長，議会の議員などの選任　　憲法は，「地方公共団体

の長，その議会の議員及び法律の定めるその他の吏員は，その地方公共団体の住民が，直接これを選挙する」(93条2項) と規定する。ここに「選挙」とは，憲法15条にいう「公務員の選挙」にあたり，普通・平等の選挙，秘密投票が保障される。

(2) 特別法の住民投票　憲法は，「一の地方公共団体のみに適用される特別法は，法律の定めるところにより，その地方公共団体の住民の投票においてその過半数の同意を得なければ，国会は，これを制定することができない」(95条) と規定する。これは，アメリカ合衆国でホーム・ルール制登場前にミシガン州などでみられた特別法拒否権制度にならったものと見受けられるもので，国の立法権を制限する"連邦制"的性格の規定である。

ここにいう「一の地方公共団体のみに適用される特別法」の意味するところは必ずしも明確ではないが，一般には，特定の（「複数の」に対する「一の」ではない）地方公共団体の本質にかかわるような不平等・不利益な特例を設けることを防止するところにその趣旨があると解されてきた。

「明日香村における歴史的風土の保存及び生活環境の整備等に関する特別措置法[9]」が住民投票に付すべきかどうかが問題とされた事案につき，政府は，95条にいう「特別法」とは「特定の地方公共団体の組織，運営，権能，権利，義務について特例を定める法律」のことであるとし，本法はその種の法律ではないとの理解を示した（昭和55年4月9日衆議院建設委員会における内閣法制局長官の答弁。そして住民投票には付されなかった）。ただ，ここにいう「地方公共団体の組織，運営，権能…」といった要素を厳格に解し，住民の権利・義務関係にかかわる法律をカテゴリカルに「特別法」から排除すべきではない。95条の求める「同意」は，地方公共団体の議会などのそれではなく，「住民」の同意であることを重くみなければならない。また，住民の権利・義務の問題は，該団体の運営などにとって深いかかわりをもつことにも注意する必要がある。

そのうえでのことであるが，特例性の軽度な法律や地方公共団体に権能を与え住民に利益をもたらすような類の法律[10]，あるいは一般的な制度を定める法律の適用上の当てはめとみられるような場合は，本条にいう「特別法」

---

[9] 昭和55年制定の本法は，古都保存法の特例として制定されたもので，村全域が古都保存法による特別保存地区とされ，保存のための規制，それと引き換えに住民生活の安定向上を図るための整備計画作成とその円滑な達成および村整備基金の造成費に対する補助について定めるものである。

と解する必要はない。

（3）**直接請求とそれに基づく住民投票**　憲法上明示的に要請されているわけではないが，「地方自治の本旨」を受けて，地方自治法は，有権者団のいわば部分機関である住民に対し，その総数の50分の1以上の者の連署をもって条例改廃の請求（74条），地方公共団体の事務の執行に関し監査の請求（75条）をすることを認め，また，その総数の3分の1以上の者の連署をもって議会の解散請求（76条），議員，長，役員の解職請求（80条以下）をすることを認めている[11]。議会の解散請求，議員または長の解職請求があったときは，有権者団がそれについて投票により決定する（76条以下）。

さらに，地方自治法は，地方公共団体の住民（国籍・年齢などを問わない）に対し，長や職員などの財務事項に関する違法・不当な作為・不作為につき，住民監査請求を行うことを認め（242条），監査委員の監査の結果に不満があるときは住民訴訟を提起できるものとしている（242条の2）。

（4）**住民投票制**　憲法および地方自治法が地方有権者（団）・住民の参加に関し定めているのは以上のごとくであるが，かなり前から，原発や道路建設あるいは町村合併などをめぐって，法律や条例の法的根拠によらずに，事実上の住民投票が行われる例が少なくなかった。その背景には，既に若干触れたような事情から，地方議会などが住民の意向をよく反映しつつ十分に機能するところがなかったことが作用していたものと思われる。そして，平成7年，新潟県巻町において原発についての住民投票条例[12]が制定され，翌年に住民投票が実施され，全国的に注目された。このように特定のテーマに関する個別的住民投票条例のほか，住民投票の対象・手続・効力などを一般的に定める一般的住民投票条例がありうるところで，対象・手続・効力など様々な観点から類型化できる。

委細について立ち入る余裕はないが，憲法解釈論上，そもそも①このよう

10　憲法発足当初，昭和24年の広島平和記念都市建設法や25年の首都建設法などが「特別法」として制定されたが，これらは地域復興のため国の財政援助を引き出そうとする議員立法で，本条にいう「特別法」とみる必要はないものであった。

11　なお，有権者総数が40万を越える場合にあっては，その越える数に6分の1を乗じて得た数と40万に3分の1を乗じて得た数とを合算して得た数とされる（76条以下参照）。それでも，大都市にあってこれほどの署名を集めることは現実にはきわめて難しいであろう。

12　条例は，「町長は，巻原発予定敷地内町有地の売却その他巻原発の建設に関係する事務の執行に当たり，地方自治の本旨に基づき住民投票における有効投票の賛否いずれか過半数の意思を尊重しなければならない」（3条）と定めるものであった。

な住民投票という直接民主制は，憲法がよって立つ地方政府の統治構造と適合するか，また，②法律ではなく，条例で住民投票制度を導入することは，既にみた憲法92条との関係でどう受け止めるべきか，の問題が存する。

まず，①の問題について。間接民主制（代表民主制）と直接民主制との関係について，やや単純化していえば，国，地方を問わず前者を基本とし，後者を補充的・補完的とみる説（A説），国の場合は前者が基本であるが，地方の場合は前者と後者とが並列ないし混在しているとみる説（B説），国，地方を問わず後者を基本とし，前者を補充的・補完的とみる説（C説），が考えられる。国のレベルにあっては，既にみたように，間接民主制を基本と考えるべきで，その点からC説は妥当ではない（第1編第2章第2節Ⅲ1(2)➔69頁，本編第1章第2節Ⅲ4➔400頁など）。他方，既に述べてきたところから明らかなように，国と地方とを全く同一視するのは適切ではない。A説の立場を厳格に貫けば，地方自治法の定める現行制度さえ違憲といわざるをえなくなるであろう。

とすると，B説を基礎に考えるということになる。その際，都道府県と市町村との違いを考慮する必要があるし，また，住民投票制度がもっている「プレビシットとして機能する危険」や「世論操作・誘導の危険」などに十分配慮する必要がある（辻村みよ子）。さらに，②の問題，すなわち「地方公共団体の組織及び運営に関する事項は，……法律でこれを定める」と規定する92条との適合性を検討しなければならない。結論的にいえば，個別的条例であれ一般的条例であれ，いわゆる諮問型・助言型住民投票制度は憲法上も法律上も許容されるが，法的拘束力をもついわゆる裁可型・決定型は，制度内容や実施方法に余程の工夫がなされない限り，憲法上困難であると解される。それだけに，住民投票制度を求める動きが，上に示唆したような地方議会の機能向上を図るうえでの推進力となることが期待される。

2 地方議会の権能

議会の権能として最も重要なのは，**条例制定権**（94条）であるが，これについては次のⅢで述べる。地方自治法は，そのほか，議決事件として，**予算**を決めること，**決算**を認定すること，**地方税の賦課徴収**や分担金，使用料等の徴収に関すること，等々を掲げている（96条）。また，議会は，地方公共団体の事務に関する書類・計算書を検閲し，首長その他の執行機関から報告を請求し，該事務の管理，議決の執行や出納を検査し，また，監査の請求を

することができる (同法98条)。さらに，議会は，該団体の事務に関する調査を行うことができる (同法100条。いわゆる百条調査権)。

議会には長に対する不信任議決権があることについては，既に触れた。

議会は，会議規則を制定し (同法120条)，規則などに違反した議員に対し議決により懲罰を科する (同法134条～137条) などの権限を有する[13]。

なお，地方議会の議員には，国会議員とは違って，会期中の不逮捕特権や発言・表決に対する免責特権のごときものは認められず，もとより地方自治法もこの種の特権を定めていない。

3 地方公共団体の長の権能

長は，上述のように，地方自治法上，該団体の統轄・代表権および事務の管理・執行権を有する。同法は，長の担任事務として，議会の議決を経べき事件につき議案を提出すること，予算を調製し執行すること，地方税の賦課徴収や分担金・使用料等の徴収および過料を科すること，決算を議会の認定に付すること，会計を監督すること，等々を掲げている (149条)。また，長は，補助機関である職員，およびその区域内にある公共団体等の活動の総合調整を図るためこれを指揮監督すべきものとしている (154条，157条)。

長には，法令に違反しない限りにおいて，その権限に属する事項に関し，規則を制定することが認められているが (同法15条)，次のⅢで述べる。

長は，議会との関係について，議会における条例の制定・改廃または予算の議決に異議があるときや議会の議決・選挙がその権限を越えまたは法令・会議規則に違反すると認めるときは，再議・再選挙を要求し (同法176条。さらに177条)，議会により不信任決議を受けたときは10日以内に議会の解散を行うことができるものとされる (同法178条)。

Ⅲ 条例制定権とその限界

1 条例制定権

(1) 総説 上述のように，憲法は，地方公共団体が「法律の範囲内で条例を制定することができる」(94条後段) と規定する。条例制定権は，憲

---

[13] 最(大)判昭和35年10月19日民集14巻12号2633頁は，議員の除名処分のごとき重大事項と違って，議員の出席停止のごとき懲罰は内部規律の問題として司法審査の対象とはならないとしている。

法92条の「地方自治の本旨」を受けて、直接には本条に根拠を有するもので、「国の立法」に相当する地方公共団体の自主立法である[14]。

本条には「法律の範囲内で」とあって、条例の所管および効力が法律によって規定されることが予定されている。地方自治法が、「普通地方公共団体は、法令に違反しない限りにおいて第二条第二項の事務に関し、条例を制定することができる」(14条1項) と定め、「法令に違反しない限りにおいて」と「第二条第二項の事務に関し」という2つの要件を明らかにしているのは、その趣旨である[15]。因みに、「第二条第二項」は、「普通地方公共団体は、地域における事務及びその他の事務で法律又はこれに基づく政令により処理することとされるものを処理する」と規定するもので、条例制定権は自治事務・法定受託事務のいずれにも及び、法令の実施に限定されることなく、適宜自主的に条例を制定できるのであり、条例が自主立法たるゆえんである (この点で、政令と法律との関係とは本質的に異なる。政令は、個別的に法律を実施するためまたは法律の委任に基づいて制定されるもので、必ず法律の媒介を必要とするが、条例はそうではない)。

(2) 「条例」と「規則」　地方自治法は、議会の制定する「条例」(96条) のほか、既に触れたように長の制定する「規則」(15条)、さらに各種委員会の制定する「規則その他の規程」(138条の4) を認めている。地方公共団体の場合も一元的立法制であって、自主立法である憲法にいう「条例」は議会の制定する条例に限られるとする説 (狭義説) もあるが、長も住民によって直接選挙される存在であることなどを理由に長の制定する規則も「条例」に含まれると解する説 (広義説) が一般的である (公選によらない各種委員会の制定する規則・規程については、独立行政委員会的説明などをするほかはない)。

実際、現行法上、住民の権利義務に関する定めは、議会の制定する狭義の条例に限られておらず、規則中にも存在しうる。問題は、議会の制定する条例と長の制定する規則のそれぞれの所管事項は何か、もし「共管事項」があるとすれば両者の関係はどうかである。前者については様々な見解があるが、住民の権利義務にかかわる一般的規範であって、権力的行政作用にかかわるものは狭義の条例専管事項というべく (地方自治法14条2項は「普通地方公

---

[14] 新潟県公安条例に関する最(大)判昭和29年11月24日刑集8巻11号1866頁参照。
[15] 因みに、「法律の範囲内で」には条例制定手続も含まれるとする見解があるが、制定手続は、憲法92条により地方公共団体の組織・運営に関する事項は法律で定めるとされていることに関連する問題、と解すべきである。

共団体は，義務を課し，又は権利を制限するには，法令に特別の定めがある場合を除くほか，条例によらなければならない」としている）。そして，「共管事項」につき狭義の条例と規則とが衝突する場合には，狭義の条例が優先すると解すべきであろう。

2 条例制定権の範囲と限界

(1) 総説 条例は，上述のように広く所管とされた事務全般に及ぶとともに，その事務の範囲に限定される。既に触れたように，旧地方自治法2条10項は司法，刑罰および郵便を国の専属的事務としていたが，上述の改正で削られたことは注目されてよい。ただ，民法の定める事項に典型的にみられるように，事柄の性質上国法によって全国的に規律されるべき事項があり，それについては条例の及びうるところではない。

条例（特に狭義の条例）は法律に準ずるものと考えられるから，個別の法令の授権なしに，住民の基本的人権などの制限をその内容とすることができる。このことと関連して，憲法上「法律」に留保されている事項（例えば，29条，31条，84条など）について，条例で規制しうるかが問題とされた。

条例にかかわるもう1つの問題は，「法令に違反しない限りにおいて」という上述の地方自治法の規定が何を意味するか，その判断はいかになすべきか，ということである。

(2) 法律留保事項にかかわる問題 憲法29条2項は「財産権の内容は，……法律でこれを定める」と規定している。本規定をめぐって，財産権の規制は法律によってのみ可能で，条例で規制するには法律の具体的委任を必要とするとみる説（A説），財産権の内容と行使とを区別し，前者は法律によらなければならないが，後者は条例によって規制可能とする説（B説），財産権は条例によっても規制可能であるとする説（C説），などが展開された。しかし，憲法94条が存するにもかかわらず，地方公共団体は財産権に関し，法律の委任がなければ何事もなしえないとみるのは，妥当とは思われない。上述のように，民法典等が定める私法秩序の基本事項は条例の所管外であるが，地方公共団体が財産権に関し独自に何事もなしえないというのは，その統治団体性を否定するに等しい。

B説は一見憲法の文言に忠実なようにもみえるが，何よりも，内容規制と行使規制とをそのように截然と区別しうるか，の疑問がある。前に触れた奈良県ため池条例事件判決[16]は，B説の影響もうかがわせるいささか分かりに

くい理由付けとなっているが、結論としては条例による規制を容認した（第2編第3章第2節Ⅱ3➔311頁）。

29条2項にいう「法律」は、地方政府との関係では「条例」と読み替えるべきである[17]。

憲法30条・84条は、租税「法律」主義を定める。ここにいう「法律」も、地方政府との関係では「条例」と読み替えるべきであるが、次のⅣで述べることにする。

条例違反に対する制裁として罰則を設けることができるか否かについても、「法律」によらなければ刑罰を科しえないとする憲法31条および命令への一般的委任を禁止する73条6号に関連して、法律の個別的委任を必要とするとみる説や、法律による委任は必要であるが、条例は住民の選挙する地方議会が制定するものであるから一般的委任も許されるとする説も展開されたが、条例は地方政府の自主法であって当然に罰則を設けうると解される。したがって、ここでも「法律」は「条例」と読み替えるべきである。ただ、地方政府の事務は本質的に行政的なものであるから、設けうる罰則には限度がある。地方自治法が、法令に特別の定めがある場合を除き、「条例中に、条例に違反した者に対し、二年以下の懲役若しくは禁錮、百万円以下の罰金、拘留、科料若しくは没収の刑又は五万円以下の過料を科する旨の規定を設けることができる」（14条3項）と定めるのは、地方公共団体の権限を確認し、刑罰の最高限を明らかにしたものと解される。

この点、大阪市売春取締条例事件判決[18]は、罰則制定は法律の委任を要するとしつつ、ただ条例は地方議会の議決によって成立するものであるから、委任は「相当な程度に具体的」であればよい、とした。判決が該条例につき「相当な程度に具体的」であることの根拠とした、地方自治法2条3項にあった例示的事項は、上述の改正ですべて削除されており、本判決は今では歴史過程上のものと解されよう。

なお、長の規則制定権については既に触れたが、地方自治法には「規則中に、規則に違反した者に対して、五万円以下の過料を科する旨の規定を設けることができる」（15条2項）とある。「過料」は、秩序罰とはいえ実質的に

---

16 最(大)判昭和38年6月26日刑集17巻5号521頁。
17 現在、財産の規制に関する条例は多数に上っており、C説的見解が定着している。
18 最(大)判昭和37年5月30日刑集16巻5号577頁。

は刑罰としての罰金や科料と同様の性格をもつものとして憲法 31 条の問題と解すべきで，判例も基本的にその立場である（第 2 編第 3 章第 4 節Ⅱ 3 → 334 頁）。そうした性格のものを，長の専断で定める規則に対して包括的に認めることは，許されるのであろうか。少なくとも，規制の制定手続が罰則を定めるにふさわしいものになっているかが問題にされなければならない。

(3) **法令上の限界**　地方自治法にいう「法令に違反しない限りにおいて」とは，法律と条例の所管が競合することを前提にして，条例は法律に反してまで"自己を主張できない"ことを示すものである（因みに，「法令」とあるが，「政令」は「法律」と一体のものとみてのことである）。例えば，河川の設置・管理は地方政府として当然なすべきことであるが，国が政策的判断から河川法を制定して一定の河川を国が管理するものとする，というようなことがありうる。

問題は，どのような場合に条例と法令とが矛盾抵触し，条例が法令に道を譲らなければならないと考えるべきかである。徳島市公安条例事件判決[19]は，次のように述べる。

「条例が国の法令に違反するかどうかは，両者の対象事項と規定文言を対比するのみでなく，それぞれの趣旨，目的，内容及び効果を比較し，両者の間に矛盾抵触があるかどうかによってこれを決しなければならない。例えば，①ある事項について国の法令中にこれを規律する明文の規定がない場合でも，当該法令全体からみて，右規定の欠如が特に当該事項についていかなる規制をも施すことなく放置すべきものとする趣旨であると解されるときは，これについて規律を設ける条例の規定は国の法令に違反することとなりうるし，逆に，②ⓐ特定事項についてこれを規律する国の法令と条例とが併存する場合でも，後者が前者とは別の目的に基づく規律を意図するものであり，その適用によって前者の規定の意図する目的と効果をなんら阻害することがないときや，ⓑ両者が同一の目的に出たものであっても，国の法令が必ずしもその規定によって全国的に一律に同一内容の規制を施す趣旨ではなく，それぞれの普通地方公共団体において，その地方の実情に応じて，別段の規制を施すことを容認する趣旨であると解されるときは，国の法令と条例との間にはなんらの矛盾抵触はなく，条例が国の法令に違反する問題は生じ

---

[19] 最(大)判昭和 50 年 9 月 10 日刑集 29 巻 8 号 489 頁。

えないのである」（①②ⓐⓑは筆者）。

かつては、法令が定めている事項（あるいは、いかなる規制をも施すことなく放置すべきものとされている事項）については、条例では定めえないという考え方（国法先占理論）が支配的であった。が、そのような考え方の下にあっても、別の目的であれば、同一の対象について条例で定めることも可能とされ、狂犬病予防法と蓄犬条例（飼犬取締条例）との関係がその例としてよくあげられた。上記判例にいう②ⓐである。

ところが1960年代、公害問題が深刻化し、地方公共団体が国の規制よりも厳しい規制条例を制定するようになった。当初、こうした条例（いわゆる「上乗せ条例」や「横出し条例」[20]）は法令に違反するとされた。が、法律に違反しても住民の健康を守るためであるから憲法上可能であるという主張もなされるようになり、そして、法律は全国を通じて確保すべき最小限を定めているのであって、地方公共団体が必要に応じて条例を定めることを排除する趣旨ではなく、したがってそれら条例が法令に違反するとみる必要はないという考え方が次第に強まった。判例にいう②ⓑ的な説明である。そして、公害防止関係の法律で、その趣旨を明記するものもみられるようになった[21]。

以上のように条例によってなしうる範囲は次第に拡大してきたとはいえ、「法令に違反しない限りにおいて」という基本構造下において、法令において過剰なまでに細部にわたる規制がなされると、自主立法権の範囲は制約を受け、萎縮せざるをえなくなる。実際、これが日本国憲法下にあってもずっと続いてきた現実であった。改正地方自治法が、「地方公共団体に関する法令の規定は、地方自治の本旨に基づき、かつ、国と地方公共団体との適切な

---

20 「上乗せ条例」とは、法令の規制よりも厳しい規制を定める条例をいい、「横出し条例」とは、法令で規制されていない項目について規制する条例をいう。これら条例の一種とされることもあるが、さらに「裾切り条例」の類型が説かれることがある。それは、法令で一定規模または一定基準未満は規制対象外としている場合に、その裾切りされた部分を規制対象とする条例をいう。因みに、規制ではなく給付を上積みする条例があり、「上積み条例」と呼ばれる。

21 大気汚染防止法4条1項、32条、水質汚濁防止法3条3項、29条、騒音規制法4条2項、27条2項など。

なお、注19の徳島市公安条例事件判決（第2編第3章第1節Ⅴ3(3)➡289頁）は、「条例における重複規制がそれ自体としての特別の意義と効果を有し、かつ、その合理性が肯定される場合には、道路交通法による規制は、このような条例による規制を否定、排除する趣旨ではなく、条例の規制の及би範囲においてのみ適用される趣旨のものと解するのが相当であり、…条例をもって道路交通法に違反するものとすることはできない」とした。

「裾切り条例」である高知市普通河川等管理条例事件に関する最判昭和53年12月21日民集32巻9号1723頁は、「河川法は、普通河川については、適用河川又は準用河川に対する管理

役割分担を踏まえたものでなければならない」(2条11項)とし、「国は、地方公共団体が地域の特性に応じて当該事務を処理することができるよう特に配慮しなければならない」(同条13項)と定めるのは、このような事態の打破への期待を込めてのものと解される。「自治体政策法務」のあり方や地方議会の機能強化が改めて真剣に問われなければならず、それはまた司法改革と連動する課題でもある。

Ⅳ　地方財政

1　地方財政の意義

(1) 総説　確かな財政基盤なき地方自治(地方政府)はありえない。憲法には、地方公共団体の自主財政権(特に課税権)について明記するところがないが、中央政府の財政制度に見合うような、地方政府にふさわしい財政制度が措定されているものと解される。

地方自治法は、「財務」の基本について定め(208条〜243条の5)、地方財政法は、「地方財政」につき、予算の編成・執行、地方債の発行、財産の管理・運用などに関する基本的な準則を定めている。

(2) 地方財政の内実　地方財政の財源としては課税収入が主要なものであることは当然であるが(そのほかに主要なものとして、地方交付税交付金があるが、次の2に触れる)、実は、当初、地方公共団体の課税権について、租税「法律」主義の「法律」を形式的に解したりして、否定的見解も根強いものがあった(なお、第5章第2節Ⅱ→532頁)。地方財政法は、「地方公共団体は、その財政の健全な運営に努め、いやしくも国の政策に反し、又は国の財政若しくは他の地方公共団体の財政に累を及ぼすような施策を行つてはならない」(2条1項)と定め、警戒心をにじませている。

今日、地方公共団体の固有の課税権については、92条の「地方自治の本

以上に強力な河川管理は施さない趣旨である」と解して、裾切り部分について、法令による規制よりも厳しい規制はなしえないとした。また、旅館業を目的とする建築物を建築しようとする者に対し該建築および営業に関する所轄官庁への認可申請前に町長の同意を得ることを要求し、その同意要件を定める飯盛町旅館建築規制条例事件に関する福岡高判昭和58年3月7日行集34巻3号394頁は、職業選択の自由・職業活動の自由の保障に言及しつつ、条例により「法よりも強度の規制」をするには、「それに相応する合理性、すなわち、これを行う必要性が存し、かつ、規制手段が右必要性に比例した相当なものであることがいずれも肯定されなければなら」ないとし、本件条例にはそれを肯定するに足るものがないとした。

旨」を根拠に，あるいは94条の「行政を執行する」権能ないし「条例を制定する」権能を根拠に，あるいは第8章が地方公共団体の統治団体性を示すものであることを根拠に，これを認めるのが支配的となっている。「代表なければ課税なし」の言葉に示されるように，課税の問題は議会の立法の核をなしており，端的には自主立法たる条例制定権に含まれると解されるべきであろう[22]。

こうした経緯もあってか，地方財政は，地方公共団体の自主財源が少なく，その財源を中央政府に大きく依存するという構造（依存財源の比率の高さ）を特徴としている[23]。この点は，次の2で触れる。

財政支出に関しては，公金支出・公的財産供用の禁止に関する憲法89条が地方公共団体についても妥当することは，既にいろいろなところで触れてきた。

財政運営が予算，法に従った適正なものでなければならないことは，国の場合と全く同様である。既にみたように，地方自治法は，議会による決算の認定，監査委員による監査，住民監査請求による監査，住民訴訟などによるチェック・システムを構築している（96条，195条以下，242条・242条の2など）。なお，国が補助金その他の財政支援を与えている都道府県や市町村などは，国の会計検査院の選択的検査対象になる。

[22] 大牟田市電気ガス税訴訟に関する福岡地判昭和55年6月5日判時966号3頁は，地方公共団体は，国から一応独立の統治権を有するものである以上，事務の遂行を実効あらしめるためには，「財政運営についてのいわゆる自主財政権ひいては財源確保の手段としての課税権もこれを憲法は認めて」おり，憲法94条にいう「行政を執行」には，租税の賦課，徴収も含まれるとした。もっとも，その課税権は「地方公共団体とされるもの一般に対し抽象的に認められた租税の賦課，徴収の権能であって，憲法は特定の地方公共団体に具体的税目についてその課税権を認めたものではない」としている。

なお，地方自治法は，「普通地方公共団体は，法律の定めるところにより，地方税を賦課徴収することができる」（223条）と定め，地方税法は，「地方団体は，この法律の定めるところによつて，地方税を賦課徴収することができる」（2条）とし，さらに，「地方団体は，その地方税の税目，課税客体，課税標準，税率その他賦課徴収について定をするには，当該地方団体の条例によらなければならない」（3条1項）と規定している。こうした規定は，否定説によれば，課税権を法律によって創設したものということになり，肯定説によれば，憲法上認められる権能を確認したものということになる。

[23] 自主財源は，地方税，分担金・負担金等，依存財源は，国庫支出金，地方交付税，地方債，地方消費税交付金等，である。因みに，地方税は，使途の定めのない普通税と使途が限定される目的税とからなり，前者には，道府県にあっては，道府県民税，事業税等，市町村にあっては，市町村民税，固定資産税等があり，後者の目的税には，道府県にあっては，自動車取得税，軽油引取税等，市町村にあっては，事業所税，都市計画税等がある（なお，道府県に関する規定は都に，市町村に関する規定は特別区に準用される）。

2　地方財政の課題

　先に地方財政が，その財源につき，中央政府に大きく依存していることに触れた。自主財源の中心となる地方税の割合が 3 割程度であり（ために"3 割自治"などと称される），また，国と地方の歳入総額の比率が 6 対 4 であるのに対し，歳出総額の比率は逆に 4 対 6 になっていることもよく指摘されてきたことである。

　地方公共団体には，規模や経済力などの面での違い・格差があり，地方税の財源が偏在しており，こうした団体間の税収格差を調整し，標準的な行政運営を可能とするための措置が必要であることは否定できない。地方交付税は，まさにそのためのものであった（国税 5 税〔所得税・法人税・酒税・消費税・たばこ税〕の一定割合の額を地方交付税とし，財政需要が財政収入を越える地方公共団体に一般財源として交付する）。地方公共団体は，このような地方交付税や国庫支出金（国庫負担金・国庫補助金・国庫委託金）などに大きく依存しながら，その事務を処理してきた。

　補助金などに依存することは，地方公共団体が国（国交省や農水省など）の事業に従属し，部分的にせよ自らも財政負担を負うことを意味する。そして，一般財源に充てるはずのものであった地方交付税交付金も，公共事業にともなう借金の返済を助けるために使われるようになる（いわゆる「ひも付き交付税」）。法人が集中する東京都などは別として，ほとんどの地方公共団体が交付税交付団体になっているのは，「異様」というほかはない。

　他方，地方税も，税率などにつき国が規制を加え，地方公共団体が自主性を発揮することが抑えられてきた。平成 12 年施行の地方分権一括法によって，地方税法も地方公共団体の自主性を尊重するという観点から種々改正されたが[24]，国も地方も厖大な財政赤字をかかえる中で，茨の道は続いている[25]。

　「代表なければ課税なし」とは，本来，政府が行うべき仕事に見合って税負担のあり方を議会（国民ないし住民）が決めるということであったはずであ

24　例えば，従来法人事業税は全国一律の標準税率の 1.2 倍までとされていたが，このような制限は撤廃された。また，法定外普通税は許可制から事前協議による同意へ，法定外目的税は設置不可から事前協議による同意を条件に設置可能へ，と改められた。

25　いわゆる「三位一体改革」（国庫補助金と地方交付税の削減，そして国から地方への一定の税源委譲）が平成 16 年から進められ，概ね 4 兆円の補助金廃止と 3 兆円程度の税源移譲が実現したが，交付税が大幅削減になったことから，地方は不満を募らせた。

る。国に大きく依存してきた地方公共団体[26]が，そこから脱却することは容易ではないが，「代表なければ課税なし」の原点を見据えつつ，努力を重ねるほかはない[27]。

---

[26] 長も議会も，歳入が不足すれば，いかに国から補助金を引き出すかに関心を集中させてきた。
[27] 名古屋市長が，市民税の10パーセント減税，それに見合う歳出削減，を打ち出したが，その成り行きが注目される。

第4編 法の支配と司法制度

第1章　裁判所と司法権

第1節　裁判所の性格と地位

I　裁判所の性格と地位

1　独立の法原理機関としての裁判所

　前に，「法の支配」の意義に触れ，その「法の支配」を実現するうえで司法権が中枢的役割を担うことを示唆した (第1編第2章第2節Ⅱ1(3)→ 70頁)。その司法権を担当する裁判所は，他の機関から独立してその権能を行使する機関であって，まさに「人ではなく法による統治」の主要な実現者としての役割を果たすことを期待された法原理機関である。日本国憲法は，「すべて司法権は，最高裁判所及び法律の定めるところにより設置する下級裁判所に属する」(76条1項) と定め，「すべて裁判官は，その良心に従ひ独立してその職権を行ひ，この憲法及び法律にのみ拘束される」(同条3項) と規定して，この趣旨を明らかにしている。

　国民主権の下にあっては，すべての国家作用は国民の意思に基づいて行われる理であり，裁判所も，権力分立構造の一翼を担い，国民主権の実現のための政治制度の一環としての性格をもっている。が，議会や内閣は，国民の政治的統合を図りつつ国民の意思実現のため能動的・積極的に活動することを期待される (ために両部門はしばしば「政治部門」と呼ばれる) のに対して，裁判所は，そこに持ち込まれる紛争を契機に，法の客観的意味を探り，それを適用することによって該紛争を適正に解決し，もって法秩序・原理の維持・貫徹を図ることを期待されている受動的な機関である。その意味で，裁判所は，非政治的・非権力的機関と称しうる性格をもっている (「政治部門」に対して「法原理部門」と呼ぶにふさわしい)。

　裁判所の活動には，一般世論がストレートに作用することがむしろ忌避され，国民代表による指揮や監督が排されるが，裁判所が解釈・適用する法は

国民代表機関によって定立されるものであることから，国民主権と矛盾しないとされる。国民主権は，その現実態にあっては，活性的な政治的行為を通じて顕現しようとする傾向をもつのに対して，「法による統治」は，法原理によって「政治」のもつ"非情"さを一定の枠に閉じ込めようとする個人主義的・自由主義的性格を有するものである。

　モンテスキューが，従来の歴史に照らし「人間の間でしかく恐るべき裁判権力」と捉えつつ，それを恐ろしくないものとする方途として，①他の権力（立法権・執行権）から切り離し，かつ，②「無」にする（常設的なものとせず，国民の中から1年のある時期に法の定めるところに従い選び出された人々に行使させる，そして，この国民の裁判役をして「法の言葉を述べる口」とする）ことを提唱したことについては前に触れた。この提唱の背後には，"人民の権力"と"人民の自由"とは区別して考えられなければならないという彼の経験的な歴史的考察が存在している。

　近代立憲主義は，既にいろいろな個所で触れてきたように，モンテスキューの基本的発想を共有しつつ，彼のいう恐ろしくない「裁判権力」を「司法権」として把握し，むしろ個人の権利・自由の重要な守り手としようとしたのである。「政治」は多かれ少なかれ"力"の場であるが，「司法」はどのような当事者も"理"をめぐって対等に争える場であること，そしてそのことによってひいては「政治」のもつ"非情"さや"歪"みを匡すことが期待されたのである。

　日本国憲法にいう「司法権」も，このような近代立憲主義的な司法権観念を基盤としている。司法制度改革審議会意見書は，「司法の役割」について次のように述べている。「法の下ではいかなる者も平等・対等であるという法の支配の理念は，すべての国民を平等・対等の地位に置き，公平な第三者が適正な手続を経て公正かつ透明な法的ルール・原理に基づいて判断を示すという司法の在り方において最も顕著に現れていると言える。それは，ただ一人の声であっても，真摯に語られる正義の言葉には，真剣に耳が傾けられなければならず，そのことは，我々国民一人ひとりにとって，かけがえのない人生を懸命に生きる一個の人間としての尊厳と誇りに関わる問題であるという，憲法の最も基礎的原理である個人の尊重原理に直接つらなるものである」。

2　「合憲性の統制」機関としての裁判所

「法による統治」の理念は，裁判所が「合憲性の統制」権をもつとき，最も徹底する。日本国憲法は，これを志向して，「最高裁判所は，一切の法律，命令，規則又は処分が憲法に適合するかしないかを決定する権限を有する終審裁判所である」(81条) を規定する。このことは，裁判所が，精妙な立憲民主制の機構について，法原理面において直接これを支えていくという大きな役割を託されたことを意味するとともに，裁判所の機能のあり方に独特の課題を提起することになる。この点については，次章で論ずる。

Ⅲ　司法権の基盤

1　良き司法制度の構築

日本国憲法の制定とともに，長年の課題であった，司法省の軛(くびき)から脱するという課題 (第1編第2章第1節Ⅲ2➡60頁) を果たし，組織の一新を図った裁判所を中心に，新たな司法制度が構築された。昭和22年，三淵忠彦初代最高裁判所長官は，「裁判所は真実に国民の裁判所になりきらねばならぬ」という気概を語った。

しかし，様々な要因から，司法は，一般の国民からは縁遠い，「小さな」司法のままに停まってしまい，必ずしも憲法が期待したようなものとはならなかった。憲法制定から半世紀を経て，大きな時代環境の変化の中で，わが国は，今度こそ「国民の司法」を実現しようと，民事司法制度 (行政訴訟制度を含む) および刑事司法制度全般にわたる抜本的改革に取り組むことになった[1]。その一端は既にいろいろなところで触れ (第2編第3章第4節Ⅲ2(2)➡331頁，Ⅳ2➡337頁，Ⅵ2(3)➡342頁，第4章第1節Ⅰ➡353頁など)，また，以下において言及する。

2　法曹の役割

いかに良き制度を構想しても，それを動かす人を得なければ，実際にはう

---

[1] 司法制度改革審議会意見書は，①国民の期待に応える司法制度の構築 (制度的基盤の整備)，②司法制度を支える法曹の在り方 (人的基盤の拡充)，③国民的基盤の確立 (国民の司法参加)，という3本の柱からなる改革案を提示し，それを受けて，改革に必要な24本の法律がほぼ全政党の賛成の下に制度化された。因みに，①は国民にとって，より利用しやすく，分かりやすく，頼りがいのある司法とするため，国民の司法へのアクセスを拡充するとともに，より公正で，適正かつ迅速な審理を行い，実効的な事件の解決を可能とする制度を構築する，という趣旨のものである。

まく機能しない。審議会意見書は，司法の運営に直接携わるプロフェッションとしての法曹を「国民の社会生活上の医師」と位置づけ，国民各人のおかれた具体的な生活状況ないしニーズに即した法的サービスを提供することが求められるとした。そして，歴史上様々な理由・事情から抑えられてきた法曹人口の増員とそのための新たな法曹養成制度の確立を訴えた。

こうした考え方に基づいて，法曹養成のための「中核」として法科大学院が創設され，法曹人口の増員に向ったが，従来の法曹（弁護士）のあり方を是とし，これを批判する声も根強いものがある。しかし，法曹（弁護士）を「国民の社会生活上の医師」と位置づけることが間違っていないとすれば，従来のような法曹（弁護士）人口で本当に一般の国民の（潜在的なものも含めて）ニーズに応えうるのであろうか[2]。

従来の弁護士像，ないし執務形態は，訴訟あるいは非訟事件・家事審判中心のいわゆる「裁判法務」であった。しかし，現在では，その「裁判法務」自体が多様かつ高度の専門性を求めているのみならず，行政（中央政府および地方政府）や企業の活動に法律家が求められ，高齢化社会にともなう問題も含めて[3]社会の法的サービスに対する需要が大きいことは様々な徴表を通じて知られる[4]。さらにいえば，政府や企業などの国際的な交渉事に通用する法曹（弁護士）への需要はきわめて高いものがある。弁護士に期待される活動可能領域は広い。

なお，司法の理念と現状に照らし，司法書士や弁理士などのいわゆる隣接法律専門職種の有する専門性を活用すべく様々な工夫がこらされてきたこと（例えば，司法書士への簡易裁判所での訴訟代理権の付与）についても，付言しておきたい。

3 国民的基盤（国民の司法参加）

司法が憲法の期待する役割を十全に果たすためには，司法の独自の存在理

---

2 意見書は，平成22年ころには新司法試験合格者数3,000人達成を目標とすべきとし，それを受けてその趣旨の閣議決定もなされたが，その根拠について疑問を呈する向きも根強いものがあった。因みに，意見書は，1997年時点において法曹人口一人あたりの国民の数を掲げている。アメリカ約290人，イギリス約710人，ドイツ約740人，フランス約1,640人，日本約6,300人。その後日本の法曹人口は増えたが，これらの国々での増加はさらに大きく，また，もともと法曹人口の多いインドはもとより，中国や韓国での法曹人口の増加率も目ざましいものがある。外国での事といってしまえばそれまでであるが，それぞれの国の事情があるとはいえ，人類の経験に基づく「何か」を示しているはずである。
3 高齢化社会，特に成年後見制度に関し，第2編第1章第4節①3(1)→138頁。
4 1例のみをあげれば，法テラスへの照会の多さを指摘できよう。

由についての国民の広汎な理解によって支えられる必要がある。そうした理解を醸成する方途は様々ありうるが，最も重要なのは，司法の中核をなす訴訟手続への国民の参加である。

先に，モンテスキューが国民の司法参加の意義に触れていることをみたが，1830年代にアメリカを旅行したトクビルが，民主制において生じる精神の画一性と多数者の横暴の危険への対抗力を司法とそれを支える法曹の存在に求め，そして陪審制が法曹への社会的信頼の有力な基盤になっていると説いたことはよく知られている。さらにいえば，国民の司法参加には，古典古代ギリシャにも遡る「人類全体の巨大な歴史的経験の蓄積」がある（三谷太一郎）ことが留意されなければならない[5]。英米法系国における陪審制と大陸法系国における参審制との違いはあるが[6]，立憲主義諸国が，憲法典に規定があるか否かを問わず，国民の司法参加を設けてきたのはそのためである。

日本では，明治維新期，福沢諭吉の陪審制論をはじめとしてその導入をめぐる様々な動きがあったが，当時の政治的文脈の中で，民衆（臣民）はいわば統治の客体であって裁判をする能力なしとして権力の中枢によって斥けられた。しかし，その後，政党政治が展開していく中で，大正12年に陪審法が成立し，昭和3年から実施され，政党政治が崩壊した戦時下の昭和18年に停止された（第1編第2章第1節Ⅲ2→60頁）。憲法の規定の仕方もあって，陪審の答申に法的拘束力がないなど中途半端な制度であったことは否めない[7]（第2編第4章第1節①2→354頁）。

戦後，憲法附属法として制定された裁判所法は，「この法律の規定は，刑事について，別に法律で陪審の制度を設けることを妨げない」（3条3項）と

---

5 プラトンは，師ソクラテスの死をみ，民衆裁判の危険性について真剣に考えつつも，"国民が司法に参加することをやめれば，司法は国民にとって他人事になってしまう。そして結局，国民は，自分が国家の一員であるとは考えなくなってしまう"と結論し，国民の司法参加の必要性を説いている。また，トクビルの書物の書評を書いたJ・S・ミルが，陪審制を"公共精神の学校"と説いたこともよく知られている。

6 例えば，アメリカの典型的な陪審制にあっては，選挙人名簿などから事件ごとに無作為に選ばれた陪審員12人と裁判官1人で裁判体を構成し，陪審員のみで有罪か無罪かを決定し，有罪の場合に裁判官が量刑を行う。他方，例えばドイツの参審制にあっては，市町村において議会の同意を得て作成された候補者名簿から4年の任期で参審員が選ばれ，参審員2人と裁判官3人で裁判体を構成し，一緒に評議し，有罪か無罪かの決定と量刑を行う。

7 それでも，陪審裁判は合計484件，うち有罪378，無罪81，公訴棄却1，陪審の更新24，という結果であった。

定めた。そして半世紀余を経て，平成16年に**裁判員法**（「裁判員の参加する刑事裁判に関する法律」）が制定され，平成21年から実施された。この制度は，裁判員が事件ごとに選任される点で陪審的性格をもつが（選挙人名簿から無作為抽出で作成された候補者名簿をもとに，欠格事由などのない者の中からくじ等の方法で選ばれる），裁判員（6人）が職業裁判官（3人）とともに裁判体を構成し一緒になって裁判内容の形成に関与する点で参審的で，日本独特のものといえる。裁判員裁判の対象は，死刑または無期の懲役・禁錮にあたる罪および法定合議事件（裁判所法26条2項2号）で故意の犯罪行為により被害者を死亡させた罪である。

　制度の発足・実施にあたって，専門家でない者に裁判ができるのかの疑問とともに，違憲論も主張された。前者の疑問については，様々な背景・歴史をもった人たちが加わって冷静に議論することによって，より確かで妥当な結論が得られるのではないか，法曹に限らず専門家は独り善がりになりがちで，ともすれば仲間うちの暗黙のルールで事に処する傾向を秘めており，国民が加わることによって，専門家も緊張感をもってその職業倫理により忠実となり，そのことがひいては法曹に対するより確かな社会的信頼を醸成していくのではないか，と思われる[8]（長谷部恭男）。違憲論については，日本国憲法の制定過程からも，また，文言解釈からも，十分な根拠のあるものとは思われない[9]（常本照樹，土井真一，笹田栄司）（第3節Ⅱ2→602頁）。

　最後に，トクビルの示唆にもあるように，司法が確かな国民的基盤に立つことによって，政治部門に対するより有効な抑制・均衡の力を発揮しうることを付言しておきたい。

---

[8] 法令解釈や訴訟手続に関する判断は，職業裁判官が行い（裁判員法6条2項），裁判員の関与する判断は裁判官および裁判員の双方の意見を含む合議体の員数の過半数が賛成する意見によるものとされる（同法67条1項）。

[9] 確かに従前の憲法学説は，総じて国民の司法参加に積極的ではなく，容認する場合でも，陪審の決定に法的拘束力を認めないこと，被告人に陪審を辞する自由を認めることなどを条件とする傾向があったように思われる。しかし，こうした意見は，陪審法をめぐっての明治憲法下の議論をそのまま引き継いでのものであったように思われる（第2編第4章第1節Ⅰ2→354頁）。

　なお，憲法論として，「討議民主主義理論に基づく裁判員制度の意義の再定位」（柳瀬昇）が注目される。

第2節　司法権の意義とその帰属

I　司法権の観念

1　司法権の観念

　司法権は，形式的意味においては，国家機関のうち裁判所に属する国家作用というだけのことになるが，権限配分規定による憲法76条1項により裁判所に属するとされる「司法権」は，実質的意味において解されなければならない。

　では，実質的意味における司法権とは何か。この点，通説的見解は，司法権とは一般に，具体的な争訟事件について，法を適用し，宣言することによって，これを解決する国家作用であると捉え，日本国憲法にいう「司法権」もそのような内容のものであると解してきた（A説）。

　そこには，昭和20年代における判例の動向も作用していたものと思われる。刑訴応急措置法事件判決[10]は，憲法81条は「米国憲法の解釈として樹立せられた違憲審査権を，明文をもって規定した」ものと捉え，警察予備隊違憲訴訟判決[11]は，「司法権が発動するためには具体的な争訟事件が提起されることを必要とする」と解した。そして教育勅語事件判決[12]は，「わが国の裁判所は，日本国憲法に特別の定のある場合を除いて一切の法律上の争訟を裁判する権限を有するものであるが（裁判所法3条），その法律上の争訟とは，当事者間の具体的な権利義務ないし法律関係の存否に関する紛争であって，且つそれが法律の適用によって終局的に解決し得べきもの」とした[13]。

　こうした通説的見解に対して，司法権観念の歴史的流動性を強調し，ドイツ流の抽象的違憲審査のごときものも日本国憲法の「司法権」に包摂されうるとする説（B説。小嶋和司）も主張された。実は，明治憲法時代，司法権は歴史的にして確たるものを有しない（つまり，実質的司法権の理論的概念化は不可

---

[10] 最(大)判昭和23年7月8日刑集2巻8号801頁。
[11] 最(大)判昭和27年10月8日民集6巻9号783頁。
[12] 最判昭和28年11月17日行集4巻11号2760頁。
[13] また，最判昭和29年2月11日民集8巻2号419頁は，「法令を適用することによって解決し得べき権利義務に関する当事者間の紛争」という。

能)とする説が主張され(宮沢俊義)、戦後もある種の強い知的磁場であり続けた。B説は、そうした知的磁場との関連性をうかがわせる。

さらにいえば、上述のようにA説が通説化したとはいえ、そのA説的理解の根底にはなおB説的認識が存在し、あるいは理論的概念化不可能説の磁場の影響を受け続けたようにも思える。そのためか、司法権についてのごく概括的定義を越えて、司法権の実質的意味を憲法解釈論的に明らかにし、実定司法制度(例えば、行政訴訟制度)の形成・運用に具体的な憲法規範的要請を及ぼそうとする試みが稀薄であったように思える。

では、判例、そして通説(A説)のような理解の根拠は、何か。実は、その点は必ずしも明確ではない。ただ、日本国憲法が導入した違憲審査制のあり方に関し、アメリカ合衆国流のものであるとの想定の下に司法権の行使に付随したものと措定され、そして、その本体の司法権に関し事件・争訟性が意識されるというものであったようにもみえる。では、事件・争訟法とは具体的にどのような内容をもつのか、何故司法権と本質的なかかわりをもつのか。次に、そのアメリカでの展開を垣間見ながら、若干考察することにしたい。

なお、近時、日本国憲法が司法権の対象として合衆国憲法のように事件・争訟を明示していないことにも注目し、司法権をもって「適法な提訴を待って、法律の解釈・適用に関する争いを、適切な手続の下に、終局的に裁定する作用」と捉える説が主張され(C説。高橋和之)、注目される。この主張の意味するところや問題点についても、以下、あわせて論及する。

2　具体的事件・争訟性の要件の意味

(1)　要件の具体的内容　　合衆国憲法は、「司法権は、次の**事件および争訟**に及ぶ。(1) この憲法、合衆国の法律、および……条約の下で生じる、コモン・ローおよびエクイティ上のすべての事件(cases)、……(4) 合衆国が当事者である争訟(controversies)、……」(3条2節1項)と規定し、事件ないし争訟が司法権の憲法明文上の要件とされている。この事件・争訟は、伝統的には、①対決性、②争われている法的権利に利害関係をもつ当事者、③現実の司法判断適合の争訟の存在、および④裁判所が終局的で拘束力をもつ判断を下すことができること、の4要件を内包する観念として把握されてきた。

しかし、裁判所が公共政策の形成に一定の役割を果たすことへの期待が強

まるにつれ，これらの要件は弾力的・創造的に適用されるようになる。例えば，権利侵害の阻止ないし権利存在の確認を求める事例で，現実の司法判断適合の紛争が存するか否か微妙であるにかかわらず，裁判所は差止命令を発し，宣言的判決を下すようになった（大沢秀介）。

のみならず，裁判所は，端的に事件・争訟性の言葉では語らず，勧告的意見を行わないという法理，政治的問題の法理，当事者適格の法理，成熟性の法理，ムートネス（mootness）の法理（事件・争訟として成立しても，その後の事情で事件・争訟の要素の1つないしそれ以上を欠くに至った場合にはもはや司法権行使の対象となりえないとするもの），など各種の法理，あるいは，これらの法理を総合して「司法判断適合性（justiciability）の法理」の名で語る傾向を示すようになった。

学説の中には，こうした要件は政策的なものにすぎないとし，あるいは，憲法裁判は具体的紛争解決の手段としてというよりも，それ自体が目的であり，事件・争訟性についての伝統的解釈に固執する必要はない，とする見解もみられるようになる。

してみると，事件・争訟の要件といっても，どこまで確たるものか疑問視される余地がある。いわんや，事件・争訟が憲法上明記されない日本国憲法に関し，事件・争訟にそれほどこだわる必要はないのではないか（要件緩和論[14]），さらには，先に触れたC説のように，事件・争訟を司法権の概念要素とする必要はないのではないか（要件排除論）の見解が生じるのも，理解できないではない。

だが，そのように理解すべきものであろうか。事件・争訟性の問題は，司法権，さらには法の支配と深いつながりをもっているのではないか。司法権の観念が時代により国により必ずしも一定しないところがあるとしても，なお立法権や行政権とは異なる独自のものを有しているのではないか。それは，司法権自体の側からも，国民の側からも求められるものではないか。では，それは何か。

(2) 要件の存在理由　前節で「司法の役割」に関して触れたが，司法権が司法権たるゆえんは，公平な第三者（裁判官）が，適正な手続を基盤に，関係当事者の立証と法的推論に基づく弁論とに依拠して決定するという，純

---

[14] 例えば，法的な解決が可能で，国民が公権的解決を必要とする紛争であればよく，「訴訟当事者の権利義務に関する紛争」である必要はないと説かれる（浦部法穂）。

理性の特に強く求められる特殊な参加と決定過程たるところにあると解される。これに最もなじみやすいのは、具体的紛争の当事者がそれぞれ自己の権利・義務をめぐって理を尽して真剣に争うということを前提に、公平な裁判所がそれに依拠して行う法原理的決定に当事者が拘束されるという構造である。

　この構造は，近代立憲主義と深くかかわりあっていることに留意する必要がある。つまり，この構造は，国民はその代表者の選挙を通じて立法過程に参与する一方，そのような法の下での国民各自の具体的な権利・義務関係のあり方はそれぞれ自ら決定していくという自己決定の原則，および国民各自の具体的な権利・義務関係について，自己が適正に代表されていない過程によって拘束的に決定されることは不公正であるという観念（デュー・プロセスの思想），と結びついているのであって，具体的事件・争訟性の要件は，このような原則と観念を充足するという役割をもっているのである。のみならず，裁判所に特有の先例拘束性の原則（因みに，後の議会は先の議会の決定に拘束されるということはない）は，裁判所が現実の具体的紛争を基盤にしてその解決に必要な限度において判断するということを前提としているもので，裁判所がむやみと抽象的紛争に踏み込むことは当該原則の基盤を握り崩すことになることも留意さるべきである。この原則の動揺は，結局は，政治部門とは異なる裁判所特有の法形成機能，したがって公共政策の形成力を弱めることになる。

　他面からいえば，このよう諸事情が存しないとき（例えば，その問題が違ったかたちで訴訟で争われるということがありえないような場合とか，その権利の保持者が自らそれを主張することができないような場合）は，裁判所は，具体的な事件・争訟性に多少問題があっても，判断を行うことが許されないわけではないといえる（次章第2節参照）。

　以上要するに，事件・争訟性の要件は，単に司法権の対象ということではなく，その中に，国民（当事者）の側からは適正に解決して欲しいという切実な要請と，裁判所の側からはいかにして適正に解決できるかという要請とが交錯する場であるということである。

3　具体的事件・争訟性の要件の効果

(1)　要件の帰結　憲法にいう「司法権」とは上述の具体的事件・争訟性を内実とするから，いかに重要な法律問題であっても，それが仮定的ない

し抽象的段階にとどまる限り，司法権の行使対象とはならない。先に触れた警察予備隊違憲訴訟判決は，「我が裁判所は具体的な争訟事件が提起されないのに将来を予想して憲法及びその他の法律命令等の解釈に対し存在する疑義論争に関し抽象的な判断を下すごとき権限を行い得るものではない」としている。なお，この判決については，また次章で論及する。

ところで，裁判所法は「裁判所は，日本国憲法に特別の定のある場合を除いて一切の法律上の争訟を裁判し，その他法律において特に定める権限を有する」(3条)と規定している。ここにいう「一切の法律上の争訟」と，憲法にいう「司法権」に関し論じてきた事件・争訟とはいかなる関係にあるか。結論からいえば，裁判所法にいう「一切の法律上の争訟」は，少なくとも憲法にいう「司法権」(事件・争訟)をすべて包摂していると解される。憲法76条1項が「すべて司法権」は裁判所に属するといっているものを，法律によって縮減することは許されず，裁判所法3条に「日本国憲法に特別の定のある場合を除いて一切の法律上の争訟……」とあるのはそのことを踏まえてのことと解される。ただ，「客観訴訟」などをどう位置づけるかが問題となるが，すぐ後で触れる。

先に触れた教育勅語事件判決も含めて判例および実務は，「法律上の争訟」をもって，①「当事者間の具体的な権利義務または法律関係の存否(刑罰権の存否をふくむ)に関する紛争」であって，②「法律の適用により終局的に解決しうべきもの」，と捉えている[15]。憲法にいう「司法権」の内実をなす事件・争訟性の要件は，一見すると，裁判所法にいう「法律上の争訟」に関する①の要件(狭義の事件・争議性の要件)に対応するもののごとくであるが，「司法権」が具体的事件・争訟性を内実するという中に，法を適用して解決しうるものという含意を当然にともなっているのであって，①と②の要件両者に対応していると解される。

因みに，①と②の要件は本来密接に関連し合っているが，事件・争訟によっては区別して考えるのが適切な場合がある。先に触れた警察予備隊違憲訴訟は既に①の要件を欠くことは明らかであるが，郵便貯金目減り訴訟はやや微妙である。それは，急激な物価上昇率によって貯金の実質的価値が減少し，減価相当額の損害を被ったとして国に賠償を求めた事案にかかわるが，

---

[15] 最高裁判所事務総局総務局・裁判所法逐条解説(上)。注12，13の判決をはじめ，技術士国家試験事件に関する最判昭和41年2月8日民集20巻2号196頁等々。

①の要件欠如例とみる見解もある（阪本昌成，新正幸）とはいえ，①の要件は一応充たすが，結局は経済政策の是正そのものが争点であるとして②の要件欠如例とみることもできる[16]。

争点の核心が法律を適用して判断できる事柄ではないとして，訴えが斥けられた例は幾つかある。「技術上または学術上に関する」事柄であるとされた**技術士国家試験事件判決**[17]，宗教上の教義にかかわる事柄とされた「**板まんだら**」**事件判決**[18]などがそれである。

具体的な事件・争訟性の存否の判断は，当事者の裁判所への提訴の仕方・争い方にも関連して微妙であるとともに，行政事件の場合は，本来的に公共政策の形成と深くかかわっていることから，民事事件の場合とは異なった柔軟な判断が要請されることは否定できない（従来，行政事件訴訟の領域では，この「法律上の争訟」の要件が，不幸にももっぱら司法権の対象を限定する役割を担わされてきたという印象を拭えない）。

(2) **要件の含意**　裁判所は，憲法に特別の定めのある場合を除き，上述の内容の司法権を独占的に行使するもので，その行使を妨げる法律は憲法76条に抵触するとともに，裁判を受ける権利を保障する憲法32条の問題となる。上述のように，裁判所法3条が「・一・切・の法律上の争訟」といっているのも（傍点筆者），この趣旨を踏まえてのことと解される。その意味で，実定訴訟制度（とりわけ，行政事件訴訟制度）のあり方が，憲法の観点から不断に検討対象とされなければならない（例えば，従来，行政行為の義務付け訴訟や仮処分・執行停止などについて否定的・消極的な態度がとられたが，この点，近時の行政事件訴訟法の改正で相当の改善をみたことについては後述する）。

裁判所が司法権を独占的に行使することは，他方，裁判所は司法権のみを行使すること，換言すれば，裁判所が本来的司法権ならざる権能を行使してはならないこと，を直ちには意味しない。本来的司法権を核として，その周

---

[16] 一審は請求を棄却し，二審も控訴を棄却，そして最判昭和57年7月15日判時1053号93頁は，「事の性質上専ら政府の裁量的な政策判断に委ねられている事柄」として，上告を棄却した。却下判決ではない点が留意される。
[17] 注15の判決。
[18] 最判昭和56年4月7日民集35巻3号443頁。本件は，創価学会の本尊を安置する正本堂建立費用に充てることを目的とした寄付金につき，本尊が偽物であることなどを理由とする返還請求事件であるが，判決は，本件訴えは「法律上の争訟」にあたらず，「不適法として却下すべき」であるとした。それは，本件における請求の当否を決するについての前提問題として，宗教上の教義に関する判断が必要不可欠であり，また，訴訟の争点および当事者の主張立証もかかる判断に関するものが核心となっている，ことに留意したうえでのことであった。

りには法政策的に決定されるべき領域が存在している。**非訟事件の裁判権**はその典型で，裁判所のなすにふさわしい仕事として今日広く認められているところである。裁判所法3条1項に即していえば，この裁判権は，一般に，「その他法律において特に定める権限」として位置づけられてきた。

　それでは，法律によりどのような権限も裁判所に付与しうるかといえば，疑問である。付与される作用は，法原理部門としての裁判所のあり方にふさわしく，裁判による法原理的決定になじみやすいものでなければならず，その決定には終局性が保障されなければならないと解される。アメリカにおいて**勧告的意見を行わないという法理**があることに触れたが，日本でも，異説はあるが，同様に解されるべきであろう（司法行政作用としてそうした権限を付与することも考えられるが，適切かどうかは相当に疑わしい）。また，例えば，裁判所を行政過程の一環として組み込み，裁判所の決定について行政機関の最終的審査権を留保するような形態の授権は許されない。このことに関連して，**内閣総理大臣の異議の制度**について後に述べる。

　様々な観点から議論の余地があるのは，いわゆる**客観訴訟**である。これは，典型的説明によれば，個人の権利利益の保護を目的とするいわゆる主観訴訟と違って，公益の保護を目的とする訴訟で，行政事件訴訟法の定める**民衆訴訟**（5条）と**機関訴訟**（6条）がそれにあたり，こうした訴訟類型を認めるかどうかは立法政策に委ねられるとされる[19]（同法42条は，こうした訴訟は「法律に定める場合において，法律に定める者に限り，提起することができる」と規定している[20]）。

　従来，本体の抗告訴訟などのいわゆる主観訴訟の提起が判例・実務上厳しく絞り込まれたことも関係して，この客観訴訟の活用ないし主観訴訟の相対化を図ろうとする試みがなされるようになった。例えば，憲法上の「事件性」と裁判所法上の「法律上の争訟」とを区別し，前者はより広い射程をもち，「具体的な争い」である限り，特に法律の規定が存在しなくとも，司法権が扱いうる事項であるとし（野坂泰司），あるいは，既に触れたような要件

---

[19] なお，この客観訴訟の裁判所法上の位置づけとしては，3条1項にいう「その他法律において特に定める権限」とするのが一般的であったかと思われるが，「他の法律において特に定める権限」（同法8条，17条，25条など）に求める説もある。

[20] なお，「民衆訴訟」の位置づけ方などに関する初期判例として，村長選挙告示取消事件に関する最判昭和32年3月19日民集11巻3号527頁，町名変更事件に関する最判昭和48年1月19日民集27巻1号1頁など参照。

緩和論ないし要件排除論が主張される。

　これら諸説の意図するところはよく理解できるが，まず，最初の主張については，既に示唆したように，それによれば裁判所法が憲法上の司法権を縮減しているということになり，何よりもそのこと自体が憲法上許されないことと解すべきではないかと思われる。要件緩和論については，全体的に「司法の民衆訴訟化」を企図しているといえるものであり(尾吹善人)，要件排除論については，近代立憲主義に基礎をもつ司法権や法の支配を超越する理論的主張のように思われる(渋谷秀樹，新正幸)。そこにいわれる「適法な提訴」とは何を意味するのか，そこに立法府が関与することが許されるということであれば，いわゆる客観訴訟も当然に76条にいう「司法権」に含まれるという意義はどれほどのものであろうか。

　このようにみてくると，やはり①憲法にいう実質的意味の司法権を核として，それに加えて②立法府が，司法権を行使する裁判所にふさわしい権限として立法政策上付与するものがありえ，しかし③裁判所に付与しえない(裁判所として受けてはならない)ものもある，という構造で捉えるべきではないかと思われる。もっとも，それぞれ(特に①と②)の境界線は曖昧なところがあり，法律上客観訴訟とされるものでも，実質的には主観訴訟とみるべきものがありうることに注意する必要がある。例えば，議員定数不均衡問題は公職選挙法204条の訴訟として扱われているが，その実質は主観訴訟とみることができるところで，仮に抗告訴訟などの主観訴訟として争う道を閉ざしたまま204条を改廃するようなことがあるとすれば，違憲とさるべき筋合のものである。

　結論を述べるにあたって，いわゆる司法権を，核(コア)，中間領域，外周に区別する論(中川丈久)が参考になる。すなわち，憲法76条1項にいう「司法権」は「核」にあたり，その核の延長として裁判所が自らの職責と考えるものや立法府が政策的に裁判所に求めた裁判作用が「中間領域」を形成する。それらが訴訟の実体(対決性や現実の司法判断適合の争訟の存在など)をともなっている限り，裁判所法にいう「一切の法律上の争訟」と観念してよい。

　「機関訴訟」に関しても論ずべき問題は多いが，最後に宝塚市パチンコ店規制条例事件判決[21]に触れるにとどめる。本件は，宝塚市の市長が，条例に

---

[21] 最判平成14年7月9日民集56巻6号1134頁。

基づきパチンコ店の建築工事中止命令を発したが，従わなかったため，同工事を続行してはならない旨の裁判を求めたものである。判決は，このような訴訟は「法規の適用の適正ないし一般公益の保護を目的とするものであって，自己の権利利益の保護救済を目的とするものということはできないから，法律上の争訟として当然に裁判所の審判の対象となるものではなく，法律に特別の規定がある場合に限り，提起することが許される」とした。

　日本国憲法の「司法権」は一般に英米法系のものとされるが，英米にあっては行政上の義務の履行を求める訴訟は通常の司法権の範囲に含まれると観念され，むしろ司法的執行が本来の原則であるともいわれる（中川丈久，松井茂記）。また，判決の論理に従えば，刑事訴訟などは一体どのように位置づけられることになるのであろうか。判決の根底には，司法権を私権の保護に限定しようとする明治憲法体制下の発想がなお存在しているのではないか。それは，法の支配の理念に適合するものであるか。裁判所としては，この種の訴訟も司法権の核にあると考えるか，少なくともその核の延長にあるものとして自らの職責と考えるべきものではなかったか。

4　司法権と「救済」

　以上のように，司法権は，当事者間の具体的な法律関係または権利・義務の存否について，実体法の定めるところに従い，それ特有の当事者主義的構造・手続を通じて，客観的に確定し，該事件・争訟を解決することを課題とする。したがって，法律関係または権利・義務の存否の確定が中心であるが，かつての実務・学説は，この点に純粋にこだわり，司法権がそうした確定作用を前提にして，事件・争訟を，的確な救済方法をともなわせることによって，適正に解決するということへの思いに不足するところがあったように思われる。

　アメリカ合衆国では，「実体法」，「手続法」と並んで「救済法」という独自の法領域があり，裁判所の独自の創造的活動のあり方が問題とされる。わが国では，こうした発想は稀薄であるが，憲法解釈論として，実質的意味の司法権観念をより立ち入って構成しようとするならば，避けて通れない課題というべきであろう。因みに，この「救済」が，権利の具体的実現を図るのみならず，権利の動態的な生成発展にも独特の役割を果たすことが注目されて然るべきである（第2編第1章第3節①2 ➡ 122頁）。

　この「救済」的発想が最も欠如していたのは，行政事件訴訟の領域であっ

た。近時の行政事件訴訟法の改正によって，ようやく改善が図られたが，後に少し触れる。

わが国の司法権の中身や活動方法がほぼ実定法律の次元で決められている観を呈し，英米の司法と違ってかなりきゅうくつなものであるとの認識は，裁判官自身によって時折指摘されてきたところである。「救済法」的観点も取り込んだ実質的司法権観念の構成は，権利の実現のためのより積極的・創造的な活動に資するであろう。そして，こうした文脈でみた場合，実は，従来の判例の中にも注目すべきものがあった。例えば，既にみた迅速な裁判を受ける権利に関する高田事件判決[22]や，議員定数不均衡問題に関し，公職選挙法204条によって違憲性を争うことを認め，「事情判決」の法理を案出した判決[23]，さらには，損失補償請求権（29条3項）や公の賠償請求権（17条）の位置づけ方・用い方[24]などに，その種の「救済法」的発想がうかがわれる。

そして，最近の事例でいえば，在外国民選挙権訴訟判決[25]が注目される。本判決は，より適切な訴えができることを理由に法律そのものの違法確認の訴えは却下したが，予備的請求であった選挙権を有することの確認の訴えについて公法上の法律関係に関するものとしてその利益を認めることができるとしたものであった（第3編第1章第2節Ⅰ2→397頁）。これは，救済の必要性を重視し，「法律上の争訟」性を柔軟に解釈したものと解される（滝井繁男，大沢秀介）。

Ⅱ 司法権の範囲

1 総説

モンテスキューは，「裁判する権力」をもって「犯罪を処罰し，個人間の紛争を裁判する権力」と観念したが，実際彼の母国フランスやドイツでは，司法権は民事事件および刑事事件の裁判に限定し，行政事件の裁判は「行政」の作用とみて行政機関の系統に属する行政裁判所に行わせるという行き方がとられた（行政型）。

---

[22] 最(大)判昭和47年12月20日刑集26巻10号631頁（第2編第3章第4節Ⅵ2(3)→342頁）。
[23] 最(大)判昭和51年4月14日民集30巻3号223頁（第3編第1章第2節Ⅲ3→406頁）。
[24] 第2編第3章第2節Ⅱ4(3)→316頁，第4章第1節Ⅱ2→356頁。
[25] 最(大)判平成17年9月14日民集59巻7号2087頁。

これに対して，英米法系の伝統では，「法の支配」の思想の下で，行政事件の裁判を特別視せず，民事事件の系譜で捉えて「司法」として観念された(司法型)。

大陸法系の影響下で作られた明治憲法は，当然のことながら行政型によった。日本国憲法はいずれの型によるものかが問題となる。

2 日本国憲法下の司法権

憲法76条1項いう「司法権」について，当初，明治憲法下の「司法権」と同義に解する説もあったが(美濃部達吉)，一般に司法型であると解されて，その説が支配的となった。①日本国憲法がアメリカ憲法思想の影響下で作られたこと，②憲法81条が「処分」の違憲性を審査する権限を裁判所に与えていること，③行政裁判所に関する規定が全くみられず，むしろ行政機関による終審裁判を禁止する規定(76条2項)が存すること，などを考慮すれば，通説・判例が司法型と解したのは当然というべきであったろう。既にみたように，裁判所法3条1項が，「裁判所は，日本国憲法に特別の定のある場合を除いて一切の法律上の争訟を裁判」すると規定しているのは(傍点筆者)，その前提に立ってのことと解される。

実際の制度展開をみると，当初は，行政事件の審理は民事訴訟法によるものとされ，そして昭和23年の行政事件訴訟特例法は，そうした建前のうえに，行政事件の審理手続に関し必要最小限の特則を定めるものとされた。しかし，これでは不適切・不十分であるということで，昭和37年に行政事件訴訟法が制定された。しかし，同法およびその運用は，明治憲法体制以来の行政の公益性・独自性を重視する伝統を反映し[26]，行政訴訟制度の機能不全といわれる事態が現出した。

学説・判例上この事態を改善すべく様々な試みがなされたが，司法制度改革の一環として，平成16年，行政事件訴訟法をかなり大幅に改正する法律(改正行政事件訴訟法)が制定された。それは，①救済範囲の拡大(取消訴訟の原告適格の拡大，義務付け訴訟の法定，差止訴訟の法定，確認訴訟の明示〔公法上の確認訴訟を実質的当事者訴訟の一類型として明示〕)，②審理の充実・促進(資料・記録の提

---

[26] このような伝統の源流は，「中立にして公正な公益実現者であるところの行政」という行政官僚への信頼に基礎をおくプロイセン型法治国家観にあり，当のドイツにあっては，ボン基本法の下，そのような国家観は，少なくとも行政訴訟法のレベルではもはや存在しなくなっているのに，わが国の場合，少なくとも昭和30年代において未だ法思想上の清算がなされなかった，と指摘される(藤田宙靖)。

出要求制度の創設，釈明処分の特則等々)，③行政訴訟を利用しやすく分かりやすくするための措置 (抗告訴訟の被告適格の簡明化，出訴期間の延長等々)，④仮の救済制度の整備 (執行停止要件の緩和，仮の義務付け・仮の差止の制度の創設) などに及んでいる。行政の公益性・独自性に関する従来の過度の強調を，できるだけ訴訟一般の枠組に引き戻し，救済をより実効的なものにしようとする試みであるといえよう (山崎潮)。

Ⅲ　司法権の限界

1　総　説

憲法にいう「司法権」は以上のごとくであるが，その「司法権」にも「限界」といわれるものがある。それには，①国際法上の限界と②憲法上の限界とが含まれる。

まず，①**国際法上の限界**としては，一般国際法上のもの (例えば，国際法上治外法権の特権をもつ外交使節にはわが国の司法権は及ばない) と条約その他の合意によるもの (例えば，日米安全保障条約に基づく協定により駐留軍の構成員・軍属などに対する刑事裁判権につき，一定の例外が認められる) とがある。

次に，②**憲法上の限界**としては，憲法上の明文によるものと憲法上含意的に導かれるものとがある。なお，ここに「限界」とは，厳密にいえば，本来司法作用に属しつつ，なお何らかの理由で司法権行使の制約となるものということになろうが，いわゆる「限界」とされるものの中には，本来司法作用内に属するといえるかどうか微妙なものも含まれている (ときに「司法権の範囲ないし限界」というよう曖昧な表現が使われることがあるのは，そのためである。次の2にいう「限界」もそのような趣旨において理解されたい)。以下，②について論ずる。

2　憲法上の限界

(1)　憲法の明文による限界　この例としては，(ⅰ) 国会の各議院の行う議員の資格訴訟の裁判 (55条) と (ⅱ) 弾劾裁判所による裁判官の弾劾裁判 (64条) がある[27] (第3編第2章第4節Ⅵ→458頁，第5節Ⅰ2(2)→460頁)。

---

[27] なお，恩赦が司法作用にかかわる面をもち，権力分立制の例外をなすものだとすれば (第3編第3章第4節Ⅰ8→501頁)，内閣による恩赦の決定 (73条7号) も，この種の限界となる。

(2) 憲法上含意的に導かれる限界　この種の「限界」として種々のものが指摘される。

（ⅰ）政治部門の自律権にかかわる限界。除名も含めて議員の懲罰に関する議院の判断は最終的なものと解すべきこと，議院における議事手続も，明白な憲法違反という例外的な場合を除いて，議院の自主性が尊重さるべきであること，また，閣議のあり方についても司法審査が及ばないと解すべきこと，については既に触れた（第3編第2章第5節Ⅰ3(2)➔463頁，第3章第3節2➔496頁）。

（ⅱ）政治部門の裁量にかかわる限界。行政法規がいつ・いかなる行為をなすべきかについて一義的に行政庁を拘束していない場合に，行政庁の自由裁量が肯認され，司法審査権が及ばないとされてきた。が，裁量の範囲を逸脱または濫用が認められる場合には違法となり，その点については司法審査が及ぶ（行政事件訴訟法30条参照）。

内閣の行う事務の中には政治的性格をもつものが多く，そこではそれ特有の裁量の問題があり，就中，高度の政治的性格をもつ衆議院の解散については司法審査が及びうる限りでないことは既に述べた（第3編第3章第1節Ⅰ2(3)➔477頁）。また，国会との関係では，立法するか否か，いつ・いかなる内容の立法をするかなどについて，同じく政治的性格の裁量を語りうるところがある（判例は，しばしば「立法政策の問題」であるとか「国会の裁量に委ねられている事項である」とか表現してきた）。そして，こうした裁量の範囲を逸脱ないし濫用に及んだかどうかの問題が生じることになる。この点は，結局，関係する憲法条項の解釈に帰着し（第2編でいろいろみてきたところである），また，次章で触れる違憲審査基準の問題などとして立ち現われる。

（ⅲ）いわゆる「統治行為」にかかわる限界。この点については，次章第2節で述べる。

（ⅳ）法の論理に従っての処理が極端な公共の福祉の破壊をもたらすような例外的な場合。この場合の司法権のあり方を示すのが，「事情判決」の制度で，行政事件訴訟は，こうした場合には，裁判所は，取消訴訟につき，処分または裁決が違法であることを判決主文で宣言するにとどめ，それを取り消さない，つまり請求を棄却することができるとしている（31条）。議員定数不均衡問題に関し，最高裁判所が「事情判決」の制度を類推して処理したことについては既にみた（第3編第1章第2節Ⅲ3➔406頁）。この制度の安易な

適用は，法秩序の質に重大な問題を惹起することはいうまでもない。

（ⅴ）**団体の内部事項にかかわる限界**（「部分社会の法理」）。社会には様々な団体があり，そこには団体を成り立たしめるきまり・ルールがある。そうした団体の内部的事項に司法権がどこまでかかわるべきかの問題も，司法権の限界の問題として論じられてきた。

この問題は，当初，地方公共団体の議会における懲罰決議をめぐる紛争に関して論じられた。最高裁判所は，除名処分は司法裁判所の権限内の事項としたが[28]，**村会議員出席停止事件**において，「自律的な法規範をもつ社会ないし団体に在っては，当該規範の実現を内部規律の問題として自治的措置に任せ，必ずしも，裁判にまつを適当としないものがあ」り，出席停止のごとき懲罰問題はそれにあたるとした[29]。この問題について，一般市民法秩序と特殊的法秩序とを区別し，除名を含めて懲罰の問題は特殊的法秩序に属する事柄でおよそ司法権の対象外であるとする説と，地方議会議員の懲罰事由および種類につきすべて法規の定めるところで（地方自治法134条・135条など参照），その法規の枠を越えれば，除名・出席停止を問わず司法権の対象となるとする説とがあったが，判決は，除名とそれ以外とを区別したことになる。

議員たる地位は一般市民として享有しうる地位とはいい難いが，地方議会議員の地位が実定法上保護され，除名は地方議会からの排除という重大な事柄であり，その紛争の深刻さと相まって，除名には司法権が及ぶとしつつ，それ以外の懲罰には原則として及ばないとするのは，地方議会の自律権を考慮すれば，妥当なものと解されよう。なお，この問題は，およそ団体の内部的事項にかかわる問題として扱われているが，上述のように地方公共団体を地方政府とみる立場からは，むしろ既に触れた政治部門の自律権の問題に準じて考えるべきものである。とはいえ，憲法上高度の自律権が保障される議院と地方議会とを同日に論ずることはできない（第3編第2章第5節Ⅰ3(2)➡463頁）。

最高裁判所は，その後，**富山大学単位不認定等違法確認請求事件**において，上の35年判決を引用し，大学は，国公立たると私立たるとを問わず，「一般市民社会とは異なる特殊な部分社会を形成」し，「一般市民法秩序と直

---

[28] 最判昭和26年4月28日民集5巻5号336頁はじめ，幾つかの判例がある。
[29] 最(大)判昭和35年10月19日民集14巻12号2633頁。

接の関係を有しない内部的な問題は右司法審査の対象から除かれるべきである」とした。そのうえで，判決は，大学における単位認定行為は原則として司法審査の対象外であるが，一般市民法秩序と直接の関係を有する「特段の事情」があれば別であることを示唆し，そして，専攻科修了認定行為については「学生が一般市民として有する公の施設を利用する権利」にかかわる問題として司法審査の対象となるとした[30]。

　ここにいわゆる「部分社会の法理」が判例上確立することになる。そして，実に様々な団体がこの法理の文脈において扱われるようになる。「部分社会」論はもともと「法とは何か」にかかわる法本質論として登場したものであった（「社会あるところに法あり」といった田中耕太郎の「法秩序の多元性」論がその典型）。それが，憲法との係留関係を明らかにしないままに，「そもそも部分社会……」といった論法の下に，具体的な訴訟の場で，司法権の介入を排除する実定法的意味を付与されたという趣がある。

　しかし，これについては，①何故に司法権の対象とならないのか，そして，そのことに関連して，②司法権の対象とならないのは絶対的か，といった疑問の存するところである。①の疑問については，主として憲法21条の保障する「結社の自由」との関連で理解されるべきものであろう（第2編第3章第1節Ⅴ1➡284頁，5➡294頁，また，第1章第4節Ⅳ➡151頁）。そして「結社」以外の存在については，それぞれの目的・性格などに即して考えるべきものであろう。②の疑問に関しては，判例自体，重大事項ないし一般市民法秩序との関連で司法審査の対象となりうることを示唆している。司法審査の対象となるか，また，いかなる司法審査が求められるかは，結社その他の存在の目的，性格，機能，紛争の性格ないし深度等々に照らし，個別具体的に判断されるべきものと思われる。

　政党にかかわる問題については既に触れたが（第3編第1章第3節Ⅱ1➡420頁），ここでは，内部紛争が裁判所に持ち込まれることの多い宗教団体について論及しておきたい。

　銀閣寺事件判決[31]は，住職たる地位は宗教活動の主宰者たる地位で，その確認を求める訴えは単に宗教上の地位の確認を求めるものであって，法律上の権利関係の確認を求めるものではないから，訴えは不適法として却下し

---

[30] 最判昭和52年3月15日民集31巻2号234頁，同号280頁。
[31] 最判昭和44年7月10日民集23巻8号1423頁。

た。ただ，種徳寺事件判決[32]は，住職などの宗教上の地位の存否であっても，宗教法人の代表役員たる地位や具体的な権利義務にかかわる紛争を解決するための前提問題としてであれば，「その判断の内容が宗教上の教義の解釈にわたるものであるような場合」でない限り，その地位の存否につき審理・判断できるとした。また，本門寺事件判決[33]は，宗教法人の規則上住職が当然に代表役員となるとされる場合に，「宗教活動上の自由ないし自治に対する介入にわたらない限り」，前提問題として住職の地位の存否につき審理・判断できるものとし，そして，住職の選任手続につき規則も慣習もないところで実際に行われた選任につき条理に適合するものとした原審の判断を是認した（因みに，政党にかかわる袴田事件判決〔第3編第1章第3節Ⅲ1→420頁〕は，この判決手法に類似している）。

しかし，この本門寺事件判決の翌年，先に触れた「板まんだら」事件判決[34]（Ⅰ3(1)→584頁）が下された。それは，要するに，訴訟の核心が宗教上の教義にかかわるものであるときは，法令の適用による終局的解決が不可能なものとして裁判所は関与しない，というものであった。そして蓮華寺事件判決[35]は，宗教団体内部の懲戒処分の効力を前提問題とする具体的な権利義務ないし法律関係をめぐる紛争（寺有建物の明渡請求，代表役員等の地位確認）につき，この「板まんだら」判決の法理を用いて，裁判所法3条にいう「法律上の争訟」にあたらないとした。本件は，懲戒権者である日蓮正宗管長（宗教上の最高権威者である法主の地位にある者を充てるとされる）が前法主から「血脈相承」（その具体的内容・方法は秘伝とされる）を受けたか，被処分者の言説が異説にあたるか，が主な争点となったものである。

本件のような場合は当然に本案前却下によるべきであるとする説がある一方，具体的な私法上の請求権が訴訟物である以上本案判決をすべきであるとする説も有力である。ただ，後者の説にあっても，宗教上の事項に関しても通常の主張・立証責任を適用して判決すべきであるとする説（主張立証責任説）と，前提問題である宗教上の事項については団体の自治に委ね，その決定がある場合には，それが公序良俗や公共の福祉に反するものでない限り，それを基礎に本案判決をすべきである説（自律的判断尊重説）に分かれている。

---

[32] 最判昭和55年1月11日民集34巻1号1頁。
[33] 最判昭和55年4月10日判時973号85頁。
[34] 最判昭和56年4月7日民集35巻3号443頁。
[35] 最判平成元年9月8日民集43巻8号889頁。

宗教の場合,「血脈相承」のようにそれがいかなるものかを認定することが困難なことがありうる。このような場合,当事者は,当該事実自体の立証ではなく,当該事実についての団体の判断内容を立証することで代えられないかという主張（伊藤眞）が注目されるところである。

IV 司法権の帰属

1 総説

憲法は,上述のような意義と範囲をもつ司法が「最高裁判所及び法律の定めるところにより設置する下級裁判所に属する」(76条1項)とするとともに,「特別裁判所は,これを設置することができない。行政機関は,終審として裁判を行ふことができない」(同条2項)と規定する。裁判所の構成や「最高」裁判所と「下級」裁判所との関係などについては次節に譲り,ここでは次の諸点について述べる。

2 特別裁判所の禁止

憲法は,法の下の平等(14条)と裁判を受ける権利(32条)の保障の徹底を図り,司法権の統合的行使を通じて法の秩序ある解釈運用を図る趣旨から,「特別裁判所」の設置を禁止した（この点,「特別裁判所」の設置を予定する明治憲法〔60条〕と異なる）。

ここに「特別裁判所」とは,一般的に司法権を行う通常裁判所の組織系列に属さない裁判所で,単に特別の管轄をもつ裁判所のことではない[36]。したがって現在の家庭裁判所は,本項にいう「特別裁判所」ではなく,将来労働裁判所や行政裁判所を設けることも,それが通常裁判所の組織系列に属する限り(裁判官の任命,上訴などの面で),憲法上可能と解される。なお,裁判官弾劾裁判所は,憲法自体が認めた例外である(64条)。

3 行政機関による終審裁判の禁止

この禁止の趣旨も特別裁判所の禁止の場合と同様であるが,本項後段は行政機関もまた「裁判」を行うことがあることを前提としており,裁判所法は「行政機関が前審として審判することを妨げない」(3条2項)と規定している。ここで行政機関が行うのは「裁判」であって,「司法」そのものではない。このような「裁判」を行う行政機関を「行政裁判所」ということがある

[36] 最(大)判昭和31年5月30日刑集10巻5号756頁。

とすれば，それは2で可能性としてありうることを示唆した「行政裁判所」とは異なることに注意されたい。

裁判は，大別して，①証拠主義に基づく事実の認定と，②認定された事実に対する法の適用という2つの過程よりなる。いずれも重要な過程であるが (特に下級審の裁判においては，事実の認定が決定的重要性を有するといわれる)，「司法」のより核心的部分を形成するのは②の過程である。上告審裁判所を原則として「法律審」と規定することがあっても (民事訴訟法312条，刑事訴訟法405条・406条。ただし，例えば最高裁判所も事実誤認・量刑不当の問題も扱うので〔411条〕，現行刑事訴訟法においては純然たる法律審とはいえない)，「司法」権を侵害するとされないのは，その故である。

憲法76条2項後段に即していえば，**準司法的** (上に述べた理由により，司法権そのものとはいえない) 行政機関を設置し，準司法化された手続 (**準司法的手続**) により決定を行わしめ，その決定は，事実問題については大きな意味をもたせ，裁判所は法律審的に捉えようとするアメリカ的発想[37]が反映しているものと解される。

私的独占禁止は，「①……公正取引委員会の認定した事実は，これを立証する**実質的な証拠**があるときには，裁判所を拘束する。②前項に規定する実質的な証拠の有無は，裁判所がこれを判断するものとする」(80条) と規定しているが，これはこの理を示すものである。が，わが国では，日本国憲法の司法権はアメリカ的だとしながら，このような発想はなじめないらしく，この実質的証拠ルールはごくわずかしか採用されていない。例えば，電波法に基づいて総務大臣が行う処分に対する異議申立において前置手続として行われる電波監理審議会の議決 (99条) など，幾つかに限られている[38]。

例えば，公正取引委員会の審決の取消しの訴えは東京高等裁判所に対して行われ (独禁法85条)，裁判所の事実に関する審査権は実質的証拠の有無に限られ (新証拠提出の制限)，新たな証拠調べの必要があるときは委員会に差し戻すものとされる[39] (同法81条)。

---

[37] 素人である陪審の判断が拘束力を有するのであるから，専門的知識・技術をもつ行政機関の判断は，少なくとも陪審並みの権威をもって然るべきであるとする考え方。

[38] 国家公務員法3条は，「人事院が処置する権限を与えられている部門においては，人事院の決定及び処分は，人事院によつてのみ審査される」(3項) とし，「前項の規定は，法律問題につき裁判所に出訴する権利に影響を及ぼすものではない」(4項) と定めており，人事院の事実認定は終局的であって，裁判所への出訴は法律問題に限る趣旨と解する余地があるが，端的にそのようには解されていないようである。

4 内閣総理大臣の異議の制度

行政事件訴訟法25条1項は，取消訴訟の提起は「処分の効力，処分の執行又は手続の続行を妨げない」と規定して，いわゆる**執行不停止原則**を明らかにしている。ただ，同条は，原告の申立てに基づき，例外的に，裁判所が執行を停止することがありうるものとするが (2項)，この執行停止につき，同法27条は，やむをえない場合には**内閣総理大臣は異議を述べる**ことができ，裁判所はそれに拘束されると規定している (なお，同法37条の5第4項はこれを仮の義務付け・仮の差止にも準用している)。

この制度につき，かつて通説は，行政処分の執行停止はその性質上行政作用であることを理由に，合憲と解し，下級審の判決は，執行停止権限は「本来的な行政作用の司法権への移譲」であり，その移譲にあたってどのような条件を付すかは「立法政策」の問題であるとした[40]。

しかし，一般に承認されているように，処分の取消しが司法権の行使だとすれば，取消しに比べて付随的なものともみられうる処分の執行停止権限が行政作用であるとするのは，説明としてかなり晦渋である。一歩譲って，執行停止権は仮に行政作用だとしよう。そうだとしても，執行停止権は，裁判所が司法権の行使を通じて紛争当事者に実効的救済を与えるうえできわめて重要な権限である。この種の権限は性質上行政作用で，したがって本来行政権者のものというように解することは，権力分立が元来法の支配を実現するためのものであるという趣旨に悖るものといわなければならない (第1編第2章第2節Ⅲ1(3)→70頁。また，本節Ⅰ4→589頁，Ⅲ2→591頁)。

さらに譲って，行政作用であるから，裁判所に付与するかどうかは立法政策の問題であるとしても，先の下級審の判決のいうように，裁判所への権限付与に際してどのような条件も付しうるといえるか。「異議」は，異議であると同時に裁定であって，異議があるときは裁判所は執行停止をなしえず，既に停止決定をしているときはこれを取り消さなければならないという効果が生じる。このことは，上述のように，法原理機関としての裁判所の立場を害するものではないか疑問を拭い切れない。異議の制度が正当化されることがあるとすれば，内閣の命運にかかわるような非常事態の法理しかないので

---

39 こうした仕組みの合憲性についての従来の支配的見解は，実質的証拠の有無は裁判所が判断し，それがないと判断すれば審決を取消すことができるからということであったが，果たして適切な説明といえるであろうか。

40 東京地判昭和44年9月26日行集20巻8・9合併号1141頁。

はないか。

5 国民の司法参加

陪審制・参審制については先に若干触れ，わが国で導入された**裁判員制度**についても論及した。さらに，次節II2を参照されたい。

第3節　裁判所の構成

I　裁判所の種類と裁判所間の関係

1　裁判所の種類

憲法上，司法権を担当する裁判所として，「最高裁判所」と「法律の定めるところにより設置する下級裁判所」とがある。「**最高裁判所**」は，単一の存在であって，憲法上直接設置することが要請される裁判所である。憲法は，「最高裁判所」が憲法問題も決定する「終審裁判所である」(81条)ことを除けば，「**下級裁判所**」の種類，機構，管轄および審級制度について，直接明示するところがない。したがって，統一的な法令解釈の運用が図られる限り，これらの事項については法律に委ねているものと解される。現行法は，「下級裁判所」として，高等裁判所，地方裁判所，家庭裁判所および簡易裁判所の4種を設けている（裁判所法2条）。

2　裁判所間の関係

裁判所間には，上下の関係がある。ただ，この関係は，行政機関の場合と違って，司法権の行使について下位の裁判所が上位の裁判所の一般的な指揮命令の関係に立つことを意味しない。いずれの裁判所も直接司法権を担い，それぞれ独立的に行使する地位に立つからである。ここにいう上下の階級とは，下級審の裁判に不服の訴訟当事者が上級審に不服申立をした場合に，上級審は，理由ありと認めるときは，下級審の裁判を取り消しまたは変更する裁判ができるという意味においてである。この関係を**審級関係**という。

審級制度を具体的にどう定めるかは法律に委ねられており[41]，現在原則として三審制がとられている。簡易裁判所を第一審とする民事事件の上告審を高等裁判所とすることを定めた旧民事訴訟法393条（現311条）および裁判

---

[41] 最(大)判昭和23年3月10日刑集2巻3号175頁。

所法16条3号は，憲法76条に違反せず[42]，事実審査を第二審限りとすることも，第一審限りとすることも，憲法に違反しない[43]。

「上級審の裁判所の裁判における判断は，その事件について下級審の裁判所を拘束する」（裁判所法4条。傍点筆者）。これは，裁判が審級制の関係でエンドレスにならないよう，1つの事件の解決にとって不可避のことである。したがって，このことが裁判官の独立を定めた憲法76条3項に抵触するというものではない[44]。

なお，先例拘束性の意味，憲法76条3項と裁判所法4条との関係については，既に述べたところに譲る（第1編第1章第2節Ⅳ4 ➔ 31頁）。

Ⅱ　裁判所の構成

1　最高裁判所の構成

最高裁判所は，「その長たる裁判官及び法律の定める員数のその他の裁判官」で構成される（79条1項）。長たる裁判官（最高裁判所長官）以外の裁判官（最高裁判所判事）の員数は，現在14人と定められている（裁判所法5条3項）。

長たる裁判官は，内閣の指名に基づいて，天皇が任命し（6条2項，裁判所法39条1項），その他の裁判官は，内閣が任命し（79条1項，裁判所法39条2項），天皇がこれを認証する（裁判所法39条3項）。

最高裁判所の裁判官は，「識見の高い，法律の素養のある年齢四十年以上の者」の中からこれを任命し，そのうち少なくとも10人は一定の期間所定の法律専門職の経験を有するものでなければならないとされている（裁判所法41条）。一般の公務員の場合よりも広い欠格事由の定めがある（同法46条）。なお，かつて任命は裁判官任命諮問委員会の諮問を経なければならないとされたことがあり，現在もその種の提言がなされることがあるが，その種の委員会の意見が内閣を法的に拘束する類の制度は憲法上許されないと解される。

最高裁判所の裁判官は，下級裁判所の裁判官と同様弾劾裁判の対象となる（64条）ほか，特に国民審査に服する（79条2項～4項）ことは，既に述べた

---

[42] 最(大)判昭和29年10月13日民集8巻10号1846頁。
[43] 最判昭和35年12月8日刑集14巻13号1818頁，最判昭和41年1月28日判時434号2頁。
[44] 最判昭和28年5月7日民集7巻5号489頁。

（第3編第1章第2節Ⅲ3 → 399頁）。最高裁判所の裁判官は，法律の定める年齢に達したとき退官するものとされ（79条5項），その年齢は現在70歳と定められている（裁判所法50条）。

最高裁判所の審理および裁判は，事件の種類に応じて，**大法廷**または**小法廷**で行われる（裁判所法9条1項）。大法廷は，全員の裁判官の合議体，小法廷は，3人以上で最高裁判所の定める員数（最高裁判所裁判事務処理規則2条によれば，5人）の裁判官の合議体である（同条2項）。各合議体の裁判官のうち1人を裁判長とする（同条3項。最高裁判所裁判事務処理規則3条）。事件を大法廷と小法廷のいずれで取り扱うかについては，最高裁判所の定めるところによるが，ただ，次の場合は小法廷で裁判をすることができないものとされる（同法10条）。①当事者の主張に基づいて，法律，命令，規則または処分が憲法に適合するかしないかを判断するとき（意見が前に大法廷でした，その法律などが憲法に適合するとの裁判と同じであるときを除く）（同条1号），②①の場合を除いて，法律，命令，規則または処分が憲法に適合しないと認めるとき（同条2号），③憲法その他の法令の解釈適用について，意見が前に最高裁判所のした裁判に反するとき（同条3号）。

最高裁判所裁判事務処理規則によれば，事件はまず小法廷で審理するものとされ，上の3つの場合に該当するときのほか，さらに，その小法廷の裁判官の意見が2説に分かれ，その説が各々同数のとき，および大法廷で裁判することを相当と認めるときも，大法廷で取り扱うべきものとされている（9条）。憲法事件その他の重大事件の裁判には大法廷自らあたるべきで，そのためには事件の振り分けを大法廷のイニシアチブで行うことが望ましいとも考えられるが，それには様々な条件整備が必要かもしれない。

最高裁判所の司法行政事務は，裁判官会議の議によるものとし，最高裁判所長官が総括する（同法12条1項）。裁判官会議は，全員の裁判官でこれを組織し，長官が議長となる（同条2項）。

2　下級裁判所の構成

下級裁判所は，法律により4種設けられていることは既に述べた。まず，各**高等裁判所**は，高等裁判所長官および相応な員数の判事によって構成される（裁判所法15条。もっとも，現在，判事補の職権の特例等に関する法律により，判事補も判事の職務を行いうるとしている）。同裁判所は，裁判官の合議体で事件を取り扱うものとされ，その員数は，内乱罪の場合には5人，その他の場合には

3人である（裁判所法18条）。

各地方裁判所および家庭裁判所は，相応な員数の判事および判事補によって構成される（裁判所法23条・31条の2）。地方裁判所は，特定の場合（同法26条2項）に3人の裁判官の合議体で事件を取り扱うほか，原則として1人の裁判官で扱う（同条1項）。家庭裁判所は，審判または裁判を行うときは，原則として1人の裁判官で事件を取り扱い，合議体で審判等をする旨の決定を合議体でした場合や他の法律で合議体ですべきものと定められた場合には3人の裁判官の合議体で扱う（同法31条の4）。各簡易裁判所は，相応な員数の簡易裁判所判事によって構成される（同法32条）。同裁判所は，1人の裁判官でその事件を取り扱う（同法35条）。

憲法は，「下級裁判所の裁判官は，最高裁判所の指名した者の名簿によつて，内閣でこれを任命する。その裁判官は，任期を十年とし，再任されることができる。但し，法律の定める年齢に達した時には退官する」（80条1項）と定める。裁判所法によれば，下級裁判所の裁判官は，高等裁判所長官，判事，判事補および簡易裁判所判事とされており，該規定にいう「任命」とは，これらいずれかに任ずる行為をいう（40条。なお，47条によれば，「下級裁判所の裁判官の職は，最高裁判所がこれを補する」ものとされる。これを「補職」という）。裁判所法は，これら裁判官には特別の法律的素養が必要とされることを考慮して，それぞれの任命資格につき定め（42条〜45条），また，一般の公務員より広い欠格事由を規定している（46条）。

任命のための名簿作成は，司法行政事務として最高裁判所の裁判官会議の議によって行われる。この指名過程が必ずしも透明でなく，国民の意思が及びえないとの司法制度改革審議会意見書の指摘を受けて，最高裁判所は，平成15年，下級裁判所裁判官指名諮問委員会規則を制定し，該委員会が設置された。内閣は，名簿に載せられていない者を任命できないが，指名された者の任命を拒否できると解される。ただ，最高裁判所に指名権が与えられている趣旨をないがしろにするような恣意的拒否は許されないこともちろんである。高等裁判所長官の任免は，天皇が認証する（裁判所法40条2項）。裁判所法によれば，高等裁判所長官，判事，判事補は年齢65年，簡易裁判所判事は年齢70年に達したときに退官するものとされている（50条）。

下級裁判所裁判官の任命は，10年の任期付で行われるが，「再任されることができる」ものとされる。かつて具体的な再任拒否をめぐって，この意味

が争われた。10年を経過すれば当然退官し，再任も新任と全く同様であって，最高裁判所の自由裁量的判断によるとする説がある一方，「再任」は裁判官の「身分継続の原則」を前提とするもので，憲法78条所定の例外事由に該当しないことの確認行為であるとする説が主張された。

憲法の文言および制定経過（司法の地位を強化すると同時に，それが独善に陥ることを防止しようとする狙いがあったことは明らかである）に照らし，後者の説のように解することには無理がある。ただ，わが国の裁判官制度の実態をみると，下級裁判所の裁判官の地位の安定を図るべき理由は大きく，また，最高裁判所裁判官の国民審査制度（その実質は解職の制度と解すべきことは既にみた）との均衡を考えると，成績不良などの不適格とすべき特殊事情がない限り再任する方向で運用がなされるべきであろう。なお，上述の諮問委員会は，「再任」の場面でも妥当する。

審議会意見書は，裁判所法が，元来，判事補のみではなく，弁護士や検察官など判事の給源の多元性を予定しているにもかかわらず，運用の実態としては，判事補が判事の主要な給源となっているとして，判事補に裁判官の職務以外の多様な法律専門家としての経験（いわゆる他職経験）を積ませる制度を構築し，また，弁護士任官等を推進することを求めた。前者は，平成16年，「判事補及び検事の弁護士職務経験に関する法律」が制定され，その具体化をみているが，後者は依然として期待されたように進んでいない。

最後に，裁判員制度に関し，憲法上，下級裁判所は内閣の任命する裁判官のみによって構成されるはずであり，32条にいう「裁判所において裁判を受ける権利」もそういう裁判所を前提としているはずであるという理由による違憲論に，一言しておきたい。この点，日本国憲法の制定にあたって，明治憲法の規定とその下での陪審制の問題点を踏まえ，明確な意図の下に「裁判所」という表現が採用されたことなどについて，既に幾度か触れた（第2編第4章第1節①2➡354頁，本章第1節Ⅱ3➡578頁）。そもそも天皇主権から国民主権への転換に立脚する日本国憲法下で，戦前の意味での官吏性にこだわるべき根拠に乏しい。

憲法が内閣による任命対象としているのは「裁判官」であって，その裁判官のほかに裁判所を構成する者があるとすれば，それは別の事柄ということになる。そして，内閣による裁判官の任命には民主的正統性を付与する趣旨が含まれているとすれば，裁判員の方は，上述のように主権者である国民自

体（有権者）から事件ごとに無作為に抽出され，その事件にのみ関与する存在である。関連して，裁判官には公正な裁判を確保するため身分保障があるが，裁判員にはそれがないといわれるが，裁判員はその事件にのみ関与する存在であり，しかも，その選任には公平さを確保するため，就職禁止事由や不適格事由などが定められ，また，裁判員に対する不当な働きかけを刑罰をもって禁止するなど，考えられうる限りの様々な工夫がこらされている（井上正仁）。

第4節　裁判所の活動方法

I　公開裁判原則

1　総説

　裁判所による司法権の行使は，上述のように，訴えの提起がなされた場合に限られ，その意味で，本質的に受動的な性格を有する。裁判所の具体的な活動方法は，法律および最高裁判所の制定する規則の定めるところによるが，憲法は，裁判の公正を確保する趣旨から，特に，「裁判の対審及び判決は，公開法廷でこれを行ふ」（82条1項）と定める。ただ，「対審」については，公開性への例外を認め，「裁判所が，裁判官の全員一致で，公の秩序又は善良の風俗を害する虞があると決した場合には，対審は，公開しないでこれを行ふことができる。但し，政治犯罪，出版に関する犯罪又はこの憲法第三章で保障する国民の権利が問題となつてゐる事件の対審は，常にこれを公開しなければならない」（同条2項）と規定している。

2　公開を要する「裁判の対審及び判決」の意義

(1)　「対審」の意義　「対審」とは，訴訟当事者が，裁判官の面前で，口頭でそれぞれの主張を闘わせることをいい，民事訴訟における「口頭弁論」および刑事訴訟における「公判手続」がそれにあたる。このように「対審」の公開が保障されるのは，それが裁判手続の核心的部分をなすからである（したがって，例えば公判の準備手続は「対審」にあたらず，公開を要しない[45]）。先に

---

[45] 最(大)決昭和23年11月8日刑集2巻12号1498頁は，公判の準備手続を，最(大)決昭和42年7月5日刑集21巻6号764頁は，再審を開始するか否かについての手続を，ここにいう

具体的事件・争訟性の要件の1つとして「対決性」があげられることをみたが，この「対審」は，当事者が訴訟の開始・継続および終了を支配し，提起される争点，提出される証拠および展開される主張をもほぼ支配することを主な特色とする。

　(2) 「判決」の意義　判決とは，裁判所の行う判断のうち，対審を踏まえた，訴訟当事者の申立ての本質にかかわる判断をいう。2項に含意されているように，判決はいかなる場合にも公開法廷で行わなければならない[46]。

　(3) 「公開」の意義　公開とは，訴訟関係人に審理に立ち会う権利と機会を与えるといういわゆる当事者公開をいうのではなく，国民に公開されるという一般公開の意である。具体的には，国民一般の傍聴を許すこと，およびこの傍聴の自由には報道の自由が含まれていることを意味する。判例[47]は，この「裁判の公開」について，「制度として保障」したもので，国民各人に「権利として保障」したものではないと明言するが，そのような理解の問題については既に述べたところに譲る[48]（第2編第3章第1節Ⅳ6 ➔ 275頁）。

3　公開を要する「裁判」の意義

　82条にいう「裁判」の意味について，一般に，民事・刑事の訴訟手続と解し，非訟事件手続や家事審判手続は含まれないとされる。しかし問題は，いかなる場合に訴訟手続によらなければならないかである。

　この点，事件の性質に応じて決定されるべき立法政策上の問題と解する立場（A説）があり，最高裁判所はかつてこの立場に与した[49]。が，後に最高

　「対審」にあたらないとする。なお，裁判員制度の導入にともなって設けられた公判前整理手続は，「訴訟関係人を出頭させて陳述させ，又は訴訟関係人に書面を提出させる方法により，行うものとする」（刑事訴訟法316条の2第2項）とされる。

46　このことは，他面において，合議体のなす裁判の場合において，判決に至る「評議」が非公開であることを意味する（裁判所法75条参照）。ただ，最高裁判所については，裁判書（判決）には各裁判官の意見を表示すべきものとしている（同法11条）。これは，最高裁判所裁判官に対する国民審査との関係から理解されうる。もっとも，この意見表示制度も，評議そのものの秘密の保持は前提とされている。

47　レペタ訴訟に関する最(大)判平成元年3月8日民集43巻2号89頁。

48　「裁判の公開」に関連して，それは訴訟に関する記録（訴訟記録）の公開を含むかの問題がある。訴訟記録の閲覧等およびその制限について民事訴訟法91条・92条が定め，また，訴訟記録の閲覧および情報公開法等の適用除外について刑事訴訟法53条・53条の2が定め，そして，刑事訴訟法の規定を受けて刑事確定訴訟記録法（昭和62年）が制定されている。最決平成2年2月16日判時1340号145頁は，憲法21条・82条が「刑事確定訴訟記録の閲覧を権利として要求できることまでを認めたものでない」ことはレペタ訴訟判決などの趣旨に徴して明らかであるとしている。

裁判所はこれを改め，当事者の意思いかんにかかわらず終局的に，事実を確定し当事者の主張する権利義務の存否を確定することを目的とする「性質上純然たる訴訟事件」については必ず公開法廷における対審および判決によってなされなければならないとの実質説（B 説）を明らかにした[50]。

この見解によれば，「性質上非訟事件」で実体的な権利義務を確定することを目的とせず，あるいは，権利義務について審理判断することがあっても，その判断が終局的ではなく，訴訟手続でその権利義務の存否を争いうる道があるときには，公開法廷における対審および判決による必要はない，ということになる。このような見地に立って，最高裁判所は，例えば，夫婦間の協力扶助に関する処分の審判（家事審判法 9 条 1 項乙類 1 号）につき[51]，婚姻費用の分担に関する処分の審判（同 3 号）につき[52]，遺産の分割に関する処分の審判（同 10 号）につき[53]，裁判所が後見的立場から合目的的に裁量権を行使して形成する「本質的に非訟事件の裁判」であるとした。

なお，刑事裁判の領域においては，最高裁判所は，本条は「刑罰権の存否ならびに範囲を定める手続について，公開の法廷における対審及び判決によるべき旨を定めたもの」であり，例えば，再審を開始するかどうかを定める手続は決定（刑事訴訟法 446 条以下）により，対審の手続によらないこととされているのは本条に反しない，とした[54]。

日本国憲法の定める「司法権」は，公開・対審・判決という近代司法の伝統を引き継ぐものである。既に示唆してきたように，司法部門は政治部門と並んで「公共的対論の場」を形成し，国民の監視の下で，その監視に耐えうる審理を通じて個人の権利の適正な実現が図られるという信念が，その伝統の核にある。したがって，伝統的な訴訟手続によるか否かは，事件の性質に応じて立法政策的に決めてよい事柄であるとする A 説的理解は，適切さを欠くといわざるをえない。

その点で，B 説は評価さるべき見解である。が，この見解については，「性質上純然たる訴訟事件」と「性質上非訟事件」との境界が明確を欠かな

---

[49] 最(大)決昭和 31 年 10 月 31 日民集 10 巻 10 号 1355 頁。
[50] 最(大)決昭和 35 年 7 月 6 日民集 14 巻 9 号 1657 頁。
[51] 最(大)決昭和 40 年 6 月 30 日民集 19 巻 4 号 1089 頁。
[52] 最(大)決昭和 40 年 6 月 30 日民集 19 巻 4 号 1114 頁。
[53] 最(大)決昭和 41 年 3 月 2 日民集 20 巻 3 号 360 頁。
[54] 注 45 の最(大)決昭和 42 年 7 月 5 日刑集 21 巻 6 号 764 頁。

いか，また，審判で権利義務の具体的内容を定めながら，訴訟でその前提となる権利義務自体を争いうるというのは，やや不自然な二分思考ではないか，それでは家庭裁判所の存在理由はどこにあるか（従来，家庭裁判所は人事訴訟は扱わなかった），などの疑問があった。

ある種の家庭事件のように個人のプライバシーが深くかかわっている事件や，財産権としての営業秘密に関する事件などは，公開にこだわれば，それを嫌って訴訟で争うことを忌避してしまう，換言すれば，「裁判を受ける権利」の行使を阻害する結果になる。この点に関連して，国際人権規約B規約が，「……報道機関及び公衆に対しては，民主的社会における道徳，公の秩序若しくは国の安全を理由として，当事者の私生活の利益のため必要な場合において又はその公開が司法の利益を害することとなる特別な状況において裁判所が真に必要があると認める限度で，裁判の全部又は一部を公開しないことができる」(14条1項) と定めているのが注目される。

以上のようにみてくると，公開・対審・判決の構造を基礎としつつ，公開手続によらずに権利義務の存否を含めて終局的解決を図っても憲法上許される場合があり，その際，訴訟手続か非訟手続かという二分思考に固執せず，事件の類型や性質・内容に即した適正な審理方法の可能性が探求されるべきものと思われる[55]（C説）。次のⅡで，人事訴訟法の改正について触れる。

Ⅱ　対審の公開停止

1　公開停止とその要件

上述のように，憲法は，裁判官の全員一致で「公の秩序又は善良の風俗」を害するおそれがあると決した場合，対審は公開しないで行うことができるとする（ただし，絶対公開事由については2で触れる）。

先にある種の家庭事件や企業秘密にかかわる事件などにつき，非公開審理

---

[55] 行政罰たる過料は，原則として非訟事件手続法によって科せられる。登記義務違反に対し裁判所によって過料を科され，憲法82条，32条などに違反するとして争われた件につき，最（大）決昭和41年12月27日民集20巻10号2279頁は，過料を科す作用はその実質において一種の行政処分の性質を有し，裁判所がこれを科す場合でも，純然たる訴訟事件としての性質の認められる刑事制裁を科す作用とは異なるとし，不服申立について非訟事件手続法の定める即時抗告の手続によらしめることも「きわめて当然である」とした。しかし，過料に科せられた者がこれを違法として抗争する場合には「法律上の争訟」として公開法廷による対審によるべきであるとする入江俊郎裁判官の反対意見に理があるように思われる（大西芳雄，中山茂樹）。

の可能性に触れた。ある種の医療過誤訴訟にも，個人のプライバシーの強い保護が必要な場合がありえよう。こうした場合に非公開審理が認められるかどうかは，「公の秩序又は善良の風俗」をどのように解するかにかかってくる。

　これまで，議院の会議の公開（憲法57条）と裁判の公開（憲法82条）がともに「公共的対論の場」の確保にかかわることに触れてきた。ただ，前者は実体要件に触れることなく，「出席議員の三分の二以上の多数で議決したときは，秘密会を開くことができる」と定めるのみであるが，後者は「公の秩序……」と実体要件をあげている。このことは，政治と司法との違い，司法が個別的個人の具体的人権ないし権利義務にかかわっていることによるものと解される（それは，37条1項が刑事被告人について「……公開裁判を受ける権利」と重ねて規定していることからもうかがわれる）。他面，このことは，事件・争訟の性質に照らし，裁判における人権ないし権利の適正な救済にとって公開裁判が克服し難い障害となることが明らかな場合には，公開の例外（非公開審理）を許容するという含意をともなっていると解される。

　非公開審理を容認する立場にあって，「公の秩序」を伝統的見解よりも広く解してそこに法的根拠を求めようとする立場がある（「公の秩序」説）。ただ，この「公の秩序……」の要件が刑事裁判の公開停止にもかかっているのをみると，それを広く解釈することには疑問が残る。そうすると，民事訴訟については，「公の秩序……」に匹敵するような重大な事由がある場合には非公開審理が許容されると考え，具体的判断にあたって，問題となっている人権ないし権利の内容・性質，公開によって引き起こされる害悪の重大性，非公開審理を回避しうる方策の有無等の検討を求めるということになろう（「公の秩序」例示説といわれれば，そうかもしれないが）。

　平成15年制定の人事訴訟法は，人事訴訟を家庭裁判所の管轄とするとともに，この問題について新局面を開いた。すなわち，同法は，該訴訟の当事者尋問や証人尋問において，当事者本人・法定代理人または証人がその人事訴訟の目的である身分関係の形成または存否の確認の基礎となる事項であって自己の私生活上の重大な秘密に係るものについて尋問を受ける場合には，裁判所は，その尋問を公開しないで行うことができる，と定めたのである（22条1項）。その場合，裁判所が公開停止をするには，①その当事者等・証人が公開の法廷で該事項について陳述すると社会生活を営むのに著しい支障

が生じることが明らかであるため十分な陳述ができず，かつ，他の証拠だけでは該身分関係の形成または存否の確認のための適正な裁判ができないと認められること（1項），②予め当事者等・証人の意見を聴くこと（2項），③公衆を退廷させる前にその旨を理由とともに言い渡し，尋問の終了とともに再び公衆を入廷させること（3項），が要求される。

情報公開にかかわる訴訟で，「インカメラ審理」が必要と考えられる場合がある。この問題については，既に述べたところに譲る（第2編第3章第1節Ⅳ6(2)➜280頁）。

2　絶対公開事由

このように，憲法は，公開停止の可能性を認めつつも，①「政治犯罪」，②「出版に関する犯罪」および③「この憲法第三章で保障する国民の権利が問題となつてゐる事件」については，絶対公開としている。

それぞれの意味するところは必ずしも明確ではないが，まず，①「政治犯罪」については，刑法77条以下に定める内乱罪や外患罪のような，国家の基本秩序を侵害しようとする犯罪をいうものと解される。それは，このような場合特に不公正な裁判になる危険があることを恐れてのことであろう。

②「出版に関する犯罪」も広狭様々に解される余地があるが，出版そのものに関する犯罪および出版の方法によることが構成要件とされる犯罪を指すものと解すべきであろう（宮沢俊義，佐藤功）。例えば，破壊活動防止法4条1項2号・38条2項2号に定める内乱罪・外患罪の実行の正当性・必要性を主張した文書を出版（印刷・頒布）する罪などである。これを絶対公開とするのは，出版が表現の自由の重要な手段であり，特に公正な裁判が求められるとの配慮によるものであろう。

③「この憲法第三章で保障する国民の権利が問題となつてゐる事件」は，①および②との関連から，刑事事件と解される。「問題となつてゐる」の意味は，明確を欠く。広くとれば，ほとんどすべての刑事事件がこれに該当することになる。但書が①②③と列挙していることに鑑み，特定の「国民の権利」を制限する実体的法律に違反し，その制限が該「国民の権利」の保障との関係で問題となる場合を指すものとして限定的に解すべきであろう（佐藤功）。

第5節　裁判所の権能

I　最高裁判所の権能

1　裁判権

最高裁判所は，審級上の最高かつ最終の機関であって，「上告」および「訴訟法において特に定める抗告」についての裁判権を有する（裁判所法7条）。

2　違憲審査権

これについては，次章で述べる。

3　規則制定権

(1)　総説　憲法は，「①最高裁判所は，訴訟に関する手続，弁護士，裁判所の内部規律及び司法事務処理に関する事項について，規則を定める権限を有する。②検察官は，最高裁判所の定める規則に従はなければならない。③最高裁判所は，下級裁判所に関する規則を定める権限を，下級裁判所に委任することができる」(77条)と定める。

この規則制定権は，①司法府の専門性を尊重するという前提の下に，②司法府の自主独立性を確保するうえできわめて重要な権能であるという認識に基づき，最高裁判所に付与されたものと考えられる。そこには，英米の伝統思考が反映されている。が，規則制定権のこの趣旨は，わが国では必ずしも十分には理解されなかったようである[56]。

規則は，最高裁判所の裁判官会議の議によって制定する（裁判所法12条）。

(2)　規則制定権の範囲　上述のように，規則制定権は，①「訴訟に関する手続」事項，②「弁護士」事項，③「裁判所の内部規律」事項および④

---

[56] 例えば，最高裁判所の規則に検察官が従わなければならないことは当然のこと（したがって77条2項はあらずもがなの規定）のように思われる。これは，マッカーサ草案69条2項に「検事ハ officer of the court ニシテ裁判所ノ規則制定権ニ服スヘシ」とあり，これが裁判所の「職員」と日本側に受け止められ（実際「職員」と訳された），3月2日案では全部が削除され，その後の検討で，「検察官は，最高裁判所の定める規則に従わなければならない」とだけ規定されるに至った経緯がある（高柳賢三＝大友一郎＝田中英夫・日本国憲法制定の過程 II〔有斐閣，1972年〕参照）。因みに，アメリカでは弁護士も officer of the court と呼ばれる。ともに正義（公正な裁判）の実現に努力すべき存在であるという趣旨であろう。

「**司法事務処理**」事項，の４つに限られる（司法権に関するその他の事項について，法律に委任があれば，別である）。

③と④は，裁判所の自律権を確認するもので，特に問題はない。①は，広義においては，裁判所の機構や管轄権を含みうるが，国家権力の根幹にかかわるものは法律事項と解されるから，結局①はそれ以外の事項ということになる。刑事手続については，憲法31条との関係があり，その点を考慮して，刑事手続の基本原理・構造については法律で定める必要があると一般に解されているが，法律の規定なき限り規則で定めることは可能とみるべきであろう。残る②についてであるが，マッカーサ草案には「弁護士ノ資格（admission）」とあったところ，日本側は困惑したようで，曲折を経て，包括的とも曖昧ともいえる「弁護士」という表現になったようである。そして，弁護士資格要件などは職業選択の自由にもかかわり法律事項と解され，したがってその弁護士が訴訟に関係する場にかかわる事項が規則事項であると一般に解されてきた。

(3) 規則事項と法律との関係 この規則事項について，規則でのみ定めることができる趣旨である（規則専管事項）とする説（A説）がある。この説による場合は，上に示唆したように，①「訴訟に関する手続」，さらに②「弁護士」に関する事項の内容も正確に指摘することが求められよう。

これに対し，従来の支配的見解は，77条の掲げる事項については，一般的に法律で定めることも可能とするものであった（B説）。それは，国会の唯一の立法機関性（41条）なども根拠とするもののようであった。が，それは憲法が特に規則制定権を明確にしている趣旨をどこまで正しく理解してのことであったか。

既に示唆したように，憲法が規則制定権を認める趣旨に照らし，少なくとも司法府の自主独立性の確保に直截にかかわる③と④については，基本的に規則の専管事項と解すべきである（C説）。

もっとも，最高裁判所は，裁判官の懲戒は裁判官の内部規律にあたるから規則専管と解すべきであるとする少数意見を斥けて，裁判官分限法の合憲性を前提に同法を適用した[57]。そして，最高裁判所は，法律により刑事に関する訴訟手続を規定することは憲法77条に反しないとし[58]，さらに，民事に

---

[57] 最（大）決昭和25年6月24日裁時61号6頁。
[58] 最判昭和30年4月22日刑集9巻5号911頁。

関する訴訟手続についても，合憲性を当然の前提とした判決を下した[59]。

(4) 規則と法律との効力関係 上のA説に立てば，規則の専管事項（①～④）に関しては法律では定めえず，仮に定めたとしても規則には勝ちえない。B説の場合は全面的に，C説の場合には部分的に，規則と法律とが競合することになり，そこにどちらが優位するのかの問題が生じる。

この点につき，従来，憲法41条や31条などを根拠に，法律優位説が支配的であった。しかし，それでは，憲法が特に規則制定権を認めた趣旨が曖昧となろう。

C説によった場合，規則の専管事項については，仮に法律が制定されたとしても，効力を発揮するのは規則と考えなければならない。他方，刑事手続の基本原理・構造など国民の権利・義務に直接にかかわる事項については，法律が優位すべきものであろう。その他の事項については，前法・後法の関係で捉えられるべきものであろう。

最高裁判所は，その小法廷の権限につき，規則で法律規定を修正するような定めをしたことがあるが（因みに，後に法律を改正して規則にあわせた），単純に法律優位説によっていないことをうかがわせる。

4 下級裁判所の裁判官の指名権

これについては，第3節で述べた。

5 司法行政権

最高裁判所は，裁判官その他の職員の人事管理，経理，裁判官その他の職員の服務の監督など，いわゆる**司法行政権**を有する。この司法行政権は，憲法の明示するところではないが，上述の規則制定権・下級裁判所裁判官の指名権などからうかがわれるように，最高裁判所の憲法上の地位から当然に帰結される権限である。司法行政事務は，裁判官会議の議によって行われる（裁判所法12条）。

裁判所法は，司法行政事務に関する各種規定を設けているが，特に「司法行政」の標題（第6編）の下に，「最高裁判所は，最高裁判所の職員並びに下級裁判所及びその職員を監督する」（80条1号）などと定め，かつ，「〔こ〕の監督権は，裁判官の裁判権に影響を及ぼし，又はこれを制限することはない」（81条）と規定している。また，同法は，「①裁判所の経費は，独立して，国の予算にこれを計上しなければならない。②前項の経費中には，予備

---

[59] 最(大)判昭和33年7月10日民集12巻11号1747頁。

金を設けることを要する」(83条)と定めており,裁判所も,議院の財政自律権(第3編第2章第5節Ⅰ4 ➜ 465頁)と同趣旨の配慮を受けている。

以上述べたような点は,明治憲法下の司法権と大きく異なるところである(第1編第2章第1節Ⅱ2 ➜ 60頁)。

Ⅱ 下級裁判所の権能

高等裁判所は,地方裁判所の第一審判決,家庭裁判所の判決および簡易裁判所の刑事に関する判決に対する「控訴」,地方裁判所および家庭裁判所の決定および命令ならびに簡易裁判所の刑事に関する決定および命令に対する「抗告」,刑事に関するものを除き,地方裁判所の第二審判決および簡易裁判所の判決に対する「上告」,についての裁判権を有するほか,内乱罪についての第一審の裁判権を有する(裁判所法16条)。同裁判所は,司法行政事務を行うほか,法律で定められた権限を行使する(同法17条・20条・80条2号など参照)。

地方裁判所は,民事・刑事・行政事件についての原則的な第一審の裁判権をもつほか,簡易裁判所の一定の判決に対する「控訴」ならびに決定および命令に対する「抗告」についての裁判権を有する(裁判所法24条)。同裁判所は,司法行政事務を行うほか,法律で定められた権限を行使する(同法25条・29条・80条3号など参照)。

家庭裁判所は,家事審判法で定める家庭事件の審判および調停,人事訴訟法で定める人事訴訟の第一審の裁判,少年法で定める少年保護事件の審判,などを行う(裁判所法31条の3第1項)。同裁判所は,司法行政事務を行うほか,法律で定められた権限を行使する(同法31条の3第2項・31の5・80条4号など参照)。

簡易裁判所は,少額軽微な事件に関する第一審の裁判権をもつほか,司法行政事務を行い,法律で定められた権限を行使する(裁判所法33条・34条・37条・80条5号など参照)。

第6節　司法権の独立

I　司法権の独立の意義

1　司法権の独立の意義

　法原理部門としての裁判所が，その職責を果たすためには，全体としての裁判所（司法府）が政治部門から独立して自主的に活動できるということ（司法府の独立）を前提に，裁判官が，裁判を行うに際し，法の客観的意味と信ずるところに従って，その職権を行使できること（裁判官の独立）が必要となる。

　先に述べた，最高裁判所の規則制定権，下級裁判所裁判官の指名権，最高裁判所を中心とする司法行政権等々は，司法府の独立への配慮を示すものである。

　憲法は，裁判官の職権行使の独立と，それを実際に確保するための身分保障について定めている。後者についてはIIで触れることにして，ここでは前者について述べる。

2　裁判官の職権行使の独立

　憲法は，「すべて裁判官は，その良心に従ひ独立してその職権を行ひ，この憲法及び法律にのみ拘束される」（76条3項）と定める。

　まず，「その良心に従ひ」の意味について，19条の「良心」と同じく，主観的・個人的良心の意であるとする説（主観的良心説と呼ばれる。平野龍一）と，裁判官という法律専門職に職務遂行上求められる良心の意であるとする説（客観的良心説と呼ばれる。芦部信喜）とがある。

　近代司法にあっては，既に種々述べてきたように，裁判官のいわゆる主観的良心はそれ自体としてはいかなる意味でも法源そのものとはなりえず，裁判官が，幾つかの解釈可能性の中から，可及的に法の客観的意味と思われるところを探求し，それに従って裁判すべき職責を担っていることが前提とされている。このことは，法規定を参酌するだけでは容易に結論が得られないいわゆるハード・ケースにおいても同様であって，その場合，裁判官は直ちに裁量的に判断してよいということではなく，法規定を含む全法体系の客観

的意味を探求し，そこから帰結されるところに従って裁判すべきものと解される。もとより，そうした裁判官の知的営為（法解釈）は，一人ひとりの裁判官の人としての良心を含む主体的立場を離れてはありえないとしても。

そのような意味において，客観的良心説に与したい。この問題に関する判例の考え方は必ずしも明確でないが，例えば，「凡て裁判官は法（有効な）の範囲内において，自ら是なりと信ずる処に従って裁判をすれば，それで憲法のいう良心に従った裁判といえる[60]」としているのは，このような文脈において理解しうるものがあるようにも思える。

裁判官が「良心に従」って裁判したかどうかは，裁判官の内心の問題であって，判例が「良心」違反を理由とする上告を斥けた[61]のは，もとより正当である。こうしたことも考慮して，「良心に従ひ」に独自の法的意味を認めず，「独立してその職権を行ひ」または「憲法及び法律にのみ拘束される」に解消して理解する見解も生じる。判例が「有形無形の外部の圧迫乃至誘惑に屈しない……の意味である[62]」とするのにも，その種の傾きが看取される。が，日本国憲法は，明治憲法下の経験に照らし，また，憲法の具体化という重大な任務を託されていることも考慮し，裁判官に対して特に明確な職業的自覚を求めたものと解される。

次に，「独立してその職権を行ひ」の意味であるが，それは，単に他者からの指示・命令を受けないということにとどまらず，他者からの事実上の干渉を受けないことを意味する（新正幸）。この「他者」には，①司法府の外部および②司法府の内部が考えられる。

①司法府の外部としては，様々なものが考えられるが，マスコミなどによる裁判批判や政治部門，特に例えば国政調査権の行使による事件処理への注文ないし批判などが問題となろう。この問題は，表現の自由の保障の意義と限界，国政調査権の存在理由と限界の問題などとして具体的に検討される必要がある（それにつけても，司法の独自の存在理由についての国民の理解の程度が問題となろう。第2編第3章第1節Ⅳ→248頁，第3編第2章第5節Ⅱ→465頁）。

②司法府内部の問題としては，先に触れた裁判所内部の監督権のあり方が重要である。監督権が裁判官の裁判権の行使に影響を及ぼしてはならないと

---

[60] 最(大)判昭和23年12月15日刑集2巻13号1783頁。
[61] 最(大)判昭和23年11月17日刑集2巻12号1565頁や，注[60]の判決。
[62] 注[61]の昭和23年11月17日判決。

いう裁判所法の規定には既に触れたが，例えば，昭和28年のいわゆる吹田黙禱事件における裁判長の訴訟指揮のあり方に関し，最高裁判所が「法廷の威信について」と題する通達を出して間接的にこれを批判したこと，あるいは，地方裁判所所長が，事件担当裁判官に私信を送り，一定の方向を示唆したことが問題となったいわゆる平賀書簡問題，などは検討を要する多くの課題を提起するものであった。

第3に，「憲法及び法律」の意味については，法律，政令，規則，条例，慣習法などを含めた，憲法典を頂点とする客観的法規範と解すべきであることは，既に示唆した（第1編第1章第2節Ⅳ4→31頁）。

Ⅱ　裁判官の身分保障

1　総　説

裁判官の職権行使の独立を制度上実効あらしめようとする趣旨から，裁判官の身分保障が帰結される。明治憲法も，「裁判官ハ刑法ノ宣告又ハ懲戒ノ処分ニ由ルノ外其ノ職ヲ免セラル、コトナシ」（58条2項）と規定していたが，日本国憲法は，「裁判官は，裁判により，心身の故障のために職務を執ることができないと決定された場合を除いては，公の弾劾によらなければ罷免されない。裁判官の懲戒処分は，行政機関がこれを行ふことはできない」（78条）と定めて，この点についての配慮を示している。

2　身分の保障

憲法は，既にみたように特に最高裁判所裁判官が国民審査によって罷免される可能性があるほか，裁判官の罷免は，①「心身の故障のために職務を執ることができない」場合および②「公の弾劾によ」る場合，の2つの場合に限定している。

①は，行政府などにより政治的に決定されることを忌避して，「裁判により」行われる。一時的故障は罷免事由とはならないと解され，裁判官分限法は「回復の困難な」故障の場合としている（1条）。なお，同法は，この「裁判」の具体的手続について定めている。

②の「公の弾劾」については，既に述べた（第3編第2章第4節Ⅵ→458頁）。弾劾事由は，裁判の内容評価にわたるものであってはならないと解され，裁判官弾劾法も，裁判官の行状や職務執行の態様に限定している（2条参照）。

憲法は，上述のように，「裁判官の懲戒処分は，行政機関がこれを行ふことはできない」と規定する。その趣旨は，立法機関の場合についても妥当すると解される。したがって，78条後段は，裁判官の懲戒は専ら裁判所によって行われるという趣旨である。裁判所法は，「裁判官は，職務上の義務に違反し，若しくは職務を怠り，又は品位を辱める行状があつたときは，別に法律で定めるところにより裁判によつて懲戒される」(49条)と定める。この「裁判」の具体的手続については，裁判官分限法が定めている。裁判官の「罷免」は上述の場合に限られ，ここにいう「懲戒」には罷免は含まれないと解される。裁判官分限法は，「裁判官の懲戒は，戒告又は一万円以下の過料とする」と定めている(2条)。

3　報酬の保障

憲法は，裁判官はすべて定期に相当額の報酬を受け，在任中減額されることはないと定める(79条6項・80条2項。また，裁判所法48条・51条参照)。この報酬の保障も，身分保障の一環をなすものとみることができる。

4　法律によるその他の保障と制限

裁判所法は，「裁判官は，公の弾劾又は国民の審査に関する法律による場合及び別に法律で定めるところにより心身の故障のために職務を執ることができないと裁判された場合を除いては，その意思に反して，免官，転官，転所，職務の停止又は報酬の減額をされることはない」(48条)と規定している。ここでは，転官，転所，職務の停止にも，身分保障の趣旨が及ぼされている。

他面，裁判所法は，①国会もしくは地方公共団体の議会の議員となり，または積極的に政治運動をすること，②最高裁判所の許可のある場合を除いて，報酬のある他の職務に従事すること，③商業を営み，その他金銭上の利益を目的とする業務を行うこと，を禁止している(52条)。

裁判官が「組織的犯罪対策法案」に反対する市民集会に出席し発言したことを理由に仙台高等裁判所により戒告処分を受けた寺西判事補分限裁判事件につき，最高裁判所は，次のような判断を示して，該戒告処分を合憲とし抗告を棄却した[63]。①裁判官に対する政治運動禁止の要請は，一般職の公務員の場合よりも強いこと，②裁判所法52条1号にいう「積極的に政治運動をすること」とは，「組織的，計画的又は継続的な政治上の活動を能動的に行

---

[63] 最(大)決平成10年12月1日民集52巻9号1761頁。

う行為であって,裁判官の独立及び中立・公正を害するおそれがあるもの」の意であること,③本件集会は単なる討論集会ではなく,法案を廃案に追い込むことを目的とする党派的運動の一環としてのもので,そこでの賛同するような言動は単なる個人の意見の表明の域を越えること。

　本決定については,引用する猿払事件判決の問題点はもとよりのこと（第2編第1章第5節①4→160頁),裁判所法52条1号と同法49条所定の懲戒事由などとの間に対応関係があるか,裁判官の場合は法的強制力をともなった制約はむしろ抑制すべきではないか,等々の疑問・意見がありうるところで（川岸令和,本秀紀,山元一),実際,5人の裁判官の反対意見が付せられている。

第2章　憲法訴訟

第1節　憲法訴訟の意義と性格

I　憲法保障（合憲性の統制）の諸類型と憲法訴訟

1　憲法保障（合憲性の統制）の諸類型と憲法訴訟

憲法の保障（合憲性の統制）の諸類型については，既に概観した（第1編第1章第1節Ⅲ5 ➡ 14頁，第3節Ⅳ1 ➡ 44頁）。それは繰り返さないが，ここでは次の視点からの類型に言及しておきたい。

それは，憲法の**政治的施行**と**特別施行**との区別である。政治的施行とは，政治部門が"公共の善"を追求するにあたり，考慮すべき諸々の要素の1つとして合憲性を判断するという，「諸般の事情を考慮する (all-things-considered)」アプローチである（グレイ）。これに対し特別施行は，憲法の規範性の維持を任務とする特別の制度を作って，これに憲法の施行という責任を担わせるという行き方である。

前者の政治的施行は，かつては一般的であったし，今日でもその意義は無視しえない。議会主権を国是とし，今日でも憲法典をもたないイギリスにあっては，その constitution は主として議会における熟慮的討論の中で維持展開されるものと期待されている。

しかし，現代国家にあって，ここにいう特別施行の意義が増大してきていることは既に示唆したところである。もっとも，特別施行といっても，各種のものがある。例えば，アメリカ合衆国の大統領拒否権が違憲性のみを理由として行使されうるとすれば，ここに含めうるし，また，フランスの当初の憲法院もこの種のものであることは既に示唆した。しかし，この特別施行の主流は，裁判所に委ねるというものである。この傾向は，「司法国家」とか「司法支配制」(ハーシュル) とか，あるいは「法的立憲主義の主流化」(愛敬浩二) とか呼ばれる。

第1節　憲法訴訟の意義と性格　　1　憲法保障（合憲性の統制）の諸類型と憲法訴訟

　もっとも，裁判所型といっても，これまた決して一様ではない。大別して，通常の司法裁判所に委ねるもの（司法裁判所型）と，憲法裁判所と呼ばれるような特別裁判所に委ねるもの（憲法裁判所型）とがある。

　前者は英米型，後者はヨーロッパ大陸型といわれるが，英米型といっても，アメリカの違憲審査制はむしろ特殊ともいえるところがある。例えば，議会主権下にあるイギリスの裁判所は，従来から法の支配の伝統に留意した判決を試みてきたし，そして，ヨーロッパ人権条約を国内法化する1998年人権法の下で，国会制定法の条約不適合性を宣言できることになった。また，ニュージーランドでは，権利章典法などを制定し，同法に整合する制定法解釈が優越するとされるなどの展開がみられる（第1編第1章第1節Ⅲ5 ➡ 14頁）。つまり，これらの国では，裁判所は，アメリカのような違憲審査権はもたないけれども，憲法や人権法と適合する法律解釈をとるべきであるとされる方向にある。論者によって，アメリカ型は「強い違憲審査制」，イギリスなどの行き方は「弱い違憲審査制」と呼ばれる。

　後者の大陸型は，憲法問題を特別視する思想に立脚し，かつ憲法秩序の維持そのもの（客観的な憲法保障）に力点をおく考え方に立つもので，違憲審査権発動の方法や形式，違憲判決の効果，裁判官の任命などに特別の考慮が払われる。その典型的特徴は，具体的事件とかかわりなく憲法判断が行われ（抽象的違憲審査制），その判断が判決主文に示される，というような点にみられる。そしてこの点が，通常の司法裁判所が具体的事件・争訟の処理に必要な範囲で憲法判断を行い，その判断は判決理由中に示されるにとどまるアメリカ型違憲審査制（付随的違憲審査制）と異なる。厳密に憲法訴訟ということが語られうるのは，この司法裁判所型の場合である。

　もっとも，司法裁判所型と憲法裁判所型の現実の制度ないし機能の実態からみると，両者の間には類似性ないし接近傾向があることが知られる。例えば，ドイツには憲法訴願制度があり（当初は法律上の制度にすぎなかったが，後に憲法上の制度とされた），これが広く利用され，国民の具体的な権利救済に仕えている。さらに，憲法裁判所以外の専門裁判所（連邦通常裁判所，連邦行政裁判所等）は，自ら直截に違憲の宣言ができないとしても，「憲法適合的解釈」をなすべきとの前提に立って，この事件にこの法律を適用することは憲法上許されないという形で判断を行っているのが実態であるといわれる（毛利透，宍戸常寿）。他方，アメリカにあっては，個々の国民の基本的人権の具体的保

護（私権保護）を第一義としながらも，大局的にみれば，そのことを通じての憲法全体の規範性の確保（憲法保障）という意義が次第に重視されるようになってきている。例えば，憲法問題を提起できる資格（憲法訴訟の当事者適格）を弾力的に捉え，あるいは，当初憲法上認められないとした宣言的判決を容認するなど，かつてとは相当異なる様相をみせてきている。

それぞれの国は，それぞれ特有の歴史的・文化的背景を有し，私権の保護ということから出発した司法裁判所型と，憲法保障自体を第一義的課題とすることから出発した憲法裁判所型との違いは，軽視されてはならないが，その違いを過大視することは避けなければならない。

2 わが国における違憲審査制

(1) 学説および判例 日本国憲法は，「最高裁判所は，一切の法律，命令，規則又は処分が憲法に適合するかしないかを決定する権限を有する終審裁判所である」（81条）と定めて，裁判所型を採用することを明らかにする。しかしこの裁判所型は，司法裁判所型であるのか（A説），それとも憲法裁判所型を包摂するものであるのか（B説）。

日本国憲法の審議過程では様々な見解がみられたところで（佐々木雅寿），確かにB説のような見解が主張される余地を孕んでいた。ただ，日本国憲法は，特別の「憲法裁判所」を設けているわけではないから，ドイツ型と全く同一ということはありえない。したがって，B説は，そこまで主張するのではなく，裁判所が付随的審査権をもつことを当然の前提としたうえで，81条は，最高裁判所が通常の終審裁判所であることのほかに，特に独自の**抽象的違憲審査権**を有することを明らかにした規定であると解するのである（佐々木惣一，阿部照哉）。その場合，最高裁判所がその独自の違憲審査権を実際に行使しうるためには，そのための手続法の制定（例えば，提訴権者などについての定め）が必要であるとみるか（B_1説），必要なしとみるか（B_2説），の問題がある。B説中の多数説はB_1説をとるが（憲法典中に具体的定めが全くないのであるから，当然と思われる），次にみる警察予備隊違憲訴訟の原告はB_2説に立ってのものであった。

しかし，支配的な見解はA説で，最高裁判所もそうした考え方によった。81条をもって「米国憲法の解釈として樹立せられた違憲審査権を，明文をもって規定した」ものといち早く明言した**刑訴応急措置法事件判決**[1]には，前章で触れたが，抽象的違憲審査の可能性について，**警察予備隊違憲訴訟判**

決² は、次のように述べて斥けた。「わが現行の制度の下においては、特定の者の具体的な法律関係につき紛争の存する場合においてのみ裁判所にその判断を求めることができるのであり、裁判所がかような具体的事件を離れて抽象的に法律命令等の合憲性を判断する権限を有するとの見解には、憲法上及び法令上何等の根拠も存しない」、と。

この判決中の、「現行の制度の下においては」「法令上何等の根拠も存しない」の解し方いかんでは、B_1 説の可能性も読み取れる。が、そのことは、結局、「米国憲法の解釈として樹立せられた違憲審査権」をどう解するかにかかっている。この点、米国流の違憲審査権であるということを文字通りに受け止める限り、正面から抽象的違憲審査制が可能かは疑問であり、実際、不可能説（A_1 説）が支配的であったといえよう。

もっとも、司法権を A_1 説のように狭く固定的に捉えることに反対し、抽象的違憲審査制も包摂可能なほどに司法権を広く流動的に捉える立場（A_2 説）もあったことは既にみた（なお、A_2 説は前章第2節①1にいう B 説に相当）。この A_2 説は B_1 説と類似するが、A_2 説は81条というよりは76条の「司法権」の解釈にかかわるものであり、そして今直ちに抽象的違憲審査権を行使しえなくとも違憲としているわけではなく、そのような権限を付与するか否かは立法政策の問題であるとしているところに特徴がある。けれども、抽象的違憲審査権も76条の「司法権」の内実にかかわる問題であるとしながら、その権限を付与するか否かは立法政策だとするのは晦渋である。

「現行の制度の下においては」「法令上何等の根拠も存しない」によって判決が何をいわんとしたのか必ずしも定かではないが、この問題はむしろ前節で触れた客観訴訟の可能性の問題として考えるべきものと思われる。上述のように、客観訴訟は本来の司法作用ではなく法律によって特に裁判所に付与された訴訟であるとの建前に立ちながら、裁判所はこれらの訴訟において憲法問題についても判断してきた。客観訴訟の存在そのものは肯認しつつも、そこでの違憲審査は認めないという説もありうるが（尾吹善人）、A_1 説は一般にそこでの違憲審査を不可とはしなかった。

いわゆる客観訴訟は、日本国憲法上、無条件に認めうるわけではなく、法原理機関の権限とするにふさわしい、具体的な事件・争訟性を擬するだけの

---

[1] 最(大)判昭和23年7月8日刑集2巻8号801頁。
[2] 最(大)判昭和27年10月8日民集6巻9号783頁。

実質を備えていなければならないこと，そして，法律でそうした訴訟の裁判権を付与するにあたって，違憲審査権を排除することは許されないこと，は既に示唆した。したがって，純然たる抽象的違憲審査権をこうした客観訴訟として認めうるかはなお疑問であるが，警察予備隊違憲訴訟の事案は，具体的な処分や行為が積み重ねられている事態にかかわるものであり，文字通り抽象的な判断を求めたものではないとみる余地がある。ただ，このような事態についての裁判所の判断を，国民（あるいは法律の定める特定の者）が求めうる道を広く開くべきものであろうか。

(2) 違憲審査制の制度的基盤　以上みたところからも既に知られるように，わが国の違憲審査制がアメリカ流のもの，つまりいわゆる付随的違憲審査制であるという大前提があるとしても，アメリカの制度と日本のそれとの間には微妙な違いが存することに留意する必要がある。

両者とも，違憲審査権は通常の民事訴訟・刑事訴訟などの訴訟における司法作用の一環として行使され，特別の憲法訴訟という訴訟類型（訴訟手続法）が存在しているわけではなく，したがって，司法権を行使する下級裁判所も当然のこととして違憲審査権を行使してきている[3]。ついでにいえば，下級裁判所も違憲審査権の行使主体であるという点は，憲法76条1項・3項，ひいては憲法構造全体にもかかわる重要な事柄であることをここで確認しておきたい[4]（尾形健）。

しかし，両者の間の違いも小さくない。前節でも触れたように，日本では主観訴訟と客観訴訟といった独自の区分がなされ，そしてこの客観訴訟でも違憲審査権が行使されてきた。この区分論自体が，一方では主観訴訟のやや

---

[3] **食糧管理法違反被告事件**に関する最(大)判昭和25年2月1日刑集4巻2号73頁は，81条は「最高裁判所が違憲審査権を有する終審裁判所であることを明らかにした規定であって，下級裁判所が違憲審査権を有することを否定する趣旨をもっているものではない」とし，下級裁判所は憲法適否の判断につき最高裁判所に「移送すべき」というのは「全く独断」と断じている。また，**衆議院解散無効確認請求事件**に関する最(大)判昭和28年4月15日民集7巻4号305頁は，「わが現行法制の下にあっては，ただ純然たる司法裁判所だけが設置せられているのであって，いわゆる違憲審査権なるものも，下級審たると上級審たるとを問わず，司法裁判所が当事者間に存する具体的な法律上の争訟について審判をなすため必要な範囲において行使せられるに過ぎない」という（傍点筆者）。

[4] 違憲審査制の合一化傾向やドイツの違憲審査制がうまく機能しているとの認識に立って，わが国でも，下級裁判所で合憲性に疑いをもった場合，手続を中止し，その問題を最高裁判所（その中に「憲法部」というような専門部を設ける）に移送できるようにすべきであるという提案もなされ（畑尻剛，戸波江二），日本国憲法はこうした集中審査型違憲審査制を法定することを禁止するものではないとも説かれる。

過剰な純化を強い，他方では違憲審査の機会の増大への期待も込めて客観訴訟の拡充への期待を生み出している。

もう1つの注目すべき違いは，「最高裁判所」の性格ないし統治機構上の位置づけにかかわる点である。明治憲法から日本国憲法への移行にともなって，大審院という上告裁判所（50人近い大審院判事がいた）が廃止され，新しく創設された最高裁判所が，大審院が扱っていた一般の上告事件を引き継ぐとともに，新たに行政事件や憲法事件の上告事件をも扱うことになったのである。したがって，最高裁判所裁判官は厖大な数の上告受理申立事件の処理に忙殺される状況にある。これに対して合衆国最高裁判所は，連邦法にかかわる事件で，しかも，裁量的上訴受理により憲法を含む重大な事件に絞り込んで処理している（少なくとも近時は百件を切っている）。

憲法を改正して憲法裁判所を創設すべきであるという主張は，こうした観点からも理解できるところがあるが，現行制度を前提としても，最高裁判所が憲法訴訟などにより集中して取り組むことができ態勢を作ることは可能であり[5]，早急に検討されるべき課題である。

---

[5] 新民事訴訟法は，最高裁判所に対する上告の理由を，①憲法違反と②重大な手続法違反とし（絶対的上告理由），さらに③原判決に最高裁判所の判例と相反する判断がある事件その他の法令の解釈に関する重要な事項を含むものと認められる事件について，上告受理申立てをすることができ，最高裁判所は，申立てにより，決定で，上告審として事件を受理することができると定めたが（312条1項・2項，318条），これがそうした方向に沿うものとして注目された。この新制度が憲法32条に違反するとして争われた件につき，最判平成13年2月13日判時1745号94頁は，「いかなる事由を理由に上告することを許容するかは審級制度の問題であって，憲法が81条の規定するところを除いてはこれをすべて立法の適宜に定めるところにゆだねていると解すべき」ものとした。この判決については様々な評価があるが，司法制度全体の中で最高裁判所をどう捉えるかの視点が必要なように思われる（笹田栄司，尾形健）。

かつて，最高裁判所の受理件数の激増に対応すべく，いわゆる中二階案を内容とする裁判所法改正案が国会に提出されたことがある。それによれば，大法廷と小法廷を全く別組織とし，それぞれ専属の裁判官をおき（大法廷は長官を含めて9人，小法廷は30人），憲法上の最高裁判所の裁判官は大法廷の裁判官に限定し，小法廷の裁判官は従来の下級裁判所の裁判官と同一となるというものであった。つまり，小法廷は最高裁判所におかれるものの，組織としては高等裁判所に近い上告事件部（まさに中二階）という位置づけになるというものであった。最高裁判所に憲法事件により本格的に取り組む態勢作りを求めるとすれば，1つの参考になる案ではあろう。

II 憲法訴訟の基本的枠組——付随的違憲審査制の属性

1 基本的枠組

上述のように、司法裁判所型における憲法訴訟は、具体的事件・争訟の解決に必要な限りにおいて憲法問題が提起され、また、その限りにおいて裁判所の憲法判断が要請されるというところに特質をもつ。これは、①元来司法権が、事件・争訟を契機に法の解釈適用を通じてその解決を図ることを基本的目的としていること、②憲法判断は、経験的素材に基づき十分熟慮されたものであることが望ましいこと、そして、③民主主義体制下にあっては、違憲審査権はできるだけ自己抑制的に行使されるべきであること、などに根拠する。

このことから、アメリカ合衆国にあって、「憲法判断回避の準則」として知られる次のような諸準則として定式化された（これは、1936年のアシュワンダー事件判決中のブランダイス裁判官の同時意見が明示したものである）。

裁判所は、①友誼的・非対決的な訴訟手続においては立法の合憲性の判断をしない、②憲法問題を決定する必要が生ずる前にまえもって取り上げることをしない、③憲法原則を、それが適用さるべき明確な事実が要求する範囲を越えて定式化しない、④憲法問題が記録によって適切に提出されているとしても、その事件を処理することのできる他の理由がある場合には憲法問題について判断しない、⑤法律の施行によって侵害を受けたことを立証しない者の申立てに基づいて、その法律の効力について判断することはしない、⑥法律の利益を利用した者の依頼で、その法律の合憲性について判断するようなことはしない、⑦法律の合憲性について重大な疑いが提起されたとしても、その問題を回避できるような法律解釈が可能であるか否かをまず確認すべきである。

端的には「必要性の原則」と称しうるこの枠組は、現在の時点からみると、個別的に論ずべきところはいろいろあるとはいえ、付随的違憲審査制とは何かを考える際の基本的視座を提供するものといえよう。次節以下において、これらの準則の幾つかについて若干立ち入って考察することにしたい。

2 司法消極主義と司法積極主義にかかわる問題

(1) 「憲法判断回避の準則」の基本的性格　　この「憲法判断回避の準則」

は，突き詰めていえば，裁判所が政治の領域に過度に踏み込むことを避け，法原理機関としての自己のアイデンティティを保持していこうとする姿勢（自己抑制のアプローチ）の所産である。したがって，そこには，①司法権の行使であるということにともなう憲法上の限界認識とともに，②自己のアイデンティティ保持のための政策的・分別的配慮も多分にかかる認識と分かち難く反映されているものと思われる。

上述の事件・争訟性ないし「司法判断適合性」と関連づけられながら，違憲主張の根拠の有無ないし適格性，違憲審査の対象，裁判所の憲法判断の方法および違憲判断の仕方，違憲判決の効力等々の問題が憲法訴訟論として独自の考察対象とされることになるのも，司法権を担う裁判所はいかにして憲法訴訟に取り組むべきかというこの根本問題の故である（芦部信喜，戸松秀典）。

(2) いわゆる司法消極主義と司法積極主義　裁判所が憲法訴訟に臨むにあたってのこうした自己抑制的な姿勢は，司法の謙抑と呼ぶにふさわしい。

この自己抑制的な姿勢は，さらに，違憲かどうかの実体判断のレベルにも及びうる可能性がある。すなわち，法律が違憲かどうかの判断は，大きくかつ複雑な政治の領域の事情を考慮に入れなければならず，国民の代表である議会の制定した法律は明白な誤りがあると認められる場合にのみ違憲とすべきである，と（明白性の原則）。

そしていわゆる司法消極主義という言葉は，この２つのレベルを含めて用いられ，それと対照をなす立場ないし姿勢が司法積極主義と称されてきたように思われる（中谷実）。しかし，違憲審査の間口ないし入口の問題と実体判断のあり方の問題とは，理論上区別して考えられなければならない（樋口陽一，新正幸）。先の回避の準則を定式化したブランダイス裁判官がそうであったように，間口ないし入口の問題については自己抑制的であっても，実体問題については違憲判断をすることに躊躇しない積極主義の立場がありうるからである[6]。それは，裁判所がいわば自己の守備範囲（自己が活動すべき土俵）を限定しつつも，その中では立憲民主制の維持保全を原理面において積極的に支えていこうとする行き方である。そして，司法裁判所型の下で基本的に

---

[6] 因みに，理論上あるいは実際上，これとは逆に，間口を拡げつつ，実体問題について違憲判断をすることに謙抑し，むしろ政治部門の行為の合憲性を裏づけることに主眼をおく行き方もありうる。

妥当するのは、おそらくこのアプローチであろう。

司法消極主義は往々民主的な議会——非民主的な裁判所という図式に依拠しがちであるが、それはあまりにも型にはまった非現実的な政治観に立脚するものといわなければならない。裁判所は、政治部門のとる社会経済政策には敬意を払うべきではあるが、同時に、法の支配を支える中核である裁判所が、個人の基本的人権の保護に意を用い、個人や少数者が政治社会過程から不当に排除されることのないように配慮し、立憲民主主義過程の維持保全に原理面において積極的に寄与していくことが期待されていることは、既に種々の個所で述べたところである。

違憲審査と民主主義の関係の問題は、今後も論じ続けられるであろう。だが、裁判所が担う司法権は、対立する当事者が法に照らしてそれぞれの主張の正しさを真剣に争う、具体的事件・争訟という特定の事実状況の中で、必要な限りで憲法判断を行い紛争を適正に解決するという場であるという自覚を基本として、文言と構造・制憲者の意思・従前の法的決定（先例）との関連性に十分配慮した憲法解釈に努める限り、違憲審査を行う裁判所は反民主主義的であるという批判に怯む必要はない。もとより、憲法というものの性質上、憲法判断を求められる対象が国の政治的・経済的・歴史文化的な諸側面とも深いかかわりをもち、裁判所には的確な現状認識に立った洞察力に富んだ法的判断が期待されていること、それは特に最高裁判所に妥当すること、を付言しておかなければならないが。

第2節　憲法訴訟の方法と対象

I　憲法訴訟の方法

1　憲法訴訟の要件

上述のように、憲法訴訟という独自の訴訟類型があるわけではなく、ここに**憲法訴訟**とは、刑事・民事・行政事件の訴訟当事者が攻撃・防禦の方法として「憲法上の争点」を提起し、裁判所がそれに応えて合憲・違憲についての実体的判断をする形態の争訟をいう。そして、これを可能とするための諸条件が（必ずしも一般的ではないが）「**憲法訴訟の要件**」と呼ばれる（新正幸、渋

谷秀樹)。

　したがって,憲法訴訟が成立するためには,まず何よりも刑事・民事・行政事件として成立する,つまりそれぞれに求められる訴訟要件が充足されている,ことが必要であり,それが前提となる (もっとも,この訴訟要件の充足いかん自体が憲法上の争点化する場合がある)。「憲法訴訟の要件」は,広くは,こうした要件を含めて観念されうるが,狭くは,訴訟として成立することを前提にして,憲法上の争点を提起し,裁判所の実体的な憲法判断を引き出すための諸条件を指して用いられる。「憲法訴訟の当事者適格」などと呼ばれるのが,それである。

　刑事・民事・行政事件の訴訟要件などについては,それぞれの専門領域で考究されているところで,ここで立ち入って触れることはしない。ただ,この要件についてのそれぞれの訴訟手続法の定め方やその運用のあり方は,憲法訴訟の機会を左右するものであり,憲法からも看過しえないものを孕んでいることは強調しておかなければならない。特に公権力の行使にかかわる行政事件訴訟法についてはそのことがいえるので,若干触れておく。

　既に示唆してきたように,行政事件訴訟法は,憲法訴訟についてほとんど意識することなく制定された (戸松秀典)。そして行政法上妥当してきた「保護規範説」によれば,行政庁が,その行為を規制する行為規範 (処分の根拠規範) に反して処分を行う事態を想定して,その根拠規範が個別に私人を保護しているかを問題にするものであり[7] (神橋一彦),いわば"完結した世界"の中で問題が処理されてきたといえる。

　行政事件訴訟法が,国民の権利救済という観点からは問題が多く,平成16年の改正法によって相当な改善が試みられたことは既にみた (第1章第2節Ⅱ2→591頁)。改正前,改正後であれ,憲法訴訟にとって重要な場は,抗告訴訟,就中,取消訴訟である。この訴訟は,行政庁の処分等に不服の者が,その処分の違法を主張してそれらの取消しを求めて争う訴訟である。この違法を主張するにあたって,①憲法に全く触れず,法律 (規定) に照らし違法という場合,②根拠となった法律 (規定) 自体の違憲性には触れず,そ

---

[7] 処分の根拠法規が個別に保護している利益をもって保護された利益と考えるこの保護規範説をパラフレーズすれば,①処分によって不利益がもたらされていること (不利益要件),②その利益が,処分の根拠法規によって保護されていること (保護範囲要件),③さらにその利益が一般的な公益としてではなく,個別の私人について保護されていること (個別保護要件),という3要件を含むものとされる (小早川光郎)。

の処分が違憲・違法であるという場合，③そもそも処分の根拠となった法律（規定）が違憲であり，したがって該処分は違憲・違法であると主張する場合，が考えられるところであるが，同法は，違憲性が主張された場合のことについては関心を示していない。

　事の中心は処分等の違法性の審理であり，極論すれば，他はすべて訴訟要件の次元の問題とされる。それを象徴するのが，**原告適格**の問題であった。行政事件訴訟法は，処分等の取消しを求めるにつき「**法律上の利益を有する者**」であることを要求する（9条1項）。直ちに問題となるのは，「法律上の利益を有する」とは何かである。この点につき，「法律上保護された利益」であるとする説（行政処分の根拠規定から決定しようとする説），「法的な保護に値する利益」であるとする説（裁判上の保護に値すると考えられる利益であるとする説），適法性保障説（処分の適法性を確保するにかかわる利益であるとする説）などが主張され，最高裁判所の判例は基本的に「法律上保護された利益」説に従って処理してきた。その考え方を典型的に示したのが，**主婦連ジュース不当表示事件判決**[8]であった。判決は，行政上の不服申立資格につき，「法律上の利益がある者，すなわち，当該処分により自己の権利若しくは法律上保護された利益を侵害され又は必然的に侵害されるおそれのある者」とし，景表法の規定により一般の消費者が受ける利益は「同法の規定の目的である公益の保護の結果として生ずる反射的利益ないし事実上の利益」にすぎないと断じた。判決は不服申立に関するものではあったが，その後取消訴訟の原告適格に関する先例として引用されることになる。

　「実体法の留保」は司法審査制によって克服されたが，「訴訟法の留保」は手つかずのままであるとし，「**基本権訴訟**」論（訴訟要件拡充型基本権訴訟・不真正基本権訴訟および訴訟類型創出型基本権訴訟・真正基本権訴訟）が主張されたのは（棟居快行），この頃である。そして昭和60年代に入ると，最高裁判所は，**伊達火力発電埋立免許取消請求事件判決**[9]，**新潟空港訴訟判決**[10]，**高速増殖炉もんじゅ訴訟判決**[11]などにおいて，関連法律をも視野に入れ，また，被侵害利益の内容・性質・程度に配慮するなど，より柔軟な姿勢をみせるように

---

[8] 最判昭和53年3月14日民集32巻2号211頁。
[9] 最判昭和60年12月17日判時1179号56頁。
[10] 最判平成元年2月17日民集43巻2号56頁。
[11] 最判平成4年9月22日民集46巻6号571頁。

なった。

　平成16年の改正法は9条2項を新設し，従前の判例の展開を踏まえて原告適格判断にあたっての解釈指針を示した。そして翌17年には，小田急訴訟判決[12]が出るなど，新動向をうかがわせた。また，行政訴訟にとってのもう1つの課題である処分性の問題についても，改正法では触れられなかったとはいえ，医療法に基づく病院開設中止勧告の処分性を認めた判決[13]，さらに病床数削減勧告の処分性を認めた判決[14]，あるいは，「実効的な権利救済を図る」という見地に立って，土地区画整理事業計画決定の処分性を認めた遠州鉄道土地区画整理事業計画事件判決[15]などが注目されるところである。

　改正法も，憲法訴訟の扱いにはなお無関心であるといえるかもしれない（戸松秀典）。そして，判例の判断枠組からすれば，原告適格を根拠づけるのはあくまでも処分の根拠法律であって，処分によって憲法の保障する基本的人権を侵害されたと主張してもそれだけでは原告適格が認められそうにない。ただ，9条2項に，「法律上の利益の有無を判断するに当たつては，……根拠となる法令の規定の文言のみによることなく，当該法令の趣旨及び目的並びに当該処分において考慮されるべき利益の内容及び性質を考慮するものと」し，さらに，「当該利益の内容及び性質を考慮するに当たつては，当該処分……がその根拠となる法令に違反してされた場合に害されることとなる利益の内容及び性質並びにこれが害される態様及び程度をも勘案するものとする」とある点に，憲法訴訟にとっての一条の光を求めうるかもしれない。

　なお，改正法による救済範囲の拡大が憲法訴訟にとって一定の意味をもちうることについては，在外国民選挙権訴訟判決[16]などに関連して既に述べたところである（第3編第1章第2節Ⅰ2 ➔ 397頁，本編第1章第2節Ⅰ4 ➔ 589頁）。

2　憲法訴訟の当事者適格

（1）　総説　各訴訟当事者が，その事件・争訟を正しく解決するためには，憲法問題についての判断が必要であることを具体的に示し，違憲性を主張することができること，これを憲法訴訟の当事者適格という。「憲法問題」は，必ずしも憲法の保障する基本的人権の侵害の問題とは限らない

---

[12] 最（大）判平成17年12月7日民集59巻10号2645頁。
[13] 最判平成17年7月15日民集59巻6号1661頁。
[14] 最判平成17年10月25日判時1920号32頁。
[15] 最（大）判平成20年9月10日民集62巻8号2029頁。
[16] 最（大）判平成17年9月14日民集59巻7号2087頁。

が，それを主張する場合には，自己の権利・自由が具体的に侵害されて不利益を被っていることを示し，具体的に違憲性を争うことが求められる。

この憲法訴訟の当事者適格は，訴訟要件としての当事者適格とは区別して，「違憲主張の適格」とか「違憲主張の利益」とか呼ばれる (野中俊彦)。

この憲法訴訟の当事者適格の1つの帰結として，自己以外の第三者の憲法上の権利・自由の侵害を理由として違憲性を争うことはできないのではないかの問題が生じる。

(2) 第三者の憲法上の権利・自由を主張することの可否　アメリカ合衆国最高裁判所は，第三者の憲法上の権利を主張することはできないとしばしば述べ，わが国の最高裁判所も，犯人以外の者の所有物件を没収するのは憲法31条に違反するとして争われた第三者所有物没収事件につき，「他人の権利に容喙干渉」することは許されないと述べたことがある[17]。

けれども，この原則がどこまで厳密に妥当しなければならないかは多分に疑問の余地がある。既に示唆したように，この問題は，既に事件・争訟として成立している場合に，裁判所がどこまでを考慮に入れて判断できるかという問題である。前章でも言及したように，少なくとも，第三者が自らの権利を主張しえず，または主張することがきわめて困難であるという事情が存する場合には，訴訟当事者にその第三者の権利を主張することを認めて，司法権との関係で問題はないはずである。のみならず，訴訟当事者が申し立てている損害が同時にまた第三者の憲法上の権利を奪うような性質のものである場合とか，訴訟当事者と第三者との間にある種の実質的な関係にあるよう場合 (例えば，医師と患者との関係のような専門職業的関係) には，第三者の憲法上の権利を主張することが認められて然るべきであろう。実際，アメリカの判例も，この種の場合には，第三者の権利主張を認めようとしてきた (判決の中には，第三者の権利を主張できないというルールは，「ルール・オブ・プラクチスにすぎない」と述べるものもあった)。

わが国の最高裁判所も，先の第三者所有物没収事件判決後数年して，考え方を改め，没収は被告人に対する付加刑であること，被告人としても占有権を奪われること，所有者から賠償請求を受ける危険があることなどを理由に，被告人は「利害関係を有する」とした[18]。しかし，この場合被告人が厳

---

[17] 最(大)判昭和35年10月19日刑集14巻12号1574頁。
[18] 最(大)判昭和37年11月28日刑集16巻11号1593頁。

密な意味で「利害関係を有する」といえるかは疑問の余地があり、むしろ本件では、憲法上の争点が明確でかつ第三者が後にその権利を主張することが不可能ないし著しく困難であるというような事情があって、そのことが被告人自身の「利害関係」の稀薄さを埋め合わせしているとみるのが妥当なように思われる。因みに、本判決を受けて、翌年、「刑事事件における第三者所有物の没収手続に関する応急措置法」が制定され、第三者の訴訟への参加手続が定められた。

　オウム真理教解散命令事件は、理論的には宗教団体が信者個人の権利を主張できるかの問題を含むものではあったが、最高裁判所は、この適格性の問題に格別触れることなく、判断をしている[19]（第2編第3章第1節Ⅱ3(2)(ニ)→231頁）。それは、該団体と信者との濃密な関係を措定してのものであったと解される。

　以上は、第三者といっても特定の第三者というべきものにかかわる問題であった。前に、憲法31条との関連で、刑罰法規は不明確なものであってはならないと述べ（第2編第3章第4節Ⅱ2→330頁）、また、憲法21条の表現の自由などの保障に関連して、事前抑制の原則的禁止の法理と「検閲」、漠然性故の無効の法理（明確性の法理）、過度の広汎性故の無効の法理に論及した（特に第2編第3章第1節Ⅳ3→254頁）。刑罰法規につき、そのあり方の問題として、不明確の故に違憲であると主張し、あるいは、表現の自由などの制限につき、上の法理に訴えて違憲性を主張するとき、それは、不特定多数者の憲法上の権利を（も）問題にしているのだと解することができる。

3　ムートネスの問題

　憲法訴訟にかかわるやや特殊な局面として、いわゆるムートネスの問題がある。すなわち、事件・争訟として適正に成立したが、その後の事情で事件・争訟性の要素を欠くに至った場合、当事者はなお憲法判断を求め、裁判所は憲法判断をなしうるかの問題である。

　この点、アメリカの判例上、事件・争訟のあらゆる段階において現実の事件・争訟性が存在しなければならない（存在しなくなると、その事件・争訟はムートになる）とされる。ただ、そうはいっても、クラス・アクション（集合代表訴訟）の場合は、やや事情は異なって、この問題をあまり厳格には貫けない。また、実体判断（憲法判断）の可能性を追求して、例えば、「繰り返され

---

[19] 最決平成8年1月30日民集50巻1号199頁。

るが，審査を免れる」という事情が認められる場合，あるいは，刑期を終えても，選挙権が剥奪されるなど，当事者に依然として害悪がつきまとっている場合などには，実体判断（憲法判断）を行ってきた。

この種の問題が日本国憲法上どのように位置づけられるかは，判例上必ずしも明確でない。この観点から目につくのは，昭和27年5月1日メーデーのための皇居外苑使用不許可処分の取消しを求める訴訟につき，「同日の経過により判決を求める法律上の利益を喪失」するとしつつ，「なお，念のため」と称して憲法判断を行った皇居外苑使用不許可事件判決[20]（第2編第3章第1節Ⅴ2→285頁），「本件訴訟は，上告人の死亡と同時に終了し」たとしつつ，同じく「なお，念のため」として憲法判断を行った朝日訴訟判決[21]（第2編第4章第2節Ⅰ2→363頁）である。

これら判決の基礎には，伝統的な「訴えの利益」論があることは間違いあるまいが，憲法との係留関係は明らかではなく，何故憲法判断をしたのかの理由も定かではない。これらの判決につき，当事者の主張を否定しようとするあまりの「脱線」と評する向きもあるが，先の「繰り返されるが，審査を免れる」事態の回避の法理といった，憲法訴訟の趣旨と積極的に連結するような方向でのルールの明確化が求められている。

Ⅱ 憲法訴訟の対象

1 総説

憲法81条によれば，違法審査の対象となるのは，「一切の法律，命令，規則又は処分」である。条例は「法律」あるいは「規則」にあたるか，会計検査院規則・人事院規則などは「命令」あるいは「規則」にあたるか，本条は例示的なものとみるべきか，などについての議論はあったが，憲法よりも下位のおよそすべての抽象的ないし個別的・具体的な法規範が違憲審査の対象となると一般に解されてきた（因みに，地方公共団体は地方政府と解すべく，地方議会の制定する条例は「法律」に，長の制定する「規則」は「命令」に相当するとみるべきことは既に示唆した。「命令」は行政機関の制定する国法形式で，政令，内閣府令・省令，委員会や各庁長官の定める規則などがこれにあたる。「規則」は議院規則や最高裁判

---

[20] 最(大)判昭和28年12月23日民集7巻13号1561頁。
[21] 最(大)判昭和42年5月24日民集21巻5号1043頁。

所規則がこれにあたるが,会計検査院が上述のごとき性格をもつとすれば,その規則もここに含まれると解すべきかもしれない〔もっとも,「命令,規則」は行政府のそれであって,議院規則や裁判所規則を含まないとする説もある〕)。

本条にいう「処分」とは,個別的・具体的な国家行為であって,行政「処分」をその典型例とする。裁判所の「裁判」がここにいう「処分」に含まれるか否かについては,消極説もあるが,先に触れた刑訴応急措置法事件判決[22]は,「裁判」は「個々の事件について具体的処置をつけるものであるから,その本質は一種の処分である」とした。

2 条約に対する違憲審査権

違憲審査の対象となるか否かで問題とされたのは,条約であった。まず,条約が憲法所定の手続 (73条3号・61条・7条1号) に従って締結され公布されたか否かに関し,裁判所が審査権を有すること (形式審査) 自体については,異論は少ないと思われる。もちろん,前にみたように,内閣による締結および国会による承認の手続の有効・無効については,内閣および国会の自律性を尊重しなければならないという前提は存在する。

説が大きく分かれたのは,条約の内容が憲法に反しないか否かにつき違憲審査が及ぶかであった (実質審査)。この点につき,消極説 (A説) と積極説 (B説) に分かれた。A説は,条約は憲法に優位するという条約優位説を根拠とし (A_1説),あるいは,憲法優位説をとる場合でも,81条に「条約」が欠如し,98条1項にも「条約」が掲げられず,むしろ98条2項は「条約」の誠実遵守をうたい,また条約が外国との合意によって成立するという特殊性を根拠とした (A_2説)。これに対しB説は,条約は81条の「法律」に含まれ (B_1説),あるいは「規則又は処分」に入るとし (B_2説),あるいは憲法全体の精神・構造を根拠にして (B_3説),憲法優位の原則を裁判所を通じて貫徹させようとする (第1編第3章第2節Ⅲ2→89頁,第3編第2章第4節Ⅲ→455頁)。

上の諸説のうち,A_1説が妥当でないことは,憲法と条約との関係に関し前に述べたところから明らかであろう。また,条約を「法律」あるいは「規則又は処分」に含ませることは,その文言からいっても,条約というものの性質からいっても,無理であって,B_1説およびB_2説は妥当でないであろう。残るはA_2説またはB_3説ということになる。このうち,憲法の文言に適合的と思われるのはA_2説で,実際かつての通説といえるものであった。

---

[22] 最(大)判昭和23年7月8日刑集2巻8号801頁。

しかし憲法の保障，とりわけ人権保障という観点からみた場合，条約が一切違憲審査の対象とならないとすることには疑問が残る。例えば，表現の自由を制限するような条約が締結された場合を想定すれば，A_2説の重大な帰結が理解されよう（第２編第１章第２節Ⅲ2 → 118頁，第３章第１節Ⅳ4(1)(ホ) → 270頁）。確かに，条約は，外国との合意によって成立するという特殊性を有し，違憲と判示されても，国内法的効力が失われるにとどまり，その国際法的効力には影響がなく，わが国政府が相手国に対し，その改廃を求め，それに成功しなければ，事態は根本的には解決されない。憲法は，おそらくこの点を配慮して特に「条約」を条文中に明示しなかったのであろう。が，そのことは，憲法が条約に対する違憲審査の可能性を一切否認する趣旨であると解さなければならないということを必然的に意味しない。その意味で，結局，B_3説をもって妥当としよう[23]。

この問題につき，旧日米安保条約の合憲性が争われた砂川事件において，最高裁判所は，およそ条約なるが故に違憲審査の対象とはならないとの論法はとらず，むしろ審査可能性を前提としたうえで，その条約が「高度の政治性」を有し，きわめて明白に違憲でない場合には憲法判断を控えるとも読める行き方をとり[24]，その後の判例においてもその行き方を踏襲している[25]。

3 立法の不作為に対する違憲審査

(1) 総説 いつどのような内容の法律を制定するかは，「唯一の立法機関」である国会の決めるべき事柄である。違憲審査制も，議会の明確な意思表示である制定された法律につき，具体的事件・争訟の提起を契機に，それが憲法規定に適合するか否かを判断するものと想定されてきたことは間違いない。

ただ，憲法規定の中には，①明文上一定の立法を国会がなすべきことを予定している，あるいは，②解釈上そのような結論が導かれる，というものがある。「何人も，公務員の不法行為により，損害を受けたときは，法律の定めるところにより，国又は公共団体に，その賠償を求めることができる」

---

[23] なお，条約そのものは違憲審査の対象とはならないとしつつ，実施法律等の違憲性を判断する前提問題としては審査可能とする説（橋本公亘），また，審査対象となるのは自動執行的条約のみであり，それ以外の条約は前提問題としてであれ審査対象とはならない（審査対象はあくまで実施法律そのもののみ）とする説（新正幸）がある。
[24] 最(大)判昭和34年12月16日刑集13巻13号3225頁。
[25] 新安保条約にかかわる全司法仙台事件に関する最(大)判昭和44年4月2日刑集23巻5号685頁，沖縄代理署名訴訟に関する最(大)判平成8年8月28日民集50巻7号1952頁参照。

(17条)などは(傍点筆者)，①の例である(国会は制定してもしなくともよい事柄だとは，到底解されない)。②は，憲法25条の生存権を抽象的権利と解した場合などに，その典型例をみる。

このような場合に，国会が何もしなかった(つまり，法律を制定しなかった)としたら，どうであろうか。「唯一の立法機関」とは，法理論上，立法する権限を授権しているだけであって，それ自体としては義務とは無関係であると解する立場に立てば別であろうが，上のような条文の常識的な理解によれば，国会は制定すべき義務を果たしていない，つまり憲法に違反する事態が現出しているということになるのではないか。ただ，そのように解するとしても，この事態は，憲法訴訟(違憲審査)とどうつながるのか，あるいはつながりうるのか，また別に考察されなければならない。

(2) 立法不作為違憲確認訴訟論について この問題に正面から対応しようとしたのが，「立法不作為違憲確認訴訟」論であった。それは，生存権に関するいわゆる具体的権利説(第2編第4章第2節① 2(1)➡363頁)などとも関係しつつ，また，ドイツの法制度も参考にしながら，立法の不作為を直接争う訴訟形態を創設すべきであるとし，あるいは，このような訴訟を行政事件訴訟法のいわゆる無名抗告訴訟[26]として構成すべきである，と主張するものであった(大須賀明，戸波江二，高田敏)。

しかし，立法は本来的に複雑な政治的・社会的与件の中で行われるものであり，いわゆる立法の不作為をもって直ちに違憲になると一般的にいえるのか，さらに，特に②との関係であるが，立法義務といってもどの程度明確といえるのか，その義務違反の不作為が直ちに違憲と断じ切れるほどであるか，といった問題がある。

さらにいえば，どのような場合に，どのような立場の者に提訴権を認めるのか，判決はどのような形になるのか，もし一定内容の立法を議会に直接義務づけるということになると立法権侵害の問題が生じないか，その点を考慮して違憲の確認にとどまるべきものとするならば，そのような判決にどのような具体的な法的意味があるか，等々の課題がある。また，立法の不作為の

---

[26] 行政事件訴訟法上具体的に定められていないが，「行政庁の公権力の行使に関する不服の訴訟」である「抗告訴訟」(3条1項)の一種とされるものである。同条2項以下に明記されるみ「処分の取消しの訴え」，「裁決の取消しの訴え」，「無効等確認の訴え」，「不作為の違法確認の訴え」以外のもので，法定外無名抗告訴訟と呼ばれてきた。なお，平成16年の改正法では，「義務付けの訴え」，「差止めの訴え」が追加された。

違憲確認訴訟が認められるべきとすれば，違憲立法（作為）の違憲確認訴訟といったものも認められるべきものとならないか，もしそうなって，立法の作為および不作為の違憲確認訴訟が広く認められるということになると，それは付随的違憲審査制から相当距離をもった制度ということにならないか，そして，民主主義との関係でかなり重大な問題を提起することにならないか，といった疑問がありえよう。

(3) **実践的対応** では，どのような実践的な対応がありうるであろうか。

まず最初に，いわゆる「立法の不作為」は必ずしも一義的でないことに注意する必要がある。典型は，①文字通り法律が制定されていない場合（立法の不存在）であろう。しかし，さらには，②違憲とされる法律が改廃されない場合，③法律が改廃された結果，違憲とされる状態が現出した場合，④法律の規定の仕方に憲法上の要請に悖るものがあるとされる場合（立法の「不備」）などを含めて，観念されることがある。

このうち，④の場合については，問題の規定を違憲とするとか，あるいは，既にみた第三者所有物没収事件判決のような処理の仕方（①2(2)→632頁）や損失補償規定を欠く場合の処理の仕方（第2編第3章第2節Ⅲ4(3)→316頁）等々がありえ，とりたてて「立法の不作為」と捉える必要はない。また，②および③の場合についても，基本的に，現に存する法律規定ないし従前の法律規定を廃止した新たな法律規定の違憲性を争えばよいのではないかとも考えられる。もっとも，問題の状況と争い方いかんによっては，立法行為か立法不作為かの区別の意味が二義的になる場合がありえよう。

「立法の不作為」の問題を憲法訴訟の場に導き入れる大きな契機を作ったのは，国家賠償請求という文脈で争われた議員定数不均衡問題，とりわけ在宅投票制度廃止問題であった。在宅投票制度廃止違憲国賠訴訟については，下級審の判断の筋道が一様でないことも含めて既に触れたが（第3編第1章第2節Ⅲ2(2)→403頁），最高裁判所の判決[27]にやや立ち入って触れておく必要がある。

判決は，「国会議員の立法行為（立法不作為を含む）」（ここでは両者を区別していないことに注意）が国家賠償法1条1項の適用上違法となるかどうかは，「国会議員の立法過程における行動が個別の国民に対して負う職務上の法的

---

[27] 最判昭和60年11月21日民集39巻7号1512頁。

義務に違背したかどうかの問題であって，当該立法の内容の違憲性の問題とは区別されるべきであ」るという。そして，「国会議員は，立法に関しては，原則として，国民全体に対する関係で政治的責任を負うにとどまり，個別の国民の権利に対応した関係での法的義務を負うものではないというべきであって，国会議員の立法行為は，立法の内容が憲法の一義的な文言に違反しているにもかかわらず国会があえて当該立法を行うというごとき，容易に想定し難いような例外的な場合でない限り，国家賠償法1条1項の規定の適用上，違法の評価を受けない」と結論する（傍点筆者）。

判決は，憲法17条および国家賠償法1条1項にいう「公務員」に国会議員が含まれることを前提としたうえで（第2編第4章第1節Ⅱ2→356頁），いわゆる「職務義務違反説」（職務行為基準説[28]）によりつつ，立法内容の違憲性と立法行為の違法性とを区別し，後者に関し憲法の一義的文言に反しあえて立法に及んだようなごくごく例外的な場合に限られるとしたものといえる（実際，判決は，本件はそうした例外的な場合にあたらないと述べるのみで，合憲か違憲かについての判断を示していない）。法律の違憲性が無限定に国家賠償責任と結合する仕組みは，付随的違憲審査制の枠組を越える可能性を孕むが，他方，「憲法の一義的文言云々」は国家賠償請求訴訟が憲法訴訟の一局面となることを事実上閉ざすことにならないかの懸念も生む[29]。

そうした中で，これも前に触れた在外国民選挙権訴訟判決[30]が出現した（第3編第1章第2節Ⅰ2→397頁）。事案の内容についてはここで繰り返さないが，判決は，主位的請求としての改正前および後の公職選挙法の違法確認の訴えおよび予備的請求としての選挙権確認の訴えにつき，「法律上の争訟」にあたらないとした下級審の判断に対し，改正前に関する違法確認を求める訴えは過去の法律関係の確認を求めるにすぎず，また改正後に関する違法確認を求める訴えは他により適切な訴えによりその目的を達成できるときは確認の利益を欠くとして，ともに却下したうえ，予備的確認請求につき，「公

---

[28] 国家賠償法にいう違法性につき，結果不法説と行為不法説の2つの見方があるが，職務行為基準説は，行為不法説を前提に，職務上通常尽くすべき注意義務を尽くしたかに焦点をあてるもので，違法性の要素と過失の要素が一体化する（櫻井敬史＝橋本博之）。

[29] 実際，下級審の判決も含めて，この判決の影響は大きかった。そして最判平成9年9月9日民集51巻8号3850頁は，「この理は，独り立法行為のみならず，条約締結の承認，財政の監督に関する議決など，多数決原理により統一的な国家意思を形成する行為一般に妥当する」としている。

[30] 最（大）判平成17年9月14日民集59巻7号2087頁。

法上の当事者訴訟のうち公法上の法律関係に関する確認の訴え」と位置づけてこれを認容した。判決は，選挙権の重要性を指摘するとともに，選挙権はこれを行使することができなければ意味がなく，事後的救済では真の救済とはならないことを強調し，次回の選挙において在外選挙人名簿に登録されていることに基づいて投票することができる地位にあることを確認すべき理由は十分にあるという。その際，「なお，この訴えが法律上の争訟に当たることは論をまたない」と念を入れている。

これまで，わが国の訴訟制度とその運用が憲法訴訟にとって厳しいものであったことをいろいろみてきたが，本判決は，憲法の保障する重要な権利が不当に制約されている場合に，訴訟形態のあり方も含めて司法としてより柔軟かつ積極的に取り組もうとする姿勢を示したものとして注目されるところである。ただ，このような救済方法が，他にどのような権利について，どのような場合に妥当するかは，今後の展開をまたなければならない。

本判決で注目されるもう1つは，国家賠償請求に関する判示部分である。判決は，在宅投票制度廃止違憲国賠訴訟判決の枠組に従い，国家賠償法上の違法性と立法内容の違憲性を区別し，「仮に当該立法の内容又は立法不作為が憲法の規定に違反するものであるとしても，そのゆえに国会議員の立法行為又は立法不作為が直ちに違法の評価を受けるものではない」としつつも，憲法の一義的文言云々といった表現はとらず，次のようにいう。「しかしながら，立法の内容又は立法不作為が国民に憲法上保障されている権利を違法に侵害するものであることが明白な場合や，国民に憲法上保障されている権利行使の機会を確保するために所要の立法措置を執ることが必要不可欠であり，それが明白であるにもかかわらず，国会が正当な理由なく長期にわたってこれを怠る場合などには，例外的に」，違法の評価を受けるものというべきである，と。そして，昭和59年に在外国民の投票を可能にするための法律案が閣議決定され国会に提出されたが廃案となり，その後本件選挙の実施に至るまで10年以上にわたって何らの措置もとられないというような「著しい不作為」は，この「例外的な場合」にあたると結論した。

本判決は，在宅投票制度に関する判決と「異なる趣旨をいうものではない」とわざわざ断ってはいるが，ほぼ閉ざされていると思われていた扉がそうではないということを示したことは確かであろう——どこまで開くのか，付随的違憲審査制の枠組の中でどこまで開くべきなのかは，これからの課題

であるとしても[31]。

4 国の私法上の行為に対する違憲審査

国家がその目的を達成するにあたって，私法的形式の行為（例えば，私法上の契約による土地売買行為）によることがある。このような場合に，その行為は違憲審査との関係でどうなるか。

この点につき，1つの見解は，憲法は元来公権力の行使を規判するところに眼目があり，私法的な行為にまつわる憲法問題はいわゆる第三者効力論（憲法の私人間効力論）によって対処すべき性質のものと解する立場（消極説）である（A説）。

しかしながら，憲法はおよそ国家の行為に対する規範的枠組の設定であって，国家がたまたま選択する行為形式いかんによって，その枠組の外に出てしまうという結果になる論理には釈然としないものが残ることは否めない。いわゆる第三者効力論も，もともとともに人権の享有主体たる私人間同士の関係の調整にかかわるものではなかったか（いうまでもなく，国家はいかなる意味においても人権の享有主体ではない）。

もちろん，国家がいわゆる「公権力の行使」にあたる行為を選ぶか，私法上の行為を選ぶかによって，実定法律制度の仕組みに即して訴訟手続等の法的取扱いの面で違った道をたどることになる。しかし，そのことは，国の行為が憲法の規範的枠組の中にとどまるか否かを左右するような決定的帰結をともなうものではないと解される（B説）。

もっとも，国家が私法上の行為によった場合，「公権力の行使」による場合と法律の留保などの面でどのような違いがどのような理由によって正当化されうるか，その行為が憲法規範に抵触すると解される場合に私法上の法律行為の効力の問題についてどのような配慮が必要か（契約の相手方の正当な利益を不当に害してはならない），等々の問題が検討されなければならない。

このような問題を提起したのは，**百里基地訴訟**であった。その第二審判決[32]は，控訴人等が、被控訴人国の本件土地取得行為は，防衛庁東京建設部

---

[31] なお，最判平成18年7月13日判時1946号41頁は，精神的原因による投票困難者に対する立法不作為の問題について，「その精神的原因が多種多様であり，しかもその状態は必ずしも固定的ではないし，療育手帳に記載されている総合判定も……投票所に行くことの困難さの程度と直ちに結び付くものではな」く，しかもこの問題について本件選挙までにおいて国会ではとんど議論されたことはない，ことなどを指摘し，本件立法不作為は国家賠償法上の違法の評価を受けるものではない，とした。

長が国の支出担当官として，旧防衛庁設置法および旧防衛庁付属機関組織規程に基づき行った行為であって，明らかに戦争の惨禍に結びつくものであるから，憲法98条にいう「国務に関するその他の行為」に該当し，同条によってその効力を生ずる由ないものであると主張した点につき，憲法81条にいう違憲審査の対象となるのは，国の行う一切の行為ではなく，「憲法の最高法規性の秩序のもとに置かれて，その効力が問題とされるに足るだけの意味をもつ行為でなければなら」ず，「国家公権力の行使と係わり合いがなく，国が私人と対等の立場に立って行った本件土地収得行為のごときものがこれに含まれないことは，明らかである」，と判示した。

そして最高裁判所も，「国務に関するその他の行為」とは，「公権力を行使して法規範を定立する国の行為を意味し」，本件売買契約のごとき「国の行為であっても，私人と対等の立場で行う国の行為」は含まれないとし，結局，本件の問題は民法90条にいう「公の秩序」の解釈問題であるとの理解を示した。そのうえで，判決は，「本件売買契約が締結された昭和33年当時，私法的な価値秩序のもとにおいては，自衛隊のために国と私人との間で，売買契約その他の私法上の契約を締結することは，社会的に許容されない反社会的な行為であるとの認識が，社会の一般的な観念として確立していたということはできない」，と判示した[33]。

これら判決の立場は，先のA説的立場に立ってのものである。そして，その立場からは，国が私法的行為によった場合には，本件についていえば，9条は直接には妥当しないことになる。いかなる場合に国は私法的行為によることができるかが明確にされないままに，私法的行為によれば憲法規範の枠組[34]から離れることができるという論理は，立憲主義（法の支配）の観点から納得することは難しい（浦田一郎，木下智史，新正幸）。

5 司法権の限界にかかわる問題

この問題については上述のところに譲り（第1章第2節Ⅲ→592頁），この関係で従来論じられてきたいわゆる「統治行為」の問題について次に論及する。

---

[32] 東京高判昭和56年7月7日判時1004号3頁。
[33] 最判平成元年6月20日民集43巻6号385頁。
[34] 本件の場合についていえば，9条の解釈は一様でないことを当然の前提にしたうえでのことである（第1編第3章第3節参照）。

III 「統治行為」について

1 総説

「統治行為」とは，一般に，政治部門の行為のうち，法的判断が可能であっても，その高度の政治性の故に，司法審査の対象とされない行為であると定義されてきた。苫米地第2次訴訟判決[35]は，統治行為と銘打ってではないが，衆議院の解散に関し，「あらゆる国家行為が無制限に司法審査の対象となるものと即断すべきでない。直接国家統治の基本に関する高度に政治性のある国家行為のごときはたとえそれが法律上の争訟となり，これに対する有効無効の判断が法律上可能である場合であっても，かかる国家行為は裁判所の審査権の外にあり，……」と述べている (傍点筆者)。

ここでは，司法権の及ぶ場合であっても，司法審査の及ばないものがあるとの理解が示されている。司法権の「限界」の問題であり (第1章第2節III→592頁)，「憲法訴訟の対象」にかかわる重大な問題ということになる。

この「統治行為」論は，フランスやドイツでの法実務・理論の影響下で形成され[36]，さらにアメリカの「政治問題の法理」の影響を受ける中で展開されて，「統治行為」論と「政治問題の法理」とが互換的に用いられるようになる。

問題は，81条の規定があるにもかかわらず，何故にこのような「行為」ないし「問題」があるといえるのか，具体的にどのような「行為」ないし「問題」がこれにあたるのか，である。

2 「統治行為」論（政治問題の法理）の根拠と内容

(1) 当初の学説状況 「統治行為」肯定論 (A説) には，大別して裁判所の裁量的自制に根拠を求める説 (A_1説。自制説) と，国民主権下の権力分立体制における司法権の内在的制約に根拠を求める説 (A_2説。内在的制約説) とがある。が，A_1説に対しては，何故に憲法上の権能の不行使が正当化されるのかの疑問がありうるし，また，A_2説に対しては，権力分立概念の多義

---

[35] 最(大)判昭和35年6月8日民集14巻7号1206頁。
[36] わが国の統治行為論争を方向づけたのは，acte de gouvernement に関するコンセイユ・デタの判例の蓄積ではなく，むしろそれを「パッケージ化した Regierungsakt の概念」の方であり，しかもそれがドイツで最も盛んに肯定的に主張された時期であったという指摘がある (宍戸常寿)。

性などの故に必ずしも決め手にならないのではないかの疑問がありうる。その意味で,「統治行為」肯定論は,自制と内在的制約との微妙な結合のうえに成立しているというのが実際のところであろうと思われる (A₃説。統合説)。

この根拠づけと関連するが,いかなる事項が「統治行為」とされるのか。この点,上述のように「高度の政治性」ということが指摘され,広くは,①国家全体の運命にかかわる重要事項 (国家の承認,条約の締結その他の外交活動や国家の安全保障にかかわるもの),②政治部門の組織・運営に関する基本事項 (意思決定手続,議員の懲罰など),③政治部門の相互関係 (衆議院の解散など),④政治部門の政治的・裁量的判断に委ねられた事項,が「統治行為」とされた。

(2) 判(決)例状況 この関係でまず触れるべきは,合衆国軍隊駐留と安保条約の合憲性が争われた砂川事件に関する最高裁判所の判決[37]で,「わが国の存立の基礎に極めて重大な関係をもつ高度の政治性」を有し,その内容が違憲か否かの法的判断は政治部門の「高度の政治的ないし自由裁量的判断と表裏をなす点がすくなくな」く,したがって「一見極めて明白に違憲無効」と認められない限り「司法審査権の範囲外」とした (傍点筆者)。

そして,上にも触れた苫米地第2次訴訟判決が,衆議院の解散につき,「極めて政治性の高い国家統治の基本に関する行為」であって,「裁判所の審査権の外にあり,その判断は主権者たる国民に対して政治的責任を負うところの……政治部門の判断に委され,最終的には国民の政治判断に委ねられている」とした (第3編第3章第3節2→496頁)。このほか,警察法改正無効訴訟判決[38]も,議院における議事手続につき,統治行為によった例としてあげられることもあった。

その後,条約につき,砂川事件判決と同様の論法をとった判例および下級審の判決例が幾つか登場した。そして自衛隊の合憲性が争われた長沼訴訟につき,第一審判決[39]は,被告国側の統治行為論に対して,判例上「統治行為」とされているのは条約とか衆議院の解散のごときものであったとして統治行為論を限定的に捉えたうえ,軍事力の保持については憲法前文および9条という明確な法規範が存在し,その意義は裁判所が解釈しうるところであ

---

[37] 最(大)判昭和34年12月16日刑集13巻13号3225頁。
[38] 最(大)判昭和37年3月7日民集16巻3号445頁。
[39] 札幌地判昭和48年9月7日判時712号24頁。

るとし，自衛隊法の違憲判断をして注目された。が，その第二審判決[40]は，9条が自衛のための戦力の保持をも禁止しているか否かは一義的に明確ではないとし，いかなる防衛措置を講ずるかは「高度の専門技術的判断とともに，高度の政治判断を要する最も基本的な国の政策決定」であって，その決定は「統治行為」に属するとし，自衛隊が「一見極めて明白に」侵略的なものと認められない以上，司法審査の対象外とした（第1編第3章第3節Ⅱ1→96頁）。

先に触れた百里基地訴訟につき，第一審判決[41]は，9条は自衛のための戦力の保持を禁止するものではないとし，一国の防衛問題は「国家統治の基本に関する政策決定の問題」であって，自衛隊の実力が自衛のため必要な限度を越える戦力にあたるかどうかの法的判断は，「一見極めて明白に」違憲無効と認められない限り，司法審査の対象外とした（この訴訟の第二審および上告審判決については，先に触れた）。

厚木基地訴訟に関する第二審判決[42]は，飛行場の周辺住民が軍用機の夜間飛行の禁止と過去・将来の損害賠償を求めた訴えにつき，米軍機の離着陸の差止請求については，わが国の民事裁判権の限界を理由に不適法とし，自衛隊機の離着陸の差止請求については，わが国の安全保障にかかわる高度の政策的判断が不可欠の事柄に関係し，いわゆる統治行為ないし政治問題に属することを理由に不適法とした（その上告審判決[43]は，統治行為ないし政治問題に属するとの論法はとらず，本件差止請求は「防衛庁長官にゆだねられた……自衛隊機の運航に関する権限の行使の取消変更ないしその発動を求める請求を包含することになる」ので，民事上の請求としては不適法とした）。

3　「統治行為」論の問題性

このように，「統治行為」論は，「高度の政治性」ということをその基本的属性とするが，その属性はいかにも明確を欠き，その捉え方いかんでは重大な憲法問題はすべて「統治行為」となりかねず，ひいては憲法が違憲審査制を導入した趣旨そのものを没却する結果になる。

まさにこうした点を指摘し，かつ，憲法81条（および98条1項）が裁判所に無条件に違憲審査権を付与していることを根拠に，「統治行為」の存在を

---

[40] 札幌高判昭和51年8月5日行集27巻8号1175頁。
[41] 水戸地判昭和52年2月17日判時842号22頁。
[42] 東京高判昭和61年4月9日判時1192号1頁。
[43] 最判平成5年2月25日民集47巻2号643頁。

一切否定する「統治行為」否定論（B説）が登場することになる（磯崎辰五郎）。さらに，憲法32条の保障する「裁判を受ける権利」の観点から，「統治行為」論の問題性が批判される。

　このB説には首肯できるところが多いが，ただ，「統治行為」ないし「政治問題」は，司法権の本質ないしその限界の理解にかかわるところがあり，81条（および98条1項）や32条を決め手とすることには疑問の余地がある。実際，B説も，一般に，政治部門の裁量やその自律権にかかわる事柄については，別の議論のありうることを否定しない。そして，このような政治部門の裁量や自律権が司法審査との関連で問題とされるのは，政治部門の活動や判断のあり方について，裁判所として一定の配慮を示さなければならないという認識，あるいは裁判所としてその問題について判断するには十分な情報に接しえずもしくは自信をもって依拠すべき判断基準が欠けているという認識があるからである。そのように考えると，いわゆる「統治行為」は政治部門の裁量や自律権の問題とどれほど異質の問題であるのかの疑問が生じるとともに，他方，この裁量や自律権の範疇に包摂されえない「統治行為」なる範疇を考えなければならない必要性についての疑問がありうる。

　まず，2でみた，広く「統治行為」とされるもののうち，②は政治部門の自律権論で，④は政治部門の裁量論で把握できるから，これを「統治行為」とする必要はない。先にも触れた警察法改正無効訴訟の事案は，明らかに②の問題というべきである。

　そうすると，①と③をどう捉えるかの問題が残ることになる。苫米地事件はまさに③にかかわるものということができ，判決も留保なしに審査権の範囲外とし，「統治行為」論によった典型例として理解されてきた。しかし，この事件については，自律権論（閣議決定の方式面）と裁量論（衆議院の解散事由面）によって把握できるはずだという批判もなされたところである。そして，この事件のあるべき処理の仕方については，既に述べた（第3編第3章第3節2 ➡ 496頁）。

　残るは，①ということになる。砂川事件はまさにこれにかかわるが，上述のように，判決は「一見極めて明白に」違憲無効の場合には司法審査可能性をにおわしており，その意味で裁量論の風趣をもっている。これを「統治行為」論によったものと解するとしても，もともとの「統治行為」の定義からは，やや変則的な「統治行為」論と受け止められることになる。また，砂川

事件判決では留保がつけられ，苫米地訴訟判決では無留保・無条件である点について，事の本質から考えても「政治性」の程度から考えても，「バランス感覚は逆」ではないかの批判もなされた (小嶋和司)。

　この点，いわゆる「統治行為」論ないし「政治問題の法理」の基本的発想が，憲法上他部門に明確に委ねられている事柄には介入せず，また，裁判所としてその問題について判断するには十分な情報に接しえずもしくは自信をもって依拠すべき判断基準が欠けており，したがってまた違憲判決の結果に明確な見通しをつけ難いような場合には違憲判決を避ける，というように解しうるとすれば (アメリカ合衆国の判例にみられる「政治問題の法理」は，そういう観点から理解できるところがある[44])，「一見極めて明白に」違憲な場合にはそもそも「統治行為」の範疇外であるとみることができる。そして，砂川事件判決は，第一審判決[45] (伊達判決) が合衆国軍隊の駐留は憲法9条2項の禁止する「戦力」にあたるとしたのに対して，「同条2項がいわゆる自衛のための戦力の保持をも禁じたものであるか否かは別として，同条項がその保持を禁止した戦力とは，わが国がその主体となってこれに指揮権，管理権を行使し得る戦力」としたうえで，合衆国軍隊はそれにあたらないと明言しているのであって (第1編第3章第3節Ⅱ1(2)➡99頁)，いわゆる「統治行為」論に説き及ぶ必要のないものであったといえる[46]。

　①の問題は，自衛隊の存在そのものにかかわる訴訟に関係する。前にみたように，憲法が自衛隊のような存在を全く認めないのか否かについて，様々な見解がありうる (第1編第3章第3節参照)。先にも触れた長沼訴訟第二審判決や百里基地訴訟第一審判決などが苦心の様子をうかがわせるのは，事柄の重大性と様々な解釈の存在への配慮に基づくものであろう。そして，仮に防

---

[44] アメリカのさるケースブックによれば，ⅰ憲法明文上他部門に委ねられ，ⅱ裁判所として判断するには十分な情報に接しえずまたは自信をもって依拠すべき法的判断基準が欠けている，ⅲあまりに論争的でありまたは実施上・制度上の問題があり判断されるべきでない，の3種の場合があげられる。そして，該法理の援用を導く要因として，「裁判所の能力の限界の自覚」と「裁判のもたらす結果に対する配慮」の2つがあるとの指摘もある (小林節)。実際，「政治問題」であるとして司法権の行使が拒否されたのは，大部分はⅰとⅱの場合で，ⅲは，内乱状態にあって2つの政府が正当性を主張しあって争い，州に共和政体を保障する憲法条項の下で判断を求められるようなきわめて特殊な事例であった。

[45] 東京地判昭和34年3月30日下刑集1巻3号776頁。

[46] 沖縄代理署名訴訟に関する最(大)判平成8年8月28日民集50巻7号1952頁は，日米安保条約および日米地位協定が「違憲無効であることが一見極めて明白でない以上，裁判所としては，これが合憲であることを前提として駐留軍用地特措法の憲法適合性について審査すべきである」と述べている (傍点筆者)。

衛庁（現在，防衛省）設置法，自衛隊法などが違憲とされた場合，防衛庁（省）・自衛隊は直ちに全面的に解体されなければならないことになるのか，あるいは縮小することですむのか，すむとすればどの程度の縮小が必要なのか，あるいは一定期間猶予が認められるのか，政治部門はこれをどのように実施することが求められるのか，その間に安全保障上の重大問題が生じたときに政府としどう対処すべきなのか，等々の課題が直ちに生ずることになる[47]。それは，例えば，尊属殺重罰規定，薬事法距離制限規定，さらいえば議員定数不均衡にかかわる規定などを違憲（無効）とする場合とは，相当異なった事態にかかわることは確かである[48]。

とはいえ，この問題は，カテゴリカルに扱われるべきではなく，具体的にどのような事件・争訟の文脈の中でどのような問題がどのように争われるのかに大きくかかっていることを強調しておかなければならない。「人ではなく法による統治」は，個人の人権（特に自由にかかわる人権）が"政治"によって左右されることを忌避するものであって，人権の侵害が認められるにもかかわらず，カテゴリカルな「統治行為」論によって，結果的にその侵害を容認することがあってはならない（砂川事件における被告人の有罪は，合憲か違憲か不明の法律によるものではなく，上述のように，合憲と明言とされた法律によるものであった）。

以上のようにみてくると，「統治行為」論ないし「政治問題の法理」は，「その独自性を示すほどの個別の内容をもっているわけではない」（戸松秀典）ということになろうかと思われる。

---

[47] おそらく裁判所としては，違憲と宣言するだけではすまされず，その趣旨を実施するため，相当期間にわたって実施過程に積極的に関与することが必要となるかもしれない。アメリカにおける黒人差別撤廃問題は，まさにそれであった。連邦裁判所は，理論的・実際的な様々な批判に耐えて取り組まなければならなかったが，その取り組みが成果をもたらしたのは確かである。しかし，それは基本的に国内問題であった。

[48] 最高裁判所は，長沼訴訟では，代替施設の建設によって訴えの利益は失われたとして訴えを斥け（最判昭和57年9月9日民集36巻9号1679頁），百里基地訴訟では，既にみるように，私人と国との私的な契約であるとして直接答えることをしなかった（最判平成元年6月20日民集43巻6号385頁）。したがって，自衛隊の合憲性については，最高裁判所は，「統治行為」論を用いるかどうかも含めて，判断していないことになる。そして，合憲判断を求める側からも，違憲判断を求める側からも，批判が投げかけられる。

第3節　憲法判断の方法とその効力

I　憲法判断の回避

1　総説

付随的違憲審査制の下にあっては，憲法判断をせずに事件を処理できる場合には，憲法判断を回避すべきであるということが，その帰結とされる。これは，上述のブランダイス裁判官の明示した「憲法判断回避の準則」のうちの④の準則にかかわるものである。

もっとも，⑦の準則も，⒤「法律の違憲判断の回避」(純粋の合憲限定解釈)と⒤⒤「法律の合憲性に対する疑いの回避」という2種類のものを含んでいるといわれており，そうすると，この⒤⒤も④の準則と関連していることになる。ただ，⒤⒤は「疑いの回避」の程度で憲法判断をしているのに対し，④の準則は，該法律の違憲ないし違憲の疑いの除去を直接の目的とするのではなく，文字通りの憲法判断の回避であり，これを**狭義の憲法判断の回避**と呼ぶことにする。

2　狭義の憲法判断回避の意味と射程

わが国でこの問題が浮上する契機となったのは，**恵庭事件**とその第一審判決[49]であった。それは，自衛隊の通信線を切断し，自衛隊法121条違反に問われた事件であった。被告人は，同条を含む自衛隊法全体ないし自衛隊の存在そのものの違憲を理由に無罪を主張した。同判決は，通信線は同条の「その他の防衛の用に供する物」に該当せず無罪とするとともに，被告人の行為が同条の構成要件に該当しないとの結論に達した以上，憲法問題につき判断する必要がないのみならず，判断すべきものでもないとした。ただ，裁判所が審理の過程で自衛隊の実態に関心を示したと受け取られたようなところがあり，また，自衛隊法121条の解釈にやや無理がある(通信線は「防衛の用に供する物」として重要ではないのかの疑問)こととも関連して，様々な議論を呼ぶところとなった。

その中の1つの主張は，およそ法律を事件に「適用」(無罪とする場合も含

---

[49] 札幌地判昭和42年3月29日下刑集9巻3号359頁。

む）するについては，憲法判断が論理的に先行するはずであり，この論理に徹することが憲法とりわけ基本的人権の保障を確実にする道であるとするものであった（A説。憲法判断論理的先行説）（有倉遼吉）。もう1つの主張は，憲法判断は事件の解決に不可欠の場合のみになされるべきで，他に解決できるのであれば憲法判断を行うべきではないとするものであった（B説。憲法判断不可説）（宮沢俊義）。

刑事裁判の通常の姿をみれば，判決事実の認定→構成要件該当性の判断→非該当の場合は無罪，該当の場合において必要なときには憲法判断，という順序をたどるのではないか。A説は，この過程をまさに逆転させるもので，多数の事件をかかえる裁判所が経験的素材の不十分なままに（特に訴訟当事者が憲法問題を提起しない場合）憲法判断をしたという結果になるのは，憲法（基本的人権）の保障にとってむしろマイナスになるのではないか，の疑問がA説についてある。

では，B説のように解すべきか。この説については，憲法判断回避の準則をやや厳格に理解しすぎてはいないかの疑問がある。この準則には，裁判所の政策的・分別的配慮の要素も含まれていることを前にみた（第1節Ⅱ2→626頁）。すなわち，国民の重要な基本的人権にかかわり，類似の事件が多発するおそれがあり，しかも憲法上の争点が明確であるというような事情が存する場合には，裁判所が憲法判断をすることが是認されて然るべきではないかと思われる（C説。憲法判断裁量説と呼ばれることがある）。

なお，長沼訴訟第一審判決[50]は，憲法判断回避の準則について「十分な理由がある」としつつも，①憲法の基本原理に対する重大な違反状態発生の疑い，②当事者を含めた国民の権利侵害の危険性，③該事件の紛争の根本的解決の必要性，が認められる場合には，裁判所に憲法判断の「義務」があるとし，違憲判断を行った。判決の根底には，本件事案の本質を「平和的生存権」の侵害と捉える視点がある（第1編第3章第1節Ⅱ→80頁，第3節Ⅰ→90頁およびⅡ→96頁）。C説に立脚しつつ，これを積極的に評価する見解と消極的に受け止める見解とがみられる。

---

[50] 札幌地判昭和48年9月7日判時712号24頁。

Ⅱ 合憲限定解釈

1 総説

　事件の解決に必要な限りでの憲法判断という付随的違憲審査制は，法律の解釈として複数の解釈が可能な場合に，憲法の規定と精神に適合する解釈がとられなければならないという準則（いわゆる**合憲限定解釈**）を帰結する。これは，先の「憲法判断回避の準則」中の⑦の準則に相当するが，厳密には，憲法判断そのものの回避ではなくて，「違憲判断の回避」と称すべきものである。

　この準則は，上述のように，付随的違憲審査制の一属性ではあるが，さらにより広い基盤に立っていることが留意される必要がある。このことは，憲法裁判所型のドイツにあっても「**憲法適合的な法律解釈**」の原則が妥当していることからも知られる（阿部照哉）。すなわち，民主制下にあっては法律は一応合憲と推定されるべきものではないか，元来法律は憲法を頂点とする法体系の統一性の維持という見地から憲法に適合するように解釈されるべきものではないか，さらには，法律の違憲宣言には一定の法的混乱が不可避であってできればそうした混乱を避けるに如くはないのでないか，といった諸考慮を共通の背景にしているものと考えられる。

2 合憲限定解釈の具体的適用例と限界

　わが国において，この合憲限定解釈が大きく注目される契機になったのは，**全逓東京中郵事件判決**[51]であった。最高裁判所は，憲法が労働基本権を保障している趣旨に即して「実定法規の適切妥当な法解釈をしなければならない」と述べて，公労法17条1項につき憲法に沿うよう制限的な解釈を施し，以来この手法によって公務員の労働基本権の保護に意を注ぐようになった[52]（第2編第1章第5節Ⅰ4 ➡ 160頁）。そして，これらの最高裁判所の判例に影響されて，その他の領域でもこの手法を用いる下級審の判決例がみられるようになった[53]。

　このような手法については，裁判所の消極的な姿勢の現われだとして批判

---

[51] 最(大)判昭和41年10月26日刑集20巻8号901頁。
[52] その1つの**都教組事件**に関する最(大)判昭和44年4月2日刑集23巻5号305頁は，「法律の規定は，可能なかぎり，憲法の精神にそくし，これと調和しうるよう，合理的に解釈されるべきものであって，……」という。

する向きもあった。しかし，上の例でもみられるように，違憲判断の回避ではあっても，基本的人権の保障に一定の積極的な役割を果たしあるいは果たしうることは認められなければならない（合憲限定解釈の人権保障機能）。

しかし，同時に，無理な合憲限定解釈が法律の予見機能を失わせることになる危険があり，また，法律の合憲性についての厳密な検討を回避する方便とされるおそれなしとしないことは確かであろう。したがって，法律の文言に明らかに矛盾したり，立法目的を大きく損なうような限定解釈は，法律の改変ないし「書き直し」として許されないといわなければならず，また，不用意な法律を無理な限定解釈を施して不必要に"救う"ことのないよう留意されなければならない（合憲限定解釈の徒らな法令正当化機能への警戒）。

この徒らな法令正当化機能への警戒は，まず，刑罰法規について妥当する。そこでは，罪刑法定主義にかかわる構成要件の明確性の要請が働くからである（第2編第3章第4節Ⅲ2(3) ➔ 334頁）。この点，わが国では，伝統的に，構成要件が抽象的・包括的な刑罰規定を受け入れ，詰めは解釈運用に委ねる傾向にあることが指摘される。

そうした傾向を示す一例は，福岡県青少年保護育成条例事件判決[54]であった。該条例は，「何人も，青少年に対し，淫行又はわいせつの行為をしてはならない」と規定し，罰則を定めたものであるが，判決は，「『淫行』とは，広く青少年に対する性行為一般をいうものと解すべきではなく，青少年を誘惑し，威迫し，欺罔し又は困惑させる等その心身の未成熟に乗じた不当な手段により行う性交又は性交類似行為のほか，青少年を単に自己の性的欲望を満足させるための対象として扱っているとしか認められないような性交又は性交類似行為をいうものと解するのが相当である」とした。が，この解釈は，伊藤正己裁判官の反対意見のいうように，「一般人の理解として『淫行』という文言から読み取れるかどうかきわめて疑問であって，もはや解釈の限界を超えたもの」といわざるをえないように思える。この規制が一時的になくともどれだけの重大な結果が生じるかなどを考えあわせると，むしろ法令

[53] 例えば，全逓プラカード事件に関する東京地判昭和46年11月1日行集22巻11・12合併号1755頁は，公務員の政治的行為を制限する国家公務員法102条1項，人事院規則14-7につき，「法律を文理的にのみ解釈してみだりに違憲と断ずることは相当ではない」とし，憲法に調和するよう合目的的解釈により「規定に合理的な限界を付することができるならば，このような合理的な解釈を施して，法律を合憲的に適用すべきである」と述べている。

[54] 最(大)判昭和60年10月23日刑集39巻6号413頁。

違憲とし，県により厳密な条例を制定し直させるのが本筋ではなかったか。同じことは，既に幾度か触れた徳島市公安条例などについてもあてはまる（第2編第3章第1節Ⅳ3(3)➔259頁，Ⅴ3(3)➔289頁，第4節Ⅱ2(3)➔334頁）。

　違憲に解釈される余地をもつ法律の存在が，自由に対して萎縮効果をもつことは否定できない。このことを考えれば，その保全にとりわけデリケートな配慮が要求される精神的自由権にかかわる場合には，限定解釈の手法を用いることには慎重であるべきで，法令違憲とすべき場合が多いというべきであろう。こうした観点から疑問を覚えるのは，前に触れた税関検査訴訟判決[55]である。判決は，いう。「関税定率法21条1項3号にいう『風俗を害すべき書籍，図画』等との規定を合理的に解釈すれば，右にいう『風俗』とは専ら性的風俗を意味し，右規定により輸入禁止の対象とされるのは猥褻な書籍，図画等に限られるものということができ，このような限定的な解釈が可能である以上，右規定は，何ら明確性に欠けるものではなく，憲法21条1項の規定に反しない合憲的なものというべきである」，と（なお，第2編第3章第1節Ⅳ5(イ)➔274頁）。「〔該〕規定は，不明確であると同時に広汎に過ぎるものであり，かつ，それが本来規制の許されるべきでない場合にも適用される可能性を無視し得ない」として違憲無効とする，伊藤正己裁判官を含む4人の裁判官の反対意見が説得力をもつ。

　このように，判例における限定解釈の手法の実際の用い方には問題が多いが，しかし，だからといって，この手法がもつ人権保障機能を軽視してはならない。この点に関しいささか理解しにくいのは，全農林警職法事件判決[56]が，従来とった限定解釈は犯罪構成要件の保障機能を失わせることになり，憲法31条に違反する疑いすら存するとして，争議行為の一律禁止を合憲とし，その後もその考えを維持していることである（第2編第1章第5節Ⅰ4➔160頁）。元来，この手法は，労働基本権をいかに実質的に保障するかという視点に立って用いられたはずである。そして，労働基本権についての規制が全くなくなる状態が一時的にせよ生じることを回避したいということであれば，合憲限定解釈は合理的な選択肢であったといえよう。

　一方では，明確とはいえない法律規定でも限定解釈をすれば問題はないといい，他方では，限定解釈は構成要件を不明確ならしめ，憲法31条に反す

---

[55] 最(大)判昭和59年12月12日民集38巻12号1308頁。
[56] 最(大)判昭和48年4月25日刑集27巻4号547頁。

るとさえいう。そこに，どのような統一的原理があるのであろうか。

III 違憲審査への取り組み方（違憲審査の範囲）と違憲判断の方法

1 違憲審査への取り組み方（違憲審査の範囲）

(1) 違憲判断のあり方　付随的違憲審査制の基本的な考え方から，ごく概括的にいえば，憲法上容認できない場合であっても，法令の規定それ自体を違憲とする（法令違憲）ことなく，その事件を処理することができればそれによるべきであるということになる。つまり，法令の規定が該事件に適用される限りにおいて違憲という処理の仕方（適用違憲）がそれである。先の合憲限定解釈が法令の意味を憲法的に限界づけて違憲とすることを避ける手法であったのに対し，適用違憲は法令が適用される事例に着眼し，かかる事例に適用される限り違憲とすることによって，法令自体の違憲を避けようとする手法である（樋口陽一）。

上述の全農林警職法事件判決中の 5 裁判官の意見は，「基本的人権の侵害にあたる場合がむしろ例外で，原則としては，その大部分が合憲的な制限，禁止の範囲に属するようなものである場合には，当該規定自体を全面的に無効とすることなく，できるかぎり解釈によって規定内容を合憲の範囲にとどめる方法（合憲的制限解釈），またはこれが困難な場合には，具体的な場合における当該法規の適用を憲法に違反するものとして拒否する方法（適用違憲）によってことを処理するのが妥当な措置というべきであ」るとしている。

このように，違憲判断の方法の典型は法令違憲と適用違憲であるが，そのほかに**処分違憲**や**運用違憲**と呼ばれるものがある。それらについては後に触れるとして，ここでは，まず，違憲判断の方法と密接に関係する違憲審査への取り組み方ないし違憲審査の範囲の問題に論及しておく。

(2)「適用審査」と「文面審査」　違憲審査への取り組み方ないし違憲審査の範囲は，「適用審査」と「文面審査」とに大別される。

「適用審査」とは，法律の該事件への適用関係に即して（事件に「適用される限りでの」）合憲性を検討するという取り組み方である（合憲性の検討はまさにその範囲で行われる）。対して「文面審査」とは，該事件の事実関係にかかわることなく，法律そのものをその文面において合憲性につき検討する取り組み

方をいう。アメリカ合衆国にあって，前者の適用審査をベースとしながら，特に表現の自由の領域において例外的に後者の文面審査が行われるようになったといわれるものである。すなわち，表現の自由の優越的地位の理論などを背景に，漠然性故の無効ないし過度の広汎性故の無効という観点から法律そのものを攻撃することが行われ，裁判所がそれに応えるようになったというものである[57]（第2編第3章第1節Ⅳ3(3)(4)➡259, 260頁）。

しかし，提起された具体的事件・争訟の処理にあたって，必ずしも該事件・争訟の事実関係にとらわれることなく，立法事実を考慮に入れながら，法律自体の合憲性を検討するという取り組み方もありうる。実は，わが国にあっては，特に最高裁判所のレベルにおいて，むしろこうした取り組み方が支配的であったように思われる[58]（立法事実への考慮がどれほどのものであったかは別として）。そして，これこそ本来あるべき違憲審査への取り組み方であると観念されるならば，それは，客観的・一般的見地から法律の合憲性を検討すべきであるという趣旨のものであるという意味で，**客観的審査**（ないし**一般的審査**）とでも呼ぶにふさわしいものである。

文面審査の本来の意味が上述のごときものであるとすれば，それはこの客観的審査の一部をなすとみることができるかもしれない。あるいは，いわゆる文面審査には，上述のような本来的意味での文面審査のみならず，立法事実を考慮に入れた文面審査をも含むと観念するのであれば（**広義の文面審査**。とすれば，本来的意味での文面審査は**狭義の文面審査**ということになる），客観的審査は広義の文面審査と重なり合うことになる。

このようにみてきて，そもそも何故に適用審査か文面審査（客観的審査）かにこだわる必要があるのか疑問に思われるかもしれない。それは，付随的違憲審査制の根本にある思想の故である。すなわち，これまでいろいろなとこ

---

57 ここで立ち入る余裕はないが，最近のアメリカでの議論状況について，青井未帆「憲法判断の対象と範囲について（適用違憲・法令違憲）」成城法学79号（2010年）が興味深い。

58 刑訴応急措置法事件に関する最(大)判昭和23年7月8日刑集2巻8号801頁には，81条は「米国憲法の解釈として樹立せられた違憲審査権を，明文をもって規定した」ものとしつつ，「一切の抽象的規範は，……終審として最高裁判所の違憲審査権に服すると共に，一切の処分は，行政処分たると裁判たるとを問わず，終審として最高裁判所の違憲審査権に服する。……かく解してこそ，最高裁判所は，初めて憲法裁判所としての性格を完全に発揮することができる」という一節がある（傍点筆者）。既にみてきたように，最高裁判所は，アメリカ流のいわゆる付随的違憲審査制であることを強調し，例えば抽象的違憲審査権を否定したが，こうした「憲法裁判所」であるといういわば潜在的意識こそその後の基調をなしてきたのではなかったか。

ろで既に垣間見てきたように，真剣に争う当事者によって知らされる法律の現実の適用の姿・状況（経験的素材）を基礎に据え，憲法・法律に関する未成熟な観念的な解釈を避けつつ，事件の解決に必要な限りでの洞察に富んだ判断を裁判所として目指すべきであるという思い，と関係している。

したがって，まず，適用審査が出発点となり，その自然な帰結の1つが適用違憲となる。それは，司法裁判所として本来的に取り組みやすい仕事といえる。そして，その「適用事実類型」（土井真一）が法律の重要な部分を占めているというような場合，法律の存在そのものに憲法上の疑義を向けざるをえなくなる。その結果，直ちに法令違憲に帰着することがありうるし，また，文面審査（客観的審査）へと転換し，法令違憲に帰着することもありうる。さらに，事件の性質，事件の政治的・社会的背景，関係する憲法規定，問題の法律の規定の仕方や内容等々に照らし，該事件を適正に解決するうえで必要であると考えられる場合には，当初から文面審査（狭義の文面審査も含めて）をもって臨むことも認められよう[59]。

わが国の最高裁判所が，従来，ごく特殊な例を除き適用違憲の手法を用いようとはせず，かつ，下級審の適用違憲の試みをことごとく潰してきたこと[60]，また，法令違憲とする例もごく限られていたことは，何を意味しているのであろうか。一般的にいえば，下級審は事件固有の事実関係に大きな関心を寄せる。これに対して最高裁判所は，多かれ少なかれ「憲法裁判所」（注58の判決中の言葉）的意識の下に，法の意味を一般的に確定できまた確定しなければならない，そのことによってわが国の法秩序の統一性と安定性の確保に寄与する，という強い思いを抱いてきたためだったのかもしれない。

そして，既にみたように，近時，最高裁判所も，権利の実効的救済に意を向け，事件の事実関係とその背景により丁寧に目配りし，判決の中にその結果を表示するようになった。そのことは，最高裁判所の違憲審査への取り組み方に何らかの変化が生じていることを意味しているのかもしれない。

---

[59] この点，付随的違憲審査制下にあっては適用審査→適用違憲が原則であるとして厳格に捉える考え方もあるが（君塚正臣），あまり厳格な憲法規範上の要請と解するのは適切ではないと思われる。

[60] 猿払事件に関する最(大)判昭和49年11月6日刑集28巻9号393頁は，第一審および第二審判決の適用違憲の手法について，「これは，法令が当然に適用を予定している場合の一部につきその適用を違憲と判断するものであって，ひっきょう法令の一部を違憲とするにひとしい」と激しく批判し，全面的合憲論を展開するものであった。

2 違憲判断の方法——法令違憲・適用違憲・処分違憲等

（1） 法令違憲　最高裁判所で現に妥当している法律規定が違憲とされた例は，8件にとどまるが，うち3件は平成14年以降に属する[61]。それぞれについては既に関係個所で触れたので立ち入らないが，違憲判断の方法として注目されるのは，平成14年以降の3判決，すなわち，郵便法責任免除・制限規定違憲判決（注61の⑥判決），公職選挙法在外国民選挙権制限規定違憲判決（注61の⑦判決）および国籍法3条1項違憲判決（注61の⑧判決）である。

ドイツの学説・判例上，「量的な一部無効」と「質的な一部無効」とがあり（青柳幸一，永田秀樹），その趣旨を汲んで「文言上の一部違憲」と「意味上の一部違憲」と呼ばれることもあるが（阿部照哉），上の⑧判決は「文言上の一部違憲」に，⑥と⑦判決は「意味上の一部違憲」にあたると解しうる。この3判決は，法令違憲と分類され，適用違憲とは区別されるが，しかし，具体的な事案の事実関係に即して憲法規範の意味を確定しようとする点で，適用審査（適用違憲）と親和性をもっており，今後のわが国の違憲審査制のあり方として刮目に値するものである（宍戸常寿）。

（2） 適用違憲　一口に適用違憲といっても一様ではなく，様々な観点から類型化される。

先の法令違憲との関係で，まず確認しておきたいことがある。アメリカでは，法令規定の一部につき「本件に適用された限りで違憲」といった表現がよくなされる。表現上は適用違憲であるが，実質的には法令の一部違憲とみることもでき，事実，アメリカでも法令の一部違憲とも称される。したがって，アメリカでの適用違憲は，ドイツでの一部違憲の手法に相当するといわれる（永田秀樹）のも，首肯できるところである（もっとも，適用審査か文面審査かの違いに注意する必要はあるが）。つまり，多分に用語上の問題にとどまる面があることに注意する必要がある。

そこで，本項の冒頭に触れたこととの関連でいえば，第1に，法律につい

61　①尊属殺重罰規定に関する最（大）判昭和48年4月4日刑集27巻3号265頁，②薬事法距離制限規定に関する最（大）判昭和50年4月30日民集29巻4号572頁，③公職選挙法定数配分規定に関する最（大）判昭和51年4月14日民集30巻3号223頁，④同最（大）判昭和60年7月17日民集39巻5号1100頁，⑤森林法共有林分割制限規定に関する最（大）判昭和62年4月22日民集41巻3号408頁，⑥郵便法責任免除・制限に関する最（大）判平成14年9月11日民集56巻7号1439頁，⑦公職選挙法在外国民選挙権制限規定に関する最（大）判平成17年9月14日民集59巻7号2087頁，⑧国籍法3条1項に関する最（大）判平成20年6月4日民集62巻6号1367頁。

て複数の解釈が合理的に可能で，合憲限定解釈の手法で対処できたにもかかわらず，それをせずに適用した場合に，その適用行為を違憲とするという型の適用違憲が考えられる（合憲限定解釈可能型適用違憲と呼ばれることがある）。全逓プラカード事件第一審判決[62]が，国家公務員法102条1項，人事院規則14-7を合憲限定解釈すれば，原告の行為は該規定に該当するものではないにもかかわらず，限定解釈をしないで該規定を適用するのは，「その適用上憲法21条1項に違反する」としたのが，その典型である。

第2に，合憲限定解釈が不可能な場合に，そうした法律を本件に適用した限りにおいて違憲とする型が考えられる（合憲限定解釈不可能型適用違憲と呼ばれる）。猿払事件第一審判決[63]が，国家公務員法110条1項19号は，同法102条1項に規定する政治的行為の制限に違反した者という文字を使っており，「制限解釈を加える余地は全く存しない」としたうえで，「本件被告人の所為に，国公法110条1項19号が適用される限度において，同号が憲法21条および31条に違反する」としたのが，その典型である。合憲限定解釈が不可能だというのだから端的に法令違憲とすべきではないかとも思われるが，該法律が多くの場合に合憲的に適用される余地を残している場合には，取り敢えずこの件の具体的適用だけは違憲として排除したいというものである。

以上の2つの型は，適用違憲とはいいながら，法律自体の憲法上の問題性についての批判をともなっているものである。しかし，第3に，法律それ自体に対する格別の批判をともなわない型の適用違憲も考えられるところである。法律自体に問題はなくとも，具体的適用が法律の想定した範囲から逸脱し憲法上非とすべき場合は十分考えられうることである（通常型適用違憲と呼ぶことにする）。この点，従前の最高裁判所は，自ら文面上合憲とした法律が，下級審において適用違憲とされることを極度に嫌う性向をもっていたように思われる。それは，上述のような，法の意味を一般的に確定できまた確定しなければならないという強い使命感と表裏の関係にあったのかもしれない。

具体的事例でこの型に属するといえるか微妙に思われるのは，第2次教科書検定訴訟第一審判決[64]である。判決が，学校教育法の定める検定制は思想

---

[62] 東京地判昭和46年11月1日行集22巻11・12合併号1755頁。
[63] 旭川地判昭和43年3月25日下刑集10巻3号293頁。
[64] 東京地判昭和45年7月17日行集21巻7号別冊1頁。

内容にわたってはならないものとしか解釈しえないという前提に立っているとすれば，その適用違憲はこの通常型ということができるが，思想内容にわたることを内容とする制度と解する合理的余地があることを前提としたうえでのものであるとすれば，上述の合憲限定解釈可能型適用違憲とみるべきことになる。

なお，やや特殊な適用違憲の例として，前に触れた第三者所有物没収事件判決[65]がある（前節Ⅰ2(2)➡632頁）。この判決につき，法令違憲とみる説もあったが，法律の規定そのものを違憲としたわけではなく，憲法上要請される手続を尽くしていないため，その実施上の行為を違憲としたものであって，適用違憲の一種とみるべきものであろう（実際，一般に法令違憲の例としてあげられてはこなかった）。もっとも，しばらく前から次にみる「処分違憲」の類型がたてられるようになり（青柳幸一，戸松秀典，野坂泰司），この判決もその類型例に数える傾向がある。

(3) 処分違憲その他 ここに「処分違憲」とは，ある特定の法令の規定自体はもとよりその適用のあり方を問題とするというよりも，あるいは，そういう文脈では捉え切れない場合において，公権力の行使としてなされる個別・具体的な行為（処分）そのものの憲法適合性を問題とする類型である。

愛媛玉串料訴訟判決[66]や空知太神社訴訟判決[67]などは，この類型で捉えるにふさわしいもののように思われる（第2編第3章第1節Ⅲ4(4)➡235頁）。また，強制調停違憲決定[68]，さらに第三者所収物没収違憲判決も，この類型例としてあげられる傾向にある。が，これらはやはり適用違憲の例と解すべきではなかろうか[69]。

なお，公安条例が合憲であるとする最高裁判所の判例が固まった段階において（第2編第3章第1節Ⅴ3(3)➡289頁），いわゆる「運用違憲」の手法によった下級審の判決[70]が登場した。判決は，都条例そのものは合憲としつつも，条件付許可処分の運用実態の検討を踏まえ，その一環としてなされた本

---

[65] 最(大)判昭和37年11月28日刑集16巻11号1593頁。
[66] 最(大)判平成9年4月2日民集51巻4号1673頁。
[67] 最(大)判平成22年1月20日民集64巻1号1頁。
[68] 最(大)決昭和35年7月6日民集14巻9号1657頁。
[69] 前者については，合憲限定解釈可能型適用違憲の例として（なお，法令違憲の手法による「意見」も付せられている），後者については，通常型適用違憲の一種として，捉えるのがより妥当なように思われる。
[70] 東京地判昭和42年5月10日下刑集9巻5号638頁。

件条件付許可処分は違憲であるとしたのである。対して，その控訴審判決[71]は，法令の運用一般ないし運用の実態につき，憲法判断に際しての補助事実として考慮するのならともかく，正面からこれを憲法判断の対象とすべきものではないとした。

この手法は，法令自体の違憲には及ぶことなく違憲とするもので，適用違憲と類似の発想に立つものであるが，他面，具体的事件での適用関係に限定せず，該法令の全般的適用状況を視野に入れて判断し，該処分を違憲とするもので，法令違憲に接近する。上述のように，適用審査から出発しつつ文面審査（客観的審査）に至ることもありうることを考えれば，運用一般ないし運用実態を憲法判断の対象とすべきでないとはいえまい。もちろん，そうした運用一般を許容する法令自体が問題で法令違憲とするのが本筋とはいえるが，判例が固まってしまった後での下級審がとることのできる手法として，なお評価すべきところがあると解される。

以上，違憲判断の方法には様々なものがあることをみてきた。しかし，違憲判断の方法はこれらに尽きているわけではない。議員定数不均衡問題につき，判例が「**事情判決**」**的手法**を用いたことは前にみたところである（第3編第1章第2節Ⅲ3→406頁）。通常は違憲即無効となるところ，該手法は，**違憲の確認**にとどまり無効とはしないというものである。さらに，判例は，不均衡問題に関連して，「**合理的期間**」**論**を展開した。それは，結論的には合憲判断であるが，違憲状態にあることを認めるもの（違憲状態の確認）で，「広義の違憲判断の方法の一つ」（野中俊彦）といえる。さらに，近時，最高裁判所は，**違憲の警告**（戸松秀典）ともいえる手法を用いるようになってきている[72]。

最高裁判所は，基本的人権の実効的保障のためには，従前のような文面審査（客観的審査）・法令違憲という手法のみでは不十分であるとの思いを強めてきているのかもしれない。そうであるとすれば，そのこと自体は憲法訴訟論にとって歓迎すべきことである。

---

[71] 東京高判昭和48年1月16日判時706号103頁。

[72] 例えば，参議院議員定数配分に関する最(大)判平成21年9月30日民集63巻7号1520頁参照。

Ⅳ 違憲審査の基準と方法

1 憲法判断の枠組と違憲審査基準

(1) 実体的憲法判断の基本的視座　裁判所は，憲法訴訟の本体的・実体的内容につき判断しようとする際，どのような視座・姿勢をもって臨むべきであろうか。もとより，それは事案と当事者がそれに違反すると主張する憲法条項との関係性および該憲法条項の意味に応じてということであるが，その際，裁判所として拠るべき"海図"のようなものはないのであろうか。

この点に関し有力に主張された考え方は，いわゆる「二重の基準論」であった。それは，豊富な議論・経験の積み重ねをもつアメリカ合衆国における判例・学説[73]を参考にしつつ構築されたものであったが（伊藤正己，芦部信喜），その要旨をごく概括的に述べれば，「裁判所が違憲審査を行う際，経済的自由の規制立法の場合は，合憲性推定の原則を働かせて緩やかな審査基準で臨み，精神的自由（とくに表現の自由）の規制立法の場合は，合憲性推定原則を及ぼすことなく厳格な審査基準を適用すべきである，とするもの」（内野正幸）である。

この「二重の基準論」は，「公共の福祉」によって安易に合憲とする判例の当初の動向に立ち向かう理論として，大きな意義をもつものであった（第2編第1章第3節Ⅱ→131頁）。そして，その根拠づけとして，実体的価値論（精神的自由の高い価値性），民主的政治過程論（注73に触れたカロリーヌ理論の②），司法能力限界論などが主張された。

小売商業調整特別措置法判決[74]や薬事法距離制限規定違憲判決[75]について

---

[73] アメリカにおいて「二重の基準論」展開の出発点ないし原点をなしたのは，1938年のカロリーヌ判決であった。それは，経済規制立法につき，「立法者の知識と経験の範囲内の何等かの合理的な根拠に基づいているとの仮定を排除するような性格のものでない限り，違憲と宣言されるべきではない」と述べ，いわゆる「合理性」の基準を適用して問題の立法を合憲と判断したものであった。しかし，この判決を有名にしたのは，判決中の脚注4に示された次のような考え方（カロリーヌ理論と呼ばれる）の故であった。①立法が憲法の特定的な禁止に文面上該当すると思われる場合には，合憲性の推定の作用範囲は狭いものかもしれない。②望ましくない立法の改廃をもたらすことが通常期待されうる政治過程を制約する立法は，より厳格な司法審査に服する。③特定の宗教的，出身国的，人種的少数者に向けられた法律，社会的に切り離され孤立した少数者に対する偏見の故に政治過程による保護が働きにくい事情のある場合，についてはより厳格な司法審査が求められる。

[74] 最(大)判昭和47年11月22日刑集26巻9号586頁。

は前に触れたが（第2編第3章第2節①3(1)➡301頁），これらの判決は一般論として「二重の基準論」を受け入れているものと解されてきた（長谷部恭男）。

しかし，「二重の基準論」は，様々な批判にさらされてきた。例えば，人間にとって何故に精神的自由が「優越」し，経済的自由は「劣位」なのか，両者は密接に関連し合いともに人間の自由を支えるものではないか（ハイエク流の「自由の原理」），そもそも憲法が「基本的人権」として保障するものについて価値的序列化を図ることはどうして可能なのか，と批判される（井上達夫，阪本昌成，新正幸）。また，「二重の基準論」によれば，13条で保障されるプライバシーの権利などの人格的な権利，あるいは人身の自由や刑事手続上の権利，あるいは社会権などは，どのような位置づけになるのか，の疑問も呈された。そして，この疑問に応えるべく，「二重の基準論」を基礎に憲法上の各種権利・自由について審査基準を示さんとして，結果的にいわゆる中間審査基準（厳格な審査と緩やかな審査の中間にあるもの）を多く導入した試みに対し，そもそも「二重の基準論」とは何であったのか，と批判される。

さらに，わが国の判例が「二重の基準論」を受け入れているという理解を先に触れたが，この点についても，判例は経済的自由の規制を正当化するために言及しただけで，精神的自由を守らんとして使用したことはない（むしろ数少ない違憲判決の幾つかは経済的自由に関するものである），したがって「二重の基準論」の有効性は疑わしい，とも指摘される。

では，「二重の基準論」は不要とされるべきものであろうか。本書は，「二重の基準論」の根底には，人間の精神生活が脅かされたときの悲劇（アメリカについていえばマッカーシー旋風，日本についていえば戦前における「国体」に反する思想弾圧，に象徴される事態），およびトクビルのいう民主制における精神の画一化傾向の病理，にいかに対処するかという問題意識があるものと理解している。

本書の立脚する「基幹的人格的自律権」の発想からは，人格の保全，思想・良心の自由，政治的自由・権利等の精神的自由が核的価値をなし，手段的価値たる経済的自由がそれを支えるかたちで存在することになるが，手段的価値であるからといって価値的に劣るといわんとしているのではない。ただ，経済的自由は，秩序ある活気に満ちた市場とそれを成り立たしめる制度的仕組みやその都度の状況に見合った経済政策に依拠しつつその意義を発揮

75 最(大)判昭和50年4月30日民集29巻4号572頁。

するが（長谷部恭男），核的価値は，即自的価値として，そうした社会的・経済的便益の向上を理由に制約することは認められない点を指摘したいだけである。従来の用語法に従えば，核的価値は内在的制約にのみ服するのに対し，手段的価値は外在的（政策的）制約にも服する余地があり，そのことは憲法22条・29条に「公共の福祉」が再言されていることによって解釈論的に正当化される，ということになる（第2編第1章第3節Ⅱ2→132頁）。

　精神的自由の外的現われである表現の自由につき，他の各種人権の維持保全にとっても不可欠のものであること，しかしこの表現の自由が規制による萎縮効果を受けやすい脆弱なものであること（毛利透），表現の自由の保障に関し「検閲」の禁止が明記されていることには特別の意味があること，などにも前に触れた（第2編第3章第1節Ⅳ3→254頁）。「なぜ『表現の自由』か」（奥平康弘）などと不断に問われ続けられなければならない根本的理由は，ここにある。

　裁判所は，憲法の保障するすべての基本的人権の保全につき，法原理機関としての役割を果たさなければならない。このことを当然の基礎的前提としたうえで，「二重の基準論」の要点を次のように確認しておきたい。精神的自由とりわけ表現の自由の領域にあっては，基本的に，合憲性の推定が排除され，むしろ違憲性推定の原則が妥当し，規制する政府の側に合憲性についての重い論証責任があること，そして，規制目的の正当性と規制手段の最小限度性が厳格に検討されなければならないこと。

　なお，「二重の基準論」の裁判実務上の有効性の問題については，北方ジャーナル事件判決や泉佐野市民会館事件判決，あるいは選挙権に関する在外国民選挙権訴訟判決や議員定数不均衡問題に関する近時の判例の内容・動向などが注目されてよいし（第2編第3章第1節Ⅳ3(2)→256頁，Ⅴ3(2)→287頁，第3編第1章第2節Ⅰ2→397頁，本編第2章第2節Ⅱ3(3)→638頁，第3編第1章第2節Ⅲ3→406頁），また，この問題は，司法権の一般的な制度的基盤や最高裁判所が憲法問題に集中的に取り組む態勢強化の課題なども関係しており，多面的かつ総合的に考えるべき事柄であることを指摘しておきたい。

　(2)　違憲審査基準　このように，具体的な違憲審査は，「二重の基準論」を大きな枠組として，憲法の保障するそれぞれの基本的人権の性質に応じて行われていくべきであるということになる。ベースになるのは，訴訟当事者が侵害されたと主張する人権と対抗する利益（通常は公益といわれるもの）

との衡量ということになるが（いわゆる利益衡量），裁判所の判断に全面に委ねる（"丸投げ"する）ことにならないよう，そのやり方ないし過程をルール化するなり，一定の基準に基づいて行われるようにする必要がある。

通常の場合は，規制目的が正当と認められ（目的審査），手段が該目的を達成するうえで合理的関連性が認められる（手段審査）ということで足りるが（合理性基準），厳格審査が妥当すべき場合は，規制目的がきわめて重大な政府利益にかかわり（目的審査），手段も該目的を達成するうえで文字通り必要最小限のものであることが求められる（手段審査）ということになる（厳格審査基準）。

ところが，この2つの審査基準をカテゴリカルにあてはめると，憲法判断のあり方がきわめて窮屈になることから，アメリカにおいて，そして日本において，中間審査基準が編み出された。それは十分理解できるが（その一端は平等権に関し垣間見たところである〔第2編第2章第2節Ⅲ1 ➡ 208 頁〕），この3つの基準を一般的に使い分けるとなると，事態はやや複雑になりすぎる。

わが国の最高裁判所が，基準論に距離をおき，"総合的判断"に訴えがちにみえるのも，こうしたことと関係しているのかもしれない。これをどう打開するかは難しいが，最高裁判所が，一般的に依拠する合理性基準をより減り張りのきいたものとするとともに（それへの動きは，近時の判例の中にうかがえないではない），自信のもてる領域・事案において厳格審査基準によることを明示するならば，わが国の違憲審査の姿がより明確になり，将来への展望をうかがわせるものとなろう。

こうしたこととの関係で注目されるのは，ドイツに範をとって提唱される「三段階審査論[76]」である（小山剛）。この説は，違憲審査の手順を概念的に厳密に定式化するもので，行政法における法律の留保や保護規範説とも共通の基盤に立つものと指摘され，魅力を覚えるところがあるが，わが国の憲法訴訟の場に一般的に導入された場合，それが実際にどのように機能することになるのか，司法権の行使に付随して行われる違憲審査と無条件に適合するの

---

[76] それによれば，第1段階において，それぞれの憲法上の権利の保護範囲を画定し（保護領域），第2段階において，その憲法上の権利に対して《正当化を要する制限》といえるだけの強さの干渉が加えられたかを確認する（制限）。そして，第3段階で，憲法上の権利に対する制限が例外的に正当化されるべき憲法上の条件を充足しているのかが審査される（正当化）。この段階では，①原則が何であるか，②法律または処分等が原則に対する例外にあたるか，③正当化されうる例外であるか，が検討される，といわれる。

か，など様々な観点から検討を要するように思われる。

2 立法事実の審査

　違憲審査に際して，憲法上の争点に関連する諸事実（憲法事実と呼ばれる）が考慮の対象とされる。かかる憲法事実の中には，係属する事件の解決にとってその確定が直接必要とされる事実（例えば，憲法38条2項にいう「拷問」があったかなかったかにかかわる事実。司法事実と呼ばれる）のほか，適用されるべき法律を成立させ，かつその存続を支える事実（立法事実と呼ばれる）がある。

　憲法訴訟にあって，通常の場合，法律の規制目的の正当性，規制の必要性および規制方法・手段の相当性を，それを裏づける事実状況が存するか否かと関連づけつつ，検討・評価する必要が生じる。もし法律の制定時ないし裁判時に，かかる法律による規制を裏づける事実状況が存しないときには，不必要な人権規制として，違憲無効とされなければならない。

　最高裁判所が，憲法判断をなすにあたって，早くから立法事実を考慮に入れていたに違いないが，国会の判断を受け入れるだけに終る傾きのあったことは否定し難い。そうした傾向の中で，違憲審査における立法事実の重要性をクローズアップしたのは，薬事法距離制限規定違憲判決[77]であった。既に前に触れているのでここでは立ち入らないが（第2編第3章第2節Ⅰ3(1)→301頁），判決は，立法資料等によりつつ，立法目的を達成するために配置規制という手段をとらなければならないことを裏づける立法事実は存しない，と断じたのであった。

　憲法判断にあたって分析・評価の必要な立法事実の種類や範囲は，裁判所がどのような判断基準を採用するかによって異なってくるのは当然である。問題は，裁判所が立法事実をいかにして把握するかである。立法事実は，司法事実と異なり厳格な証明によらなければならないということはなく，裁判所が当事者とは無関係にいわゆる司法的確知（judicial notice）として立法事実を把握することもありうる。ただ，付随的違憲審査制下の憲法判断である以上，裁判所が憲法判断の前提とする立法事実は，できる限り当事者が関知しうるようにする必要があろう。そうすることが，裁判所による立法事実の認定の恣意性を抑止することにも通じるであろう。いずれにせよ，立法事実を把握するための一定のルールを確立していくことが望まれる[78]。

---

[77] 最(大)判昭和50年4月30日民集29巻4号572頁。

V 違憲判決の効力

1 「違憲判決の効力」の意味と内容

(1) 「違憲判決の効力」の意味　ここに「違憲判決の効力」とは，わが国の付随的違憲審査制の下において，判決理由中に示される最高裁判所の法令違憲の判断が，憲法上どのような法的効果をもつか，より具体的にいえば，違憲とされた法律（規定）を法令集から除去せしめる（あるいはそれと同然の）効果をもつか，の問題である[79]。

(2) 諸学説　上の問題について肯定する説（A説。**一般的効力説**）は，その根拠につき，次の2つに分かれる。1つは，憲法は最高裁判所に憲法裁判所としての性格を併有させている点に求め（A₁説），他は，付随的違憲審査制であることを前提に，①憲法98条1項が宣するごとく，裁判所により違憲とされた以上は，その法律（規定）は当然に無効であること，あるいは，②法律（規定）は元来不特定多数者に向けられており，訴訟当事者限りの個別的効力しかないとなると法律の基本的性格に反することになり，ひいては憲法の平等原則にも背馳する結果になること，に求める（A₂説）。

既に明らかにしたように，日本国憲法が採用するのは付随的違憲審査制であると解する立場からは，A₁説は妥当しえない。A₂説の根拠②については，次にみる個別的効力説（B説）も一定の配慮をしているところであるから，A₂説の決め手は根拠①ということになる。それは，結局，憲法81条の「決定する」という文言を重視し，それに法令廃止の効果をもたせることを意味する。が，それに対しては，国会を唯一の立法機関とする憲法41条との関係において，最高裁判所をもって憲法裁判所と捉えない限り無理ではないかの批判が妥当する。

上の問題について否定する説（B説。**個別的効力説**）は，①わが国の違憲審査権は司法作用であり，具体的事件の裁判に付随してその解決に必要な範囲

---

[78] アメリカでは，訴訟当事者が立法資料，専門家の論文等を集めて裁判所に提出するいわゆる「ブランダイス・ブリーフ」，係属する事件につき第三者的立場で情報や意見を提出する「法廷の友（アミカス・キュリイ）」の制度などがある。わが国での法案審議が形式化していることとも関係し，十分な立法資料を得にくいという問題もある。

[79] 下級裁判所の法令違憲の判決は，国側が上告しそのまま確定することは考えられないが，民事訴訟において仮にあったとしても，訴訟当事者だけに違憲とされた法律の適用が排除されるにとどまる。

においてのみ行使されるもので、違憲の判断も該訴訟当事者限りのものと解すべきこと、②一般的効力をもつとなると一種の消極立法であって、憲法41条に抵触するおそれがあること、などを根拠とする。

この説に対しては、違憲審査権発動の契機・形式と、その結果である判決の効力とは理論的に別次元のもので、付随的違憲審査制からB説が論理必然的に帰結されうるのかの疑問がありうる。付随的違憲審査制の母国アメリカ合衆国では、違憲判決に該規定を直ちに法令集から除去せしめるような効力は認められていないが、違憲とされた法律は一般に執行できない状態におかれるとされるなど、違憲判決の効力について画一的に当事者限りとはされていない。実のところ、B説の論者も、国会は法律を廃止するであろうし、内閣も該法律の執行を控えるであろうとし、あるいは国会は該法律を廃止する政治道徳的義務さらには法的義務さえ存すると説いた。

このようにみてくると、一般的効力、個別的効力のいずれにするかは、法律の定めるところに委ねられているとする説（C説。**法律委任説**）が成立する余地もある。ただ、この説については、この種の法律の不存在ないし不十分な場合にはどうなるか、という問題は残る。

わが国の違憲審査制が付随的なものであることを前提として、かつ憲法41条を考慮するならば、C説の示唆するような法律が存しない限り、最高裁判所の違憲判決に法律（規定）を廃止する効果（法令集からの除去効果＝**強い効力**）が当然に生じると考えることは無理というべきであろう。しかし、違憲と判示された法律（規定）は一般に執行されないことになるという効果（**弱い効力**）は生じると解される。付随的違憲審査制といっても、前に示唆したように今日多かれ少なかれ憲法保障的機能も加味して考えなければならず、また、憲法についての有権的解釈権をもつ最高裁判所が違憲無効とした法律（規定）を内閣が「誠実に執行し」なければならないというのは背理と思われるからである。そうした意味において、**実質的には一般的効力がある**といういい方もできるであろう[80]（こうした考え方は、**実質的な一般的効力説**とか**弱い一般的効力説**とか呼ばれる）。

以上のような議論の推移に照らし、今日ではA説とB説の接近・収斂化

---

[80] ただ、違憲判決には法令集から除去する強い効力はないのであるから、国会によって廃止されない場合において、判決後の各種判例から判断して判例変更の可能性が合理的に予見されるような場合には、再び執行されることはありうる。

が指摘されるところである（野中俊彦，大沢秀介，新正幸）。

(3) 遡及効・将来効にかかわる問題 「違憲判決の効力」に関係して，遡及効・将来効にかかわる問題がある。従来主として一般的効力説との関連で，遡及効の問題が取り上げられた。その際，大別して，違憲判決は過去に向かって一般的に遡及するとする一般遡及的一般的効力説（Y説）と，事件当事者には違憲無効の効力が及ぶが過去に向かって一般的に無効になるのではないとする当事者遡及的一般的効力説（Z説）とが主張された。後者は，法的安定性を重視しつつ，違憲性を争った当事者の努力には報いようとする配慮によるものであろう。

この問題は，個別的効力に徹すれば存在しないともいえるが，上述のようにいわゆる実質的な一般的効力説によれば，避けて通れない。

法律の合憲性の推定が原則として妥当し，かつ付随的違憲審査制を前提とする限り，事件当事者には違憲無効の効果が及ぶのを原則とみるべきであるから，Z説のいうように，当事者遡及効をもって基礎とみるべきであろう。ただ，憲法は国民の権利・自由の保護の徹底を要請していると考えられるから，国民の権利・自由の保護にとって必要とみなされる場合には，違憲無効の効果が一般的に遡及することもありうると解すべきであろう。

ごく概括的にいえば，民事法，行政法の領域では一般に遡及しないのに対し，刑事法とりわけ刑事実体法の領域では遡及することが原則と解される（刑事手続に関する場合でも，事実認定の信頼性に影響する場合では，遡及性を考える必要がありえよう）。もっとも，その際判決は過去の確定判決を直ちに失効させる意味をもつわけではないから，救済手続が問題となる。現行の再審制度や非常上告制度がこのような場合に対応する性質のものであるかは問題で，実務が尊属殺重罰規定違憲判決に直面して個別恩赦の方法によることを明らかにしたのはそのためであったと解される（例えば，人身保護法の活用が考えられるところではあるが）。

なお，事件当事者にも遡及しない純粋将来効の判決手法は可能か。この手法については，それはなお司法作用とみなしうるかの疑問の余地はあるが，仮に憲法上可能だとしても，司法権の行使としては異例のものとみなければならず，それだけに強い正当化事由の存する場合でなければならないと解される（個人にとってその事件における権利の救済が必ずしも第一義的ではなく，その後の立法・行政過程によって匡正されれば実質的に目的が達成されうるというような特殊な

事情の存する場合が考えられる）。前にしばしば触れた，「事情判決」の法理による議員定数不均衡違憲判決は，一種の将来効判決といえるが，過去の選挙の結果の是正ということもさりながら，次の選挙のために定数を是正すれば訴訟の実質的目的は達成されるともみられるもので，是認できる余地があろうかと思われる[81]。

2　実務制度上の違憲裁判の取り扱い

最高裁判所裁判事務処理規則（昭和22年）は，法律，命令，規則または処分が憲法に適合しないとの裁判をしたときは「その要旨を官報に公告し，且つその裁判書の正本を内閣に送付する」ものとし，「その裁判が，法律が憲法に適合しないと判断したものであるときは，その裁判書の正本を国会にも送付する」(14条) と定める。これは，違憲判決の効果が当該訴訟事件の範囲にとどまらないという認識を示すものと解される。

これまで，法律（規定）が違憲とされた場合，1例を除き，国会において判決の趣旨に従った速やかな改廃の措置がとられた（その例外である尊属殺重罰規定違憲判決の場合については，前に触れた〔第2編第2章第2節Ⅲ2 → 209頁〕。刑法200条廃止までの間，検察は199条によって処理した）。

以上は，法令違憲の場合を念頭に説明してきた。しかし，適用違憲の場合においても，事柄の本質的な解決のためには，国会の対応が必要な場合がある。やや特殊な適用違憲の例である第三者所有物没収違憲判決の場合については先に触れたが，合憲限定解釈不可能型適用違憲などの場合も法律上の欠陥を含意的に指摘しているもので，国会の然るべき対応が求められているといえる。

議員定数不均衡違憲判決の特殊性について上に言及したが，この不均衡問題に関しての先に触れた「合理的期間」論（違憲状態の確認），さらには違憲の警告など，問題は，法的効力論を越えて，司法部門と政治部門との協調と抑制均衡の関係の問題へと展開する。その根底には，法の支配に関する国民の理解の深さはどうかという問題があり，そしてその深さはどのようにして培われるかという究極的課題へと事は遡源していく。

---

[81] ここに「一種の」というのは，本来の将来効判決であれば，一定時点以降その法準則が当然に実行に移されることになるが，「事情判決」の法理による該手法は，違憲を確認するにとどめて，その判断に従っての具体的措置は国会に委ねようとするものであるからである。

VI 憲法判例とその変更

1 総　説

　憲法判例の意義については，本書の冒頭の「憲法の法源と効力」の個所で述べたので，ここでは繰り返さない（第1編第1章第2節Ⅳ4 ➡ 31頁）。

　ただ，ここで付言しておきたいことは，憲法判例は，他の法領域での判例とやや違った特殊性をもっていることである。すなわち，憲法典の法文の抽象性ないし幅のある内容を反映して，憲法判例が構成的とならざるをえない宿命を負っているということ，そして，上述のように，裁判所は，司法事実のほか，歴史的・政治的背景を色濃く反映する立法事実をも考慮に入れなければならないということである。したがってまた，憲法判例は，他種の判例と違って，裁判所が後に守らざるをえないほどに争点を解決する力が弱いという特徴をもつということである。

2 憲法判例の変更の可否および条件

　憲法判例が憲法そのものであるとすれば，理論上最高裁判所自身も政治部門もそれに反する措置はとれないことになり，憲法改正によってのみ変更可能となる。

　が，判例は一般に十分の理由のある場合には変更可能と解されており，憲法判例もその例外とみるべきではない。裁判所がもつのは，憲法の解釈権であって，憲法を固定する権能ではない。上述のような憲法判例の特殊性に照らし，かつ憲法改正の困難性に徴すれば，一般の判例ほどには憲法判例の拘束力を強く捉えるべきではない。因みに，裁判所法は，「憲法その他の法令の解釈適用について，意見が前に最高裁判所のした裁判に反するとき」小法廷では裁判できないと定め（10条），少なくとも他の場合と同様憲法判例にも変更がありうることを明らかにしている。

　このように憲法判例は変更可能であり，変更するかどうかは裁判所自身が判断することであるが，法の支配にかかわる事柄であるだけに，恣意的であることは許されない。そのことを抽象的にいえば，判例の持続性の固有の価値（法の予見可能性や法的安定性の原理）と政治社会的実態の変化を承認することから流出する価値（変化の原理）との衡量という基本的枠組の中で決まることである。①先例の解釈が実行不能ないし重大な困難を帰結するとき，先例

に明白な誤りが存するとき，などはむしろ先例変更が必要な場合である。また，②先例に従うかあるいは他の判例に示されるそれと対立する哲学に従うかを選択しなければならないとき，先例がその後の時代環境に十分対応しえなくなったと考えられるとき，慎重な再検討に基づき先例と違った解釈の妥当性を確信するに至ったとき，などは先例の変更が正当化される場合といえよう。

例えば，**第三者所有物没収に関する判例変更**についていえば，既にみたように，当事者適格の問題はあったとはいえ，第三者に告知・聴聞の機会を与えずに没収することは明らかに適正手続に反するものであったといえる（第2編第3章第4節Ⅱ2(2)➡331頁，本章第2節Ⅰ2(2)➡632頁）。また，**尊属殺重罰規定に関する判例変更**についていえば，尊属殺が生じる実態を直視すれば，何故これほどの重罰をもって臨まなければならないのか大きな疑問があり，既にみたように，法律の文言上無理があったにもかかわらず亡夫の尊属に対する尊属殺の成立を否認した昭和32年判決の哲学・精神の延長線上において，25年判決を変更して，48年の違憲判決が誕生したものとみられるのである（第2編第2章第2節Ⅲ2(1)➡209頁）。これに対して，**全司法仙台事件判決を変更した全農林警職法事件判決**については，その憲法解釈上の必然性について多くの疑問を残すものであった（第2編第1章第5節Ⅰ4➡160頁）。実際，同判決中の5人の裁判官の意見は，判例変更の条件として，①「変更の要否ないし適否について特段の吟味，検討を施すべき」こと，②「僅少差の多数によってこのような変更を行なうことは，運用上極力避けるべき」こと，を指摘し，この判例変更は不当であると批判している（②については，議論の余地はあるとしても）。

なお，判例に従って行為した者に対して重大な不利益を及ぼす場合には，判例変更はなしえない，またはなすべきでないとする説があるが，判例の意義に照らし，妥当とは思われない。ただ，この場合には，**判例の不遡及的変更**ないし**将来効判決**の手法を用い，従来の判例に依拠した者の法的地位を不当に害することのないような配慮がなされなければならないと解される[82]。

---

[82] 判例変更と遡及処罰につき，やや微妙な事案に関する最判平成8年11月18日刑集50巻10号745頁（特に河合伸一裁判官の補足意見）参照。

判例索引

[昭和 23 年～ 25 年]
最(大)判昭 23・3・10 刑集 2 巻 3 号 175 頁 …… 600
最(大)判昭 23・3・12 刑集 2 巻 3 号 191 頁 …… 340
最(大)判昭 23・5・26 刑集 2 巻 5 号 511 頁 …… 341
最判昭 23・6・1 民集 2 巻 7 号 125 頁 ………… 405
最(大)判昭 23・6・23 刑集 2 巻 7 号 722 頁 …… 29
最(大)判昭 23・6・23 刑集 2 巻 7 号 777 頁 …… 340
最(大)判昭 23・7・8 刑集 2 巻 8 号 801 頁
　……………………… 16, 581, 623, 635, 655
最(大)判昭 23・7・14 刑集 2 巻 8 号 846 頁 …… 346
最(大)判昭 23・7・19 刑集 2 巻 8 号 952 頁 …… 344
最(大)判昭 23・7・29 刑集 2 巻 9 号 1012 頁 …… 350
最(大)判昭 23・7・29 刑集 2 巻 9 号 1045 頁 …… 344
最(大)決昭 23・7・29 刑集 2 巻 9 号 1115 頁 …… 343
最(大)判昭 23・9・29 刑集 2 巻 10 号 1235 頁
　…………………………………… 125, 363
最判昭 23・10・30 刑集 2 巻 11 号 1427 頁 …… 349
最(大)決昭 23・11・8 刑集 2 巻 12 号 1498 頁 ‥ 605
最(大)判昭 23・11・17 刑集 2 巻 12 号 1565 頁
　……………………………………………… 616
最(大)判昭 23・12・15 刑集 2 巻 13 号 1783 頁
　……………………………………………… 616
最(大)判昭 23・12・22 刑集 2 巻 14 号 1853 頁
　……………………………………………… 342
最(大)判昭 23・12・27 刑集 2 巻 14 号 1934 頁
　……………………………………………… 344
最(大)判昭 24・2・9 刑集 3 巻 2 号 146 頁 …… 346
最(大)判昭 24・4・6 刑集 3 巻 4 号 456 頁 …… 29
最(大)判昭 24・4・20 民集 3 巻 5 号 135 頁 …… 381
最(大)判昭 24・5・18 刑集 3 巻 6 号 199 頁
　…………………………………… 350, 355
最(大)判昭 24・5・18 刑集 3 巻 6 号 839 頁 …… 263
最(大)判昭 24・7・13 刑集 3 巻 8 号 1290 頁 …… 343
最(大)判昭 24・10・5 刑集 3 巻 10 号 1646 頁 ‥ 349
最(大)判昭 24・11・30 刑集 3 巻 11 号 1857 頁
　……………………………………………… 338
最(大)判昭 24・12・21 刑集 3 巻 12 号 2062 頁
　……………………………………………… 351
最(大)判昭 25・2・1 刑集 4 巻 2 号 73 頁 ‥ 435, 624
最(大)判昭 25・2・1 刑集 4 巻 2 号 100 頁 …… 345
最(大)判昭 25・4・26 刑集 4 巻 4 号 700 頁 …… 350
最(大)判昭 25・6・21 刑集 4 巻 6 号 1049 頁 …… 304

最(大)決昭 25・6・24 裁時 61 号 6 頁 ……… 612
最(大)判昭 25・9・27 刑集 4 巻 9 号 1799 頁 …… 413
最(大)判昭 25・9・27 刑集 4 巻 9 号 1805 頁 …… 351
最(大)判昭 25・10・11 刑集 4 巻 10 号 2037 頁
　…………………………………… 206, 208
最判昭 25・11・9 民集 4 巻 11 号 523 頁 …… 405
最(大)判昭 25・11・15 刑集 4 巻 11 号 2257 頁
　……………………………………………… 379
最(大)判昭 25・11・21 刑集 4 巻 11 号 2359 頁 …… 347
最(大)判昭 25・11・22 刑集 4 巻 11 号 2380 頁
　……………………………………………… 177

[昭和 26 年～ 30 年]
最判昭 26・4・28 民集 5 巻 5 号 336 頁 …… 350, 594
最(大)判昭 26・8・1 刑集 5 巻 9 号 1709 頁 …… 206
最(大)判昭 27・1・9 刑集 6 巻 1 号 4 頁 …… 316
最(大)判昭 27・2・20 民集 6 巻 2 号 122 頁 …… 400
最(大)判昭 27・5・13 刑集 6 巻 5 号 744 頁 …… 436
最(大)判昭 27・8・6 刑集 6 巻 8 号 974 頁 …… 279
最(大)判昭 27・10・8 民集 6 巻 9 号 783 頁
　…………………………………… 581, 623
最(大)判昭 28・3・18 刑集 7 巻 3 号 577 頁 …… 305
最(大)判昭 28・4・8 刑集 7 巻 4 号 775 頁 ‥ 64, 161
最(大)判昭 28・4・15 民集 7 巻 4 号 305 頁 …… 624
最判昭 28・5・7 民集 7 巻 5 号 489 頁 ……… 601
東京高決昭 28・7・17 判時 9 号 3 頁 ……… 323
東京地判昭 28・10・19 行集 4 巻 10 号 2540 頁
　……………………………………………… 478
最判昭 28・11・17 行集 4 巻 11 号 2760 頁 …… 581
最(大)判昭 28・12・9 刑集 7 巻 12 号 2415 頁 ‥ 351
最(大)判昭 28・12・23 民集 7 巻 13 号 1523 頁
　…………………………………… 316, 319
最(大)判昭 28・12・23 民集 7 巻 13 号 1561 頁
　…………………………………… 286, 634
最判昭 29・1・22 民集 8 巻 1 号 225 頁 …… 316
最判昭 29・2・11 民集 8 巻 2 号 419 頁 …… 581
東京地決昭 29・3・6 判時 22 号 3 頁 ……… 471
東京地判昭 29・5・11 判時 26 号 3 頁 …… 53, 247
最判昭 29・7・2 刑集 8 巻 7 号 1009 頁 …… 352
最判昭 29・7・16 刑集 8 巻 7 号 1151 頁 …… 347
東京高判昭 29・9・30 下民集 5 巻 9 号 1646 頁 ‥ 356
最(大)判昭 29・10・13 民集 8 巻 10 号 1846 頁 ‥ 601

最(大)判昭 29・11・24 刑集 8 巻 11 号 1866 頁
.... 289, 564
最(大)判昭 30・1・26 刑集 9 巻 1 号 89 頁 306
最(大)判昭 30・2・9 民集 9 巻 2 号 217 頁 381
最(大)判昭 30・3・23 民集 9 巻 3 号 336 頁 532
最(大)判昭 30・4・6 刑集 9 巻 4 号 663 頁 340
最(大)判昭 30・4・6 刑集 9 巻 4 号 819 頁 414
最判昭 30・4・19 民集 9 巻 5 号 534 頁 358
最判昭 30・4・22 刑集 9 巻 5 号 911 頁 612
最(大)判昭 30・4・27 刑集 9 巻 5 号 924 頁 325
最判昭 30・8・18 刑集 9 巻 9 号 2031 頁 206
最判昭 30・11・22 民集 9 巻 12 号 1793 頁 202
最判昭 30・11・29 刑集 9 巻 12 号 2524 頁 344
最(大)判昭 30・12・14 刑集 9 巻 13 号 2756 頁
.... 201
最(大)判昭 30・12・14 刑集 9 巻 13 号 2760 頁
.... 337

[昭和 31 年～35 年]
最判昭 31・2・16 刑集 10 巻 2 号 201 頁 415
最(大)判昭 31・5・30 刑集 10 巻 5 号 756 頁 ... 597
最(大)判昭 31・7・4 民集 10 巻 7 号 785 頁 217
最(大)決昭 31・10・31 民集 10 巻 10 号 1355 頁
.... 607
最(大)判昭 31・12・24 刑集 10 巻 12 号 1692 頁
.... 360
最(大)判昭 32・2・20 刑集 11 巻 2 号 802 頁 ... 345
最(大)判昭 32・2・20 刑集 11 巻 2 号 824 頁 ... 210
最(大)判昭 32・3・13 刑集 11 巻 3 号 997 頁 ... 263
最判昭 32・3・19 民集 11 巻 3 号 527 頁 587
最判昭 32・5・24 刑集 11 巻 5 号 1540 頁 351
最(大)判昭 32・6・19 刑集 11 巻 6 号 1663 頁 .. 142
東京高判昭 32・10・26 下民集 8 巻 10 号 1979 頁
.... 357
最(大)判昭 32・12・25 刑集 11 巻 14 号 3377 頁
.... 143
最(大)判昭 32・12・28 刑集 11 巻 14 号 3461 頁
.... 518
最(大)判決昭 33・2・17 刑集 12 巻 2 号 253 頁
.... 276
最判昭 33・3・28 民集 12 巻 4 号 624 頁 533
最(大)判昭 33・4・16 刑集 12 巻 6 号 942 頁 ... 161
最判昭 33・4・25 民集 12 巻 6 号 912 頁 350
最(大)判昭 33・4・30 民集 12 巻 6 号 938 頁 ... 352
最判昭 33・5・1 刑集 12 巻 7 号 1272 頁 436
最(大)判昭 33・5・28 刑集 12 巻 8 号 1718 頁 .. 349
最(大)判昭 33・7・9 刑集 12 巻 11 号 2407 頁 .. 500

最(大)判昭 33・7・10 民集 12 巻 11 号 1747 頁
.... 613
最(大)決昭 33・7・29 刑集 12 巻 12 号 2776 頁
.... 325
東京地判昭 33・7・31 行集 9 巻 7 号 1515 頁 46
大阪地判昭 33・8・20 行集 9 巻 8 号 1662 頁
.... 158, 239
最(大)判昭 33・9・10 民集 12 巻 13 号 1969 頁
.... 299
最(大)決昭 33・10・15 刑集 12 巻 14 号 3291 頁
.... 334
最(大)判昭 33・10・15 刑集 12 巻 14 号 3305 頁
.... 213
最(大)判昭 33・10・15 刑集 12 巻 14 号 3313 頁
.... 519
東京地判昭 34・3・30 下刑集 1 巻 3 号 776 頁
.... 95, 334, 647
最(大)判昭 34・7・8 刑集 13 巻 7 号 1132 頁 ... 305
最(大)判昭 34・12・16 刑集 13 巻 13 号 3225 頁
.... 31, 89, 94, 456, 636, 644
東京高判昭 34・12・26 判時 213 号 46 頁 471
最(大)判昭 35・2・10 民集 14 巻 2 号 137 頁 ... 314
最判昭 35・3・3 刑集 14 巻 3 号 253 頁 272
最(大)決昭 35・4・18 民集 14 巻 6 号 905 頁 ... 221
最(大)判昭 35・6・8 民集 14 巻 7 号 1206 頁
.... 479, 496, 643
最(大)判昭 35・6・15 民集 14 巻 8 号 1376 頁 .. 312
最(大)決昭 35・7・6 民集 14 巻 9 号 1657 頁
.... 607, 659
最(大)判昭 35・7・20 刑集 14 巻 9 号 1243 頁
.... 285, 291
最(大)判昭 35・10・19 刑集 14 巻 12 号 1574 頁
.... 632
最(大)判昭 35・10・19 民集 14 巻 12 号 2633 頁
.... 463, 563, 594
最(大)判昭 35・12・7 民集 14 巻 13 号 2964 頁 .. 355
最判昭 35・12・8 刑集 14 巻 13 号 1818 頁 601

[昭和 36 年～40 年]
最(大)判昭 36・2・15 刑集 15 巻 2 号 347 頁 ... 255
最(大)判昭 36・6・7 刑集 15 巻 6 号 915 頁 325
最判昭 36・7・14 刑集 15 巻 7 号 1097 頁 304
東京地判昭 36・9・6 行集 12 巻 9 号 1841 頁 ... 239
札幌地判昭 37・1・18 下刑集 4 巻 1・2 合併号 69 頁
.... 53
東京地判昭 37・1・22 判時 297 号 7 頁 471
最(大)判昭 37・2・21 刑集 16 巻 2 号 107 頁 ... 263

最(大)判昭 37・3・7 民集 16 巻 3 号 445 頁
　　　　　　　　　　　　　　　　　　　464, 644
最(大)判昭 37・4・4 刑集 16 巻 4 号 377 頁 … 308
最(大)判昭 37・5・2 刑集 16 巻 5 号 495 頁 … 347
最(大)判昭 37・5・30 刑集 16 巻 5 号 577 頁 … 566
最(大)判昭 37・6・5 民集 16 巻 7 号 1265 頁 … 314
最(大)判昭 37・11・28 刑集 16 巻 11 号 1593 頁
　　　　　　　　　　　　　　　　　　　332, 632, 659
最(大)判昭 38・3・27 刑集 17 巻 2 号 121 頁 … 551
最(大)判昭 38・5・15 刑集 17 巻 4 号 302 頁 … 227
最(大)判昭 38・5・22 刑集 17 巻 4 号 370 頁 … 242
最(大)判昭 38・6・26 刑集 17 巻 5 号 521 頁
　　　　　　　　　　　　　　　　　　　314, 566
東京地判昭 38・9・18 行集 14 巻 9 号 1666 頁 … 192
最判昭 38・10・22 刑集 17 巻 9 号 1755 頁 …… 412
最(大)判昭 38・12・4 刑集 17 巻 12 号 2434 頁
　　　　　　　　　　　　　　　　　　　　　305
最(大)判昭 39・2・5 民集 18 巻 2 号 270 頁 … 406
最(大)判昭 39・2・26 民集 18 巻 2 号 343 頁
　　　　　　　　　　　　　　　　　　　171, 372
最(大)判昭 39・5・27 民集 18 巻 4 号 676 頁 … 206
長野地判昭 39・6・2 判時 374 号 8 頁 ……… 218
最(大)判昭 39・7・15 刑集 18 巻 6 号 386 頁 … 304
東京地判昭 39・9・28 下民集 15 巻 9 号 2317 頁
　　　　　　　　　　　　　　　　　　　　　267
最(大)判昭 39・11・18 刑集 18 巻 9 号 561 頁 … 414
最(大)判昭 40・4・28 刑集 19 巻 3 号 203 頁 … 332
東京地判昭 40・6・26 日下刑集 7 巻 6 号 1275 頁
　　　　　　　　　　　　　　　　　　　　　248
最(大)決昭 40・6・30 民集 19 巻 4 号 1089 頁 … 607
最(大)決昭 40・6・30 民集 19 巻 4 号 1114 頁 ‥ 607

[昭和 41 年～ 45 年]
最判昭 41・1・28 判時 434 号 2 頁 ………… 601
最判昭 41・2・8 民集 20 巻 2 号 196 頁 ……… 585
東京高判昭 41・2・28 高刑集 19 巻 1 号 64 頁 … 272
最(大)判昭 41・3・2 民集 20 巻 3 号 360 頁 … 607
最判昭 41・6・23 民集 20 巻 5 号 1118 頁 …… 266
最(大)判昭 41・10・26 刑集 20 巻 8 号 901 頁
　　　　　　　　　　　　161, 262, 375, 379, 651
東京地判昭 41・12・20 労民集 17 巻 6 号 1407 頁
　　　　　　　　　　　　　　　　　　　　　204
最(大)決昭 41・12・27 民集 20 巻 10 号 2279 頁
　　　　　　　　　　　　　　　　　　　335, 608
津地判昭 42・3・16 行集 18 巻 3 号 246 頁 … 236
札幌地判昭 42・3・29 下刑集 9 巻 3 号 359 頁 … 649
東京地判昭 42・5・10 下刑集 9 巻 5 号 638 頁 ‥ 659

最(大)判昭 42・5・24 民集 21 巻 5 号 1043 頁
　　　　　　　　　　　　　　　　　　　364, 634
最(大)判昭 42・7・5 刑集 21 巻 6 号 748 頁 … 332
最(大)決昭 42・7・5 刑集 21 巻 6 号 764 頁
　　　　　　　　　　　　　　　　　　　605, 607
神戸地判昭 42・9・26 労民集 18 巻 5 号 915 頁
　　　　　　　　　　　　　　　　　　　　　204
最判昭 42・11・21 刑集 21 巻 9 号 1245 頁 … 413
旭川地判昭 43・3・25 下刑集 10 巻 3 号 293 頁
　　　　　　　　　　　　　　　　　　　162, 658
千葉地判昭 43・5・20 行集 19 巻 5 号 860 頁 … 204
最(大)決昭 43・6・12 刑集 22 巻 6 号 462 頁 … 335
奈良地判昭 43・7・17 行集 19 巻 7 号 1221 頁 ‥ 229
最(大)判昭 43・11・27 刑集 22 巻 12 号 1402 頁
　　　　　　　　　　　　　　　　　　　　　317
最(大)判昭 43・12・4 刑集 22 巻 13 号 1425 頁
　　　　　　　　　　　　　　　　　194, 377, 403
最(大)判昭 43・12・18 刑集 22 巻 13 号 1549 頁
　　　　　　　　　　　　　　　　　　　　　273
最(大)判昭 44・4・2 刑集 23 巻 5 号 305 頁
　　　　　　　　　　　　　　　　　　　161, 651
最(大)判昭 44・4・2 刑集 23 巻 5 号 685 頁
　　　　　　　　　　　　　　　　　162, 379, 636
最(大)判昭 44・4・23 刑集 23 巻 4 号 235 頁
　　　　　　　　　　　　　　　　　412, 413, 414
最(大)判昭 44・6・25 刑集 23 巻 7 号 975 頁 … 265
東京地判昭 44・6・25 判時 565 号 46 頁 …… 334
最判昭 44・7・10 民集 23 巻 8 号 1423 頁 …… 595
東京地判昭 44・9・26 行集 20 巻 8・9 合併号 1141 頁
　　　　　　　　　　　　　　　　　　　　　599
最(大)判昭 44・10・15 刑集 23 巻 10 号 1239 頁
　　　　　　　　　　　　　　　　　　　251, 264
最(大)決昭 44・11・26 刑集 23 巻 11 号 1490 頁
　　　　　　　　　　　　　　　151, 177, 249, 279
東京高判昭 44・12・17 高刑集 22 巻 6 号 924 頁
　　　　　　　　　　　　　　　　　　　　　472
最(大)判昭 44・12・24 刑集 23 巻 12 号 1625 頁
　　　　　　　　　　　　　　　　　　　175, 183
大阪地判昭 44・12・26 労民集 20 巻 6 号 1806 頁
　　　　　　　　　　　　　　　　　　　　　201
東京地判昭 45・2・26 刑月 2 巻 2 号 137 頁 … 336
東京地決昭 45・3・14 下刑集 21 巻 3・4 合併号 413 頁
　　　　　　　　　　　　　　　　　　　　　257
東京高決昭 45・4・13 高民集 23 巻 2 号 172 頁 … 257
最判昭 45・4・24 刑集 24 巻 4 号 153 頁 ……… 248
最(大)判昭 45・6・17 刑集 24 巻 6 号 280 頁 … 274

判例索引　675

最(大)判昭 45・6・24 民集 24 巻 6 号 625 頁
　………………………………………… 151, 418
東京地判昭 45・7・17 行集 21 巻 7 号別冊 1 頁
　………………………………………… 258, 370, 658
最判昭 45・8・20 民集 24 巻 9 号 1268 頁 ……… 358
最判昭 45・9・11 刑集 24 巻 10 号 1333 頁 …… 352
最(大)判昭 45・9・16 民集 24 巻 10 号 1410 頁
　………………………………………… 158, 177
最(大)判昭 45・11・25 刑集 24 巻 12 号 1670 頁
　………………………………………………… 349
最判昭 45・12・18 民集 24 巻 13 号 2151 頁 …… 180

[昭和 46 年〜 50 年]
名古屋高判昭 46・5・14 行集 22 巻 5 号 680 頁
　………………………………………… 225, 235
最判昭 46・10・28 民集 25 巻 7 号 1037 頁 …… 193
東京地判昭 46・11・1 行集 22 巻 11・12 合併号
　1755 頁 ………………………………… 652, 658
最(大)判昭 47・11・22 刑集 26 巻 9 号 554 頁
　………………………………………… 326, 347
最(大)判昭 47・11・22 刑集 26 巻 9 号 586 頁
　………………………………………… 135, 302, 661
最(大)判昭 47・12・20 刑集 26 巻 10 号 631 頁
　………………………………………… 342, 590
東京高判昭 48・1・16 判時 706 号 103 頁 …… 660
最判昭 48・1・19 民集 27 巻 1 号 1 頁 ………… 587
最判昭 48・3・22 刑集 27 巻 2 号 167 頁 ……… 248
最(大)判昭 48・4・4 刑集 27 巻 3 号 265 頁
　………………………………………… 200, 210, 501, 657
最(大)判昭 48・4・25 刑集 27 巻 4 号 547 頁
　………………………………………… 162, 379, 653
東京地判昭 48・5・1 訟月 19 巻 8 号 32 号 …… 245
札幌地判昭 48・9・7 判時 712 号 24 頁
　………………………… 31, 83, 94, 644, 650
大阪高判昭 48・10・11 高刑集 26 巻 4 号 408 頁
　………………………………………………… 532
最判昭 48・10・18 民集 27 巻 9 号 1210 頁 …… 319
最(大)判昭 48・12・12 民集 27 巻 11 号 1536 頁
　………………………………………… 166, 202, 221
東京地決昭 49・5・14 判時 739 号 49 頁 ……… 266
東京地判昭 49・7・16 判時 751 号 47 頁 ……… 370
最判昭 49・7・19 民集 28 巻 5 号 790 頁 ……… 166
最判昭 49・9・26 刑集 28 巻 6 号 329 頁 ……… 210
最(大)判昭 49・11・6 刑集 28 巻 9 号 393 頁
　………………………… 163, 260, 334, 413, 436, 656
札幌地裁小樽支判昭 49・12・9 判時 762 号 8 頁
　………………………………………………… 404

神戸簡判昭 50・2・20 判時 768 号 3 頁 …… 224, 228
最(大)判昭 50・4・30 民集 29 巻 4 号 572 頁
　………………………………………… 299, 657, 662, 665
最(大)判昭 50・9・10 刑集 29 巻 8 号 489 頁
　………………………………………… 259, 285, 291, 334, 567
最判昭 50・10・24 刑集 29 巻 9 号 777 頁 …… 291
大阪高判昭 50・11・10 行集 26 巻 10・11 号 1268 頁
　………………………………………… 215, 362
大阪高判昭 50・11・27 判時 797 号 36 頁 …… 187
最判昭 50・11・28 民集 29 巻 10 号 1698 頁
　………………………………………… 156, 378

[昭和 51 年〜 55 年]
最(大)判昭 51・4・14 民集 30 巻 3 号 223 頁
　………………………………………… 406, 410, 590, 657
最(大)判昭 51・5・21 刑集 30 巻 5 号 615 頁
　………………………………………… 242, 369
最(大)判昭 51・5・21 刑集 30 巻 5 号 1178 頁 … 162
東京高判昭 51・7・20 高刑集 29 巻 3 号 429 頁
　………………………………………………… 251
札幌高判昭 51・8・5 行集 27 巻 8 号 1175 頁
　…………………………………………… 83, 645
水戸地判昭 52・2・17 判時 842 号 22 頁
　…………………………………………… 83, 94, 645
最判昭 52・3・15 民集 31 巻 2 号 234 頁 ……… 157
最判昭 52・3・15 民集 31 巻 2 号 234 頁, 同号 280
　頁 ……………………………………………… 595
最(大)判昭 52・5・4 刑集 31 巻 3 号 182 頁 …… 162
最(大)判昭 52・7・13 民集 31 巻 4 号 533 頁
　………………………………………… 127, 230, 233
最決昭 52・8・9 刑集 31 巻 5 号 821 頁 ……… 336
最判昭 52・12・13 民集 31 巻 7 号 1037 頁 …… 221
最決昭 52・12・19 刑集 31 巻 7 号 1053 頁 …… 277
最判昭 53・3・14 民集 32 巻 2 号 211 頁 ……… 630
札幌高判昭 53・5・24 高民集 31 巻 2 号 231 頁
　………………………………………………… 404
最決昭 53・5・31 刑集 32 巻 3 号 457 頁 ……… 278
最判昭 53・7・10 刑集 32 巻 5 号 820 頁 ……… 339
最判昭 53・9・7 刑集 32 巻 6 号 1672 頁 ……… 332
最(大)判昭 53・10・4 民集 32 巻 7 号 1223 頁 … 143
最判昭 53・10・20 民集 32 巻 7 号 1367 頁 …… 358
最判昭 53・12・21 民集 32 巻 9 号 1723 頁 …… 568
那覇地判昭 54・3・29 判時 928 号 3 頁 ……… 186
最判昭 54・5・10 刑集 33 巻 4 号 275 頁 ……… 348
札幌高決昭 54・8・31 判時 937 号 16 頁 ……… 279
最判昭 54・12・20 刑集 33 巻 7 号 1074 頁 …… 415
最判昭 54・12・25 民集 33 巻 7 号 753 頁 … 251, 274

最判昭 55・1・11 民集 34 巻 1 号 1 頁 596
札幌地判昭 55・1・17 判時 953 号 18 頁 404
最決昭 55・3・6 判時 956 号 32 頁 279
最判昭 55・4・10 判時 973 号 85 頁 596
最判昭 55・5・6 判タ 419 号 72 頁 67
福岡地判昭 55・6・5 判時 966 号 3 頁 570
最判昭 55・6・6 判時 964 号 129 頁 412
最決昭 55・10・23 刑集 34 巻 5 号 300 頁 180
最判昭 55・11・28 刑集 34 巻 6 号 433 頁 264

[昭和 56 年～ 60 年]
最判昭 56・3・24 民集 35 巻 2 号 300 頁
　.. 166, 175, 204
東京地判昭 56・3・30 判時 996 号 23 頁 107
最判昭 56・4・7 民集 35 巻 3 号 443 頁 586, 596
最判昭 56・4・14 民集 35 巻 3 号 620 頁
　.. 183, 267
最判昭 56・6・15 刑集 35 巻 4 号 205 頁 413
最判昭 56・4・16 民集 35 巻 3 号 84 頁 266
東京高判昭 56・7・7 判時 1004 号 3 頁
　.. 25, 46, 83, 98, 642
最判昭 56・7・21 刑集 35 巻 5 号 568 頁 413
最(大)判昭 56・12・16 民集 35 巻 10 号 1369 頁
　... 187
最判昭 57・3・12 民集 36 巻 3 号 329 頁 358
最判昭 57・3・23 刑集 36 巻 3 号 339 頁 414
最判昭 57・4・1 民集 36 巻 4 号 519 頁 358
札幌高判昭 57・4・26 選挙 35 巻 8 号 34 頁 404
東京地判昭 57・5・31 行集 33 巻 5 号 1138 頁 ... 318
最(大)判昭 57・7・7 民集 36 巻 7 号 1235 頁
　.. 214, 365
最判昭 57・7・15 判時 1053 号 93 頁 586
最判昭 57・9・9 民集 36 巻 9 号 1679 頁 83, 648
最判昭 57・11・16 刑集 36 巻 11 号 908 頁 292
福岡高判昭 58・3・7 行集 34 巻 3 号 394 頁 569
東京地裁八王子支判昭 58・5・30 判時 1085 号 77
　頁 418
最(大)判昭 58・6・22 民集 37 巻 5 号 793 頁
　.. 158, 251, 275
最判昭 58・7・12 刑集 37 巻 6 号 791 頁 336
最(大)判昭 58・11・7 民集 37 巻 9 号 1243 頁 ... 407
最判昭 59・1・26 民集 38 巻 2 号 53 頁 358
最判昭 59・3・27 刑集 38 巻 5 号 2037 頁
　.. 328, 346, 348
京都地判昭 59・3・30 行集 35 巻 3 号 353 頁 229
東京地判昭 59・5・18 判タ 527 号 165 頁 174
東京地判昭 59・8・8 判タ 540 号 207 頁 159

東京高判昭 59・9・25 判時 1134 号 87 頁 418
最(大)判昭 59・12・12 民集 38 巻 12 号 1308 頁
　.. 159, 257, 274, 653
最判昭 59・12・18 刑集 38 巻 12 号 3026 頁 ... 272
最判昭 60・1・22 民集 39 巻 1 号 1 頁 298
最(大)判昭 60・3・27 民集 39 巻 2 号 247 頁
　.. 213, 308, 532
最(大)判昭 60・7・17 民集 39 巻 5 号 1100 頁
　.. 407, 657
最(大)判昭 60・10・23 刑集 39 巻 6 号 413 頁
　.. 260, 334, 652
熊本地判昭 60・11・13 行集 36 巻 11・12 号 1875 頁
　... 191
最判昭 60・11・21 民集 39 巻 7 号 1512 頁
　.. 309, 404, 638
大分地決昭 60・12・2 判時 1180 号 113 頁 230
最判昭 60・12・17 判時 1179 号 56 頁 630

[昭和 61 年～ 63 年]
最判昭 61・2・14 刑集 40 巻 1 号 48 頁 186
東京地判昭 61・3・17 行集 37 巻 3 号 294 頁 ... 318
東京地判昭 61・3・20 行集 37 巻 3 号 347 頁 ... 229
東京高判昭 61・4・9 判時 1192 号 1 頁 645
最(大)判昭 61・6・11 民集 40 巻 4 号 872 頁
　.. 180, 258
最判昭 62・3・3 刑集 41 巻 2 号 15 頁 273
最(大)判昭 62・4・22 民集 41 巻 3 号 408 頁
　.. 311, 657
最判昭 62・4・24 民集 41 巻 3 号 490 頁 ... 152, 283
東京地判昭 62・6・17 判時 1253 号 64 頁 159
最判昭 63・2・5 労判 512 号 12 頁 221
最(大)判昭 63・6・1 民集 42 巻 5 号 277 頁 236
最判昭 63・7・15 判時 1287 号 65 頁 220
最判昭 63・10・21 民集 42 巻 8 号 644 頁 407
最判昭 63・12・20 判時 1302 号 94 頁 192
最判昭 63・12・20 判時 1307 号 113 頁 418

[平成元年～ 5 年]
最判平元・1・20 刑集 43 巻 1 号 1 頁 306
最決平元・1・30 刑集 43 巻 1 号 19 頁 280
最判平元・2・7 判時 1312 号 69 頁 366
最判平元・2・17 民集 43 巻 2 号 56 頁 630
最判平元・3・2 判時 1363 号 68 頁 147
最判平元・3・7 判時 1308 号 111 頁 306
最(大)判平元・3・8 民集 43 巻 2 号 89 頁 ... 276, 606
最判平元・6・20 民集 43 巻 6 号 385 頁
　.. 83, 99, 642, 648

判例索引　*677*

最判平元・9・8 民集 43 巻 8 号 889 頁 ………… 596
最判平元・9・19 刑集 43 巻 8 号 785 頁 ……… 269
東京地判平元・10・3 判タ 709 号 63 頁 ……… 258
最判平元・11・20 民集 43 巻 10 号 1160 頁 …… 509
最判平元・12・14 民集 43 巻 12 号 2051 頁 …… 377
最判平元・12・14 刑集 43 巻 13 号 841 頁 …… 177
最判平 2・1・18 民集 44 巻 1 号 1 頁, 判時 1337 号 3 頁 …………………………………………… 371
東京高判平 2・1・29 高民集 43 巻 1 号 1 頁 …… 529
最判平 2・2・1 民集 44 巻 2 号 369 頁 ………… 436
最判平 2・2・6 訟月 36 巻 12 号 2242 頁 ……… 309
最決平 2・2・16 判時 1340 号 145 頁 …………… 606
最判平 2・3・6 判時 1357 号 144 頁 …………… 219
最判平 2・4・17 民集 44 巻 3 号 547 頁 … 271, 412
最決平 2・7・9 刑集 44 巻 5 号 421 頁 ………… 280
最判平 2・7・20 民集 44 巻 5 号 938 頁 ………… 358
最判平 2・9・28 刑集 44 巻 6 号 463 頁 ………… 263
最判平 2・12・13 民集 44 巻 9 号 1186 頁 ……… 358
最判平 3・2・22 判時 1393 号 145 頁 …………… 219
最判平 3・5・10 民集 45 巻 5 号 919 頁 ………… 339
最判平 3・7・9 民集 45 巻 6 号 1049 頁 ………… 436
最判平 3・9・3 判時 1401 号 56 頁 ……………… 191
大阪高判平 4・2・20 判時 1415 号 3 号 ………… 187
神戸地判平 4・3・13 行集 43 巻 3 号 309 頁 …… 372
最(大)判平 4・7・1 民集 46 巻 5 号 437 頁
　……………………………………… 193, 289, 314, 327
最判平 4・9・22 民集 46 巻 6 号 571 頁 ………… 630
最判平 4・10・29 民集 46 巻 7 号 1174 頁 ……… 193
最判平 4・11・16 集民 166 号 575 頁 …………… 143
最判平 4・11・16 判時 1441 号 57 頁 …………… 237
最判平 4・12・15 民集 46 巻 9 号 2829 頁 ……… 308
最(大)判平 5・1・20 民集 47 巻 1 号 67 頁 …… 407
東京高判平 5・2・3 東高刑時報 44 巻 1〜12 号 11 頁 …………………………………………………… 120
最判平 5・2・16 民集 47 巻 3 号 1687 頁 ……… 237
神戸地判平 5・2・22 判タ 813 号 134 頁 ……… 229
最判平 5・2・25 民集 47 巻 2 号 643 頁 ………… 645
最判平 5・2・26 判時 1452 号 37 頁 …………… 145
最判平 5・3・16 民集 47 巻 5 号 3483 頁 … 259, 371
東京高決平 5・6・23 高民集 46 巻 2 号 43 頁 … 206
最判平 5・6・25 判時 1475 号 59 頁 …………… 307
東京地判平 5・11・19 判時 1486 号 21 頁 ……… 203

[平成 6 年〜10 年]

最判平 6・2・8 民集 48 巻 2 号 149 頁 ………… 267
大阪地判平 6・4・27 判時 1515 号 116 頁 …… 186
最判平 6・10・27 判時 1513 号 91 頁 ………… 159

東京高判平 6・11・29 判時 1513 号 60 頁 …… 421
大阪高判平 6・12・22 行集 45 巻 12 号 2069 頁
　…………………………………………………… 229
最(大)判平 7・2・22 刑集 49 巻 2 号 1 頁 …… 491
最判平 7・2・28 民集 49 巻 2 号 639 頁 ……… 145
最判平 7・3・7 民集 49 巻 3 号 687 頁 ………… 287
横浜地判平 7・3・28 判時 1530 号 28 頁 ……… 189
最判平 7・5・25 民集 49 巻 5 号 1279 頁 ……… 421
最決平 7・5・30 刑集 49 巻 5 号 703 頁 ………… 332
神戸地判平 7・6・19 判自 139 号 58 頁 ……… 148
最(大)決平 7・7・5 民集 49 巻 7 号 1789 頁 …… 211
最判平 7・7・7 民集 49 巻 7 号 1870 頁, 同号 2599 頁 …………………………………………… 188
最判平 7・12・5 判時 1563 号 81 頁 …………… 203
最判平 7・12・15 民集 49 巻 10 号 842 頁 ‥ 150, 183
最決平 8・1・30 民集 50 巻 1 号 199 頁 …… 227, 633
最判平 8・3・8 民集 50 巻 3 号 469 頁 …… 224, 230
最判平 8・3・15 民集 50 巻 3 号 549 頁 ………… 288
最判平 8・3・19 民集 50 巻 3 号 615 頁 …… 155, 224
最(大)判平 8・8・28 民集 50 巻 7 号 1952 頁
　………………………………………………… 636, 647
最(大)判平 8・9・11 民集 50 巻 8 号 2283 頁 … 408
最判平 8・11・18 刑集 50 巻 10 号 745 頁 ……… 671
最判平 9・1・30 刑集 51 巻 1 号 335 頁 ………… 346
大阪高判平 9・3・18 訟月 44 巻 6 号 910 頁 … 403
札幌地判平 9・3・27 判時 1598 号 33 頁 ……… 119
最判平 9・3・28 判時 1602 号 71 頁 …………… 405
最(大)判平 9・4・2 民集 51 巻 4 号 1673 頁
　………………………………………………… 238, 659
最判平 9・9・9 民集 51 巻 8 号 3850 頁 …… 472, 639
最判平 10・3・13 裁時 1215 号 5 頁 …………… 145
最判平 10・7・16 判時 1652 号 52 頁 ………… 308
最判平 10・10・13 判時 1662 号 83 頁 ………… 352
最(大)決平 10・12・1 民集 52 巻 9 号 1761 頁 ‥ 618
富山地判平 10・12・16 判時 1699 号 120 頁 …… 253

[平成 11 年〜15 年]

最判平 11・2・26 判時 1682 号 12 頁 ………… 159
最(大)判平 11・3・24 民集 53 巻 3 号 514 頁 …… 338
最(大)判平 11・11・10 民集 53 巻 8 号 1441 頁
　…………………………………………………… 408
最(大)判平 11・11・10 民集 53 巻 8 号 1577 頁, 同号 1704 頁 …………………………………… 411
最決平 11・12・16 刑集 53 巻 9 号 1327 頁 …… 323
最判平 12・2・8 刑集 54 巻 2 号 1 頁 ………… 305
最判平 12・2・29 民集 54 巻 2 号 582 頁 … 189, 230
大阪高判平 12・2・29 判時 1710 号 121 頁 …… 269

大阪地判平 13・1・23 判時 1755 号 101 頁 ····· 253
最判平 13・2・13 判時 1745 号 94 頁 ·········· 625
熊本地判平 13・5・11 判時 1748 号 30 頁 ·· 176, 296
最判平 13・11・27 民集 55 巻 6 号 1154 頁 ····· 190
和歌山地判平 14・1・24 訟月 48 巻 9 号 2154 頁
　··· 228
最判平 14・1・31 民集 56 巻 1 号 246 頁 ··· 212, 436
最(大)判平 14・2・13 民集 56 巻 2 号 331 頁 ··· 315
最判平 14・4・5 刑集 56 巻 4 号 95 頁 ·········· 315
最判平 14・4・25 判時 1785 号 31 頁 ············ 155
最判平 14・6・11 民集 56 巻 5 号 958 頁 ········ 320
最判平 14・6・17 裁判集刑 281 号 577 頁 ······ 265
最判平 14・7・9 民集 56 巻 6 号 1134 頁 ········ 588
最(大)判平 14・9・11 民集 56 巻 7 号 1439 頁
　··· 357, 657
最判平 14・9・24 判時 1802 号 60 頁 ······ 180, 268
最判平 14・11・22 判時 1808 号 55 頁 ·········· 109
最判平 15・2・14 刑集 57 巻 2 号 121 頁 ········ 332
最判平 15・3・14 民集 57 巻 3 号 229 頁 ········ 270
最判平 15・3・28 判時 1820 号 62 頁 ············ 212
最判平 15・3・31 判時 1820 号 64 頁 ············ 212
最判平 15・4・18 民集 57 巻 4 号 366 頁 ········ 315
最判平 15・6・26 判時 1831 号 94 頁 ············ 297
最判平 15・9・12 民集 57 巻 8 号 973 頁 ········ 183

[平成 16 年〜20 年]
最(大)判平 16・1・14 民集 58 巻 1 号 1 頁 ····· 411
最(大)判平 16・1・14 民集 58 巻 1 号 56 頁 ···· 408
最決平 16・1・20 刑集 58 巻 1 号 26 頁 ···· 328, 348
最判平 16・3・16 民集 58 巻 3 号 647 頁 ········ 366
東京高決平 16・3・31 判時 1865 号 12 頁 ······ 268
最判平 16・4・13 刑集 58 巻 4 号 247 頁 ········ 348
最判平 16・11・25 民集 58 巻 8 号 2326 頁 ····· 283
最(大)判平 17・1・26 民集 59 巻 1 号 128 頁 ··· 146
最判平 17・4・14 刑集 59 巻 3 号 259 頁 ········ 343
最判平 17・7・15 民集 59 巻 6 号 1661 頁 ······ 631
最判平 17・9・8 判時 1912 号 16 頁 ············· 190
最判平 17・9・8 判時 1920 号 29 頁 ············· 307
最(大)判平 17・9・14 民集 59 巻 7 号 2087 頁
　················ 139, 398, 404, 590, 631, 639, 657
最判平 17・10・25 判時 1920 号 32 頁 ·········· 631
最(大)判平 17・12・7 民集 59 巻 10 号 2645 頁
　··· 631
最(大)判平 18・3・1 民集 60 巻 2 号 587 頁 ···· 531
最判平 18・3・23 判時 1929 号 37 頁 ············ 160
最判平 18・6・23 判時 1940 号 122 頁 ·········· 238
東京地判平 18・6・29 判例集未登載 ··········· 164
最判平 18・7・13 判時 1946 号 41 頁 ············ 641
最決平 18・10・3 民集 60 巻 8 号 2647 頁 ······ 279
最(大)判平 18・10・4 民集 60 巻 8 号 2696 頁 ·· 409
大阪高判平 18・11・30 判時 1962 号 11 頁 ····· 185
最判平 19・2・2 民集 61 巻 1 号 86 頁 ·········· 377
最判平 19・2・27 民集 61 巻 1 号 291 頁 ········ 223
最(大)判平 19・6・13 民集 61 巻 4 号 1617 頁 ·· 408
最判平 19・9・18 刑集 61 巻 6 号 601 頁 ··· 261, 289
最判平 19・9・28 民集 61 巻 6 号 2345 頁 ······ 367
最判平 20・2・19 民集 62 巻 2 号 445 頁 ········ 265
最判平 20・3・6 民集 62 巻 3 号 665 頁 ········· 185
最判平 20・4・11 刑集 62 巻 5 号 1217 頁 ······ 273
最決平 20・4・15 刑集 62 巻 5 号 1398 頁 ·· 183, 186
名古屋高判平 20・4・17 判時 2056 号 74 頁 ···· 84
福岡高決平 20・5・12 判時 2017 号 28 頁 ······ 281
最(大)判平 20・6・4 民集 62 巻 6 号 1367 頁
　··································· 107, 108, 212, 657
最(大)判平 20・9・10 民集 62 巻 8 号 2029 頁 ·· 631

[平成 21 年〜22 年]
最決平 21・1・15 民集 63 巻 1 号 46 頁 ········· 281
岡山地判平 21・2・24 判時 2046 号 124 頁 ····· 84
最判平 21・7・14 刑集 63 巻 6 号 623 頁 ········ 343
最(大)判平 21・9・30 民集 63 巻 7 号 1520 頁
　··· 409, 660
最(大)判平 22・1・20 民集 64 巻 1 号 1 頁
　··· 239, 659
東京高判平 22・3・29 判例集未登載 ··········· 164
最判平 22・4・8 民集 64 巻 3 号 676 頁 ········· 321
最判平 22・4・13 民集 64 巻 3 号 758 頁 ········ 321

事項索引

あ 行

アイヌ民族 ……………… 139
アクセス権 ……………… 282
上尾市福祉会館訴訟 …… 288
旭川学力テスト事件（判決）
 …………… 242, 369, 370
旭川市国民健康保険条例事件
 ……………………… 531
朝日訴訟（判決）…… 364, 634
芦田修正 ………………… 91
厚木基地訴訟 …………… 645
アメリカ合衆国憲法 … 7, 35,
 43, 71, 85, 248, 328, 339,
 433, 480, 536, 582
アメリカ独立宣言 …… 6, 112,
 172, 196
アレフ〈旧オウム真理教〉信
 者転居届不受理事件 … 297
アレント ………………… 173
安保条約（日米安全保障条
 約）……………………… 99
安楽死 …………………… 189

い

委員会制 ………………… 440
イェリネック …… 41, 113, 127
イギリスの憲法 ……… 16, 21
違憲主張の適格（利益）… 632
違憲状態の確認 ………… 660
違憲審査基準 ……… 661, 663
違憲審査の範囲 ………… 654
違憲性推定の原則 … 254, 663
違憲の確認 ……………… 660
違憲の警告 ……………… 660
違憲判決の効力 ………… 666
違憲（立法）審査制 ‥ 15, 45,
 74
石井記者事件 …………… 278
「石に泳ぐ魚」訴訟 …… 267
「萎縮効果」論 ………… 254
泉佐野市民会館事件（判決）
 ……………………… 287
「板まんだら」事件（判決）
 …………………… 586, 596
イタリアの憲法 ‥ 10, 17, 47,
 417
一事不再議 ……………… 445
一事不再理 ……………… 351
1 年税 …………………… 529
一部違憲 ………………… 657
一般会計 ………………… 535
一般社団・財団法 ……… 294
一般遡及的一般的効力説
 ……………………… 668
一般的（行為）自由説 … 176
一般的効力説 …………… 666
一般的受容方式 …………… 87
一般的審査 ……………… 655
伊藤博文 …………… 57, 59, 61
委任の代表 ………… 425, 426
委任命令 ………………… 435
委任立法の限界の問題 … 436
違法収集証拠排除法則 … 332
岩倉使節団 ……………… 56
岩手県教組学力テスト事件
 （判決）………………… 162
インカメラ審理 …… 281, 610
インターネット …… 250, 269
インフォームド・コンセント
 ……………………… 188

う

「宴のあと」事件（判決）
 ……………………… 267
浦和事件 ………………… 466
上積み条例 ……………… 568
上乗せ条例 ……………… 568
運用違憲 …………… 654, 659

え

永久税 …………………… 529
営業許可制 ……………… 305
営業の自由 ……………… 300
営業秘密 ………………… 608
栄典 ……………………… 207
営利的言論 ……………… 255
閲読の自由 ………… 158, 251
恵庭事件 ………………… 649
NHK 記者取材源開示拒否事
 件 ……………………… 279
NPO 法 ………………… 293
愛媛玉串料訴訟（判決）
 …………………… 238, 659
エホバの証人剣道実技拒否事
 件（判決）………… 229, 230
エホバの証人輸血拒否事件
 （判決）………………… 189
エマーソン ……………… 250
「エロス＋虐殺」事件 … 257
遠州鉄道土地区画整理事業計
 画事件（判決）………… 631
エンタープライズ事件（判
 決）……………………… 291
エンドースメント・テスト
 …………………… 236, 238
延命治療拒否 …………… 189

お

OECD 理事会勧告 ……… 184
オウム真理教解散命令事件
 ……………… 227, 231, 633
大分県屋外広告物条例違反事
 件 ……………………… 273
大久保利通 …………… 56, 61
大隈重信 ………………… 57
大阪空港公害訴訟 ……… 186
大阪市営地下鉄商業宣伝放送
 差止等請求事件 ……… 192
大阪市屋外広告物条例違反事
 件 ……………………… 273
大阪地蔵像訴訟 ………… 237
大阪市売春取締条例事件（判
 決）……………………… 566
大津事件 ………………… 62
オープン・ショップ …… 377

大牟田市電気ガス税訴訟
　……………………… 570
公の支配 ………………… 527
公の弾劾 ………………… 617
公の賠償請求権 ………… 356
屋外広告物規制 ………… 273
小田急訴訟（判決）…… 631
恩赦 ……………………… 501
オンブズマン …………… 458

　　　　か　行

カードーゾ裁判官 ……… 249
会期（制）………………… 444
会議（議事）公開の原則
　…………………… 448, 451
会議制（議会統治〔支配〕
　制）……………………… 474
会期不継続の原則 ……… 445
会計検査院 ……………… 539
会計年度（独立の原則）‥ 534
戒厳大権 …………………… 49
外交関係の処理 ………… 498
外国移住の自由 ………… 297
外国人 …………………… 142
　──の基本的人権 …… 142
　──の参政権 ………… 144
　──の社会権 ………… 147
外在的（政策的）制約（公共
　の福祉における）…… 132
解職請求権 ……………… 382
外務省機密漏洩事件 …… 278
下級裁判所 ………… 600, 602
閣議 ……… 489, 492, 495, 496
　──と司法審査 ……… 496
　──と全員一致制 …… 489,
　495
　──の主宰 …………… 492
学習権 …………………… 369
各省割拠主義体制 ………… 61
各省大臣 ………………… 487
学生無念金障害者訴訟 … 367
革命 ……………………………30
学問の自由 ……………… 240
確立された国際法規 ……… 89
閣僚 ………………… 487, 493
科刑手続の法定と適正 … 331
加持祈祷事件 …………… 227

家事審判手続 …………… 606
課税の平等 ……………… 213
河川附近地制限令事件（判
　決）………………… 317, 318
家族 ………………… 190, 207
家庭裁判所 ………… 603, 614
過度の広汎性故の無効の法理
　…………………… 260, 633
カロリーヌ理論 ………… 661
川崎民商事件（判決）…… 326,
　347
簡易裁判所 ………… 603, 614
環境権 ……………… 186, 367
勧告的意見 ……………… 587
韓国の憲法 ……………… 423
監獄法 …………………… 158
監視カメラ ……………… 186
慣習憲法 ……………………27
間接効力（間接適用）説
　…………………………… 165
間接税 …………………… 530
間接選挙 ………………… 404
間接民主制（代表民主制）
　……………………… 12, 562
完全補償説 ……………… 319
管理化国家 …………………10
官吏に関する事務の掌理
　…………………………… 498

　　　　き

議院規則 …………… 436, 461
議院証言法 ……………… 467
議員逮捕許諾権および議員の
　釈放要求権 …………… 461
議員懲罰権 ……………… 463
議員定数の不均衡（問題）
　……………… 213, 403, 406
議院内閣 …… 72, 458, 474, 475
議員の会期中不逮捕特権
　…………………………… 470
議院の財政自律権 ……… 465
議員の歳費受領権 ……… 473
議員の資格争訟の裁判権
　…………………………… 460
議員の発言・表決に対する免
　責特権 ………………… 471
議院自律権 ……………… 460

議員立法 ………………… 438
帰化 ……………………… 109
議会共和制 ……………… 475
議会君主制 ……………… 475
議会制（議会主義）… 11, 69,
　70
議会統治（支配）制（会議
　制）……………………… 474
機会の平等 ……………… 196
機関委任事務 …………… 558
機関訴訟 ………………… 587
基幹的な人格的自律権 ‥ 175,
　362
議事（会議）公開の原則
　…………………………… 448
議事手続と司法審査 …… 464
規則制定権（裁判所の）‥ 611
貴族制度の廃止 ………… 207
起訴状一本主義 ………… 342
吉祥寺駅構内ビラ配布事件
　…………………………… 272
基本権 …………………… 122
「基本権訴訟」論 ………… 630
基本的人権 …… 110, 142, 160
　──の享有主体 ……… 136
　──の享有の始期 …… 140
　──の享有の終期 …… 141
　──の憲法的保障 …… 120
　──の憲法的保障の限界
　…………………………… 131
　──の国際的保障 …… 117
　──の根拠 …………… 111
　──の諸類型 ………… 127
　──の妥当範囲 ……… 156
　──の動態的展開 …… 122
　外国人と── ………… 142
　公務員と── ………… 160
　高齢者と── ………… 138
　私人相互間と── …… 164
　天皇・皇族と── …… 141
　包括的── …………… 175
　法人（団体）の── … 151
　未成年者と── ……… 136
「君が代」ピアノ伴奏事件
　…………………………… 223
義務教育 ………………… 372
　──の無償性 ………… 372

事項索引 *681*

客観訴訟 … 585, 587, 623, 624
客観的審査 … 655
休会 … 448
救済（法）… 589
宮廷費 … 524
教育制度法定主義 … 369
教育勅語事件（判決）… 581
教育の機会均等 … 207
教育の自由 … 242, 369
教育を受ける権利 … 368
教誨活動 … 239
教科書検定（訴訟）… 258, 371
共産党袴田事件（判決）
　… 418, 420
教授の自由 … 242
行政各部 … 487
　──の指揮監督 … 491
行政規則 … 435
行政権 … 479
　形式的意味での── … 479
　実質的意味での── … 479
行政控除説 … 481
行政国家 … 13
強制採尿 … 180
行政裁判所 … 62, 597
行政事件訴訟 … 591, 629
行政事件訴訟特例法 … 591
行政組織の統轄者 … 483
行政調査 … 326
行政手続 … 192, 326, 334, 337, 339, 347
京大事件（滝川事件）… 241
京都府学連事件（判決）・175, 183
脅迫電話の逆探知 … 324
虚偽誇大広告（制限）… 256, 271
極東委員会 … 91, 450
居住・移転の自由 … 296
キリスト教徒日曜日参観訴訟
　… 229
銀閣寺事件（判決）… 595
緊急逮捕 … 336
均衡本質説 … 476
近代議会制 … 11
近代市民革命 … 5
近代主権国家 … 545

近代的意味の憲法 … 20
近代立憲主義 … 5
欽定憲法 … 22
勤労者 … 375
勤労条件法定主義 … 373
勤労の義務 … 171
勤労の権利 … 373

く

苦役からの自由 … 328
具体的権利 … 123, 363
具体的事件・争訟性 … 582
国のかたち … 4, 76
国の債務負担 … 533
国の私法上の行為と違憲審査
　… 641
クローズド・ショップ … 376
クローン規制法 … 243
君主 … 510
群馬司法書士会事件 … 155

け

警察法改正無効訴訟（判決）
　… 464, 644
警察予備隊違憲訴訟（判決）
　… 581, 585, 622, 624
形式憲法 … 19
形式的意味での行政権 … 479
形式的意味での法律 … 432
形式的平等 … 196
刑事施設被収容（在監）関係
　… 157
刑事手続の原理 … 333
刑事補償請求権 … 359
刑事免責 … 376
刑訴応急措置法事件（判決）
　… 581, 622, 635, 655
契約の自由 … 168, 374
結果の平等 … 197
月刊ペン事件（判決）… 266
決算 … 539
結社の自由 … 152, 284, 292
血統主義 … 107
ケルゼン … 128
検閲（の禁止）… 256, 269, 633
厳格審査基準 … 664
「厳格な合理性」テスト … 209, 212, 302
「厳格な審査」テスト … 208, 254
現行犯 … 336
原告適格 … 630
検査（報告）（会計検査院の）
　… 540
「現実の悪意」の法理 … 254, 266
元首 … 511
現代立憲主義 … 8
憲法 … 3
　形式── … 19
　固有の意味の── … 20
　実質── … 19, 28
　立憲的・近代的意味の──
　… 20
憲法院 … 16, 45
憲法改正 … 35, 395, 398, 453
　──禁止規定 … 40
　──国民投票法 … 36
　──手続法 … 36
　──の限界 … 39
　──の承認（権）… 37, 398
　──の国民投票 … 380
　──の発議・提案権 … 36, 453
　全部改正 … 35
　部分改正 … 35
憲法改正予備的国民投票 … 38
憲法裁判所 … 16, 621
憲法事実 … 665
憲法制定権力 … 38, 42, 388
憲法制定権力者の「自己拘束」
　… 394
憲法訴願制度（ドイツの）
　… 621
憲法訴訟 … 620
　──の対象 … 634
　──の当事者適格 … 629, 631
　──の要件 … 628
憲法尊重擁護義務 … 45
憲法尊重擁護の責任 … 47, 170
憲法秩序に反する政党 … 423
憲法調査会 … 75
憲法停止 … 34

憲法的慣習法 27
憲法適合的（な法律）解釈
.... 621, 651
憲法的習律 27, 44
憲法的理法 27
憲法（の）変遷 34, 41, 92
憲法の変動 33
　非立憲的—— 34
　立憲的—— 34
憲法の法源 26
憲法破毀 34
憲法判断回避（の準則）..626, 649
　狭義の—— 649
憲法判断裁量説 650
憲法判断不可説 650
憲法判断論理的先行説 ... 650
憲法判例（の変更）... 27, 28, 31, 670
憲法附属法 28
憲法保障 33, 44, 620
　正規的—— 45
　非常手段的—— ... 45, 48
憲法問題調査委員会 65
憲法優位説 89, 118
権力分立（制）...... 6, 71, 430

こ

五・一五事件 61
公安条例 289
皇位（の継承と世襲制）..141, 512
公益法人認定法 294
公開裁判（原則）... 276, 343, 605, 606
公開（公共的）討論の場
.... 396, 433, 451, 607
公共の福祉 132, 134
　社会国家的—— 134
　自由国家的—— 134
皇居外苑使用不許可事件（判決）............. 285, 634
拘禁 337
公金支出・公の財産供用の禁止 240, 527
合憲限定解釈 651
　——可能型適用違憲 ... 658

　——不可能型適用違憲
.... 658
合憲性の推定 663
合憲性の統制 44, 577, 620
皇室 58, 514
　——会議 515
　——経済会議 515
　——経費 524
　——財産 523
　——自律主義 58
麹町中学校内申書事件 ... 220
公衆浴場事件（判決）.... 306
公職就任（権）..146, 194, 380
公正原則（公平原則）.... 283
硬性憲法 22
公正取引委員会 484, 598
交戦権（の否認）.......... 99
皇族 513, 514
高速増殖炉もんじゅ訴訟（判決）..................... 630
皇族費 524
拘束名簿式 410
高知市普通河川等管理条例事件 568
公的言論 255
公的幸福 6, 172
高等裁判所 602, 614
口頭弁論 605
公認宗教制度 232
公判（手続）.............. 605
公判中心主義 333
公判前整理手続 ... 342, 606
公布 438, 518
幸福追求権 172, 175, 368
公文書管理法 282
公平な裁判所 341
　——の迅速な公開裁判を受ける権利 341
公務員 45, 160
　——の憲法尊重擁護義務
.... 45
　——の服務宣誓 46, 220
　——の労働基本権 .. 160, 379
拷問および残虐刑の禁止
.... 339
小売市場（小売商業調整特別

措置法）事件（判決）..302, 661
「合理性」テスト 208, 664
「合理的期間」論 407, 660
勾留理由開示の制度 339
高齢者の人権 138
五箇条御誓文 55
国際協和（主義）..69, 74, 78, 85
国際人権（条約）.... 90, 114, 118
国際人権規約 114, 117
国際法優位説 86, 89
国際連合憲章 78, 96, 117
国事に関する行為（国事行為）............. 515, 517
　——と内閣の助言と承認
.... 515
　——の委任 523
国政調査権 465
国政に関する権能 ... 515, 517
国籍 106
　——の取得 107
　——の喪失 109
　——離脱の自由 .. 109, 297
国籍法違憲判決 108, 119, 212
国選弁護人の制度 345
国道43号線公害訴訟 187
国内法優位説 86
国費の支出 533
国法先占理論 568
国民 105, 387, 396
　個々人としての—— ... 105
　主権者としての—— .. 105, 387
　有権者団としての——
.... 106, 395, 396
　——の憲法上の義務 ... 169
　——の憲法尊重擁護の責任
.... 47, 170
　——の司法参加 ... 578, 600
　——の要件 160
国民教育権説 370
国民健康保険 531
　——保険税方式 531
　——保険料方式 531

事項索引 *683*

国民主権 ……………… 69, 387
——の権力的契機 …… 391
——の正当性的契機 … 391
国民総背番号制 ………… 185
国民代表 …………… 11, 425
国民投票制 ……………… 401
国民内閣制 …… 13, 476, 479
国民発案（イニシアチブ）
　　………………………… 401
国民罷免（リコール）…… 401
国民表決（レファレンダム）
　　………………………… 401
国民保護法 ……………… 51
国務大臣 …………… 487, 493
「国務に関するその他の行為」
　　………………………… 642
国務の総理 ………… 480, 497
国労広島地方本部事件（判
　決）………………… 155, 378
個人主義 ………………… 172
個人情報（保護法）…184, 244
「誤信相当性」の法理 …… 266
個人タクシー事件 ……… 192
個人通報制度 …………… 118
個人の尊重（厳）…… 19, 121,
　　172, 173
国会 ……………………… 425
　国民代表機関としての——
　　………………………… 425
　国権の最高機関
　　としての——……… 429
　唯一の立法機関
　　としての——……… 432
　国会単独立法の原則 …… 432,
　　437
　国会中心立法の原則 …… 432,
　　434
国家教育権説 …………… 370
国家緊急権 ……………… 48
国家通報制度 …………… 117
国家賠償制度 …………… 356
国家報告制度 …………… 117
国家法人説 ……………… 430
国家無答責の原則 ……… 356
国教制度 ………………… 232
国権の最高機関 ………… 429
古典的立憲主義 ………… 4

古都新税訴訟 …………… 229
子どもの権利条約 ……… 138
近衛文麿 …………… 12, 62, 65
小林秀雄 ………………… 182
個別恩赦 ………………… 502
個別的効力説 …………… 666
個別的法律（private act）
　　………………………… 433
戸別訪問の禁止 ………… 413
コモン・キャリア ……… 322
コモン・ロー …………… 112
固有の意味の憲法 ……… 20
婚姻適齢（問題）……… 203
婚姻の自由 ……………… 191
constitution ………………… 3
根本規範 ………………… 389
根本法 ……………… 3, 4, 24

さ 行

在外国民選挙権訴訟（判決）
　…… 359, 398, 404, 590, 631,
　639
在監関係 ………………… 157
罪刑法定主義 ……… 331, 334
最高裁判所 …… 399, 600, 601
　——規則 ………… 436, 611
　——裁判官の国民審査
　　………………………… 399
　——裁判事務処理規則
　　………………………… 669
最高責任地位説 ………… 431
最高法規 ………………… 25
再婚禁止期間（問題）…… 203
財産権 ……………… 309, 565
　——の制限と損失補償
　　………………………… 315
財政国会中心主義 ……… 526
財政状況報告 …………… 541
財政法 …………………… 526
財政民主主義 ……… 457, 526
財政立憲主義 ……… 457, 525
財政を処理する権限 …… 525
在宅投票制度廃止違憲国賠訴
　訟 …………… 359, 403, 638
再入国の自由 …………… 143
裁判員（法）… 195, 354, 580,
　600, 604

裁判外紛争処理（ADR）‥ 354
裁判官 …………………… 615
　——弾劾法 …………… 617
　——の職権行使の独立
　　………………………… 615
　——の懲戒 …………… 618
　——の独立 …………… 615
　——の身分保障 ……… 617
　——分限法 …………… 617
裁判所 ……………… 354, 600
裁判迅速化法 ……… 343, 356
裁判を受ける権利 … 129, 353
堺市通り魔殺人事件 …… 269
最高裁判所裁判官国民審査無
　効事件 ………………… 400
佐々木惣一 ……… 61, 65, 241
サド判決 ………………… 264
差別 ……………………… 208
差別的表現 ……………… 270
差別につき疑わしい範疇
　　………………… 201, 208
狭山事件 ………………… 336
サラリーマン税金訴訟（大島
　訴訟）（判決）………… 213
猿払事件（判決）… 162, 413,
　436, 619, 658
参議院緊急集会 …… 452, 502
残虐刑の禁止 …………… 340
サンケイ新聞意見広告事件
　（反論文掲載請求訴訟）
　　………………… 152, 282
参審制 …………………… 579
参政権 ……………144, 194, 380
三段階審査論 …………… 664
暫定予算 ………………… 538
三位一体改革 …………… 571

し

シェイエス ……………… 389
自衛官合祀訴訟 ………… 236
自衛権 …………………… 94, 99
　集団的—— …………… 96
自衛戦争 ………………… 93
自衛隊 …… 98, 100, 647, 649
自衛のための武力の行使‥ 94
自衛力 …………………… 98
ジェファーソン ………… 173

684　事項索引

資格試験制度 …………… 305
私学助成 ………………… 528
死刑の問題 ……………… 340
事件・争訟 ……………… 582
自己帰罪（自己負罪）拒否特権 ………………………… 345
自己決定権（最狭義の人格的自律権）………… 188, 584
自己情報コントロール権 ………………… 128, 182, 244
自己責任説 ……………… 357
事後法の禁止 …………… 350
事実の規範力 ……………… 41
自主財源 ………………… 570
自主財政権 ……………… 569
自主立法 ………………… 564
「事情判決」的手法 ‥ 406, 593, 660
子女に教育を受けさせる義務 ………………… 170, 372
私生活の秘密（自由）…… 321
自生の秩序 …………… 73, 74
事前運動禁止 …………… 412
自然権 … 6, 105, 111, 121, 172
自然法 …………………111, 167
事前抑制 ………………… 256
――の原則的禁止（の法理）…………… 256, 633
思想の自由市場（論）…242, 250
思想・良心の自由 ……… 216
自治事務 ………………… 559
執行停止権 ……………… 599
執行不停止原則 ………… 599
執行命令 ………………… 434
実質憲法 ……………… 19, 28
実質的意味での行政権 … 479
実質的意味での立法権 … 432
実質的意味での司法権 … 581
実質的な一般的効力説 … 667
実質的な証拠 …………… 598
実質的平等 ……………… 197
執政権説 ………………… 481
実体的真実主義 ………… 333
質問検査 …………… 326, 347
私的幸福 …………………6, 173
私的自治の原則 ………… 168
私的統治説 ……………… 165
幣原喜重郎 ……………… 65
自動執行的条約 …… 88, 120
児童の酷使禁止 ………… 373
児童ポルノの規制 ……… 265
私人間における基本的人権 ……………………………164
自白排除法則 …………… 349
自白補強法則 …………… 349
シビリアン・コントロール ……………………………92
シビル・サービス制 …… 499
司法行政権 ……………… 613
司法権 ……… 62, 73, 577, 581
　実質的意味での―― … 581
　――の帰属 …………… 597
　――の限界 ……… 592, 642
　――の独立 ……… 62, 615
　――の範囲 …………… 590
司法国家 …………… 14, 620
司法事実 ………………… 665
司法消極主義 …………… 626
司法書士会 ……………… 155
司法積極主義 …………… 626
司法的確知 ……………… 665
司法の執行 ……………… 589
司法判断適合性(justiciability)の法理 ………………… 583
司法府の独立 …………… 615
市民的不服従 ………… 53, 54
指紋押なつ ……………… 150
社会契約（説）………4, 121
社会権 ……… 9, 125, 147, 361
社会国家 ……………… 8, 361
社会国家の公共の福祉 … 134
社会主義革命 …………… 9
社会主義憲法 …………… 9
社会的権力 ……………… 164
社会的身分 ………… 205, 210
謝罪広告事件（判決）… 217
集会・結社の自由 ……… 284
集会の自由 ……………… 285
週刊文春事件 …………… 268
衆議院解散（権）… 452, 477, 503, 519
衆議院の優越 …………… 441
住基ネット訴訟 ………… 185
宗教 ……………………… 224
宗教教育 ………………… 235
宗教団体 ………… 225, 231, 595
　――の「政治上の権力」行使の禁止 ……………… 234
　――の内部紛争 … 231, 595
　――への公金支出の禁止 ……………………………240
　――への「特権」付与の禁止 …………………………234
宗教的活動 ……………… 235
宗教的結社の自由 ……… 225
宗教的行為の自由 ……… 225
宗教的人格権 …………… 237
宗教法人（法）…… 225, 231
住居の不可侵 …………… 324
自由国家の公共の福祉 … 134
私有財産制 ……………… 310
自由主義 …………… 69, 70
集団行進・集団示威運動 ……………………………284
集団的自衛権 ………… 96, 99
集中審査型違憲審査制 … 624
自由投票制 ……………… 406
周辺事態法 …………… 96, 99
住民 ……………… 145, 553
自由民権運動 …………… 115
住民自治 ………………… 550
住民投票制 ……………… 561
住民投票条例 …………… 561
主観訴訟 ………………… 587
主権 ……………………… 387
主権者としての国民 … 105, 387
取材源秘匿権 …………… 278
取材の自由 ………… 251, 277
酒税法事件 ……………… 307
手段審査 ………………… 664
首長 ……………… 482, 489
出国の自由 ……………… 143
出生地主義 ……………… 107
出版に関する犯罪 ……… 610
種徳寺事件（判決）…… 596
主任の大臣 ………… 487, 493
主婦連ジュース不当表示事件（判決）………………… 630
シュミット …… 20, 127, 389

事項索引　685

準現行犯 …………… 336
準司法作用 ………… 484
準司法的手続 ……… 598
純粋将来効 ………… 668
純粋代表 ………… 11, 427
準立法作用 ………… 484
常会 ………………… 445
消極規制 …………… 301
消極国家（観）…… 8, 131
消極的結社の自由 … 293
消極的権利 ………… 130
消極的自由 ………… 130
消極的集会の自由 … 285
消極的情報収集権 … 251, 275
証言義務 …………… 220
条件の平等 ………… 196
召集 ………………… 447
少数代表法 ………… 409
小選挙区 …………… 409
　　──比例代表並立制 ‥ 409, 411
象徴 ………………… 506
　　──としての公的行為
　　……………………… 507
　　──としての天皇 … 506
象徴的表現 ………… 248
証人喚問権 ………… 344
証人審問権 ………… 344
承認法による受容方式 … 87
少年法61条 ………… 269
情報公開法 ……… 252, 280
情報収集権 ………… 251
情報受領権 ………… 251
小法廷 ……………… 602
情報提供権 ………… 250
情報の流通 ………… 250
情報プライバシー権 … 182
条約 ……………… 455, 635
　　──締結の承認権 … 455
　　──に対する違憲審査権
　　……………………… 635
　　──の締結 ………… 498
　　──法に関するウィーン条約 ………………… 90
　　──優位説 ………… 89
将来効（判決）…… 668, 671
省令 ………………… 500

条例（制定権）…… 313, 562, 563, 565, 567
　　──と財産権の規制 ‥ 313, 565
　　──と租税 ……… 565, 566
　　──と罰則 ……… 565, 566
　　──と法令 ………… 567
昭和女子大事件 …… 166
職業選択の自由 … 299, 301, 302
　　──の消極規制 …… 301
　　──の積極規制 …… 302
「職務義務違反説」（職務行為基準説）…………… 639
食料管理法違反事件（判決）………………… 363
女子差別撤廃条約 ‥ 107, 117, 204
女性天皇 …………… 513
処分違憲 ………… 654, 659
知る権利 ………… 251, 252
知る自由 …………… 251
人格核心説 ………… 217
人格価値そのものにかかわる権利 ………………… 179
人格権 ……………… 186
人格の自律（権）… 121, 168, 175, 176, 188
　　基幹的な── ……… 175
　　狭義の── ………… 176
　　最狭義の── ……… 188
人格の利益説 ……… 176
人格の尊厳 ………… 173
人格の平等 ………… 173
審議の原理 ………… 448
審級関係 …………… 600
信教の自由 ………… 224
神権的国体（観念）… 15, 58, 116
人事院 ……………… 484
人事院規則 ………… 484
人事訴訟法 ………… 609
人種 ………………… 201
人種差別撤廃条約 ‥ 119, 270
信条 ………………… 201
人身保護法 ……… 330, 339
迅速な裁判 ………… 342

「神道指令」………… 232
人民主権 …………… 392
侵略戦争 …………… 93
森林法共有分割制限事件（判決）…………… 311, 312

す

スイスの憲法 …… 35, 474
吹田黙禱事件 ……… 617
裾切り条例 ………… 568
スターリン憲法 …… 9
砂川事件（判決）… 94, 95, 98, 99, 636, 644, 646
住友セメント事件 … 204

せ

静穏のプライバシー権 ‥ 182, 192
請願権 ……………… 382
税関検査訴訟（判決）… 257, 259, 274, 653
正規的憲法保障 …… 45
正義へのユビキタス・アクセス社会 ………………… 354
政教分離の原則 …… 232
制限選挙 …………… 402
政見放送削除事件 … 270
制裁戦争 …………… 93
政策的制約（公共の福祉における）………………… 132
性差別 ……………… 202
政治資金 …………… 418
　　──規正法 …… 418, 422
　　──の公開性 ……… 422
政治上の権力 ……… 234
政治スト …………… 378
政治的美称説 ……… 430
政治犯罪 …………… 610
政治部門 ………… 575, 593
政治問題の法理 …… 643
青少年保護育成条例 … 265, 268
生存権 ……………… 361
　　狭義の── ………… 362
　　広義の── ……… 363, 366
政体（政体書）…… 3, 55
制定法主義 ………… 32

成典憲法 ………………… 21
政党 ……… 416, 418, 420, 595
　──国家 ……………… 11
　──助成法 …………… 418
　──内閣 ……………… 61
　──の自律性 ………… 420
憲法秩序に反する──
　………………………… 423
正当な補償 ……………… 319
制度的保障 …… 125, 126, 232,
　236, 310, 549
成年後見制度 …………… 138
成年制度 ………………… 136
政府委員 ………………… 450
政府言論 ………………… 221
政府情報開示請求権 … 129,
　252
成文憲法 …………… 7, 21, 29
生命・身体の自由 ……… 178
税理士会 ………………… 155
政令恩赦 ………………… 502
政令の制定 ……………… 500
世界人権宣言 ……… 114, 117
責任本質説 ……………… 476
世襲 ……………………… 512
積極規制 ………………… 302
積極国家（社会国家）… 8, 361
積極的権利 ……………… 130
積極的差別是正措置 …… 198
積極的自由 ……………… 130
積極的情報収集権 … 251, 280,
　451
積極的な総合企画・調整
　………………………… 483
接見交通権 ……………… 338
摂政 ……………………… 522
絶対公開事由 …………… 610
絶対的平等（説） ……… 199
前科照会事件（判決） … 183
選挙運動 …………… 411, 412
　──期間 …………… 412
選挙区（制） …………… 409
選挙権 ……………… 381, 402
選挙制度 ………………… 401
選挙人名簿 ……………… 397
全国民（の）代表 ……… 428
全司法仙台事件（判決）・162,
379
先住民族 ………………… 139
戦争の放棄 ……………… 90
全体の奉仕者 … 160, 161, 163
選択的夫婦別氏制 ……… 203
全通東京中郵事件（判決）
　………… 161, 375, 379, 651
全通名古屋中郵事件（判決）
　………………………… 162
全通プラカード事件 …… 658
せん動 …………………… 263
全農林警職法事件（判決）
　………… 162, 379, 653, 671
前文の効力 ……………… 30
戦力 ……………………… 98
　──の不保持 ………… 96
先例拘束性 …… 31, 584, 601

そ

臓器移植法 ……………… 190
争議権 ……………… 375, 378
総計予算主義 …………… 535
総合調整機能説 ………… 431
総合法律支援法 ………… 356
総選挙 …………………… 399
相対的わいせつ概念 …… 264
相対的平等（説）… 200, 208
相当補償説 ……………… 319
遡及効 …………………… 668
遡及処罰の禁止 ………… 350
即位 ……………………… 513
　──の礼 ………… 513, 514
租税 ……………………… 530
　──狭義説 …………… 530
　──広義説 …………… 530
　──法律主義 …… 529, 566
訴追委員会 ……………… 459
即決裁判手続 …………… 343
「その意に反する苦役」… 329
空知太神社訴訟・239,
659
村会議員出席停止事件 … 594
損失補償 ………………… 315
尊属殺重罰規定違憲判決
　…………………… 200, 210

た　行

代位責任説 ……………… 357
第1次教科書検定訴訟（判
　決）……………… 259, 371
大学（の自治）‥ 241, 243, 245
代行命令 ………………… 434
第三者所有物没収事件（判
　決）……………… 332, 632, 659
ダイシー ………………… 73
対審 ……………………… 605
　──の公開停止 ……… 608
大審院 …………………… 625
大政翼賛会 …………… 12, 61
大選挙区 ………………… 409
対等型二院制 …………… 439
大統領制 ………………… 474
第2次教科書検定訴訟（判
　決）……………………… 658
代表制（議会主義）… 69, 70
代表法 …………………… 409
代表民主制 ………… 12, 425
大法廷 …………………… 602
高田事件（判決） ……… 342
宝塚市パチンコ店規制条例事
　件（判決） …………… 588
他者加害原理（harm
　principle）………… 131, 134
多数代表法 ……………… 409
闘う民主制 ……………… 423
立川反戦ビラ事件 ……… 272
伊達火力発電立免許取消請
　求事件（判決） ……… 630
「他の一般行政事務」…… 100
弾劾裁判所 ……………… 458
短期売買益の返還請求訴訟
　（判決） ……………… 315
団結権 ……………… 375, 376
男女共同参画社会基本法
　………………………… 204
男女雇用機会均等法 …… 204
団体交渉権 ………… 375, 378
団体自治 ………………… 550

ち

地方議会 ………………… 554
　──の権能 …………… 562

事項索引　*687*

地方公共団体 …………… 551
　——の機関 ………… 553
　——の機関の権能 ……559
　——の事務（権能）…557
　——の長 …………… 555
　——の長の権能 ………563
地方交付税 ……………… 571
地方財政法 ……………… 569
地方裁判所 ……… 603, 614
地方参政権 ……………… 550
地方自治 ………………… 545
　——の本旨 ………… 550
　——権の本質 ………548
　近代主権国家と——… 545
　現代国家と—— ……545
地方税 …………………… 571
地方政府 ………………… 550
地方統治権 ……………… 550
地方特別法 ……………… 560
地方有権者団 …………… 553
　——の権能 ………… 559
チャーチル ……………… 101
チャタレー事件（判決）…263
中央銀行 ………………… 541
　——の独立性 ……… 541
中華人民共和国憲法 …… 10
中間審査基準 ………… 664
抽象的違憲審査権 … 621, 622
抽象的権利 …… 123, 363, 365, 370
中選挙区制 ……………… 409
超然内閣 ………………… 61
直接効力（直接適用）説
　………………………… 165
直接税 …………………… 530
直接請求 ………………… 561
直接選挙 ………………… 404
直接民主制 ………… 12, 562
沈黙の自由 ………… 218, 250

つ

通貨主権 ………………… 543
通常型適用違憲 ……… 658
通常国会 ………………… 445
通常選挙 ………………… 399
「通信の検閲」……… 159, 322
通信の秘密・自由 ‥159, 320, 321
通信傍受（盗聴）……… 323
津地鎮祭事件（判決）… 127, 230, 233, 235

て

定義づけ衡量ないし範疇化の法理 ……………… 262
抵抗権 …………………… 51
データ・バンク社会 …… 184
TBS「ギミア・ぶれいく」事件 ………………… 280
敵意ある聴衆の法理 …… 287
適正な手続的処遇を受ける権利 …………… 192, 335
適法手続（適正手続）主義
　………………………… 333
適用違憲 …………… 654, 657
　合憲限定解釈可能型——
　………………………… 658
　合憲限定解釈不可能型——
　………………………… 658
　通常型—— ……… 658
適用審査 ………………… 654
デュー・プロセス … 194, 584
寺西判事補分限裁判事件
　………………………… 618
「テロとの戦争」……… 49
伝習館高校事件 ……… 371
天皇 ………… 506, 509, 521
　——と刑事責任 …… 509
　——と民事裁判権 …509
　——と民事責任 …… 509
　——の権能 ……… 517
　——の公的行為 …507, 521
　——の無答責 …… 516
天皇機関事件 ………… 241
天皇条項「宣言的規定説」
　………………………… 508
天皇条項「創設的規定説」
　………………………… 508
天賦人権説 ……… 63, 115
伝聞証拠排除法則（伝聞法則）……………… 344

と

ドイツの憲法（ボン基本法）

… 10, 17, 19, 35, 52, 88, 151, 248, 417, 422, 423, 506
（ドイツの）憲法訴願制度
　………………………… 621
東海大学安楽死事件 …… 189
党議拘束 ………………… 429
東京都管理職選考受験訴訟
　………………………… 146
東京都公安条例事件（判決）
　………………………… 284, 291
当事者主義 …………… 333
当事者遡及的一般的効力説
　………………………… 668
道州制論 ………………… 552
統帥権の独立 ……… 60, 62
東大ポポロ事件 ………… 53
統治行為（論）（政治問題の法理）……… 496, 593, 643
東電塩山営業所事件 …… 221
道徳的権利 …………… 121
党内民主主義 ………… 420
都教組事件（判決）‥161, 651
徳島市公安条例事件（判決）
　…… 259, 284, 291, 567, 568
トクビル ……… 195, 579, 662
特別会 …………………… 445
特別会計 ……………… 535
特別区長公選制廃止事件
　………………………… 551
特別権力関係（論）…… 156
特別国会 ……………… 446
特別裁判所 …………… 597
特別支援教育 ………… 371
特別地方公共団体 …… 551
独立行政委員会 … 484, 543
独立権能説 …………… 466
独立命令 ……………… 434
苫米地事件（判決）… 496, 643, 644, 646
富山大学単位不認定等違法確認請求事件 …… 157, 594
トライブ ……………… 194
囚われの聴衆（事件）… 192, 222, 275
トリーベル ……………… 417
奴隷的拘束・苦役からの自由
　………………………… 328

な 行

トロウ …………………… 246

内閣 ………… 437, 474, 482
　行政組織の統轄者
　　としての── ……… 483
　──官制 ………… 60, 62
　──官房 ………… 483, 488
　──総辞職 ………… 493
　──府 ………… 483, 489
　──不信任決議 ……… 504
　──の権能 ………… 497
　──の首長（たる内閣総理
　　大臣）………… 482, 489
　──の助言と承認 …… 505,
　　515
　──の責任 ………… 504
　──の総合企画・調整
　　………………… 483
　──の代表 ………… 491
　──の法律案提出権 …… 437
　──の補佐機構 ……… 488
　──の予算提案権 …… 537
内閣総理大臣 ‥ 487, 489, 490,
　492
　──の閣議の主宰 …… 492
　──の行政各部の指揮監督
　　………………… 491
　──の権能 ………… 490
　──の指名（権）‥ 442, 457
　──の内閣の代表 …… 491
内閣総理大臣の異議 …… 587,
　599
内閣府令 ………………… 500
内在的制約（公共の福祉にお
　ける）………………… 132
内心説 …………………… 217
内申書の不利益記載問題（麹
　町中学校内申書事件）‥ 137,
　220
内心における信仰の自由
　…………………… 225, 226
内廷費 …………………… 524
長沼訴訟 … 83, 94, 95, 97, 98,
　644, 650
長良川リンチ殺人事件報道訴
　訟 …………………… 269

奈良県ため池条例事件（判
　決）………… 313, 565
奈良文観税訴訟 ………… 228
成田新法事件（判決）…… 193,
　289, 314, 327
軟性憲法（国）……… 16, 22

に

新潟空港訴訟（判決）…… 630
新潟県公安条例事件（判決）
　…………………… 289
二院制の課題（問題）… 439,
　442, 505
二院制（両院制）……… 438
西陣絹ネクタイ訴訟 …… 309
西山記者事件 ……… 251, 278
二重処罰の禁止 ………… 351
二重の危険の禁止 ……… 351
二重の基準論 …………… 661
日米安全保障条約（安保条
　約）…………………… 99
日産自動車事件（判決）‥ 166,
　175, 204
日中旅行社事件 …… 201, 202
二風谷ダム事件 ………… 119
日本銀行 ………………… 542
日本新党事件 ……… 420, 421
日本テレビ事件 ………… 280
入国の自由 ……………… 142
ニュージランドの憲法 … 16
任意的総辞職 …………… 493
任意投票制 ……………… 406
人間の尊厳 ………………… 19
認証 ……………………… 520

の

脳死の問題 ……………… 190
納税者番号 ……………… 185
納税の義務 ……………… 171
農地改革事件（判決）…… 316,
　319
能動的権利 ……………… 130
ノンフィクション「逆転」訴
　訟 …………………… 267
ノモスの主権 …………… 392

は 行

バーク …………………… 426
ハーグ陸戦法規 ………… 67
バージニア権利章典 … 6, 112
ハイエク ………… 13, 18, 73
「バイク三ない」校則違反事
　件 …………………… 191
背景的権利 ……………… 123
陪審制 …………………… 579
陪審法 ………………… 63, 579
破壊活動防止法 ………… 295
博多駅フィルム事件（決定）
　…… 151, 177, 249, 251, 279
漠然性故の無効の法理（明確
　性の法理）…… 259, 260, 633
バジョット ……………… 476
パターナリスチックな制約
　…………………… 135, 137
八月革命説 ……………… 68
パチンコ球遊器事件 …… 533
バッキー判決 …………… 198
パブリック・フォーラム
　…………………… 272, 286
原敬 ……………………… 61
判決 ……………………… 606
ハンセン病訴訟 …… 176, 296,
　359
犯則調査 ………………… 327
半代表 ………… 11, 12, 427
範疇化の法理 …………… 262
半直接（民主）制 … 12, 401
判例の不遡及的変更 …… 671
判例法主義 ……………… 32

ひ

PKO協力法 …………… 79
東久邇宮稔彦王 ………… 64
被疑者国選弁護 ………… 338
非公開審理 ……………… 608
非訟事件（手続）‥ 355, 587,
　606
非常手段の憲法保障 … 45, 48
非常大権 ………………… 49
被選挙権 ………………… 402
非対等型二院制 ………… 439
非嫡出子の法定相続分問題

事項索引　689

.... 206, 210
必要最小限の規制手段の選択
　に関する法理 260
必要的総辞職 493
秘密投票
　.............................. 405
百里基地訴訟 ‥ 46, 83, 94, 95,
　98, 641, 645
表現の自由 248
　──の優越的地位 249
表現の内容規制・内容中立的
　規制二分論 261
平等権 197
平等選挙 403
平賀書簡問題 617
比例代表法 410
広島市暴走族条例事件（判
　決）................... 261, 289

ふ

夫婦同氏制（問題）...... 203
福岡県青少年保護育成条例事
　件（判決）............... 652
福沢諭吉 579
不在者投票 404
付随的違憲審査制 ... 621, 626
不成典憲法 21
普通教育 370
普通選挙（法）...... 115, 402
普通地方公共団体 551
不平等選挙 403
不文憲法 21
部分社会の法理 594
不法な逮捕からの自由 ... 335
不法な抑留・拘禁からの自由
　.............................. 337
父母両系主義 107
ブライス 22
プライバシー 181, 608
　──外延情報 184
　──固有情報 182, 244
　──の権利 ‥ 125, 150, 181,
　　244, 265, 321
プラトン 579
フランス人権宣言 6, 113,
　131
フランスの憲法
　1791 年憲法 ‥ 7, 23, 81, 426

1793 年憲法 427
1799 年憲法 113
1814 年憲法 23
1946 年第 4 共和制憲法
　................ 10, 17, 88
1958 年第 5 共和制憲法
　............. 13, 35, 417
ブランダイス裁判官 626
ブランデンバーグ判決 ... 262
フリード 182
武力攻撃事態対処法 ‥ 50, 101
プログラム規定（説）.... 124,
　342, 356, 363
文民（条項）.......... 91, 488
文民統制 92, 100
文面上違憲無効 259, 260
文面審査 654
　狭義の── 655
　広義の── 655

へ

平和国家 17
平和主義 69, 74
平和条約 68, 75, 96
平和のうちに生存する権利
　............................... 81
別件逮捕 336
ベルギーの憲法 35
ヘンキン 118
変型方式 87
弁護士会 154
弁護人依頼権 338, 345
ベンサム 114

ほ

包括的権利（基本的人権）
　........................ 130, 175
法規命令 435
防禦権構成 167
法原理機関 575
褒章条例 434
法人（団体）............... 151
　──の人権 151
放送 283
　──に関する公正原則（公
　　平原則）............... 283
法曹 577

法定受託事務 559
法定手続の保障 330
法的権利 ‥ 122, 123, 363, 370
法適用平等説 199
法的立憲主義の主流化 ‥ 620
法テラス 356
報道の自由 249
法の支配 72
法の下の平等 196, 199
法平等説 199
亡命権（庇護権）......... 144
法律案提出権 437
法律案の議決 442
法律委任説 667
法律執行説 481
法律上の争訟 355, 585
法律の執行 480, 497
法律の留保 115, 124
法律扶助政策 355
法令 567
法令違憲 654, 657
ホームズ（裁判官）...... 242,
　250, 285
ホーム・ルーム制 550
補完性の原理 546
保険税方式 531
保険料方式 531
保護義務構成 167
補助的権能説 466
「ポスト・ノーティス」命令
　.............................. 219
補正予算 535
牧会活動事件（種谷牧師事
　件）........................ 228
北海タイムス事件 276
ポツダム緊急勅令 64
ポツダム宣言 63, 67, 116,
　387
北方ジャーナル事件（判決）
　............ 180, 181, 257, 266
ポポロ事件（判決）‥ 242, 243,
　245, 247
ポラニー 73
堀木訴訟（判決）... 214, 362,
　364
本質的機関説 432
本門寺事件（判決）...... 596

ま 行

マーシャル・ルール 48
マーベリ対マジソン事件（判決） 15
マグナ・カルタ 6, 112
マクリーン事件 143, 144, 149
マサチューセッツ憲法 7
マッカーサ草案 65, 116, 170, 439, 543, 547
マッカーサ・ノート ... 65, 90
松本烝治 65

み

未成年者と基本的人権 ... 136
三井倉庫港運事件（判決）
.... 377
三井美唄炭鉱労組事件（判決）
.... 377
三菱樹脂事件（判決）... 165, 169, 202, 221
南九州税理士会事件（判決）
.... 155, 224
美濃部達吉 41, 62, 241
箕面忠魂碑・慰霊祭訴訟
.... 237
ミル 131
民事免責 376
民衆訴訟 587
民主（的権力）集中制 ... 10, 430
民撰議院設立建白書 56
民定憲法 23

む

ムートネスの問題 633
無効力（無適用）説 165
無差別大量殺人団体規制法
.... 295

め

明確性の法理 259
明治憲法 55
明治14年政変 57
明白かつ現在の危険（の法理）
.... 262, 290
明白性の原則 ... 302, 309, 627
メイプルソープ写真集税関検査事件 264
名誉権 179, 265
命令 500
命令的委任 393, 427
目黒社会保険事務所事件
.... 164, 273

も

目的・効果基準 234, 235
目的審査 664
黙秘権 346
——の告知 346
門地 206
モンテスキュー .. 71, 73, 576, 579, 590

や 行

薬事法距離制限事件（判決）
..... 299, 301, 306, 661, 665
靖国神社参拝問題（内閣総理大臣などの） 238
八幡製鉄政治献金事件（判決）
.... 151, 154, 418
山県有朋 57, 60, 61

ゆ

唯一の立法機関 432
夕刊和歌山時事事件（判決）
.... 265
有権者団（としての国民）
.... 106, 395, 396
優先処遇 198
郵便貯金目減り訴訟 585
郵便法違憲訴訟（判決）.. 357, 359
有楽町駅前事件 272
ユニオン・ショップ 377

よ

幼児教室事件 529
ヨーロッパ地方自治憲章
.... 546
翼賛権限の分立（制）.. 58, 71
翼賛内閣 61
抑制・均衡のシステム 71
抑留 337
横出し条例 568
予算 533
——行政説ないし承認説
.... 535
——訓令説 535
——修正権 537
——単年度主義 534
——と法律の不一致 ... 537
——の議決 442
——の空白 538
——の作成・提出 500
——法律説 534, 536
——法形式説（法規範説）
.... 534, 536
四畳半襖の下張事件 264
「よど号」新聞記事抹消事件
（判決）....... 158, 251, 275
予備費 538
予防接種禍訴訟 174, 318
より制限的でない他の選択しうる手段（less restrictive alternative）の法理（LRAの法理）................. 260
弱い一般的効力説 667

ら 行

ラートブルフ 18, 181

り

利益衡量 262, 664
リコール（制）...... 382, 400
立憲主義 4
　古典的—— 4
　近代—— 5
　現代—— 8
立憲政体の詔書 56
立憲的・近代的意味の憲法
.... 20
立候補の自由 403
立法期 446
立法権 432, 454
　形式的意味での—— ... 432
　実質的意味での—— ... 432
立法事実の審査 665
立法の不作為と違憲審査
.... 636, 638

「立法不作為違憲確認訴訟」
　論 ·················· 637
両院協議会 ·············· 443
良心的兵役拒否 ·········· 222
旅券 ·················· 298
臨時会（臨時国会）·· 445, 502

る

ルソー ················ 113

れ

ratio decidendi ············ 31
令状主義 ················ 335

レーベンシュタイン ···· 4, 23
レペタ訴訟 ·········· 276, 606
レモン・テスト ·········· 235
蓮華寺事件（判決）······ 596
連帯責任 ················ 504

ろ

労働基本権 ····· 160, 375, 379
労働組合 ············ 155, 376
　──の内部的統制権 ··· 377
労働契約（法）······ 374, 375
労働審判制度 ············ 375
ローレンツ・フォン・シュタ

イン ·················· 57
ロシア連邦憲法 ·········· 10
ロッキード事件（丸紅ルート）
　（判決）················ 491
ロック ········· 4, 72, 73, 172

わ　行

わいせつ文書 ············ 263
ワイマール憲法 ·· 9, 125, 373,
　427
早稲田大学江沢民事件（判決）
　······················ 183

事項索引　　*691*

「法学叢書」刊行にあたって

　「戦後」といわれ続けて、早や半世紀が経った。昭和21年(1946年)11月3日に新憲法が成立し、それと前後して各種法的制度が整備され、これらが「戦後」日本の社会的経済的発展を支える基礎となった。そして今、半世紀の間に大きく変貌した社会的経済的環境は、随所で、これら諸制度の意義や存在理由の再検討を、われわれに迫りつつある。

　明治憲法時代に既に大きな蓄積をみていたわが国の法律学は、新しい日本国憲法の下で、さらに豊かな発展をとげた。また、科学技術の驚異的発達を背景とする、社会の高度複雑化と国際化に伴い、法律学の対象範囲は拡大するとともに、その専門分化が進展した。そして、２１世紀への展開を目の前にして、法律学は、諸学問分野と交流を深める中で、総合的かつ原理的な視座を確立しつつ、直面する諸課題に的確に対応しうる方法と体系を編み出す必要に迫られている。

　現代の法律学が抱えているこうした課題の難しさは、研究教育の場で、われわれが日頃痛感しているところである。結局のところ、われわれは、先人の労苦から生まれた貴重な知識や体系を継承しつつ、自己の置かれた歴史的環境と真剣に交わる中で、みずからの答えを見出して行くほかはない。われわれは、こうした日頃の経験と思いを同学諸氏と折に触れて論じる機会をもっているが、各自の学問的個性に応じた考え方を体系化し世に問うことが、研究教育に携わる者の責務であると考え、ここに本叢書を企画した。

　　　平成7年(1995年)7月

　　　　　　　　　　　　　　編 集 委 員
　　　　　　　　　　　　　　佐　藤　幸　治
　　　　　　　　　　　　　　鈴　木　茂　嗣
　　　　　　　　　　　　　　前　田　達　明
　　　　　　　　　　　　　　森　本　　　滋

著者紹介

佐藤幸治（さとう　こうじ）
1937年　新潟県に生れる
1961年　京都大学法学部卒業
現　在　京都大学名誉教授

主要著作

「表現の自由」「集会・結社の自由」「通信の秘密」（芦部編・憲法Ⅱ人権(1)〔1978年，有斐閣〕所収）
憲法（現代法律学講座5）（第3版，1995年，青林書院）
憲法訴訟と司法権（1984年，日本評論社）
現代国家と司法権（1988年，有斐閣）
日本国憲法と「法の支配」（2002年，有斐閣）
憲法とその"物語"性（2003年，有斐閣）
現代国家と人権（2008年，有斐閣）

日本国憲法論　　　　　　　　　法学叢書7
2011年 4 月20日　初　版第1刷発行
2017年12月 1 日　初　版第7刷発行

著　者　佐　藤　幸　治
発行者　阿　部　成　一

〒162-0041　東京都新宿区早稲田鶴巻町514番地
発行所　株式会社　成　文　堂
電話 03(3203)9201　FAX 03(3203)9206
http://www.seibundoh.co.jp

製版・印刷　㈱シナノ　　　　　　製本　佐抜製本
© 2011 Koji SATO　　Printed in Japan
☆落丁本・乱丁本はおとりかえいたします☆
ISBN978-4-7923-0511-6　C3032　　検印省略
定価（本体4500円＋税）

「法学叢書」案内

亀本　洋著
法哲学　　　　　　　　　　　A5 判上製／4500 円

佐藤幸治著
日本国憲法論　　　　　　　　A5 判上製／4500 円

初宿正典著
憲　法 1 統治の仕組み（Ⅰ）　　A5 判並製／1500 円
憲　法 2 基本権［第3版］　　　A5 判上製／3700 円

辻　正美著
民法総則　　　　　　　　　　A5 判上製／3800 円

髙橋　眞著
担保物権法［第2版］　　　　　A5 判上製／2800 円

鈴木茂嗣著
刑法総論［第2版］　　　　　　A5 判上製／3500 円

吉岡一男著
刑事法通論　　　　　　　　　A5 判上製／3700 円

岡村忠生著
法人税法講義［第4版］　　　　A5 判上製／　近　刊

岡村忠生著
所得税法講義　　　　　　　　A5 判上製／　続　刊

前田達明著
口述　**債権総論**［第3版］　　　A5 判上製／3495 円

森本　滋編著
会社法・商行為法 手形法 講義［第4版］　A5 判並製／2800 円
商法総則講義［第3版］　　　　A5 判並製／1600 円
商行為法講義［第3版］　　　　A5 判並製／1800 円
手形法小切手法講義［第2版］　A5 判並製／1800 円

（価格本体）